유튜브,
제국의 탄생

LIKE, COMMENT, SUBSCRIBE

유튜브, 제국의 탄생

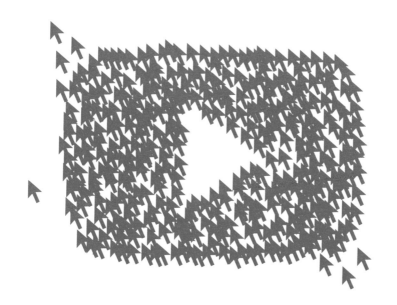

마크 버겐 지음 — 신솔잎 옮김

**무명의 언더독에서 세계 최대 콘텐츠 플랫폼으로 성장한
유튜브의 20년 비하인드 히스토리**

현대
지성

안방극장이라 불리던 TV의 시대는 저물고, 누구나 일상을 공유하는 동영상 플랫폼의 시대가 탄생한 지 이제 20년 남짓이다. '보는 것이 믿는 것이다(seeing is believing)'라는 속담처럼 우리의 눈을 사로잡은 새로운 매체는 우리의 생각을 형성한다. AI가 스스로 영상을 만들려고 하는 지금, 볼거리로 가득 찬 유튜브라는 매체는 과연 어떻게 변신할까? 지난 역사로부터 힌트를 얻고 싶은 분들에게 일독을 권한다.

송길영 |『시대예보』저자, 마인드 마이너

『유튜브, 제국의 탄생』은 어떻게 수많은 인터넷 서비스 가운데 유튜브가 승승장구하며 콘텐츠의 바다가 되고 크리에이터 세상을 만들어냈는지를 방대하고 꼼꼼한 취재를 통해 알려준다. 유튜브가 성장 과정에서 겪어온 주요한 사건들과 갈등이 생생하게 펼쳐진다. '유튜브 실록'이라 불리기에 부족함이 없다. 이 책은 유튜버로 성공한 사례와 비결, 사기꾼과 거짓 정보가 판치는 이유, 유튜브에서 어떻게 극단주의와 다양성이 작동하는지를 알려준다. 디지털 여론의 흐름을 알고 싶은 사람들과 알고리즘 세상의 미래를 엿보고 싶은 사람들에게는 충실한 정보와 통찰을 주는 책이다.

구본권 |『한겨레』사람과디지털연구소장,
『유튜브에 빠진 너에게』『로봇시대, 인간의 일』저자

마크 버겐의 『유튜브, 제국의 탄생』은 세상의 모든 것을 뒤바꾼 한 웹사이트의 뒷이야기를 가장 정교하고 신랄하고 흥미롭게 파헤쳤다.

↖ **브래드 스톤** | 『아마존, 세상의 모든 것을 팝니다』 『아마존 언바운드』 저자

마크 버겐은 유튜브가 어떻게 탄생했고 어떻게 세상을 영원히 바꿔놓았는지 그 모든 이야기의 결정판을 내놓았다. 치밀한 보도와 매혹적인 스토리텔링으로 완성한 『유튜브, 제국의 탄생』은 독자들에게 사소하지만 기발한 아이디어가 좋은 의미로든 나쁜 의미로든 세상을 의미심장하게 뒤바꾼 유튜브의 탄생 여정을 흥미진진하게 소개한다.

↖ **애슐리 반스** | 『일론 머스크, 미래의 설계자』 저자

흥미롭고도 두려운, 그리고 매우 중요한 실리콘밸리 초대형 플랫폼 시대의 현대사. 유튜브는 유명인의 정의를 새롭게 내렸고, 엔터테인먼트와 정치를 바꿔놓았으며, 온라인상에 최고의 인물과 최악의 인물을 탄생시켰다. 내밀하고도 방대한 자료를 바탕으로 쓰인 『유튜브, 제국의 탄생』은 유튜브가 허접한 스타트업에서 세계적인 빅테크 기업이 되기까지의 전 과정을 보여주면서 화려한 장밋빛 이면에 드리워진 어두운 그림자를 폭로한다.

↖ **마거릿 오마라** | 『더 코드: 실리콘밸리와 미국의 재건』 저자

세계에서 가장 유명한 미디어 서비스에 관한 가장 중요한 책이라고 말할 수 있다.

↖ **타일러 코웬** | 『거대한 분기점』 『4차 산업혁명, 강력한 인간의 시대』 저자

세계에서 가장 강력한 기업 중 한 곳의 화려한 조명이 켜진 복도를 신나게 내달리며, 이 기업이 대단히 무질서하면서도 우리 시대의 문화를 정립한 발명품 중 하나로 거듭나는 과정을 생생하게 그려냈다. 버겐은 소설가의 눈, 시인의 귀, 문제의 본질을 꿰뚫는 비즈니스 저널리스트의 냉철함을 지녔다. 이 책에 너무도 빠져들어 내려야 할 역을 지나치고 말았다."

↑ **키치 헤이기** | 『콘텐츠의 제왕』 저자

유튜브 직원들이 쥐가 들끓는 사무실에서 개인 신용카드 한도를 초과해가며 불안정한 사이트를 살리려 분투하던 때부터 세상 모든 사람을 사로잡는 경이로운 사이트로 성장시키기까지의 과정을 그린다. 유튜브와 모회사인 구글 사이에, 유튜브와 백만장자가 된 인플루언서 간에 형성된 불편한 관계를 두고 대단히 놀라운 이야기들이 펼쳐지는데, 저자는 "이 책에 담긴 모든 이야기는 실제로 벌어진 일"이라고 단언한다. 이 책에 너무도 몰입한 나머지 킨들 페이지를 넘기다가 어느새 에필로그를 마주하고는 놀라고 말았다. '강남스타일'부터 코로나19와 관련한 가짜 뉴스까지 이 책은 지난 20년간 세상을 지배해온 유튜브의 대단한 여정을 그려냈다.

↑ **린지 파워스** | 아마존닷컴 에디터, "아마존 이달의 책" 선정

버겐은 체념과 환멸이 묻어나는 어조로 유튜브의 성공과 그것의 지배 아래 있는 수억의 (사용자, 자금, 시청 시간) 이야기를 서사적으로 풀어냈다. 그의 책은 어마어마한 수익과 한심한 실수들, 폭력과 욕심 그리고 이해하기 어려운 기업의 행태를 그대로 담고 있다.

↑ **뉴요커**

인터넷을 쓰는 사람이라면 누구나 유튜브 사이트가 기술적으로 그리고 문화적으로 얼마나 거대한 기업으로 성장했는지 알 것이다. 버겐은 유튜브가 이러한 성장을 이루기까지 어떠한 고난을 겪었는지 여실히 보여주고 있다. 이 책은 2020년 미국 대선과 코로나바이러스 팬데믹을 둘러싸고 가짜 뉴스들이 전파되는 상황을 어떻게 통제했는지를 포함해 그간 유튜브가 겪은 어려움을 속도감 있는 스토리텔링으로 펼쳐낸다. 유튜브의 경제가 어떻게 변화했고 또 그 과정에서 크리에이터와 이용자에게서 어떠한 역효과를 일으켰는지 예리하게 설명해주는 책이다.

▲ AP통신

대단히 흥미롭다! 유튜브가 어떻게 거대한 기업으로 성장했는지 궁금한 이들이라면 꼭 읽어야 할 책이다.

▲ 퍼블리셔스위클리

모두가 알지만 누구도 제대로 알지 못하는 기업을 예리하게 들여다보는 통찰이 돋보인다.

▲ 커커스리뷰, "올가을 가장 기대되는 책" 선정

내 사랑, 애니에게 바칩니다

프랑켄슈타인의 영혼이 외쳤다.

지금껏 그렇게 많은 것이 이루어졌다면,

이제부터 나는 더욱 많은 것을, 훨씬 더 많은 것을 이루어내리오.

이미 나 있는 발자국을 따라 나아가

새로운 길을 개척하고, 미지의 힘을 탐험하고,

창조의 가장 심오한 신비를 세상에 드러내 보이겠소.

메리 셸리 | 『프랑켄슈타인』, 1818년

장난 같은 거였어요.

전부 다 그냥 장난으로 끝날 일이었는데.

일이 왜 이렇게 심각해진 거지?

로건 폴 | 〈일본에 있는 자살 숲에서 시체를 발견했다〉, 유튜브, 2017년

차례

3부

4부

2019년 3월 15일

덥수룩한 흰 수염에 환한 미소를 지닌 할아버지, 하지-다우드 나비Haji-Daoud Nabi는 화창한 금요일 오후, 뉴질랜드의 크라이스트처치에서 곧 자신의 목숨을 앗아갈 한 젊은 남성을 마주했다. 나비는 모스크 입구에 서 있었다. 남성이 다가오자 나비는 그 또한 예배를 드리러 온 사람이라 생각하고 따뜻한 인사를 건넸다. "안녕하시오, 형제여."

이 젊은 남성은 모스크에 도착하기 전 "오늘 뉴질랜드에서 벌어질 공격에 대하여"라는 제목으로 메일 한 통을 발송했다. 메일에는 "나는 오늘 있었던 공격을 단행한 대원이다"라는 자백으로 시작하는 장문의 성명서가 담겨 있었다. 이 메일은 한 신문사의 에디터들과 얼마 전까지만 해도 세상에 무엇을 방송할 것인지를 결정했던 텔레비전 프로듀서들의 메일함으로 전송되었다. 메일은 스팸이나 이상한 사람이 두서없이 쓴 글 정도로 치부되었다.

그러다 전화가 빗발치기 시작했다. 크라이스트처치의 해글리 공원 곳곳에서 총성이 울려 퍼졌다. 공원의 푸른 잔디밭을 가로질러 양 끝에 자리한 신성한 공간, 모스크 두 곳 사이로 피투성이가 된 채 죽은 듯이 사람들이 쓰러져 있었다. 세 살짜리 아이와 나비를 포함해 최소 사망자 50명이 발생했다. 그곳에 도착한 기자 커스티 존스턴Kirsty Johnston의 눈앞에는 오직 대학살의 현장과, 병원으로 가려고 택시를 향해 미친 듯이 손을 흔드는 부상자들의 모습이 펼쳐져 있었다. 그녀가 자란 이 고요한 섬나라는 경찰들이 총을 소지하는 일이 드물고 폭력과 독설은 해외 뉴스로만 전해지는 곳이었다. 이 나라에서 벌어질 만한 일은 아니었다.

하지만 나라가 달라졌고, 뉴스 또한 달라졌다. 이내 학살의 배후에 있는 스물여덟 살의 백인 남성 테러리스트가 바디 카메라를 달고 17분간의 광란의 현장을 인터넷으로 중계했다는 사실을 모든 사람이 알게 되었다. 뉴질랜드에서 벌어진 가장 심각한 총기 난사 사건의 내막을 파악하고자 메일을 받았던 신문사 에디터들과 텔레비전 프로듀서들은 그가 올린 영상과 성명서를 샅샅이 살폈다. 이들은 세르비아의 정치, 16세기 전투, 인터넷 하위문화에 대한 난해한 이야기들을 분석해나갔다. 무엇도 좀처럼 이해되지 않았다. 하지만 한 가지 이해가 가능한 이야기가 눈에 띄었다. 유튜브 스타의 이름이었다. "명심하세요, 동지들이여." 사격을 개시하기 전 그는 화면을 향해 이렇게 말했다. "퓨디파이PewDiePie를 구독하세요."

. . .

그 일이 있기 며칠 전, 지구 반대편에서는 유튜브 직원들이 거대한 온수 풀에 몸을 담그고 있었다. 늘 그렇듯 이곳까지 셔틀버스를 타고 왔다. 북쪽으로 향한 버스들은 샌프란시스코와 버클리를 지나, 멋진 교외 지역과 소도시를 거쳐, 레드우드가 울창한 주립 공원을 통과해 캘리포니아 와인 산지의 중심부에 자리한 인디언 스프링스Indian Springs로, 캘리스토가의 천연 온천 위에 지어진 고풍스러운 호텔로 모였다. 캘리스토가는 1859년에 조금이라도 관심을 보이는 사람에게 골드러시 바람을 부추겨 부자가 된 캘리포니아의 첫 백만장자가 기틀을 마련한 도시로 알려져 있다.

유튜브 매니저인 클레어 스테이플턴Claire Stapleton은 호텔의 작은 독채에 짐을 풀었다. 지금껏 회사 수련회는 수없이 참석했었다. 이번 수련회는 기업 이미지 유지와 브랜드를 책임지는 마케팅 소속 직원들만을 위한 것이었다. 그녀의 마지막 수련회이기도 했다. 당시에는 확신하지 못했지만 그럴 것 같다는 느낌은 분명 있었다.

스테이플턴은 창백한 피부에 머리는 검은색에 가까운 어두운 갈색이었다. 평소에는 근심 없는 밝은 성격이었지만, 4개월 전 『뉴욕타임스』에서 실리콘밸리 내부의 반항아 얼굴로 소개되었을 당시 근엄한 검정색 터틀넥을 입고 찍은 사진처럼 진지한 얼굴을 내보일 수도 있는 사람이었다.[1] 리조트의 독채를 나온 스테이플턴은 야외 분수와 덩굴 식물을 고정하는 트렐리스 구조물이 설치된 아름다운 정원, 원으로 된 명상 미로 길을 지나 리버 앤드 리플렉션River and Reflection이라는 이름의 작은 회의실로 향했다.

기업 단체의 1박 요금이 룸 하나당 약 350달러 정도 하는 곳이었다. 전년도 매출로 110억 달러 이상을 거둬들인 유튜브에게는 전혀 문제가 되지 않는 비용이었다. 물론 이 고객들은 유튜브가 아닌 유튜브의 소유주이자 모회사인 구글의 직원으로 체크인을 했지만 말이다. 구글이 발표한 2018년도 매출액은 1,360억 달러 이상이었다. 하지만 이 테크계의 골리앗은 재정에 관해 신중한 모습을 보이려 하고 있었다. 월스트리트 출신의 재무 책임자는 지출이 자유롭기로 소문난 기업의 허리띠를 졸라맸다. 또한 미국의 트럼프 정부 2년 차에 접어들면서, 처음에는 혁신가이자 언더독으로 찬양받던 구글과 실리콘밸리 기업들은 어느새 욕심 많고 무책임하며 지나치게 강대해진 기업으로 매도당하고 있었다. '기득권층'으로 말이다. 구글 내부에서도 회사를 이렇게 바라보는 직원들이 생겨나고 있었다.

이렇듯 원치 않는 주목을 받는 일을 피하고자 구글은 이제 호화롭고 고급스러운 장소에서 수련회를 여는 횟수를 줄였다. 인디언 스프링스는 완벽하게 절제된 곳이었다. 외부에서 보면 2층짜리 스페인 미션 건축 양식의 건물은 1950년대 단조로운 모텔처럼 보였지만 실내 곳곳에는 호화스러움이 묻어났다. 유기농 샴푸, 필터에 여과한 물을 제공하는 '비웰Be Well' 급수대, 모조 벽난로가 마련되어 있었다. 리조트는 놀랍게도 온천수를 끌어와 잔잔하고도 평온한 올림픽 규격의 수영장을 만들었다.

스테이플턴과 그녀의 동료들에게는 마음껏 즐거운 시간을 보내도 된다는 분위기가 조성되었다. 스트레스가 심한 한두 해를 보낸 터였다. 누구나 알 듯 구글은 세상에서 가장 행복한 직원들을 일부 보유한 기업이었다. 하지만 최근 구글가이스트Googlegeist라는 정기적으로 행하는 직원 만족도 조사에서 다시 걱정스러운 결과가 나타났다.[2] 기업의 리더십과 우선순위 선정에 관해 신뢰가 낮아졌다고 보고한 직원들이 늘어났고, 연봉이 '공정하지도 공평하지도 않다'고 느낀 직원이 절반에 가까웠다. 2018년 가을, 스테이플턴은 직원 수천 명을 이끌고 성추행 사건을 둘러싼 회사 측의 대응에 항의했다. 구글은 오래전부터 자사의 광대한 컴퓨터 네트워크를 대상으로 한 경보 시스템을 갖추고 있었다. '코드 옐로Code Yellow'는 결함이나 버그를 해결하기 위해 소프트웨어 프로그래머들이 야근을 해야 한다는 뜻이었다. '코드 오렌지Code Orange'는 비상사태에 가까운 의미였다. '코드 레드Code Red'는 구글의 검색 페이지나 이메일 서비스가 작동하지 않을 때 울렸다. '지금 당장 손볼 것.' 기업이 해당 경보 시스템을 기술적인 문제 외의 사안으로도 확장했다. 직원의 만족도가 그중 하나였다.

인디언 스프링스의 유튜브 수련회는 비공식적으로 '웰빙 코드 레드Well-Being Code Red'를 해결하기 위해 만들어진 자리였다.[3]

스테이플턴의 마케팅팀은 지역의 와인 테이스팅 세션에 참가하고 피자를 만드는 수업도 들었다. 이들은 리조트 내 깔끔하게 조성된 용설란 정원과 붓다 연못을 거닐었다. 야외 화로에서 마시멜로도 구웠다. 자기 돌봄의 시간을 갖고 술도 마셨다. 유튜브 직원들은 옛날 스타일로 꾸민 음료 가게인

셰즈 라운지Chaise Lounge에서 경비로 음료를 마시고 파란색과 흰색 줄무늬로 된 복고풍의 차양 아래 몸을 뉘었다. '펩시콜라'가 새겨진 옛날 스타일의 시계가 걸린 수영장 입구 위로 커다란 성조기가 펄럭였다. 인디언 스프링스는 이 가게의 디자인을 두고 '올드 할리우드Old Hollywood' 스타일이라고 소개했는데, 다른 어느 기업보다 할리우드에서 (스튜디오, 에이전트, 멋지게 단장한 스타들, 사람들이 유료로 즐기는 엔터테인먼트 업계를 대상으로) '올드'함을 없애는 역할을 했던 유튜브 직원들에게는 시적인 역설처럼 느껴졌다.

리버 앤드 리플렉션에 도착한 스테이플턴은 다들 이미 본 영상이지만 다시 한번 의무적으로 재생되는 유튜브 영상을 시청하기 위해 자리에 앉았다. 누군가 온라인에서 영상을 찾아 삼각형 모양의 상징적인 플레이 버튼을 눌렀다.

 유튜브: 우리의 브랜드 미션[4]
(**YouTube**: Our Brand Mission)

▶ ▶| 2017년 6월 22일 · 1:48

자신의 침실에서 큰 기타를 멘 무척이나 귀여운 남자아이의 모습으로 영상은 시작된다. 영상은 아시아 어딘가에서 양을 모는 다른 아이로, 울고 있는 여성으로, 스케이트보드 기술을 쓰며 착지하는 남성으로 전환된다. "이 모든 순간을 보세요." 한 여성의 목소리가 등장한다. "전 세계 곳곳에서 전해지는 이 모든 이야기를. 비밀을. 폭로를." 영감 넘치는 유튜브 장면들을 짜깁기한 영상이다. 아기, 운동선수, 우연한 선행, 히잡을 쓴 여성, 단체로 춤추는 댄서들, 단체로 포옹하는 사람들, 눈물을 보이는 사람들. "한 인간에게서 가장 보기 어려운, 가장 순수하며, 가장 숨김없는 모습입니다." 내레이터가 말한다. "모두에게 목소리를 줄 때, 자신의 이야기를 할 기회를 줄 때, 자신의 모습을 드러낼 무대를 줄 때 벌어지는 일입니다."

영상은 익숙한 글귀로, 유튜브의 브랜드 미션으로 끝났다. "모든 이에게 목소리를 주고 세상을 보여준다." '너무 이상해.' 스테이플턴은 생각했다. 2017년, 그녀의 팀이 이 동기 유발 영상을 처음 제작한 뒤로 세상의 너무도 많은 부분이 달라져 있었다. '유튜브'의 너무도 많은 것이 달라졌다. 이후로 브랜드 미션을 수정하자는 이야기를 셀 수 없이 많이 나눴지만, 회사는 동기 부여 용도로 아직도 이 오래된 영상을 재생하고 있었다. 그녀는 이런 생각을 마음에만 담아두었다.

설립한 지 14년이 된 YouTube.com은 여전히 현대사회의 경이驚異였다. 20년이 채 안 되어, 초고속 온디맨드 인터넷 텔레비전은 불가능에서 불가피한 삶의 한 단면으로 자리 잡았다. 유튜브는 무료 온라인 영화의 '장'이 되었다. 한 직원은 유튜브를 두고 "인터넷의 영상 비계scaffolding"라고 설명했다. 매달 방문객이 20억 명이 넘는 유튜브는 (구글 다음으로) 세계에서 두 번째로 사람들이 많이 찾는 웹사이트가 되었다. 또한 (구글 다음으로) 세계에서 두 번째로 유명한 검색 엔진이기도 했다. 2019년 중반에는 약 17억 명(세계 인터넷 인구의 3분의 1 이상)이 매일 유튜브를 방문했다. 이들은 재미를 찾고, 무언가를 배우고, 위안을 얻는 데 유튜브를 이용했다. 여러 여론 조사를 통해 미국인 4분의 1이 유튜브로 뉴스를 보고, 유튜브 사이트를 정기적으로 찾는 이들이 페이스북이나 인스타그램 등 어느 소셜 미디어보다 많다는 것이 드러났다. 아동 전 세대가 텔레비전을 버리고 유튜브를 택했다. 많은 국가에서 유튜브는 텔레비전이 '되었다'. 유튜브는 슈퍼마켓 매대에 걸린 타블로이드 신문과 제품 사용 설명서를 완전히 새롭게 바꿔놓았다. 실리콘밸리에서 일부 미래주의자들은 유튜브가 대학교수와 의사를 대체할 날을 상상했다.

대중에게 공개된 거의 모든 웹사이트와 달리 유튜브는 기여자들에게 돈을 지급했다. 이러한 참신함이 퍼포머와 유명인, 아티스트, 인플루언서, 강사, 콘텐츠 시리즈물이라는 완전히 새로운 창조 산업을, 라디오와 TV의 출현만큼 혁신적인 뉴미디어를 단 몇 년 만에 탄생시켰다. 유튜브는 모든 사람을 방송인으로 만들었다. 유튜브는 우리에게 〈강남스타일〉과 〈손가락을 깨무는 찰리〉(Charlie Bit My Finger-again이란 제목의 동영상으로 누적 조회 수 약 9억 회를 기록했다—옮긴이), '아기 상어', "금요일, 금요일이야, 금요일에는 즐겨야 해It's Friday, Friday, gotta get down on Friday"(레베카 블랙Rebecca Black의 노래 가사—옮긴이)를 세상에 소개했다. 에이드리언Adrienne과의 요가, 점심시간에 모Mo와 그림 그리기, 《마인크래프트》 프로게이머들도 알려주었다. 올드미디어(신문, 책, TV 등 인터넷 도래 이전의 매체—옮긴이)가 인정하지 않았거나 알아보지 못한 수많은 인재를 세상에 알렸다. 당신은 모를지라도 수백만의 어린 팬들이 알고 또 영화나 TV 스타들에게는 느껴본 적 없는 뜨거운 마음을 담아 지켜보는 수천 명의 마이크로셀러브리티microcelebrity(특정 분야 내에서 좁은 층에게 인지도를 얻은 유명 인사—옮긴이)를 탄생시켰다.

현란한 소비자 인터넷 서비스들이 잇달아 등장하던 시기에 나온 유튜브는 페이스북을 제외한 거의 모든 서비스가 사라지는 동안에도 살아남았다. 한편 페이스북은 이후로 젊은 층의 공감을 얻는 데 고전한 반면, 유튜브는 매년 더 어린 청중들을 사로잡았다. 우리가 현재 살고 있는 온라인 관심 경제attention economy를 창조하는 데 유튜브만큼 기여한 기업은 없다. 페이스북은 여전히 대학 기숙사 내에서 추파를 주고받는 창구로 머물고 트위터는 '테크광들' 사이의 유행에 그쳤던 시절에, 틱톡이 등장하기 10년 전인 시절에 유튜브는 영상을 만드는 사람들에게 돈을 지불하기 시작했다. 이 기업들은 모두 구글의 철학(온라인에 정보가 많을수록 좋다)을 차용해 비즈니스 모델을 세웠다. 가능한 한 많은 사람에게 무료 서비스를 제공하고 이들의 클릭과 습관, 데이터를 얻어내 광고를 판매하는 모델 말이다. 구글과 유튜브를 통해 인플루언서, 10대 초반의 백만장자, 가짜 뉴스, 인터넷 중독, 사기꾼까지 이 골치 아프면서도 신기한 대상들과 소셜 미디어의 병폐가 가장 먼저 등장했다. 구글과 페이스북에서 일했던 한 베테랑은 이렇게 말했다. "구글이 바퀴를 만든 거죠. 페이스북과 다른 인터넷 기업들이 이를 모방했고요."

유튜브는 틀면 나오는 수돗물처럼 믿음직스러웠고 바다처럼 광활했다. 인디언 스프링스 수련회가 있기 전, 유튜브는 감히 짐작조차 어려운 통계치를 홍보했다. 1분에 450시간 분량의 영상이 업로드되고 있다는 내용이었다. 당신이 본 영화 중 가장 길었던 영화를 떠올려보길 바란다.《반지의 제왕》도 그중 하나일 것이다. 이 영화를 연속으로 100회를 본다 해도 유튜브에서 60초마다 추가되는 영상 시간에 미치지 못한다. 2016년 이후로 유튜브 하루 시청 시간은 10억 시간을 돌파했다. 정신이 아찔해지는 숫자다. 어떤 주제든 영상이 필요하다면? 웬만하면 유튜브에 다 있을 것이다. 입력, 입력, 클릭. 좋아요, 댓글, 구독. 해당 영상이 어쩌다 자신의 눈앞에 등장하게 되었는지도 모르는 수십억 사람들이 매일같이 하는 행동이다.

누구나 유튜브를 알고 있다. 하지만 유튜브가 어떻게 돌아가는지, 누가 운영하고, 이들이 어떤 결정을 내리고, 그 결정들이 왜 중요한지 아는 사람은 거의 없다. 이 책은 바로 그 이야기를 들려주기 위해 탄생했다. 밑 빠진 독에서 걷잡을 수 없을 정도의 상업적 성공을 이룬 어느 비즈니스의 이야기다. 구글을 세계에서 가장 수익성 높고 강력한 기업으로 만드는 데 일조했고 이제 인터넷을 떠받치는 기둥이 된 어느 비즈니스의 이야기다. 에디터나 아티스트, 교육자가 아니라 알고리즘에 의해 프로그램이 편성되는 새로운 대중매체에 관한 이야기다. 또한 YouTube.com을 방문한 사람 대다수가 전혀 모르는, 최근에 벌어진 대단히 중대하고도 대단히 이상한 일들에 관한 이야기다.

대부분의 사람은 유튜브를 하나의 유틸리티나 정보의 샘으로, 무해한 취미로 활용했다.

하지만 유튜브는 이것보다 '훨씬 더 많은 것'을 담고 있었다. 유튜브 마케팅팀은 그 이면에 대해, 더욱 불편한 측면에 대해 너무나도 잘 알고 있었다. 리조트 내 리버 앤드 리플렉션 실에 앉아 직접 제작한 감동적이고도 따뜻한 마케팅 영상을 보던 이들은 나이트메어 퓨얼Nightmare Fuel과의 괴리감을 느낄 수밖에 없었다.

나이트메어 퓨얼은 마케팅팀 내 몇몇이 쓰는 섬뜩한 용어로, 매일같이 유튜브에 관한 언론 보도와 온라인에서 오가는 이야기를 모니터링한 내용이 담긴 이메일을 가리켰다. 한편, 해당 메일에는 유튜브 사이트의 은밀하고 소름 끼치는 어둠과 공포가 담겨 있었다. '나이트메어 퓨얼'이라는 단어는 한 유튜브 스타가 일본의 숲에 매달린 시체를 중계한 후 생겨났다. 마케팅팀은 유튜브의 온라인 공식 계정을 전부 관리하고 있었기 때문에, 이들이 실수로 문제에 휘말리지 않으려면 사이트 내에서 계속해서 달라지는 여러 논란을 잘 알고 있어야 했다. 10대들이 캡슐형 세탁 세제를 소비하는 영상을 올리기 시작할 때 마케팅팀은 '세탁에 관한 그 어떤 것도 올리지 말 것'이라는 새로운 지침을 내렸다. 13세 소녀가 유튜브 ASMR 영상을 올리는 것을 두고 성적인 암시를 언급하는 불편한 여론이 형성되었을 때도 'ASMR과 어쩌면 10대 소녀에 관한 일체를 피하는 것이 좋겠다'라는 지침이 생겼다. 유튜브에 말을 수간獸姦하는 영상이 많이 올라와 있다는 뉴스가 보도되었을 때도 '말과 관련한 것은 무엇이든 조심할 것'이라는 지침을 전했다. 매일 아침 온갖 영상과 비판적인 보도가 마케팅팀 메일함에 산처럼 쌓여 있었다. 스테이플턴은 나이트메어 퓨얼 때문에 팀원들이 유튜브가 인간이 가진 최악의 모습을 반영한다고 생각할까 봐 우려했다.

수련회는 대체로 나이트메어 퓨얼을 잊는 훌륭한 탈출구를 제공했다. 한 가지 사안만 빼고 말이다. 마케팅팀에게 길었던 제한을 풀고 유튜브 기업 계정으로 퓨디파이를 홍보하라는 지시가 전달되었다. 해당 지시는 당시 마케팅 직원이 이해한 바로는 윗선에서, 즉 '수전에게서' 내려온 것이었다. 구글의 첫 번째 마케터이자 2014년에 유튜브 최고경영자CEO 자리에 오른 수전 워치츠키Susan Wojcicki였다.

수련회에 있는 사람들은 모두 퓨디파이 사건을 알고 있었다.

실명 펠릭스 셸버그Felix Kjellberg, 스웨덴인으로 서른이 아직 안 된 그는 영상에서 자신의 온라인 페르소나를 큰 목소리로 부르짖으며 인사하는 것을 즐겼다. 퓨 디 파이아아아이! 기업에서 만든 측정 지표에 따라, 즉 '구독자 수'에 따라 그는 유튜브 최고의 스타 자리를 거머쥐었다. 시청자들은 영상 제작자를 구독하기 위해 빨간색 작은 버튼을 클릭했다(잡지나 케이블방송 패키지를 신청할 때와 같지만 유튜브만큼은 무료였다). 처음 유튜브가 해당 기능을 소개했을 때만 해도 이 기능을 만든 사람들조차도 몇백만 구독자를 보유한 방송인이 나올 거라고는 상상하지 못했다. 2019년 3월, 퓨디파이는 100만 명에 가까운 구독자를 기록했는데, 이는 마일리 사이러스Miley Cyrus와 케이티 페리Katy Perry의 인스타그램 팔로워와 비슷한 수준이었다. 유튜브 역사로 보면 대단히 오래전인 9년 전에 퓨디파이로 등장한 셸버그는 비디오게임을 하는 모습을 스트리밍하고 모두가 그러하듯 자신의 재량에 따라 릴스를 만들며 거대한 영상 태피스트리(다양한 색실로 그림을 짜 넣는 실내 장식품 ─ 옮긴이) 세계로 뛰어들었다. 시간이 흐르며 그는 광적일 정도의 충성심을 보이는 팬층을 쌓았다.

셸버그와 구글은 함께 상당한 돈을 벌어들였다. 구글도 이 사실을 알고 있었다. 구글은 무엇이든 숫자로 나타냈다. 사명도 이름도 숫자(googol, 구골, 대단히 큰 수)를 따서 지었고, 컴퓨터 코드 0과 1로 존재하는 기업이었다. 구글은 유튜브에서 소비되는 영상 시간을 전부 계산했다. 사내 문서에 따르면, 2012년부터 시작해 7년간 우리는 퓨디파이의 영상을 1,303억 2,238만 7,624분 소비했다. 이 기간에 셸버그는 3,881만 4,561.79달러의 수익을 거두었다. 수익의 가장 큰 부분(95퍼센트)은 그의 영상 시작 전과 중간에 유튜브가 삽입한 광고에서 발생한 것이었다. 광고주가 광고 게재 비용으로 1달러를 쓸 때마다 유튜브는 방송인에게 55센트를 주고 나머지 45센트는 영상을 관리하고 사이트를 운영하는 데 필요한 거대한 시스템을 제공하는 몫으로 가져갔다. 따라서 해당 기간에 유튜브는 퓨디파이의 영상을 통해 약

3,200만 달러를 벌어들인 셈이다. 퓨디파이가 보유한 청중의 규모와 영화계 스타가 벌어들이는 수입을 생각해보면 그가 제대로 된 대우를 받지 못했다고 말할 수 있다.

하지만 머리 아픈 문제들이 있었다. 마케팅 직원이라면 다들 아는 이야기였다. 2017년 『월스트리트저널』은 "모든 유대인에게 죽음을"이라는 문구가 적힌 사진이 삽입된 퓨디파이의 영상 장면을 실어 기사를 냈다. 이후 불쾌한 농담과 신나치주의, 맥락을 벗어난 논란들이 이어지며 혼란이 계속되자 구글은 셸버그와 맺었던 광고 계약을 해지했다. 7개월 후 그는 비디오 게임 스트리밍 중 불쑥 흑인을 비하하는 말을 내뱉었고, (사과는 했지만) 이후 시청자들에게 반유대주의적 증오를 드러낸 유튜버를 소개했다. 비평가들은 퓨디파이를 "위험하고", "알트라이트(백인 우월주의를 바탕으로 한 극보수세력—옮긴이)의 환심을 사려 한다"라고 표현했다. 그가 등장하는 기사의 한 헤드라인은 "파시즘이 언제부터 쿨한 주제가 되었는가?"였다. 그를 도널드 트럼프와 비교하는 사람도 있었다.

하지만 마케팅팀은 이 모든 일로 퓨디파이가 '브로 아미Bro Army'라고 부르는 팬들의 연대만 더욱 강해질 것이라는 사실 또한 알고 있었다. 그해 가을, 발리우드Bollywood 노래를 올리는 유튜브 채널이 퓨디파이의 구독자 수를 넘어설 조짐이 보이자, 그의 아미는 비평가들과 왕좌를 위협하는 존재에게서 자신들의 왕을 지키기 위해 구호를 만들었다. "퓨디파이를 구독하세요!"

이 구호는 인터넷 곳곳에서 울려 퍼졌다. 애틀랜타의 슈퍼볼 경기에서도, 리투아니아의 농구 경기 현장에서도 해당 문구가 등장했다. 영국의 한 정당이 트윗을 올리기도 했다. 해커지라프HackerGiraffe, 구스 웨인 배트맨Goose Wayne Batman, 일론 머스크Elon Musk까지 다채로운 인물들이 등장해 해당 구호를 퍼뜨렸다. 반체제 만트라이자 인터넷 기업 지배자인 사람들을 향한 반기였고 하나의 문화 현상이었다. 밈이었다. 또한 YouTube.com처럼 유튜브라는 기업이 상상했던 것 이상으로 퍼져 나간 구호였다.

'모든 유대인에게 죽음을' 사건 이후 유튜브는 자사의 최고 스타와 거리를 두고 여타 방송인들과는 달리 퓨디파이를 지원하거나 홍보하는 모습을 공식적으로 내비치지 않았다. 하지만 이제 기업은 입장을 달리하기로 결정한 것이었다. 마케팅팀은 수련회에서 이 결정을 가지고 논의했다. 클레어 스테이플턴의 상사 매리언 딕슨Marion Dickson은 3월 14일 목요일 수련회에 참여 중인 팀원들에게 퓨디파이와 "교류를 재개"하라는 메일을 발송했다. "이를 진행하는 데 있어 혹시 모를 역풍에 잘 대처할 수 있도록 적절한 가이드라인과 원칙을 세우길 바랍니다." 이렇게 적은 딕슨은 "브랜드 가치 및 메시지와 일치하는 방향성"이 중요하다고 언급했다.

직원들은 곧 주차장에 세워진 버스에 올라타 야자수와 레드우드를 지나고 와인 산지를 벗어나 집으로 향했다. 이들은 적절한 가이드라인과 원칙, 브랜드 가치를 둘러싼 질문을 곰곰이 생각했다. 그날 저녁은 뉴질랜드 시간으로 금요일이었다. 스테이플턴과 동료들의 핸드폰으로 뉴스 특보 알람이 번쩍이고 이메일이 밀려들었다. 한 테러리스트가 온라인으로 대량 학살을 중계하며 1인칭 슈팅 게임 장면 같은 광란의 행태를 담은 영상을 올린 것이었다. 아이들을 표적으로 삼아서 말이다. 먼저 경쟁사인 페이스북 라이브에 포스팅되었고, 이후 영상이 올라간 유튜브에서는 기업에서 아무리 재빨리 움직여 해당 영상을 내려도 계속 퍼다 나르는 계정들이 생겨났다. 살인자의 의도에 관해 유일하게 확인된 단서 중 하나는 퓨디파이에 대한 구호였다.

얼마 전까지만 해도 유튜브를 그렇게 진지하게 생각하는 사람은 사실상 아무도 없었다. 유튜브의 슬로건을 누구도 신경 쓰지 않았다. 자사의 기술을 맹신하며 거대한 비즈니스 기회를 바쁘게 쫓던 몇 년 사이, 유튜브는 자신도 모르는 새 인간 본성의 가장 추악한 면을 드러내는 기계를 만들고 말았다. 외부에서는 바로 그 추악함 때문에 비즈니스가 성공한 것이라고 생각한 사람들도 있었다. 2019년이 되자 세계는 소셜 미디어의 진정한 영향력을 경험하게 되었고, 캘리포니아의 컴퓨터 공학 기업 몇 곳이 갑자기 정보와 담론의 물줄기 대부분을 통제하게 된 현상을 해결하려 노력하기 시작했다. 유튜브는 가능하면 이런 논쟁의 레이더 아래에서 머물려고 했다. 하지만 여러 면에서 유튜브는 현대 소셜 미디어의 장을 마련했고, 소셜 미디어의 역사 속에서 수많은 결정을 내렸으며, 이 결정들은 관심과 돈과 이데올로기를 포함한 모든 것이 온라인에서 작용하는 방식을 정립했다.

스테이플턴과 동료들이 수련회장에서 떠났던 2019년 3월의 그 목요일은 제멋대로 구는 스타들과 별종들, 음모들, 아동 학대자들, 비즈니스 생존의 위기들이 불길처럼 번져 나갔던, 지옥과도 같은 2년을 보낸 후였다. 유튜브는 이제 그 시간을 과거로 묻고 싶은 마음이 간절했다. 퓨디파이와 공식적인 관계를 개선하는 것이 그 첫 단계처럼 느껴졌다. 그때 크라이스트처치 총격 사건이 터졌고, 이 비극은 유튜브의 웹사이트에서 고스란히 상영되었으며, 자사 최고 방송인의 영향력과 연관이 있는 듯 보였다. 스테이플턴은 자신이 몸담은 회사와 사회 속에서 회사의 역할을 떠올리며 느꼈던 구역감이 더욱 심해지는 것 같았다. 이 끔찍한 사건에 대해 알아가던 그녀는 몇 시간 전 시청했던 마케팅 영상을 떠올렸다. 이 소름 끼치는 행동이 영상 속에서 말하던 "가장 숨김없는 인간의 모습"인 것일까?

회사 내 누구도 원치는 않았지만 유튜브의 창작물이 정작 유튜브가 통제할 수 없는 방향으로 위태롭게 뻗어 나갔던 일이 처음은 아니었다.

1부

1장

▶

보통 사람들

채드 헐리Chad Hurley는 무언가를 창작하고 싶었지만 그게 무엇인지는 확실히 알지 못했다.

때는 2005년 초반, 헐리는 북부 캘리포니아에서 온종일 컴퓨터 앞에 몸을 말고 앉아 시간을 보냈다. 그는 실리콘밸리의 명석한 공부벌레처럼 보이지는 않았다. 떡 벌어진 어깨에 이마가 넓은 그는 체격이 운동을 좋아하는 고등학생 같고, 헤어스타일은 더티 블론드의 머리를 서퍼처럼 뒤로 넘겼다. 맥주와 필라델피아 이글스(Philadelphia Eagles, NFL 미식축구팀 ─ 옮긴이)를 좋아한 그는 스스로를 변변찮은 아티스트로 여겼다. 시장에 나온 제품들이 대체로 따분하고 예쁘지도 않다는 것을 파악한 그는 얼마 전 마음 맞는 친구 하나와 남성용 노트북 가방 사업을 시작한 터였다.

하지만 웹 그래픽 디자이너였던 헐리는 진짜 돈이 될 만한 비즈니스는 가방이 아니라 컴퓨터에 있다는 것을 알았고, 프로그래머 친구인 자웨드 카림Jawed Karim, 스티브 첸Steve Chen과 함께 그 산업에서 큰 성공을 거두고 싶었다. 스물여덟 살인 그는 한 살 차이로 맏형이자 실질적인 리더가 되었다. 실리콘밸리의 왕족 집안에 장가를 들어 어린 아들도 있었다. 장인은 유명한 인터넷 기업가인 짐 클라크Jim Clark였다. 전문가가 아닌 일반인들이 꾸려나가는 웹사이트 환경인 웹 2.0이 태동하던 무렵, 헐리는 자신의 회사를 차리는 꿈을 꾸기 시작했다. 웹 서퍼들이 온라인에 몰려들어 일기와 사진 앨범, 시, 요리법, 장황한 글 등 원하는 대로 무엇이든 올리고 있었다. 그는 이들을 '보통 사람들Everyday people'이라고 불렀다. 몇 달간 헐리와 친구들은 멘로 파크에 있는 그의 집이나 근처 카페에 모여 새로운 인터넷 비즈니스 아이디어를 논의했고, 소셜 네트워크였던 프렌드스터Friendster 등 유명 웹 2.0 사이트와 잡초처럼 무섭게 자라던 블로깅 웹사이트의 어떤 점을 모방해야 할지 이야기를 나누었다. 대화 주제로 자주 오른 '핫오어낫Hot or Not'은 템플릿으로 만든 사이트로 사람들이 얼굴 사진을 올리면 매력 여부를 투표하는 곳이었다. 조악했지만 상당한 인기를 끌었다. 세 사람은 예전 직장을 다닐 때 자주 갔던 커피숍에서 만난 인연으로 핫오어낫을 만든 사람 중 한 명을 알고 있었고, 그가 사이트로 꽤 괜찮은 수입을 얻고 있다는 사실도 알고 있었다. 좀 멋져 보였다.

세 사람은 결국 사람들이 영상을 공유하고 시청하는 웹사이트를 만들기로 했다. 밸런타인데이에 이들은 헐리의 반려견까지 더해 좁은 차고에 붙어 앉아 늦은 시간까지 잠도 자지 않고 자신들이 구상한 사이트의 이름을 지었다. 개인용 텔레비전을 상기시키는 여러 단어를 떠올린 헐리는 텔레비전을 가리키는 옛 속어, '붑 튜브boob tube'를 변형하기 시작했다. 당신을 위한 튜브. 구글에 해당 단어를 검색했다. 아무런 결과도 나오지 않았다. 그날 저녁, 세 사람은 YouTube.com 도메인을 구매했고, 이로써 확고한 계획의 첫 발걸음을 뗐다.

그로부터 8일 후, 헐리는 "전략: 의견 부탁해"라는 제목으로 카림이 보낸 이메일을 열었다.

사이트가 번듯해 보여야 하지만 너무 전문적인 느낌은 아니었으면 좋겠어. 몇 명이서 뚝딱 만든 것처럼 보여야 해. 핫오어낫과 프렌드스터도 사용하기 쉽고 너무 전문적이지는 않아 보이는데 엄청난 성공을 거두었잖아. 너무 전문적으로 보이면 사람들이 부담스러워할 거야…

디자인의 가장 중요한 측면은 사용의 편이성이야. 우리 엄마들도 이 사이트를 쉽게 사용할 수 있어야 해.

타이밍/경쟁사:

타이밍은 완벽한 것 같아. 작년부터 디지털 영상 녹화가 흔해진 데다 이제는 디지털카메라 대부분이 녹화 기능을 갖추면서 그 흐름에 힘을 실어주고 있으니까.

내가 주목하는 사이트가 하나 있는데, stupidvideos.com도 영상을 올리고 시청자들이 평가하는 곳이야. 다행스럽게도 이 사이트는 큰 인기를 얻지 못하고 있어. 그 이유가 무엇인지, 왜 우리 사이트가 더 큰 호응을 얻을 수 있을 거라 생각하는지 논의해봐야 할 것 같아.

헐리는 메일을 계속 읽어 내려갔다.

사이트 초점

우리가 초점을 맞춰야 할 것은 절대적으로 데이트가 되어야 해. 핫오어낫처럼. 핫오어낫이 그리 데이트 사이트 같아 보이지 않는다는 데 주목해야 할 것 같아. 그 점을 사람들이 부담스럽지 않게 느끼는 거니까. 내 생각에는 데이트에 중점을 둔 영상 사이트가 stupidvideos.com보다 큰 관심을 끌 것 같아. 왜냐고? 미혼인 사람들 대다수는 데이트와 여성을 찾는 것이 주된 관심사니까. 한심한 영상들은 계속 보는 데도 한계가 있거든.

헐리는 결혼을 했지만 사람들이 영상을 만들고 시청하는 데 데이트가 동기가 될 수 있다는 점은 동의했다. 몇 주 후 그는 "사람들은 무언가를 보고 싶어 하고 또 누군가가 자신을 봐주길 바란다"라고 이메일에 적었다. 카림의 이메일은 유튜브의 론칭 목표 날짜로 끝이 났다. 바로 2005년 5월 15일이었다.

세 사람은 행동을 개시했다. 헐리는 YouTube.com이 방문자들에게 어떻게 보일지를 고민했다. 첸과 카림은 사이트에 생명력을 불어넣어줄 코딩 작업을 진행했다. 3월 20일 야후가 플리커Flickr를 인수한다는 발표가 나왔다. 웹 거물이자 온라인 활동에서 중요한 '포털' 역할을 하는 야후는 연간 10억 달러를 긁어모으는 기업이었다. 세련된 웹 2.0 서비스인 플리커는 디지털 사진을 업로드하는 사이트였다. 야후가 인수에 무려 2,500만 달러를 들였다는 보도가 전해졌다. 이 플리커 인수가 불을 지폈다. 카림은 "새로운 방향"이라는 제목으로 또 다른 메일 한 통을 발송했다.

> 채드와 오늘 이야기를 나눴는데, 사이트의 초점을 플리커 쪽으로 맞춰야 할 것 같아. 기본적으로는 온갖 개인적인 영상들을 올리는 인터넷 저장소로.

이후 몇 주간 헐리와 첸, 카림은 더욱 매진하며 사이트가 어떻게 운영되어야 할지 새롭게 논의했다. "데이트 사이트처럼 가야 할까, 아니면 사진 사이트로 가야 할까?" 첸은 한 이메일에서 핫오어낫은 "호르몬이 날뛰는 힙한 대학생"의 관심을 끄는 사이트인 반면, 플리커는 "디자이너와 아티스트, 창의적인 사람"에게 닿을 것이라고 적었다. "누가 유튜브를 사용할까? 사이트를 두 개 만들어야 하는 것은 아닐까?" 헐리는 영상을 온라인상에서 올리는 것도 편집하는 것도 까다롭다는 점을 우려해 플리커 모델을 고민했지만, 유튜브 사이트를 포기하고 싶지는 않았다. 4월 3일 일요일 밤늦은 시각, 헐리는 두 사람에게 사이트를 일단 세상에 내보내야 한다는 내용의 이메일을 보냈다. "앞으로 어떤 방향으로 가야 할지 알아가면" 된다면서 말이다.

열흘 후 한 가지 걸림돌이 나타났다. 구글이 아마추어 비디오를 올릴 사람들을 모집하는 온라인 공고를 낸 것이다. 이후 구글이 해당 영상을 온 세상 사람들이 보도록 공유할 수도 있었다. 헐리는 당시 자신이 이런 반응을 보였다고 전했다. "아, 젠장." 구글은 야후보다 두려운 존재였다. 처음 시작할 때만 해도 수많은 웹 검색 엔진 중 하나였지만 얼마 지나지 않아 경쟁사들을 모두 무너뜨린 기업이었다. 이제 구글은 진짜 야심을 드러내기 시작한 것이다. 2004년 4월 1일 만우절 날, 구글은 이메일 서비스인 지메일Gmail을 출시했는데, 전례 없는 규모의 무료 저장 용량을 제공한 나머지 사람들이 장난이라고 생각할 정도였다. 이후 구글은 엄청난 규모의 무료 디지털 세계지도 서비스를 발표했다. 자금 수도꼭지와 뛰어난 프로그래머를 보유한 구글이 이번에는 유튜브를 잡으러 다가오고 있었다.

이후 헐리와 두 친구들이 만났을 때는 새로운 안건이 등장했다. "포기해야 하는 거 아닐까?"

. . .

채드 헐리는 펜실베이니아주 리딩에서 자랐고, 나중에 캘리포니아로 와서는 누구나 그렇듯 거실 바닥에서 지내는 생활부터 시작했다. 펜실베이니아의 한 작은 대학을 다니며 웹사이트를 대충 구색만 갖춰 제작하는 특이한 일을 하다가 졸업 후 부모님 집으로 다시 들어갔다. 그는 별 목표도 없이 지루한 시간을 보냈다. 그러던 어느 날 잡지『와이어드Wired』를 대충 넘겨보던 그의 눈에 팜파일럿PalmPilot이라는 초기 포켓용 컴퓨터로 돈을 송금하는 서비스를 개발 중인 캘리포니아 회사 컨피니티Confinity에 관한 기사가 들어왔다. 컨피니티에서 디자이너를 찾고 있었다. 그는 충동적으로 이력서를 보냈다. 다음 날 연락이 왔다. "내일 면접에 오실 수 있습니까?"

1999년의 일로, 당시 실리콘밸리는 자금은 두둑하고 자리만 채우면 되는 인력이 간절한 상황이었다. 컨피니티는 헐리를 즉시 채용하며 자사의 새로운 결제 서비스인 페이팔의 로고 디자인을 요청했다. 그는 혁신과 상업적 성공의 새로운

유튜브 공동 창립자 채드 헐리(2009)

중심지로 부상한 북부 캘리포니아로 향했고, 바닥에 매트리스 패드를 깔고 잠을 자는 생활을 했다. 일리노이 출신의 프로그래머로 그에게 잘 곳을 제공한 에릭 클레인Erik Klein 또한 거실 생활로 캘리포니아에서의 삶을 시작했다. 컨피니티에서 고용한 신입들은 거의 다 처음에는 회사 근처 어딘가의 매트리스 패드나 소파에서 지냈다. 경력도 삶의 경험도 거의 없는 20대들은 신용 조회 없이도 아파트를 임대해줄 브로커를 기다렸다.

얼마 지나지 않아 그는 컨피니티의 또 다른 신입 직원인 스티브 첸을 알게 되었다. 젊은 코더coder인 그는 통통한 얼굴에 검은 머리를 뾰족하게 세웠고 잘 웃었다. 첸은 시카고에서 졸업을 한 학기 앞두고 대학을 그만두면서 부모님께 큰 충격을 선사한 후 편도 티켓 한 장을 끊어 이곳에 왔다. 타이베이에서 태어난 첸은 여덟 살 때 부모님과 미국으로 이주했다. 당시 그는 승무원에게 영어로 물을 달라는 말도 제대로 하지 못했다. 시카고 교외에서 지낸 어린 시절 대부분은 영어를 배우는 데 매진했다. 열다섯 살 때 일리노이 수학과학 고등학교에 입학한 후 그곳에서 자신이 유창하게 할 수 있는 언어를 찾았다. 바로 '컴퓨터 언어'였다. 거대한 데스크톱을 얻게 된 그는 지켜보는 부모님이 없는 곳에서 커피를 들이키며 밤늦게까지 스크린을 움

직이는 코드를 갖고 놀았다. 이후 일리노이대학교에서 컴퓨터 공학을 전공했지만 강의를 빼먹기 일쑤였다. 어떠한 일을 수행하는 데 최적화된 프로그램이나 알고리즘을 만들고 코드로 결과물을 내야 하는 과제들이 주어졌다. '만약if' 이것이라면 '그럼then' 저것이다의 구조였다. 첸은 책 한 권과 키보드면 해결할 수 있었다. 또한 그는 이미 업계에 아는 사람도 있었다. 일리노이대학교 동문이자 컨피니티 창립자 중 한 명인 맥스 레브친Max Levchin은 첸이 졸업한 고등학교 출신을 채용하고 싶어 했다. 언젠가 레브친은 기자에게 일리노이 과학고등학교가 "뚝심 있고 영리하며 성실하고 예의 바른" 코더를, 스타트업에 딱 맞는 인재를 대량으로 배출한다고 전하기도 했다. 일요일에 컨피니티에 첫 출근해 사무실에 입성한 첸의 눈에 코더 네 명이 게임을 하는 모습이 들어왔다. 천국이었다.

첸은 카푸치노와 담배에 기대어 밤늦게까지 일하는 것을 좋아했고 정오가 지나야 비틀대며 출근을 하기도 했다. 동료들은 그를 두고 짓궂은 조커라며 놀렸다. 그는 담배를 피우러 자주 나갔고, 다른 사람들은 피하고 기술적으로 세련되지 못한 다른 해결책을 찾아 프로그래밍의 '지름길'을 택할 때가 많았다. 첸은 다른 동료들은 쓰지 않던 모호한 컴퓨터 언어인 파이썬 Python으로 코드를 작성하는 일을 좋아했다. 오픈 소스이고, 전 세계 기여자들에 의해 만들고 유지되었다는 점, 그의 내면에도 자리한 자유분방한 정신이 깃들었다는 점에서 파이썬을 좋아했다.

가끔 그는 일리노이대학교를 졸업한 이민자로 재능과 장난기 넘치는 자웨드 카림Jawed Karim과 일을 함께 하기도 했다. 카림 또한 규칙이 유연하게 적용되는 인터넷의 개방성을 좋아했다. 대학 때 카림은 기술에 능한 대학생들이 온라인에서 음악 파일을 복사하는 데 사용했던 파일 공유 서비스인 MP3 보이어Voyeur를 개발했는데, 이는 유사한 프로그램인 냅스터Napster가 출시되기 몇 달 전의 일이었다.

첸과 카림, 헐리는 컨피니티에서 격동의 시기를 겪었다. 당시 스타트업들은 피 냄새가 나는 주변을 빙빙 도는 상어들처럼 돈 냄새를 따라 급히 방향을 틀었다. 컨피니티는 첫 번째 아이템이었던 보안 소프트웨어를 버리고 모바일 결제 시스템으로 전환했다. 시장이 지나치게 과열되며 젊은 인터넷 비즈니스를 처참하게 무너뜨린 닷컴 사태에서 간신히 살아남은 이 기업은 '페이팔'로 사명을 바꿨다. 잔해 속에서 탄생한 페이팔은 상장 기업이 되었고, 2002년에 경매 사이트인 이베이eBay에 인수되었다.

유튜브 공동 창립자 스티브 첸(2007)

페이팔의 초창기 직원들은 A형(경쟁적이고 성취 지향적이며 인내심이 부족한 완벽주의적인 성향—옮긴이)의 '과잉성취자'들로 구성된 끈끈한 집단이었다. 기업이 이베이에 인수된 후 이들 가운데 몇몇은 우량 투자 회사에 가거나 옐프Yelp, 링크드인LinkedIn, 스페이스XSpaceX 등 유명 기업을 창업했다. 언론에서는 (거의 다 남성으로 구성된) 이 핵심 그룹을 두고 '페이팔 마피아'라는 이름을 붙였다. 유튜브 창립자들은 페이팔에서 B팀으로 불리는 쪽이었다. 헐리는 이베이 인수 후 얼마 지나지 않아 답답한 조직 문화에 염증을 느끼며 회사를 떠났다. 첸은 페이팔이 중국으로 사업을 확장하는 일을 진행했지만, 기업이 프로그래밍에 대한 열정보다 재정적 이익을 더욱 가치 있게 여긴다는 생각이 들면서 마찬가지로 조직 문화에 신물이 났다.

2005년 초, 두 사람이 영상 웹사이트라는 새로운 아이디어에 대해 말할 당시 이들을 진지하게 생각하는 사람은 거의 없었다. 4월 첸은 테스트 웹사이트를 예전 동료들에게 보냈다.

"좋네." 페이팔 동료가 답장을 보냈다. "잘 돌아간다. 그런데 파르노는 어떻게 관리할 거야?"('포르노'의 오타였다). 첸은 잘 관리하겠다고 안심시키고는 이렇게 물었다. "영상 올려 볼래??????"

인터넷이 아직은 거대한 공개 무대로 자리 잡지 않았을 때였고, 사람들이 인터넷을 자신의 이야기를 공유하는, 그러다 지나치게 공유하게 되는 것이 당연한 공간으로 여기지 않을 때였다. 정제되지 않은 개인의 모습을 올린다는 것이 이상하게 느껴지던 시기였다. 첸의 전 동료는 이렇게 적었다. "내가 영상이 없을 거 같은데."

. . .

결과적으로는 미적지근한 반응이 유튜브 창립자들을 단념시키지는 못했다. 아마추어 웹 영상에 진입하려는 구글도 마찬가지였다. 사실 구글만 있었던 건 아니다. 마이크로소프트에서도 영상 사이트를 운영하고 있었고, 레버Revver, 메타카페Metacafe와 같은 수많은 스타트업들, 빅보이스Big Boys와 이바움스월드eBaum's World와 같이 도를 넘는 충격을 선사하는 포털 사이트도 있었다. 전부 자사의 웹사이트나 어플로 영상을 게시할 수는 있었지만 영상이 인터넷 어디서나 재생되도록 하지는 못했다. 유튜브는 그 방법을 찾았다.

자웨드 카림은 하우스 파티 자리에 참석했다가 알고 지내던 페이팔 코더 유 팬Yu Pan을 만나 자랑을 늘어놨다. "플래시Flash로 할 수 있어요." 카림이 설명했다. 텍스트와 오디오, 비디오 그래픽을 렌더링하는 소프트웨어 프로그램인 플래시를 통해 유튜브는 자사의 비디오 플레이어 박스를 다른 웹사이트에 삽입할 수 있었다. 실로 이것이 3인조의 가장 뛰어난 수手이자 유튜브가 다른 모든 경쟁사를 뛰어넘을 수 있게 한 혁신이었다. 파티에서 카림은 팬에게 테스트 영상을 로딩해 보여주었다. 페이팔에서 플래시를 잠깐 고려한 적이 있었던 팬은 그 기술적 잠재력을 완전히 이해하고 있었다. 화면에는 헐리가 디자인한 단순한 직사각형과 작은 삼각형의 플레이 버튼이 픽셀로 등장했고, 이 미니어처 TV는 온라인 어디서나 켤 수 있었다.

플래시로 영상을 재생시키는 것은 쉬웠다. 하지만 영상과 소리의 싱크를 맞추는 것은 쉽지 않았다. 첸은 자신이 말하는 모습을 담은 4초짜리 영상을 제작하고 작성한 코드로 다시 돌아가길 수없이 반복하며 입술과 소리가 함께 움직이는지 확인했다. 세 사람이 싱크가 잘 맞는 것을 확인한 뒤에는 카림의 어설픈 눈짓이 담긴 18초짜리 클립을 첫 정식 영상으로 사이트에 올렸다.

 자웨드: 동물원에 있는 나
(**Jawed**: Me at the zoo)

▶ ▶| 2005년 4월 23일 · 00:19

카림은 검은색 스키 재킷을 입고 샌디에이고 동물원에 서 있다. 아이들이 떠드는 소리 때문에 그의 목소리가 거의 묻힐 정도지만 그의 입술은 음성과 딱 맞게 움직이고 있다. "네, 그러니까 저희는 지금 코끼리 앞에 있는데요." 카메라를 곧장 바라보며 그는 이렇게 말한다. "이 코끼리들이 멋진 점은 코가 정말로, 정말로, 정말로 -잠시 멈춤- "길다는 거죠. 네, 딱히 더 할 말은 없네요."

사이트를 채우기 위해 카림은 747 여객기가 이착륙하는 클립을 올렸다. 첸은 튜나팻tunafat이라는 닉네임으로 반려묘 PJ의 클립을 올렸다.

하지만 더욱 많은 자료가 필요했다. 이들은 여전히 데이트 사이트 아이디어를 놓지 않고 있었고, 그것이 가능하려면 여성들의 영상이 많이 필요했다. "유튜브는 창의적인 콘텐츠를 찾고 있습니다!" 첸은 크레이그스리스트Craigslist(미국 온라인 생활 정보 사이트—옮긴이)에 게시글을 올렸다. "여러분이 여성이거나 18~45세의 대단히 창의적인 남성이라면, 짧은 영상 클립을 만들 수 있는 디지털카메라를 보유하고 있다면, 다음 단계를 거쳐 20달러를 수령하실 수 있습니다." 참여 방법은 다음과 같았다. Youtube.com 사이트를

유튜브 공동 창립자 자웨드 카림(2008)

방문하고, 계정을 개설하고, 자신의 모습을 담은 영상 세 개를 올리면 되었다. 방문자들은 "18~45세의 남성을 찾는 여성입니다"라고 적힌 드롭다운 메뉴를 선택할 수 있었다.

이들은 해당 게시글을 라스베이거스와 로스앤젤레스 지역에 올렸다. 아무런 반응도 얻지 못했다.

다시 시작 단계로 돌아간 헐리는 창의성을 강조한 메시지가 너무 부담스럽게 느껴질 거라 판단했고, "보통 사람들이 찍은 아주 개인적인 클립"을 장려해야 한다고 주장했다. 그가 보기에 사이트의 단점은 명확한 목적이 부재하다는 것이었다. 개인의 의견을 과시하는 곳인가, 아니면 성적 매력을 과시하는 곳인가? 대단히 화가 난 그는 메일에 이렇게 적었다. "너희 때문에 자꾸 헷갈려서 그러는데 우리 블로그로 가는 거야, 아니면 데이트로 가는 거야?" 카림이 답장을 썼다. "블로깅은 잊어. 자신의 영상을 올릴 수 있는 사이트가 되어야 해. 당신의 모습을 방송하세요, 이거라고." 세 사람이 정했던 초기 슬로건 "보다, 연결되다"는 통하지 않았다. 이제 카림은 새로운 슬로건 "당신의 모습을 방송하세요"를 사이트의 모토로 제안하고 있었고, 그것으로 결정이 났다.

얼마 지나지 않아 카림의 직설적인 성격이 두 공동 창립자의 신경을 거스르기 시작했다. 하지만 그의 결단력과 모토가 그해 5월 세상에 공개된 사이트에 도움을 준 것만큼은 분명했다. 하지만 유튜브의 진짜 동력은 한 달 후 세 사람이 선견지명을 발휘해 사이트에 변화를 준 데서 비롯되었다. 이들은 사람들이 댓글을 남기는 기능과 친구들에게 클럽의 링크를 쉽게 보낼 수 있는 작은 버튼을 추가했다. 또한 영상을 클릭하면 관련 콘텐츠가 페이지 우측으로 죽 등장해 더 많은 영상을 시청하도록 유도했다.

. . .

유튜브가 생기기 몇 년 전, TV의 주인인 미국의 방송 네트워크사들(NBC, ABC, CBS, 폭스)은 첫 번째 강적인 케이블과의 혈전에서 살아남아서, 타격을 입고 꺾였지만 어쨌거나 살아남아서 돌아왔다. 1990년대 여러 규제 기관에 힘입어 케이블방송국 군단은 전파를 장악했고 TV가 등장한 이래로 내내 방송 네트워크가 지배해왔던 시청자와 광고를 점령해나갔다. 네트워크사들은 이에 맞섰다. 이들은 경쟁력 있는 24시간 방송(MSNBC, 폭스 뉴스)을 시작했고 서로 통합해나갔다. CBS의 소유주인 바이어컴Viacom은 단 몇 년 만에 TNN과 BET, MTV를 인수했다. 하지만 이들의 우승 병기는 리얼리티 TV였다. 아마추어 출연진과 대본이 거의 없는 (또는 아예 없는) 쇼는 적은 제작비로 시청자들을 사로잡았다.

하지만 2005년이 되자 리얼리티 쇼의 참신함이 사라져갔다. 〈더 리얼 월드The Real World〉는 열여섯 번째 시즌, 〈서바이버Survivor〉는 열 번째 시즌에 접어든 상황이었다. 리얼리티 TV의 수가 너무도 뻔해졌다. 이제 시청자들은 리얼리티 쇼의 캐릭터들과 드라마가 사실 무대 위의 상황이라는 것을, 정제되어 있다는 것을, 그 안에서 탄생한 스타덤은 기껏해야 반짝 15분간의 명성으로 끝난다는 사실을 알고 있었다. 네트워크사들은 이런 분위기에 맞춰 달라졌다. 이들은 사람들이 얼굴은 알지만 이름은 잘 모르는 유명 인사를 찾거나(ABC는 〈댄싱 위드 더 스타〉를 방영했다) 오래 지속되는 진짜 명성을 약속하는 것이었다. 폭스의 새로운 쇼 〈아메리칸 아이돌〉은 한 회에 약 2,600만 명의 시청자를 끌어모으며 TV 순위에서 1위를 차지했다. 그 전년도에 대성공을 거둔 〈프렌즈〉의 종영으로 초조해하던 NBC 경영진은 예상치 못하게 〈어프렌티스The Apprentice〉의 성공이라는 호재를 누렸다. 한물간 부동산 사업 상속자였던 도널드 트럼프가 진행한 리얼리티 경쟁 프로그램이었다. TV 거물들은 인터넷이 음악 업계에 어떤 영향을 미쳤는지 지켜봤다. 냅스터라는 사이트에서 불량한 해적(저작권 침해자 ― 옮긴이)들이 음악을 무료로 나누며 업계를 말살시킨 바 있었다. 다행스럽게도 베이비붐 세대는 여전히 리얼리티 TV에 흠뻑 빠져 있었다.

하지만 젊은 시청자들은, 좀처럼 파악하기가 어려운 문화의 선도자들은 또 한 번 방송과 멀어진 지 오래였다. 조지 W. 부시 대통령 재임 기간 당시 코미디 센트럴Comedy Central의 존 스튜어트Jon Stewart에게서 뉴스를 전해 듣던 세대였다. 이들은 마이스페이스MySpace(블로그 서비스 ― 옮긴이)를 하며 시간을 보냈다. 2005년 여름, 마이스페이스는 온라인에서 가장 인기 있는 사이트였고, 한 달에 방문객 1,600만 명을 불러들이며 세계에서 다섯 번째로 유명한 웹 목적지가 되었다.

그 당시 스티브 첸은 유튜브의 성장을 가속화할 지름길을 마이스페이스에서 찾았다.

마이스페이스는 블로그와 음악, 광고가 정신없이 뒤엉킨 집합소였다. 하지만 영상은 없었다. 첸은 마이스페이스 애호가들이 유튜브의 이상적인 타깃이라고 여겼다. 이미 사진을 공유하는 사람들이었다. 그렇다면 영상이 안 될 이유가 있을까? 플래시 덕분에 유튜브는 사이트의 영상 파일을 마이스페이스 페이지에 직접 재생시킬 수 있었고, 그렇게 방문객들을 유튜브 사이트로도 유도할 수 있었다. 새로운 이용자들이 사이트로 찾아와 가족 여행 영상, 고양이 클립, TV에서는 볼 수 없던 특이한 콘텐츠를 올렸다. 댓글 쓰기와 관련 영상을 보여주는 새로운 기능에 힘입어 마이스페이스에서 트래픽이 꾸준하게 유입되었고 이 흐름은 좀처럼 잦아들지 않았다.

어쩌면 첸이 또 다른 소셜 네트워크의 도움을 받았을지도 모를 일이었다. 페이팔을 떠난 그는 당시 하버드대학교 학생들이 모여 시작한 스타트업인 페이스북에 몸담았다. 페이스북 초창기 직원 중 한 명은 첸이 페이스북에 있을 때 YouTube.com을 자랑하던 일을 기억하고 있었다. 첸은 유튜브 때문에 그만둔 후에도 페이스북 컴퓨터를 계속 소지하고 있었는데, 페이스북 내 몇몇은 그가 해당 기기로 코드를 썼다고 의심했고 그게 사실이라면 지적 재산은 페이스북에 있는 것이었다. (첸은 이를 부인하며 페이스북 사무실에 컴퓨터를 돌려줄 시간을 내지 못한 것뿐이라고 설명했다. 페이스북은 이 사안을 공식적으로 문제 삼지는 않았다.[5])

첸은 바쁜 한 해를 보내고 있었다. 그해 여름, 마이스페이스에서 시청자들과 업로더들이 몰려오자 그는 유튜브가 가라앉지 않으려면 도움이 필요하다는 사실을 즉시 깨달았다. 따라서 페이팔의 동료들을 호출했다. 그는 숙련된 코더이자 동료들이 '미치광이 과학자'라고 불렀던 유 팬을 꾀었다. 에릭 클레인은 목요일에 페이팔을 사직하고 월요일 오전 첸과 대화를 나눈 후 그날 오후 새 노트북과 새 직장을 얻었다. 얼마 지나지 않아 페이팔 동료들 몇 명이 유튜브에 합류했다.

매일같이 팀에게는 한 가지 지령만이 주어졌다. YouTube.com이 먹통이 되어서는 안 된다는 것이었다. 한 번씩 버그나 영상 업로드 용량으로 웹사이트가 장애를 일으켰다. 유튜브가 임대했던 작은 사무실까지 열차를 타고 오가던 코더들은 육중한 노트북과 무선 모뎀을 급히 꺼내 통근 길에도 일을 했다. 야행성인 첸은 자정 넘어서까지 항의 메일을 읽고 매일 아침 팀을 위해 새로 마련한 해결책 한 무더기를 정리해두었다. 영상 하나가 온라인에서 재생되기 위해 유튜브는 막대한 컴퓨팅과 대역폭, 장비가 필요했다. 첸은 42U 서버랙(서버를 보관하는 용도의 거대한 상자로 냉장고보다 크다)을 말 그대로 한 트럭 구매했다. 하지만 오래가지 못하는 해결책이었다. 9월이 되자 유튜브 사이트의 일일 재생 영상이 10만 개가 넘었다. 결국 첸은 서버 공간을 대여하는 텍사스의 회사를 찾아 개인 신용카드로 비용을 지불했고, 카드 한도가 초과되는 일이 비일비재했다.

페이팔에서 프로그래머들은 평상시에 자사의 서비스가 아니라 현금을 사용했다. 농담 반 진담 반으로 시스템이 대단히 불안정해 거래 한 건이 추가되면 자칫 먹통이 될 수 있었기 때문이다. 이들은 이 전통을 유튜브에서도 고수했다. 사이트 이면의 시스템을 만든 사람들은 정작 사이트 내 어떤 영상도 보지 않았다.

하지만 책임자 자리에 있는 창립자들은 영상을 보려고 노력했다. 얼마 지나지 않아 기발한 홈비디오 영상에 TV와 지나칠 정도로 흡사한 장면이 등장하기 시작했다. 7월, 헐리는 〈버드라이트 광고〉라는 타이틀의, 불법으로 TV 광고 장면을 도용한 동영상 몇 개를 발견했다. 그는 해당 영상을 내려야 한다는 쪽이었다. 맥주 제조사가 광고의 저작권을 보유하고 있으니 제작사 동의 없이 영상이 게재된다면 유튜브가 법적 분쟁에 휘말릴 수 있었다. 하지만 카림은 이에 반대하며 삭제된 스물여덟 편의 영상을 복원시켰다. 그는 이 클립들이 널리 퍼져야 사이트를 더 많은 사람에게 알릴 수 있다고 이메일에 적었다. "위험을 감수할 만한 가치가 있어."

헐리는 언짢은 듯 답했다. "뭐 좋아. 소송 비용이 필요할 테니 식비 좀 저축해놓으라고! ;)"

그다음 달, CNN에서 보도한 나사NASA 우주왕복선 착륙 장면을 그대로 가져온 유튜브 클립을 발견한 헐리는 전보다 진지해졌다. "CNN의 소유주 터너Turner 쪽 사람들이 우리 사이트를 보게 된다면 엄청 화낼까?" 그는 메일에 이렇게 적었다. "이 사람들이야말로 거금을 내고 우리 사이트를 인수할 사람들이잖아. 그러니까 이 사람들 좀 행복하게 해주자고."

헐리는 터너 쪽 사람들 눈치를 보느라, 첸은 사이트가 잘 운영되도록 유지하느라 바쁜 한편, 카림은 출구로 향하고 있었다. 첸과 마찬가지로 카림은 대학을 그만둔 후 무명의 인터넷 기업에 취직한 것이었다. 온라인으로 학위를 수료했지만 두 분 다 과학자였던 부모님은 페이팔의 성공에도 불구하고 그에게 대학원 진학을 권했다. 그해 가을 카림은 유튜브를 떠났다. 사이트에 전문성이 가장 필요한 순간에 전문 프로그래머가 떠나고 나자 첸은 버림받은 기분을 느꼈고 울적했다. 훗날 유튜브 내 카림의 역할을 두고 논쟁이 벌어졌다. 카림은 2004년도 인도네시아 쓰나미나 슈퍼볼에서 자넷 잭슨Janet Jackson의 가슴 노출과 같이 중요한 TV 장면들을 실시간으로 보지 못한 데 안타까움을 느끼고 유튜브의 초안을 떠올렸다고 사람들에게 말했다. "방송이 나간 후에는 왜 다시 볼 수 없는 걸까?" 첸은 자신의 집에서 열린 파티 자리에서 대화를 나누던 중에 아이디어가 떠올랐다고 말했다.

. . .

카림이 떠난 후, 유튜브는 진정으로 날아오르기 시작했지만 카림의 공동창립자들이 딱히 무언가를 해서 그런 건 아니었다. 젊고 창의적인 괴짜들이 홀로 문화적인 발자취를 남겨보려고 열성적으로 유튜브를 이용하기 시작한 덕분이었다.

브룩 브로닥Brooke Brodack이 크리스마스에 첫 비디오카메라 포장을 뜯었을 때 그녀는 열 살이었다. 어쩌면 열한 살이었을지도 모른다. 그녀는 잘 기억하지 못했다. 다만 카메라를 들고 뒷마당을 한참 돌아다니며 영상을 찍은 일과 연휴 때 가족들이 둘러앉아 칠면조 고기를 먹는 모습을 찍은 뒤 자신이 촬영한 영상을 보여주기 위해 가족들을 한데 불러 모았던 일은 기억하고 있었다. 열세 살 때 그녀는 짧은 분량의 재미있는 상황극 각본을 쓰기 시작했고, 촬영을 계획하고 편집하는 법도 배웠다. 이 취미는 대학생 때까지 이어졌다. 대학에서 그녀는 방송을 전공했고 매사추세츠주의 우스터에서 지역 사람들이 '럭키99'라고 부르는 서프앤드터프(해산물과 육류가 함께 나오는 요리—옮긴이) 음식점에서 안내와 예약을 담당하는 종업원으로 근무했다.

2005년 가을, 그녀는 근무 교대를 하던 중 영상을 찍을 새로운 캔버스를 발견했다.

▶ ▶❘   04:03

대문자로 크게 적힌 경고 문구가 등장한다. "이 영상에는 중독성 심한 노래와 춤이 담겨 있습니다. 일부 시청자는 쉽게 동화되어 유명세를 얻기 위해 따라 하게 될지도 모릅니다." 한쪽을 더 높게 묶은 양 갈래 머리를 하고 앞니가 크게 벌어진 젊은 여성 하나가 화면에 등장한다. 인터넷상에서 특정 집단만 아는 농담인 '#1 누마 팬'이라고 적힌 종이가 스테이플러로 티셔츠에 박혀 있다.

유튜브에 가입한 후 당시 열아홉 살인 브로닥은 '브루커스'라는 닉네임으로 홈비디오 영상을 마구잡이로 올려댔다. 그중 한 영상에서 그녀는 시카고라는 밴드의 노래를 립싱크로 부르며 일본도를 휘둘렀다. 〈정신 나간 누마 팬!〉 속 그녀는 침실의 웹캠 앞에서 영상을 찍는 또 한 명의 퍼포머인 게리 브롤즈마Gary Brolsma에게 푹 빠진 열성 팬으로 분했다. 유튜브가 생기기 전인 2004년, 게리 브롤즈마가 Newgrounds.com에 올린 영상이 있었다. 해당 영상에는 동그란 얼굴에 헤드폰을 쓰고 카메라를 빤히 바라보는 브롤즈마가 등장했다. 일렉트로닉 음악이 큰 소리로 시작되며 유로 팝송이 흘러나왔고, 루마니아어로 된 후렴구가 "누마 누마"라고 하는 것처럼 들렸다. 립싱크를 하며 노래를 따라 부르던 브롤즈마는 노래가 진행될수록 점점 더 흥분하기 시작했다. 혼자만의 즐거운 시간을 몰래 훔쳐보는 듯한 느낌을 주는 영상이었다. 유튜브에서 굉장한 인기를 거둔 브로텍의 영상은 그의 영상보다 길었고 검비Gumby(미국 만화 캐릭터 — 옮긴이)처럼 팔다리를 펄럭이는 모습이 더욱 야성적으로 느껴졌다.

2006년에 우연히 유튜브를 알게 된 사람들 대다수는, 그중에서도 특히 젊은 층은 브롤즈마의 클립을 아는 이들이었다. 컴퓨터 앞에 모여 앉아 그의 립싱크를 보며 웃음을 터뜨리던 사람들이었다. 브로텍은 누군가 열정을 표출하는 영상에 전염성이 있다는 것을 깨달았다. 내향적인 사람이 껍질을 깨고 나오는 모습을 지켜보는 것만 같았다. 그를 향한 브로텍의 헌사는 당시 피어오르기 시작한 유튜브 미학의 전형을 보여주고 있었다. 바로 재현과 소통, 무용함이었다. 복제의 복제가 이어졌고, 매번 새로 등장한 복제물은 이전 영상과 같은 뜨거운 인기를 끌었다.

2장

▶

원초적이고 무작위적인

쥐들. 쥐들로 가득했다. 환풍기와 천장 사이, 마룻장 아래. 맙소사, 날마다 늘어갔다.

2006년 초, 유튜브는 놀라울 정도로 규모가 빠르게 성장하면서 더 큰 사무실로 이전했다. 좀 엉망인 곳이었다. 스타트업은 샌프란시스코와 철도 노선 근처의 위성 도시인 샌머테이오의 아미치스Amici's 피자집 2층에 자리를 잡았고, 20대 소프트웨어 엔지니어들이 식사 후 청소를 거의 하지 않은 탓에 쥐 문제에 계속 시달리고 있었다.[7] 누군가 유튜브의 리셉션 데스크에 회사 마스코트로 쥐 인형 두 개를 가져다놓았다. 말발굽 모양의 사무실 중간에는 계단이 있었고, 열을 지어 늘어선 임시 책상들과 싸구려 형광등, 회색 카펫이 자리하고 있었다. 헐리와 첸은 몇 안 되는 창문 옆에 코너형 책상을 두고 함께 썼다. 헐리는 아티스트 한 명을 고용해 대역폭을 상징하는 의미에 더해 사무실 분위기를 산뜻하게 만들고자 빨간색과 회색의 나선형 무늬로 벽을 채웠다. 싸구려 흰색 천을 천장에 커튼처럼 걸어 칸막이로 썼다. 구글이 간식을 제공했던 것처럼, 직원용으로 코스트코에서 대용량 간식을 구매해두었지만 냉장고 안쪽에 자리한 음식이 그대로 썩기도 했다. 새로 입사한 직원들은 이케아IKEA 책상과 의자를 직접 조립해 써야 했는데, 체계가 갖춰지지 않은 스타트업의 현실이 고스란히 드러나는 의식과도 같았다.

헐리와 첸은 이사회를 꾸렸고 코더들과 함께 비즈니스를 이끌어갈 인력을 채용했지만, 전보다 더 많은 관심을 받고 있다고는 해도 유튜브는 흥미로우면서도 저속하다는 이미지를 벗어나지 못했다. 2월, 왕년 스타였던 가수 MC 해머MC Hammer가 요즘 새롭게 유행하는 사이트를 구경하기 위해 회사에 방문하자 입사한 지 얼마 안 된 케빈 도너휴Kevin Donahue가 회사 구경을 시켜주었다. 직원들은 이를 촬영한 클립을 유튜브에 올렸다(제목은 〈해머 타임Hammer Time!〉이었다). 『포브스』 기자도 사무실에 방문해 새아빠가 아이에게 잔인한 장난을 치는 유명 클립을 봤다. 아이는 비디오게임에 푹 빠져 있는 와중에 남자는 화면을 향해 사악한 표정을 지어 보인 뒤 공포에 질려 오열하는 척했다. "저러는 건 좀 아니지." 최근 유튜브에 합류한 또 한 명 크리스 맥시Chris Maxcy가 이렇게 말했고 사람들은 웃음을 터뜨렸다. 도너휴는 『포브스』에 자사의 사이트를 가리켜 "원초적이고 무작위적"이라고 표현했다.

불과 몇 달 전만 해도 유튜브는 여전히 운영비를 첸의 신용카드로 부담하며 간신히 버텨나가는 수준이었다. 다행히도 유튜브는 구세주를 찾았다. 그해 여름, 그때까지도 사이트에 새로 가입한 계정들을 일일이 살펴보던 두 사람은 그의 이름을 발견했다. 롤로프 보타Roelof Botha. 재력가였다. 페이팔에서 그는 머니 가이였다. 그곳에서 최고재무책임자CFO로 일했고, 이후에는 과거 구글을 후원했던 유명 벤처 캐피털 기업 세쿼이아 캐피털Sequoia Capital로 옮겼다. 훤칠한 키, 실용주의 성향, 경영학 학위와 참신한 기술에 집착하는 괴짜 성향까지 갖춘 남아프리카 출신의 보타는 얼마 전 이탈리아 전원 지역으로 신혼여행을 갔을 당시 디지털카메라를 챙겼다. 그는 페이팔 인맥을 통해 유튜브 사이트 이야기를 듣고는 그곳에 영상 몇 개를 올렸다. 페이팔 인맥 밖으로도 소문이 퍼져 나가고 있었다. 같은 해 8월, 구글 창립자들도 보는 영향력 있는 테크 뉴스 사이트인 슬래시닷Slashdot이 유튜브를 좋게 언급해 준 덕분에 새로운 트래픽 흐름이 밀려들었다. 보타는 전 페이팔 동료들에게 연락을 취했고, 같은 달 세쿼이아 파트너들에게 유튜브에 투자하자는 내용의 제안서를 보냈다.

8월 말, 유튜브 방문자는 8,000명, 이들이 재생한 영상 수는 1만 5,000개 이상이었다. 보타는 유튜브의 숫자를 면밀하

유튜브 투자자 롤로프 보타(2010)

게 분석했다. 유튜브가 영상을 제공하는 데 한 달에 약 4,000달러의 비용이 들었고, 영상 한 편을 재생할 때마다 컴퓨팅 기술에 1센트에 못 미치는 소액의 금액을 지불했다. 유튜브로서는 특별 영상 효과와 같은 기능을 제공해 사람들에게 요금을 부과할 수도 있고, 아니면 구글처럼 광고로 수익을 얻을 수도 있었다. 보타는 제안서에 플리커와 트립어드바이저Tripadvisor 등 "이용자 제작 콘텐츠user-generated content"를 기반으로 최근 성공을 거둔 웹 2.0 기업을 언급했다. 트립어드바이저는 여러 사람이 정보를 게시하고 공유하는 크라우드 소스 여행 사이트로 연간 1억 달러 이상의 매출을 기록하는 곳이었다. 유튜브도 최소 그 정도의 순이익을 거둘 수 있었다.[8]

보타의 제안서가 통과되었다. 11월 세쿼이아는 유튜브에 350만 달러를 투자하겠다고 발표했고 "하루에 블록버스터 비디오 대여점 하나를 통째로 인터넷으로 옮겨오는 것과 맞먹는 규모"라며 8테라바이트의 영상을 보유하는 유튜브의 경이로운 기술에 찬사를 보냈다. 블록버스터 비디오 대여점이 여전히 큰 인기를 누렸던 당시에는 상당히 놀라운 수치였다. 세쿼이아의 파트너인 마이클 모리츠Michael Moritz는 이후 유튜브를 두고 아마존, 마이크로소프트, 구글과 더불어 "인터넷의 네 번째 기수"라고 칭했다.[9] 세쿼이아는 보

타를 유튜브 이사회 자리에 앉혔고 30퍼센트 소유권을 가져갔다.

이 스타트업 기업이 샌머테이오의 피자집 위에 사무실을 임대할 수 있을 정도의 투자금이었다. 물론 쥐들이 자유롭게 돌아다니는 곳이기는 했지만. 한번은 회사에 새롭게 합류한 크리스 맥시가 악취의 진원을 찾다가 사무실 천장 근처 덫에 걸린 쥐의 부패한 사체를 발견했다. 슬랙스와 버튼다운 셔츠를 선호했던 맥시는 회사 내에서 유일하게 셔츠를 바지에 넣어 입는 사람이었지만(헐리와 첸은 옷을 갖춰 입어야 할 때도 셔츠를 빼고 입었다) 장난기도 많은 편이었다. 그는 팔을 쭉 뻗어 죽은 쥐를 담은 쓰레기봉투를 멀찍이 들었다. 부스스한 헤어스타일에 밑위가 짧은 청바지와 플란넬 셔츠를 입은 스물다섯 살의 신입 직원 마이카 샤퍼Micah Schaffer는 유튜브 영상을 촬영하기 시작했다.

"헤더한테 보여줍시다." 그가 농담을 던졌다.

여기서 헤더는 헤더 질레트Heather Gillette로 유튜브에 가장 먼저 입사한 직원 중 하나이자 사내 몇 안 되는 여성 중 한 명이었다. 팰로앨토 인근에서 자라는 동안 부모님은 항상 집을 임대했던 터라 성인이 된 그녀는 자가를 마련하는 것이 꿈이었다. 개들과 고양이들, 말 두 마리 그리고 닭 무리까지 동물들이 지낼 공간이 충분한 곳을 원했다. 그해 여름 그녀는 완벽한 공간을 찾아냈다. 아래로 야트막한 언덕 여러 개가 길게 뻗어 있고 레드우드 숲도 자리한 공터였다. 무척이나 만족한 그녀는 이 완벽한 장소를 가족들에게 보여주고자 작은 휴대용 비디오 레코더를 꺼냈다. 이 영상을 가족에게 보낼 방법을 찾아 웹을 샅샅이 뒤졌지만 25달러를 요구하는 불쾌한 MPEG 네이션 사이트밖에 나오지 않았다. 그녀는 어린 시절부터 친구인 캐시의 집에 가기 전까지만 해도 유튜브에 대해 들어본 적이 없었다. 캐시의 남편인 채드 헐리는 식당에 조용히 앉아 컴퓨터를 들여다보고 있었다. 캐시는 채드가 얼마 전 시작한 벤처 사업인 무료 영상 공유 사이트에 대해 설명했고 질레트는 그에게 다가가 그가 무슨 일을 하는지 살폈다. 고객 서비스 일을 했지만 당시에는 실직한 상태로 부지 매입을 고려 중인 그녀는 새로운 일자리가 필요했다. "저희는 고객 서비스가 필요하지 않을 것 같아요." 헐리가 말했다. "무료 서비스니까요."

하지만 몇 주 후 질레트가 다시 친구 집에 방문하자 헐리의 생각이 달라져 있었다. 사무실 관리자가 필요했다.

그렇게 사무실 관리자가 된 질레트는 쥐 문제를 해결해야 했다. 도저히 쥐를 죽일 수가 없었다. 그녀는 키우는 동물들을 '자식'처럼 생각했다. 동물을 향한 그녀의 애정은 직원들에게 놀림거리가 되었다.

• • •

하지만 질레트에게는 쥐보다 더 복잡한 문제가 있었다. 헐리가 콘텐츠 스크리닝screening(검사 및 사전 차단 — 옮긴이) 업무 또한 맡긴 것이었다.

유튜브가 무분별한 쇼크 사이트shock site(불쾌함과 심리적 충격을 불러오는 웹사이트 — 옮긴이)가 되는 것을 막기 위해 창립자들은 포르노와 극단적으로 폭력적인 콘텐츠의 업로드를 금지했다. 그럼에도 여전히 그런 것들이 올라왔다. 처음에는 평일에 직원들이 돌아가며 범인을 살살이 찾아내는 중재 업무를 맡았다. 첸은 늦은 밤 커피를 연거푸 들이키며 사이트를 살폈다. 이들이 만든 소프트웨어 시스템을 이용해 이용자들이 보기 불편하거나 규칙을 어기는 영상을 신고했다. 하지만 매일같이 쏟아지는 영상의 규모를 생각하면 더 나은 해결책이 필요했다.

질레트는 열 명의 중재자moderator를 고용해 인터넷상 최초의 최전선 근무자 그룹인 스쿼드SQUAD(안전Safety, 품질Quality, 이용자 보호User ADvocacy)팀을 꾸렸다. 이들은 컴퓨터 앞에 앉아 끝도 없이 밀려드는 이용자 신고 영상을 처리했다. 컴퓨터 화면 우측 구석에 네 개의 버튼이 나타났다. '승인'은 영상을 유지한다는 뜻이다. '음란'은 영상을 18세 이상용으로 표시하라는 뜻이고, '거부'는 영상을 내리는 것이며, '스트라이크'는 영상을 삭제하고 계정에 패널티를 부과한다는 의미였다. 패널티가 너무 많이 쌓이면 계정은 정지되었다. 질레트는 야간과 주말에 일할 관리자를 더 채용했고 다른 사람들에게 해당 화면이 노출되지 않도록 산업용 크기의 모니터 보호기를 구매했다. 처음 스쿼드팀은 사무실 입구에 자리했지만, 이내 유튜브는 방문객이 처음 맞닥뜨리는 광경이, 일렬로 죽 앉은 직원들이 인터넷의 어두운 이면을 들여다보는 모습인 것은 그리 이상적이지 않다는 생각이 들었다. 그래서 이들의 자리를 옮겼다.

마이카 샤퍼는 스크리닝 지침을 작성하는 업무를 맡았다. 그는 '불통과' 규칙 하나를 출력해 자신의 책상 위에 테이프로 붙였다. "정확히 하자면, 누군가의 생식기가 다른 누군가의 생식기 안에 있기 때문에 눈에 보이지 않는다면 그것은 음란에 속하는 게 아니라 스트라이크에 속합니다." 포르노가 문제였다. 유튜브가 디즈니와 파트너십을 맺고자 했을 때 디즈니 윗선에서는 유튜브에서 성인 비디오의 정지 프레임을 쉽게 찾아볼 수 있다는 것을 문제 삼았다. 어느 금요일 오전, 기자가 전화를 걸어 사이트에 성인물이 너무 많다며 어떻게 된 일인지 묻기도 했다. 점심시간에 자리에서 일어난 질레트는 모두 동참해 주말 동안 사이트에 있는 생식기를 모두 지워달라고 요청했다. 효과가 있었다. 전화를 걸어 온 기자는 기사를 내지 않았다.

하지만 중재 작업은 은밀한 신체 부위를 찾아내기만 하면 되는 그런 간단한 일이 아니었다. 유튜브에서 자원봉사 중인 변호사 제니퍼 캐리코Jennifer Carrico와 샤퍼는 일주일 동안 사무실에 함께 틀어박혀 가이드라인을 만들었다. 아슬아슬하고도 기상천외한 영상들을 계속해서 시청하던 두 사람은 기준을 세워나갔다. 이들은 신체 부위를 하나씩 짚어가며 어떻게 대처해야 할지 질문을 나눴다. "거기에 엄지를 넣을 수 있을까? 이걸 보여주는 영상은 어떻게 해야 할까?" 그러길 한참, 캐리코가 물었다. "우리가 도대체 어떤 판도라의 상자를 연 거죠?"

2006년 여름, 샤퍼의 대학 동기인 줄리 모라-블랑코Julie Mora-Blanco가 스쿼드팀에 합류했다. 유튜브가 연봉 4만 5,000달러와 건강 보험, 회사 지분을 제시하는 데 그녀는 매우 놀랐다. 자신이 마주하게 될 유해물에 대해 동료들의 경고는 충분히 들었다고 생각했다. 입사 초기인 어느 날 아침, 그녀는 이후 10년간 머릿속에서 지우지 못할 영상 하나를 보게 되었다. "어머, 세상에나!" 그녀는 영상이 재생되자마자 울음을 터뜨렸다.[10] 그녀는 해당 영상을 두고 어린아이와 어둑한 호텔 방이 나오는 영상이라고밖에 말하지 못했다. 한 동료가 이후 절차에 대해 알려주었다. "스트라이크"를 누르고 계정 정지시키고, 아동 노동 착취 감시 및 연방 당국 신고를 진행해줄 비영리기관으로 넘기라는 것이었다.

하지만 노골적인 포르노와 더불어 이런 종류의 괴로운 영상들이야말로 스쿼드팀이 완벽히 근절시켜야 하는 콘텐츠였다. 중재자들이 판단하지 못하는 영상은 질레트에게 넘어가고는 했다. 그녀는 대부분의 유해물은 평정심을 잃지 않고 볼 수 있었고 성인 포르노는 재밌다고 느낄 정도였다. 하지만 동물이 포함된 소름 끼치는 영상(힐을 신은 여성들이 동물을 밟는 페티시 영상, 고양이가 산 채로 끓는 물에 들어가는 영상)이라면 질레트는 다른 사람에게 부탁해야 했다. 그녀는 몇몇 영상을 본 뒤로는 수년간 악몽을 꾸기도 했다. 모라-블랑코와 동료들은 정신적 외상을 초래하는 업무(하나는 문어와의 성적 동의에 관한 영상을 보는 것이었다)를 이겨내는 대응 기제로 음울함 농담을 주고받았지만, 한편으로는 유튜브의 초기 커뮤니티를 안전하고 건전하게 유지하는 데 일조했다는 것에 깊은 자부심을 느끼기도 했다.

얼마 지나지 않아 질레트의 업무는 유튜브를 법적으로 아무런 문제가 없는 기업으로 유지시키는 것으로 확대되었다. 하루는 헐리가 그녀에게 다가와 유튜브의 컴퓨터 서버를 보관 중인 기업에서 온 작은 우편물을 건넸다. 종이에는 유튜브가 법을 어겼다는 내용이 적혀 있었다. "저작권 일을 처리해줄 수 있을까요?" 헐리가 물었다.

차고에서 일하던 초창기 시절부터 헐리는 저작권자의 허가를 받지 않은 불법 복제 영상을 게재하는 데 따르는 법적 위험을 인지하고 있었다. 유튜브가 성장해감에 따라 올드미디어의 삭제 요청 또한 늘어가고 있었다. (훗날 소송으로 밝혀진 바에 따르면, 유튜브 직원들은 인스턴트 메시지 채팅방에서 콘텐츠 삭제 요청을 두고 "저작권자 새끼들", "지긋지긋한 개자식들" 등 여러 표현을 써가며 불평했다.) 하지만 헐리는 만약 저작권자가 승인 했다면, 또는 유튜브가 침해 사실을 모르는 상태라면 영상을 내리는 한심한 짓을 할 필요가 없다는 것 또한 알고 있었다. 2005년 10월, 닉네임 조B_joeB_가 호나우지뉴의 환상적인 모습을 담은 3분 분량의 클립을 올렸다. 이 슈퍼스타 축구 선수는 당시 나이키와 계약을 맺고 있었다. 저작권 침해 콘텐츠일까? 이 영상은 큰 파장을 일으켰고, 유튜브는 이 클립을 그대로 두었다. 얼마 지나지 않아 유튜브는 조B가 나이키 마케팅 부서에 소속된 사람이라는 것을 알게 되었다.[11] 중요한 교훈 하나를 깨우치게 된 계기였다. 유튜브가 저작권자에게 위협이 될 수 있지만 오디언스(커뮤니케이션의 타깃 ─ 옮긴이)를 찾는 비즈니스에는 매우 가치 있는 도구가 될 수도 있다는 것이었다.

2006년 초, 유튜브에 제2의 조B가 될 또 다른 계정이 있었다. 바로 '레이지 선데이_Lazy Sunday_'였다.

NBC의 전설적인 TV 쇼《새러데이 나이트 라이브_Saturday Night Live_》는 연도 앞자리가 네 번째 바뀌는 세월 동안 참신함을 잃어가고 있었다. 쇼는 재기를 도모하며 흘러내리는 머리칼에 디즈니 왕자님 같은 턱선을 자랑하는 코미디언 앤디 샘버그_Andy Samberg_ 등의 신입 멤버를 캐스팅해 '디지털 쇼츠'를 방영하기 시작했다. 12월, 그의 팀이 꾸민 코너 '레이지 선데이(백인 남성 두 명이 컵케이크와《나니아 연대기》를 주제로 랩을 했다)'가 유튜브에 올라왔고 빠르게 퍼져 나갔다. 헐리는 NBC에 메일을 보냈다. "귀사가 올린 영상이 아니라면 저희 쪽에서 내려드리겠습니다. 말씀 주세요." 몇 주 동안 답장이 오지 않았고, '레이지 선데이'는 계속해서 조회 수를 늘려갔다. 그러던 중

2월 3일, 마침내 NBC 측 변호사는 유튜브에 해당 영상을 삭제할 것과 더불어 모든 영상에 '새러데이 나이트 라이브' 또는 'SNL'이라는 태그를 붙여달라는 내용의 단호한 편지를 보내왔다. 유튜브의 새 부사장인 케빈 도너휴는 이렇듯 이슈가 되고 있는 콘텐츠를 게재해 얻는 홍보 가치를 말하며 NBC를 설득하려 했다. 유튜브가 얻는 가치는 명확했다. 그달 유튜브에 가장 많이 유입되는 검색어는 '레이지 선데이' 이 두 단어였다. 결과적으로 유튜브는 클립을 내렸지만 이 영상으로 유입된 방문객 대다수가 이탈하지 않았다.[12] 이 외 다른 저작권 문제들의 경우 질레트는 신속하게 저작권자의 요청에 따랐는데, 이런 상황이 엔지니어들을 언짢게 했다. 이들은 영상을 너무 많이 삭제하면 사람들이 업로드하지 않을 거라고 우려했다.

2006년, 프로그래머들은 유튜브에서 자주 발생하는 문제를 대부분 잘 관리하고 있었지만 한 번씩 잡음이 발생했다. 화가 잔뜩 난 시청자 한 명이 유튜브에 전화를 걸어 음성 메시지를 남겼다. "망할 자위 좀 해야 하는데, 영상을 다 내려버리면 어쩌라는 거야." 그는 전화기에 대고 소리쳤다. "일 좀 제대로 해, 이 빌어먹을 자식들아." 직원은 초조해하며 웃었다. 불안감을 조성하는 이런 메시지들, NBC 사건, 도무지 끝이 보이지 않는 콘텐츠 중재 업무, 이 모든 일이 단 한 가지 사실을 명확하게 가리킬 뿐이었다. 유튜브에 상근 변호사가 필요하다는 것이었다.

· · ·

자하바 르바인Zahavah Levine이 가장 사랑하는 것은 음악이었다. 아홉 살 때 그녀는 지하철을 타고 필라델피아 스펙트럼Philadelphia Spectrum까지 가서 키스Kiss의 〈Shout it out loud〉를 따라 불렀다. 상당한 양의 블루스 음반을 수집했지만 법대를 다니던 시절 어떤 나쁜 놈이 훔쳐 갔다. 갈색 곱슬머리에 투지가 넘치던 르바인은 학생 때 남아프리카의 아파르트헤이트(극단적인 인종차별 및 분리 정책 — 옮긴이)와 니카라과의 콘트라 반군contras(니카라과 내전 당시 친미·반정부 활동을 펼쳤던 세력 — 옮긴이) 반대 시위를 펼쳤다. 버클리 법대를 졸업한 후에는 캘리포니아에 걸쳐 우후죽순 생겨나던 비즈니스이자 디지털의 한계를 향해 맹렬하게 달려들던, 변호사들을 간절하게 필요로 하던 닷컴 산업으로 휩쓸려 들어갔다.

　광란의 1990년대였다. 과거 대학 기관과 컴퓨터 너드들의 영역이었던 인터넷이 대중에게 보급되었다. 1995년에는 집에서 온라인에 접속하는 미국인이 약 1,600만 명에 이르렀고, 1998년에는 그 인구가 거의 열 배 가까이 급증했다. 서핑, 쇼핑, 뱅킹, 성행위까지 모든 것이 온라인으로 옮겨 갔다. 의회와 빌 클린턴의 백악관은 웹 규제를 두고 사방으로 엄청난 압력에 시달렸다. 종교적 권리를 외치는 사람들은 섹스와 그 외 여러 해악을 완전히 쓸어버리고 싶어 했고, 자유 시장 투사들은 상업에 지장을 주는 문제들이 줄어들길 바랐으며, 미디어 로비스트들은 지식재산권 침해에서 보호받길 원했다. 여러 모호한 법안이 상충하며 혼란이 일어났고, 그 결과 현대 인터넷을 정의하는 두 가지 핵심 법안이 탄생했다. 1996년 통신 품위법Communications Decency Act이라는 이름으로 온라인상 '외설 및 음란물'을 규제하는 법안이 통과되었다. 여기에는 제230조라는 짧은 조항이 포함되어 있었다. 웹사이트에 외설물을 삭제할 권리를 보장하고 이용자가 작성한 게시물에 관해 웹사이트의 책임을 면책하는 조항이었다. 1998년, 디지털 밀레니엄 저작권법Digital Millennium Copyright Act, DMCA은 음악과 영화 등의 지식재산권 소유자가 온라인에서 해당 권리를 주장할 여러 방안을 제공했다. 이론상으로는 이 법안들이 웹사이트가 소송과 저작권 문제에 휘말리지 않게 보호해주는 역할을 할 수 있었다.

　하지만 실제로는 법안이 너무도 불분명했다. 두 법안이 통과되던 시기, 르바인은 첫 직장으로 웹사이트가 서로 연결되는 두 기업 간의 계약인 '하이퍼링크 계약'의 초안을 제작하는 로펌에서 일하고 있었다. 사람들이 온라인에 친숙해지기까지 당분간은 이런 계약이 필요할 것이라 로펌은 판단했지만, 막상 그렇지는 않았다. 2001년 르바인은 자신이 진짜 사랑하는 음악과 함께할 수 있는 일을 찾았다. Listen.com은 웹 음악 서비스인 랩소디Rhapsody를 운영하고 있었고, 거기서 르바인이 맡은 첫 업무 중 하나는 저작권법으로 냅스터가 어떻게 추락하게 되었는지 설명하는 것이었다.

냅스터는 저물어버린 인터넷 스타였다. 음악 팬들은 이 무료 파일 공유 시스템에 열광했지만 음악 산업은 끔찍이도 싫어했다. 음반 회사 열여덟 곳이 저작권 침해로 냅스터를 고소하는 일이 벌어졌다. 냅스터는 해당 시스템이 VHS 플레이어와 같은 방식이라고 주장했다. 사람들이 재생하는 비디오테이프에 대한 책임을 VHS 플레이어 제조사에게 묻지 않는다는 것이었다. 법원은 이에 동의하지 않았다. 2001년 냅스터는 캘리포니아 법원에서 패소하며 사실상 쓰레기통에 버려지는 신세가 되었다. 르바인의 새 회사는 투명한 온디맨드 스트리밍 서비스를 제공하기 위해 음반사들과 저작권 계약을 체결했다. 그녀는 디지털 음악을 둘러싼 복잡 미묘한 법률의 전문가가 되었다. 다만 몇 해 지나지 않아 그녀가 속한 작은 회사는 진부함을 극복하지 못했다. 마이크로소프트에서 스트리밍 서비스를 내놓았고, (애플도 한 곡에 99센트인) 아이튠즈를 출시했다.

유튜브로 이직하기 전 랩소디에서 계약 책임자로 일했던 크리스 맥시는 갑자기 떠오른 유튜브에 대해 들어본 적도 없는 르바인에게 메시지를 보내기 시작했다. "우리는 당신이 정말 필요합니다. 잘되고 있는 회사예요. 제 말을 믿으셔야 합니다." 유튜브를 확인한 르바인은 랩소디와 비슷한 영역임을 깨달았다. 유명한 노래들을 사운드트랙으로 이용한 수많은 영상 또는 정지 이미지에 앨범 전곡이 흘러나오는 영상들이 보였다. 하지만 유튜브에는 음악 이상으로 훨씬 더 많은 것이 담겨 있었다. 그녀는 헐리, 첸과 면접을 본 후 투자자인 보타에게서 앞선 두 사람보다 더욱 까다로운 질문 공세를 받았다. 유튜브는 채용을 제안했지만 르바인은 갈등에 빠졌고, 그녀가 확실하게 마음을 정하지 못한 이유에는 DMCA가 컸다. 그녀는 친구이자 동료 변호사인 프레드 본 로먼Fred von Lohmann에게 전화를 걸어 샌프란시스코 미션 디스트릭트에 자리한 허름한 단골 바인 라이트 스팟 카페에서 퇴근 후 만나자고 했다. 관련 법안을 두툼하게 출력해 온 르바인은 바에 도착해 친구의 눈앞에 턱 하니 내려놨다. 그녀는 희미한 바 조명 아래서 곧장 제512조를 읽어 내려갔다.

저작권 침해물(예를 들어, 《SNL》 클립 영상)이 게시된 웹사이트는 다음 셋 중 하나에 해당되면 면책을 받을 수 있다. (1) 웹사이트가 게시된 콘텐츠의 침해에 대한 '실제적 인식'이 없었거나, (2) 웹사이트가 '직접적인 재정적 이득'을 조금도 취하지 않았거나, (3) 웹사이트가 해당 콘텐츠를 통보받은 후 '신속하게' 내리는 경우다.

"이게 무슨 뜻이지?" 르바인이 물었다. "유튜브에게 '실제적 인식'이란 무엇을 말하는 걸까?" 유튜브는 저작권이 있는 게시물이 허가를 받았는지는 고사하고 누가 올린 것인지조차 알지 못했다. 유튜브는 영상이 재생되는 페이지에 광고를 게재하기 시작했지만, 영상을 바탕으로 특정 고객층을 겨냥해 광고를 실은 것은 아니었다. 이 광고 수입이 '저작권 침해물'에서 '직접적으로' 발생한 것으로 볼 수 있을까? DMCA의 많은 부분이 모호했다. 『뉴스위크』는 얼마 전 유튜브를 두고 '비디오 냅스터'라고 언급한 기사를 보도했다.[13] "이 말이 사실일까?"

마침내 르바인은 고개를 들어 본 로먼을 바라보며 물었다. "이 일을 맡아야 할까?"

"당연하지." 그가 답했다.

"하지만 고소당해서 회사가 없어질 수도 있잖아?"

"그게 뭐가 중요해?"

프레드 본 로먼만큼 DMCA를 잘 아는 사람은 없었다. 그는 DMCA와 관련해 처음으로 큰 관심을 불러 모은 사건 중 하나를 맡았었다. 불법으로 복제된 비디오게임 상품 판매로 소송에 휘말린 야후를 변호했다. (야후가 승소했다.) 이제 그는 유명한 실리콘밸리의 인권 단체인 전자 프런티어 재단 Electronic Frontier Foundation, EFF에서 저작권 청부업자로 일하고 있었다. 해당 재단의 공동 설립자 중 한 명이자 그레이트풀 데드Grateful Dead에서 과거 괴짜 작사가로 활동했던 존 페리 발로우John Perry Barlow는 웹을 통제하려 드는 정부와 기업의 행태에 분노했다. 1994년, 발로우는 에세이를 통해 장차 인터넷을 어느 곳에서나 접속할 수 있을 거라고 예측했고, 실리콘밸리의 기틀이 된 철학을 펼쳤다.[14]

> 그렇게 된 후에는 정보화 시대의 모든 상품(과거 책이나 필름 스트립, 뉴스레터에 담겼던 모든 표현)은 순수한 사고로, 또는 사고와 굉장히 유사한 형태의 무언가로 존재하게 될 것이다. 그것은 넷에서 광속으로 처리되는 전압의 상태로 전해져 우리는 사실상 번쩍이는 픽셀이나 전송되는 소리로 접하게 될 것이고, 이를 만지거나 과거에 쓰이던 의미로 '소유'를 할 수는 없게 될 것이다.

미래는 유튜브의 편이었다. 본 로먼은 적어도 동료 한 명이 이미 그곳에 몸담고 있다는 사실 또한 알고 있었다. 바로 노골적인 생식기 가이드라인을 작성한 젊은 직원 마이카 샤퍼였다. 유튜브 입사 전, 샤퍼는 EFF 직원들, 반체제 인사들을 지지하는 대중 선동가들이 꾸린 핵티비스트hacktivist(해커와 운동가의 합성어로 정치사회 활동에 적극적으로 나서는 집단 — 옮긴이) 코딩 단체 '컬트 오브 더 데드 카우Cult of the Dead Cow' 사람들과 어울렸다. 유명 해커 케빈 미트닉Kevin Mitnick이 연방 교도소에서 석방될 당시 샤퍼는 친구들과 그곳으로 가서 다큐멘터리를 촬영했다. 그는 음울하고도 역겨운 이미지들의 저장소인 Rotten.com에서 일하기도 했는데, 이 사이트가 탄생한 데는 통신 품위법에 대한 반발이 일부 작용하기도 했다. (이미지 다수가 의학 교과서에서 발췌한 것이었다.) 본은 그에게 이렇게 말했을 터였다. "마이카, 우리는 널 사랑하지만, 그래도 한 번 보면 결코 잊히지 않는 것들도 있거든." 본 로먼은 르바인에게 유튜브가 냅스터라면 그녀는 향후 10년 간 가장 중요한 법률 사건의, 그것도 짜릿한 앞좌석에 앉는 것이라고 말했다.

르바인은 제안을 받아들이기로 했다. 샌머테이오에 자리한 자그마한 유튜브 회사에 도착한 그녀는 서른일곱 살인 자신이 할머니가 된 것 같은 기분을 느꼈다. 이내 법적 문제들이 무섭게 밀어닥치기 시작했다. 한 음반사의 책임자는 친절하게 굴던 과거와 달리 그녀에게 목소리를 높여 유튜브가 음반사에 '수억 달러'를 지불해야 한다고 고함을 쳤다. 나긋나긋한 대화에서도 가시가 느껴지는 말들이 전해지는 경우가 많았다. 유튜브가 독일 공무원들에게서 다수의 요청을 받는 일이 벌어지자 샤퍼는 자신의 책상 위에 빈정대는 플래카드를 걸었다. (독일은 나치 이미지를 게시하는 데 법을 엄격하게 적용했지만 독일에 지사가 없던 유튜브는 요청에 응할 필요가 없었다.) 플래카드에는 "독일인들에게 유화 정책을 쓰지 마세요"라는 문구가 쓰여 있었다 (영국이 유화 정책을 펼쳤지만 히틀러가 1년 후 폴란드를 침공하며 제2차세계대전이 벌어진 상황을 빗댄 문구다 ─ 옮긴이). 이를 농담으로 듣지 않을 독일 음반사의 경영진이 르바인의 주최하에 유튜브에 방문하는 일이 생기자 해당 플래카드를 내려야 했다.

한편, 르바인이 경험한 가장 독특한 요청 중 하나는 그녀가 입사한 지 2주가 채 되지 않았을 때 전달되었다. 페타PETA라는 동물권 보호 단체가 트럭이 물고기 한 마리를 치고 가는 영상을 내려달라고 갑작스럽게 유튜브에 요구해 온 일이었다. "세상에나." 르바인은 한 친구에게 말했다. "이게 학대에 속하는 거야? 그 기준을 어떻게 정해야 하지?"

프레듀: 에이스
(freddiew: Aces)

▶ ▶▌   2006년 2월 22일 · 1:23

제목이 화면에 등장한 후 스파게티 웨스턴spaghetti westerns(기존의 미국 서부 영화의 정형화에서 벗어난 유럽식 서부극 ─ 옮긴이)에 등장하는 곡과 비슷한, 팅 소리와 휘파람 소리가 흘러나온다. 남성 두 명이 기숙사의 싸구려 가구 옆에 놓인 카드 테이블에 앉아 있다. 카메라가 줌인해 두 얼굴을 비추다가 포커 칩으로 화면이 전환된다. 얼굴, 카드, 칩이 잡힌다. 그때 속임수가 등장한다. 테이블 위에 총 여덟 장의 에이스가 등장한다. 체구가 작은 남성이 테이블을 뒤엎은 뒤 총을 꺼내고 공중으로 몸을 날려 총을 쏘는 그야말로 쿠엔틴 타란티노Quentin Tarantino 식의 영상이 펼쳐진다.

체구가 작은 남성 프레디 웡Freddie Wong이 서던캘리포니아대학교의 신입생 기숙사인 뉴노스New North의 휴게실에서 촬영한 영상이었다. 같은 층 학생들은 전부 영화를 전공하고 있거나 전공하고 싶어 하는 사람들이었다. 이들은 대본을 쓰고 싸구려 플립Flip 비디오카메라로 직접 영상을 찍고, 해당 카메라를 파이어와이어FireWire로 노트북에 연결한 후 몇 시간에 걸친 편집 끝에 작품을 공개했다. 학교에서는 무료 스토리지를 50메가바이트밖에 허용하지 않았기에 자신의 창작물을 저장할 공간을 찾아 헤매던 웡은 우연히 유튜브를 알게 되었다. 거기서 그는 자신과 비슷한 생각에 비슷한 노력을 기울이는 젊은이들을 발견했다. 하와이 출신의 고등학생으로 열정적인 립싱크 영상을 올리는 니가히가nigahiga, 캘리포니아 교외 지역 출신의 스물두 살 여성이지만 '멕시코계 미국인 친구'라는 제2자아를 연기하는 리틀 로카Little Loca

였다. 이들은 프로듀서이자 디렉터였고 스타였다. 이들은 비공식적인 벼랑 끝 전술을 펼치며 본인의 영상이 얼마나 기이하고 부적절하며 사람들의 관심을 끌 수 있는지를 두고 경쟁을 펼쳤다. 《아메리칸 아이돌》과 달리 유튜브에는 심사위원이 없고 청중뿐이었다. 유튜브를 시청하는 사람은 전부 유튜브 동영상을 제작하는 사람들인 것 같았다.

샌머테이오에서는 이러한 폭발적인 증가세에 흥분한 직원들이 현재 상황에 보조를 맞추려 노력하고 있었다. 방문객들이 영상을 통해 다른 방문객들과 소통한다는 것을 깨달은 첸은 어느 금요일에 새로운 기능을 요구했다. 주말 동안 코더들은 영상 아래에 영상 응답을 실을 수 있는 단순한 버튼 하나를 만들었다. 업로더들은 유명 클립에 응답을 잔뜩 남기며 관심을 끌려 했다.

유튜브 시스템은 꾸준함에 보상을 주기 시작했다. 글래스고 출신에 샌프란시스코로 이주한 마크 데이Mark Day는 과거 빨래방 겸용 카페, 브레인워시BrainWash의 오픈 마이크(누구나 올라갈 수 있는 무대 ─ 옮긴이) 앞에서 반쯤만 집중하는 미적지근한 청중을 대상으로 스탠드업 연기를 시도했었다. 유튜브에서는 집 안의 밝은 노란색 벽 앞에 서 있으면 청중이 그를 찾아왔다. 그는 당시 뜨고 있던 영상 블로깅 스타일(시청자를 향해 말을 직접적으로 그것도 빠른 속도로 하고, 말 중간 중간 공백을 편집으로 잘라내는 스타일)로 클립을 만들어 줄줄이 올렸다. 그의 첫 클립이 조회 수 1만 5,000회를 달성하자 곧장 도파민이 분출되며 짜릿한 기분을 느꼈다.

브루클린의 피지컬 트레이너이자 음악가인 데스톰 파워DeStorm Power는 마이스페이스와 잘 알려지지 않은 음악 사이드 여럿에서 활동하며 이름을 알리려 했다. 한 트레이닝 고객이 그에게 온라인에 운동 영상을 올려줄 수 있는지 물었고, 파워는 푸시업과 하체 운동 루틴을 촬영해 저화질 영상을 유튜브에 올린 뒤 사람들이 자신의 영상을 시청하는 광경을 지켜봤다. 켄터키의 대학생으로 차세대 오프라 윈프리를 꿈꾸던 아킬라 휴스Akilah Hughes는

'레이지 선데이'가 굉장한 인기를 끄는 현상을 목격했다. 바로 이것이 적절한 인맥이 없을 경우 포트폴리오를 만드는 방법이었다. 그녀는 이런 생각이 들었다. '나도 계정을 만드는 게 좋겠어. 이 웹사이트에 매일 들어오잖아.' 파워와 휴스 같이 젊은 유색인 창작자들은 유튜브를 가장 빠르게 활용한 사람들이었다. 이들은 올드미디어가 자신들에게 얼마나 불리하게 작용하는지를 잘 알고 있었기 때문에 유튜브를 활용한 것이다.

이 선구자들은 사이트에서 편안한 동지애를 느꼈다. "사실 그리 쿨하지 않은 사람들을 위한 쿨한 클럽이었죠." 2006년부터 《아이저스틴iJustine》이라는 유튜브 채널로 영상을 올렸던 피츠버그의 그래픽 디자이너 저스틴 이제릭Justine Ezarik은 당시를 이렇게 회상했다. 사이트에서 어느 정도의 호응을 얻은 후 그녀는 로스앤젤레스로 거처를 옮겨 브루커스로 영상을 업로드했던 앞니가 벌어진 10대 소녀 브룩 브로닥과 함께 살았다. 이 클럽 멤버들에게 이름이 생겼다. 바로 '유튜버'였다. 그해 봄, 브루커스는 처음으로 공인할 수 있는 유튜버 스타가 되었다. 100만 명이 넘는 사람이 그녀의 '누마누마' 립싱크 영상을 시청했다. 유튜브는 전년도 10월에 구독 기능을 만들었고, 2006년 여름 브루커는 구독자가 가장 많은 유튜버로 이름을 올렸다. NBC 심야 프로그램 진행자였던 카슨 데일리Carson Daly가 그녀의 클립을 보고 연락을 취해 자신의 쇼에서 함께할 것을 제안한 일로 그녀는 서부로 이주했다. "중개인이 없다는 점이 좋습니다." 데일리는 유튜브를 향한 애정을 담아 말했다. "에이전트도, 그 어떤 것도 없거든요."

기숙사 방에서 프레디 웡은 이 스타들이 성공하는 모습을 집요하게 들여다보며 그들의 영상이 숨 쉬는 것만큼이나 쉽게 유명세를 얻고 널리 퍼지는 이유가 무엇인지 성공의 요소와 공식을 추적했다.[15] 그는 본인의 계정에 클립을 계속 올리며 테스트를 진행했다. 그의 잭팟은 '기타 히어로Guitar Hero'였다. 친구 집에서 웡은 뻔뻔한 얼굴로 우쭐대며 유명 비디오게임을 하는 5분짜리 영상을 찍었다. 부스스한 검은 머리에 네모난 안경을 쓴 모습에서 곧장 너드의 매력이 화면에서 뿜어져 나왔다. 그는 놀라운 경지에 이른 사람처럼 장난감 악기를 다루며 게임을 하다가 마지막에는 지미 헨드릭스Jimi Hendrix처럼 악기를 반으로 부쉈다. 해당 영상은 큰 성공을 거두었고 프레드를 유튜브에 널리 알리는 계기가 되었다.

인스타그램 인플루언서들과 틱톡 스타들이 등장하기 수년 전, 이 젊고 창의적인 유튜버들이 완전히 새로운 개념의 명성을 세상에 소개했고, 하루 몇 시간이나 멍하니 인터넷을 들여다보는 것이 몸에 아직 익지 않은 청중들을 유혹했다.

당시 브리Bree만큼 이슈가 된 유튜버는 없었다.

 론리걸15: 우리 부모님은 최악이야…
(lonelygirl15: My Parents Suck…)

▶ ▶| 2006년 7월 4일 · 01:02

10대 청소년인 브리는 고동색 상의에 무릎에 올려놓은 동물 인형을 꺼안은 채 카메라에 바짝 붙어 앉아 있다. 오밀조밀한 입과 하강선을 그리는 눈썹산이 자리한 작은 하트형 얼굴은 길게 늘어뜨린 갈색 머리가 감싸고 있다. "저 지금 속이 무척 상해요." 그녀가 슬픈 얼굴로 말한다.

메시 플린더스Mesh Flinders는 브리를 처음 본 순간부터 그녀가 큰 인기를 얻게 될 것을 알아봤다. 고전 중인 시나리오 작가 플린더스는 자신이 창조한 캐릭터로 쓴 대본을 할리우드에 뿌렸다. 홈스쿨링을 하고 너드한 매력을 지닌 소녀로 이론물리학과 연애 문제에 푹 빠져 있는 캐릭터였다. 하지만 대본을 받아주는 곳이 없었다. 엔터테인먼트 업계의 꿈을 포기하려던 차에 그는 자유를 찾은 수많은 너드한 아이들이 이상하고도 자기 고백적이며 실험적인 영상을 잔뜩 올린 웹사이트인 유튜브를 알게 되었다. 한 단란주점에서 마일스 베켓Miles Beckett이란 이름의, 협력자가 될 어느 남성을 알게 되었는데, 그는 수련 중인 성형외과 의사로 무엇보다 영화를 제작하고 싶어 하는 사람이었다. 플린더스는 자신의 기획을 설명했다. "한 소녀가 사라지는 내용의 작품을 만들고 싶어요." 그는 새로운 파트너에게 이렇게 말했다.

론리걸15로 유튜브 계정을 만들고 오디션을 개최한 두 사람은 영화 학교를 갓 졸업한 열아홉 살의 제시카 로즈Jessica Rose를 발견하고는 그녀에게 브리 역을 맡기며 이 실험이 성공을 거둔 후에 출연료를 지급하겠다고 약속했다. (대본 이야기를 들었을 때 로즈는 당연하게도 포르노 작품이라고 생각했다.) 당시 웹 카메라는 약간의 왜곡이 발생하는 어안 렌즈를 쓰고 있었다. 로즈가 몸을 앞으로 기울이자 그녀의 모습이 확대되어 보였고, 월간 잡지 『와이어드』에서 "브라우저 화면에 잘 어울리는 얼굴"이라고 썼을 법한 이미지가 연출되었다.[16] 브리로 분한 그녀는 자신의 침실에 앉아 다른 유튜버들처럼 립싱크를 하고 이런저런 수다를 떨었다. 그녀는 친구 다니엘에 대한 이야기도 했다. 댓글에도 답을 달았다. 7월 4일 영상에서는 다니엘과의 여행을 부모님이 반대했다며 가족이 사이비 종교 집단에 빠져 있다는 힌트를 주었다. 그녀의 뒤쪽으로 연한 복숭아색 베개가 있는 침대와 분홍색 인조 모피를 덮은 침실용 탁자가 보였다.

영상은 피코 불러바드에서 조금 떨어진 플린더스의 집에서 촬영되었다. 10대 소녀의 방처럼 꾸미기 위해 타깃Target에서 몇 백 달러를 쓰기도 했다. 베켓이 촬영하는 동안 플린더스는 구석에 앉아 다음 회 유튜브 영상의 대본을 작업했다. 두 사람은 이제 엔터테인먼트 전문 변호사와 팀을 이뤘고, 변호사의 아내는 화면 밖에서 브리의 역할을 맡아 팬들에게 편지를 쓰며 위장을 이어 갔다. 플린더스는 오컬트가 등장하는 치밀한 스토리 라인으로 대본을 완성해 서간체 소설과 비슷하게 이야기를 조금씩 풀어냈다. 하지만 그는 팬들이 플롯을 이끌어가도록 두는 편이 훨씬 낫다는 사실을 이내 깨달았다. 한 팬은 대니엘과 브리 사이에 로맨틱한 불꽃이 튀는 장면을 제안했고, 그는 그 제안에 따라 글을 썼다. 엔터테인먼트의 미래를 새롭게 만들어나가는 것 같았다.

이틀이 채 지나지 않아 7월 4일 영상은 조회 수 50만을 넘겼는데, 이는 케이블 TV의 인기 작품이 불러들이는 시청자 수와 대등한 수준이었다. 플린더스는 파트너에게 전화를 걸었다. "젠장." 그가 말했다. "우리가 생각했던 것보다 더 빠르게, 더 잘 되어가고 있다고."

3장

▶

두 명의 제왕

ll ▶l ◀)))　　　　　　　　　　　　　　　　　　**✻ ▢ ⟦ ⟧**

영화배우 로빈 윌리엄스가 거만하게 무대로 걸어 나오자 앞쪽에 앉은 구글 직원들은 흥분을 감추지 못했다.

이들 뒤로는 신분증 목걸이를 목에 건 과학기술 광신도들(대체로 남성)이 청중으로 라스베이거스 힐튼 강당을 채우고 있었다. 2006년 1월 첫 주에 열린 가젯gadget 업계의 축제인 국제 가전제품 박람회Consumer Electronics Show에서 구글은 가장 중요한 순서를 차지했다. 구글의 공동 창립자이자 최고 비전가인 래리 페이지Larry Page가 무대로 나와 구글의 발명품들을 소개했다. 그가 한창 프레젠테이션을 하던 중 로빈 윌리엄스가 무대에 합류해 인근에서 열리던 성인 영화 컨벤션과 해당 박람회에 참여한 동양 기업들을 주제로 불쾌한 농담을 쉬지 않고 쏟아냈다.

신입 구글러(구글 직원들이 스스로를 칭하는 단어다)인 조지 스트롬폴로스George Strompolos는 군중 속에 앉아 구글 비디오가 등장하길 기다리고 있었다. 이 프레젠테이션을 막판에야 간신히 완성시켜 무대에 올린 것이라는 사실을 그는 알고 있었다. 1년 전 구글은 첫 디지털 영상 실험을 시작했다. 당시 구글은 상장기업으로 나스닥에 올라 시가총액 230억 달러 이상을 기록했다. '닷컴 사태' 이후 살아남은 소수의 검색 엔진 중 하나로 그 위치를 더욱 공고히 하며 상승 노선을 타고 있었다. 실리콘밸리의 다른 기업들과 마찬가지로 혁신에 대한 갈망이 강했던 구글은 TV와 영화 홈비디오가 온라인으로 옮겨 가는 분위기를 감지했고, 이는 기업이 향후 수십 년 동안 타당성을 유지하기 위해서는 포착해야만 하는 트렌드였다.

다만 어떻게 해야 할지 모르는 상태였다. Google.com이 웹페이지에서 검색 기능을 제공하는 것과 유사하게 구글 비디오는 처음 TV 프로그램 자막을 검색 가능한 데이터베이스로 변환해주는 인터넷 서비스로 세상에 등장했다. 구글은 이용자 제작 영상으로 무언가를 시도하는 방안도 고려했지만, 고위 경영진은 전문적인 미디어를 온라인에 구축하는 것이 가장 중요하다고 판단했다. 로빈 윌리엄스가 라스베이거스의 무대를 떠난 후 페이지는 그 프로젝트를 세상에 발표했다. 퀴퀴한 케이블 박스에 인터넷이 전해주는 해답이 될 새로운 구글 비디오 스토어가 바로 그것이었다. 페이지는 사람들이 구글 스토어에 방문하면 NBA 경기부터 영화 《록키와 불윙클Rocky and Bullwinkle》까지 모두 시청할 수 있다고 약속했다. CBS의 회장 레스 문베스Les Moonves가 무대에 올라 자사의 네트워크에서 제공하는 방송도 시청할 수 있다고 발표하자 스트롬폴로스는 진심으로 놀라 박수를 쳤다. 하지만 아직 신참 구글러였던 그는 불안함을 떨칠 수 없었다. 그는 이탈자를, 온라인에서 성행하는 아마추어 미디어를 대단하게 여기고 있었다. 그는 유튜브에서 '레이지 선데이'를 시청했고, 젊은 층이 무리를 지어 그곳에 모여 있다는 것 또한 알고 있었다. 이들은 구글 비디오로 넘어오지 않고 있었고, CBS의 황금 시간대 프로그램을 보러 넘어오기 시작하는 일도 없을 터였다. 다만 그를 포함해 구글러 대다수가 몰랐던 사실은 래리 페이지 또한 같은 생각을 하고 있었다는 것이다.

지난 11월, 한 고위 임원은 페이지에게 요즘 떠오르고 있는 유튜브를 두고 구글 비디오팀 직원과 나눈 대화 내용을 이메일로 전달했다. 메일을 훑어본 페이지는 4분 후 답장을 보냈다. 그는 세쿼이아의 투자 건을 언급하며 "유튜브 인수 안을 깊이 있게 생각해봐야 할 것 같다"라고 적었다.

라스베이거스 박람회가 끝나고 2주 후, 구글러라면 누구나 메일을 작성할 수 있는 ideas@google.com 주소로 메일이 한 통 도착했다. 영업 사원인 댄 오코넬Dan O'Connell이 일요일 늦은 시간에 메일을 보낸 것이다. 기타 연주자이자 스노우보더인 오코넬은 유튜브라는 새로운 사이트에서 자신의 취미 활동 두 가지와 관련한 영상을 시청할 수 있고 본인의 영상 또한 쉽게 업로드할 수 있다는 것을 알게 되었다. "유튜브와 특별한 파트너십을 맺거나 다른 누가 (즉, 야후!가) 나서기 전에 인수하는 방안을 고려해야 합니다." 코로넬은 메일에 이렇게 적었다.

다음 날 아침 페이지는 최고법률책임자CLO에게 해당 메일을 전달하며 한 문장을 덧붙였다. "이 안은 어디까지 진행됐나요?"

. . .

래리 페이지는 세르게이 브린Sergey Brin과 함께 구글을 창립했고, 구글에서는 다들 두 사람을 래리와 세르게이라는 이름으로 불렀다. 과학기술 전문가들이 미국 기업의 지긋지긋한 계급 체계를 뒤집는 또 하나의 방법이었다. 2006년, 언론에서 두 사람을 칭할 때 여전히 썼던 단어인 '더 구글 보이즈'의 이야기는 실리콘밸리의 전설이 되었다. 미시간에서 컴퓨터 과학자인 부모님 아래서 자란, 반항적이지만 머리가 비상했던 페이지는 스탠퍼드대학교 대학원 박사 과정 오리엔테이션 자리에서 브린을 만났다. 브린은 가족과 함께 소비에트 러시아를 탈출한 에너지 왕성한 수학 천재였다. 두 사람은 곧장 통했다. "그냥은 구글을 이해하지 못할 겁니다." 구글의 고위 임원이었던 마리사 메이어Marissa Mayer는 기자에게 이런 말을 했다.[17] "래리와 페이지

구글 공동 창립자 래리 페이지(2009) 구글 공동 창립자 세르게이 브린(2010)

둘 다 몬테소리 교육을 받았다는 사실을 알아야 이해할 수 있어요." 두 사람은 아이들이 자신의 흥미를 좇고 권위에 맞서는 것을 허용하는 교육법을 채택한 학교에 다녔다. 이들은 이러한 정서를 조직으로 그대로 가져왔다. "회사에는 왜 장난감이 없는 거죠?" 메이어는 이렇게 말했다. "왜 음식이 공짜가 아니죠? 왜? 왜? 왜?" 두 사람은 학문적인 개념을 웹 서치에 접목해 비즈니스를 만들었다. 두 사람의 친구이자 훗날 유튜브 최고경영자의 자리에 오른 수전 워치츠키는 56평짜리 집의 공간 일부를 이들에게 빌려주었고, 두 사람이 자신의 차고를 컴퓨터 서버와 장비, 똑똑한 인재들로 가득 채우는 모습을 지켜봤다.

당시 검색 엔진은 많았지만 페이지에 등장한 텍스트에만 의존해 검색 결과를 기계적으로 나열하는 것이 전부였다. Google.com은 검색 결과를 향상시키기 위해 인터넷이 자기 자신을 반복적으로 호출하는 웹의 재귀 논리를 이용해 다른 웹페이지에서 전달받은 링크의 수를 바탕으로 웹사이트를 정렬했다. 구글 검색이 발생할 때마다 구글의 기능이 나아지는 식이었다. 서른이 채 되지 않았던 페이지와 브린은 설립 문서에 터무니없이 거창한 기업 미션을 새겼다. "전 세계의 정보를 체계화해 모두가 편리하게 이용할 수 있도록 한다." 2006년, 구글은 이 미션을 인터넷이 닿는 모든 영역에 적용하고 있었다. 이메일, 이미지, 지도, 스트리트. 법적으로 위험할 수 있는 영역들이었다. 2004년에 구글에 합류한 한 변호사에게 누군가 진지한 얼굴로 이런 질문을 했다. "세상에 있는 모든 책을 스캔하는 프로젝트에 참여하고 싶은 가요, 아니면 세상에 있는 모든 TV를 녹화하는 프로젝트에 참여하고 싶은 가요?"

변호사는 얼어붙었다. "뭐라고요?"

구글 보이즈는 미래를 현실로 만들기 위해 여러 계획을 세우거나, 아니면 이를 위해 싸워야 했지만 두 사람이 고된 일을 직접 감당한 것은 아니었다. 이들은 선지자이지 매니저가 아니었다. 투자자들은 베테랑 소프트웨어 엔지니어이자 경영자인 에릭 슈미트Eric Schmidt를 CEO로 들이자고 두 사람을 설득했다. 초창기 투자자 한 명은 슈미트가 창립자들 사이의 "강한 유대 관계를 약화시키고 기업을 효율적이고도 체계적으로 운영하도록 만들었다"라고 설명했다.[18] 슈미트와 두 창립자는 고위 경영진으로 긴밀하게 구성된 핵심 집단에 의지했다. 힘든 일 대부분은 두 여성에게, 마리사 메이어와 두 사람에게 차고를 빌려주고 얼마 지나지 않아 열여섯 번째 직원으로 구글에 합류한 수전 워치츠키에게 돌아갔다. 또 다른 스탠퍼드대학교 졸업생인 마리사는 구글 북스를 이끌었고, 워치츠키는 구글 비디오를 맡았다. 직원들은 이들을 "미니 창립자들mini-founders"라고 불렀다. 페이지와 브린의 바람을 실현시킬 수 있는 똑똑하고 야망 있는 오퍼레이터였다. 구글이 성장해가면서 두 여성은 구글 창립자들의 관심을 받는 소수의 사람으로 자리 잡았다.

구글 북스는 출판된 책 전부를 디지털 모형으로 소장하겠다는 명료한 전략이 있었던 반면, 구글 비디오는 기반을 잡지 못하고 고전하고 있었다. TV 자막 기능 이후 2005년 4월, 영상 모집 공고를 올린 구글 비디오는 아마추어 비디오를 사이트에 추가했다. 워치츠키는 동료들과 모여 첫 출전작들을 시청했다. 털이 북슬북슬한 자주색 인형들이 화면에 등장하더니 워치츠키가 이해하지 못하는 언어로 노래를 불렀다. 왜소한 체구, 손질하기 편한 스타일의 단발머리를 한 서른여섯 살의 워치츠키는 언뜻 봐서는 신흥 백만장자처럼 보이지 않았다(구글의 상장 덕분에 백만장자가 되었음에도 말이다). 그녀는 미디어 산업에 경력이 거의 없었고, 이 자주색의 당황스러운 인형들은 아마추어 비디오에 처음 품었던 의심을 확인시켜주었다. '모르는 사람들이 온라인에서 내 영상을 보면 좋겠다고 생각하는 사람이 과연 있을까? 모르는 사람의 영상을 누가 보려 할까?'

몇 년 후 워치츠키는 해당 영상을 테스트 관객들에게 보여준 후 생각이 달라졌다고 말했을 법했다.[19] 집에서 어린 두 자녀에게 보여준 것이다. 아이들은 웃음을 터뜨리며 다시 틀어달라고 말했다.

하지만 2006년 여름, 아마추어 비디오에 신중하게 접근하던 워치츠키에게는 한 가지 아주 분명한 문제가 있었다. 유튜브가 구글을 완패시키고 있었던 것이다. 소규모의 샌머테이오팀이 만든 사이트는 하루에 4,000만 건의 영상 재생을 기록하며 굉장한 속도로 성장하고 있었다. 온라인 매거진《슬레이트Slate》의 기술 작가인 폴 부틴Paul Boutin은 유튜브와 마이스페이스를 두고 "사람들이 소비만큼 쉽게 기여하는 차세대 인터넷"이라고 극찬했다. 1월에 라스베이거스에서 가졌던 구글의 무대 이후, 부틴은 구글의 비디오 스토어가 곧 케이블을 대체할 것이라고 예측했다. 하지만 4개월 후 그는 이렇게 적었다. "내 생각이 틀렸다. 구글은 단순한 이유 하나로 인기를 얻는 데 실패했다. 유튜브보다 사용이 번거롭다는 점이다."

구글 CEO인 에릭 슈미트는 심기가 불편했다. 그는 해당 기사를 워치츠키에게 전달하며 이렇게 덧붙였다. "우리가 유튜브와 마이스페이스에게 맥을 못 추는 이유가 이것 때문인가 보군요."

워치츠키는 블랙베리 자판을 바쁘게 누르며 답장을 보냈다. 이런 성가신 기사들은 대부분 사라질 거라고 그녀는 상사를 안심시켰다. 처음 구글 비디오는 이용자들에게 어플리케이션을 추가로 설치하게 만들었다. 다른 요구 사항은 없었다. 2주 후면 유튜브 스타일의 "태깅"과 영상 공유 같은 기능들을 더한, 그러면서도 유튜브보다 더욱 빠른 웹 시스템이 완성될 예정이었다. 워치츠키가 보기에 문제는 사람들이 대량으로 유명 영화와 쇼를 유료로 다운로드할 것이라고 구글이 도박을 걸었다는 점이다. 사람들은 이 전략을 수용하고 있지 않았다. "이기기 위해 필요한 일을 하고 있다고 생각하지만, 어쨌거나 저희가 뒤처지고 있는 게 사실입니다." 그녀는 이렇게 적었다. 자리로 돌아간 그녀는 《스폰지밥 네모바지SpongeBob SquarePants》와 《펑크드Punk'd》 등의 쇼를 구글에 제공하는 사안을 두고 곧 있을 바이어컴과의 계약을 잘 마무리하겠다는 답장으로 슈미트를 안심시켰다.

그녀에게는 쓸 수 있는 카드가 한 장 더 있었다. "Google.com을 활용"하는 것이었다. 다시 말해, 구글의 검색 홈페이지에 비디오 스토어 링크를 게시하는 카드였다.

하지만 그녀의 직원들 가운데 몇몇은 승리하고 있다는 기분을 느끼지 못했다. 텍사스 출신 청년인 쉬바 라자라만Shiva Rajaraman은 자기 자신을 개혁하는 과정을 거친 뒤 구글에 입사했다. 인터넷 기업들은 조직 사다리를 오를 길을 두 가지 경로로 제공한다. 과학기술을 작동하게 하는 코딩 업무의 '엔지니어링'과 해당 과학기술을 사람들이 사용하도록 이끄는 디자인과 전략 업무의 '프로덕트'가 바로 그것이다. 프로덕트 매니저들은 작은 CEO들과 같았다. 평범한 소프트웨어 기업을 몇 곳 다녔던 라자라만은 프로덕트 리더가 되기 위해 경영 대학원을 마친 후 메이저 리그인 구글에 입사했다. "그런데 이거라니?" 구글 비디오는 영감을 주지 못했다. 힙합을 사랑했던 그는 아티스트들이 과거의 킹메이커였던 MTV가 아니라 새로운 문화적 지표가 된 유튜브에서 보이기 시작한다는 사실을 깨달았다. 그는 구글 비디오를 열어 찰리 로즈Charlie Rose(유명 진행자이자 언론인 — 옮긴이)를 시청했다.

구글에게는 명백한 핸디캡이 하나 더 있었다. 기업은 사전에 스크리닝하기 전에는 영상을 게시하기를 꺼렸다. (2005년, 작가 협회Authors Guild에서 도서

스캐닝 프로젝트로 구글을 고소했었고, 이 일로 구글 변호사들이 예민해져 있었다.) 구글 비디오팀이 출근하는 평일에는 스크리닝 업무가 잘 진행되었지만 그렇지 않은 주말에는 업무가 지체되었다. 금요일 저녁 영상을 올리고 싶은 이용자들이 굳이 이틀을 기다리고 싶어 할까? 특히나 유튜브에서는 영상을 올려 바로 볼 수 있는데 말이다. 당돌한 스타트업인 유튜브는 커다란 목표를 등에 짊어진 상장 기업 구글이 감히 할 수 없는 온갖 위험을 감수할 수 있었다.

라자라만은 동료들 가운데 자신처럼 업무에 별 감흥을 느끼지 못하는 직원들이 있다는 것을 알게 되었다. 구글 비디오는 기업의 이윤 창출 부서가 아니었기에 한 동료가 그러고 있듯 일 없이 빈둥거리기 쉬운 곳처럼 느껴졌다. 구글은 젊은 인턴 직원을 소개하는 경우 보너스를 지급했고, 문제의 동료는 대학생 이력서를 모아둔 웹사이트를 스크랩하는 간단한 툴을 만들었다. 자유 시간이 날 때마다 그는 대학 졸업생 한 명이라도 인턴이 되길 바라는 대책 없는 희망으로 리스트에서 이메일을 추출해 사원 추천 시스템에 입력했다. "새로운 위대한 무언가"를 이루려는 사람들의 모습이 아니라고 라자라만은 생각했다. 구글 비디오에 합류한 것이 실수는 아니었는지 하는 생각이 들기 시작했다.

· · ·

한편, 채드 헐리의 상황은 좀 달랐다. 그는 자신이 일을 망쳤다고 생각한 순간에도 큰 성공을 거머쥐는 결과를 맞이했다.

2006년 아이다호주 선밸리에서도 그랬다. 매년 앨런 앤드 컴퍼니Allen& Company 투자사의 주최로 열리는 이 회담은 은밀한 거래와 서로를 향한 환대가 오가는 자리였고, 그는 엔터테인먼트 업계 내 가장 영향력 있는 거물들의 언짢은 시선을 마주하고 있었다. 머리가 벗겨지기 시작하는 TV와 영화계 중역들은 투자사가 제공한 파란색 조끼를 맞춰 입고 모두 모여 있었다. 매년 여름 투자사는 새롭게 떠오른 기업들 중 소수의 운 좋은 기업을 선정해 이 자리에 참석하고 함께 머물도록 했다. 2006년에는 유튜브가 초대를 받았다.

무대 위에 선 헐리는 마케팅 홍보 매니저인 줄리 수펀Julie Supan이 정리한 프레젠테이션 슬라이드들을 넘기고 있었다. 몇 달 전만 해도 유튜브는 NBC로 보낸 서한에 스스로를 단순한 '온라인 포럼'이라고 지칭했다. 타고나길 우쭐해하는 성품은 아니었지만 헐리는 이제 판을 키워보려 하고 있었다. "유튜브는 소비자 미디어 기업입니다." 그가 입을 떼었다. "유튜브 브랜드는 온라인 비디오와 동일한 의미로, 저희는 지속 가능하고 수익성 있는 비즈니스를 구축하는 데 초점을 맞추고 있습니다." (그달 유튜브는 실제로 100만 달러를 벌어들였지만 그는 이 사실을 밝히지 않았다.) 헐리는 어깨에 쫙 퍼지는 통계가 등장하는 슬라이드로 화면을 넘겼다. 하루에 시청되는 영상이 8,000만 개 이상이었고, 업로드되는 영상은 200만 개 이상이었으며, 미국 온라인 영상의 60퍼센트가 유튜브를 거쳤다. 17퍼센트에 해당하는 구글 비디오의 수치도 보여줬다. 유튜브는 "새로운 클립 문화의 발생지"였고, 거물들이 영화와 쇼를 홍보하는 곳이었다. 거물들의 파트너였다. 그는 카슨 데일리와 브루커스의 계약에 대해 언급한 뒤 멋지게 대미를 장식하고자 했다. "사람들은 누군가 자신을 봐주길 바라고, 유튜브는 누구나 참여할 수 있는 무대입니다." 의례적인 박수가 울려 퍼졌다.

그는 자리에서 벗어나 옆에 서 있던 투자사 직원에게 밋밋했던 프레젠테이션을 두고 사과의 말을 전했다. 직원은 나중에야 헐리가 울먹거리고 있었다고 떠올렸다. '세상에, 전혀 아니었는데. 엄청났다고!' 직원은 이렇게 생각했다. 업계 거물들은 냅스터 같은 뺀질한 애송이가 나와 자신의 기업이 미래에 대한 준비가 얼마나 미비한지만 알리다 갈 것이라 예상했다. 태평한 서퍼 같은 분위기를 풍기는 헐리는 그리 위협적인 사람처럼 보이지는 않왔다. 하지만 양의 탈을 쓴 늑대였다. 몇몇 거물은, 누구보다 인터넷 억만장자이자 영화 제작사 소유주인 마크 큐반Mark Cuban은 유튜브가 해적단일 뿐이라며 강하게 비난했다. 하지만 업계의 대다수가 따뜻한 관심과 동정심마저 보였다. 그해 여름 유튜브에 방문한 타임워너Time Warner의 임원 한 명은 60명이 일하는 사업체에 전화선이 열 개밖에 없는 것을 보고는 기자에게 "안쓰럽게 느껴질 정도"였다고 밝혔다.

헐리가 선밸리에 등장한 이후 언론은 그에게 "실리콘밸리의 인기남"이라는 수식어를 붙였다. 그는 한 행사 자리에서 빌 게이츠와 대화를 나눴고 마사 스튜어트Martha Stewart(살림의 여왕으로 불리는 기업인—옮긴이)에게는 유튜브 계정을 만드는 법을 가르쳐주었다. 《스타워즈》를 만든 조지 루카스를 만난 헐리는 그에게 유튜브 이사회에 합류해달라고 제안했다. (루카스는 제안을 거절했다.) 8월, 헐리의 세일즈팀이 사이트에 광고를 게재하는 큰 계약 건을 성사시킨 덕분에 유튜브가 첫 수익을 거둘 수 있었다. (일시적인 현상이었고, 다음 달 바로 유튜브는 적자 상태로 돌아갔다.) 이들은 음반사, TV 방송사, 이동통신 기업들과 대화를 나누기 시작했다. 헐리와 첸은 검은색 양복 상의를 입고(청바지에 셔츠는 여전히 빼놓은 채였다) 사무실에 걸린 이케아의 싸구려 빨간색 커튼 앞에 서서 고급 잡지에 실릴 사진을 촬영했다.

스캔들마저도 유튜브에는 호재로 작용했다. 그해 가을, 예리한 블로거 한 명이 론리걸15와 가짜 행세를 한 여배우 브리에 대한 진실을 밝혀냈다. 『뉴욕타임스』는 영화 제작자를 꿈꾸는 이들이 계정 배후에서 꼭두각시를 조종하고 있었다고 폭로했다.[20] 하지만 속임수가 드러난 뒤에도 시청자들은 이탈하지 않았다. 앞으로 브리에게 어떤 일이 벌어질지 여전히 알고 싶었기 때문이다.

한편 유튜브의 장막 뒤에서는 헐리가 자신의 자리를 잃기 직전의 상황이 펼쳐지고 있었다.

비즈니스가 성장해나가자 세쿼이아의 투자자로 유튜브에서 영향력이 큰 보타는 이제 다른 CEO를 들여야 할 타이밍이라고 판단했다. 1년 전 그는 투자 제안서에 유튜브는 CEO를 "신속하게 채용"해야 한다고 적었다. 세쿼이아는 구글에도 같은 요구를 했었고, 그렇게 창립자들 옆에 슈미트가 등장했던 것이다. 헐리와 첸의 위에 자리할 노련한 관리자를 물색하던 보타는 마음을 거의 굳힌 상대가 있었다. 네트워크 장비 제조사인 시스코Cisco의 간부인 마이크 볼피Mike Volpi였다. 시스코는 유튜브 이사 한 명이 속한 곳이기도 했다. 그해 가을, 헐리와 첸은 회사 근처 한 이탈리아 레스토랑에서 볼피를 만났다. 실리콘밸리의 다른 사람들과 마찬가지로 볼피는 유튜브가 스트리밍 계약을 맺은 쇼와 영화를 유료로 제공하는 구독 서비스를 통해 수익을 거둘 수 있다고 믿었다. 볼피가 보기에는 미팅이 잘 진행된 것 같았다. 유튜브 창립자들은 원만한 성격이었지만 사람들이 쉽게 영상을 올릴 수 있다는 이 사이트의 차별성에는 열정을 갖고 있는 것처럼 보였다. 하지만 이후 유튜브에서 달리 소식이 전해지지는 않았다.

한편 구글이 있는 마운틴뷰에서는 체스 말들이 더욱 빠르게 움직이고 있었다.

. . .

봄에 수전 워치츠키가 CEO를 위해 만든 구글 비디오의 기능 중 무엇도 반응을 얻지 못했다. 그러던 중 8월, 구글은 비장의 카드를 꺼냈다. 가장 가치 있는 부동산이자 매일 어마어마한 수의 사람들이 방문하는 장소 Google.com에 구글 비디오 링크를 추가한 것이다. 그럼에도 트래픽에는 변동이 거의 없었다. 구글 비디오 직원 한 명은 당황스러웠던 당시 상황을 이렇게 설명했다. "우리의 비밀 레버 중 하나가, 수도꼭지가 정말 아무런 효과가 없었어요."

이 사건 이후 쉬바 라자라만은 자리에 앉아 있는 자신의 어깨를 토닥이는 손길을 느꼈다. 마른 체구에 부드러운 목소리를 지닌 걸어 다니는 전설, 살라 카만가Salar Kamangar였다. 그는 스탠퍼드대학교 동기인 페이지와 브린을 위해 월급을 받지 않겠다는 조건하에 자원봉사자로 구글에 발을 들였다. 이란 출신 프로그래머인 카만가가 만든 애드워즈AdWords는 검색 광고를 판매하는 경매 시스템으로 구글의 마르지 않는 유전이 되었다. 직원들에게 세 번째로 영향력 있는 '미니 창립자', '구글의 숨은 회장'[21]이라 불렸던 그는 조용히 유튜브의 성공을 지켜보고 있었다.

카만가가 라자라만에게 말했다. "슬라이드 몇 개를 만들어야 하는데요. 당신이 저를 도와줄 수 있을 것 같아서요." 유튜브 인수의 타당성이 정리된 서류였다.

이후 몇 주 동안 관련자들 모두 정신없이 바쁜 시간을 보냈다. 여기저기서 헐리에게 인수 제안이 밀려들었고, 점점 더 골치가 아파지는 저작권 문제와 웹 영상 대역폭을 관리하는 비용이 치솟으며 유튜브로서는 인수 제안을 무시하는 것이 어려웠다. 마이스페이스를 5억 달러에 인수한 폭스의 뉴스코퍼레이션News Corp도 문의를 해왔다. MTV의 모회사인 바이어컴은 폭스가 얼마나 제시했는지 알아내기 위해 비밀스러운 노력을 펼쳤다. 전화번호부 제작자인 R. H. 도넬리R. H. Donnelley는 입찰에도 참여했다. 하지만 사실 다음 두 회사의 제의야말로 핵심이었다. 바로 야후와 구글이었다.

구글은 믿을 만한 은행 중 한 곳인 크레디트 스위스Credit Suisse에 계약 조건을 평가하는 일을 맡았다. 구글의 전략 회의실에 모여 유튜브 영상을 시청한 은행 직원들은 즐거워하는 한편 이렇듯 한심한 영상 사이트가 어떻게 그런 거액의 가치를 인정받는 것인지 조금 당황스러워했다. 한 해 전, 헐리와 첸은 구글과 인수에 관한 이야기를 나누었지만 5,000만 달러가 너무 적다며 구글의 제안을 일축했다. 이제 구글은 6억 1,500만 달러를 제시하고 있었다. 한 은행가는 구글이 자사의 주주들에게 유튜브 인수를 제안하며 누구도 달갑게 여기지 않을 이야기를 했을 거라고 농담했다.[22] "좋은 소식은 수입이 전혀 없다는 것입니다. 나쁜 소식은 여러분께서 한 번도 들어본 적 없는 회사라는 거고요."

헐리와 첸은 유튜브 근처의 데니스Denny's에서 야후 고위 경영진과 만남을 가졌다. 눈에 띄지 않기 위해 신중하게 물색해 선택한 장소였다. 구글 경영진과의 미팅은 다음 날로 잡혀 있었다. 유튜브 창립자들이 농담을 했다. "좀 웃기겠는데, 미팅을 둘 다 데니스에서 하면?" 실제로 그 일이 벌어졌다.

10월 6일, 헐리와 첸은 시끌벅적하게 직원회의를 열었다. 피자 가게 위에서 열리는 마지막 회의가 될 터였다. 직원이 일흔 명에 가까워지자 유튜브는 샌프란시스코 교외의 조용한 지역인 샌브르노 북부에 좀 더 큰 사무실로 옮기기로 했다. 사람들은 맥주병을 따고 샴페인 타워를 만들어 이전을 축하했다. 몇몇 사람이 다 쓴 정수기 물통을 뒤집어 드럼 밴드를 구성했다. 샤퍼는 영상을 촬영했다. "여기 엔지니어들이랑 디자이너들이 이 좁은 곳에 소 떼처럼 몰려 있고요." 그는 사무실을 보여주며 설명을 덧붙였다. "부지런하게 포르노 영상을 검토하는 스쿼드팀도 보이네요." 쓰레기통마다 피자 박스와 중식 테이크아웃 상자가 넘쳐났다. 화장실에는 휴지가 없었다.[23] 유튜브가 떠난 후 사무실에 들른 누군가는 작동을 멈춘 팩스 머신에 집행 정지 명령문들이 한 무더기 쌓여 있었다고 전했다.

긴장감 또한 고조되고 있었다. 환심을 끌어야 하는 입장임에도 불구하고 야후는 얼마 전 유튜브가 세일즈 인력들을 빼 가려고 한 일로 소송을 제기한 상태였고, 해당 직원들은 가차 없이 짐을 싸 유튜브를 떠나야 하는 처지가 되었다. 유튜브 직원들은 인수 소문을 듣고 자신들의 미래를 걱정하기 시작했다. 금요일마다 유튜브에서 들리는 농담이 하나 있었다. 헐리는 자리에 앉아 늘 같은 농담으로 직원회의를 시작했다. "여러분에게 들려줄 기막힌 소식이 있습니다. 이베이가 우리를 인수하기로 했습니다."(페이팔을 인수한 이베이를 향한 두 창립자들의 반감은 유명했다.) 그 금요일에는 자리에 앉은 헐리가 이렇게 발표했다. "여러분에게 들려줄 기막힌 소식이 있습니다." 잠시 정적이 흘렀다. 진짜 인수가 되었다는 이야기일까? "우리가 샌브루노로 이전하게 되었습니다." 웃음소리와 낮은 탄성 소리가 퍼졌다.

그 주말 동안 몇몇 직원에게는 진짜 계획이 전달되었다. 특별 투표권이 주어졌던 소수의 초창기 엔지니어들이 가능한 한 빨리 인수 계약을 승인해야 했다. 이 중에는 처음에 인수 이야기가 장난이라고 생각하던 사람들도 있었다.

모든 사람이 소식을 들은 것은 아니었다. 유튜브 서커스단의 단장인 헤더 질레트는 월요일 아침, 아무것도 모르는 상태로 샌브루노의 새 사무실로 출근해 신발에 붙은 흙을 떼어내고 있었다. 그녀는 은행 한 곳에서 자신이 꿈꾸는 대지 매입 비용을 구할 수 있었지만(부동산 버블 때와 같이 의심스러운 '무서류' 대출을 제안한 곳이었다), 땅을 산다 해도 레저용 차량에서 생활해야 하는 형편이었고 흙길에 포장 공사도 하지 않은 상태였다. 대출금을 미납하게 될까 봐 걱정하던 그녀는 지금 집을 팔아야 할 경우를 대비해 이웃에게 상황을 알렸다. 생각보다 훨씬 큰 사무실 규모에 정오경이 되어서도 여전히 짐을 풀고 있던 그녀의 눈에 촬영하는 사람들이 뒷걸음질하며 문을 통과하는 모습이 들어왔다. 그 뒤로 헐리가 사무실로 들어오고 있었다. 그 뒤는 구글 CEO 에릭 슈미트였다. "아하."

이들은 회의실에 모여 앉았고, 곧 첸과 보타, 구글 변호사 한 무리가 합류했다. 근처에서 허겁지겁 샌드위치를 먹으며 지켜보던 유튜브 직원 몇 명은 공식 발표가 있을 때까지 자리로 돌아가 기다려야만 했다. 이제 유튜브 직원들은 구글 소속이 되는 것이었다.

구글의 공동 창립자인 세르게이 브린은 딱 붙는 검정 셔츠에 같은 색의 딱 떨어지는 바지를 입고 억만장자의 고급스러운 분위기를 풍겼다. 헐리와 첸은 본인 나름의 정장 스타일인 품이 큰 검은색 재킷에 각각 청바지와 바지 밖으로 뺀 셔츠 차림이었다. 첸은 초커 목걸이도 했다. 맞춤 정장에 분홍 타이를 맨 슈미트는 자신의 차림새를 두고 농담을 던졌다. "유튜브 영상에

전 구글 CEO 에릭 슈미트(2005)

나오게 될 터라 잘 차려입고 왔습니다."

과거 페이지와 함께 구글의 신규 채용자들을 전부 심혈을 기울여 직접 선택했던 브린은 유튜브 창립자들에게 인사를 하며 가벼운 대화를 시도했다. "최근에 사무실을 옮기셨다고요?"

첸이 웃으며 말했다. "네 시간 전에요."

"오!" 브린은 놀라워했다.

인수 계약이 성사되지 않을 뻔했다는 사실을 아는 사람은 거의 없었다. 구글은 자사의 웹 광고 시스템을 사용하는 웹사이트들의 성과 자료를 슬쩍 볼 수 있는 비밀스러운 방법이 있었고, 회담 중에 유튜브 자료를 엿본 한 구글 매니저가 헐리의 심기를 거스르는 바람에 그는 자리를 박차고 나갈 뻔했다. 슈미트가 헐리를 진정시키고 계약을 마무리 지었다.

유튜브 사무실에 선 슈미트는 자신의 새로운 직원들 앞에서 연설을 했다. 유튜브 직원들은 첸의 신용카드에 의지해 불안정한 기반에서 운영하던 사이트를 18개월 만에 비즈니스 역사상 가장 많은 이야기가 오가고 가장 높은 금액이 제시된, 놀라운 인수 계약의 대상으로 만든 이들이었다. "먼저, 여기 계신 분들은 정말 대단한 성과를 이뤘다고 말씀드리고 싶습니다." 슈미트가 입을 열었다. "그것도 아주 빠르고 멋지게 해냈습니다. 그렇게 단시간 안에 그토록 멋지게 해낼 수 있었던 이유는 잘 모르지만 계속 그 모습을 이어 가주길 바랍니다. 승리하는 조직은 보면 바로 알 수 있습니다." 그는 직원 모두의 일자리는 보장될 것이고, 구글은 유튜브를 "별개의 조직, 별개의 브랜드, 별개의 사이트"로 운영할 것이라고 안심시켰다. 브린과 유튜브 창립자들이 짧게 한마디씩 전한 뒤 직원들의 질문을 받는 시간을 가졌다.

직원 한 명이 물었다. "그렇다면 구글 비디오는 어떻게 하실 생각인가요?"

. . .

같은 월요일, 슈미트는 마운틴뷰에 자리한 구글 비디오 사무실에 들러 조금 전보다는 훨씬 더 심각한 톤으로 같은 소식을 전달했다. 팀에서 텔레비전 자막을 검색용 색인으로 만드는 작업을 하던 이들은 남아달라고 그가 말했다. 그 외 다른 사람들은 전부 짐을 싸 샌브루노의 유튜브에 합류하라고 전했다.

아마추어 비디오에 흠뻑 빠져 있던 젊은 직원 조지 스트롬폴로스는 충격에 빠졌다. 구글이 패배를 인정하는 것처럼 느껴졌다. 하지만 다른 한편으로는 그는 한순간에 대중문화와 과학기술 분야에서 최신 유행을 만들어 나가는 조직에 몸담게 된 것이었다. 그는 주변을 둘러봤다. 보도를 통해 구글이 유튜브를 얼마에 인수하기로 했는지 진즉에 알게 되었을 직원들은 아직도 어마어마한 액수를 어떻게 받아들여야 할지 모르는 눈치였다. 16억 5,000만 달러?! 슈미트는 다른 경쟁자들을 가로막기 위해 10억 달러라는 거금을 높여 제시하는 선견지명을 발휘한 것으로 훗날 좋은 평가를 받았다. 구글 창립자인 페이지와 브린은 검색용 사이트로서 유튜브의 가치에 좀 더 매료되어 있었다.

샌브루노에서는 구글의 고위 임원들과 카메라가 떠나자 다들 근처 TGI 프라이데이스로 가서 술을 마시며 자신들에게 찾아온 행운을 마음껏 즐겼다. 질레트는 집을 팔지 않아도 된다는 안도감에 눈물을 보였다. 훗날 법적 서류로 드러난 바, 헐리와 첸은 이 계약으로 각각 3억 달러를 거머쥐었고, 더 이상 유튜브에 속해 있지 않는 세 번째 공동 창립자 자웨드 카림도 6,600만 달러를 받았다.

헐리와 첸이 축제 분위기에 휩싸이려 하기 전, 직원 한 명은 이제 이들의 상사인 슈미트가 신흥 백만장자들에게 영상을 찍어달라고 요청했다는 사실을 상기시켰다. 샤퍼가 음식점 밖으로 나가 촬영을 시작했다.

▷ ▷|

헐리가 입을 열었다. "오늘 여러분께 들려드릴 아주 흥미로운 소식이 있습니다. 저희가…" 잠깐 말을 중단하고 카메라에서 한 발짝 멀어진다. "저희가 구글에 인수되었습니다." 첸이 불쑥 나타나 사이트에 기여하는 시청자들에게 감사의 말을 전하고는 이 인수가 기술적인 문제를 바로잡는 데 도움이 될 거라고 이들을 안심시킨다. 준비된 대본 없이 찍은 영상이었다. 헐리가 말을 보탠다. "너무 잘됐습니다. 두 명의 제왕이 하나로 합쳐졌으니까요." 이 말에 첸은 웃음을 참지 못하고 카메라를 등진다. "몰라 나도. 일단 계속해!" 헐리가 말한다. "검색의 제왕, 영상의 제왕이 하나로 힘을 합쳤습니다. 이제 우리 마음대로 할 겁니다." 두 사람이 웃음을 터뜨린다. 헐리가 다시 카메라를 바라본다. "그럴 수는 없죠. 컷!"

샤퍼는 서둘러 편집을 마치고 해당 영상을 유튜브 공식 계정에 올렸다.

4장

▶

돌격대원들

Ⅱ ▶Ⅰ ◀))　　　　　　　　　　　**⚙ ▢ ⟬⟭**

"다들 이것 좀 봐요." 2007년 초, 사디아 하퍼Sadia Harper는 유튜브 동료들을 자신의 자리로 불러 모았다. 화면에는 바짝 깎은 머리에 10대 초반 정도의 체구가 작은 아이가 몸에 비해 한참 큰 와이셔츠를 입고 R&B 가수 앨리샤 키스Alicia Keys의 노래를 열창하고 있었다. "정말 대단한데." 하퍼가 말했다. 이 가수의 엄마는 계속 이메일을 보내며 자신의 아들 저스틴 비버를 유튜브 홈페이지에 노출시켜달라고 하퍼를 괴롭히고 있었다.

하퍼는 유튜브의 '쿨헌터coolhunter' 중 한 명이었다. 쿨헌터는 Youtube.com에 뜨는 영상들을 큐레이팅하고 트렌드를 파악하는 일을 맡은 팀이다. 구글에 인수되기 전 유튜브는 버라이어존 와이어리스Verizon Wireless와 제휴를 맺어 엄선한 핸드폰에 유튜브의 영상 플레이어를 제공하기로 했다. 앱 스토어가 아직 세상에 등장하지 않았을 때다. 통신 회사는 기존의 사이트대로 영상이 무질서하게 나열된 방식이 아니라 따로 선정된 영상들을 원했다. 애플 또한 새로 출시된 아이폰에 같은 조건을 원했다. 미팅 중 스티브 잡스는 유튜브 직원들을 향해 "당신네들 영상은 쓰레기예요"라며 꾸짖었다. 그래서 유튜브는 또 한 번 랩소디 출신의 미아 꽐리아렐로Mia Quagliarello를 편집장으로 채용했다. 그녀는 다들 '빅 조Big Joe'라고 불렀던 조셉 스미스Joseph Smith를 채용해 야간 스크리닝 업무를 맡겼다. 직접 유튜브 영상을 올리기도 했던 그는 인기를 끌기 전에 크게 유행할 영상들을 미리 알아보는 재주가 뛰어났다. 공식적으로 이 팀의 멤버들은 '커뮤니티 매니저'였지만, 한 직원이 이들에게 쿨헌터라는 좀 더 공감 가는 별명을 붙여주었다.

그즈음 유튜브는 이미 팽창을 계속해나가는 거대한 대지가 되어 있었다. 코미디언을 꿈꾸는 사람부터 영화 제작자, 음악가, 공연자, 취미 애호가, 상상할 수 있는 모든 니치 분야의 마니아들이 나이를 가리지 않고 이곳에 모여 있었다. (간단하게 말하자면 2006년에 가장 인기 있던 유튜버 중 한 명은 제리애트릭1927geriatric1927로 불린, 영국 출신의 단정한 차림이 돋보이는 은퇴자 피터 오클리Peter Oakley였다.) 많은 사람이 친구가 보낸 링크나 인터넷 검색을 통해 유튜브로 왔다. 점차 메인 영상 옆, 사이드바에 자리한 '관련 영상'을 보는 이들도 늘어갔다. 하지만 아직까지는 상당수가 YouTube.com이라는 정문을 통해 들어왔다. 쿨헌터들은 YouTube.com 홈페이지에서 누구나 보는 영상을 선정하고 관리하는 업무를 맡았다. 첸의 고등학교 친구인 사디아 하퍼는 유튜브가 구글에 인수되고 몇 달 지나 입사했다. 매일 아침 그녀는 음악, 엔터테인먼트, 과학기술, 건축을 주제로 정리해놓은 블로그들을 놀며 홈페이지에 노출시킬 새로운 영상들을 찾았다. 이 영상들은 섬네일이라고 하는 작은 프레임으로 '추천 동영상' 배너 아래 열 줄로 나란히 자리했다. 그녀의 팀은 네 시간마다 영상 순서를 교체하며 선정된 영상의 모든 유튜버에게 조회 수 세례를 보장했다. 몇몇 영상은 곧장 더 넓은 대중문화의 세계로 흡수되었다. 하퍼는 피터 비욘 앤드 존Peter Bjorn & John이란 그룹의 귀에 쏙 들어오는 휘파람 후렴구가 돋보이는 뮤직비디오를 발견했다.[24] 일주일 후 드류 베리모어Drew Barrymore가 《SNL》에 이 밴드의 티셔츠를 입고 등장했다.

쿨헌터의 수장인 꽐리아렐로는 팀원들에게 자신을 소개하는 영상을 만들어 올리라고 독려했다. 하퍼는 자신의 침실에서 영상을 찍었고, 당시 떠오르는 하위문화였던 DIY 공예 영상들도 이후 추가했다. 그녀는 사람들에게 영상을 보내달라고 요청하며 자신의 이메일 주소를 공개했고, 이 주소로 캐나다 소년 가수의 모친이 계속해서 이메일을 보내오고 있었다. 하퍼는 비버의 모친에게 자신들은 커버 곡이 아니라 오리지널 곡을 선호한다고 정중하게 전했다. 쿨헌터들이 절차상의 문제로 스타를 놓쳤다 해도 유튜브는 계속해서 스타들을 배출해냈다. 1년 후 한 음반사 중역이 유튜브에서 비버의 영상을 발견하고는 그를 일약 스타로 만들었다.

더 많은 에디터가 합류했고, 각각 사이트에서 분야를 맡아 관리했다. 한 라디오 프로그램 편성자는 음악을 선별했다. 스코틀랜드의 스탠드업 코미디언으로 유튜브에서 자신의 청중을 찾아낸 마크 데이는 코미디 분야를 관리하는 자리에 채용되었다. 미네소타 출신의 젊고 성실한 저널리스트 스티브 그로브Steve Grove는 유튜브에 합류해 '뉴스와 정치'를 책임졌다. 블로깅은 시민 저널리즘이라는 숭고한 이상을 부활시켰다. 보통 사람들이 인터넷을 이용해 자신의 지역사회를 기록하고, 팩트를 체크하고, 권력에 책임을 물었다. 그로브는《시티즌튜브CitizenTube》라는 채널을 시작해 시민 저널리즘에 열정적으로 참여하는 사람들을 집중 조명했다. 하얀색 유튜브 티셔츠를 입은 그로브는 시청자들을 향해 이렇게 물었다. "현관 밖에 생긴 포트홀에 대해 어떻게 생각하시나요?"(헐리는 실무의 작은 부분까지 관여하는 타입은 아니었지만 홈페이지에 정치적인 영상이 보이는 것이 별로라는 점만은 분명히 했다.)

유튜브 에디터들은 세상에 드러나지 않은 사람들을, 게다가 실험적인 영상을 자주 올리는 사람들을 세상에 알리는 데 자부심을 느꼈다. 이들은 자기 자신으로 모험을 거는 사람들이었다. 2007년, 앳된 얼굴의 테이 존데이Tay Zonday가 싸구려 키보드를 치며 멋진 바리톤 음색으로 특이하고도 시적인 가사를 노래하는 영상이 사이트에서 큰 인기를 얻었다. 유튜버 수십 명이 그의 노래 〈초콜릿 레인Chocolate Rain〉(흑인 인종차별에 관한 곡―옮긴이)을 커버한 영상을 촬영하기 시작했다. 편집팀은 장난삼아 첫 '장악'을 계획했다. 홈페이지 전체를 이 노래에 대한 헌사로 가득 채운 것이었다. 유튜브가 해킹된 줄 알고 공황상태에 사로잡힌 엔지니어 한 명이 급히 찾아왔다. 하지만 이 전략이 좋은 반응을 얻었고 이후로 이들은 다른 주제로 홈페이지를 장악하는 계획을 주기적으로 실행했다.[25] 에디터들이 아이디어가 고갈되면 우리에게는 언제나 고양이가 있다고 한 직원이 농담을 했다. 스티브 첸이 고양이를 사랑했을 뿐 아니라 인터넷도 그랬으니까.

구글의 자금으로 2007년부터 신나게 인력을 들인 유튜브는 수십 명의 신입 직원을 채용했다. 업스테이트 뉴욕 출신의 웹 디자이너 재슨 슈록Jasson Schrock은 그날이 유튜브의 '파자마 데이'인 줄도 모르고 정장 차림으로 면접을 보러 왔다. 채용된 그는 유튜브의 영상 플레이어 이면에 "스파게티처럼" 복잡하게 얽힌 골치 아픈 스타트업의 코드를 해결하느라 고생했다.

그리고 구글러가 있었다. 몇 주 전만 해도 몇몇은 유튜브를 해적단이라고 비난했었다. 유튜브를 인수하기 전 구글이 유튜브의 노 스크리닝 접근법을 취해야 할지 고민하던 중 한 구글 매니저는 우려를 표하며 메일에 구글이 "유사 포르노와 주먹을 날리는 여성들, 저작권이 있는 영상들로 구성된 방대한 색인"을 불러들이는 것이라고 적었다. 유튜브 사무실에서 처음으로 유튜브 직원들과 구글 비디오에서 새로 온 사람들이 회의를 진행했을 때 어색한 냉기가 감돌았다. 스티브 첸은 악수를 해야 할지 아니면 주먹을 날려야 할지 혼란스러웠다. 바쁜 부모들이 아이들을 내려놓고는 그냥 떠나버린 것 같은 분위기였다. "이제 너희가 다 같이 살아야 하니까, 잘들 지내봐." 이들에게 닥친 막대한 업무량이 긴장감을 순식간에 없애주었다. 첸과 헐리는 구글 측의 여러 팀과 끝도 없이 통화하며 다양한 시스템과 비즈니스 플랜을 통합하느라 바빴다. 구글러들은 유튜브의 코드 베이스와 숫자에 파고들었다. 유튜브팀은 한 뭉치의 구글 입사 서류를 작성했다. 이런 상황을 보며 유튜브 엔지니어인 에릭 클레인Erik Klein은 관료주의를 영화적 기법으로 멋지게 패러디한《브라질Brazil》을 떠올렸다. (인수하는 날, 클레인은 브린에게 유튜브 엔지니어 중 구글 면접에서 떨어졌거나 떨어질 것을 알고 지원하지 않은 사람이 대부분일 거라고 말했다.) 한 번씩 유튜브 직원들은 있으면 안 될 곳에 있는 듯한 기분을 느꼈다. 구글 채용 담당자들은 미국의 수능 시험인 SAT 점수와 아이비리그 대학 직인을 볼 때가 많았고, 기업은 합격률이 하버드대학교보다 낮다고 자랑하듯 떠들었다. "같은 학위를 지닌 비슷비슷한 사람들이 한데 모인 이상한 집단처럼 느껴졌어요." 유튜브 중재자인 줄리 모라-블랑코는 이렇게 말했다. "다들, '어머, 그쪽도 스탠퍼드에서 MBA 했어요?' 이러는 분위기였어요." 주립대학 출신과 중퇴자들로 가득한 유튜브 직원들은 본인들이 대학생도 아니면서 대학촌에 사는 주민 같다고 농담을 했다.

몇몇 직원은 더 어색한 상황을 경험하기도 했다. 유부남이지만 공개적으로 다른 여성들과 연애를 즐기는 구글의 CEO 슈미트가 전 TV 앵커인 케이트 보너Kate Bohner를 몇 번이나 유튜브로 데려와 직원들에게 유튜브 채널을 성장시키는 방법을 조언해달라고 요청했었다.[26]

구글러 다수는 새로운 비디오팀에 마지못해 합류한 것이었다. 구글이 자사의 직원들에게 아낌없이 퍼주던 식사와 그 외 여러 복지 제도가 유튜브에는 아직 마련되어 있지 않았다. 유튜브로 온 구글 직원 리카르도 레예스Ricardo Reyes에게는 새로 온 사람들이 마치 유튜브라는 반란군의 요새로 행진하는 제국의 돌격대원 같았다. 부시 전 대통령의 백악관에서 근무했던 레예스는 유튜브 합류를 두고 별다른 선택권이 없었다. 구글의 해결사였던 그는 위기의 상황이 닥치면 언론을 책임지는 신망 높은 전문가였다. 2월의 어느 금요일, 그는 오후에 구글 직원들 몇 명을 데리고 나가 새로 나온《스파이더맨》영화를 봤다. 영화가 끝나고 핸드폰을 보니 불빛이 번쩍였다.

"어디 계세요?" 전화를 건 동료가 물었다.

"어,《스파이더맨》봤어요." 레예스는 사실대로 털어놨다.

"사무실로 복귀하세요. 10억 달러짜리 소송이 들어왔어요."

· · ·

바이어컴은 유튜브를 의식하고 있지 않았다.

바이어컴의 회장이자 업계 전설적인 거물인 섬너 레드스톤Sumner Redstone
은 1952년에 설립된 부친의 자동차 극장 체인 사업을 협력과 배신이 난무
하는 미디어 대기업이자 하나의 왕조로 성장시켰다. 그는 《사우스 파크South
Park》(미국의 TV 시리즈 성인 애니메이션 ― 옮긴이)에서 《서바이버》, 스폰지밥,
앨 고어까지 굉장히 이질적인 자산을 다양하게 보유했다.[27] 과거 레드스톤
은 인터넷을 두고 "환상의 나라로 향하는 길"이라며 일축했지만 2006년이
되자 바이어컴은 그 환상의 나라가 간절히 필요해졌다. 기업의 주된 사업
인 유료 TV 방송은 2000년 미국 가정의 83퍼센트 점유율을 기록하며 정점
에 올랐지만 이후 놀라울 정도로 그 수치가 하락했다. 바이어컴은 마이스페
이스를 인수하려 했지만 최대의 라이벌이자 폭스의 소유주인 뉴스 코퍼레
이션에 빼앗겼다(레드스톤은 "굴욕적인 경험"이었다고 인정했다). 바이어컴은
페이스북에 16억 달러를 제안했지만 페이스북 측에서 퇴짜를 놓으며 또 한
번의 굴욕을 맛봤다. 바이어컴의 방송사인 MTV는 유튜브를 예의 주시하
고 있었고, 경영진은 자사의 쇼가 허가 없이 영상 사이트에 오르고 있다는
사실을 알고 있었다. 하지만 당시 바이어컴은 새롭게 부상하고 있는 또 다
른 사이트 그록스터Grokster에 정신이 팔려 있었다. 파일 공유 웹사이트인 그
록스터는 업계의 경멸을 받고 있었다. (유튜브를 매입하기 전, 구글의 한 임원은
이메일에서 유튜브를 가리켜 조롱하듯 "비디오 그록스터"라고 지칭했다.)

또한 유튜브의 비즈니스는 바이어컴의 눈에는 전혀 말이 되지 않았다. 엔
터테인먼트, 비싼 제작물, 예술성을 공짜로 배포한다니! 게다가 그 옆에 광
고도 게시했다. "자동차들이 무수히 늘어선 자동차 매장에서 사람들에게 차
키를 건네주고 옆에서 핫도그를 파는 격"이라고 말했던 바이어컴의 임원은
당시 유튜브를 "어린아이 두어 명이 지하실에서 하는 해적질"로 여겼다.

그러다 구글이 16억 5,000만 달러를 제시하는 일이 벌어졌다. 갑자기 '어린아이들'이 어른이 운영하는 회사에 소속된 것이다. 이후 논란이 이어졌다. 구글의 발표 후 얼마 지나지 않아 에릭 슈미트는 바이어컴 임원진과 자리를 갖고 유튜브의 저작권 침해를 보상하기 위해 최대 5억 달러의 광고 수익을 보장하는 거래를 제안했다. 바이어컴은 10억 달러에 가까운 수치를 제안했고, 이후 대화는 금액 차이와 "다른 기술적 문제들"로 중단되었다고 키치 헤이기Keach Hagey가 레드스톤을 주인공으로 쓴 책『콘텐츠의 제왕The King of Content』에 언급되어 있다.[28] 바이어컴의 또 다른 관계자 한 명은 당시 양측이 악수를 나누며 8억 달러 정도에 합의했다고 기억하고 있다. 이 관계자에 따르면, 이후 바이어컴 측이 후속 미팅을 위해 연휴 즈음에 비행기를 타고 구글로 찾아갔지만 구글에서는 합의가 무산된 것으로 처리 중이라는 말을 그에게 전했다. "재밌는 기업이죠." 바이어컴의 임원은 이렇게 말했다. "CEO가 합의한 일인데, 직원들은 전부 그저 제안이 오간 정도로 알고 있더군요."

유튜브는 조이 털Zoey Tur을 대동한 바이어컴의 존재를 의식하고 있었다.

털은 로스앤젤레스에서 가장 뛰어난 항공사진 기자로 널리 알려진 인물이었다. 1992년 로드니 킹Rodney King 사건(과속운전으로 도주하던 흑인에게 무차별 폭행을 벌인 경찰들이 기소되었으나 다수의 백인으로 구성된 배심원단이 무죄 평결을 내렸고, 이 사건은 LA 폭동으로 번졌다 ― 옮긴이)의 평결이 나오기 전, 털은 사우스 센트럴을 돌며 지역 사람들 및 크립스Crips 갱단 조직원들과 대화를 나누었고, 이를 토대로 상황을 파악해 폭동과 경찰이 거칠어지기 시작하면 정확히 어느 지점에 헬리콥터를 띄워야 할지 계산했다.[29] 2년 후에도 마찬가지로 그녀는 정확한 타이밍에 O. J. 심슨O. J. Simpson의 하얀색 브롱코Bronco 바로 위를 날고 있었다. 헬리콥터 비용으로 200만 달러나 들었지만 이런 순간을 항공에서 찍은 장면을 건네고 뉴스 채널에서 받는 금액은 그 비용을 감당하고도 남았다. 그렇게 10년이 지났고, 털이 한 영상 공유 웹사이트에 등장했다. 몇 번 클릭만 하면 저작권이 그녀에게 있는 LA 폭동과 그 유명한 O. J.의 브롱코 영상을 유튜브에서 볼 수 있었다. 몇몇 영상은 광고까지 달려 있었다. 유튜브는 웹사이트에 나체 이미지가 등장하지 않도록 관리했다. 그렇다면 그녀의 영상도 그렇게 해줄 수 있는 일이 아닌가? '이들은 이 영상을 찍기 위해 돈 한 푼 쓴 일이 없고 목숨을 걸지도 않았잖아.' 그녀는 이런 생각이 들었다. 분노가 치민 털은 2006년 여름 DMCA 저작권법 위반으로 유튜브를 고소했다. 유튜브는 털이 신고한 영상들은 삭제했지만, 새로 업로드되는 영상을 전부 확인하기에는 기술도 인력도 부족하다고 주장했다. 소송은 길어졌고, 10월 털은 막히는 도로 위 차 안에서 16억 5,000만 달러의 인수 소식을 라디오 뉴스로 전해 들었다. 그녀의 입에서 이런 말이 튀어나왔다. "와우, 범죄로 돈을 버네."

유튜브의 일반 직원 대다수는 털과의 소송이나 바이어컴과의 밀실 회의에 관해 전혀 알지 못했다. 2월, 전직 핵티비스트였던 마이카 샤퍼가 주말(일요일에 슈퍼볼이 있었기에 술과 함께하는 주말)을 보낼 준비를 하던 차에 르바인이 그를 불러 세웠다. 자사의 동의 없이 업로드되었다고 주장하며 바이어컴이 보내온 영상 링크가 10만 개가 넘었다. "이거 처리해줄 수 있겠어요?" 르바인이 물었다. 샤퍼와 동료들은 유튜브 컴퓨터의 과부하를 막기 위해 영상을 여러 개로 묶어 삭제해야 했다. 이것은 서곡에 불과했다. 바이어컴은 협상 당시 구글의 대응을 두고 이 검색 엔진 기업이 법정 싸움을 치를 준비가 되어 있다고 해석했다. 법학을 전공한 섬너 레드스톤은 법정 싸움을 좋아하는 인물이었다. 그는 또 다른 변호사 필립 다우먼Philippe Dauman을 바이어컴의 CEO로 앉히기도 했다. 몇 년 전 두 사람이 바이어컴 인수를 진행할 당시, 물물교환 전략이자 하나의 책략으로 바이어컴의 이사회에 소송을 제기했고, 이들의 열렬한 추종자 한 명은 두 사람의 모습을 보며 "뮤지컬《웨스트 사이드 스토리West Side Story》곡을 써 내려가는 레너드 번스타인Leonard Bernstein과 스티븐 손드하임Stephen Sondheim 같다"라고 감탄을 금치 못했다.[30] "한 번 제트는 영원한 제트다"(〈Jet song〉 가사 — 옮긴이).

2007년 3월 13일 바이어컴은 피해 보상금으로 구글에 10억을 청구했다. 소송의 시작을 알린 소장은 엔터테인먼트 업계의 가장 위대한 범죄 주모자를 향한 고발장처럼 읽혔다.

유튜브는 대규모로 저작권을 위반할 의도를 갖고 과학기술을 악용했고, 작가들, 작곡가들, 공연가들이 노력과 혁신의 대가로 받아야 할 보상을 앗아 갔으며, 미국 창조 산업의 동력을 저하시키고 다른 사람들의 불법 행위로부터 이익을 얻고 있다.

바이어컴은 슈퍼볼이 열리던 주말, 유튜브 측에 전달한 영상들 외에도 사이트에 올라와 있는 약 15만 개의 저작물이 "무려 15억이라는 놀라운 조회수로" 재생되었다는 사실을 알게 되었다고 소송에서 주장했다. 유튜브에 소송을 건 기업은 바이어컴만이 아니었다. 1년 후, 프랑스 테니스팀과 음반사 몇 곳, 거기에 단체 소송에 합류하기 위해 앞선 소송을 취하했던 조이 털까지 더해 함께 유튜브를 고소한 일도 있었다.

소송은 유튜브 내부에 즉각적인 충격을 안겼다.

랩소디의 또 다른 망명자인 데이비드 킹David King은 이제 막 첫 업무에 적응을 시작하던 차에 당황스러운 상황이 펼쳐지고 있었다. 앞서 르바인이 몇몇 음반사와 획기적인 협상을 마무리한 터였다. 음반사가 곡을 데이터베이스에 업로드하기로 했고, 유튜브는 '핑거프린팅fingerprinting' 기술을 이용해 동일한 음원을 찾아내기로 했다. 저작권이 침해된 경우 음반사는 유튜브에 해당 콘텐츠를 삭제해달라는 조치를 요청할 수 있고, 아니면 해당 영상의 광고 수익을(최소 광고 수익 중 유튜브의 몫이 아닌 금액을) 챙길 수 있었다. 킹의 업무는 음악만이 아니라 유튜브 내 모든 콘텐츠를 유사 시스템으로 관리하는 것이었다. 물론 흥미로운 일이었지만 기업의 수장들과 연락을 주고받을 만한 업무는 아니었다. 하지만 바이어컴 소송 이후로 저작권자들을 회유해야 하는 그의 업무는 사활이 걸린 중대한 일이 되어버렸다. 갑작스레 킹은 그의 계획을 간절히 듣고 싶어 하는 구글의 법무 자문위원 및 CEO와의 비밀스러운 미팅에 초대받는 입장이 되고 말았다.

정치 에디터인 스티브 그로브는 업무 첫 주에 시티즌튜브 영상을 몇 개 올렸다. 그는 자신의 계정이 매주 다양한 이슈를 요약하고 정치적인 대화를 나누는 쇼가, 유튜브의《미트 더 프레스Meet The Press》(NBC의 일요 시사 인터뷰 프로그램 ─ 옮긴이)가 되는 그림을 상상했다. 하지만 소송 이후 헐리는 그로브에게 수위를 낮추는 것이 좋겠다는 조언을 전했다. 유튜브는 너무 TV 방송사처럼 보이고 싶지 않았다.

바이어컴의 소송은 유튜브의 머리 위에 걸린 다모클레스Damocles의 검(말총에 매달린 칼 아래 앉아 있는 것에 빗대어 권력의 위험과 무상함을 의미하는 속담 ─ 옮긴이) 같았고, 르바인을 포함한 변호사들은 회사를 변호하는 데 상당한 시간을 쏟기 시작했다. 영상 하나를 둘러싼 선택 하나에도 의미가 더욱 커졌다. 사태의 심각성은 단순히 저작권 사안에서 그치지 않고 그 너머까지 영향을 미쳤다. 얼마 지나지 않아 유튜브는 성급히 받아들였던 온라인 세상에서 예상치 못한 문제들을 점점 더 맞닥뜨리게 되었다. 새로 온 디자이너 슈록은 유튜브가 일반인들을 대상으로 한 설문 조사를 연구하는 업무에 참여했다. 슈록은 동료 한 명이 응답자들에게 어떤 영상을 보고 싶은지 묻는 세션을 모니터링하던 중, 한 남성이 "케이지 싸움을 좋아한다"라고 즉각 답변하는 모습을 목격했다. "동물들이 싸우는 영상이요." 슈록의 입이 떡 벌어졌다. 이 남성은 자리를 떠났고, 나가기 전 다른 참가자들과 마찬가지로 기밀 유지 서약서에 서명해야 했다.

이보다도 암울한 순간들이 존재했고, 그중에는 몇 년 후 벌어진 크라이스트처치의 참혹함을 그대로 닮아 있는 어느 비극적인 사건이 포함되어 있었다. 2007년 가을, 반자동 피스톨을 챙겨 핀란드의 한 고등학교로 향한 18세 소년이 열여덟 명을 죽이고 자살한 사건이었다. 그 소년은 유튜버였다.[31] 닉네임 슈투름가이스트89Sturmgeist89로 메탈 음악과 컬럼바인Columbine 고등학교 총격 사건 가해자들의 영상을 올렸다. 초창기 영상 속 그는 "인류애란 과대 평가된 개념이다"라고 적힌 검은색 상의를 입은 채 총을 들고 있었다. 그는 카메라를 향해 총기 난사가 어떻게 진행될 것인지 설명했지만, 그의 영상은 시청자들의 신고도 들어오지 않았고 유튜브의 머신에도 감지되지 않았기에 중재자들도 보지 못했다. 비극적인 사건이 벌어지고 얼마 후 샤퍼의 메일함으로 이메일 하나가 도착했다. 가해자의 부친은 끔찍한 사건이 어쩌다가 벌어진 것인지 파악하기 위해 아들의 영상을 보고 싶다고 밝혔다. 유튜브는 해당 영상들을 내려 수사기관에 보낸 상태였다. 부친은 유튜브 측에 계속 메일을 보내왔다.

샤퍼는 비통에 빠진 아버지를 돕고 싶은 마음과 삭제된 영상의 발송을 금지하는 유튜브의 개인 정보 보호 규정 사이에서 괴로워했다. 어떻게 해야 할지 판단이 서지 않았던 그는 한 번도 답장을 보내지 않았다. 결국 부친의 메일도 더 이상 오지 않았다.

5장

클라운 Co.

에반 웨이스Evan Weiss는 새로운 스타를 처음 봤을 당시 머리가 쪼개질 것 같은 두통을 느꼈다. 뛰어난 할리우드 에이전트인 웨이스는 누구나 알만한 스타들(타이라 뱅크스Tyra Banks, 파멜라 앤더슨Pamela Anderson 등)과 TV 프로그램을 제작한 경력도 있었지만, 점차 고된 방송계 일에 지쳐갔고 더 작은 화면의 세계로 눈을 돌리기 시작했다. 어느 날, 친구가 그에게 유튜브에서 떠오르는 스타 한 명을 보여주었다.

 프레드: 핼러윈 날 프레드
(**Fred**: Fred on Halloween)

▶ ▶| `2006년 10월 30일 · 4:33`

카메라에 지나치게 바짝 다가선 어린아이의 얼굴이 등장한다. 싸구려 초록색 가발과 마녀 모자, 치아를 감싸고 있는 교정 장치. 아이의 목소리가 너무 높은 음역대로 나온다. 빨리 감기를 한 듯 빠르고 정신없는 목소리처럼 편집 기법도 어수선하다. "엄마가 저를 학교 상담교사에게 몇 번 데려갔어요. 엄마는 저한테, 제가 흥분을 잘 조절하지 못한대요." 잠시의 정적 후 비명소리. "저는 망할…" 난장판. 몇 초간 화면이 정신없이 흔들리다가 다시 아이가 모습을 드러낸다. "엄마 카메라를 망가뜨린 것 같네요." 꺅 소리를 지른다.

"네 얼굴에 쓰여 있네." 웨이스가 소감을 밝혔다. "한심하다고." 하지만 친구는 물러서지 않았다. 라이선스 분야에서 일하는 그의 친구는 이 아이를 교외 지역의 한 쇼핑몰에 데려가 핫 토픽Hot Topic 체인점 앞에서 티셔츠에 사인해주는 행사를 진행했는데, 어린 팬들이 몰려드는 바람에 중단해야 했다. 웨이스는 영상을 계속 시청했다.

루카스 크룩섕크Lucas Cruikshank는 작은 네브래스카에서 사촌들과 카메라를 갖고 노는 것을 좋아했다. 잘 적응하지 못했던 중학교보다 이편이 더 재밌었다. 영감을 얻기 위해 〈매드 TV〉와 무모한 유튜브 코미디언 브루커스를 시청한 그는 이후 자신만의 기이한 캐릭터들을 탄생시켰고 얼굴을 유연하게 쓰는 법을 익혔다. 그의 유튜브 페르소나인 프레드 피글혼Fred Figglehorn은 크룩섕크가 편집 소프트웨어로 목소리의 속도를 높이는 방법을 찾아낸 후 탄생한 캐릭터였다. 몇 달 만에 프레드는 시청자 수에서 론리걸15를 포함한 유튜브 내 모든 계정을 넘어섰다. 그보다 나이가 많은 유튜버들은 (이제 갓 10대를 벗어난) 이 침략자에게 분노했다. 유튜브 직원들은 그가 이렇게 인기를 얻는 현상에 당황스러워하며 본인들은 이해할 수 없는 어린 세대의 시대정신에 그가 부합하는 것 같다고 여겼다.

웨이스는 처음 받았던 느낌을 다시금 생각해보기 시작했다. 지난 세월 동안 그가 배운 좋은 코미디언의 네 가지 특징을 생각했다. (1) 코미디언은 자신만의 고유한 목소리를 가져야 하는데, 프레드는 그것이 있었다. (2) 코미디언은 유명해야 한다. 이것도 됐고. (3) 코미디언은 전복적이어야 한다. (4) 코미디언은 자신의 견해를 가져야 한다. 다람쥐가 비명을 지르는 것과 같은 목소리를 제외하면 프레드의 유머에는 놀라울 정도로 어둡고 무거운 구석이 있었다. 그의 콩트는 학교 폭력, 젠더, 정신 건강, 폭력적인 부모, 청소년의 복잡한 내면을 다루었다. (당시 열두 살이었던 크룩섕크는 나이를 속여 13세 미만은 계정을 만들 수 없다는 유튜브의 규정을 어겼다.) "이거면 충분하군." 웨이스는 결론을 내렸다. 프레드와 계약을 맺어야 했다.

. . .

구글은 유튜브의 기라성 같은 방송인들을 어떻게 해야 할지, 이들로 어떻게 수익을 만들어야 할지 전혀 감이 잡히지 않았다. 황금 시간대 TV만큼 청중을 모으며 상업성을 확실하게 입증해 보인 이들도 있었다. 하지만 상업주의야말로 수많은 유튜버가 질색하는 것이었다. 2007년 1월, CES 콘퍼런스에서 유튜브의 경영 임원인 케빈 도너휴는 사이트에서 유명한 클립을 TV 채널로 전환하는 "시도를 해보고" 있다며 짧게 언급했다. 이 발언은 그리 좋은 반응을 얻지 못했다. 염소수염을 하고 모든 것을 비정상적인 시각으로 바라보는 유명 유튜버 보헴boheme이 〈케빈 도너휴에게〉라는 제목의 영상으로 그를 맹렬하게 공격했다. 팬들도 그에게 동조하는 영상 응답을 남겼는데 그중 한 명이 LSD에 취한 고양이 유튜브 영상을 그에게 소개했다.[32] 이러한 영상이 구글의 새로운 영상 서비스에 있는 콘텐츠 다수가 광고주에게 그리 호응을 얻지 못할 거라는 구글 내부 몇몇 사람의 걱정에 불을 지폈다.

유튜버 몇 명은 광고 시장을 자기 나름대로 파악해나가고 있었다. 당시 DVR(디지털 영상 녹화기 — 옮긴이)은 녹화된 방송을 보며 광고를 건너뛸 수 있어 엄청난 유행을 이끌었다. 큰 혼란에 빠진 광고계는 프로그램에 직접적으로 마케팅 메시지를 집어넣는 간접광고를 개발했다. 론리걸15은 뉴트로지나Neutrogena를 자주 언급하며 상품을 홍보했다. 2006년 후반, 20대의 나이로 샌프란시스코의 광고 에이전시에서 근무하던 브렌던 가한Brendan Gahan은 파트너가 고객의 예산이 너무 낮아 TV 광고는 어려울 것 같다고 말하는 것을 우연히 듣게 되었다. 가한은 대신 유튜브에서 인기를 끄는 10대들에게 연락해보자고 제안했다. 이안 헤콕스Ian Hecox와 앤서니 파디야Anthony Padilla가 운영하는 스모쉬Smosh라는 계정이었다. 새크라멘토에서 고등학교를 갓 졸업한 두 사람은 덥수룩한 머리를 한쪽으로 넘긴 이모emo 헤어스타일에 '레이지 선데이'를 사랑했고, 그 스타일을 로파이lo-fi풍의 저화질로 모방했다. 음료 프랜차이즈 업체인 스무디킹에서 이들에게 무려 500달러나 되는 거액을 안기며 영상을 만들어달라고 요청했다. (헤콕스는 여전히 처키치즈Chuck. E. Cheese에서 최저임금을 받으며 일하는 아르바이트생 같은 차림으로 등장했다.) 관리직이었던 가한은 스모쉬 청년들 사상 첫 미팅을 진행한 뒤 자신의 요구 사항을 전달했다. 아이팟의 경쟁 상품으로 출시된, 두툼한 형태의 휴대용 지뷰Zvue를 언급하는 영상을 찍으면 바로 입금될 거라고 말이다.

스모쉬는 '손이 된 발'이란 이름에 완벽하게 부합하는 말도 안 되는 내용의 3분짜리 영상을 올렸다. 지뷰가 영상에 등장하는 시간은 18초가량이었다. 두 유튜버는 1만 5,000달러를 받았다.[33] 인플루언서 마케팅이라는 가내수공업이 태동하기 시작하는 순간이었다.

처음 채드 헐리는 유튜버들에게 수입을 제공하는 데 반대하는 입장이었다. "금전적 보상이 동기가 되는 시스템을 만들고 싶지 않았습니다." 한 콘퍼런스에서 그는 이런 말을 했다. 구글의 요구 사항에도 금전적 보상에 관한 이야기는 없었다. "두 사람이 전적으로 알아서 운영하면 됩니다." 인수 회담 당시 에릭 슈미트는 스티브 첸에게 이렇게 말했다.[34] "여기 체크 박스 하나에만 합의한다면요." '이용자와 영상, 조회 수를 성장시킨다.' 또 다른 중역은 슈미트가 이런 말도 덧붙였다고 전했다. "이것들을 성장시키기만 하면 됩니다. 비용은 걱정 말고요."

하지만 성장하려면 사람들에게 영상을 업로드할 동기를 주어야 했다. 아마추어 비디오 경쟁 사이트였던 레버Revver는 업로더들에게 수입을 지급했고, 유명 유튜버들이 가끔씩 영상을 통해 레버의 방식을 장점으로 꼽기도 했다. 헐리는 결국 '애플 파이'라는 프로젝트를 만들어 유튜버들에게 자금을 지원할 방법을 마련했다. 영상을 만드는 대가로 돈을 지급하는 것이 '지극히 미국적인as American as Apple pie' 방식이라는 의미였다.

하지만 헐리는 여전히 구글의 전문 분야, 즉 광고에 저항하고 있었다. 그는 특히나 영상 전에 등장하는 광고, '프리롤pre-rolls'을 싫어했는데, 시청자 경험에 지장을 준다는 것이 그 이유였다. 그가 드물게 직원들 앞에서 흥분하는 모습을 보였을 때는 하나같이 사이트에서 사람들의 경험을 방해하는 문제가 나타날 때였다. 언젠가 헐리는 회의 중에 클립을 촬영해 업로드한 뒤 손가락을 톡톡 두드리며 시간을 재다가 따져 물었다. "왜 아직도 영상이 올라가지 않는 겁니까?"

유튜브는 홈페이지에 작은 빌보드 광고를 게시하기는 했지만, 유튜브의 시청자는 TV와는 달리 영상 중간에 등장하는 광고 시간에 익숙하지 않았다. 세일즈 직원은 YouTube.com/Coke처럼 '브랜드 페이지'라는 기업용 계정을 홍보하고 누군가 해당 사이트에 들어가면 자동으로 영상이 재생되는 방식을 설명했지만 별 호응을 얻지는 못했다. 유튜브가 가장 재미있는 영상을 선정하는 어워즈를 시도했을 당시 시에라 미스트Sierra Mist의 협찬을 받았다. 또한 영리한 팝업 광고도 시도했는데, 호머 심슨Homer Simpson이 스크린을 가로지르며 분홍색 도넛을 쫓는 광고는 영화 개봉을 홍보하는 용도였다. 하지만 이런 광고는 시간 소비가 많고 확장하기가, 다시 말해 광고를 쉽게 전파시키기가 어려웠는데, 이는 속도와 확장을 추앙하는 구글에게 큰 문제였다. 구글에서 처음 몇 분기 동안 유튜브의 광고 세일즈팀은 목표를 달성하는 데 실패했다.

이 사안에 대한 좀 더 나은 접근법을 찾기 위해 유튜브는 사업부 상당 부분을 짐승의 몸체처럼 나누었다. 우선 최고 인력과 고품질 콘텐츠(TV 네트워크사와 스튜디오의 영상, 음반사에 소속된 음악)로 구성된 머리인 헤드Head가 있었다. 몸통인 토르소Torso는 프레드와 스모쉬 같은 아마추어지만 프로가 될 가능성이 있거나 적어도 상업성이 있는 유튜버들이었다. 긴 꼬리인 롱테일Long Tail에는 현재로서는 구글이 경제적 가치가 거의 없다고 판단하는 셀 수 없이 많은 클립이 속해 있었다. (모든 것에 순위를 매기는 구글이 이번에도 랭킹을 정리했다. 9, 10에 속한 영상들은 헤드, 6~8은 토르소였고, 나머지는 롱테일로 분류되었다.)

구글 비디오에서 온 조지 스트롬폴로스는 유튜브의 몸통 사업부였다. 10대 시절, 껑충하게 키가 크고 말랐던 그는 친구들과 덴버의 거리에 카메라를 세워두고 녹화 버튼을 누른 뒤 스케이트보드 기술을 몇 가지 선보이고는 TV 앞에 보여 결과물을 확인했다. 구글에서는 '20퍼센트 프로젝트'라는 이름하에 직원들에게 일주일에 하루는 무모한 아이디어를 실험하게 했는데, 스트롬폴로스는 영상 제작자들을 위한 광고 콘셉트를 짜곤 했다. 구글 비디오에 있을 당시 그는 스폰서에게 흰 연구실 가운을 입고 멘토스Mentos로 다이어트 콜라를 폭발시키는 방송인 두 명을 후원해달라고 설득해 계약을 성사시켰다. 스트롬폴로스는 덥수룩한 수염이 멋진 섹시한 외모에 여유롭고 상대가 다가가기 편한 성격이었는데, 특히나 구글러에게는 드문 매력이었다. 인수 이후 그는 가장 유명한 유튜브 계정 운영자 몇 명에게 자신을 소개하는 메일을 따로 보내기도 했다. 절반은 그에게 답장을 보내지 않았다. 지금껏 유튜브 직원에게 연락을 받아본 적이 없었던 터라 스팸 메일로 착각했던 것이다. 하지만 스트롬폴로스는 유튜브 처음으로 진행하는 대대적인 경제 실험에 참여해달라며 유튜버 몇 명과 길고도 지난한 입씨름을 할 줄 아는 사람이기도 했다. 그는 수익의 일부를 받고 영상 옆에 광고를 게시하거나 영상 속에 작은 팝업 배너를 게시할 용의가 있는 유명 계정 운영자 서른 명을 모았다. 여기에는 괴짜 코미디언들(스모쉬, 애스크 어 닌자Ask a Ninja, 솔로 코미디언 부대)과 끈기 있는 영상 블로거들(섹시필sxephil, 왓 더 벅What the Buck?) 그리고 당연히 론리걸15도 있었다.

론리걸15 뒤에 있던 남성들은 스트롬폴로스에게 다음 영상을 제작할 비용을 미리 달라고 요청했다. 할리우드에서는 보통 이렇게 진행되었다. 스트롬폴로스는 이 요청을 상사에게 전달했지만 거절당했다. 그저 광고 수익 분배일 뿐 선지급은 없다면서 말이다. 조회 수가 많이 나올수록 수익이 커지는 구조였다. 영상에 실린 광고로 1달러를 벌 때마다 구글은 45센트를 가져가고 나머지는 유튜버에게 돌아가는 식이었다. 유튜브의 '파트너 프로그램'이 5월에 출시되었다. 행보를 지켜보고 있던 이들은 어느 정도 예상한 일이었다. 앞서 1월 다보스에서 무대 위 빌 게이츠 옆에 앉아 숙취에 시달리던 헐리가 영상 제작자들과 수익을 공유하겠다는 계획을 무심결에 발설하는 일이 벌어졌었다.

. . .

수익을 창출하는 유튜브의 능력은 방송인들과는 무관한, 기술적인 문제에 발목이 잡혀 있었다. 유튜브는 다른 사람 소유의 시스템을 사용하고 있었다.

샌브루노에서는 구글의 프로덕트 매니저였던 쉬바 라자라만은 광고가 사이트 어느 곳에 어떻게 걸려야 할지를 결정하는 유튜브팀에 합류했다. 앞서 수전 워치츠키가 그를 회의에 소집한 일이 있었다. 구글 비디오 외에도 구글의 광고 과학기술 업무 대부분을 관장하던 워치츠키는 직설적으로 물었다. "왜 우리 시스템을 쓰지 않는 거죠?" 라자라만은 유튜브의 소프트웨어 파이프가 이미 다른 기업, 즉 더블클릭DoubleClick의 배관 시스템에 복잡하게 얽혀 있다고 답해야 했다.

더블클릭 주식회사는 인터넷 시대의 매드맨Mad Men(뉴욕 매디슨 애비뉴의 광고 종사자들을 의미한다—옮긴이)이었다. 1995년에 창립된 맨해튼 소재의 기업은 영리한 회사명(컴퓨터 마우스를 빠르게 두 번 누른다는 의미)과 기민한 비즈니스 모델을 만들었다. 당시 웹은 자급자족할 방법을 찾고 있었다. 더블클릭은 온라인에 디지털 광고판을 걸고 자리를 내어준 웹사이트 소유주에게 비용을 지급하는 소프트웨어를 개발했다. 또한 기업은 쿠키를 사용했는데, 쿠키는 웹페이지 방문자의 브라우저에 생성되는 보이지 않는 작은 코드 조각들로 해당 방문자가 서핑하는 거의 모든 곳을 추적했다. 홈 데코에 관한 사이트 몇 군데를 다니다가 뉴스 기사를 하나 클릭하면 마침, 가구 '배너' 광고들이 물밀듯이 등장한다. 쿠키 덕분이다. 더블클릭은 이러한 '행동' 광고들을 매매하는 거래소를, 웹 마케팅계의 나스닥을 세웠다. 2006년 더블클릭은 약 3억 달러를 거둬들였다.[35] 기업의 진정한 힘은 매디슨 에비뉴에서 수완을 발휘했던 올드미디어의 영업 인력들로, 이들은 기업의 마케팅 책임자들과 광고 에이전시에 연락해 광고를 온라인에 걸어야 한다고 설득했다. 더블클릭과 일했던 한 은행가는 이들을 두고 "온종일 전화기에 대고 떠드는 대머리들"이라고 묘사했다.

구글이 유튜브를 매입하기 전, 더블클릭의 '누군가'가 이 핫한 영상 사이트에 전화를 걸어 배너 광고 계약을 성사시켰다. 유튜브가 구글에 합류하며 더블클릭의 가장 큰 고객이 되었다. 하지만 더블클릭은 (데이터 수집 습성과 사모 펀드로의 지저분한 인수 과정을 두고 규제 기관들에 여러 차례 조사를 받으며) 대단히 힘든 시간을 보냈었고, 또 한 번 경매대에 오르는 상황을 맞이했다. 구글은 검색 광고를 보완하기 위해 또 다른 분야에서 기반을 넓혀나갈 방법을 찾고 있었다. 구글의 임원진은 헐리와 생각이 달랐다. 유튜브 영상이야말로 배너 광고를 위한 최적의 자리라고 판단했다. 이런 이유로 유튜브에 깜짝 놀랄 만한 금액을 건네기 몇 달 전에 구글은 더블클릭에 더 큰 액수를 제시할 준비를 하고 있었다.

그 과정에 워치츠키도 참여했는데, 인수 과정에 함께한 은행가는 특이했다고 말하며 워치츠키의 의중이 엿보인 어느 회의 자리를 회상했다. 당시 참석한 사람들 모두가 더블클릭의 재무 수치를 살펴보고 있을 때 워치츠키가 입을 열었다. "진짜 질문은 공짜로라도 사겠느냐는 거죠." 빤한 응시가 이어졌다. 언론에서 언급되는 금액이 20억 달러 정도였고, 마이크로소프트가 더블클릭에 필사적으로 덤비고 있다는 것을 모르는 사람은 없었다. 정말로 돈을 내지 않겠다고… 말하는 건가? 워치츠키는 계속해서 머릿속에 떠오르는 생각들을 소리 내어 말했다. 더블클릭을 매입하면 물론 당장 수익은 나겠지만, 사업체를 합병하고, 세일즈팀을 통합하고, 소프트웨어를 연합하고, 인사 문제가 안겨줄 두통 등등. 만약 더블클릭을 그냥 준다고 해도 그만한 가치가 있을까? 마침내 그녀는 결심했다. "네, 공짜라면 사업체를 받아야죠." 4월, 구글은 더블클릭을 31억 달러에 인수할 계획을 발표했다.

십수 년이 지난 후, 미국의 입법자 다수는 이미 유튜브를 거느리고 있는 구글이 더블클릭이라는 거대 기업의 인수를, 구글이 온라인 광고업계를 장악하게 도와줄 기업의 인수를 어떻게 허가받을 수 있었는지 의심스러워했다. 하지만 당시만 해도 유튜브의 사업 전망은 아무도 신경 쓰지 않을 정도로 좋지 않은 상황이었다.

. . .

구글이 더블클릭 매입을 마친 후, 구글러 두 명은 크리에이티브 아티스트 에이전시Creative Artists Agency, CAA의 새로운 본사로 향했다. 로스앤젤레스의 '스타의 거리'에서 압도적인 존재감을 뽐내며 낮게 펼쳐져 있는 본사는 어두운색의 유리 외벽 가운데가 거대한 영화 스크린처럼 네모나게 뚫려 있었다. 훗날 할리우드에서 이 연예 기획사는, 다시 말해 꿈을 이루게도 하고 부서지게도 하는 이곳은 '죽음의 별the Death Star(《스타워즈》에 등장하는 행성을 파괴하는 우주정거장의 이름을 본떠 붙여진 별명 ─옮긴이)'로 알려졌다.

《사우스 파크》처럼 시대를 앞서 나간 TV 프로그램을 대변했던 할리우드 변호사 케빈 모리스Kevin Morris가 모임을 소집했다.[36] 서로 술을 한잔 나누고 창의적인 브레인스토밍을 갖자는 의도도 있었지만 사실 올드미디어와 뉴미디어의 관계를 개선하자는 의미였다. 구글이 유튜브를 인수하고 1년 후, 디지털 음악이 음반 산업을 어떻게 망가뜨렸는지를 잘 아는 할리우드의 실세들은 같은 일을 겪을 생각이 조금도 없었다. 모리스의 초대로 한쪽에는 익숙한 얼굴들이 자리했다. TV 방송사 중역들, 시나리오 작가 한 명, 영화배우 몇 명이 있었다. 반대편에는 세쿼이아의 투자자 한 명과 소프트웨어의 귀재이자 넷스케이프Netscape 브라우저를 만든 마크 안드레센Marc Andreessen 그리고 구글 직원 두 명이 앉았다.

유튜브 디렉터로 말굽 모양의 헤어 라인에 유행하는 안경을 쓴 조던 호프너Jordan Hoffner는 이 CAA 저녁 모임에서 테크 쪽에 자리했다. 반대편에 앉은 이들도 잘 아는 사람들이었다. 그는 유튜브의 헤드 사업부로 오기 전 NBC에서 12년이나 근무한 이력이 있었다. 하지만 테크 세계에 입문한 후 호프너는 새로 몸담은 업계와 과거 그가 속해 있던 업계 사이에 메울 수 없는 언어 차이를 목격했다. 가볍게 술을 나누는 동안 그는 유튜브에 대해 올드미디어 동료들 다수가 벌써 들었을 법한 이야기를 꺼냈다. 호프너는 화이트보드 앞에 섰다. "다들 아실 겁니다." 그가 시작했다. "100만 뷰를 달성한 유튜브 비디오, 그게 히트작이라고?" 다들 고개를 끄덕였다. (영국의 한 아이 아빠가 5월에 올린 멋진 홈비디오 〈찰리가 내 손가락을 깨물었어요〉는 몇 달 만에 100만 조회 수를 달성했다.) "이렇게 생각해볼 수 있겠죠." 호프너가 말을 이었다. "이 영상에 붙는 광고는 CPM당 20달러 정도로 책정할 수 있을 겁니다." (TV는 CPM 즉, 1,000회 조회당 비용cost-per-thousand viewers으로 광고를 판매했다.) 모두들 20달러가 TV에 적정한 가격이라고 동의했다. 유튜브의 영상 배너 광고가 전보다 많아지고는 있지만 사이트 시청자의 대부분이 유튜브가 아직 광고를 진행하지 않은 해외에서 발생하고 있다고 호프너는 설명했다. 그는 조회 수 100만의 유명 영상에 해당하는 미국의 시청자를 50퍼센트로 잡았다. 그가 화이트보드에 계산을 시작했다. 20달러의 비용에 시청자의 절반 정도만 광고를 봤다 해도 유튜브의 인기 영상이 1만 달러의 수익을 발생시킨다는 계산이 나왔다.

정적이 내려앉았다.

그해 방송을 시작한 《매드 맨》은 에피소드 한 편당 100만 명의 시청자를 기록했다. 한 편에 드는 제작 비용만 약 250만 달러였다. 물론 유명 TV 프로그램은 케이블 구독자와 광고로 이 비용을 상쇄할 수 있었다. 다만 유튜브는 무료였고, 유튜브 경영진은 시청자가 광고를 견뎌줄 수 있을지, 있다면 몇 편이나 참아줄지 알 수 없었다. 유튜브가 처음으로 스모쉬 계정에 팝업 광고들을 시도했을 당시 계정을 운영하는 두 10대 크리에이터들은 시청자가 싫증 낼 것 같다며 대부분의 광고를 비활성화시켰다. 그럼에도 사람들은 여전히 크리에이터들을 향해 "배신자들"이라는 댓글을 남겼다. 호프너는 미디어 업계 사람들이 유튜브의 세계에 맞춰, 스모쉬 같은 인재들이 지적재산을 소유하고 있고 새로운 상업 모델이 필요한 이 세계에 맞춰 미디어의 사업 전망을 수정해주길 바랐다. 그의 경제 강의는 그곳에 있는 사람들에게 불편한 질문을 불러일으켰다. "TV의 낡은 모델이 얼마나 더 버틸 수 있을까요? TV 시청자들이 웹으로 이탈하고 있는데, 앞으로 어떤 일이 벌어질까요?"

이듬해 NBC의 CEO 제프 주커Jeff Zucker는 "아날로그 지폐를 디지털 동전으로 교환하는 상황"을 피하고 싶다면 서둘러 인터넷에 수익을 낼 수 있는 비즈니스를 찾아야 한다고 업계에 충고했다.[37]

구글은 인터넷이 TV 뒤를 쫓고 있다고 믿었다. 그럼에도 유튜브 비즈니스가 성공하기 위해서 구글은 스모쉬나 '손가락을 깨무는 찰리'보다는 좀 더 수준 높은 '프리미엄 콘텐츠'가 필요하다고 판단했다. 유튜브 헤드팀원들은 뉴욕, 로스앤젤레스, 도쿄를 돌며 네트워크사와 스튜디오에 자사의 콘텐츠를 사이트에 공유해달라고 설득했다. 유머 감각이 뛰어난 구글 세일즈 책임자인 팀 암스트롱Tim Armstrong은 스포츠 리그의 수장들과 TV의 유명 제작자들에게 큰 변화를 감행해달라고 탄원했다. 더블클릭을 인수하고 곧장 구글은 또 다른 광고 회사인 도너번 데이터 시스템Donovan Data Systems을 노렸다. 이 기업은 TV 방송사에 전자 결제 시스템에 판매하는 사업도 함께 운영하고 있었다. 따라서 본질적으로 TV계의 더블클릭인 셈이었고, 구글은 이 기업을 매입해 유튜브와 결합시킬 계획이었다. 두 기업은 무려 20억 달러라는 금액까지 언급하며 논의했지만 합의를 이끌어내지 못했고 대화는 흐지부지 끝이 났다.

2007년 말 구글은 대단한 셀링 포인트가 될 거라 믿으며 한 가지 아이디어를 내놓았다. 유튜브의 변호사가 음반사와 함께 만들어낸 '핑거프린팅' 서비스는 세상에 공개될 준비를 마친 상태였다. 구글이 '콘텐츠ID'라고 부른 이 서비스는 이름 그대로였다. 유튜브상 저작권이 있는 콘텐츠를 파악해 저작권자가 삭제하거나 (구글의 바람대로) 그대로 유지하며 영상에서 나오는 광고 수익을 가져갈 수 있었다. 유튜브는 오디오나 비주얼 파일의 재업로드된 게시물은 물론, 마침내 음악 산업의 상업적 복잡성을 반영해 콘텐츠의 단편적인 부분까지 재업로드 여부를 찾아내는 도구를 개발하며 가장 강력한 미디어 저작권 시스템을 구축했다. 유튜브의 발명품들 가운데 결국 콘텐츠ID가 유튜브의 생존과 번영에 가장 크게 기여했다.

하지만 처음에는 헤드팀에서도 외부 콘텐츠를 사이트에서 제공한다는 데 찬성하는 사람이 거의 없었다. 스트리밍 온디맨드 비디오가 등장하기 전이었다. 넷플릭스가 아직 DVD를 우편으로 발송하던 때였다. 유튜브를 (바이어컴처럼) 노골적인 적대감으로 대하지 않던 미디어 기업들은 대단히 불편해하는 정도로 그쳤다. "다들 참호 밖으로 가장 먼저 나가고 싶지 않았던 겁니다." 구글의 임원 한 명은 이렇게 회상했다. 이 불편함은 대체로 돈에서 비롯된 것이었다. 수십 년간 TV 네트워크사들은 자사의 프로그램으로 전송비라는 라이선스 수수료를 받았다. 컴캐스트Comcast 같은 케이블 기업은 ESPN에 비용을 지불하고 자사의 결합 상품에 ESPN 패키지를 포함시킨 뒤

케이블 박스를 통해 ESPN을 시청하는 비용을 소비자에게 청구했다. 당연하게도 TV 네트워크사들은 유튜브가 이 비용을 지불하길 바랐다. 구글 내부에서는 비용을 지불해야 한다는 목소리도 있었지만 최고 경영진이 반대하고 나섰다. 돈을 지불하는 것은 구글의 중요한 원칙에 위배되는 것이었다. 구글은 자사의 검색 엔진을 통한 검색 결과로 Google.com에 나오는 수백만 개의 웹사이트나 구글 뉴스에 등장하는 수많은 웹사이트에 수수료를 지불하지 않았다. 그렇다면 왜 유튜브에 등장하는 콘텐츠에는 비용을 지불해야 한다는 것인가? 구글이 유튜브에 올라오는 프로그램에 돈을 지불한다면, 모든 웹사이트와 신문, 블로그가 동일한 요구를 하는 것을 무슨 수로 막을 수 있겠는가? 따라서 전송비는 안 될 말이었다.

이러한 생각을 할리우드 측에서는 이해하기 어려웠다. 조던 호프너가 CAA에서 프레젠테이션을 마치자 그 자리에 함께했던 A급 배우 한 명이 그에게 다가갔다. 유튜브의 경제구조는 아닐지라도 유튜브의 특별한 매력은 인정받은 것이었다. 이 스타는 찰리 채플린 류의 유쾌한 단편 영상의 주연으로 참여해 유튜브에 공개하는 아이디어를 제안했다. "훌륭하네요!" 호프너가 흥분에 휩싸였다. "자본은 누가 대는 겁니까?"

영화배우는 가치가 1,000억 달러 이상이나 되는 기업인 구글에서 온 남성을 바라봤다. "그쪽이요."

"저희는 그런 거 안 합니다." 깜짝 놀란 호프너가 답했다. "저희는 광고만 게재합니다."

. . .

채플린 오마주는 없던 일이 되었다. 유튜브가 실제로 A급 스타들과 함께한 적도 있지만 결과물이 항상 좋은 건 아니었다. 실험적인 코미디언 데이먼 웨이언스Damon Wayans는 젊은 남성 시청자를 타깃으로 한 《웨이아웃

TVWayoutTV》라는 유튜브 계정을 시작했다. 〈낙태 맨Abortion Man〉이란 클립에는 여자 친구의 임신 소식을 들은 젊은 남성이 창문으로 달려가 "도와줘요!"라고 소리쳤다. 슈퍼 히어로 흉내를 낸 사람이 망토를 입고는 어디선가 나타나 여자 친구의 자궁을 때리자 피 묻은 태아 모형이 툭 떨어졌다. "지금껏 당신이 본 그 어떤 것보다 역겹고, 몰상식하고, 조금의 재미도 없고, 모욕적이기만 한 영상을 볼 준비가 되었는가?" 지저벨Jezebel 사이트에서는 이렇게 물었다.[38] 유튜브가 《웨이아웃TV》 영상의 스폰서로 섭외한 도요타에 직원은 사과의 말을 전하며 수백만 달러의 거래를 지키기 위해 애를 써야 했다.

구글의 비즈니스팀들은 유튜브라는 "규제 없는 업로드의 세계"에 발 빠르게 적응해야 했다고 전 세일즈 디렉터 패트릭 킨Patrick Keane은 설명했다. "그 영상을 얼마나 빨리 내릴 수 있는가? 그 사안에 얼마나 빨리 변론을 펼칠 수 있는가? 특정 대상을 목표로 한 광고가 정말 효과가 있는가?" 누구도 알 수 없었다. 한편, 구글은 40억 달러짜리 자랑스러운 우승 상품인 유튜브와 더블클릭을 안정시키는 데 매진하고 있었다. "인터넷을 이루는 진짜 기둥들을 인수했고, 이제 통합시켜야 했습니다." 킨이 설명했다. "혼란이 여전히 굉장히 큰 상황에서요." 경쟁도 치열했다. 유튜브를 고소하지 않은 미디어 대기업들은 유튜브에 대항할 계획을 세우고 있었다. NBC와 폭스, 소니 픽처스는 자사의 프로그램, 영화, 광고를 운영할 웹 비디오 서비스를 계획했다. 이 소식은 구글에도 전해졌지만 구글에서는 대체로 비웃는 반응을 보였다. 음악 산업은 트래블링 윌버리스Traveling Wilburys 접근법(트래블링 윌버리스는 멤버 각자가 팝과 록, 포크 등 장르를 주름잡던 전설들이 만든 슈퍼 밴드다—옮긴이)을 웹에 시도했지만 실패했다. 그뿐만 아니라, 올드미디어는 스트리밍을 가능케 할 전문 기술이 부재했다.[39] 구글의 누군가는 미디어의 눈물겨운 노력을 두고 애칭을 만들었다. '클라운 Co.' 곧 광대 회사였다.

거만한 구글러들은 경쟁자를 과소평가했다. 2008년 3월, 클라운 Co.가 마침내 훌루Hulu란 이름으로 출시되자 구글 전사에 걸쳐 편집증적인 충격의 여파가 번져 나갔다. 홀루의 공식 발표에는 '프리미엄'이라는 단어가 다섯 번이나 등장했다. 유튜브 내부에서는 자사의 '프리미엄'을 출시해야 할지, 출시한다면 이 프리미엄 콘텐츠는 어디서 나와야 하는지를 두고 논의가 시작되었다. 헤드팀은 네트워크 및 스튜디오와의 협상에 더욱 노력을 쏟았다. 런던에 거주하던 임원 패트릭 워커Patrick Walker는 홀루가 영국에 출시될 계획이라는 소식을 듣고는 TV 방송사 관계자들에게 전화를 걸어 홀루와 거래하지 말라고 설득하며 경쟁사를 음해했다. 당시 유튜브는 미국에서 중요한 거래를 앞두고 있었다. 임원진은《어메이징 레이스The Amazing Race》와 같은 프로그램을 온라인으로 가져오기 위해 CBS와 맨해튼에 있는 회장 레스 문베스를 찾아가 제안을 거듭하며 일련의 협상을 이어 갔다. 라스베이거스에서 CBS와 회의를 마친 후 유튜브 임원은 부하 직원에게 "계약이 성사되었다"라고 전했다. 하지만 아니었다. 광고 매출액 분배를 두고 양사가 합의를 이끌어내지 못하자 협상이 결렬되었다. 분할되었던 CBS가 여전히 바이어컴의 레드스톤의 지배 아래 있었다는 점이 유튜브에 비호의적으로 작용했다. 유튜브가 CBS의 환심을 얻으려 할 당시 바이어컴의 윗선에서 불만을 드러냈다고 CBS 전 임원은 밝혔다.

하지만 유튜브가 홀루에 협조를 거부하던 ABC와 계약을 진행하는 과정에서 바이어컴의 방해 공작은 없었다. 유튜브가 해당 네크워크사의 프로모션을 보장한다는 조건을 포함해 여러 계획안이 오가며 논의가 진행되고 있었고, 유튜브 직원들은 가장 좋아하는 쇼,《로스트Lost》를 자사의 사이트에서 만나게 될지도 모른다며 흥분했다. 하지만 성사 직전에 ABC는 홀루와 계약을 맺었다. (올드미디어를 향해 구글이 한 번씩 날렸던 '클라운 Co.' 잽이 협상을 망처놓았다.)

미디어 기업이 전부 발을 뺐던 것은 아니다. 가짜 프로 레슬링 채널인 WWE는 유튜브와 손을 잡았다. 처음 팬들은 WWE의 값비싼 페이 퍼 뷰pay per view(시청한 프로그램에 대해서만 요금을 지불하는 방식 — 옮긴이) 쇼를 흔들리는 화질의 영상으로 유튜브에 업로드하는 방식으로 저작권 침해를 피하려는 노력을 기울였다.[40] 시청자들은 레슬러가 된 현실 세계의 옛날 스타인 더 미즈The Miz가 등장하는 디지털 시리즈물에도 애정을 보냈다. 유튜브 팬덤을 받아들인 WWE는 자사의 쇼를 홍보하는 여러 콘텐츠를 올렸는데, 그중에는 한물간 리얼리티 스타 도널드 트럼프가 등장한 2007년 '배틀 오브 더 빌리어네어Battle of the Billionaires'도 있었다. WWE는 또한 한 가지 프로그래밍 철학을 이해하고 있었는데, 이는 훗날 유튜브를 점령한 사상이자 WWE의 단장이었던 인물의 자서전 제목이기도 했다. 바로 '논란은 돈이 된다'였다.

TV의 여왕 오프라 윈프리도 유튜브에 합류했다. 2007년 11월, 그녀는 헐리와 첸을 자신의 쇼에 초대했다. 유튜브 홍보 담당자가 방송을 위해 두 사람을 시카고로 끌고 왔다.[41] 두 사람은 매스컴의 관심을 꺼렸고, 윈프리의 시청자층이 자신들과 맞지 않는다고 여겼다. 프로그램이 진행되는 도중에 윈프리는 유튜브 창립자들 옆에 나란히 서서 분홍색 소형 카메라를 손에 들고 녹화하며 2억 명의 고정 방문자들과 놀라운 수치의 누적 영상 수를 언급했다. "두 분이 이 영상을 전부 보실 수나 있나요?" 여왕이 물었다.

"그래서 저희가 이런 인터뷰를 할 시간이 없습니다. 영상을 엄청 많이 보거든요." 헐리가 농담을 던졌다. 이내 좀 더 진지한 어조로 덧붙였다. "따라잡기가 어려워요."

하지만 그날 더욱 기억에 남는 《오프라》 게스트는 스케이트보드를 타는 불독으로 유튜브 스타가 된 타이슨Tyson이었다. 이 귀엽고도 유치한 콘텐츠(스케이트보드를 탄 개들이라니!)는 주류 문화 내에서 유튜브의 가치를 정의했고, 유튜브는 이러한 평판 이상의 가치를 제공한다는 것을 증명하기 위해 오랜 시간 노력했다.

. . .

유튜브가 광고와 프리미엄 쇼를 유치하느라 애를 먹는 동안, 삶이 늘 그렇듯, 상업은 제 길을 찾아 나가고 있었다. 유튜브 센세이션을 일으킨, 높고 가느다란 목소리의 주인공 프레드는 마침내 그를 지켜보던 에이전트 에반 웨이스를 라스베이거스의 만달레이 베이Mandalay Bay 로비에서 만났다. 웨이스는 스타벅스에서 프레드의 창작자인 크룩섕크와 그의 부모님이 앉을 자리를 마련한 뒤, 네브라스카에서 온 가족들에게 칩멍크들Chipmunks(《앨빈과 슈퍼밴드》의 다람쥐 캐릭터들 ― 옮긴이)처럼 크리스마스 음반을 시작으로 아들을 미디어 프랜차이즈(어떠한 지적 재산을 다양한 장르와 매체로 확장하는 전략으로 미디어 믹스라고도 한다 ― 옮긴이)로 만들고 싶다고 밝혔다. 크룩섕크는 영화를 찍고 싶었다. "당연하지." 웨이스가 답했다. "약속할게."

다른 유튜버들은 돈이나 노출을 위해 다른 곳을 살피고 있었다. 유튜브의 경쟁 서비스로 업로더에게 수익을 제공하는 '블립.tv'를 시도하는 사람도 있었다. 유튜브 초창기 시절부터 이용했던 아이저스틴은 노트북과 야구 모자에 부착한 휴대용 카메라로 자신의 일상을 생중계하는 '라이프캐스트lifecast'를 시작했다. (화장실을 사용하거나 알몸이 노출되는 장면은 없었다. 친구들은 그녀가 "PG[보호자 지도하에 관람 가능한 영화 등급 ― 옮긴이]계의 공주"라고 놀렸다.) 그녀는 이 영상 스트리밍을 《저스틴.tv》라는 새로운 사이트에 올렸고, 사이트는 다양한 비즈니스 모델을 시도한 끝에 이름을 《트위치Twitch》로 변경했다.

하지만 가장 큰 상업 동력은 유튜브에서 탄생했다. 플로리다의 예술대 학생인 미셸 판Michelle Phan은 2007년에 계정을 열고 자신이 화장하는 모습을 찍으며 조금씩 카메라에 눈을 맞추고 이야기도 하고 특정 제품이나 테크닉도 보여주기 시작했다. 그녀는 바비 인형으로, 애니메이션 캐릭터로, '매혹적인 뱀파이어'로 변신했다. 시청자들은 그녀에게서 시선을 뗄 수 없었다.

판은 패션계까지 뒤흔드는 미디어 현상을 탄생시키는 데 일조했다. 여러 사람이 그녀를 모방해 다른 업계로 뻗어 나갔다.

 크라비크라브:
아이팟 나노 비디오 (3g): 직접 경험한 리뷰와 언박싱

(Kravvykrav: iPod nano Video (3g): Complete Hands-On Review and Unboxing)

▶ ▶|　　　　　　　　　　　　　　　　　2007년 9월 8일 · 6:18

서재에서 촬영한 저화질 영상에는 머리를 밀고 렌즈에 색이 들어간 안경을 낀 노아 크라비츠Noah Kravitz가 자신을 소개한다. 그는 작은 아이팟을 들어 올린다. "애플 신제품이 출시되었습니다. 반응이 뜨거워요."

노아 크라비츠는 개인용 전자 기기들이 크게 유행하던 시절 PhoneDog. com이라는 가젯 사이트에서 후기를 썼다. 그는 자신의 후기를 영상으로 올리기 시작했고, 새로운 기기에 대한 꼼꼼한 설명이 더해진 이 영상들은 큰 인기를 얻었다. 유튜브는 팬덤을 형성한 그에게 상으로 유명 브랜드의 양말을 선물했다. 시청자들은 특히나 크라비츠가 천천히 제품을 언박싱하는 영상에 큰 사랑을 보냈다. 한번은 팬과 메시지를 주고받던 그가 이유를 물었다. "당신은 그 핸드폰들이 있고, 우린 없잖아요." 팬이 대답했다. "그 제품들을 다 살 돈이 없어요. 당신 영상을 보면 내가 직접 핸드폰을 사서 풀어보는 것 같은 기분이 들거든요."

언박싱은 이내 크라비츠 자신도, 구글의 어느 누구도 예상하지 못했던 상업의 전환을 또 한 번 불러왔다.

6장
▶
구글의 시인

ㅡ

"혹시나 제대로 전달되지 않았나 싶어 다시 말하자면, 내 인생이 완전히 달라진 거라고!"

2007년 7월 말의 토요일, 구글에 도착한 지 얼마 지나지 않아 클레어 스테이플턴은 친구 클로에Chloé에게 메일을 보냈다. 인디애나 스프링스 리조트에서 이른바 '웰빙'이라는 시간을 보내고 통렬한 냉소주의에 빠지기 십수 년 전의 일이었다. 이 이메일을 보내기 전 몇 주 동안은 정신없는 시간을 보냈다. 대학을 졸업하고 국토 횡단 여행을 한 뒤 제대로 된 직장을 다니기 시작한 터였다. 스테이플턴은 오클랜드에서 달리기와 연극을 하며 자랐고, 꾸밈없고 어수룩한 구석이 있어 주변 사람들이 편안해하는 성격이었다. 흠잡을 데 없이 완벽한 캘리포니아 북부 지역의 날씨를 자랑하던 날, 스물한 살의 나이로 그녀는 구글 오리엔테이션에 도착했다. 그녀는 누글러Noogler(New와 Googler의 합성어로 구글 신입사원을 뜻한다 ― 옮긴이) 모자(신입 사원에게 제공되는 파란색 프로펠러가 달린 우스꽝스러운 캡 모자)를 쓰고 회사에서 지급한 블랙베리를 엄지로 두드리고 있었다. ("누가 상상이나 할 수 있었겠어." 친구에게 이렇게 썼다.) 배워야 할 프로토콜과 원칙이 정신없이 밀려들었고, 인사를 나누고 파악해야 할 낯선 사람들이 너무도 많았다.

"구글! 정말 놀라워." 그녀는 이렇게 적었다. "이상한 유토피아야. 여기 있는 사람들 모두 정말 말도 안 되는 이력서를 낸 아이비리그 졸업생이거나 잠재력 같은 걸 인정받아 뽑혀 온 아이비리그 졸업생이거나 둘 중 하나야. 다들 굉장히 똑똑하고, 어떤 면에서는 특권을 누리는 사람들이기도 하지만 또 쿨해…. 활력이 가득한 곳이고, 한 번씩 그 안에서 엿보이는 야망은 전염성이 있어."

스테이플턴은 펜실베이니아대학교의 신입생일 때, 하버드대학교 학생들이 시작한 새로운 웹사이트 thefacebook.com을 학교에서 사용할 수 있었다. 스테이플턴은 이 사이트에 파티에서 친구들과 빨간색 일회용 컵을 들고 음료를 마시는 모습, 공원에 누워 쉬고 있는 모습, 우스꽝스러운 포즈를 취하는 모습 등 자연스러운 장면을 포착한 사진들을 올렸다. 대체로 잘 나온 사진을 올렸지만 대단히 정제된 모습들은 아니었다. 대학 캠퍼스 외부에 있는 사람들이 이 소셜 네트워크를 사용하리라고는 아무도 생각하지 않았다. 영문학을 전공한 그녀는 토머스 핀천Thomas Pynchon 같은 작가들의 작품을 배우며 수업에 의욕적으로 임했다. 그녀를 가르쳤던 시인 케니스 골드스미스 Kenneth Goldsmith는 '텍스트를 기반으로 한 조각가'이자 웹 세상의 '급진적 낙관론자'였다. 그가 학교에서 입었던 티셔츠에는 "인터넷에 없는 것은 존재하지 않는 것이다"라는 글귀가 적혀 있었다. 마지막 학년에 오른 스테이플턴은 졸업생들에게 인기가 많았던 '티치 포 아메리카Teach for America' 프로그램에 지원할 생각이었지만 교내 취업 설명회에서 구글을 만났다. '안 될 거 있나?' 이런 생각이 들었다.

지원 에세이에서 스테이플턴은 골드스미스의 티셔츠에 적힌 문구를 언급하며 "컴퓨터의 시대"를 말한 핀천과 다른 학자들의 사상에 의문을 제기했다. 그녀는 이들이 틀렸다고 주장했다. 구글이 "상호 연결된 지적 사고의 경로를 유지시켜"주기 때문이라고 적었다. 그렇게 그녀는 구글에 채용되었다.

구글에게는 대학 졸업생 채용이 중요한 해였다. 2006년 말, 기업은 민첩한 홍보팀도 따라갈 수 없을 만큼 빠른 속도로 유튜브를 포함한 새로운 요소들을 몸체에 더해가고 있었다. 구글 리더들은 졸업생들을 언론 질의에 대응하고 기업의 입장을 잘 전달하도록 훈련시켜 그 간극을 메우기로 결정했다. 구글은 첫 번째 그룹으로 스테이플턴을 포함해 대다수 아이비리그 출신인 서른 명의 신입사원을 골랐다. 그녀는 자신에게 주어진 첫 과제에 실망했다. 기자들, TV 앵커들과 맞붙는 좀 더 신나는 업무가 아니라 기업 내부의 소통을 관리하는 부서, '사내 커뮤니케이션'에 배정되었기 때문이다. 하지만 결과적으로는 아주 멋진 역할을 맡게 되었다. 구글의 신성한 의식, TGIF(Thank Google, It's Friday — 옮긴이)의 대본을 준비하는 일이었다.

매주 금요일 오후 4시 30분이면 구글의 전 직원이 맥주와 음료, 간식이 잔뜩 마련된 구내식당 찰리스 카페Charlie's Café로 모였다.[42] 앞에 선 구글의 창립자 페이지와 브린의 주도 아래 기업의 최근 소식들을 논의했다. 또한 가벼운 스탠딩 코미디 공연도 열었는데, '사내 커뮤니케이션' 직원이 사전에 대본을 작성해야 했다. 초반에 스테이플턴은 대본에 지메일의 기술적인 내용을 잘못 적는 실수를 저질렀다. 무대를 준비하던 중 창립자 한 명이 물었다. "이 대본 누가 썼나요?" 스테이플턴은 해고당할 거라 생각했다.

하지만 아니었다. 창립자들의 너드한 유머 감각에 금방 적응한 그녀는 프로그래머들이 피자를 몇 판 먹을 수 있을지와 같은 농담을 썼다. TGIF에서 탄생한 가장 위대한 발명품은 청중들의 질문을 수렴해 투표를 진행하는 컴퓨터 시스템인 도리Dory였다(픽사 캐릭터의 이름을 따 만들었다). 가장 많은 표를 얻은 질문은 답변을 받았다. 도리는 데이터와 효율성, 집단지성라는 구글의 가장 깊은 신념을 반영한 작품이었다. 도리를 통해 진정한 민주주의란 무엇인지 경험했고, 이는 그곳의 많은 사람이 조지 W. 부시 집권하에서는 느껴보지 못한 것이었다.

구글의 리더들은 부시의 애국자법Patriot Act에 공개적으로 불만을 표했고 캘리포니아의 자유민주주의를 지지하는 기업의 성향을 더욱 자주 드러내기 시작했다. 스테이플턴이 입사하던 그해 여름, 구글은 캠퍼스에 설치할 용도로 기업 역사상 최대 규모의 태양 전지판 매입을 진행했다. 회사 규모가 커지자 TGIF는 기업의 가치를 밝히고 강화하는 자리가 되었다. 그해 가을, TGIF가 진행되던 중 바로 그날 환경 운동의 공로를 인정받아 노벨 평화상를 수상한 앨 고어가 전화를 걸어 왔다.[43] "오늘 무슨 상 받으셨다고 하던데요." 브린이 말했다. "모두들 당신께 감사하고 있습니다." 구글러들이 박수를 보냈다.

스테이플턴의 업무는 구글의 특별함을 다시 구글의 내면에 투영하는 것이었다. 대본 작성 외에도 그녀는 구글의 독특한 문화가 반영되도록 임원들의 이메일을 대필해 매주 금요일 TGIF 전에 직원들에게 발송했다. 마음을 사로잡는 이 특이한 편지들을 한 동료는 "포스트모던한 시"였다고 떠올렸다. 붙임성과 재치가 있는 스테이플턴은 이내 구글의 마스코트가 되었다. 구글 사내 커뮤니케이션 사이트인 '밈젠memgen'에도 그녀의 이름이 보였다. 구글러들은 "클레어가 하는 약물이 뭔지는 모르지만 나도 좀 하고 싶다"와 같은 이야기를 썼다. 그녀에게 별명도 생겼다. '구글의 시인'이었다.

"PR은 나도 대단하게 생각하지 않았는데, 구글에서는 생사가 걸린 것처럼 중요한 일이야." 시인은 친구에게 보내는 이메일에 이렇게 적었다. "구글은 세상이 구글을 어떻게 받아들이는지에 기업의 미래가 달려 있다고 진심으로 믿고 있고, 지금 환하게 빛나는 이 황금빛은 유한한 것이라고 생각하고 있어."

· · ·

찰리스 카페에서 멀지 않은 곳에는 니콜 웡Nicole Wong이 줄지어 자리한 데스크에 앉아 다른 구글 변호사들과 일하는 사무실이 있었다. 노련한 변호사로 동요하는 일이 거의 없는 웡은 2006년 말 태국 공보부에서 온 메일을 보고 사칭 메일이라고 생각했다. 이상하게도 야후 메일 주소였다. 재빨리 메일 주소의 진위 여부를 확인한 그녀는 다시 메일을 읽었다. 태국은 자국의 국왕을 모욕하는 유튜브 영상 스무 개의 리스트를 전달하며 이것이 국왕모독죄lèse-majesté라는 형사 범죄에 속한다고 알렸다. 이 영상을 모두 내리기 전까지는 태국 전국에서 유튜브를 중단시키겠다고 메일에 적혀 있다. 그녀는 답장을 보내기 전에 핸드폰을 찾았다. 구글은 태국에 지사가 없었지만, 그곳에 지사 설립 여부를 두고 타당성을 조사하는 '스카우트'와 계약되어 있었다. 만약 태국이 범죄의 책임을 그 개인에게 묻는다면 상황이 너무도 안 좋아질 터였다. 웡은 한밤중인 방콕에 전화를 걸었다.

스카우트가 전화를 받자마자 웡이 요청했다. "지금 당장 태국을 떠나야 해요."

유튜브 인수 후 얼마 지나지 않아 온 태국의 이메일을 첫 시작으로 구글이 자사가 매입한 것이 무엇이었는지 자각하게 하는 불편한 순간들이 수없이 찾아왔다. 이들은 표현의 자유를 딱히 좋게 보지 않는 국가에서도 접근이 가능한 무질서한 웹사이트를 덥석 들인 것이었다. 국가적인 차원에서 전달되는 요구나 협박은 대체로 웡의 데스크로 향했다. 수정헌법 제1조 개정에 참여한 뒤 2004년 구글에 입사한 웡은 순식간에 최고법률책임자CLO 대행 자리까지 올랐다. 동료들은 그녀를 "결정자the Decider"라고 불렀는데, 부시 대통령이 스스로에게 붙인 별명을 본뜬 것이었다. (동료들은 그녀에게 슈퍼우먼 D가 크게 새겨진 티셔츠도 만들어줬다.) 구글의 정치적 정체성은 대체로 부시-체니(딕 체니는 부시 행정부의 밀실의 권력자로 알려져 있다 — 옮긴이) 시대의 마키아벨리즘에 반대하는 쪽이었다. 구글은 초창기 시절 기업 이념을 "악을 행하지 말라Don't be evil"로 만들었다. 슬로건이라면 질색하는 기업의 슬로건이었다. 구글이 이용자들의 인터넷 검색으로 수집한 내밀한 정보로 비도덕적인 일을 벌일지도 모른다는 우려에 맞서기 위한 것이었다. 실제로 이 모토는 '인터넷은 본질적으로 선을 위한 힘'이라는 구글의 한결같은 신념을 담은 것이었다. 2006년 구글 기업이 중국 본토에 검색 서비스를 도입할 당시 '천안문 광장'과 같은 검색어의 결과를 검열당해야 한다는 조건이 있었지만, 몇 가지 정보가 누락된다 해도 결과적으로는 월드와이드웹이 중국의 독재적인 통제를 완화하는 데 도움이 될 거라고 정당화했다.

유튜브도 중국의 이러한 조건에 부합하는 버전의 사이트를 만들기 시작했다. 대만 출신의 공동 창립자인 스티브 첸도 동의했다. ("태국에 진출하고 싶다면 왕족을 존중해야 합니다." 그는 이렇게 말했다. "중국에 진입한다면 그곳의 규칙을 따라야죠.") 하지만 운영상의 문제와 동료들의 반대로 해당 프로젝트는 무산되었다.

전반적으로 구글 사람들은 스스로를 정부의 검열을 (그럴 수 있을 때라면) 거부하는 자랑스러운 반대자들로 여겼다. 결정자 웡에게는 이런 사안이 처음에는 비교적 쉬운 문제처럼 느껴졌다. 검색은 사람들을 웹상의 다른 곳으로 데려가고, 구글은 다른 사이트를 색인 처리하고 연결시킬 뿐 이 사이트들과 거리를 두고 있었다. 하지만 2003년, 웹 기록을 용이하게 하는 한편 구글을 거대한 온라인 콘텐츠의 소유자로 만드는 소프트웨어 도구, 블로거를 매입하면서 상황이 좀 더 복잡해졌다. 하지만 블로거는 관리가 가능했다. 변호사들은 문자 텍스트를 빠르게 분석할 수 있었고, 한 국가에서는 한 가지 언어로 기록물을 작성하고 읽었다. 태국 블로거는 태국어로, 그리스인은 그리스어로 블로그를 기록했다. 따라서 구글의 변호사들은 국적에 따라 법적 위험을 추적하는 시스템을 개발했다.

그런데 유튜브가 이 모든 일을 망쳐놓고 있었다. 제멋대로 뻗어 나가고 온갖 언어가 뒤섞인 바빌론의 사이트는 관리하는 것이 불가능할 지경이었고, 사이트가 전 세계로 확장될수록 더욱 어려워졌다. 그리스의 축구 팬들이 적대적인 이웃 나라 사람들을 괴롭히려고 근대 터키의 설립자를 조롱하는 영상을 갑자기 만들어내는 일이 벌어질 수도 있었다. 2007년 3월 벌어진 일이 바로 이것이었다. 터키는 당연하게도 그리스가 올린 영상의 의도를 알아챘다. 해당 영상이 유튜브에 올라온 후 터키의 판사는 인터넷 제공 기관에 유튜브를 차단하라는 조치를 내렸고, 그곳 관계자들은 구글이 유튜브를 소유하고 있다는 사실을 몰랐다는 듯 구글에 알리지 않았다. (다만 얼마 후, 분노에 찬 터키인들이 구글 이스탄불 지사 앞에서 시위를 벌였다.) 윙은 몇 시간이나 통화하며 터키 법을 분석했고 집에서 밤새 컴퓨터로 예순일곱 편의 터키 영상을 살피며 결정을 고민했다.

태국 문제를 해결하기 위해 윙은 태국 사이트에서 국왕을 모욕하는 영상을 삭제하되 다른 나라에는 적용하지 않는 방법을 제안했다. 태국의 정부 관계자들이 동의했다. 다만 터키에서는 이와 비슷한 제안이 받아들여지지 않아 유튜브는 블랙 리스트에 올랐다. 윙은 구글의 규범을 정해 다른 국가에 적용하고 싶지 않았지만, 동료들과 함께 어떤 경우 국가의 규제를 따르지 않을 것인지(가령, 당시만 해도 동성애를 법으로 금지하던 인도가 만약 LGBTQ 영상을 내려달라고 요구하면 어떻게 대응할 것인지) 그 기준선을 논의했다. "지령이 뭐냐고요? '어디에나 존재하고, 어디서도 체포되지 말고, 가능한 한 많은 곳에서 번영하라'예요." 터키 사건 1년 후 윙은 『뉴욕타임스』에 이렇게 말했다.

컬럼비아대학교 법학대학원 교수인 팀 우Tim Wu는 세계에서 핵심적인 게이트키퍼이자 표현의 중재자로 떠오르고 있는 구글을 두고 색다른 의견을 제시했다. "구글을 사랑하려면 조금은 군주주의자처럼 생각해야 합니다." 그는 신문에 이렇게 말했다. "전통적으로 사람들이 왕에게 품었던 것과 비슷한 믿음을 가져야 하죠."

· · ·

한편, 유튜브 내에서는 군주제보다는 요란한 의회에 가까운 상황이 펼쳐지고 있었다.

구글에서 비슷한 문제를 고민하기 전부터 전 핵티비스트였던 마이카 샤퍼는 표현의 자유와 존중의 균형을 고려해 유튜브 중재팀, 스쿼드의 기준선을 마련하는 작업을 하고 있었다. 웹의 광범위하고도 초자연적인 광활함에 대한 이해가 필요한 일이었다. 70페이지 분량의 초기 매뉴얼에는 '충격과 혐오'라는 제목의 조항과 더불어 규제 대상(약물과 관련된 모든 물품, 동물 생식기, 페티시로 기저귀를 찬 성인)과 삭제 대상(수영복을 입은 어린아이의 영상 플레이스트나 체조를 하지만 성적인 목적으로 얽혀 있는 것처럼 보이는 영상)을 가려내는 팁이 명시되어 있었다. "판단력을 발휘하세요!"라고 적힌 글귀 아래 여성이 도발적으로 바나나를 입에 대고 있는 (불통과) 영상의 사진과 핫도그를 평범하게 먹고 있는 (통과) 영상 사진이 붙어 있는 문서도 있었다. "보호받는 집단을 향해 악의적으로 혐오를 전파하려는" 의도를 지닌 영상은 내려야 했지만, 코멘터리로 "편협한 시각"을 조장하는 영상, 가령 앤드류 다이스 클레이Andrew Dice Clay인가 아니면 앤 코울터Ann Coulter인가(두 사람 모두 동성애 혐오의 기조를 드러냈다—옮긴이) 식의 영상은 "불건전"에 해당했다.

이러한 기준을 세우는 일은 쉽지도 않았고 전원 일치를 이끌어낼 수도 없었다. 중재자들은 자신의 방에서 코셔 푸드(유대교의 율법에 따라 먹기에 합당한 음식—옮긴이)에 대해 큰 소리로 불평을 늘어놓는 한 남성의 계정을 발견한 일이 있었다. 그는 랍비들이 '코셔 텍스(식품 기업과 소비자들이 모르는 새 내고 있는 돈이 유대교를 지원하는 데 쓰이고 있다는 음모론—옮긴이)'로 배를 불리고 있다며 반유대주의적 음모론을 펼쳤지만 유튜브 직원들은 이 남성이 유대인들을 직접적으로 비방한다고는 생각하지 않았다. 어떻게 처리해야 할지 알 수 없었다. 초창기 중재자인 줄리 모라-블랑코가 확인해야 할 영상들 중에는 골상학(두개골의 크기와 모양으로 성격과 특징을 파악할 수 있다는 유사 과학론 — 옮긴이)의 지혜를 다룬 미니 다큐멘터리도 있었다. 임신 중절 반대 행동가들은 낙태된 태아가 등장하는 소름 끼치는 영상을 올렸다. 샤퍼는 이후 이러한 종류의 영상은 "교육적, 다큐멘터리적, 과학적" 가치가 충분해야만 게시될 수 있다는 좀 더 유연한 원칙을 세웠다.

직원들은 언쟁과 토론을 벌였다. 체계적이지는 않더라도 중재 부서는 민첩하고 서로에게 호응하는 분위기였다. 스쿼드팀은 유튜브 영상을 시청하는 것 외에도 트렌드를 파악하기 위해 웹의 구석구석을 살폈다. 한번은 유해한 온라인 게시판인 포챈4chan에 들어갔다가 유튜브에 포르노를 뿌릴 계획을 미리 알고 트롤(악의적으로 논의에 훼방을 놓거나 타인의 기분을 상하게 만드는 사람 또는 그런 행동 — 옮긴이) 공격을 차단한 적도 있었다. 또 다른 곳에서는 어린 여자아이들이 "신스피레이션thinspiration('마른thin'과 '영감inspiration'의 합성어로 마른 몸에 대한 동경을 자극하는 콘텐츠 — 옮긴이) 또는 신스포thinspo(신스피레이션의 줄임말 — 옮긴이)라는 문구와 함께 섭식 장애를 찬양하는 위험한 사진과 영상을 올렸다. 샤퍼의 최우선 정책은 이러한 콘텐츠에 '연령 제한'을 두어 게시자를 18세 이상으로 제한하고 18세 미만으로 표시된 이용자들이 올린 영상은 삭제하는 것이었다. (이러한 삭제 조치가 게시자에게 별다른 설명 없이 이뤄질 때가 많다는 것을 의식한 직원들도 있었다.)

구글의 여러 지원은 유튜브 스쿼드팀에게는 낯선 것이었다.⁴⁴ 구글은 유럽과 아시아에서도 스크리너들을 고용했다. 심리 치료사가 등장했다. 하지만 유튜브는 속내를 알 수 없는 모회사를 향해 조심스러운 태도를 유지했다. 언젠가 구글 임원진이 상당히 혼란스러운 영상(일본에서 시작된 트렌드로 여성이 문어를 성적으로 이용하려는 영상)을 검토하던 유튜브 중재자들의 책상을 지나쳤고, 유튜브 매니저 두 명은 양복을 입은 경영진이 질겁할까 싶어 황급히 모니터를 가렸다.

그럼에도 구글은 유튜브의 여러 면을 열린 마음으로 포용했다. 구글의 홍보팀은 다채로움과 강렬함을 거침없이 표현하는 유튜브의 능력을 사랑했고, 이러한 매력이 사이트의 정당성을 더욱 강화했다. 2006년 8월, 록히드 마틴의 엔지니어인 마이클 드코트Michael DeKort가 유튜브에 자사의 부정행위를 폭로하는 영상을 올린 후 해당 군수 기업을 향한 수사가 시작됐다.[45] 같은 달, 버지니아주의 공화당 소속 상원 의원이 인도계 미국인을 조롱하는 영상(마카카[원숭이 — 옮긴이] 사건)이 유튜브에서 케이블 쇼까지 번져 선거를 망치고 말았다. 하지만 이후 구글이 내린 지시와 요청은 유튜브 스쿼드 팀이 보기에는 너무 고상하거나, 점잖거나, 아니면 너무 터무니없이 느껴지기까지 했다. 그래피티를 그리거나, 화염방사기를 발사하거나, 제한속도 이상으로 질주하는 등 불법행위를 '미화하는' 영상들은 모두 삭제해달라는 아주 진지한 요청이 유튜브로 들어왔다. 구글 세일즈팀은 특정 광고주들이 불쾌하게 느낄 만한 영상들을 없애고 싶어 했다. 한번은 전사 미팅 내내 '엉덩이를 흔드는 영상들'을 어떻게 처리할 것인지 논의한 적도 있었다.

지형적 위치에 따라 요청이 달라졌다. 영국인들은 섹스는 괜찮았지만 훌리거니즘(축구 팬들의 집단적 폭력 행위 — 옮긴이) 문제로 유튜브를 질타했다. 영국의 문화부 장관은 상스러운 언어가 등장하는 클립에 경고 마크를 달아줄 것을 요청했다. BBC 프로그램인 《파노라마》의 「어린이들의 파이트 클럽 Children's Fight Club」이라는 에피소드에서 진행자는 괴롭힘과 거친 폭력을 담은 유튜브 영상에 충격을 표현하며, 유튜브는 신고된 영상만 차단한다고 전했다. BBC 기자는 구글의 정책 디렉터인 레이철 웻스톤Rachel Whetstone을 몰아세웠고, 연줄이 든든한 이 영국인 디렉터는 캘리포니아로 돌아와 유튜브에게 영상을 정리하라는 압력을 가했다. 유튜브는 이런 요청에 반발할 때가 많았다. 샤퍼는 상사에게 찾아가 확인했다. "그래피티 영상은 그냥 두려고요. 괜찮을까요?"

힐리는 이렇게 답했다. "네, 그렇게 하세요."

유튜브가 구글에 합류하고 얼마 지나지 않아 스쿼드는 깐깐한 성격에 미

해군 탑건 조종사로 복무했던 새로운 임원 탐 피켓Tom Pickette의 수하로 들어 갔다. 피켓은 임기응변이 발휘될 때가 많은 중재 업무에 질서를 세우려 했 고, 몇몇 사람들은 그의 태도를 프로 의식으로 높이 평가하기도 했다. 하지 만 다른 이들은 구글의 기계적인 프로세스에 짜증을 냈다. 구글 아래서 중 재자들의 업무 능력은 '검토 속도review gap'로, 즉 신고된 영상을 검토하고 판 단하는 데 걸린 속도로 평가되었다. 또 다른 기준인 '전환 비율reversal rate'은 한 중재자의 결정이 동일한 영상을 시청한 다른 중재자의 손에서 전환되는 횟수를 의미한다. "제대로 처리하는지는 고려 사항에 없었어요." 모라-블랑 코가 설명했다. 해당 업무가 전문적인 판단이 필요하다기보다는 점점 더 로 봇처럼 선택만 하면 되는 일처럼 느껴졌다.

· · ·

 더 키 오브 어썸: 오바마에게 반하다
(The Key of Awesome: Crush On Obama)

▶ ▶| 　　　　　　　　　　　　　　　　　2007년 6월 13일 · 3:20

베이스와 드럼이 느리게 울린다. 굴곡이 드러나는 몸매에 딱 붙는 상의를 입고 립글로스를 바른 여성이 등장한다. "헤이, B. 저예요. 있으면 전화 받아요. 당신 이 C-SPAN(비영리 케이블 TV — 옮긴이)에 나오는 거 보고 있었어요." 여성이 노 래를 부른다. 최근 미국을 뜨겁게 달군 정치적 열병, 일리노이주 상원 의원 버 락 오바마를 대상으로 한 뮤직비디오 패러디 영상이다.

　정치인들은 유권자들에게 가까워지고 트렌드에 밝다는 인상을 주기 위해 미디어의 유행을 좇았다. 한 세대 전, 빌 클린턴은 《아세니오 홀 쇼The Arsenio Hall Show》에 나와 색소폰을 불었다. 2008년의 트렌드는 유튜브였다. 대선을 앞두고 여섯 명의 후보자가 유튜브에서 선거 활동 시작을 알렸다. 단연 오바마가 유튜브에서 가장 떠들썩한 사랑을 받았고, 위와 같이 재밌는 바이럴 영상의 주인공이 되었다. (대선 후 구글러 몇 명이 오바마의 백악관에 합류했다.[46]) 유튜브의 정치 매니저 스티브 그로브는 이렇게 이슈가 되는 현상이 마음에 들었다. 그는 구글의 방음 스튜디오로 오바마와 다른 후보자들을 초대해 인터뷰를 나누고 유튜버들의 질문에 대한 답을 듣는 자리도 주최했다. 2007년 6월, 그로브는 이 인터뷰 포맷을 TV로 가져갔다. 최신 기술과 장비를 갖춘 24시간 뉴스 보도 매체 CNN은 위성방송 수신 안테나와 컴퓨터를 싣고 후보자들을 태울 거대한 선거 고속버스와 그 뒤를 따를 프로듀서들까지 만반의 준비를 마쳤다.

7월, CNN의 버스는 민주당 경선 토론회가 열리는 사우스캐롤라이나주 찰스턴의 고풍스러운 육군사관학교인 시타델Citadel 앞에 주차되어 있었다. CNN이 주최하는 이 토론회에서 유튜브는 온라인으로 방송을 중계하고 유튜버들이 영상으로 보내온 질문을 전달하는 역할을 했다. 구글의 도움을 받아 유튜버들의 공평한 참여가 가능했다. (TV계의 베테랑이자 CNN의 프로듀서인 데이비드 보어먼David Bohrman은 유튜브가 비용을 분담해주길 바랐지만 유튜브 창립자들은 "미안하지만 유튜브는 수익이 없어요."라고 답했다.)

그로브가 영상으로 올라온 3,000개가 넘는 질문을 전달하면 CNN이 질문을 추려냈다. 번쩍이는 초현대적인 느낌의 무대에 선 CNN의 앤더슨 쿠퍼Anderson Cooper가 토론회의 시작을 알렸다. "오늘 보시게 될 토론회는, 네, 아직 한 번도 시도된 적이 없는 방식입니다." 앵커가 청중을 향해 말했다. 쿠퍼는 채택되지 않은 질문 영상을 공개했다. 닭 인형 탈을 뒤집어쓴 유튜버와 후보자들에게 사이보그 아놀드 슈왈제네거가 핵을 제지할 수 있을 것 같은지 묻는 브이로거가 화면에 등장했다. 그로브는 시타델에 마련된 스튜디오 제일 앞줄에 헐리와 첸 그리고 그들의 상사인 에릭 슈미트와 함께 앉았다. 두 해 전 여름만 해도 헐리는 자신의 신생 사이트에서 무단 복제된

CNN 클립들을 정신없이 지우고 있었다. 이제 그의 로고는 전 국민 앞에서 CNN의 로고 옆에 나란히 자리하고 있었다. 헐리와 첸은 무대 뒤편에서 오바마와 힐러리 클린턴을 만날 수 있었다. 아직 바이어컴과의 소송에 시달리고 있었지만 유튜브가 경박하기만 한 게 아니라 심도 있는 세계적 행사를 감당할 수 있는 기업이라는 사실을 보여주고 있었다. 토론이 끝난 후, 정치적 언변이 대단히 뛰어난 슈미트가 유튜브 창립자들에게 가까이 몸을 숙인 뒤 이렇게 말했다. "두 분이 해냈습니다."

하지만 이 짜릿한 흥분은 그리 오래가지 못하고 유튜브팀이 철수하는 것과 동시에 사라졌다. 활주로에 대기하던 중 첸이 발작을 일으키며 비행기 안에서 쓰러졌다.

그는 혼란스러움과 통증을 느끼며 병원 침대에서 눈을 떴다. 샌프란시스코로 돌아가 한 신경 센터를 방문하고 나서야 정확한 진단을 받을 수 있었다. 그가 동맥류를 앓고 있었던 것이다. 첸은 잠을 거의 자지 못한 채 일주일에 80~100시간 업무를 하고 술을 많이 마셨던 라이프스타일 때문이라고 생각했다. 의료진은 강력한 항경련제인 딜란틴을 처방했고, 첸은 일을 쉬면서 회복하는 시간을 가졌다. 그는 미팅과 행사 때문에 회사에 몇 차례 나오다가 2008년 또 한 번 발작을 일으켰다. 초창기부터 유튜브의 불씨를 꺼뜨리지 않기 위해 무척이나 성실하게 일했던 장난기 넘치는 프로그래머 첸은 자리에서 물러났고 아마도 다시 돌아오지 못할 터였다.

유튜브는 유치한 영상 사이트에서 세계적인 규모의 중요한 이슈를 위한 무대로, 그것도 무서운 속도로 성장했다. 그리고 이제 이 모든 일은 채드 헐리의 몫이 되었다. 비록 짧은 기간이었지만 말이다.

7장

전속력으로 달리다

"이제 TV는 끌 시간입니다. 컴퓨터를 켜세요!"

핑크와 블랙의 반짝이는 의상을 입은 케이티 페리는 구글이 마련한 화려한 무대 위 계단에서 요염하게 걸어 내려오며 청중을 향해 전원을 켜라고 주문했다. 그녀는 '프리 허그'라고 적힌 플래카드를 든 히피 유튜버를 향해 곧장 다가갔다. 헐리는 그리 달갑지 않은 얼굴로 무대 뒤에 서 있었다.

그는 지금껏 이런 화려한 기업 행사를 거절했었다. 특정 이용자에게 불공평한 혜택으로 작용하게 될 것 같다며 유튜브 사무실을 프로덕션 스튜디오로 바꾸자는 여러 제안을 거부했던 것과 같은 맥락이었다. 하지만 2008년 11월, 그는 다수의 의견에 지고 말았다. 그렇게 '유튜브 라이브'가 열렸다. 샌프란시스코 해안가에서 큰돈을 들여 개최한 이 홍보 행사는 현장 관객이 함께하는 것은 물론 온라인으로도 생중계되었다. 페리와 바이럴 유튜버 몇 명이 공연을 펼치고 요르단의 왕비에게 '비저너리 어워드Visionary Award'를 수여했으며 현장 관객들에게 휴대용 비디오카메라를 선물하기도 했다.

2008년에는 많은 변화가 있었다. 그해의 시작에는 구글이 유튜브에게 요구했던 한 가지, 오디언스를 키운다는 목표를 달성한 헐리가 있었다. 그는 무섭게 매진했다. 2008년 온라인에서 재생되는 영상의 무려 3분의 1이 유튜브에서 발생한 것이었다. 어떤 이들은 구글과 세상이 그런 사이트를 원했던 타이밍에 마침 괜찮은 영상 사이트를 만들었던 것이라며 헐리의 성공을 '운'으로 치부하기도 했다. 하지만 기술에 능숙하지 않은 평범한 사람들도 쉽게 사용할 수 있는 서비스를 유지하는 헐리의 타고난 본능과 감각 덕분이라고 말하는 이들도 있었다. 유튜브 매니저인 데이비드 킹은 헐리가 어떠한 기능들을 두고 "너무 기술적"이라거나 직관적이지 못하다는 이유로 제안을 반려했다는 이야기를 들려주었다. "그분은 그냥 평범한 사람이거든요." 킹은 이렇게 말했다. 유튜브가 구글에 인수된 후 열렸던 할리우드 『GQ』 매거진 파티에서 헐리가 《잭애스Jackass》의 무모한 출연진 중 한 명과 새벽 2시가 넘은 시각까지 술을 마시는 모습이 목격되기도 했다. 언젠가 그가 구글 출장 중 치즈 버거 가게에 들른 일은 건강을 의식하는 실리콘밸리의 엘리트들에게는 죄악이나 다름없는 행위였다. 직원들은 그를 다가가기 쉬운 상사라 여겼는데, 특히나 구글의 경직된 임원들에 비하면 그런 면이 더욱 돋보였다. "유튜브를 어떻게 확장시킬 것인지를 두고 그가 세운 방향성은 주류에 대한 이해가 깊다는 것을 보여줍니다. 그리고 결과적으로 상당히 효과적인 접근법이었고요."

헐리는 또한 다른 테크 기업의 창립자들이 지닌, 세상을 정복하고 있다는 나르시시즘이 없는 사람이었다. 구글에 인수된 후 발표된 『타임』 선정 올해의 인물 커버에는 헐리의 얼굴이 아니라 그가 디자인한 비디오 플레이어와 'You'라는 문구가 새겨져 있었다. 헐리는 개의치 않는 것 같았다. 《오프라》에 출연하고, 전 세계를 돌며 새로워진 유튜브와 각 나라의 현지 사정에 맞춰 개정된 유튜브 사이트를 알리는 일 등 구글에서 요청하는 홍보 활동 대부분은 그가 소화했다. 한번은 말도 안 되는 일정으로 유럽을 급히 돌기도 했다. 하룻밤은 베를린에서, 다음 날은 모스크바, 그다음 날은 파리인 식이었다. YouTube.de, YouToube.ru, YouTube.fr을 위해서였다. 그는 영국 여왕이 버킹엄궁전 유튜브 계정을 만들던 당시 바로 옆에 서서 곁을 지켰다(그 전날 밤 그는 펍에서 황태자들과 술을 마셨다). 첸과 도쿄에 갔을 당시 그는 우연히 자신이 만든 로고가 있는 유튜브 카페라는 식당을 발견하기도 했다. 대단했다. 구글이 주최한 공화당 전당대회에서는 헨리 키신저Henry Kissinger가 전 클린턴 보좌관이자 구글이 워싱턴 D. C. 지사에 데려온 밥 부어스틴Bob Boorstin에게 다가가 유튜브의 유명 인사들에게 소개해달라고 요청했다. "자, 그럼 유튜브가 뭔지 이야기 좀 해보시오." 닉슨 대통령의 고문이었던 키신저가 묻자 헐리가 마땅히 요청을 따랐다.

하지만 평범한 남자 같았던 헐리의 태도가 구글에서, 어느 정도 세계를 정복하고 있다는 나르시시즘이 필요한 곳에서 항상 좋게 작용했던 것만은 아니다. 과거 유튜브에서 일했던 직원 중에는 그가 경영의 세심한 부분을 놓친다고 지적하는 이들도 있었다. 유튜브의 첫 오피스 매니저였던 질레트는 그와 제대로 된 일대일 미팅을 했던 기억이 없었다. 구글이 경영 코치 한 명을 들였지만 이미 유튜브는 자사의 조직 문화가 만들어낸 깊은 수렁에 빠져 있었다. 큰 비용을 들여 여러 국가로 사업을 확장하고 몇 달간 광고 모델을 정착시키는 데만 매달린 결과, 유튜브는 큰 적자에 시달리고 있었다. (다음 해까지 이어진 손실은 수입의 두 배인 약 5억 달러에 가까웠다.) 경영 면에서 유튜브는 손발이 묶여 있는 처지였다. 유튜브 엔지니어들은 마운틴뷰에 위치한 구글의 임원진에게 보고를 올렸고, 이 임원진이 엔지니어들의 업무를 평가하고 예산을 작성했다. 마운틴뷰가 아주 중요한 부분을 책임지기도 했다. 과거 유튜브가 관련 영상 서비스에 새로운 방식을 시험하기 위해 사용한 알고리즘은 구글 프로그래머 중 한 명의 서버에 저장되어 있었다. 이 프로그래머가 병가라도 내면 유튜브는 대책이 없었다. 유튜브의 세일즈 직원들도 구글에 보고를 올렸다. 구글 세일즈팀도 엔지니어팀도 유튜브를 '스케이트보드를 타는 개들' 영상이 있는 사이트를 최우선으로 여기지 않았다.

샌브루노에서 세 번째 기둥인 프로덕트를 책임지는 헐리마저도 구글의 또 다른 임원에게 보고하고, 다시 이 임원이 슈미트에게 보고하는 체계였다. 그즈음 구글에 합류했던 한 디렉터는 유튜브를 "머리가 세 개인 히드라 괴물"로 묘사했는데, 구글은 유튜브를 헐리가 홀로 운영할 수 없는 사업체라고 여겼다.

또한 구글은 헐리에게 다른 목표를 언급했다.

2월, 에릭 슈미트는 유튜브에게 새로운 지령을 내렸다. 수익성 좋은 사업 계획을 세우라는 것이었다. 슈미트는 이것을 그해 구글의 "최고 우선순위"라고 말했지만, 이 지시에 헐리는 깜짝 놀랄 수밖에 없었다. "그런 이야기는 없었잖습니까." 그는 CEO에게 항의했다.

"네, 뭐. 시대가 변했습니다." 슈미트는 이렇게 답했다.

2008년 3월, 구글 주가가 전년도 가을에 비해 40퍼센트나 떨어졌다. "굿바이, 구글." 『포브스』의 헤드라인이었다. 비평가들은 구글을 두고 "재주가 하나뿐인 조랑말"이 돈이 많이 드는 부업을 여럿 짊어지고 있다고 질타했다. 그중에서도 특히나 유튜브는 대단히 무거운 짐처럼 보였다. 물론 유튜브가 젊은 층의 관심을 사로잡았지만, 페이스북이라는 급등하고 있는 기업 또한 마찬가지였다.

이 새로운 (수익을 내라는) 지령은 이후 몇 년간 유튜브에 급격한 변화를 불러왔다. 내부에서는 구글에서 새로운 얼굴이 나타나 샌브루노에 모습을 비추기 시작할 때부터 어느 정도 예상하고 있었다. 그 인물은 살라 카만가로 구글의 '숨은 회장'이자 검색 광고 경매를 만든 사람이었다. 그는 "조력자" 또는 "공동 CEO"라고 불리며 헐리와 같은 사무실을 썼는데, 이런 처사를 이해하지 못하는 사람이 대부분이었다. 다들 그가 유튜브를 수익성 높은 사업체로 탈바꿈시키기 위해 파견된 사람이라고 짐작했다. 새로운 마케팅 디렉터도 합류했고, 이 디렉터는 '유튜브 라이브'라는 11월에 열릴 획기적인 이벤트를 계획하기 시작했다. 유튜브에서 바이럴을 일으켰던 스타들이 초대되었다. 오바마 소녀, 〈Chocolate Rain〉를 부른 가수 테이 존데이, 스모쉬 계정을 운영하는 10대 소년 두 명, 카메라 앞에서 다양한 물건을 믹서에 넣어 갈아보는 계정인 《갈릴까요?Will It Blend?》를 운영하는 유타 소재의 믹서 제조사 창립자가 자리했다. 영화를 전공한 프레디 웡은 〈기타 히어로〉 클립을 재현해달라고 요청을 받았다. 그는 무대 뒤편에서 행사를 구경하며 즐거워하고 있었다. 그가 누군지 아는 사람은 아무도 없었다.

유튜브 내 헐리를 따라 홍보용 쇼에 반대한 이들이 있었다.[47] 그 행사는 "우리의 DNA에 위배되는 것이었다"라고 유튜브의 커뮤니케이션 책임자였던 리카르도 레예스는 말했다. "제작된 행사였죠. 우리는 콘텐츠를 제작하는 비즈니스가 아니었는데요." 적어도 그때는 아니었다.

· · ·

유튜브가 성장해가며 직원들은 서비스에 여러 문제가 있다는 사실을 깨닫기 시작했다. 사이트의 댓글 칸이 문제였다. 미셸 플래너리Michele Flannery는 유튜버들에게, 특히나 영상을 올리는 여성 유튜버들에게 댓글에 대한 주의를 주었다.

플래너리는 유튜브 쿨헌터팀에서 음악을 담당했다. 과거 지역 라디오 방송국에서 디렉터 일을 했던 그녀는 사이트에서 소수만 아는 숨은 보석들을 찾아내는 것을 좋아했고, 먼지 쌓인 레코드판 보관함을 뒤지듯 사이트를 살폈다. 독특한 아티스트들을 찾아 헤매던 그녀는 재능이 뛰어난 우쿨렐레 연주자들과 뛰어난 인디 로커들을 발굴했다. "굉장히 개인적이고 내밀한 느낌을 줘야 해요." 그는 유튜브에 영상을 올리는 음악가들에게 조언했다. "침실에 앉아서 음악을 하는 듯한 느낌이요." 음악가들의 영상을 홈페이지에 올리기 전에 플래너리는 이들에게 틀림없이 관심과 모욕이 빗발칠 거라는 경고도 주었다.

댓글 칸은 처음에는 유튜브가 경쟁사를 따돌리는 데 도움이 되었다. 영상 아래서 교류하고 영상 제작자와 소통할 수 있다는 점이 헌신적인 추종자들을 양산했고, 사람들을 사이트에 묶어놓는 힘이 되었다. 하지만 그보다 어두운 이면이 함께 존재했다. 영상 아래서 이야기를 나누다보면 10대들의 싸움으로 번지거나 스팸 댓글들이 등장하는 식이었다. "진흙탕이 되었다는 것은 다들 알고 있었어요." 유튜브의 초창기 디자이너였던 홍 취Hong Qu가 말했다. 구글에 인수되기 전, 헐리와 첸은 취를 포함한 몇몇 직원들에게 댓글 칸을 바로잡는 일을 맡겼다. 당시 애그리게이션 사이트aggregation site(다양한 출처에서 데이터를 수집해 모아놓은 사이트—옮긴이)인 딕Digg이 유명했는데, 누군가 딕의 피드백 시스템을 도용하자고 제안했다. 픽셀 이미지로 엄지가 위와 아래를 향해 있는 그림이 제시되었다. 이 아이콘으로 시청자들이 댓글에 투표하고 가장 많은 표를 받은 댓글이 제일 위에 등장하는 구조였다. 취는 이 시스템이 사이트를 잠식하고 있는 불량 청소년처럼 구는 사람들을 더욱 날뛰게 할까 봐 우려했다. 「연방주의자 논설집The Federalist Papers」(알렉산더 해밀턴, 제임스 메디슨, 존 제이가 미국 헌법을 지지하는 내용으로 집필한 85편의 글—옮긴이)을 보면 제임스 메디슨James Madison이 '폭도들의 지배mob rule'(군중심리로 다수가 비합리적인 판단을 내릴 수 있는 민주주의의 단점을 의미하는 용어—옮긴이)에 대해 경고하고 있다고요." 그는 회의 자리에서 호소했다. 사람들은 눈만 껌뻑였다. 엄지손가락 시스템으로 결정되었다. 이들은 해결책을 빨리 고안해야 하는 입장이었고, 게다가 한 엔지니어는 댓글에 가중치를 주는 시스템은 컴퓨터가 분석할 수 있는 데이터가 많아진다는 의미가 되고 데이터가 많아지는 것은 무조건 긍정적인 요소라고 짚었다.

몇 년 후 유튜브는 별 다섯 개로 하는 평가 시스템을 '좋아요'와 '싫어요'라는 두 엄지를 모든 영상 아래 배치하는 것으로 교체했다.

몇 년이 지나지 않아 플래너리는 자신이 발견한 음악인들에게 대중이 관심을 갖는 현상을 목격했다. "댓글들이 금세 엉망이 되었어요." 그녀는 당시를 이렇게 회상했다. "특히나 여성, 유색 인종처럼 어떠한 기준에 부합하지 않을 때면 더욱 그랬죠." 브루클린의 흑인 음악가인 데스톰 파워 영상의 댓글 다수는 인종차별적인 모욕이나 "아프리카로 돌아가라"라는 식의 욕설이었다. 파워는 이들을 "키보드 킬러keyboard killers"라고 부르며 무시하는 쪽을 택했다. "그저 안타까운 상황이었죠." 그는 이렇게 회상했다. 유튜브는 방송인들에게 댓글을 필터링할 수 있게 했지만 그러기 위해서는 댓글을 하나씩 선택해야만 했다. 플래너리는 댓글러들이 어느 선까지 허용 가능한지 시험하는 무모한 게임을 하고 있는 거라고 정리했다. 결국 그녀는 댓글 칸을 보지 않기로 했고 유튜버들에게도 자신처럼 하라고 말했다.

헌터 워크Hunter Walk는 댓글 칸을 바로잡을 수 있다고 믿었다. 큰 키에 수다스러운 유튜브 매니저인 워크는 컨설팅 경력, 스탠퍼드 MBA, 비현실적인 스마트 안경을 쓴 것까지 교과서적인 구글 이력서를 갖춘 인물이었다. 구글에 입사하기 전 그는 시대를 너무도 앞서간 가상현실 게임인 《세컨드 라이프Second Life》를 만드는 일을 했었다. 유튜브가 인수되고 얼마 지나지 않아 입사한 그를 두고 전 유튜브 개발자인 크리스 재커라이어스Chris Zacharias는 "구글에 대단한 열의를 갖고 임했던 사람"이었다고 설명했다. 굉장히 야심 찬 그의 스타일이 유튜브 직원들을 언짢게 했지만 헌터는 헐리의 신임을 얻어 그의 직무 대행으로 사이트의 룩 앤드 필look and feel 즉, '프로덕트'를 관리하는 업무를 맡았다. 동료들은 워크가 가끔 성장에 "짜증스러울 정도로 엄격하게" 굴었고, 노래방에서 노래를 부르는 모습을 녹화하는 부가 기능을 추가하는 등 당장 더 많은 조회 수를 얻는 것과는 무관한 아이디어를 제안하면 맹렬히 비난했다고 전했다. 하지만 그는 유튜브만의 독특한 문화에는 누가 봐도 애정을 갖고 있었고, 이 문화를 광고로 파괴하는 데 불쾌감을 느끼는 헐리의 심경에 동조했다. 슈미트가 내린 새로운 지령하에 유튜브는 사이트에 광고를 더 붙이고 '수익 창출' 전문 엔지니어를 더 많이 고용하기 시작했다. 워크는 한 엔지니어를 맞이하며 쏘아붙이기도 했다.[48] "우리 이용자 경험을 망치기 위해 오늘은 또 무슨 일을 할 겁니까?"

워크는 직원 두 명에게 유튜브 댓글 칸의 처참한 상황을 중재하는 업무를 맡겼다. 그러다 갑자기 이 둘의 업무가 변경되었다. 유튜브의 매출을 늘리라는 슈미트의 지시가 하달된 직후 부동산 버블 사태가 터졌고, 곧장 모든 것이 엉망이 되었다. 구글은 은행처럼 큰 문제에 빠지지는 않았지만, 창립 이래 처음으로 채용을 중단하고 세계적으로 폭발적인 성장세를 보일 때 직원들에게 제공했던 세심한 복리후생 제도(전액 무료였던 중국 연수, 인도로 수입되던 리즈 피넛 버터 버터컵Reee's Peanut Butter Cups)를 손봐야 했다. 워크의 직원 두 명은 유튜브의 수익 창출을 돕는 업무로 전환되었다. 훗날 이 결정을 두고 워크는 "유튜브의 원죄"라고 표현했다.

· · ·

유튜브의 수익 창출 사업부에서 일하던 직원들은 갑작스러운 관심과 인력 충원에도 불구하고 여전히 실존적인 두려움을 느꼈다. 2008년 가을, 구글은 유튜브 광고의 '룩 앤드 필'을 감독하는 새로운 매니저를 채용했다. 시르 메로트라Shishir Mehrotra는 텔레비전을 더욱 상호적인 매체로 만드는 비밀스러운 프로젝트를 맡고 마이크로소프트에서 구글로 온 인물이었다. 하지만 얼마 지나지 않아 그는 이 프로젝트가 실패작이라는 사실을 깨달았다. (구글 공동 창립자인 페이지와 브린은 텔레비전이 별 매력은 없고 시간만 낭비하게 만든다는 등의 이유로 해당 서비스를 싫어했다.) 구글 윗선에서는 메로트라에게 실패작과는 거리가 먼 유튜

전 유튜브 공동 CEO 살라 카만가(2008)

브 자리를 넌지시 제안했다.

메로트라가 처음 참여했던 한 미팅 자리에는 슈미트와, 구글에 새로운 최고재무책임자CFO로 캐나다의 통신회사에서 임원을 지냈던 패트릭 피체트 Patrick Pichette가 동석했다. CFO는 차트 세 개를 테이블에 올려놓았다. 첫 차트는 분기당 수억 달러에 이르는 유튜브의 손실이었다. 두 번째는 영상 하나를 재생할 때마다 유튜브에 발생하는 손실액이었다. 세 번째 차트는 유튜브 조회 수의 변화였고, 하늘로 치솟는 선이 보였다. CFO는 바이어컴과의 엄청난 규모의 소송에 대해서는 언급조차 하지 않았지만 그가 전하려는 메시지는 분명했다. 유튜브는 파산으로 향하고 있는 엄청난 히트 상품이었다. "지구상 최악의 비즈니스입니다." CFO가 말했다. 그는 구글에 이 사업체를 매각할 것인지 아니면 없애는 쪽을 고려할 것인지 물었다.

메로트라는 구글에서 거듭 반복되는 이런 질문들이 그저 농담처럼 오가는 것임을 깨달았다. 거의 분기마다 재무 책임자는 자꾸 늘어가는 기업의 인터넷 자산과 과학 박람회형 프로젝트들을 (끝이 보이지 않는 무료 웹 영상, 무료 세계 지도, 이후에는 자율 주행 자동차와 컴퓨터화된 안경까지) 바라보며 이런 일에 언제까지 자금을 지원해야 하는지 입 밖으로 의문을 표하곤 했다. 구글이 느닷없이 프로젝트를 중단하는 일은 없었다. 프로젝트들이 서서히 생명을 다하도록 기다려주는 경우가 많았다. 결과적으로는 검색 가능한 TV 데이터베이스를 구축하는 구글 비디오가 그 수순을 밟은 것이었다.

한편 유튜브는 운 좋게도 화가 복이 된 상황 덕분에 그런 운명을 피할 수 있었다.

바이어컴의 10억 달러 소송은 3년 이상 길어지며 감정의 골만 깊어졌다. (2008년, 한 콘퍼런스 자리에서 바이어컴의 CEO인 필립 다우먼이 구글을 해적들이라고 질책한 후 슈미트는 『뉴요커』의 켄 올레타Ken Auletta에게 연락을 취해 분노 어린 말을 남겼다. "필립이 한 말 전부 거짓말입니다. 제 말 그대로 실어도 됩니다!") 구글은 법정에서 싸움을 이어 갔다. 저작권법은 웹사이트가 게시된 콘텐츠의 침해에 대한 "실제적 인식"이 있을 경우 웹사이트의 잘못이 있다고 판단했다. 따라서 구글 변호사들은 이 기준이 얼마나 불합리한지 보여주는 프레젠테이션을 준비했다. 변호인단은 영상 세 개를 재생했다. 코미디 센트럴에서 하는 스티븐 콜베어Stephen Colbert의 쇼 일부를 변형한 영상, 폭스 뉴스에서 빌 클린턴이 앵커를 향해 손가락질하는 영상, 유튜브 스타 브루커스의 우스꽝스러운 저화질 클립이었다. 변호인단은 물었다. "어떤 영상이 유튜브에 게시해도 되는 것이고 또 어떤 영상이 불법 복제된 것입니까?" 하나같이 오답을 내놓았다. 폭스는 클린턴의 영상이 유튜브에 게시되는 것을 허가했고, 콜베어 클립은 연구나 비평, 풍자의 경우 영상의 사용을 허용하는 '공정 이용'에 해당해 문제 될 것이 없었다. 저작권 침해로 내려야 할 영상은 NBC와 계약하에 제작된 브루커스의 영상이었다. 이 프레젠테이션의 핵심은 누가 저작권을 소유했는지, 누가 영상 이용의 라이선스를 갖고 있는지, 또는 누가 영상 시청으로 저작권을 침해했는지 쉽게 판단하기 어렵다는 점을 보여주는 것이었다. 이런 현실에서 유튜브가 어떻게 판단할 수 있겠는가?

　하지만 상대측의 모순은 유튜브가 법적으로 휘두를 수 있는 날카로운 무기가 되어주었다. 바이어컴이 도난당했다고 소송을 걸었던 클립들 다수는 앞서 사용을 허가한 것들이었다. 유튜브의 외부 변호인단 사무실에서 마이카 샤퍼는 범죄 과학 수사를 하는 사람처럼 관련 영상이 적힌 스프레드시트를 면밀히 살폈다. 친형제가 '레이지 선데이' 팀에 속해 있던 그는《SNL》마케팅팀이 유튜브에서 영상이 급속하게 퍼지며 홍보 효과를 얻는 데 아무런 불만이 없다는 것을 알고 있었다. 상대의 약점을 찾던 구글도 이와 비슷한 영상을 발견했다. 바이어컴의 방송사인 CBS는 TXCANY 계정에 올라온 케이티 쿠릭Katie Couric 앵커의 클립이 저작권을 침해했다는 공문을 보내왔지만, 구글은 해당 계정이 CBS 마케팅 에이전트가 운영하는 것이라는 사실을 알게 되었다. 바이어컴 직원들이 회사와 관련이 없는 것처럼 보이려고 킨코Kinko의 컴퓨터를 이용해 클립들을 업로드한 것이었다. 바이어컴은 앨 고어의 〈불편한 진실Inconvenient Truth〉의 한 장면을 내려달라고 요청했지만 바이어컴의 스튜디오인 패러마운트 클래식스Paramount Classics는 "클립은 괜찮습니다"라며 상충되는 이메일을 보냈다.

"세상에나." 샤퍼가 탄성을 질렀다. "완전 멍청이들이네."

샤퍼를 포함해 유튜브 초창기 직원 몇 명은 샌프란시스코 다운타운으로 증언을 하러 갔다. 그에 앞서 회사 변호사들이 교육을 진행했다. ("기억이 나지 않습니다." 좋습니다.) 구글의 사내 사이트에서는 찾고 있던 버그를 고치는 등 무언가를 달성했을 때 직원들에게 보이스카우트처럼 배지를 수여했다. 증언하는 직원을 위한 배지도 마련되어 있었다. 헐리는 증언 중에 이런 말을 했다. "무엇보다 실제로 허가를 받았거나 실제 저작권자가 올린 영상을 저희가 실수로 내리는 일이 지속적으로 발생한다는 것을 알게 되었습니다." 2010년 6월 24일, 맨해튼 지방 법원 판사는 유튜브가 DMCA의 세이프 하버safe harbor(피난항, 온라인 사업자는 저작권자의 삭제 요청을 따르기만 한다면 저작권을 침해하는 것이 아니라고 명시하고 있다—옮긴이) 조항으로 보호받고 있다고 판결했다. 이는 최종이 아닌 약식 판결이라 바이어컴이 항소를 제기할 수 있었다.[49] (실제로 그런 일이 벌어졌고, 또다시 3년간의 소송이 이어졌다.) 하지만 유튜브는 승리의 세리머니를 했다. 유튜브 변호사인 자하바 르바인은 「당신의 모습을 방송하세요」라는 제목으로 해당 판결에 대한 블로그 글을 올렸다.[50] 유튜브 사이트에 「유튜브가 바이어컴과의 소송에서 승소했다」라는 또 하나의 짧은 글이 올라왔다.[51]

구글 본사에서는 다음 날 TGIF를 맞아 축배를 들었다. 무료로 제공된 맥주가 가득했다. 페이지와 브린이 앞으로 나와 한마디씩 하기 전에 《데일리쇼Daily Show》의 스타이자 바이어컴의 직원인 존 스튜어트의 영상이 화면에서 흘러나왔다. 구글의 외부 변호사가 샤퍼를 붙잡았다. "짐 챙겨요. 라스베이거스에 갈 겁니다." 유튜브 직원 여러 명이 승리를 만끽하기 위해 비행기에 올랐다. 유튜브의 첫 번째 저작권 매니저이자 깐깐한 일 처리로 엔지니어들에게 짜증을 불러일으켰던 헤더 질레트는 공금으로 떠나는 여행에 초대받지 못했다. 하지만 사과 메일을 받았다. "전부 당신의 노고 덕분입니다." 한 엔지니어는 이렇게 적었다. "덕분에 바이어컴과의 소송에서 이토록 극적이고도 확실하게 이길 수 있었어요."

. . .

언론에서는 바이어컴을 상대로 승리를 거두고 수익을 창출하려는 유튜브의 모습을 웹 2.0세대의 성장으로 해석했다. 그즈음 크게 드러나지는 않지만 중요한 변화가 벌어지고 있었다. 자동차 영상으로 시작된 변화였다.

별 볼 일 없던 저스틴 비버를 발견했던 초창기 쿨헌터 사디아 하퍼는 자동차 영상을 큐레이팅하는 일을 맡았다. 그녀는 차를 좋아했다. 사람들은 유튜브에서 레이싱 카, 벽을 오르는 험비Humve, 엔진에 관한 자세한 튜토리얼 등 자동차 영상을 즐겨 봤다. 하퍼는 주기적으로 흥미로운 영상들을 유튜브 홈페이지에 게시했다. 하루는 그녀의 자리로 프로그래머가 찾아와 엔지니어들이 클릭을 유도하기 위해 만든 영상 시청 데이터를 이용해 알고리즘을 개발했고, 이 알고리즘에 따라 홈페이지에 영상이 추천된다고 설명했다. 엔지니어들은 시범 카테고리에 해당 기능을 시험해보고 싶어 했다. "자동차로 해보면 어떨까요?"

이 코더는 알고리즘이 선택한 영상으로 채워진 샘플 페이지를 로딩했다. 엔터. 새로 고침. 새로 로딩된 페이지는 '요란한 굉음을 내며 액셀러레이터를 밟는' 영상들로 가득했다. 고급 차량 내부, 카메라가 운전자의 발이나 하체를 찍은 영상이었고 주로 힐을 신은 여성이 가속페달을 밟는 장면이 등장했다. 가죽 소재가 등장할 때가 많았다.

하퍼는 이런 종류의 영상들을 봤고, 의도적으로 무시했었다. "페티시잖아요." 그녀는 언짢은 기색을 내비쳤다. "우리는 이런 사이트가 아니라고요."

유튜브 초창기 시절, 추천 영상 알고리즘(컴퓨터의 작동 방식을 알려주는 일련의 명령어들)은 비교적 간단했다. 가장 주된 요소는 '동시 방문co-visitation'이었다. 어떠한 영상을 클릭하면 페이지 우측 '관련 영상' 섹션에 같은 영상을 클릭한 다른 시청자들이 시청한 클립이 등장했다. "그 영상을 좋아했던 분들은 이 영상도 좋아했습니다." 한편 인터넷의 어두운 면이 유튜브에 너무도 많이 등장하면서 알고리즘 실험이 엉망이 되기도 했다. 과거 샌머테이오 사무실에서 프로그래머들이 시스템을 살짝 변경하자 영상 클릭 수는 크게 늘어났지만, 관련 영상 섹션이 한 엔지니어의 표현에 따르면 "기본적으로 가슴과 엉덩이"로 가득 찼다. 다시 처음 계획 단계로 돌아간 프로그래머들은 좀 더 품위를 지키기 위해 코드에 더 많은 필터를 추가했다. 특정 결과를 예측하는(매일 수백만 명을 대상으로 '이 사람은 이 관련 동영상을 클릭할 것이다'라는 예측을 하는) 수식을 연산하기 위해서는 명확한 신호와 최소한의 노이즈가 필요했다. 유튜브에서 가장 명확한 신호는 이용자가 이전에 시청한 영상이지만 다른 요소들도 중요하게 작용했다(그 영상을 하루 중 언제, 어느 국가에서, 얼마나 오랫동안 시청했는가). 많은 영상을 볼수록 신호 또한 많아졌다. 유튜브의 알고리즘이 개선되는 것이다. 초기에는 알고리즘이 복숭아와 엉덩이를 가려낼 수가 없어 사람이 직접 판단해야 했지만, 이제는 피부를 감지하는 알고리즘을 개발해 음란한 영상을 자동으로 제거할 수 있게 되었다.[52] 이로써 관련 영상이 더 많은 클릭을 기록하기 시작했다. 새로운 홈페이지가 세상에 등장할 준비를 마친 듯 보였다.

한편, 유튜브가 구글에서의 세 번째 해를 마무리할 즈음이 되자 쿨헌터들의 역할이 점점 의미를 잃어가고 있었다. 하퍼와 그녀의 끈끈한 팀은 여전히 YouTube.com을 통합하고 사이트라는 캔버스에 실험을 계속해나갈 수 있었다. 외부 게스트에게 편집을 맡기기도 했던 이들은 핼러윈을 맞아 롭 좀비Rob Zombie와 웨스 크레이븐Wes Craven과 같이 유쾌한 괴짜들의 손에 사이트를 넘겼다. 음악 큐레이터인 미셸 플래너리는 유튜브 홈페이지를 '보통 사람들'의 창작물을 보기 위해 사람들이 모이는 가상의 광장으로 여겼다. 헐리가 처음 그랬던 것처럼 말이다. 하지만 유튜브가 수익성을 쫓기 시작하면서 이러한 의미가 퇴색되었고 이중 잣대가 생겨나기 시작했다. 레이디 가가의 히트 곡 〈Telephone〉이 출시되었을 당시 구글의 세일즈 직원들은 광고비를 받고 여성 교도소를 배경으로 한 세련되고도 선정적인 단편영화 형식의 뮤직비디오를 유튜브 홈페이지에 게시하고자 했다. 유튜브 직원 몇 명은 아마추어가 올린, 이와 유사하게 선정적인 영상은 '연령 제한'을 받고 게시가 금지된다고 반박했다. 하지만 레이디 가가는 문제없었다.

세일즈 책임자가 하퍼에게 홈페이지에 광고주의 영상을 올려달라고 요청한 적이 있었다. 하퍼가 영상의 품질을 이유로 거절하자 세일즈 책임자는 YouTube.com에 떡하니 올라가 있는 온갖 클립들을 가리키며 이렇게 물었다. "이런 영상은 괜찮고요?"

유튜브의 고위 임원 몇 명은 늘 큐레이션팀을 불신했다. 바이어컴과의 소송 때, 유튜브는 사이트에서 외설물을 삭제할 뿐 선제적으로 영상을 발굴하지는 않았다고 주장했지만, 영상을 찾아내는 일을 하는 팀이 있었던 게 사실이었다. 유튜브가 세계적으로 확장해나가자 나라마다 큐레이팅 업무를 하는 팀을 운영하는 비용이 너무 높다고 느껴지기도 했다. 특히 소프트웨어가 동일한 업무를 훨씬 저렴한 비용으로 해결할 수 있는 상황이었다. 그뿐만 아니라 사이트의 홈페이지가 별 효용이 없는 것 같다는 징후도 있었다. 대부분의 사람들은 홈페이지를 검색용으로 이용할 뿐 영상을 구경하거나 클릭하는 일은 없었다. 쿨헌터들이 비민주적인 방식으로 숨겨진 비디오 스타를 고르며 킹메이커 역할을 한다고 생각하는 직원들도 있었다.

하지만 쿨헌터팀의 가장 치명적인 문제는 스스로를 평가할 방법이 부재하다는 것이었다. 구글에서는 모든 것이 평가되었다. 수학을 전공한 하퍼는 팀의 가상 광장이 미치는 영향력을 정량화할 데이터 분석법을 만들었다. 하지만 이것으로는 충분치 않았다.

구글에서는 전략적인 전환이 진행 중이었다. 구글은 자사의 비디오 사이트가 소셜 네트워크 서비스처럼 모든 시청자에게 맞춤형 미디어를 제시해야 한다고 판단했다. 프로덕트 매니저인 브라이언 글릭Brian Glick은 더욱 알고리즘적인 선택이 주가 되어 시청자들에게 더욱 '호응을 얻을 수' 있는 홈페이지를 만드는 방법을 찾기 위해 편집팀과 미팅을 하기 시작했다.

데이는 이런 생각을 했다. '아니, 그런데 잠깐만요, 브라이언. 그러니까 내 일을 없애는 게 당신의 일이군요.'

얼마 후 쿨헌터들은 해체되었다. 대다수는 마케팅 업무로 전환되어 브랜드 회사들이 유튜브 사이트에서 홍보 활동을 하는 일을 도왔다. 이제는 유튜브의 머신이 영상을 고르는 일을 했다.

2부

8장

▶

다이아몬드 공장

수감 번호 08036-032의 대니 재핀Danny Zappin은 시간이 넘쳐났다. 그는 다른 수감자들의 그림을 그리거나 소프트볼을 하면서 시간을 보냈다. 다른 수감자들처럼 그는 어쩌다 자신이 이런 처지가 되었는지 생각했다. 어쩌다 할리우드에서 버림받았는지를.

몇 년 전만 해도 그는 할리우드 내부에 자리하고 있었다. 1998년, 영화 학교는 시간만 낭비할 뿐이라고 생각한 그는 학교를 그만두고 로스앤젤레스로 떠났다. 부스스한 붉은 머리에 자신만만한 태도, 강단 있고 호전적인 성격의 재핀은 스파이크 리Spike Lee의 영화《썸머 오브 샘Summer of Sam》에 범죄 조직원으로 출연했다. 하지만 이후 다른 역할이 들어오지 않았고, 무엇보다 재핀은 제작 일을 진심으로 하고 싶었다. 그는 성공의 꿈을 품은 또 다른 남성 두 명이 운영하던 온라인 스튜디오, 인증된 불량 미국 제품Certified Renegade American Product 또는 CrapTV.com에 합류했다. 이들은 코미디 센트럴 측에《더 핫 쇼The Hot Show》라는 심야 프로그램 파일럿을 제안했다. ("아이디어가 대단히 독특했다"라고 방송사 임원은 『버라이어티Variety』잡지에 자랑처럼 말했다.[53]) 하지만 방송사에서는 해당 프로그램을 방영하지 않았고, 세 사람은 웹사이트를 운영할 자금이 부족해졌다. 재핀의 계좌 역시 같은 상황이었다.

재핀은 쇼비즈니스에 더 이상 아는 인맥이 없었다. 절실했던 그는 자신이 갖고 있던 인맥을 동원하기로 했다. 그 대상은 마약 거래상이었고, 자신이 자란 오하이오까지 마약 운반책 일만 하면 되었다. 쉽게 돈을 벌 수 있는 기회 같았고 실제로도 그랬지만, 경찰들이 신시내티 공항에서 그를 급습했다. 그는 네바다사막에 있는 공군 기지의 넬리스 교도소에 수감되었다.

이런 연유로 재핀은 교도소에서 그림을 그리고 소프트볼을 즐기고 생각도 하면서 시간을 보내고 있었다. 그는 화려한 할리우드에서 새로운 기회를 어떻게 찾아나갈 것인지 계획을 세웠다. 교도소에서 제공하는 작은 노트에 CrapTV의 비전을 좀 더 대담하게 그려보던 그는 이번에는 스튜디오와 네트워크사 임원의 손에서 자유로운 업계에서 활약하는 그림을 떠올렸다.

2005년 출소 후 재핀은 교도소보다 조금 더 자유롭고 인터넷 접속도 가능한 사회 복귀 시설에 입소했다. 거기서 마이스페이스와 새로 생긴 놀라운 웹사이트인 유튜브를 접했다. 그는 유튜브에 푹 빠져들었다. 주차 일을 하며 번 돈으로 카메라를 몇 대 산 뒤 영상을 올리고, 올리고, 또 올렸다.

· · ·

 다이아몬드팩토리: 대니 다이아몬드 게이 바[54]
(Diamond Factory: Danny Diamond Gay Bar)

▶ ▶| 　　　　　　　　　　　　　　　　　[날짜 미상] · 1:52

앵글이 위를 향한 카메라에 트랙 재킷을 입고 위협적인 눈빛으로 담배를 태우는 붉은 머리의 불량배 한 명이 슬로모션으로 등장한다. 배경음악이 시작되고 싸구려 개러지 록garage rock 후렴 "당신을 게이 바, 게이 바, 게이 바로 데려가고 싶어"가 흘러나온다. 이 불량배는 이제 상의를 벗고 카키색 배기팬츠만 입은 채로 술에 취한 철없는 대학생처럼 춤을 춘다. 위협적인 눈빛은 그대로다.

유튜브에서 재핀은 사람들에게 춤으로 자신을 이겨보라고 자극하는 거친 막무가내 퍼포머 대니 다이아몬드Danny Diamond라는 페르소나를 창조했다. 자택 격리 기간 동안 그는 리사 도너번Lisa Donovan을 알게 되었는데, 뉴욕 스카스데일 출신으로 코미디언을 꿈꾸던 그녀는 카메라 앞에서 전혀 부끄러워하지 않는 성격이었다. 두 사람은 연애를 시작했다. 리사와 그녀의 남자 형제이자 배우로 활동하고 있는 벤Ben이 유튜브에 합류해 재핀과 함께 리사노바LisaNova라는 리사의 계정에 올라갈 영상을 다량 제작했다. 이 계정에서 리사는 인간미 없는 디바로 분해 리얼리티 TV와 다른 유튜버들을 패러디했다.

재핀은 리사노바의 실질적인 매니저이자 뻔뻔한 기획자가 되었다. 유튜브가 코미디 콘테스트를 열자, 그는 직원에게 메일을 보내 리사를 우승시켜달라고 끈질기게 요청했다. 유튜브 홈페이지는 댓글과 '좋아요' 수로 영상이 배치되는 자리를 정했다. 재핀은 열 개의 서로 다른 댓글을 생성하는 소프트웨어 봇을 하나 만들어 리사의 계정에 새로운 영상이 올라올 때마다 댓글 공작을 펼쳤다. 이러한 조작은 엄밀히 말해 유튜브의 규정을 어기는 행위였지만 그는 한 번도 걸리지 않았다.

유튜브 초창기 시절에는 대니 다이아몬드와 리사노바가 곧 유튜브라고 여기는 팬들도 있었다. 올드미디어에서 이들을 찾기 시작했다. 얼마 전, 10대를 겨냥한 웹 스튜디오 Take180을 디즈니에 매각한 전 야후 임원 크리스 윌리엄스Chris Williams는 리사 도너번을 고용해 자신의 사이트를 그녀의 유튜브 페이지에 홍보했다. 이 홍보 클립은 윌리엄의 기대를 크게 넘어서며 첫날 100만 이상의 조회 수를 달성했다. '비즈니스 플랜을 전면 수정해야 겠어.' 그는 생각했다. 디즈니 고위 임원들에게 연락해 자신의 사이트에 올린 스튜디오의 콘텐츠를 유튜브로 옮기는 방안을 제안했다. 저작권 침해를 염려하는 디즈니 변호사들은 그의 의견을 거절했다. 그즈음 재핀과 도너번 남매는 그들이 직접 스튜디오를 설립하는 계획에 관해 이야기하고 있었다. 재핀이 모델로 삼고 싶었던 대상은 약 한 세기 전, 아티스트들에게 영화에 대한 지배권을 주기 위해 찰리 채플린이 공동 설립한 유나이티드아티스츠 United Artists였다. 당시, 한 스튜디오 책임자는 "정신병자들이 정신병원을 장악했다"라고 통탄했다.

곧 재핀의 정신병자들이 유튜브를 장악했고 유튜브의 상업적 성장에 크게 기여했다. 그는 자신의 사업체에 '다이아몬드팩토리'라는 닉네임을 붙이고 여러 유튜브 스타를 스튜디오 책임자로 앉히며 본인의 제작물에 대한 지배권을 주겠다고 약속했다. 이들은 관습에 도전하는 자신의 모습에 자부심을 느끼는 미디어 반역자들이었다. 흑인 여장을 하고 꾸준히 영상을 올렸던 다이아몬드팩토리의 고정 멤버는 자신들의 모든 영상은 "안티 디즈니"라고 표현했는데, 재핀과 그의 크루들에게 꼭 어울리는 이름이었다. 몇 년 후 디즈니의 부름이 있기 전까지의 이야기지만 말이다.

. . .

샌브루노에서 채드 헐리는 점차 싫증을 느끼기 시작했다. 그의 자식과 같은 유튜브가 이제 글로벌 현상이자 문화의 하나로 굳건히 자리 잡으며 그 진정성을 여실히 입증해 보이고 있었다. 2010년, 별 볼 일 없던 가수 저스틴 비버는 한 음반 제작자에게 발탁되어 더블 플래티넘(200만 장 이상 판매 음반―옮긴이)을 달성했다. 바이어컴의 소송은 악당의 패소로 끝이 났다. 그럼에도 여전히 매주 헐리는 구글 사무실로 불려가 싫은 소리를 들었다.

유튜브에는 수익 창출이라는 새로운 지령을 달성한다는 사명을 지닌 구글 간부로 구성된 임시 이사회가 있었다. 매주 수요일, 헐리는 새로운 공동 책임자 자리에 오른 카만가와 이사회를 마주하러 갔다. 이사회의 가장 큰 관심사는 유튜브의 '판매sell-through'율, 즉 온라인 광고 자리가 마케터들에게 판매된 비율이었다. 구글 검색에서는 적합한 측정 지표였다. 이혼 전문 로펌이 있다고 생각해보자. 로펌은 사람들에게 자사의 이름을 홍보하기 위해 TV나 옥외 간판 광고를 구매할 것이다. 하지만 이 로펌은 무엇보다 '최고의 이혼 전문 변호사' 검색 결과로 구글 제일 상단에 등장하는 광고를 사고 싶어 할 것이다. 따라서 구글은 뛰어난 판매율을 자랑했다. 다만 로펌들은 유튜브 광고의 효용이 그리 크다고 생각하지 않았다.

바이어컴 소송이 마무리되기 전에는 유튜브는 저작권 문제에서 실수가 발생할까 하는 두려움에 광고를 널리 게재하는 것을 불안해했다. 음반사와의 대립으로 사이트의 큰 부분을 차지하는 뮤직비디오에 광고를 대대적으로 게시하지 못하는 입장이었다. 인수 전, 구글의 임원 한 명은 내부 문서에 2010년 유튜브의 판매율이 75퍼센트 정도 될 거라고 예측했다. 전혀 근접하지 않은 수치였다. 2009년 광고를 게시할 수 있는 영상은 전체의 5퍼센트도 되지 않았고, 유튜브가 스폰서를 구했던 영상은 그중 3퍼센트밖에 되지 않았다. 한 번씩 구글 임원들이 유튜브의 비즈니스 모델에 대한 불만을 공개적으로 드러내기도 했다. 유튜브의 광고 매니저가 TGIF 자리에서 프레젠테이션을 할 당시 구글 검색 광고로 억만장자가 된 세르게이 브린이 도중에 말을 끊었는데, 유튜브의 프리롤 광고가 얼마나 짜증스러운지 보여주려고 일부러 끼어들며 장난을 친 것이었다.

한번은 구글이 유튜브의 모델을 완전히 바꿔놓을 뻔한 적도 있었다. 유튜브가 TV 방송사의 협조를 얻는 데 고전했던 이유 중 하나는 방송사들이 자사의 비디오 플레이어를 사용하고 싶어 했기 때문이다. 따라서 카만가와 구글 임원진은 투표를 진행해 방송사가 자사의 플레이어를 쓸 수 있도록 유튜브 사이트를 개편하는 데 동의했다. 유튜브에서 영상을 보여주는 것과 동시에 구글 검색 페이지와 유사하게 훌루, CNN 등의 클립 링크도 제시하는 방식이었다. 유튜브 유럽을 맡고 있는 책임자 패트릭 워커는 런던에서 아침 시간에 이 소식을 접했다. '절대로 그렇게 되어선 안 된다'라고 그는 생각했다. 그는 BBC를 유튜브 사이트로 합류시킨 상태였고 유럽 미디어 거물들에게 유튜브가 새로운 미디어 종착지가 될 것이라고 홍보하며 호응을 얻어가고 있던 차였다. 그런데 이제 구글은 유튜브를 '거대한 링크 엔진'으로 바꿔놓으려는 것이었다. 워커는 헐리와 통화하고 구글 임원진에게 "잘못된 결정"이었다며 장문의 날 선 메일을 보냈다. 구글은 투표를 무효화했다.

이런 식의 작은 갈등이야 예상한 바였지만, 이사회 회의와 자질구레한 일들, 평가 지표까지 모든 것이 헐리를 지치게 만들었다. 한 동료는 회사에서의 헐리의 하루를 〈딜버트Dilbert〉(조직 생활의 애환을 서너 컷으로 담은 만평으로 조직의 권위주의적인 계층구조, 경영진의 무능, 상사의 횡포 등를 풍자한다 — 옮긴이)에 비교하기도 했다. 함께 일하는 사람들은 그의 마음이 떴다는 것을 눈치챘다. 구글에 인수된 지 4년이 지나 자신의 구글 주식이 거래 가능한 주식으로 전환되자 헐리는 유튜브를 시작하기 전에 출시를 도왔던 남성복 라인 할래스카Hlaska에 집중하겠다는 계획을 발표하며 자리에서 물러났다. 한 시대의 끝을 알리는 일이었고, 경영에서 실수들은 있었지만 상업적 성공보다 사이트 내 이용자 경험을 우선시했던, 실리콘밸리에서 빠른 속도로 사라져가는 가치를 고수한 마지막 남은 유튜브 창립자와의 이별이었다. 헐리는 유튜브 이용자의 입장으로 유튜브를 운영했고, 그의 퇴장은 곧 매니저들이 유튜브를 구글의 방식으로, 스프레드시트와 알고리즘으로 운영할 수 있도록 길을 터주는 것이었다.

헐리의 퇴장은 시시르 메로트라Shishir Mehrotra에게 〈딜버트〉의 딜레마를 남겼다. 메로트라는 마이크로소프트의 경직되고 엄격한 스타일을 고수한 채 유튜브로 왔고, 그런 그의 스타일은 좀 더 여유로운 유튜브의 몇몇 반항아들 사이에서 지지를 얻지 못했다. 컴퓨터 과학자 부모를 둔, 다부지고 입담 좋은 메로트라는 어떤 일에든 대단한 승부욕을 보였다. 그는 포커를 좋아했고 스물두 살의 나이로 첫 번째 회사를 세운 인물이었다. 그는 스물아홉 살 때 유튜브에 합류했지만 노련한 전문가처럼 행동했다. 한 동료에 따르면 그는 "나이가 어린 사람 중 가장 늦은 사람"이었다. 그는 복잡한 기술적인 문제들과 조직의 메트릭스(성과의 계량적 분석법으로 성과를 측정하는 지표―옮긴이)를 사랑했고, 회의 때도 수치들을 나열하는 것을 좋아했다.

메로트라가 유튜브의 임시 이사회와 자리한 날, 이사회는 유튜브의 판매율 문제를 해결할 방법을 제안했다. "광고 자리를 줄이면 어떤가요?" 이 제안 역시 구글 입장에서는 말이 되는 전략이었다. 고객을 간절히 기다리는 이혼 전문 로펌의 사례를 다시 생각해보자. 검색은 결과의 희소성이 관건이었다. 구글이 보여주는 광고가 적어진다면 로펌의 입장에서는 그 자리를 얻기 위해 더 많은 돈을 지불해야 했다.

하지만 이런 전략은 유튜브에서는 통하지 않았다. 구글 검색과 달리 유튜브는 희소하고 가치 있는 부동산을 갖고 있지 않았고, 광고주들도 유튜브의 문을 두드리고 있지 않았다. 메로트라는 계산을 해봤다. 이사회가 제안하는 바와 반대로 하는 것이 더욱 타당했다. 유튜브의 매출을 높이기 위해서는 더 적은 광고가 아니라 '더 많은 광고'를 게시해야 했다. 메로트라는 머리가 희끗한 구글의 미디어 베테랑 딘 길버트Dean Gilbert에게 조언을 구했다.

"이사회 말대로 해서 결과가 좋지 않으면 이사회는 그런 제안을 한 적이 없다고 잡아뗄 겁니다." 길버트가 말했다. "이사회 말을 따르지 않고 결과가 좋으면 이사회는 본인들 덕이라고 생각할 거고요. 그러니 어떻게 해서든 좋은 결과를 내기만 하면 됩니다."

결과는 성공적이었다. 유튜브가 광고를 실을 수 있는 영상 비율을 10퍼센트까지 높이자 매출도 상승하기 시작했다. "수입이 모든 문제를 해결하죠." 길버트는 이렇게 말했다.

그즈음 유튜브는 광고주들이 새로운 방식을 적극 활용하도록 유도하기 위해 여러 가지 방법을 시도하고 있었다. 바로 간접광고였다. 섹시한 햄버거 기업이 가장 먼저 시도했다. 몇 년 전, 칼스 주니어Carl's Jr는 패리스 힐튼이 요염하게 세차를 하며 햄버거를 먹는 TV 광고를 진행했다. 이제 이 패스트푸드 기업은 새로 나온 6달러짜리 샌드위치를 젊은 남성층에게 어필할 또 하나의 화려한 광고 캠페인을 준비하며 TV 광고로 수백만 달러를 책정해둔 상태였다. 소액의 자금이 남자, 광고 에이전시는 기업에 그 돈을 알려지지 않은 웹 스타들에게 쓰면 어떻겠느냐는 제안을 했다. 구글은 몇천 달러로 햄버거를 홍보해줄 유튜버 아홉 명을 선발했다. 아이저스틴과 스모쉬가 영상을 올렸다. 또 다른 10대 스타였던 니가히가는 햄버거를 자신의 차와 겨드랑이, 입, 유두에 문지르는 1분짜리 클립을 제작했다. 계약상 유튜버들은 "당신은 햄버거를 어떻게 먹나요?"라는 슬로건을 말해야 했다.

마른 체형의 유튜브 매니저 조지 스트롬폴로스는 2009년 6월, 이 영상들이 세상에 공개된 후 나름의 계산을 해봤다. 아홉 개의 클립이 1,100만 이상의 조회 수를 기록하면서 값비싼 광고가 타깃으로 한 오디언스의 규모를 훌쩍 뛰어넘었다. 광고비를 받지 않은 유튜버들조차도 해당 햄버거와 관련한 동영상을 올렸다. 그는 TV 광고 모델은 이제 끝났다고 판단했고, 이제 유튜브가 새로운 광고 모델의 기준이 된 것이었다.

. . .

대니 재핀은 다른 기준을 그리고 있었다. 그해 여름, 그는 베니스에 새롭게 차린 다이아몬드팩토리 본사의 뒤뜰에서 색색의 해먹에 몸을 기대고 앉은 채 블랙베리로 통화를 하고 있었다. 수화기 건너편에는 일본 전기회사인 산요Sanyo의 임원이 유튜버 스폰서십 계약을 따져보고 있었다. 산요 측의 광고 책임자는 칼스 주니어 캠페인을 언급하며 "한심하다"라고 표현했다. 어설픈 바이럴 마케팅에 너무 뻔한 홍보 방식은 젊은 오디언스층이 받아들이지 않는다고 덧붙였다.

재핀은 웃으며 이렇게 말했다. "그렇게 뛰어난 아이디어가 누구 머리에서 나온 걸까요?"

그는 뒷마당 데크 외벽에 밧줄로 묶여 있는 새파란 서핑 보드 아래를 오가기 시작했다. 재핀은 산요의 휴대용 디지털카메라를 두고 더욱 진정성 있는 프로모션을 제안했다. "저희 측 스타들이 모두 출연할 겁니다." 담배를 한 모금 빨아들이며 그는 이렇게 말했다. "그냥 돈만 보고 하는 일로 대하지 않을 겁니다." 재핀은 리사노바와 다른 다이아몬드팩토리 소속 유튜버들에게 팬들의 콘테스트 참여를 독려하는 영상을 올리게 할 생각이었다. 유튜브에 산요 제품의 광고 영상을 만들어 올리면 무료 카메라를 받는 주인공이 될 수도 있다는 내용이었다. 재핀은 해당 프로모션으로 최소 1,000만 조회 수를 약속했다. 산요는 그에게 6만 달러를 지불하면 되었다.

산요 임원은 확신이 없는 듯했다.

뒷마당에서 동료 한 명이 촬영을 시작했다. 재핀은 그 모습을 확인하는 핸드폰을 스피커폰으로 놓고 카메라를 의식하며 좀 더 과장된 태도를 보였다. 광고 에이전시들은 돈만 낭비할 뿐 유튜브를 이해하지 못한다고 그는 설명했다. "저희는 누가 조회 수를 얻고 또 누가 그렇지 못한지를 알고 있습니다." 그는 이렇게 말했다. "에이전시는 이 비즈니스에서 발을 빼고 저희 같은 사람이 나서야 하는 이유가 바로 그 때문이죠. 저희는 실패하지 않을 테니까요. 저희는 실패하지 않습니다. 실패란 저희 DNA에 없습니다. 저희가 잘 아는 분야입니다."

재핀은 늘 그렇듯 부풀려 이야기하고 있었다. 리사노바는 3월에 후원을 받고 클립을 제작한 경험이 한 번 있었지만 다이아몬드팩토리는 그런 경험이 전무했다. 유튜버들은 자신의 꿈을 좇느라 심각할 정도의 신용카드 부채를 안고 있었다. 그래도 타이밍만은 그들의 편이었다. 부동산 거품이 터진 후 경제는 자유낙하의 몰락에 빠져들었다. 기업은 고객을 간절히 바랐고, 사람들은 일자리를 간절히 바랐다. 유튜브가 파트너 프로그램을 통해 방송인들에게 수익을 지불하자 유튜브를 즐거운 취미 생활 정도로 생각하던 사람들이 이제는 구명 밧줄처럼 매달리기 시작했다. 수완 좋은 장사꾼이었던 재편도 이 사실을 알고 있었다. 그는 유튜버들을 자신의 보호하에 두고 이들에게 명성과 영화 계약, 제품 출시를 약속했다. 그는 특히나 덥수룩한 수염에 우락부락한 셰이 칼Shay Carl(유튜브 닉네임: Shaytards)을 좋아했다. 아이다호에 거주하는 셰이 칼은 부엌 조리대를 설치하는 일을 그만두고 가족과 함께 엉뚱한 홈비디오를 자주 찍어 올린 것으로 놀라운 트래픽을 달성했다. 바로 옆집이 매물로 나오자 칼에게 그 집에 들어와 사는 것을 제안한 재편은 그곳이 유튜버들로 가득 차는 모습을 상상했다. 소셜 미디어 인플루언서들이 한 번씩 대저택에 모여 함께 지내는 일이 벌어지기 10년 전이었다. 그는 칼의 대답을 듣기도 전에 집 계약금을 지불했다. 이 외에도 그가 충동적으로 결정한 일은 많았다. 유명 유튜버인 필립 디프랑코Philip DeFranco(유튜브 닉네임: sxephil)가 유튜브 측에서 촬영 장비를 업그레이드하는 용도로 10만 달러 보조금을 지급한 일을 알리자 재편은 유튜브에 연락해 자신에게도 보조금을 지원해달라고 사정했고, 돈을 받은 후에는 흥청망청 소진했다. 그가 비즈니스 파트너로 영입한 전직 영화계 변호사 스캇 카츠Scott Katz가 유튜브가 보내온 계약서를 확인한 후에야 두 사람이 생각했던 것과 달리 유튜브는 제작 비용을 지원해주지 않고, 수익은 영상이 올라가고 60일 후에야 지급된다는 사실을 알게 되었다. "생각하기 전에 먼저 덥석 움직이는 사람이었어요." 카츠는 이렇게 설명했다.

어쨌거나 칼은 재편이 제안했던 집으로 거처를 옮겼고, 구글에서도 수익금이 들어왔다. 재편은 자신이 세운 벤처에 메이커스튜디오스Maker Studios라는 제대로 된 이름을 붙였다. 이후 스태프를 찾던 그는 칼스 주니어 광고를 담당했던 에이전시 소속 디렉터 에즈라 쿠퍼스테인Ezra Cooperstein을 섭외하기 위해 뉴욕으로 날아갔다. "우리 쪽에 합류해야 합니다." 나란히 미드타운을 걸으며 재편은 강력히 호소했다.

"우리는 유튜브계의 유나이티드 아티스츠를 만들고 있어요." 쿠퍼스테인은 합류를 결정했다. 유튜브에서 코미디 콘테스트를 진행했던 직원 저번 버그Jeben Berg도 함께했다. 이내 버그는 대니 재핀이 유망한 유튜버들을 로스앤젤레스로 불러 모아 쉴 곳을 제공해주며 자비로운 페이긴Fagin(찰스 디킨슨의 『올리버 트위스트』 속 등장인물로 어린아이들을 소매치기로 부리는 악인이다―옮긴이) 방식으로 회사를 운영한다는 것을 알게 되었다. "이리로 와요." 이런 식이었다. "내가 돌봐주죠." 딱히 무슨 역할을 하는지 애매한 사람들도 팀에 합류했다. 직원들은 이들에게 FOD, 즉 대니의 친구들friends of Danny이라는 별명을 붙였다. 재핀은 자신의 사업체를 직감에 따라 자유롭고도 비과학적으로, 구글과는 정반대의 방식으로 운영했다.

TV 업계에서 새로 온 사람들은 당황하기 일쑤였다. 드라마 《웨스트 윙The West Wing》에 참여했던 영화 학교 졸업생 미키 메이어Mickey Meyer는 제작 담당으로 메이커스튜디오스에 입사했다. 임시로 꾸며놓은 스튜디오에 들어선 그는 얼어붙고 말았다. "조명 세트가 있나요?" 그가 물었다. "어디에 세팅해야 할까요?" 돌아오는 것은 빤한 시선뿐이었다. 재핀의 크루에게는 홈 디포에서 산 싸구려 조명들과 원단 가게의 초록색 천으로 만든 스크린밖에 없었다. 메이어는 분명 주급 2,000달러라는 이야기를 들었다고 확신했다. 하지만 아니었다. 2,000달러는 월급이었다.

그럼에도 이 스튜디오에는 마음을 움직이는 무언가가 있었다. 과거 메이어가 사람들의 흥미를 자극하는 리얼리티 TV 프로그램의 광고를 제작하는 일에 참여할 당시, 세트장에서 열 명의 사람들이 아주 사소한 문제를 두고 제각각 지시를 해대는 상황을 겪었다. 메이커스튜디오스에서는 영상을 찍고 유튜브에 올리고 영상을 또 찍는 게 다였다. 어떤 일에서든 창의적인 에너지가 넘쳐흐르는 곳이었다. '전염성이 있다'라고 그는 생각했다. 그는 그곳에 남기로 했다.

8월, 메이커스튜디오스는 〈좀비가 유튜브를 점령했다!!!!!!〉라는 제목의 영상으로 유튜브에 첫 파란을 일으켰다. 유튜버 열한 명이 출연한 4분짜리 영상은 노스할리우드에서 촬영한 것으로 팬들이 분장하고 좀비 엑스트라로 참여했다. 메이커스튜디오스의 핵심 채널인 더 스테이션The Station은 유튜브의 히트 제조기가 되었다. 그랜드 블러바드 419에 자리한 메이커스튜디오스의 본부는 유튜브의 문화적 요충지가 되어 유명 인사들이 영상을 촬영하거나 기회와 이득을 노리는 사람들이 눈에 띄기 위해 얼쩡대는 장소가 되었다. 〈할리우드 리포터The Hollywood Reporter〉는 그곳을 디지털 시대의 헤이트-애쉬버리(1960년대 히피 문화의 성지 — 옮긴이)라고 불렀다.[55] 물론 LSD보다는 독한 술을 더욱 많이 소비하는 곳이기는 했지만 말이다. 한 웹 담당자는 재핀이 오후 2시에 열린 미팅에 축하주로 데킬라 병을 꺼낸 적도 있다고 설명했다. 유튜브의 할리우드란 무엇인지 보여준 이 사업가는 훗날 본부로 삼았던 집을 처분하며 "파티를 너무 많이" 했던 게 잘못이라고 탓했다.

변호사인 카츠는 재핀의 무법자 스타일을 이중인격에 비교하기도 했다. 그가 쿨하고 침착한 모습을 보일 때도 있었지만 좌절감에 빠지면 소리를 지르고 자신의 말을 들으라고 사람들을 닦달했다. 본인의 유튜브 페르소나처럼 변해 있었다. 이런 상황이 펼쳐질 때마다 카츠는 긴장감을 낮추려고 노력했다. "모두들, 여기 좀 봐요! 대니 다이아몬드가 왔습니다." 카츠는 가볍게 말하려 했다. 이렇게 해서 상황이 해결될 때도 있었고 그렇지 않을 때도 있었다. 꽥꽥대는 목소리의 주인공 프레드를 발굴한 에이전시 콜렉티브The Collective는 이후 더 많은 유튜버와 계약을 진행했고, 이내 메이커스튜디오스의 위상을 의식하기 시작했다. 콜렉티브의 임원인 댄 와인스타인Dan Weinstein은 재핀과 수차례 만나며 합병 조건들을 논의했다. 마침내 와인스타인이 금액을 제시했다. 재핀에게는 터무니없이 낮은 액수였다.

보통 비즈니스 논의 중 반갑지 않은 제안이 들어오면 수정안을 제시하거나 정중한 거절로 대응하기 마련이다. 재핀은 다른 길을 택했다. 그는 이메일로 유튜브 링크를 하나 보냈다. 와인스타인은 링크를 클릭해 영상을 확인했다. 영상 속에는 상의를 탈의한 대니 다이아몬드가 파티 버스 안에서 폴 댄싱을 추고 있었다. 무언의 메시지가 정확히 전달되었다. 춤으로 덤벼 봐, 이 망할 놈아.

9장

▶

너드파이터스

⏸ ⏭ 🔊   ⚏ ▢ ⛶

그리 멀지 않은 곳, 로스앤젤레스 시내에서는 '기타 히어로' 스타인 프레디 웡이 영화 제작자를 꿈꾸는 친구 세 명과 함께 사는 아파트에서 유튜브 전성기를 맞이하기 시작했다. 네 사람은 (375달러씩) 월세를 나눠 냈고 근처 타코 트럭에서 끼니를 해결할 때가 많았다. 겨울이면 이들은 그래픽 작업을 처리하느라 과열된 컴퓨터에 손을 녹였다. 웡의 부모님은 공장을 개조해 만든 뻥 뚫린 숙소를 걱정했다. 그를 방문한 친구들은 혼란스러워하며 물었다. "아니, 여기 벽이 없는 거야?"

웡은 에픽 픽처스Epic Pictures라는 저예산 DVD용 영화 제작사에서 특수 효과 일을 했다.[56] 그는 자신만의 영화를 제작하는 놀이터 삼아 유튜브에 영상을 자주 올렸다. 유튜브가 직업적인 성공으로 이어질 경로가 되리라고는 생각지 않았던 웡은 브루클린의 유튜버 데스톰 파워를 만나고는 생각이 달라졌다. 두 사람은 밴쿠버 동계올림픽경기의 '브랜드 앰버서더'로 발탁되어 유명 인사들에게 큰돈을 들이고 싶지 않은 기업들을 위해 저렴하면서도 디지털에 능한 프로모터로 일했다. 유튜브의 파트너 프로그램에 참여 중인 파워는 웡에게 수익 지급이 어떻게 되는지 설명했다. 조회 수가 이렇게 나오면 구글에서 이 정도의 금액으로 환산된다고 말이다. 두 사람 다 이 프로그램의 잠재력을 완벽히 알지는 못했지만 유명 유튜버인 마이클 버클리Michael Buckley(닉네임: 왓 더 벅?)가 유튜브 수익으로 집을 한 채 장만했다는 이야기는 들은 바 있었다.

웡은 수백만 달러를 벌 생각은 없었지만 자신의 영화를 만들고 싶은 마음은 있었다. 그는 대학 때 룸메이트이자 함께 작업했던 브랜던 라치Brandon Laatsch에게 전화를 걸어 유튜브에 전업으로 뛰어들어보자고 제안했다. "우리가 정말 잘할 수 있는 일이라고." 웡이 열변을 토했다.

 프레듀: 로켓 점프
(freddiew: The Rocket Jump)

▶ ▶| 　　　　　　　　　　　　　　　　　　　2010년 9월 1일 · 01:36

비디오게임이 실사로 탄생했다. 군복을 입은 웡과 그의 협력자들은 돌무더기 속에서 총격전을 벌이고 있었다. 작은 탑 위에 올라 있는 사격수가 이들을 하나씩 무참히 해치웠다. 두 발로 서 있는 사람은 웡뿐이었다. 만화에 등장하는 말풍선이 그의 머리 위로 떠올랐다. 그가 사격수 머리 위로 날아오를 수만 있다면, 비디오게임처럼 그렇게 할 수만 있다면? 그렇게 그는 비장한 사운드트랙과 함께 높이 날아올라 승리를 거두었다.

촬영 장소는 한 친구의 집 근처 버려진 공터로, 지역 사람들이 "묘지"라고 부르는 곳이었다. 이들은 카메라 여러 대와 모래주머니, 그린 스크린, 트램폴린, 에어소프트건, 비어 있는 군사용 로켓 발사기를 들고 힘겹게 그곳까지 갔다. 다섯 시간 동안 촬영을 마친 후 집으로 돌아가 노트북 앞에 앉아 색을 보정하고 영상을 편집했다. 웡은 작곡가 한 명을 물색해 비용을 500달러로 합의한 뒤 타임 코드를 단 영상 한 편을 보냈다. 일주일간 작업한 끝에 95초 분량의 미니 무비 한 편이 완성되었다. 예전 기숙사 방에서 웡은 일회성 바이럴 히트 작품을 탄생시켰지만, 요즘의 유튜브는 헌신적인 영상으로 헌신적인 청중을 모으는 곳 같았다. 미니 무비에 드는 시간과 에너지는 유튜브의 알고리즘과 수익으로 보상받을 수 있었다. 아직까지는 말이다.

따라서 웡의 크루는 일주일에 한 편씩 영상을 제작했다. 화려한 불꽃을 터뜨리고 스카이다이빙 곡예까지 하며 비디오게임을 실사로 재창조한 영상이었다. 웡은 전국을 돌며 팬들을 만나고 이들이 요청하는 영상을 제작하는 "유튜브 로드 트립"을 떠올렸다. 그는 유튜브에서 유일하게 아는 사람에게, 조지 스트롬폴로스에게 연락해 이 아이디어를 제안했다.

"좋은데요." 스트롬폴로스가 답했다. "어떤 게 필요한가요?"

스트롬폴로스는 회사의 승인을 받아 (6만 842달러로 계산된) 광고 수익을 선지급해주었고, 웡은 이 돈으로 새 카메라와 조명, RV 차량을 구매했다. 미시시피의 팬 한 명이 이메일로 자신이 저격 소총으로 웡의 머리 위에 올린 수박을 맞출 수 있다고 했고, 웡은 그곳으로 달려가 (특수 효과를 넣어) 해당 영상을 촬영했다. 발렌시아의 한 놀이공원에서는 이 유튜버들이 "롤러-코스터 데이Roller-Coaster Day"를 지정해 신나는 시간을 보내던 중 어린 팬 한 명이 다가와 웡과 라치를 애니메이션 캐릭터로 그린 그림을 전해주었다. 그녀가 사흘 동안 그린 그림이었다. 웡은 신나 하며 그림을 카메라에 보여주었다. 여러 스튜디오에서 그에게 저렴한 DVD용 영화를 만들어보자고 설득했지만 그는 제안을 모두 거절했다. 유튜브에서는 웡이 모든 것을 통제할 수 있었다. 유튜브에서 그는 인디 영화감독도 될 수 있었다. 물론 시대정신에 훨씬 민감하게 반응해야 했지만 말이다. 타란티노는 팬이 자신의 머리를 향해 총을 쏘는 모습이나 애니메이션 캐릭터로 그림을 그려 건네주는 장면을 영상에 담지 않았다.

또한 할리우드와 달리 유튜브는 데이터를 제공했다. 유튜버들은 시청자들이 무엇을 시청했는지, 얼마나 머물렀는지, 무엇 때문에 영상을 클릭했는지를 실시간으로 확인할 수 있었다. "할리우드는 부두교(서인도제도의 아이티 등지에서 주술적인 힘을 믿는 종교—옮긴이)와 오랜 전통을 믿는 세계였어요. 이런 식이죠. 이 액션 영화를 이번 주에 개봉해야 해. 작년에 그 시기에 개봉했더니 잘됐거든." 윙이 말했다. "실리콘밸리는 이미 존재하는 개념을 재창조하는 헛수고를 하는 세계고요." 다만 윙은 그 재창조가 얼마나 빠르게 이뤄질지는 미처 예상하지 못했다.

. . .

로트 트립을 시작하기 몇 달 전, 프레디 윙은 사상 가장 큰 규모의 유튜버 모임에 참여하기 위해 센추리 플라자Century Plaza 지하로 향했다. 길 건너에는 죽음의 별이자 할리우드의 관료 집단인 CAA 본사가 대단한 위용을 자랑하고 있었다. 센추리 플라자 호텔 내부에서 유튜버들은 콘퍼런스 소개말을 읽고 있었다.

센추리 플라자는 그래미 어워드가 두 차례 개최된 장소이자 미국 대통령 여섯 명이 묵은 곳입니다. 실로 센추리 플라자는 유명 인사와 화려한 행사를 수없이 경험했지만 비드콘과 같은 행사는 처음입니다.

행크 그린Hank Green은 형인 존과 함께 후원금도, 성공한다는 보장도 없이 비드콘Vidcon(그린 형제가 2010년 온라인 비디오 컨벤션으로 시작해 이후 세계 최대 규모의 크리에이터 박람회로 자리 잡았다—옮긴이)을 무작정 열기로 결심한 후 이 인사말을 적었다. 당시 행크와 존은 유튜브의 원로들이었다. 3년 전 두 사람은 브이로그브라더스vlogbrothers라는 유튜브 계정을 시작해 20대 형제가 "문자가 없는 의사소통 방식"으로 소통하는 모습을 공개했다. 새로운 형

비드콘 무대에 선 행크 그린(오른쪽)과 존 그린 형제(2012)

식의 인터넷 다이어리이자 행위 예술이었다. 행크는 다양한 활동을 왕성하게 보여주는 블로거였고, 존은 이미 상당한 규모의 10대 팬을 확보한 영어덜트 소설가였다. 2012년에 출간된 그의 네 번째 소설『잘못은 우리별에 있어The Fault in Our Stars』는 대기권을 뛰어넘는 인기를 끌었다. 그린 형제들은 뛰어난 유머 감각과 수려한 외모를 갖추었지만 조금도 불쾌한 구석이 없었고 대단할 정도의 진정성을 갖춘 사람들이었다. 이들은 동물에 관한 사실들, 넌센스, 닐 게이먼Neil Gaiman(영국의 유명 소설가이자 시나리오 작가─옮긴이), 자본주의의 부조리에 대해 이야기했다. 이들은 자부심 넘치는 너드이자 인터넷 네이티브(어린 시절부터 PC와 인터넷을 사용한 사람─옮긴이)"였다. 행크는 본인 소유의 어쿠스틱 기타에 "THIS MACHINE Pwns n00bs(pwns는 완승을 거둔다는, n00bs는 뉴비newbie를 뜻하는 인터넷 용어로, 내 기타가 풋내기들을 압살한다는 정도의 의미가 된다─옮긴이)"라는 문장을 휘갈겨 썼다.

충성도 높은 시청자들이 생겨났다. 형제는 팬들을 너드파이터스Nerdfighters라 부르며 이들과 직접 소통하기 시작했다. "기본적으로 우리는 함께하는 거예요." 한 영상에서 행크는 이렇게 설명했다.[57] "그래서 즐거운 시간을 나누고 또 월드석worldsuck에 맞서 함께 싸우는 거죠."

"월드석이 뭔데?" 형이 물었다.

"정확하게 정량화하기는 어려운데 이 세상의 후짐의 정도 같은 거지." 행크가 답했다. 두 사람의 브랜드는 초창기 유튜브에 모여들었던, 사회성이 조금 떨어지고 책을 좋아하며 대중문화를 무섭게 흡수하던 이들에게 큰 호응을 얻었다.[58] 2007년 해리 포터 시리즈의 마지막 편이 출간되기 사흘 전, 행크는 도서 출간을 애타게 기다리는 마음을 담아 만든 노래를 업로드했다. 유튜브 쿨헌터들이 해당 영상을 홈페이지에 게시했다. 당시 온라인과 오프라인을 모두 합쳐 그 무엇도 해리 포터 팬덤만큼 뜨거운 열정을 내뿜지 못했다. 2년 후 열린 해리포터 팬 모임에 그린 형제가 게스트로 초대되었다. 한 가지 아이디어가 스쳤다. 그린 형제들은 이 행사를 기획한 사람들을 고용해 유튜버들을 위한 행사를 개최했다.

이들은 유명 유튜버들을 모두 초청했고 티켓은 100달러에 ('기업' 참가자들에게는 210달러에) 판매했다. 약 1,400명의 참가자들 가운데 절반은 팬, 절반은 유튜버처럼 보였다. 이 둘 사이의 경계가 모호했다. 유튜브의 고정 방송인들 다수에게 비드콘은 처음으로 유튜브라는 하위문화를 함께하는 동료들을 만날 기회였다. 행크 그린도 자신이 가장 좋아하는 유튜버들 근처를 떠나지 못했다. 한 참가자는 아이저스틴을 발견하고는 흥분을 감추지 못했다. 한 팬이 장난기 넘치는 유튜버 셰인 도슨Shane Dawson의 머리카락을 만지는 기회를 얻자 비틀즈 팬들이 지를 법한 비명 소리가 터져 나왔다. "제 침실에서 혼자 영상을 찍어 올리는 게 그리 소름 끼치는 일은 아닐 거라고 믿은 거죠." 호텔에 마련된 무대 위에서 도슨은 이렇게 말했다.

윙은 '그리 특수하지 않은 효과'를 주제로 세미나를 진행했다. 유튜버들과 10대 팬들은 『캘빈 앤 홉스Calvin and Hobbes』에 등장하는 규칙을 직접 정하는 게임 캘빈볼Calvinball을 했다. 한 밴드는 티팬티를 입은 남성 아코디언 연주자와 무대를 펼쳤다. 필름 카메라를 손에 쥔 사람들이 무대로 몰려들었다. 대니 다이아몬드는 춤을 선보였다. 무대 뒤에서는 단체로 포옹을 나눴다. "정말 순수하고도 소중한 감정을 느낄 수 있는 시간이었어요." 브이로그 브라더스의 팬으로 행사 운영에 참여한 로라 처르니코프Laura Chernikoff는 이렇게 말했다. 많은 이에게 비드콘은 자신이 생각했던 유튜브를 실제로 경험하는 자리였다. 유튜브는 "창의적인 괴짜들이 한 공간에 모여 있는 것 같은 사이트"라고 훗날 행크 그린이 말했다. "제가 지금껏 몸담았던 그 어떤 것보다 가장 마법 같은 곳이었죠."

유튜브 직원 스물 몇 명이 비드콘 티켓을 구매했지만 그들이 속한 이벤트가 아니었다. 몇몇은 자신들이 하는 업무와는 너무도 다른 분위기에 충격을 받기도 했다. 앤디 스택Andy Stack은 유튜브에 입사해 파트너 프로그램을 관리하는 일을 하고 있었다. 7월 그는 한 메이저 스튜디오와 미팅을 하기 위해 로스앤젤레스로 향했다. 이 스튜디오는 자사의 콘텐츠 일부를 유튜브 사이트에 라이브러리로 구축하기 위해 협상 중이었다. 오후 4시에 시작된 미팅은 저작권 문제와 광고, 무엇이 되고 무엇이 안 되는지, 무엇이 가능해야 하는지 등 이야기가 오가며 끝도 없이 길어졌다. 다들 억지로 앉아 있는 듯한 얼굴이었다. 미팅을 마친 뒤 스택은 지친 몸을 이끌고 비드콘 크루를 만나기 위해 차를 끌고 센추리 플라자로 향했다. 그곳에서 그는 좋아하는 유튜버들을 만났다. 다들 정말 그곳에 있고 싶어서 있는 사람들이었다. 짜릿한 전율이 느껴졌다. '와, 이 사람들이야 말로 내가 성공하도록 도와주고 싶은 사람들이야.' 이런 생각이 스쳤다.

. . .

비드콘에서 유독 한 사람의 부재가 눈에 띄었다. 2010년을 지배한 유튜브의 왕은 레이 윌리엄 존슨Ray William Johnson이었다. 그는 너드파이터가 아니었다.

존슨은 홀로 일하는 미치광이 과학자로, 숱이 많은 검은색 머리를 젤로 고정해 위로 세운 헤어스타일에 허세만큼은 대니 다이아몬드에 필적할 정도였다. 2009년 유튜브 계정을 시작한 존슨은 이내 사이트에 대한 두 가지 단순한 사실을 파악해냈다. 사람들은 유튜브에 바이럴 영상을, 그것도 평범한 사람이 등장하는 바이럴 영상을 보러 오는 것이라는 점과 다들 웃음을 터뜨리고 싶어 하지만 무엇보다 평범한 사람들의 한심한 행동을 보며 비웃음을 터뜨리고 싶어 한다는 것이었다. 그는 유튜브에 있는 유명 아마추어 클립 여러 편을 이어 붙인 영상에 해설하는 콘텐츠로 마음을 정했다. 그는 유튜브 퍼니스트 홈비디오계의 밥 서겟Bob Saget(아메리카 퍼니스트 홈비디오 내레이션을 맡았던 진행자 — 옮긴이)이었지만 좀 더 거침없었고 좀 더 시끌벅적했다. (당시 유튜브의 최대 검색어 중 하나가 '웃긴funny'이었다.) 존슨는 또 하나의 추측을 더했다. 사람들이 바이럴 영상을 검색할 때 바이럴 영상을 다룬 그의 영상이 나타나거나 관련 영상으로 나타나면 엄청난 수익을 거둘 수도 있지 않을까. 그의 콘텐츠를 사랑했던 유튜브 알고리즘 덕분에 그는 구독자 수에서 기록적인 성장을 달성했다.

존슨은 "공정 이용"을 빌미로 DMCA라는 거대한 쇠망치를 피한 덕분에 그의 영상은 사이트에 남아 수익을 창출했고 원본 영상들보다 더욱 많은 트래픽을 불러 모았다. 한 보도에 따르면, 영상 광고로 벌어들인 연 수익으로 그는 유튜브 최초의 백만장자가 되었다. "저는 그저 사람들에게 즐거움을 주는 취미 생활을 하는 평범한 사람일 뿐인데 어쩌다 보니 집에서 망할 100만 달러를 벌게 된 거죠." 그는 팟캐스트에 출연해 이렇게 말했다.[59] "제가 사과를 해야 하는 일인가요? 질투가 나면 제가 하고 있는 일을 저보다 잘하면 됩니다." 그는 이퀼스쓰리Equals Three라는 이름의 프로덕션 회사를 차렸다. 연예 매니저인 댄 와인스타인의 동석하에 존슨은 MTV 네트워크와 프로그램을 논의하는 미팅을 여러 차례 진행했지만, 방송사는 향후 몇 년간 그의 수익 줄어들 만한 제안을 했다. 집에서 유튜브로 그보다 훨씬 많은 돈을 버는 존슨은 방송사의 제안을 거절했다.

하지만 유튜브로 돈을 버는 것이 복잡해질 때도 있었다. 유튜브는 수입과 함께 1099 세금 양식을 전달해주었으나 세금 문제는 유튜버들이 알아서 해결하도록 맡겼다. 2010년, 존슨은 네브래스카에서 회계사가 되려고 준비 중이던 스물두 살의 청년이자 초창기 유튜브 전문 세무 관리사 중 한 명인 데이비드 시버스David Sievers를 알게 되었다. 시버스는 네브래스카에 있는 친구 댄 브라운Dan Brown이 루빅스 큐브를 맞추는 모습을 영상으로 찍어 올려 유튜브에서 갑작스러운 유명세를 얻게 되자 그의 세금을 처리해주었다. 유튜브의 유명 인사계가 좁았던 탓에 시버스는 곧장 유명한 유튜버 고객들을 확보했고 그중에는 미치광이 과학자 존슨도 있었다.

그해 말 존슨은 새로운 웹 시리즈물을 홍보하러 로스앤젤레스로 가는 일정에 자신의 새로운 세무 관리사를 동행시켰다. 기독교 신앙이 뜨거운 곳에서 자란 시버스는 로스앤젤레스에 가본 적이 한 번도 없었다. 존슨 덕분에 시버스는 그곳에서 처음으로 마가리타를 맛봤다. 두 사람은 여정 중에 산만하기 그지없는 빨강 머리 대니 재핀을 만났다. 시버스가 집에 돌아온 후 재핀은 그에게 자신의 인생 이야기를 (마약으로 교도소에 수감되고, 할리우드에서 외면당하고, 유튜브계의 유나이티드 아티스츠를 만들려는 계획을 세운다는 이야기까지) 날것 그대로 담은 장문의 편지를 보내며 메이커스튜디오스에 합류해달라고 요청했다. 제안을 받아들인 시버스는 레이 윌리엄 존슨과 그의 망할 100만 달러까지 데리고 유튜브의 오합지졸 할리우드 크루에 합류하기 위해 서부로 향했다.

로스앤젤레스에 도착한 시버스는 (책상도 없고 와이파이도 형편없는) 메이커스 사무실을 둘러본 뒤 루프탑에 마련된 바를 구경했다. 바다와 마리화나 흡입용 물담뱃대로 축제가 벌어지는 베니스 비치가 한눈에 들어왔다. 전염성이 대단했다.

메이커스튜디오스는 크루에 더 많은 스타를 영입하려 항상 두리번거렸다. 회계 업무 이외에 유튜브에서 특히나 관심이 가는 게 있는지 새 보스가 시버스에게 물었다. 그는 비디오게임을 하는 유튜버들을 좋아한다고 고백했다.

. . .

베니스 비치에는 마리화나 연기가 자욱한 가운데 미디어 업계에서는 거대한 변화가 시작되고 있었다. 구글은 데이터로 확인했다. 2009년부터 서서히 떨어지기 시작한 TV 시청자 수는 처음에는 4분의 1에서 4분의 2로 감소하다가 급격한 하락세를 보였다.[60] 2011년, 20년 동안 상승세를 보이던 TV 보유율도 떨어졌다. 소폭이었지만 감소 추세가 눈으로 확인될 정도였다. 인터넷의 등장이 일부 요인으로 작용했다. 그해, 유튜브가 세상에 등장한 이래 처음으로 《아메리칸 아이돌》이 TV 시청률 순위에서 1위 자리를 내주는 일이 벌어졌다. 2년 전만 해도 영국판 프로그램에 등장한 내성적인 스코틀랜드인 수전 보일Susan Boyle이 〈I Dreamed a Dream〉을 힘차게 부르는 모습을 온 세상 사람들이 유튜브를 통해 무료로 지켜보았다. 명성을 얻는 데는 《아메리칸 아이돌》도, 심술궂은 심사위원들이나 황금 시간대 편성도 필요치 않았다. 미국의 가장 인기 있는 TV 프로그램의 자리는 《선데이 나이트 풋볼》이 차지했는데, 이 프로그램은 온라인에서 시청할 수가 없었기 때문이다.

유튜버들은 구글이 완전히 이해하지 못했던 또 하나의 변화를 목격했다. 케이블처럼 풍부한 콘텐츠를 보유한 유튜브로서는 TV 방송처럼 뒤죽박죽 섞인 군중을 만족시켜야만 하는 입장이 아니었다. 유튜브는 흥미로운 방향을 따라 무한대로 확장할 수 있었다. 그렇다고 유튜버들이 단순히 니치 팬덤을 모으기만 하는 것은 아니었다. 이들은 강력한 유대감을 바탕으로 한 '커뮤니티'를 형성하고 구축해나가고 있었다. 유튜버들은 공감대를 형성하고 큰 영향력을 미친다는 점에서는 오프라나 리얼리티 TV 쇼 스타들과 같았지만 이들보다 훨씬 친밀하고 다가가기 쉬운 대상이었다. 창의적인 캔버스를 공유하며 유대감을 형성한 프레디 웡, 지적 호기심을 어쩌면 지나칠 정도로 공유하는 그린 형제들, 이들이 보여주는 상호작용은 TV와는 완전히 달랐다. 유튜버들은 자신에게 주어진 무대를 이용해 복잡한 세상에, 또는 복잡한 인터넷 세계에 어떠한 의미를 제공할 수 있었다. 레이 윌리엄 존슨은 바이럴 매시업mashup(여러 사이트 또는 소스에서 가져온 콘텐츠와 정보를 합쳐 새로운 콘텐츠를 만들어내는 것을 의미한다—옮긴이)을 통해 의미를 제공했다. 유튜브 헌터들이 한때는 이용자들이 사이트를 샅샅이 살펴볼 수 있도록 이끄는 가이드 역할을 했지만 이제 이들도 사라지고 없었다. 유튜브는 그 안을 항해하고 몰입하기에는 너무도 풍요로웠고 무질서했고 압도적이었다. 사람들은 자신들을 태우고 여정을 이끌어줄 누군가를 바랐다.

10장
▶
카이트서핑 TV

Ⅱ ▶Ⅰ ◀))　　　　　　　　　　　　　　**✿ ☐ [ ]**

펠릭스 셸버그는 2006년 유튜브 계정을 시작하고는 곧장 비밀번호를 잊어 버렸다.[61] 그런 이유로 업로드할 수 없었던 그는 유튜브를 시청했다. 4년 후, 모국인 스웨덴의 샬머스공과대학교 학생이 된 그는 마침내 영상을 올렸다. 그는 더티 블론드 색의 헝클어진 머리 위에 커다란 검정 헤드폰을 얹은 채로 기숙사 책상에 앉아 영상을 촬영했다. 그는 ('큐티파이cutipie[귀염둥이 — 옮긴이]'와 라임을 맞춰 장난감 총 이름 같기도 한) 퓨디파이PewDiePie라는 말도 안 되는 닉네임을 택한 뒤 비디오게임을 하는 영상을 올렸다. 시청자들이 찾아왔고, 셸버그는 개종자의 뜨거운 열정으로 유튜브에 헌신을 다했다.

 퓨디파이: 콜 오브 듀티: 블랙옵스: 웨저 매치: 건 게임
(**PewDiePie:** Call of Duty: Black Ops: Wager Match: Gun Game)

▶ ▶Ⅰ　　　　　　　　　　　　　　　2010년 12월 16일 · 3:13

"오늘 축하할 만한 일이 있는데요, 제가 구독자 수 100명을 달성했거든요." 셸버그가 든 가상의 총만 보이는 것이 아니라 스웨덴 억양에 영어와 인터넷 용어를 유창하게 쓰는 그의 목소리도 들린다. 그는 적의 전투원을 능숙하게 제거한다. "어떤 분들이 저한테 물으시더라고요." 그가 말했다. "'유명해지고 싶어요?'라고요." 또 한 번 제거에 성공한다. 화면에는 "수치. 등급 하락!"이라는 문구가 등장한다. "아니오. 저는 유명해지고 싶지는 않아요." 그가 말을 잇는다. "제가 이것을 하는 이유는 재밌기도 하고 무엇보다 여러분들이 가장 큰 이유죠." 게임이 끝난다. "그럼 내일 다시 이야기를 나눠야 할 것 같네요."

. . .

특이한 이름의 한 기업 내부에서 우연히 찾아낸 행운이 퓨디파이 커리어로 이어졌고, 이 모든 것이 유튜브의 거대한 변화의 시작과 맞물렸다. '머신machine'과 '시네마cinema'의 혼성어인 머시니마Machinima는 2000년, 비디오게임 기술을 영상에 적용하는 기법을 논하던 한 웹 포럼에서 시작했다. 10년의 세월을 거쳐 포럼은 프로덕션 스튜디오로 변신해 게이머들을 위한, 게이머들에 관한 다양한 콘텐츠를 생산했고, 콘텐츠를 전부 유튜브에 무료로 올리는 위험한 도전을 감행했다. 머시니마의 회장은 유튜브를 두고 라디오와 TV 이후 대중매체의 제3의 물결이자 골드러시를 맞이할 준비가 된 시장으로 비유했다. 머시니마는 게임과 미디어 분야에서 젊고 값싼 (주로 남성) 인력을 고용해 금을 찾는 데 마땅히 필요한, 땅을 파는 작업을 시작했다.

머시니마에 합류한 루크 스테플턴Luke Stepleton은 《아메리칸 아이돌》에서 제작하고 도널드 트럼프를 TV로 데려온 마크 버넷Mark Burnett 아래서 일한 경력이 있었다. 머시니마에서 만난 새로운 상사는 그를 버뱅크의 사무실로 데려가 책상에 앉힌 뒤 자사의 유튜브 콘텐츠를 틀어주며 말했다. "우리가 무엇을 놓치고 있는지 말해주게." 스테플턴은 머시니마가 놓친 것은 친구 집에서 게임을 하는 듯한 느낌이라고 생각했다. 그래픽과 콘솔의 발전으로

유명 유튜버 퓨디파이(2015)

비디오게임은 투박하게 픽셀화된 디오라마(축소 모형과 배경을 배치해 장면을 구성하는 기법 — 옮긴이)에서 정교한 가상 세계로 옮겨 갔고, 이 과정에서 거대한 하위문화가 탄생했다. 게이머들은 그저 새로 나온 타이틀만 구매하는 것이 아니라, 기술에 대한 팁을 얻기 위해 또는 그저 재미를 위해 온라인에 모여 광기에 사로잡힌 게이머들이 게임을 하는 모습을 지켜봤다. 닉네임 헛치Hutch나 블레임 트루스Blame Truth 같은 평범한 사람들이 유튜브에서 《콜 오브 듀티Call of Duty》와 《기어스 오브 워Gears of War》를 직접 플레이하며 저속한 농담을 곁들인 해설을 들려주었다. 정제되지 않은 로파이 스트리머들은 머시니마가 만든 멀끔한 영상들보다 훨씬 많은 조회 수를 얻었다.

더욱이 이 스트리머들과 머시니마가 사용하는 유튜브 버전이 달랐다! 화면상으로는 모든 유튜브 영상이 다를 바 없이 재생되었지만, 그 이면에서 유튜브는 선발된 파트너들에게 다른 버전의 사이트를 제공했다. 이용자들이 영상의 실적을 확인하고 다른 계정이 자신의 콘텐츠를 도용한 경우 저작권 침해를 주장할 수 있는 맞춤형 소프트웨어가 설치된 사이트였다. 머시니마는 이러한 맞춤 소프트웨어를 사용했다. 어느 날, 비좁은 사무실에 있던 스테플턴의 눈에 유튜브 화면에서 드롭다운 버튼을 이것저것 누르며 무언가를 궁리하는 동료의 모습이 들어왔다. 동료는 새로운 유튜브 계정을 만들어 실험해보고 있었다. 머시니마의 특별한 '파트너' 계정을 일반 계정과 연동시킬 수 있을까? 실제로 가능한 일이었다. 일반 계정이 한순간에 유튜브 '파트너'가 되었고, 다시 말해, 영상에 광고를 게재할 수 있다는 뜻이었다. 유레카.

스테플턴은 이러한 허점을 이용한다면 머시니마가 크게 히트 치는 영상을 제작할 필요도, 유명 유튜버들을 섭외해 영상 제작을 의뢰할 필요도 없다는 것을 깨달았다. 헛치와 블레임 트루스 같은 히트 제조기들을 머시니마 산하에 두고 자사의 파트너 계정에 결합시키면 이 유튜버들의 성공을 회사의 것으로 만들 수 있었다. "제가 하루 만에 1억 뷰를 달성하겠습니다." 스테플턴이 상사에게 말했다.

유튜브 직원들은 미디어 기업들이 다른 유튜브 계정을 연동시킬 수 있다는 사실을 알지 못했다. 유튜브는 물론 이런 기능을 염두에 두고 소프트웨어를 만든 것이 아니었다. 유튜브 직원들이 알게 되었을 즈음 머시니마는 이미 수많은 유튜버를 매수해 이들에게 유튜브 광고 프로그램을 제공하며 향후 5년간 사이트를 장악할 비즈니스 모델을 만들기 시작한 상황이었다. 머시니마의 젊은 직원들은 유튜브 사이트를 샅샅이 뒤지며 게이밍 영상을 올리는 유튜버들을 찾아낸 뒤 자사의 맞춤형 소프트웨어를 이용해 영상을 올리는 계약을 제안했다. 머시니마는 수익의 일부를 받는 대신 발생하는 저작권 문제를 해결해줄 수 있었다.[62] 머지않아 머시니마는 한 달에 유튜버 1,000명과 계약을 맺고 있었다.

2011년, 수많은 계약자 중에는 '퓨디파이'라는 닉네임을 쓰는 스웨덴 출신의 남성도 포함되어 있었다.

머시니마의 발견은 우연히도 살라 카만가가 유튜브에 도입하려 준비 중인 새로운 전략과 정확히 들어맞았다. TV를 향해 날리는 계산된 일격이었다. 구글 사원번호 9번인 유튜브의 새로운 책임자는 "구글이 찍어낸 듯한" 사람이었다고 전 동료는 말했다. 그는 컴퓨터와 논리, 체스를 좋아했다. 실리콘밸리 용어로 "시스템 싱커system thinker"였다. (대니 재핀은 그를 "천재 로봇"이라 불렀다.) 내성적이었던 그는 비밀스러운 구석이 있었다. 그가 미팅 중에 노트에 무언가를 써 내려가는 모습을 본 미디어 기업 임원이 무엇을 적는 것인지 물었다. "말씀드릴 생각 없습니다." 카만가는 이렇게 대꾸했다. 구글 사람들 다수는 그를 그저 노련한 베테랑이자 굉장히 부유한 전설적인 기업인으로만 알고 있었다. 구글 임원들이 그렇듯 그 또한 소프트 스킬(조직 내 리더십, 협력심, 의사소통 능력 ─ 옮긴이)에는 뛰어난 능력을 발휘하지 못했다. 한번은 중요한 비즈니스 파트너와의 통화를 앞두고 카만가는 직속 부하 직원에게 이렇게 물었다. "내가 어떤 감정을 전달해야 하는 건가요?" 하지만 필요할 때면 잡담을 나눌 줄도 아는 사람이었다. 군살이 없는 체형에 어두운 눈썹과 이를 활짝 드러내는 미소가 돋보이는 그를 두고 온라인 매체인 『고커Gawker』는 그가 이반카 트럼프Ivanka Trump와 한때 사귀었다는 가십을 보도하며 실리콘밸리의 "최고의 신랑감"일지도 모르겠다고 적었다.[63]

카만가가 회사를 온전히 책임지게 된 2010년 말, 유튜브는 축배를 들었다. 그해 10억 달러 이상의 매출을 기록한 터였다. 직원들은 보너스를 받았고 관례에 따라 라스베이거스로 여행도 떠났다. 하지만 곤란한 문제가 꿈틀대고 있었다. 처음으로 이용자의 유튜브 사용 시간이 정체기를 맞이하기 시작한 것이었다. 방문자 대부분이 회사나 학교 휴식 시간에 바이럴 영상만 보고 사이트를 떠나는 식이었다. 너드파이터들처럼 광적인 팬들은 여전히 영상을 탐욕적으로 소비했지만, 평균적인 시청자들은 하루에 고작 5분 시청하는 것이 다였다. TV에서 빠져나간 시청 시간이 넷플릭스로 흘러들어 간 것 같았다. DVD 우편 대여 서비스 기업이었던 넷플릭스는 최근 인터넷에서 온디맨드로 프로그램을 스트리밍하는 서비스를 시작하며 위협을 가하고 있었다.

또 한 번 유튜브는 자사의 사이트를 더욱 '고급스럽게' 바꿀 노력을 기울였다. 내부적으로 이들은 문제를 다르게 접근했다. 〈스케이트보드를 탄 개들이 있는 사이트에서 어떻게 해야 벗어날 수 있을까?〉 이런 유치한 영상이 크게 성공한 것이 초반 유튜브의 상승세를 순조롭게 이끈 힘이었다. 공동 창립자였던 채드 헐리가 여왕을 만났을 당시, 그는 바이럴 영상이었던 웃음을 터뜨리는 아기 영상을 여왕에게 보여주었다. 하지만 광고 비즈니스에서 바이럴 히트작은 그리 도움이 되지 않았다. 마케터들은 봄에 구두 계약을 통해 가을 TV 프로그램 편성에 따른 광고 자리를 미리 확보하는 식으로 몇 달 앞서 광고를 구매하려고 했다. 유튜브는 이런 식의 보장을 해줄 수가 없었다. 제2의 웃는 아기 영상이 언제, 어디서 나타날지 누가 장담할 수 있겠는가?

따라서 유튜브는 사이트를 시청자와 광고주에게 좀 더 친숙하고 예측 가능한 방향으로, TV에 좀 더 가까운 형태로 개편했다. 그러기 위해 카만가는 케이블 회사의 콘셉트를 빌렸다. 유튜버들은 웹 2.0 시대의 개념인 계정을 버려야 했다. 이들이 가져야 하는 것은 채널이었다. 채널은 극도로 좁은 이해 집단에게도 어필할 수 있었고 이것이 유튜브 경제의 이점이었다. 케이블 방송사의 경우 텔레비전 신호를 트랜스폰더에서 위성으로 전송시키고 24시간 내내 방영할 프로그램을 제작하는 비용을 감당할 정도의 시청자가 필요했다. 케이블에서는 프로듀서가 쇼를 허가하고, 제작 비용과 방영 시간을 결정했다. 유튜브는 이런 시스템이 필요하지 않았다. 유튜브는 교통신호가 없는 고속도로처럼 방송 시간이 무한했다. 가장 작은 니치 분야도 유튜브에서는 사실상 아무런 비용 없이 지속될 수 있었다. 이 모델을 확장하기 위해 카만가는 자신의 취미를 인용했다. 그는 카이트서핑을 좋아했고 가끔씩 이 호화로운 스포츠를 직장 동료인 래리 페이지와 함께하기도 했다. "케이블에는 카이트서핑 채널도, 스키나 피아노 채널도 없습니다." 한 인터뷰에서 카만가는 이렇게 밝혔다.[64] "제가 관심을 갖고 있는 이런 주제들에도 갑자기 집이 생긴 겁니다." 그의 직무 대행인 메로트라는 더욱 간결하게 정리했다. "케이블이 방송국에 했던 일을 온라인 영상이 케이블에 할 예정입니다." 그는 광고주들이 청중으로 자리한 곳에서 이렇게 설명했다.[65] 케이블이 기존의 네트워크사 세 곳을 수백 개로 분리시켰고 이로 인해 세분화된 오디언스층이 생겨나며 광고주들이 더욱 효율적으로 마케팅을 할 수 있게 되었다. 오디언스가 아웃도어 스포츠 광신도들, 홈쇼핑하는 사람들, 우익 뉴스를 시청하는 사람들 등등으로 구분되는 것이다. 유튜브가 바로 이 변화를 다시 이끌 것이고, 전문가들이라면 마땅히 이 흐름에 합류해야 했다.

유튜브는 머시니마의 요행을 인정하고 그것을 활용하기로 했다. ESPN 같은 케이블 네트워크는 ESPN2와 ESPN 데포르테스Deportes 등 채널을 보유하고 있었다. 유튜버들이 개별 채널을 갖고 있다면 여러 채널을 후원하는 기업도 네트워크사가 되는 것이었다. 이렇게 '다중채널 네트워크multichannel networks' 즉 MCNs가 탄생했다. 가내수공업이 갑자기 급격한 성장을 맞이하게 되었다.

로스앤젤레스에서는 대니 재핀이 새로 생겨난 모델로 전환을 도모했다. 그는 이미 메이커의 궤도 안에 유튜브 스타로 꾸려진 드림팀을 보유하고 있었다. 이제 MCN으로 그는 더 많은 스타를 영입하고 이들을 더욱 큰 비즈니스에 연결시킬 수 있었다. (훗날 메이커 사람 중에서 다중채널 네트워크라는 개념을 본인들의 스튜디오가 가장 처음 고안했다고 주장하는 이들도 있었다.)

유튜브에서는 이 새로운 위성 비즈니스를 어떻게 이해해야 할지 몰라 하는 직원들도 있었다. 나중에야 이 비즈니스가 굉장한 골칫거리를 만들었지만 당시만 해도 MCN이 시급한 결함을 해결해주었다. 방송인들은 변덕스럽고 비이성적이며 예민한 성격일 수 있었고, 구글은 이런 퍼포머들을 직접적으로 상대해본 경험이 없었다. 스타들이 일반적으로 누리는 여러 호화스러운 장치도 구글에게는 익숙하지 않은 것이었다. 프레디 윙의 매니저인 댄 와인스타인은 또 다른 고객인 어노잉 오렌지Annoying Orange, 즉 오렌지 얼굴로 거친 말을 서슴없이 내뱉는 바이럴 유튜버를 대신해 유튜브에 전화를 한 적이 있었다. "그런데, 누구시죠?" 유튜브 디렉터가 물었다.

"조지 클루니가 매니저를 두는 건 아시죠?" 와인스타인이 설명했다. "어노잉 오렌지도 그렇습니다. 제가 바로 그 매니저고요. 어노잉 오렌지와 소통하려면 저와 이야기하셔야 합니다."

카만가와 구글 직원들은 0과 1의 범주는 알았지만, 사람에 대해서는 잘 알지 못했다. 이때 다중채널 네트워크는 크리에이터 관리 문제를 처리하는 편리한 해결책을 제시해주었다. 유튜브는 다른 파트너들을 대상으로 이 모델을 빠르게 적용시켜나갔다. 새라 페나Sarah Penna는 로스앤젤레스에서 기획사를 운영하며 유튜버들과 함께 비즈니스 플랜을 세우고 새로운 분야로 확장을 모색하고 있었고, 유튜브는 그녀를 샌브루노로 초청해 광고주들과 함께하는 행사 자리를 여럿 개최했다. 유튜브는 그녀에게 기획사를 다중채널 네트워크로 전환하지 않는다면 이러한 혜택이 사라질 수도 있다고 알렸다. 유튜브는 와인스타인의 회사에도 이 같은 내용을 전달했고, 이후 와인스타인의 회사는 스튜디오71이라는 MCN으로 새롭게 탄생했다. 이러한 새 기업들이 유튜브라는 생명체의 토르소 즉, 시장성 높은 아마추어 비디오라는 광활한 바다를 살릴 수 있었다.

이제 카만가는 헤드를 살릴 누군가가 필요했다.

• • •

로버트 킨슬Robert Kyncl은 두 가지를 훈련받은 사람이었다. 바로 스키와 승

리였다. 체코슬로바키아에서 자란 그는 10대 때 국영 기숙학교에 다니며 올림픽 스키 선수를 목표로 훈련받았다. 다만 공산주의 정권이 몰락한 후 그는 장학금을 받고 미국에 있는 대학으로 오게 되었고, 치열한 승부욕은 쇼비즈니스로 방향을 달리했다. 그는 한 연예 기획사의 우편실에서 시작해 HBO와 넷플릭스까지 올라 스튜디오 및 네트워크사와 라이선스 계약을 성사시켰다. 넷플릭스가 아직 할리우드에서 대단한 플레이어로 주목받지 않았던 시기에 킨슬은 매니저와 아티스트, 스튜디오를 둘러싼 정치 세계에 대해 배웠다. 그는 적어도 구글러들보다는 많이 알고 있었다. 킨슬은 호리호리한 체형에 각진 턱과 바리톤 음색에 스타카토로 끊어지는 말투, 자신감넘치는 태도가 돋보였다.

2010년, 중대한 혁신의 시기에 유튜브는 킨슬을 데려왔다. 바이어컴과 소송이 끝난 후 유튜브는 올드미디어와 손잡을 새로운 기회를 발견했다. 구글은 자사의 TV 하드웨어 프로젝트의 경영진이었던 딘 길버트Dean Gilbert를 유튜브로 파견해 콘텐츠 부서(헤드)와 운영 부문(토르소와 롱테일)을 맡겼다. 케이블계의 엄격한 베테랑이었던 길버트는 모든 콘텐츠는 동일하다는 실리콘밸리의 원칙을 거부했다. "모든 픽셀이 동일한 것은 아닙니다." 그는 직원들에게 이렇게 말했다. 그는 자신과 같은 미디어 출신의 사람들을 불러와 유튜브에 있는 다이아몬드들을 발굴하고 TV 광고주들을 사로잡을 수 있도록 사이트의 카테고리를 정리했다. 그는 유튜브를 설득해 TV 베테랑들이 운영하는 스튜디오이자 '오바마 걸'을 포함해 여러 유명 유튜브 채널을 책임지고 있는 넥스트뉴네트웍스Next New Networks를 인수했고, 유튜버 꿈나무들을 위한 '플레이북(계획, 작전, 전술 등을 기록한 문서 — 옮긴이)'을 만들었다. (구글 고위 간부들은 마침내 문자화된 설명서가 생긴 것에 크게 기뻐했다.) 길버트는 팀에 비싼 스포츠 리그들을 섭외하라는 압력을 가했다. 대표는 카이트서핑 채널을 좋아했지만 유튜브는 대중이 시청하는 스포츠를 원했다. (구글은 별 도움이 되지 못했다. 미국인들의 취미 생활은 구글과는 거리가 멀었다. 한 직원은 미팅 때 래리 페이지가 NFL과 축구를 혼동했다고 증언했다. 유튜브팀이 스트리밍 중계권 계약을 두고 페이지와 NFL의 수장인 로저 구델Roger Goodell[66]이 논의하는 자리를 마련할 당시 이 미팅이 언론에 유출되었고[구글은 NFL 측이 TV 관계자들에게서 더욱 조건을 이끌어내기 위해 택한 전략으로 짐작했다], 격노한 페이지가 미팅을 취소한 일도 있었다.)

이러한 유튜브의 혁신 계획에서 킨슬은 할리우드의 협조를 이끌어내는 역할을 맡았다. 그가 합류하기 전 유튜브 직원들은 비행기를 타고 로스앤젤레스를 오가며 할리우드 거물들에게 호소했지만 아무런 소식을 듣지 못했다. 할리우드에 뛰어든 다른 테크 기업들과 마찬가지로 구글의 문제는 스튜디오에서는 요구하지 않는 부담스러운 보험과 공급업체 계약을 연예 에이전시에 요청한 것이었다. 유튜브의 첫 로스앤젤레스 지사를 연 킨슬은, 한 유명 에이전트의 말에 따르면, 이러한 계약 조건들을 모두 무효화시켜 에이전시가 자사의 대형 TV 및 무비 스타들을 유튜브로 진출시키는 데 따른 부담을 낮췄다.

유튜브 내부에서 킨슬은 "쇠망치처럼" 단호하고 무자비했다고 그와 함께 일했던 전 동료는 설명했다. 그는 부하 직원들에게 자신과 함께 로스앤젤레스로 와야 한다고 못 박았고, 유튜브에 새로이 합류한 신입들과 곧장 거친 영역 싸움을 벌였다. 유튜브가 매입한 넥스트뉴네트웍스는 맨해튼에 있었고, 그가 맨해튼으로 가서 스튜디오 리더들과 점심을 먹을 당시 쇠망치 킨슬은 직설적으로 의견을 전달했다. "저라면 귀사를 인수하지 않았을 겁니다." 킨슬이 말했다. "너무 어리석은 인수였어요." 이를 시작으로 킨슬과 스튜디오는 전략과 자원을 두고 수년 간의 라이벌 싸움을 이어갔다. 하지만 킨슬의 라이벌 가운데 그보다 오래 회사에 남은 사람은 아무도 없었다.

대서양 연안에서 온 신입인 넥스트뉴네트웍스는 유튜브 내부에서 한 가지 안건만은 확실히 정리했다. 유튜브를 하는 사람을 부르는 명칭이었다. 처음 사이트에서 활동하는 이들은, 영상을 만드는 사람도 시청하는 사람도 모두 '유저user'였다. 스타들이 탄생하자 유튜브는 여러 이름을 시도했다. '유튜버'는 정확하지 않은 용어였다. 영화 제작자들도 있었고, 메이크업 아티스트도 있었으며, 그저 웹캠을 소지한 괴짜들도 있었다. '파트너'는 너무 비즈니스적이었다. 넥스트뉴네트웍스에는 '오디언스'와 '크리에이터'가 있었고, 크리에이터는 웹 미디어 제작의 모든 요소를 담아내는 포괄적인 용어였다. 유튜브에서 '크리에이터'라는 호칭이 수용되었다.

스튜디오 직원들은 새로운 둥지가 된 기업에서 또 하나 이상한 점을 발견했다. 유튜브에서 실제로 유튜브를 시청하는 사람은 극소수였다.

· · ·

할리우드에서 킨슬이 가장 먼저 한 일은 넷플릭스의 플레이북을 복제하는 것이었다. 그는 유튜브가 출시할 새로운 페이 퍼 뷰 서비스에 콘텐츠를 공급받기 위해 몇 달간 미디어 기업들과 협상을 이어 갔다. 《SNL》과 심야 토크쇼 등 TV의 핵심 콘텐츠들은 일부 코너를 온라인에 공유하기 시작했는데, 수익이 발생한다면 다른 프로그램들도 이를 따를 분위기였다. 하지만

《매드 맨》 같은 유명한 쇼들은 복잡한 신디케이션syndication(콘텐츠의 방영권을 여러 방송사나 스트리밍 서비스에 계약하고 판매하는 시스템—옮긴이) 계약에 얽혀 있었고, 대형 스튜디오들은 아직까지 유튜브에 회의적인 입장이었다. 킨슬과 길버트가 임원과 미팅을 하기 위해 디즈니에 갔을 당시 두 사람을 맞이한 상대는 죽 늘어선 변호인단이었다. 구글은 넷플릭스 인수도 시도했으나 실패로 돌아가자, 넷플릭스 라이브러리를 유튜브에 구축하는 방안을 제안하기 위해 미팅을 진행했다. (당시만 해도 넷플릭스가 오작동을 일으키며 멈추는 일이 잦았지만 유튜브에서는 더 이상 그런 사고가 발생하지 않았다.) 협상은 흐지부지되었고 그렇게 킨슬의 페이 퍼 뷰 프로젝트도 끝이 났다.

킨슬은 과거 10대들의 우상이었던 브라이언 로빈스Brian Robbins를 만난 뒤 방향을 전환했다.

군살 없는 몸매에 태닝된 피부, 할리우드 그 자체인 로빈스는 ABC사의 《헤드 오브 클래스Head of the Class》에서 멀릿(앞과 옆은 짧게 다듬고 뒷머리를 길게 한 남성 헤어스타일—옮긴이) 헤어스타일에 가죽 재킷을 입고 레이건 시대에 10대들의 마음을 사로잡으며 TV 스타로 활약했던 시절과 그리 다르지 않은 모습이었다. 멀릿 스타일이 어울리지 않는 나이가 되자 그는 카메라 뒤편으로 자리를 옮겨 감독과 제작을 맡아 큰 히트 작품을 남기기도 했지만 심각한 실패를 경험하기도 했다. 킨슬을 만나기 얼마 전, 로빈스는 에이전트에게서 전화 한 통을 받았는데, 꽥꽥거리는 목소리로 유튜브에서 선풍적인 인기를 끄는 프레드 피글혼을 만나보라는 내용이었다.

"내 커리어가 이제 끝난 건가요?" 로빈스가 대꾸했다. "나더러 유튜버를 만나라는 겁니까?"

매니저는 로빈스가 프레드와 영화를 함께하길 바랐지만 로빈스는 굉장히 회의적이었다. 이후 마이애미비치로 가족 휴가를 떠난 그는 퐁텐블로 Fontainebleau 럭셔리 호텔에 머무는 동안 10대 초반의 두 아들 모두 스위트룸에 마련된 커다란 TV를 외면하고 컴퓨터에 매달려 유튜브만 보는 모습을 목격한 뒤 생각이 바뀌었다. 로빈스는 아이들에게 물었다. "프레드가 누군지 아니?" 아이들은 곧장 프레드의 높은 목소리를 흉내 내며 그가 했던 말을 그대로 읊기 시작했다. 그가 가장 좋아하는 영화의 대사를 외우고 있는 것처럼 말이다. 로빈스는 자신의 포커스 그룹(여론 조사에서 각 층을 대표하는 소수의 사람들로 이루어진 그룹 — 옮긴이)을 슬쩍 떠봤다. "프레드 영화 보러 가고 싶어?"

"오늘 밤에요?!"

그렇게 로빈스는 영화를 제작했다. 100만 달러의 제작비를 들여《프레드: 더 무비Fred: The Movie》를 만든 그는 300만 달러의 수익을 거뒀다. 영화가 출시되자 로빈스는 인터넷 세대의 시스켈Siskel과 에버트Ebert(1970~90년대에 활약했던 최고의 영화 평론가들로 두 사람이 함께 영화 비평 프로그램을 진행했다 — 옮긴이)가 모여 있는 트위터를 켜서 전 세계 영화 트렌드를 지켜봤다.[67] 로빈스는 한 가지 계획을 세웠다. 100만 달러를 들여 10대를 대상으로 한 짧은 동영상 여러 편을 제대로 제작한다면 또 다른 프레드들이 탄생할 것이고 그렇게 금실을 짜는 물레를 계속 돌아가게 만들 수 있었다. 그는 단편 영상 아이디어를 니켈로디언Nickelodeon에 제안했지만 방송사가 거절하자 직접 해보기로 결심했고, 10대 취향의 이름을 붙여 어썸니스TVAwesomenessTV를 기획한 뒤 고위 경영진이 좋아할 만한 고화질 영상의 프레젠테이션을 완성했다. 로빈스는 영상의 느낌을 제대로 전달하기 위해 본인 소유의 대형 컴퓨터 모니터를 유튜브의 할리우드 사무실까지 챙겨 가 킨슬에게 프레젠테이션을 보여주었다.

킨슬은 노련한 할리우드 스타가 유튜브에서 네트워크사를 운영한다는 아이디어가 마음에 들었다. 킨슬은 로빈스의 프레젠테이션을 이용해 직원들에게 헤드의 야심 찬 전략을 설명했다.[68] 그는 직원들에게 말했다. "이 업계에서 신뢰를 얻으려면 말뿐이 아니라 자금을 투자해야 합니다." 킨슬의 계획하에 유튜브가 로빈스와 같은 책임자들에게 자금을 지원해 고화질의 오리지널 콘텐츠의 제작을 맡기고 이를 통해 신뢰할 만한 편성표를 확보한다면 광고주들이 후원하기 위해 줄을 설 터였다. 로드 트립을 기획한 프레디 웡에게 6만 달러를 지급했던 것처럼 구글이 지원하는 돈은 제작자에게 광고비를 선지급하는 형태로 나가는 것이었다. 다만 6만 달러보다 금액이 커진 것뿐이었다. 킨슬은 스무 개의 채널에 각각 최대 500만 달러를 지급하는 안을 제안했다.

지원을 받을 만한 채널을 찾기 위해 킨슬은 디지털 스타트업과 영화 스튜디오의 베테랑들을 섭외해 "비공개 블랙 옵스Black Ops(흑색 작전 — 옮긴이) 팀"을 꾸렸는데 당시 직원의 설명처럼 경쟁사들에게 계획을 은폐할 목적으로 만들어진 팀이었다. 블랙 옵스 팀은 주제별(승마 광신도들, 자동차광, 패션 애호가)로 나눈 200개의 리스트에서 시작해 스무 팀으로 추려나가기 시작했다. 채널의 내부 데이터를 분석하며 트렌드를 파악하던 이들은 구글의 데이터 마이닝data mining(데이터에 숨은 관계와 패턴을 따라가며 광맥을 찾는 것처럼 정보를 추출한다는 의미 — 옮긴이)이 대단히 정교하지는 않다는 것을 깨달았다. 유튜브 트래픽 패턴을 나타낸 차트에는 '밀리터리'라는 단어가 자주 보였다. '뭐지?' 알고 보니 머신은 《콜 오브 듀티》게임을 하는 유튜버들을 '밀리터리'로 분류하고 있었다.

종종 킨슬은 자신의 팀에게 공항에서 다양한 주제의 잡지를 판매하는 허드슨 뉴스Hudson News에서 영감을 얻으라고 지시했다. 킨슬의 팀은 매일 같이 한 팀당 30분씩, 총 500건이 넘는 프레젠테이션을 들었다. 심지어 루퍼트 머독Rupert Murdoch 같은 출판계의 거장들도 참여했다. (구글의 오랜 적인 머독 집안은 킨슬과 친분이 있었다.) 킨슬은 미디어계의 일약 스타들에게도 유튜브에 합류할 것을 제안했는데, 그중 한때는 펑크 문화를 다루는 매거진이었지만 이제 펑키한 웹 TV로 새롭게 단장한 《바이스Vice》의 창립자인 셰인 스미스Shane Smith도 있었다. 스미스는 라스베이거스의 아리아 호텔 스위트룸에서 킨슬과 패트릭 워커를 맞이했다. 미팅을 시작한 지 5분쯤 지났을 무렵 스미스가 불쑥 다른 말을 꺼냈다.[69] "도박 좋아하십니까?" 그의 질문을 받은 구글 직원 두 명은 그렇다고 답했다. 스미스가 박수를 치자 5,000달러의 칩이 쌓인 개인용 갬블링 테이블이 나타났고, 그는 블랙잭을 하며 대화를 하자고 제안했다. 《바이스》는 유튜브의 지원금을 받게 되었다.

유튜브는 열띤 토론 끝에 이 보조금을 안티 할리우드 방식으로 사용하기로 결심했다. 유튜브는 콘텐츠에 대한 권한을 1년만 소유하고 지분은 주장하지 않기로 했다. 킨슬은 유명 인사를 유튜버로 섭외하는 방안을 승인했다. 코미디 채널은 샤킬 오닐에게, 댄스 채널은 마돈나, 스케이드보드 채널은 토니 호크Tony Hawk(전 스케이트보드 선수이자 영화배우—옮긴이)에게 맡기는 것이었다. 높은 조회 수를 예측한 구글은 사전에 광고 자리를 판매했다. A급 유튜버들에게 후원하고 싶은 광고주들이 몰려들었다. 킨슬은 새로운 프로젝트 출시를 앞두고 『뉴요커』와의 인터뷰를 진행한 곳은 유명 TV 프로그램명을 본 떠 회의실 이름을 붙인 구글의 맨해튼 지사였다. 그는 '코스비 쇼Cosby Show' 회의실에 앉아 특유의 자신만만함을 드러냈다.[70] "물론 쉽지는 않을 겁니다." 그는 이렇게 말했다. "하지만 네트워크사 한 곳에 얼마 전 합류하게 된 친구가 그러더군요. '결과가 어떻든 적어도 대단히 큰 야망에 도전하는 것'이라고요."

유튜브 내에서 킨슬은 자신이 특별한 애정을 기울이는 프로젝트를 다른 이름으로 불렀다. 코드명 '라이트하우스Lighthouse', 즉 등대였다. 유튜브는 아름다운 해변을 갖추고 있고, 할리우드가 이 해변까지 찾아오기 위해서는 그 길을 이끄는 빛이 필요하다는 것이었다. 한 매니저는 킨슬의 계획을 두고 좀 더 직설적인 표현을 썼다. "미니 넷플릭스를 유튜브에 욱여넣으려는 시도"라고 말이다. 유튜브 내부의 몇몇 사람은 지원할 채널을 선정하는 일이 특혜를 주는 것처럼 느껴졌다. 과거 바이어컴과의 싸움 당시, 유튜브는 법적인 문제를 우려하며 직접 프로그램을 제작하는 데 예민하게 반응했었다. 이제 직원들은 괴로운 질문에 시달리고 있었다. "우리가 미디어 기업이야,

테크 기업이야?"

. . .

미디어 기업들은 당연하게도 말이 많이 도는 곳이었다. 10월 유튜브가 채널 후원 계획을 최종적으로 마무리 지으면서부터 이야기가 새어 나갔다. 『월스트리트저널』기자가 냄새를 맡고 다니기 시작하자 유튜브 임원진은 콘텐츠팀과 변호사들을 샌브루노의 회의실로 소집했다. 이들은 지원금 이야기가 밖으로 흘러 나가면 아직 이야기가 오가는 중인 계약에 악영향을 미칠 것을 걱정했다. 직원들에게는 24시간 내에 계약을 완료하지 못하면 무산될 거라는 지시가 떨어졌다. "비상사태야!" 누군가 소리쳤다. 다들 앞다투어 전화기로 달려갔다.

그즈음, 새로운 프로그램에 대해 들은 유명 유튜버는 지원금이 유명 인사들과 올드미디어에만 지급되고 유튜버들은 한 명도 받지 못한다면 그림이 좋아 보이지 않을 거라고 킨슬팀에 조언했다. 지원금을 받을 유튜버들을 급히 찾아보려는 직원들로 또 한번 소란이 일었다. 머시니마와 메이커스튜디오스가 선정되었다. 유튜브 직원 하나가 너드파이터 블로거인 행크 그린에게 전화를 걸어 블랙 옵스 프로젝트에 대해 급히 설명했다. "월요일까지 제안서를 전해주시면 관계자들에게 전달할 수 있을 것 같습니다." 그린에게 이렇게 전달했다. 금요일이었다. 그린은 주말 내내 사이쇼ScieShow와 크래시코스CrashCourse라는 이름의 유튜브 교육 프로그램 두 개를 설명하는 파워포인트 프레젠테이션을 작성했다. 마지막 슬라이드에 그는 '예산'이라는 단어를 입력하고 총액을 적었다. 유튜브는 그에게 해당 예산을 지급했다.

블랙 옵스 프로젝트의 대부분이 엉망진창이었다. 처음에는 100개의 채널을 지원했고, 유튜브는 다음 해에 이 프로그램을 한 번 더 진행해보기로 했다. 킨슬이 "아무 생각이 없이 돈을 흥청망청 썼다"라고 당시 참여했던 한 임원은 우스갯소리처럼 말했다. 막상 영상이 올라가고 나자 마돈나와 샤킬 오닐 같은 유명 인사의 영상을 보는 이가 아무도 없었다. 비평가들은 킨슬이 사이트의 열정적인 크리에이터들을 희생해가면서까지 할리우드에 집착을 보인다고 비난했다. 옹호자들은 지원금이 유튜브에 긍정적인 자극을 주는 프로그램이자 할리우드와 매디슨 애비뉴에서 유튜브의 입지를 다질 수 있는 투자라고 변호했다. 브라이언 로빈스는 이런 전략을 펼친 킨슬의 '영리함'을 칭찬했다. "그는 광고 커뮤니티의 정신을 번쩍 들게 했고, 정당성을 인정받지 못했던 플랫폼을 정당화했다." 후원 채널 중에 실제로 성공을 거둔 소수는 그린 형제들처럼 기존의 유튜버 채널이었다는 사실은 모두가 인정했다. 유튜버들은 유튜브 회사보다 유튜브라는 사이트를 더욱 잘 이해하고 있었다. "우리의 진정한 초능력은 크리에이터들이었다는 것을 알게 되었죠." 채널 후원 프로젝트에 참여했던 임원인 이바나 커크브라이드Ivana Kirkbride는 이렇게 회상했다. "유튜브는 본질에서 멀어질 수가 없어요."

하지만 이 교훈을 새기기까지 몇 년이 더 필요했다. 킨슬 팀은 유명 디렉터들을 섭외해 줄리아 스타일스Julia Stiles 등의 무비 스타가 출연하는 웹 시리즈물《WIGS》를 제작했다. 하지만 이런 고품질 채널은 사이트에서 유행하는 특정 화제나 주제를 반영하지 못했고, 따라서 조회 수의 주된 동력이 되는 유튜브의 추천 시스템에 잡히지 못했다. 브이로그의 본질에 충실한 멕시코 채널《웨레버투모로Werevertumorro》역시 지원 프로그램에 선정되었는데, 할리우드 스타들보다 더욱 높은 트래픽을 기록했다. 좌절감에 빠진 킨슬은 샌브루노로 향하던 중 유튜브 매니저들에게《WIGS》가 검색 결과에 더 자주 등장하지 않는 이유가 무엇인지 물었다. "왜 유튜브 홈페이지는 15세 남자아이들을 위한 사이트처럼 보이는 건가요?"

매니저들은 어깨를 으쓱해 보였다. 유튜브 알고리즘이 이용자들의 클릭을 반영해 검색 결과와 홈페이지를 결정하는 것이었다.

11장

▶

시 잇 나우

1951년 11월 18일, 에드워드 R. 머로Edward R. Murrow가 미국 시청자들의 거실로 한국전쟁 소식을 전달하던 순간, 텔레비전은 그 정점에 이르렀다. 미국인들은 누구나 머로를 알고 있었다. 10년 전 그는 런던의 건물 옥상에서 라디오를 통해 히틀러의 테러와 디데이(노르망디상륙작전이 펼쳐진 날—옮긴이)를 보도했다. 1951년에 등장한 CBS 텔레비전 프로그램《시 잇 나우See It Now》에서는 어린 군인들의 모습을 비추며 미국이 최근 참전한 전쟁의 참상을 보도했다. "혈액이 필요할지도 모릅니다." 머로는 카메라를 바로 보며 말했다.[71] "1파인트를 나눠주시겠습니까?" 그전까지만 해도 텔레비전은 주로 밀튼 버얼Milton Berle과 잭 베니Jack Benny 같은 광대들이 나오는 매체로 알려져 있었다.《시 잇 나우》가 등장한 이후, 한 동료 기자는 머로에게 "브라운관 화면이 매 순간 너무도 강력한 몰입감을 선사해" 30분 정도는 기억나지 않을 정도였다고 말했다.

유튜브의 머로 모먼트는 2009년 6월, 이란에서 벌어진 혁명이 중계되던 때였다.

이란인들은 거리에서 시위를 벌이는 사람들이 정권과 격렬하게 대응하던 현장을 핸드폰 영상으로 찍어 날것 그대로 유튜브에 올리기 시작했다. 물방울들이 모여 급류를 이뤘다. 이란의 녹색 운동Green Movement은 당시 세계에서 가장 큰 뉴스였지만 방송사의 자원 부족과 이란의 입국 제재로 케이블 네트워크가 보도하기 어려운 입장이었다. 유튜브의 커뮤니케이션즈 책임자인 리카르도 레예스는 당혹감에 빠진 CNN 프로듀서의 전화를 받았다. "우리보다 자료가 더 많잖아요." 프로듀서가 말했다. "어떻게 구한 겁니까?"

레예스는 유튜브가 어떻게 운영되는 곳인지 설명한 뒤 방송사를 초대했다. 6월 19일 울프 블리처Wolf Blitzer가 진행하는 심야 프로그램의 한 코너가 유튜브 본사에서 중계되었다. 샌브루노의 데스크탑 모니터 앞에 카메라를 설치한 카메라맨은 화면을 줌인하며 수백만 명의 시청자에게 이란의 혁명을 전달했다. 레예스는 CNN 기자에게 구글 맵 위 테헤란을 가리키며 업로드된 영상들을 디지털로 보여주었다. 사실적인 폭력이 담긴 충격적인 영상이 대부분이었다. 보통 때라면 이런 영상들은 사이트에서 내린다고 유튜브의 새로운 정책 디렉터인 빅토리아 그랜드Victoria Grand가 기자에게 설명했다. "유튜브는 쇼크 사이트가 아니니까요." 하지만 "명확한 다큐멘터리의 목적을 지닌" 영상에는 세계가 봐야 하는 미디어에는 예외를 둔다고 덧붙였다.

기자는 스튜디오에 앉아 있는 블리처에게 마이크를 넘기며 마무리 멘트를 남겼다. "네, 울프 씨. 유튜브에게 정말 중대한 분수령이 될 순간입니다."

다음 날인 토요일, 이란 보안군의 총에 맞아 테헤란의 학생 네다 아가-솔탄Neda Agha-Soltan이 사망하는 일이 벌어졌다. 흔들리는 영상 속에 담긴 그녀의 죽음(그녀의 두 눈에서 피가 흘러나왔고 작은 몸을 둘러싼 인파에서 비명이 터져 나왔다)은 지구 반대편에 있는 줄리 모라-블랑코의 핸드폰에 도착했다. 유튜브 초창기에 중재자로 일했던 그녀는 스크리닝 시스템을 테스트하는 복잡한 직무로 승진한 상태였다. 핸드폰에서 흘러나오는 영상은 참혹했고, 큰 화제를 불러일으키고 있었다. 3년 전 유튜브 직원들은 교수형에 처한 사담 후세인의 영상이 업로드되는 상황을 어떻게 처리해야 할지 토론 끝에 몇몇 영상은 남겨두고 너무 자극적인 영상은 삭제했지만 회사에는 여전히 명확한 기준이 부재했다. 모라-블랑코는 자신의 결정이 세계적으로 큰 영향을 미칠 수 있다는 것을 알고 있었다. 그녀는 동료들을 설득했다. 이들은 변호사와 상의를 거쳐 해당 영상이 "뉴스의 가치가 있음"이라는 면제 조항에 해당한다고 판단했다. 코더는 영상 시작에 그래픽으로 작은 경고 사인을 삽입했다. 영상은 사이트에 계속 게시되었다. 끔찍한 죽음을 담은 해당 영상은 이란의 정치적 격변과 그 사건을 바라보는 세계의 시각을 널리 알려줄 터였다. 조금의 가공도 없는 이 참혹한 콘텐츠는 오직 유튜브에서만 볼 수 있었다.

한편, 기업은 새로 주어진 책임감 앞에서 혼란스러워했다. 유튜브 머신도, 중재자들도 중동 지역에 대한 전문 지식이 없었다. 오류들이 발생했다. 경찰들이 한 여성에게 고문을 가하고 다른 시체 한 구를 쓰레기봉투에 넣는 잔인한 영상들이 카이로에서 업로드되었다. 너무 잔인했다. 유튜브는 영상과 더불어 해당 영상을 올린 계정을 삭제했다. 인권 운동 단체들이 곧장 구글 변호사들에게 연락해 해당 계정은 경찰의 만행을 기록하는 이집트의 유명 운동가의 것이라고 알렸다.[72] 유튜브는 영상을 다시 복구시켰다.

당연하게도 이란 정부는 결국 유튜브를 자국에서 차단시켰다. 해커들은 컴퓨터 네트워킹 도구를 만들어 이란 사람들이 이메일 주소로 영상을 보내면 자동적으로 영상이 유튜브 계정에 올라가도록 했다. 하지만 이 방식에는 한 가지 문제가 있었다. 누구나 이용할 수 있다는 것이었다. 누군가 저작권이 있는 영상들을 이메일로 보내기 시작했다. 유튜브에는 엄격한 원칙이 있었다. 저작권 침해가 세 차례 벌어지면 문제의 계정을 자동으로 삭제하는 것이었다. 따라서 이메일에 연동된 계정과 그 안에 담긴, 이란의 격동을 기록한 수천 개의 영상이 사라졌다. 이란 정부의 요원들이 한 일이라 짐작하는 직원들도 있었지만 증거는 없었다. 사실이 무엇이든 유튜브는 상황을 바로잡기에는 너무도 무력했다.

. . .

마크 리틀Mark Little은 더블린의 집에서 유튜브로 녹색 운동이 벌어지는 모습을 지켜봤다. 지난 20년간 리틀은 아일랜드의 라디오에서 저널리스트로 일하며 이라크와 아프가니스탄 전쟁을 보도했다. 예산 삭감으로 이란에 갈 수 없었던 그는 유튜브에서 날것 그대로의 모습이 담긴 현장 영상을 접하고는 유튜브의 잠재력에 꼼짝없이 사로잡혔다. '더 이상은 해외 특파원이 필요하지 않겠는데?'

소셜 미디어는 세계적 현상으로 자리 잡아가고 있었다. 2009년을 기점으로 트위터는 컴퓨터를 잘 아는 소수를 위한 사이트에서 대중들이 모이는 장이 되었다. 페이스북은 '좋아요' 버튼을 도입한 이후 이용자가 세 배 가까이 늘며 3억 5,000만 명을 기록했다. 리틀은 소셜 미디어의 영향력에 사로잡힌 몇 안 되는 뉴스 업계의 베테랑 중 하나였다. 소셜 미디어는 뉴스 서비스의 신속성, 앵커의 권위, 목격자들의 증언에 담긴 정서적 호소력을 대체하고 있었다. 이란에서 첫 시위가 벌어지고 몇 주 후, 마이클 잭슨이 사망한 때 리틀은 또 한 번 충격을 받았다. 아일랜드의 한 결혼식에 참석한 리틀은 젊은 하객에게서 팝의 황제에 대한 소식을 들었다. "어떻게 알았어요?" 그가 물었다. "트위터요." 하객은 이렇게 답했다. 신문이 잭슨의 사망 소식을 전하기 10분 전, 하객들은 그를 추모하며 〈Thriller〉 노래에 맞춰 춤을 추었다.

리틀에게는 심각한 상황이었다. 인터넷에 있는 누구나 뉴스를 전할 수 있었고, 사람들은 곧이곧대로 믿을 터였다. 그는 궁금해졌다. '누구나 이야기를 전할 수 있다면, 우리는 누구의 말을 믿어야 할까?' 리틀은 이 질문에 답을 해줄 디지털 뉴스룸인 스토리풀Storyful을 만들었다. 이란과 같은 지역에서 올라오는 소셜 미디어 포스팅의 진정성과 중대성을 확인해 진위를 가리는 곳이었다. 그는 소수의 직원을 채용한 뒤 여러 언론 기관에 디지털 시대에 맞는 해외 사무소로 스토리풀을 이용해달라고 홍보했다. 얼마 후 리틀은 유튜브의 젊은 정치부 매니저 스티브 그로브를 알게 되었다. 편집팀이 해체된 후 그로브는 외부 기관들과 파트너십을 더욱 늘려가며 유튜브를 진지한 매체들이 찾는 종착지로 만들고자 노력하고 있었다.

튀니스의 길거리 상인이 자신의 몸에 불을 붙이는 사건이 벌어지며 '아랍의 봄'이 촉발되었다. 시위자들이 거리를 가득 메운 이집트에서는 단시간 내 10만 개의 유튜브 동영상이 업로드되며 이집트의 유튜브 사용량이 폭발적으로 증가했다. 그로브는 CNN의 베테랑이자 스토리풀의 미국 업무를 관리하는 데이비드 클린치David Clinch에게 전화를 걸어 밀려드는 아랍의 봄 영상들을 큐레이팅하는 일을 도와줄 수 있는지 물었다. 클린치는 전화를 끊고 곧장 아일랜드에 있는 리틀에게 연락해 의뢰를 전달했다.

"비용은 받는 건가요?" 리틀이 물었다.

클린치의 말문이 막혔다. "글쎄요."

유튜브는 스토리풀 측에 한 달에 1만 달러가량을 지급하며 중동 지역의 콘텐츠를 엄밀히 조사해줄 편집 인력이 필요하다는 것을 드러냈다. 하지만 유튜브가 직접 하지는 않을 일이었다. 유튜브는 저널리스트가 아닌 엔지니어를 고용하는 기업이었고, 바이어컴과의 소송으로 편집에 어떤 식으로든 개입한다는 인식만은 피하고 싶었다. 한편, 구글은 아랍의 봄 사태를 두고 자사의 영상 사업부가 스케이트를 탄 개들만 있는 사이트라는 오명을 떨칠 수 있는 좋은 기회로 여겼다. 2011년에 열린 제2회 비드콘에서 카만가는 비슷한 취지의 이야기를 전했다. 그가 연설하기에 앞서 몇몇 직원들은 긴장을 놓지 못했다. 그들의 상사는 똑똑한 사람이었지만 한 번씩 이상한 말을 할 때도 있었고, 당시 카만가는 토르소에 속한 자유분방한 크리에이터 계층은 지금처럼 행복하게 유튜브에서 활동할 수 있도록 하는 한편, 헤드의 권위와 수익을 높이려는 노력을 기울이고 있었기에 의도치 않은 이야기가 나올까 봐 직원들은 불안해했다. 비드콘 무대에서 카만가는 사이트의 놀라운 수치들을 공개했다. 매분 48시간의 영상이 올라가고, 매일 30억 개의 영상이 시청되고 있었다. 미디어는 오랜 세월 "보통 사람들"을 참여시키기 위해 노력했다고 말하며 그는 이렇게 덧붙였다. "오늘에서야 바로 유튜브를 통해서 보통 사람들이 곧 미디어가 되는 세상이 왔습니다. 여러분들은 이제 단순히 뉴스를 보는 것에서 벗어나 뉴스를 만들고 있는 거죠." 그런 뒤 그는 유튜브의 코미디언인 어노잉 오렌지를 무대로 초대했다.

한편, 아랍 세계에서 익명의 놀라운 계정들이 보내온 뉴스가 유튜브에 무섭게 쏟아지고 있었다. 스토리풀의 역할은 이 영상들의 진위를 밝혀 유튜브가 수백만의 시청자들에게 공유할 만한 영상을 가려내는 것이었다.

 كتيبة المقداد بن عمرو وتهدم ربما ده بالبة في داريا باستخدام قاذف بي

▶ ▶| `2013년 3월 5일 · 2:44`

눈만 내놓은 채 카피예(아랍 국가에서 머리에 두르는 터번 모양의 천 — 옮긴이)로 얼굴을 가린 병사 한 명이 초록색 의자에 앉아 있다. 곧 카메라는 로켓 발사기를 들고 건물 잔해를 헤치며 나아가는 남성 세 명의 뒤를 따른다. 쾅. 무너진 건물 뒤로 몸을 숨기는 남성들을 따라 카메라가 급히 움직인다. 카메라를 든 사람이 벽에 난 작은 구멍으로 다가간다. 폭발. 순간, 카메라가 아래를 향한다. 다시 올라간 카메라는 정확한 초점으로 화염과 검은 연기에 휩싸인 탱크를 잡는다. "알라후 아크바르Allāhu akbar!(위대한 알라시여 — 옮긴이) 알라후 아크바르!"

아랍어로 적힌 제목에 따르면 다마스쿠스의 교외 지역인 다라이야의 시리아 반군이 정부군의 탱크를 공격하는 영상이었다. 리틀의 팀은 더블린의 작은 사무실에서 이 영상을 확인하고는 포렌식을 시작했다. 먼저 이들은 주요 지형지물(배경으로 보이는 길쭉한 건축물인 급수탑)을 확인하는 작업부터 시작했다. 구글 맵과 사진 공유 웹사이트를 샅샅이 뒤져 다라이야의 급수탑을 찾았다. 이들은 페이스북 게시물과 위성 영상으로 폭발 시간과 지역을 확인했다. 이후 같은 장면을 다른 각도에서 고프로로 찍은 영상도 찾아냈다. 확인 완료. 이후 유튜브 영상 속 단서들을 파악한 시위대는 (날짜를 확인시켜주기 위해) 카메라로 다음 날 아침 신문을 비춘 후 (같은 장소가 맞는지 확인시켜주려고) 눈에 띄는 길쭉한 탑을 찍은 장면으로 시작하는 영상을 올렸다. 리틀은 경탄을 감추지 못했다. 스토리풀이 새로운 시대의 뉴스 영화 newsreel가 된 것이었다. "현재의 기록 보관소"라고 그는 말했다. "인터넷의 경이"라고. 에드워드 머로와 울프 블리처는 더 이상 역사의 초안을 작성하는 이들이 아니었다. 다라이야의 익명 유튜브 계정들이 그 주인공이었다.

유튜브는 이러한 변화의 여정에 함께할 의지가 있는 파트너처럼 보였다. 다만, 지나고 보니 불협화음의 징조는 시작부터 있었다. 스토리풀이 처음 유튜브 측에 자신들이 하는 일을 설명하며 영상 큐레이팅을 전문가의 손에 맡겨달라고 제안하자 코더 한 명이 비웃음을 흘리는 모습이 클린치의 눈에 들어왔다. '저희도 그런 일을 하는 알고리즘이 있어요.'

· · ·

구글은 예상치 못한 일로 아랍의 봄에 휘말리게 되었다. 이집트에 시위가 발생하고 얼마 지나지 않아, 두바이에서 근무하는 카이로 출신의 구글 직원 와엘 고님Wael Ghonim이 종적을 감추는 일이 벌어졌다. 고님은 회사가 모르게 가명으로 유명 페이스북 페이지를 운영하고 있었고, 그의 페이지는 이집트인들을 거리로 뛰쳐나가게 만드는 동력으로 작용하고 있었다.[73] 시위가 거세지자 이 컴퓨터 너드는 카이로로 향하는 비행기에 올랐고 도착 후에는 종적이 묘연해졌다. "그가 어디에 있는지 모르겠습니다." 패트릭 워커가 뮌헨에서 열린 회의에서 어두운 얼굴로 말했다. 구글은 고님의 실종에 관해 이집트 홈페이지에 공고문을 내걸고 민간 경비 인력을 고용해 그를 찾았다. 고님의 페이스북 게시물은 비공개였지만 고님이 시위를 지지한다는 사실은 널리 알려져 있었고, 직원 몇몇은 운동가인 직원을 옹호한다는 것이 자칫 미국 기업이 정부의 전복을 지지한다는 것으로 비쳐질 수 있다며 개입을 자제해야 한다는 우려를 내비쳤다. 해당 지역의 구글러들은 이미 자신들이 불안정한 위치에 놓여 있다고 느끼고 있었다. 그즈음 구글은 중동 전역의 정책 운영을 담당할 이스라엘의 임원을 선정했지만, 직원들에게는 이 임명 건에 대해 공개하지 말아달라고 요청했다. 그곳에서 일하는 사람들은 이 사실이 알려지면 이미 구글 직원들이 스파이라고 믿는 아랍 국가의 인식이 더욱 강화될 것이라 생각했다.

실종된 지 11일이 지나 고님은 카이로 교도소에서 풀려났다. 이집트 TV와 인터뷰를 하던 그는 눈물을 쏟으며 말했다. "전 영웅이 아닙니다. 전 그저 키보드만 사용했어요." 그럼에도 런던에서 그의 복귀를 환영하는 행사가 열린 자리에서 구글 CEO인 에릭 슈미트는 고님을 "영웅"이라 불렀다. 구글의 신조상, 컴퓨터 키보드만으로도 영웅이 될 수 있었다.

고님 사태는 지정학적 사안 외에도 구글에게 새로운 문제를 고민하게 만들었다. 고님은 페이스북 게시물로 많은 이에게 영감과 동력을 (독재 정권에게는 두려움을) 불러일으켰다. 인터넷의 중심부에 자리한 구글에게 이미 위협으로 다가오던 소셜 네트워크가 이제 새로운 세계적 광장으로, 혁명이 일어나는 장소로 떠오른 것이었다. 아랍의 봄을 조사하는 스토리풀은 중요한 게시물 다수가 가장 먼저 소셜 네트워크에 오른다는 이유로 유튜브에서 페이스북으로 옮겨 검증 작업을 진행했다.

한편, 핑크빛 이상주의로 가득했던 아랍의 봄에 먹구름이 끼기 시작했다. 유튜브는 이런 분위기를 2012년에 감지했다. 그해 7월 '샘 바실sam bacile'이란 이름의 계정에 《무슬림의 순진함Innocence of Muslims》이란 영화의 14분짜리 트레일러 영상이 올라왔다. 샘 바실은 이 계정 뒤에 숨은 이집트 콥트 기독교인이 쓰던 여러 가명 중 하나로, 캘리포니아에 사는 그는 사기와 약물로 전과 기록이 많은 인물이었다.[74] 그의 형편없는 트레일러는 지역 극단 수준의 연기력에 중세 시대 영화물의 전형적인 설정이 더해진 데다 선지자 무함마드가 소아성애자이자 짐승 같은 인간으로 등장했다.[75] 이 트레일러의 존재를 알아챈 사람은 거의 없었고 유튜브 또한 전혀 몰랐다. 그러다가 9월, 이슬람 혐오주의자인 블로거가 이 트레일러에 대한 글을 아랍어로 쓴 것을 계기로 널리 퍼져 나갔다.[76]

불씨가 타올랐다. 미국 영화에 선지자가 끔찍하게 묘사되는 것을 보고 수만 명이 거세게 반발했다. 이집트의 여러 뉴스 방송에서 유튜브 영상을 계속 재생한 것이 미국 대사관 가두시위를 촉발시켰다. 군중이 파키스탄의 영화관에 불을 질러 불안에 떨던 여섯 명을 죽게 했다. 이슬라마바드에 체류 중이던 구글 직원은 미국 외교관들을 태운 장갑차들이 호텔로 들어오는 모습을 목격했다. 한 구글러는 그들이 들려준 인사말을 떠올렸다. "당신네 한심한 영상 때문에 대사관이 공격받고 있어요."

같은 달, 프랑스 잡지 『샤를리 에브도Charlie Hebdo』가 무함마드의 풍자만화를 실었고, 벵가지에서는 테러리스트들이 미국 외교관을 살해하는 사건이 벌어졌다. 아랍의 봄은 항로를 이탈해 표현의 자유, 서방 제국주의, 도그마를 상대로 폭력적인 충돌을 일으키고 있었다. 유튜브는 소용돌이에 휩싸였다. 유튜브는 세계적으로 규모를 키우기에 바빴던 나머지 현지에서 영상들을 주의 깊게 살피거나 정치 문제에 대응할 인력을 충분히 공급하지 않은채 가능한 모든 언어와 국가의 시민들에게 방송을 독려하기만 했다. 유튜브의 영화 트레일러가 벵가지의 테러를 촉발했다는 부정확한 뉴스들이 쏟아지며 혼란은 가중되었다. "지옥이 펼쳐지고 있었죠." 유튜브의 한 홍보 담당자는 이렇게 회상했다.

구글 D. C.의 운영 책임자였던 밥 부어스틴이 가장 먼저 연락을 받았다.

오바마 정권의 국무부는 유튜브가 해당 영상 트레일러를 내려주길 바랐다.[77] 구글 변호사들과 정부 관계자들 사이의 긴장된 전화 회담에 유튜브 리더들도 합류해 향후 계획을 논의했다. 어떤 이들은 영상을 내리는 쪽을 택했다. 광풍이 잠잠해진 후 다시 올릴 수 있을 터였다. "실제로 사람들이 죽어 나갔다고요." 하지만 변호사들은 표현의 자유를 지켜야 한다고 주장했고, 카만가도 이에 동의했다. 구글은 정부의 요청에, 심지어 자국 정부의 요청에도 굴하지 않는다는 데 자부심을 느끼고 있었다. 결정자인 니콜 웡 변호사는 원칙적인 문제를 따졌다. 영상은 헤이트 스피치hate speech(인종, 국적, 성별, 종교, 성적 지향을 둘러싸고 적대감과 혐오감을 선동하는 발언―옮긴이)에 관한 구글의 규정을 위반하지 않았다. 트레일러 영상이 터무니없다는 것은 분명했고, 그 자리에 있는 모든 사람을 불쾌하게 만든 것 또한 사실이었다. 하지만 명백한 해를 끼치지는 않았다고 웡은 지적했다. "왜 유튜브가 종교에 대한 비판을 금지시켜야 하는 거죠?"

표현의 자유를 지켜야 한다는 의견이 지지를 얻었다. 유튜브는 해당 영상을 이집트와 리비아에서 차단시켰지만 다른 지역은 그대로 두었다. 유튜브가 로컬 버전을 운영하지 않던 파키스탄도 이 중 하나였다. (이후 파키스탄에서는 유튜브를 차단했다.) 유튜브는 해당 트레일러가 "가이드라인을 준수했다"라는 내용의 성명서를 발표했다.

한편, 유튜브 가이드라인이 변경 불가한 것은 아니었다. 유튜브는 공개적으로는 가이드라인을 최종 확정된 원칙처럼 제시했지만 사실 내부적으로는 사안에 따라 매번 결정이 달라졌다. 1년 후에도 그런 일이 벌어졌다. 가수인 로빈 시크Robin Thicke가 자신의 노래 〈Blurred Lines〉를 올리며 상반신을 드러낸 모델들이 뛰어다니는 영상을 공개했다. 유튜브는 (여성의 유두가 노출되는 것은 가이드라인 위반이었으므로) 영상을 내렸지만 몇몇 직원은 팝 음반은 분명 구글이 만든 "예술성" 면제 조항에 속한다고 주장했다. 이 사안을 논의하기 위해 회의가 열렸을 당시 운전 중이었던 유튜브 최고 변호사 랜스 캐버

노Lance Kavanaugh는 전화로 회의에 참여했고, 한 동료는 그에게 영상 전체를 말로 설명해줘야 했다. 그래야 그가 요염하게 걷는 반라 모델들이 예술적인지 아니면 SGsexually gratifying(성적 만족감을 주는)인지 판단할 수 있었다. 당시 자리에 있던 관계자는 한 임원이 "내 아내는 보지 않을 영상"이라며 내려야 한다고 주장했다고 전했다. 하지만 유튜브는 영상을 복구시켰다. 나중에 정책 책임자인 빅토리아 그랜드는 프레젠테이션 자리에서 줄타기 같은 유튜브의 중재 프로세스 업무를 설명하며 "Blurred Lines(모호한 선 또는 기준 — 옮긴이)"이라는 표현을 썼다.

유튜브는 팝 스타를 "예술성" 여부를 가늠하는 기준으로 삼았지만 정치적 또는 문화적으로 민감한 영상을 대상으로는 좀 더 자유방임주의적인 철학을 적용했다. 그랜드는 유튜브가 《무슬림의 순진함》 이슈 때 내린 결정을 두고 기업 가치의 초석이라는 표현을 자주 썼다. 오랫동안 견고하게 지켜질 가치라는 의미였다. 그녀는 2014년 연설 때도 이러한 가치에 대해 설명하며 인터넷을 "아이디어의 시장"에 빗대었다.

> 물론, 정보 접근성을 보호하는 것은 어떤 아이디어가 위험하고, 어떤 콘텐츠가 불쾌하며, 어떤 사고방식과 화자가 위협적이라며 검열하려 하는 정부 및 여타 기관들과 정면으로 충돌해야 한다는 것을 의미합니다.

이후, 『샤를리 에브도』 잡지사가 공격을 당했을 때 구글은 표현의 자유를 옹호한다는 의미로 잡지 여러 부를 구매해 사무실에 전시했다.

· · ·

《무슬림의 순진함》은 분명 유튜브가 지닌 선동의 힘을 보여주는 계기가 되었다. 중동의 불안이 계속되는 가운데, 마크 리틀은 또 하나의 불안한 힘을 감지했다. 포렌식이 거짓된 정보를 잡아내기 시작한 것이었다.

처음 스토리풀은 허리케인 아이린Hurricane Irene 당시 물에 잠긴 고속도로에 상어가 수영하는 바이럴 이미지처럼 악의 없는 장난들의 진위 여부도 밝혀 주었다. 그러다가 아랍의 봄과 함께 가짜 영상들이 등장하기 시작했다. 7월에 어떤 강을 찍은 영상에는 잔뜩 말라버린 실제 모습과 달리 강물이 흐르는 모습이 담겨 있었다. 또 다른 클립에는 반군이 시리아 군인들을 생매장하는 장면이 담겨 있었지만 구덩이가 의심스러울 정도로 얕아 보였다. 무언가 이상하다는 것을 직감한 스토리풀 직원들은 아는 탐정들에게 연락을 취했고, 이들이 알아본 결과 오디오가 더빙된 영상이었다. 걱정스럽게도 시리아 정부가 정보전을 벌이려 영상을 조작한 듯했다.

하지만 당시 리틀에게는 더욱 시급한 문제가 있었다. 유튜브가 아랍의 봄 큐레이터인 그의 회사를 어떻게 해야 좋을지 고민하는 모습을 보이고 있었다. 유튜브는 스토리풀이 의미 있는 작업으로 수익을 거두길 바랐지만 시리아 반군 영상에 광고를 걸고 싶은 사람이 누가 있겠는가? "사람들이 불편해하기 시작해요." 리틀은 이런 이야기를 들었다. "유튜브가 죽음만 가득한 채널이 되면 아이들이 더는 보지 않을 겁니다." 우선순위들은 계속해서 달라졌다. 유튜브는 세계에서 벌어지는 일을 조명하고 싶다고 했지만 뉴스 보도를 지속하기에는 부담이 너무 크다고 느끼는 것 같았다. 유튜브 내 리틀의 고객이었던 스티브 그로브는 구글의 야심작인 구글 플러스라는 소셜네트워크팀으로 보직을 옮긴 상태였다. 리틀의 다음 담당자는 유튜브가 스토리풀을 인수하는 방안을 진행하려 했지만 뜻대로 되지 않았다. 결국 유튜브 매니저는 리틀에게 사업 모델을 조금 바꿔보는 것이 어떻겠느냐고 제안했다. "다중채널 네트워크를 만들어보는 건 어떤가요?"

리틀이 외부에서 보기에는 유튜브가 조금 혼란스러워 보였다. 다만 리틀은 내부에서도 그렇게 느끼는 줄은 몰랐다.

12장

▶

그렇게 하면 배를 더 빨리 움직일 수 있을까?

검은색 티셔츠에 청바지를 입은 래리 페이지는 마이크에 대고 속삭이듯 말하고 있었다. 마흔이 가까워진 그는 검은 머리보다 흰 머리가 더 많았고, 성대가 많이 안 좋은지 개구리 커밋Kermit the Frog(《세서미 스트리트》의 캐릭터—옮긴이)처럼 쉰 목소리가 났다. 하지만 구글의 공동 창립자는 웃고 있었고, 어쩐지 들떠 보이기까지 했다. 그의 기업이 단시간 안에 너무도 빠르게 성장한 나머지 매주 열리는 금요일 미팅 TGIF를 상당한 규모의 강당으로 장소를 변경해 진행해야 했다. 페이지는 임시로 마련된 높은 무대 위에서 한껏 집중된 얼굴로 앉아 있는 직원들을 마주했다.

페이지가 CEO로 다시 돌아온 상황이었다. 2011년 초, 에릭 슈미트가 회장이 되며 CEO 자리에서 물러났다. (슈미트는 "더 이상 매일 같이 아이들을 돌보는 일을 하지 않아도 됩니다!"라는 트윗을 남겼다.) CEO로 돌아온 페이지는 파산이 아니라 혁신의 종말을 걱정해야 하는 상황이었다. 다시 말해, 마이크로소프트가 되지 않도록 말이다. 마이크로소프트는 한때 과학기술 분야를 지배했지만 조직이 비대해지면서 관료주의적으로 변했고, 인터넷과 핸드폰이라는 중요한 소비자 트렌드 두 가지를 놓쳐 당시 업계의 반면교사가 되어 있었다. 페이스북과 아이폰이 큰 인기를 얻는 상황에서 페이지는 구글이 마이크로소프트와 같은 길을 가게 될까 봐 걱정했다. 그는 성공적이고 혁신적인 CEO들에 대한 책을 읽었다. 병환 중인 스티브 잡스를 찾아간 페이지는 그에게서 구글의 전략이 "체계적이지 못하다"라는 이야기를 들었다.[78] 구글은 "소수의 우선순위에 더욱 집중해야 한다"라고 페이지는 직원들에게 전했다. 그는 수십 개의 프로젝트를 취소하고 그의 소중한 모바일 사업부인 안드로이드 같은 우선적인 비즈니스에 투자했다. 과거 위원회의 뜻에 따라 운영되던 구글은 이제 애플처럼 운영될 터였다. 페이지의 아포리즘인 래리이즘Larry-isms이 구글에 새겨졌다. 모두 "불편한 짜릿함"을 느껴야 했고, "불가능을 가볍게 무시"할 줄 알아야 했다.[79] 래리이즘의 정점은 "10배"였다. "당신이 지금 하고 있는 그 일을 10배 개선해보면 어떨까?"라는 의미다. 구글의 새 웹 브라우저 크롬Chrome이 사용 목표를 달성하지 못했을 때 페이지는 더 높은 목표를 세우라고 요구했다. 자율 주행 자동차를 만드는 로봇 기술자들이 대학 캠퍼스 같은 제한된 환경을 소화할 수 있는 자동차를 계획하자 페이지는 어떤 도로에서든 주행이 가능한 차량을 주문했다. 10배!

유튜브 내부에서는 페이지의 10배 지령이 비즈니스 목표와 운영 방향을 대대적으로 재정비하는 계기로 작용했다. 단 몇 달 만에 유튜브는 누구도 상상하지 못할 정도로 규모를 확장하고 경제 활동을 펼칠 초석을 다졌다. 이러한 변화는 유튜브를 대단한 상업적 성공으로 이끌었지만, 이 때문에 잘못된 보상 시스템이 생겨나 얼마 후 기업을 논란의 진창에 빠뜨렸다.

이 모든 일이 래리이즘을 따르려다 시작된 일이었다. 바로 "불가능을 가볍게 무시"하는 태도를 지니자는 주의 말이다. CEO로 복귀한 페이지는 직원들에게 이야기하는 자리가 있을 때마다 많은 이가 불가능하다고 말하는 시장 기회를 확대해야 한다고 구글의 야망을 일깨우는 메시지를 전했다. 로봇 자동차는 실험 연구소인 구글X 또는 '문샷 팩토리the moonshot factory'에서 진행 중이었다. 또한 인간의 장수를 연구하는, 달리 말해 인간의 죽음을 해결하려는 실험도 시작되었다. 디자이너와 광고인으로 꾸려진 뉴욕 구글의 크리에이티브 랩Creative Lap은 큰 찬사를 받는 애플의 과학기술 속 예술적 감수성을 따라잡기 위해 만들어진 곳이었다.

바로 여기가 구글의 시인이자 TGIF의 대본을 담당했던 클레어 스테이플턴이 새로 가게 될 곳이었다. 보직을 변경하기 전 마지막 TGIF 자리에서 페이지가 직원들에게 이야기하는 동안 흰 블라우스를 입은 스테이플턴은 눈에 띄지 않으려고 벽 쪽에 몸을 숨긴 채 서 있었다. 무대 위에서 페이지는 커밋 목소리로 대본에는 없는 제안을 했다. "클레어 스테이플턴과 그녀의 뛰어난 메일 작성 실력에 감사하며 다 같이 박수 한번 칠까요?" 스테이플턴은 당황한 나머지 새빨갛게 달아오른 얼굴을 손으로 가렸다.

"좀 부끄러운 모양이군요." 박수가 가라앉자 페이지가 말했다. "컴퓨터로 자신을 표현하는 쪽을 좀 더 선호하는 것 같습니다."

몇 년 후, 유튜브로 자리를 옮긴 뒤 스테이플턴은 그때를 애틋하게 떠올렸다. 모든 것이 달라지기 시작하기 전, 구글에서 마지막으로 행복했던 순간 중 하나였다.

・・・

페이지의 복귀 이후 유튜브의 급진적인 변화는 참으로 무해하게 시작되었다. 사무실 미끄럼틀과 함께 말이다.

2011년 여름의 어느 월요일, 미끄럼틀이 모습을 드러냈다. 선명한 빨간색에 거대하고 우스꽝스러운 산업용 놀이 시설은 유튜브의 새 사무실 3층에서 한 번에 세 명까지 타고 내려올 수 있었다. 유튜브는 직원들이 늘어나자 첫 사무실인 샌브루노의 건물 맞은편에 보다 큰 사무실을 매입했다. 과거 갭Gap 본사였던 3층짜리 건물에 들어서면 위층까지 탁 트인 아트리움이 가장 먼저 눈에 띄었고, 외벽을 따라 길쭉한 창문이 나 있어 쇼핑몰 같은 느낌이 들었다. 미끄럼틀은 유튜브의 업무 공간을 좀 더 구글리Googley하게 만들고자 하는 카만가의 계획 중 하나였다. 다른 구글 사무실에는 마사지 룸과 개인 요리사들처럼 업무 공간을 멋지고 아늑하게 만들어주는 특별한 복지가 마련되어 있었다. 유튜브의 새 보금자리에는 암벽 등반을 즐길 수 있는 벽과 (유튜브 재생용) 거대한 TV 패널들이 설치되었다. 회의실은 크게 유행한 바이럴 영상을 본떠 이름을 붙였다. 미끄럼틀이 설치되던 월요일, (프로그래머부터 흰색 조리사 복을 입은 새로 온 요리사들까지) 유튜브의 모든 사람이 난간에 모여 카만가와 다른 두 동료가 새로운 복지 시설을 처음 개시하는 모습을 지켜봤다. 세 사람은 손을 잡고 무서울 정도로 빠른 속도로 내려왔고, 미끄럼틀 끝에 도착해 일어서던 카만가는 몸을 휘청거렸다.

카만가의 직속 부하인 시시르 메로트라는 미끄럼틀을 견딜 수가 없었다. 구글스러움Googliness이 싫다는 것이 아니라 자신의 경영 계획이 망가지는 게 싫었다. 메트릭스 광신도인 메로트라는 바퀴가 달린 책상을 원했다. 몇 달에 한 번씩 유튜브는 자리 변화가 창의력을 자극한다는 구글의 지침에 따라 좌석 배치도를 달리했다. 이를 계획하고 실행할 때마다 한바탕 난리가 벌어졌다. 책상을 밀 수 있다면 자리를 재배치하는 과정에서 혼란이 덜할 것 같다고 메로트라는 생각했다. 회사에서는 메로트라의 제안에 반대했다. 바퀴 달린 책상이 실수로 미끄럼틀을 타고 아래로 떨어질까 봐 걱정이 컸다.

책상들은 꼼짝없이 제자리에 있어야 했다. 꼭 유튜브 같았다.

2011년이 끝날 즈음, 메로트라와 다른 리더들은 유튜브의 정체 현상을 깊이 우려했다. 구글의 가장 명민한 자들은 구글의 '문샷 팩토리' 또는 다른 멋진 프로젝트에 몰두했다. 반대로 구글의 2군인 유튜브는 방향성이 불분명해 보였다. 헤드와 토로스, 비밀리에 진행되던 새로운 음악 서비스(코드명: 너바나), 더는 비밀이 아닌 지원금 프로젝트까지, 유튜브에게는 경쟁적인 프로젝트와 경쟁 상대가 너무도 많았다. 예전 멤버들은 유튜브가 본래의 캐릭터와 매력을 얼마간 잃었다고 느꼈다. "저희는 영상계의 월마트가 되어버렸어요." 2010년에 유튜브를 떠난 개발자 크리스 재커라이어스가 이렇게 설명했다. 아랍의 봄은 구글의 다보스 대표단에게 힘이 되었을 뿐 유튜브의 일반 구성원들에게는 그렇지 못했다. 죽음만 가득한 채널은 사람을 지치게 만들 수 있었다. 그뿐만 아니라 대부분의 직원에게는 지정학적 문제보다 덜 고상한 문제가 눈앞에 놓여 있었다. 사이트 내 분열 같은 것 말이다.

유튜브가 성장할수록 시스템을 악용하려는 업로더들 또한 늘어났다. 가짜 댓글로 사이트를 교란하는 사람은 비단 대니 다이아몬드만이 아니었다. 유튜브 홈페이지에 프리뷰 섬네일 이미지가 어떻게 나오는지 아는 이들은 조회 수를 늘리려고 영상 제목에 '…'을 붙였다(가령, "지금 확인하세요. 새로운 저스틴 비…" 클릭. 사실 비버가 아니었다). 2010년 출시된 애플의 아이패드는 사람들이 컴퓨터를 쓰는 목적을 충족시켜주는 멋진 태블릿이었다. 다만, 디지털 해적들은 아이패드로 영화 화면을 위아래 뒤집어서 올리면 유튜브의 저작권 필터에 잡히지 않는다는 것을 깨달았다. 유튜브 코더들이 허점을 메웠다. 자신의 능력을 과시하거나 규정을 악용하려는 약삭빠른 크리에이터들을 상대로 한 끝없는 두더지 잡기 게임이 시작되었다. 한 임원은 이들을 두고 "펜스 앞의 벨로키랍토르"에 비유했다.

그중 한 집단이 특히나 골치를 썩였다. 당시 유튜브 파트너 프로그램을 맺은 크리에이터들만 섬네일을 직접 선택할 수 있었고, 이에 속하지 않는 유튜버들은 영상에서 어떤 프레임이 자동적으로 섬네일 이미지로 선정되는지 알아내 원하는 이미지를 섬네일로 넣는 꾀를 부렸다. 그중 한 여성 집단이 시스템을 제대로 이용했다. 유명한 클립에 응답하는 영상을 올리던 이들은 가슴이 깊게 파인 상의를 입으며 음란한 이미지가 섬네일에 들어가도록 유도했다. 또한 바이럴 영상에 편승해 관심을 끌었다. 이 '리플라이 걸스 reply girls'가 그해 여름 사이트를 뒤덮었다. 열다섯 살 남학생은 이 여성들의 영상을 클릭하지 않을 수 없었다. 유튜브의 알고리즘 시스템은 이들의 영상을 홍보하지 않을 수 없었다. 대부분의 시청자는 곧장 영상을 껐지만, 유튜브는 영상이 시작되는 순간 조회 수가 올라가는 방식이었다. (어떻게 보면 이 여성들은 실리콘밸리에서 찬사받는 기술에 능한 "그로스 해커growth hackers[마케터와 코더가 결합된 직무를 수행한다 ─ 옮긴이]"같기도 했지만 이들은 코더들과 달리 집요함 때문에 살해 협박을 받았다.) 유튜브는 이 리플라이 걸들을 방해하는 코드를 만들었다. 하지만 이 사건은 유튜브 내부에 큰 파장을 남겼고 클릭으로 영상을 보상하는 것이 잘못된 방식이라는 인식이 생겼다. 조회 수는 잘못된 측정 기준이었다.

구글은 잘못된 기준을 극도로 싫어하는 조직이었다. 매년 구글의 전 부서는 비즈니스 목표를 작성해야 했다. 2012년이 다가오자 유튜브 디렉터들은 비즈니스 목표를 세우기 위해 노트북과 물병을 챙겨 미끄럼틀에서 멀리 떨어진 회의실로 모였다.

당시 유튜브는 남성들로 이루어진 소규모 집단이 운영했다. 페이지와 소통할 수 있는 소수 중 하나였던 최고경영자 카만가는 극도로 말수가 적었다. 그의 부하들은 좀 더 활발하고 적극적이고 호전적이었다. 당시 유튜브에 있던 몇몇 사람에게는 기업의 문화가 마초적으로 느껴졌다. '일할 때는 열심히 일하고 놀 때는 확실히 놀자'라는 문화였다. 메로트라는 취미 생활로 포커를 즐기는 것으로 유명했고, 새벽 서너 시까지 스카치를 마시며 온라인 포커를 하다가 몇 시간 후 멀쩡하게 출근해 직원들의 책상을 활기차게 오갔다. 승진 사다리를 오르고 있던 로버트 킨슬은 소란스러운 할리우드 사람들을 다룰 줄 아는 인물이었다. 댄 길버트는 테이블을 내려치며 격렬하게 논쟁하는 것으로 유명했다. (올림픽을 온라인으로 생중계하는 사안을 두고 회의 자리에서 고성이 오가자 메로트라는 자리에서 일어나 야구 심판처럼 회의실 탁자를 빙 둘러 길버트에게 다가가 목소리를 높였다. "나도 소리 지를 줄 안다고요!") 도쿄에서의 그 악명 높은 모임 자리에서는 흥청대며 놀던 유튜브 직원들이 지갑과 열쇠를 잃어버렸고 주먹다짐을 벌이기 직전까지 가는 상황이 펼쳐졌다. 바에서 소매치기를 당한 사람도 있었지만 당사자는 개의치 않고 그곳에 남아 술을 계속 마셨다. 이 남성들 사이에서 아이들이나 가족에 대한 이야기는 거의 오가지 않았다. 한 남성 매니저는 당시 이혼 절차를 밟는 중이었지만 동료들에게 알리지 않았다. 정기 직무 평가(평가 조정 회의)에서 이혼이 약점으로 작용할까 봐 그랬던 것이다. "우리는 세상을 지배하는 사람들이었어요." 이 매니저는 당시를 이렇게 회상했다.

할리우드에 있던 킨슬은 주중에 유튜브를 방문해 책임자들과 토론했다. 이들의 역할은 유튜브를 위한 구글 복음을 작성하는 것이었다. '목표와 핵심 결과', 신성한 OKR 말이다. 구글 초창기 시절, 페이지가 채택한 이 경영 관리 프레임워크는 모든 것에 스며들었다. 간단히 말해 OKR은 '어떠한' 성공을 '어떻게' 거두어야 하는지를 밝히는 것이었다. 목표는 영감을 주어야 했고, 핵심 결과는 타임라인과 숫자로 표현되어야 했다. 구글 직원들은 모두 내부 디렉터리에 이름과 OKR이 기록되어 있었다. 진급, 명성, 보너스(일곱 자리일 때도 있었다)는 OKR 달성 여부와 관련이 있었다. 페이지는 CEO가 아닐 때는 OKR을 이용해 권력을 휘둘렀고 CEO로 복귀한 후에는 공격적인 목표를 설정하라고 요구했다. 꾸준히 언급되었던 목표는 검색 결과의 속도를 향상시키는 것이었다. 구글은 "잡지를 획 넘기며 훑어볼 때처럼 웹을 빠르게 만들어야" 한다고 그는 직원들에게 말했다.[80] 래리가 유튜브 본사에 방문하는 일은 거의 없었지만(래리가 CEO일 당시 재직 중이었던 직원은 그가 유튜브에 두 차례 정도 온 것으로 기억했다), 아주 드물게 올 때면 그는 한 가지 지령을 강조했다. 영상의 로딩 속도를 더욱 높이라는 것이었다. 직원들은 페이지가 미팅 중에 유튜브의 버퍼링 속도에 불만을 터뜨린 적이 여러 번 있었다고 전했다. 한번은 유튜브로서는 무척이나 당황스럽게도 사이트의 버퍼링 속도가 "구글 전사적으로 가장 큰 문제"라고 지적했다.

따라서 샌브루노에 있는 유튜브의 남성 매니저들은 페이지의 마음에 들 OKR을 작성하고, '리플라이 걸' 클릭베이트clickbait(클릭을 유도하는 자극적인 헤드라인이나 섬네일—옮긴이) 문제를 해결하고, 정체기를 극복하려 노력했다. 이들은 실리콘밸리에서 그토록 가치 있게 여기는 '하이퍼그로스 hypergrowth'를 달성할 방법을 구상했다.

유튜브 리더들은 영감을 얻기 위해 세 가지 서사를 중심으로 머리를 맞댔다. 하나는 유럽 임원이 최근에 읽은 신간 도서 속 영국의 올림픽 조정팀의 영감 넘치는 이야기였다. 이 팀이 노를 저어 2000년도 금메달까지 무사히 도착할 수 있었던 것은 아주 단순한 훈련 만트라 덕분이었다. 바로 "그렇게 하면 배를 더 빨리 움직일 수 있는가?"였다. 모든 결정(선수가 앉는 자리, 선수가 하는 운동 요법, 아침 식사 메뉴까지)의 중심에는 이 질문이 있었다. 조정팀의 선수 중 한 명이 이 만트라로 비즈니스 베스트셀러를 탄생시켰다.[81] "그렇게 하면 배를 더 빨리 움직일 수 있는가?" 올림픽 메달리스트는 "그렇다면 하라!"라고 적었다. "말도 안 되는 목표"를 세우고 "냉철한 사고력"을 기르는 데 필요한 수많은 조언이 가득한 이 책에는 '고성과 대화', '바운스배커빌러티baouncebackability(좌절을 극복하는 역전 및 복귀 능력—옮긴이)' 등 조직 용어들이 등장했다. 고위 경영진이 사랑해 마지않는 용어들이었다.

유튜브 리더들이 좋아했던 두 번째 서사에는 탄산음료가 등장했다. 오래전 코카콜라 임원들은 펩시와 주도권 싸움을 하느라 기업이 정체를 맞이하는 상황을 우려한 나머지 대대적인 개혁을 감행했다. 코카콜라는 탄산음료 시장 점유율이 아니라 "위胃 점유율"을 목표로 삼기로 결심했다. 이 탄산음료 기업은 물과 주스 브랜드를 시장에 소개하며 새로운 모습을 선보였다. "우리에게 위장은 무엇인가?" 유튜브 책임자들은 회의 때 이런 질문을 했다.

세 번째 영감은 킨슬이었다. 전직 알파인 스키 선수였던 그는 우유부단함을 극도로 싫어했고 유튜브 본사의 구불구불한 코스가 자신의 팀을 방해하고 있다고 생각했다. "계속 이런 식이면 곤란합니다. 무엇이 중요한지 제대로 이야기해주지 않고 있잖아요." 그는 동료들에게 말했다. 그는 이전 회사인 넷플릭스를 자주 언급했다. 넷플릭스 CEO는 디지털 구독자 2,000만 명이라는 말도 안 되는 목표를 세웠는데, 처음에는 터무니없을 정도로 낙관적인 수치처럼 보였다. 하지만 넷플릭스는 1월에 그 목표를 달성했다.

코카콜라의 비유는 대입이 쉬웠다. 유튜브는 데일리모션Dailymotion과 블립.tv 같은 디지털 영상계의 낙오자들보다는 우세한 입장이었다. 유튜브의 위협는 4,500억 달러 시장의 텔레비전이었다. 넷플릭스처럼 유튜브도 말도 안 되는 목표를 세웠다. 임원진은 실제로 테크 업계에서 유행하던 직설적이고 마초적인 용어를 사용했다. "크고Big, 위태롭고Hairy, 대담한Audacious 목표goals"(줄여서 BHAGs)였다. 하지만 조정팀의 배 이야기는 난해했다. 메로트라는 라스타RASTA라는 이름의 유튜브 메트릭스 대시보드를 펼쳤다.[82] 조회 수, 구독자, 이용자, 신규 이용자, 일일 활성 이용자, 클릭률, 세션 시간, 방문 시간, 좋아요, 싫어요, 댓글까지 유튜브가 추적하는 모든 통계자료가 나열되어 있었다. 정말 집중하기 위해서는, 배를 더 빨리 움직이게 만들기 위해서는 이 중에서 다른 무엇보다 중요한 한 가지 목표를 선택해야 할 것 같았다.

. . .

크리스토스 굿로Cristos Goodrow는 유튜브 리더들이 회의를 시작하는 바로 그 순간에 메일을 보냈다. 이목을 최대한 집중시킬 요량으로 모든 리더에게 동시에 보냈고, 제목 또한 시선을 사로잡는 문구를 넣었다. "시청 시간, 오직 시청 시간."[83]

굿로는 20년간 실리콘밸리의 여러 기업을 거쳐 구글 서치의 소프트웨어를 개발하다가 유튜브에 합류했다. 유튜브에서 그는 검색과 '발견discovery'을 맡았는데, 발견은 묻혀 있는 보물을 찾는 영상들을 수면 위로 올리는 시스템을 가리키는 유튜브 용어였다. 해병대같이 짧은 머리와 다부진 체격의 수학자인 굿로는 유튜브가 현재 정체 상태에 놓여 있고 상부의 정확한 명령이 부재하다는 것을 금방 파악했다. 무엇이 필요한지 예측한 그는 유튜브의 머신을 단 한 가지 요소만을 장려하는 방향으로 개편하자고 제안했다. 바로 시청 시간이었다. "다른 특별한 문제가 없는 한, 우리의 목표는 시청 시간을 늘리는 것입니다." 그는 메일에 이렇게 적었다. 굿로는 세계 최대 검색 엔진 두 개인 구글과 유튜브의 차이를 두고 동료 프로그래머들과 토론하는 것을 즐겼다. 그는 동료들에게 '나비넥타이를 매는 법'을 유튜브에 입력했을 때 두 가지 결과가 등장할 것이라고 설명했다. 하나는 나비넥타이를 매는 방법을 알려주는 1분 남짓의 짧은 튜토리얼 영상일 터였다. 다른 하나는 넥타이를 매는 설명에 농담과 어쩌면 노래까지 곁들인 10분짜리 영상이었다. "어느 쪽을 선호하나요?" 굿로가 물었다.

"당연히 첫 번째 영상이죠." 구글 동료가 답했다.

'바보 같은 구글.' 굿로는 두 번째 영상을 선호했다. 하지만 두 번째 영상을 선택하는 패턴은 구글의 로직에 위배되는 것이었다. 인터넷 이용자가 검색창에 무언가를 입력했을 때 구글은 해당 이용자를 얼마나 빨리 다른 웹사이트로 (가능하다면 구글에 비용을 내고 광고를 거는 사이트로[84]) 보내는가로 성공 여부를 판단했다. 하지만 유튜브에서는 사람들이 오래 머물수록 논리적으로 이들이 더욱 행복하다는 의미라고 굿로는 설명했다. "선순환을 완성하는 것이다." 그는 훗날 OKR에 관한 경영 저서에 이렇게 적었다. "우리의 역할은 계속해서 사람들의 관심을 사로잡아 우리와 계속해서 시간을 보내도록 만드는 것이다." 굿로는 자신의 이메일을 장문의 글로 바꿔 구글 내부 게시판에 올려두었고, 이후에도 계속 글을 업데이트하며 구글이 높이 평가하는 야심가의 진취적인 모습을 몸소 보여주었다. (전 동료는 굿로를 "전 과목 A를 받는 모범생"이라고 놀리기도 했다.)

유튜브 임원진에게는 굿로의 선언문이 타당하게 느껴졌다. 이들 역시 나비넥타이 토론을 나눴고 클릭이 아니라 영상의 시청 시간에 보상하는 것이 옳다는 데 동의했다. 이들은 다른 측정 기준들도 논의했는데, 그중에는 연 최소 10만 달러 이상의 수익을 거둔 크리에이터의 비율과 광고 매출액에 관한 지표도 포함되어 있었다. 의견이 일치했다. 구글의 천적이 된 페이스북은 계정 수만 늘리는 것이 아니라 이용자들의 '관심을 계속 사로잡는 데' 성공했기 때문에 크게 번창할 수 있었다. TV도 마찬가지였다. 따라서 유튜브 또한 가장 긴 시청 시간을 달성한 영상들을 홍보해 사람들의 관심을 사로잡는 것이 옳았다.

"그렇게 하면 배를 더 빨리 움직일 수 있는가? 그렇다면 하라!"

이제 유튜브는 크고, 위태롭고, 대담한 목표만 가지면 되었다. 이들은 "흡인력 있는" 무언가가 필요하다는 이야기를 자주 나눴다. 시청자들에게는 계속 사이트에 머물게 하는 흡인력을, 기업에는 오래도록 지속되는 전략으로서 흡인력을 발휘할 무언가가 필요했다. 이들은 계산을 해봤다. 계산에 따르면 가장 인기 있는 인터넷 목적지인 페이스북(구글과 유튜브가 코카콜라라면 페이스북은 펩시인 셈이었다)은 매달 이용자들의 시간에서 2억 시간을 점유했다. '굉장한' 흡인력이었다. 거대한 위장胃腸인 TV는 통계를 내는 주체에 따라 다르지만, 평균적으로 미국인 하루의 네 시간에서 다섯 시간까지 차지하는 것으로 드러났다. 당시 유튜브는 매일 1억 시간이 재생되었다. 따라서 1억의 '10배'가 목표가 되었다.

회의실을 나선 메로트라는 곧장 데이터 과학자에게 향했다. 그가 물었다. "10억 시간을 달성하는 것이 어떤 의미입니까? 그걸 언제쯤 달성할 수 있을까요?"

· · ·

로스앤젤레스에서 열린 유튜브 연간 리더십 회담 자리에서 메로트라는 이듬해 목표로 새로운 OKR을 발표했다. 유튜브는 4년 내에 하루 10억 시청 시간을 달성하기 위해 노력하겠다는 것이었다. "다들 무슨 생각을 하는지 압니다." 메로트라가 말했다. 불가능하다고 생각들 하시죠. 한때 교수가 되려고 했던 메로트라는 들뜬 TED 연사처럼 청중을 대했다. 그는 사람들에게 자세히 숫자를 설명해주었다. 하루에 10억 시간은 인터넷 트래픽에서 가장 큰 비중을 차지하는 페이스북 트래픽의 다섯 배에 달하는 수치라고 그는 전했다. 그런 뒤 그는 결정적인 멘트를 덧붙였다. "그럼에도 텔레비전의 20퍼센트밖에 되지 않을 겁니다. 이 20퍼센트가 우리의 위 점유율입니다."

이후 몇 달간 유튜브의 각 팀은 래리 페이지의 구글에서 진행 중인 다른 10배 문샷 프로젝트들과 유튜브를 동등하게 중요한 위치로 올려놓아줄 이 대담한 목표가 어떤 의미인지 배워나갔다. 이제 유튜브 광고 판매자는 케이블과 비교해 시청 시간당 매출을 기준으로 평가받는 것이었다. 컴퓨터 네트워킹 부서는 하루 10억 시간이면 유튜브가 인터넷 전체 대역폭의 두 배 가까이 사용하게 될 것이라고 추정했다. 모형을 만들어보기 위해 차트에 궤적을 그린 네트워킹 부서는 결과물을 두고 '인터넷 파괴 그래프'라는 이름을 붙였다. 굿로의 코더들은 조회 수가 가장 많은 영상이 아니라 시청 시간이 가장 긴 영상을 홍보하는 방향으로 유튜브 검색과 추천 시스템을 개편했다. 영상만이 이들의 배를 빨리 움직이게 할 수 있었다.

그중 한 팀만은 그리 열정적인 모습을 보이지 않았다. 유명한 크리에이터와 함께 일하기 위해 최근 유튜브에 온 빙 첸Bing Chen은 2012년 초 메로트라에게서 '프로덕트 아지트'라는 별명으로 불리는 샌브루노의 회의실로 와달라는 이메일을 받았다. 유튜브는 대담한 목표를 세우기 전 알고리즘이 시청 시간을 우선시하는 방향으로 가동될 수 있는지를 실험하고자 했다. 아지트에서 첸은 5일의 시간을 줄 테니 크리에이터들에게 향후 변경 상황에 대해 어떻게 설명할 것인지 준비하라는 지시를 받았다. 첸은 어안이 벙벙해졌다. 많은 크리에이터가 영상 길이가 아닌 조회 수를 보상하는 시스템에서 성공하는 법을, 생활비 버는 법을 배웠다는 것을 그는 잘 알고 있었다. 바뀐 방침은 자칫 이들의 노력을 하루아침에 수포로 만들 수도 있었다.

그는 동료들과 함께 새로운 소식을 알리는 블로그 게시물을 작성하느라 애를 먹었다. 글을 완성한 후 이들은 작성자를 밝히지 않기로 결심했다. 조용히 넘어가지 못할 문제라는 것을 이들은 알고 있었다.

13장

렛츠 플레이

블로그 게시물, 2012년 3월 9일:

관련 영상 및 추천 영상 시스템 변화

유튜브팀

최근 채널을 서핑했을 때를 떠올려보면, 휙휙 넘겨 보던 스무 개의 TV 프로그램과 한 편을 끝까지 다 본 프로그램 중 어느 쪽을 더욱 즐겁게 시청했나요(아니면 어느 쪽이 기억에 더 남았나요)? 훑어봤던 스무 개의 영상과 실제로 시청했던 영상 중 어느 쪽을 친구에게 추천하겠습니까? 유튜브 영상을 더욱 즐겁고, 기억에 오래 남고, 공유할 수 있는 콘텐츠로 만들기 위해 저희는 관련 영상 및 추천 영상을 업데이트해 시청자들에게 즐거움을 전달하는 서비스를 제공하고자 합니다.

유튜브의 통유리창으로 된 회의실 중 한 곳에 앉아 있던 트레버 오브라이언Trevor O'Brien의 눈에 동료가 밖에서 정신없이 팔짝팔짝 뛰는 모습이 들어왔다. 광고 수익을 받는 크리에이터들과 일하는 매니저인 동료는 그의 이름을 입으로 뻥긋대고 있었다. "트레버어어. 트레버어!" 오브라이언이 무슨 일인지 파악하기 위해 회의실 밖으로 나가자 매니저가 말했다. "당신 알고리즘에 버그가 있어요."

유튜브 검색을 담당하는 오브라이언은 구글의 프로덕트 매니저 인재상에 꼭 맞는 인물이었다. 소프트웨어 노하우와 유려한 말솜씨를 갖추었고 코더들보다 사람을 다루는 능력이 뛰어났다. 유튜브가 시청 시간을 중시하는 방향으로 시스템을 변경한 후, 몇몇 직원은 유튜버들이 직격으로 겪게 될 엄청난 혼란을 예상하지 못한 나머지 컴퓨터 오류 탓으로 돌렸다. 하지만 시스템은 의도한 대로 문제없이 운영되고 있었다. 유튜브 머신은 이제 사람들의 시선을 가장 오래 붙잡는 영상을 노출시켰다. 바이럴 성공작들은 처벌을 받았다. 귀여운 꼬마가 등장해 인터넷에서 큰 인기를 끌었던 영상 〈치과에 다녀온 데이비드David after dentist〉의 부친이 공황 상태에 빠져 유튜브로 전화를 걸어왔다. 광고를 게시할 수 있는 영상으로 선정되었던 해당 클립의 조회 수가 거의 반토막이 났던 것이다. '시청 시간'이 수치로 나타나도록 '애널리틱스'의 웹 대시보드를 업데이트한 사람이 아무도 없었다는 것도 문제였다. 유튜버들은 '조회 수'를 확인했고, 이 조회 수가 곤두박질치는 현상을 목격하면서도 이유를 알 수가 없었다.

회사는 유튜버들에게 클릭만 하는 시청자들은 사실 계속 함께할 사람들은 아니라고 설득해야 했다. "저희를 믿으세요." 오브라이언은 동료들에게 이렇게 전달하라고 조언했다. "우리의 목표는 양질의 시청자입니다."

얼마 지나지 않아 그는 늑대들의 먹잇감으로 던져졌다. 로스앤젤레스로 날아가 유튜브의 가장 큰 프로듀서들에게 그들의 비즈니스가 곤두박질친 이유를 설명해야 했다. 오브라이언이 만난 디맨드미디어Demand Media는 이하우eHow 등의 유명 유튜브 계정을 운영하며 실용적인 검색어(반려견 목욕시키는 법, 서빙하는 법) 맞춤용으로 짧은 영상을 공장식으로 찍어내는 기업이었다. 어느 순간 이 계정은 유튜브에서 가장 큰 영상 공급자가 되었지만 갑작스럽게 트래픽이 크게 줄어든 상황이었다. 이 문제를 해결하기 위해 디맨드 미디어 임원진은 더 긴 하우투how-to 영상을 제작하겠다고 제안했다. 하지만 별 소용이 없을 거라고 오브라이언은 설명했다. 현 시스템은 사람들이 실제로 시청하고 '싫어 하는' 미디어에 보상하는 것이라고 말이다. 오브라이언은 유튜브의 추천 시스템을 음식점 리뷰어에 비교했다. "저희는 그저 사람들이 최고의 영상을 찾을 수 있도록 하려는 겁니다." 그는 이렇게 설명했다.

또 다른 거대 유튜브 공장인 머시니마와 몇 차례 미팅을 하며 오브라이언은 임원에게 게임 네트워크가 어떻게 달라질지 설명해주었다. 임원은 답을 찾기 위해 계속해서 그에게 질문을 던졌다. 머시니마가 이름을 바꿔야 할까요? 몽타주를 더 길게 만들어야 합니까?

"아니요, 그런 게 아닙니다." 오브라이언은 답했다. "기계처럼 생각하지 않고 계시는군요."

머신은 사람들의 시청과 유튜브 체류를 유도하는 영상들을 선호했다. 오브라이언은 몇 가지 조언을 더했다. '좋아요' 버튼을 누르는 것보다 댓글을 쓰는 것이 더 수고로운 일이기에 알고리즘은 '좋아요'보다 댓글에 더욱 가중치를 둔다고 설명했다. 이후 이 임원은 머시니마 사무실에 걸어놓을 용도로 그가 전해준 조언을 그럴듯한 포스터로 제작했고, 이 포스터를 들고 샌브루노를 방문해 오브라이언을 놀라게 했다. '와, 조금이라도 우위를 점하려고 한마디도 놓치지 않았구나.' 오브라이언은 생각했다.

· · ·

유튜버들이 유튜브에게 배신당했다고 느꼈던 적은 이번이 처음이 아니었다. 전년도 여름, 유튜브는 《코스믹 판다Cosmic Panda》라는 이름으로 세련되게 개편한 사이트를 소개했다. 무척이나 필요했던 사이트 디자인 개선의 일환이자(정보 기술 블로그인 《테크크런치TechCrunch》는 기존의 YouTube.com을 "대단히 흉측하다"[85]라고 표현했었다) 바이럴 히트에만 의존하던 시청자들의 관심을 다른 방향으로 돌리기 위한 시도였다. 유튜브는 이 새로워진 우주에서 가이드(코드명: 히치하이커Hitchhiker) 역할을 하며 여러 채널로 안내해줄 홈페이지 패널을 추가했고, 페이스북처럼 시청자들의 히스토리와 취미를 바탕으로 개인 맞춤형 피드를 선사하는 여러 기능을 더했다.

조 페냐Joe Penna는 유튜브에서 미스터리기타맨MysteryGuitarMan으로 알려진 스톱모션 애니메이터이자 따뜻한 성품의 브라질 음악인이었다. 그는 프레디 웡과 자주 공동 작업을 하며 고상하고도 중독성 높은 영상을 함께 제작한 덕분에 사람들에게 친숙한 유튜브 스타가 되었다. 비드콘에서 유튜브가 《코스믹 판다》를 공개하던 당시 그는 프레젠테이션에 맞춰 기타를 쳤다. 모두가 박수를 쳤고, 유튜브는 그에게 판다 굿즈를 선물로 나눠주었다. 행사를 마친 뒤 집으로 돌아온 페냐는 시청자가 60퍼센트 가까이 줄어든 것을 확인하고는 자신과 같은 히트 제조기들에게서 시청자를 앗아간 개편된 시스템에 마음이 상했다. 몇 달 후, 유튜브가 시청 시간을 우대하는 방향으로 전환되자 이러한 경향이 심화되었다. 페냐가 속한 회사인 빅프레임Big Frame은 여러 유튜버의 수치를 살펴보았고 하나같이 수치가 급락한 것을 확인했다. 시스템 개편을 알리는 유튜브의 블로그 글에는 도움이 되는 조언이 하나도 없었다.

새로운 변화에 어떻게 적응해야 할까요? 늘 하던 대로 하면 됩니다. 사람들의 흥미를 자극하는 훌륭한 영상을 제작하는 거 말이에요. 1분짜리 영상이든, 1시간짜리 영상이든 상관없습니다.

페나의 영상 대다수는 겨우 1분 남짓의 짧은 분량이었지만, 그 영상을 만들기 위해 몇 시간 또는 며칠을 투자했다. 사람들이 그의 영상을 보는 이유가 바로 이것이었다. "대학살이 벌어진 셈이었죠." 빅프레임의 공동 창립자이자 조 페나의 아내인 새라 페나는 이렇게 회상했다. "대단히 창의적인 사람들이 모여 있는 공간에 산소를 제거한 거예요." 빅프레임의 고객 한 명은 더욱 심각한 타격을 입었다. 2012년 초, 데스톰 파워의 음악 채널은 한 달에 약 900만 명의 시청자를 모으며 유튜브에서 가장 유명한 블랙(흑인) 크리에이터로 자리 잡았다. 데뷔한 이래로 점점 더 다재다능한 모습을 보였던 파워는 그만의 시그니처 구호 "왓츠 업 월드? 새로운 하루, 새로운 챌린지"로 영상을 시작했고, 이런 식의 브랜딩이 흔하지 않았던 수년 전부터 그는 스스로를 차별화된 브랜드로 내세웠다. 하지만 유튜브의 갑작스런 알고리즘 변화가 조회 수와 수익을 크게 떨어뜨렸고 그의 계정에 버그만 들끓게 만들었다. 1년 넘는 시간 동안 파워와 새라 페나가 유튜브 직원들과 실랑이를 벌이고 나서야 유튜브 대변인은 실제로 어떤 문제가 발생했다는 것을 인정했다.

작은 결함들을 대수롭지 않게 여긴 유튜브는 새 알고리즘을 옹호했다. 새 알고리즘이 등장한 후 어느 시점에서인가 사이트 조회 수가 25퍼센트가량 감소했다. 광고 매출액은 조회 수와 관련된 개념이므로 유튜브의 전체 수익 또한 감소했다. 하지만 회사에 이러한 손실은 품질 향상을 위해 치러야 할 대가였다. 새로운 시스템은 기만 행위로 시청자에게서 클릭을 유도하는 '리플라이 걸스' 같은 클릭베이트를 대다수 잠재웠다. 새로운 시스템은 이성적으로도, 컴퓨터적으로도 그리고 종합적으로도 사람들에게 원하는 영상을 제공하는 가장 좋은 방법이었다. 파워 같은 특정 크리에이터들을 위해 시스템에 개입하는 것은 유튜브가 생각하는 공정함에 어긋나는 처사였다.

하지만 외부에서 보기에는 유튜브가 몇 안 되는 블랙 비즈니스 파트너 중 한 명을 버리는 것처럼 비쳐졌다. 파워는 한 매체의 기명 논평 페이지에 '유

튜브를 믿어도 될까요?'라는 제목으로 자신의 노력을 밝혔다.[86]

쉬운 일처럼 생각하는 사람들도 있다. "그냥 영상 찍어서 유튜브에 올리기만 하면 되잖아요?" 틀린 말이다. 온종일을 매달려야 하는 일이고… 영화나 텔레비전과는 달리 촬영을 쉴 수 있는 때가 있는 것도 아니다… 다 잘 진행이 되어갈 때는 정말 최고의 자리에 오른 기분을 느낀다. 하지만 이것이 직업적인 일이 되었고, 삶에 대단히 큰 부분을 차지하다 보니 문제가 생겼을 때는 생지옥이나 다름없는 상황이 펼쳐진다.

이내 그는 유튜브에 더 이상 영상을 올리지 않았다.

다른 유튜버들은 새로운 시대에 어울리는 포맷을 찾았다. 가장 많은 구독자 수를 자랑하는 스모쉬는 짧은 분량의 콩트식 콘텐츠를 보완하기 위해 게이밍 채널을 시작했다. 연예 매니저인 댄 와인스타인이 베이컨과 가공육 범벅의 괴이한 쿠킹 쇼로 유튜브에서 큰 성공을 거둔 《에픽 밀 타임Epic Meal Time》을 TV 프로그램으로 출시하려고 준비하던 차에 해당 채널의 조회 수가 90퍼센트나 떨어지는 일이 벌어졌다. 1년 전 유튜브 CEO가 무대에 초청한 말하는 과일 채널 《어노잉 오렌지》 또한 조회 수를 잃었다.

좋은 효과를 거둔 방법을 찾아낸 유튜버들도 있었다. AM 라디오 방송처럼 장시간 진행하는 데일리 토크쇼가 그것이었고, 이 포맷을 따른 채널들이 곧 폭발적으로 늘어났다.

프레디 웡은 유튜브 사람들에게 소문을 듣고 알고리즘이 달라진다는 사실을 알게 되었다. 사이트 내부의 일 대부분은(어떠한 지렛대가 효과가 있고 없는지는) 모임이나 파티 자리에서 집단의 지혜가 전파되듯 이 유튜버에게서 저 유튜버로 전달되었다. "이제는 이렇게 될 거래." "진짜? 어떻게 알았어?" 사실 정확하게 아는 사람은 아무도 없었다. 하지만 몇 달 후, 유튜브의 핵심 지렛대가 명확해졌다. 시청 시간만이 중요해졌다. 유튜브를 시작할 당시 웡은 바이럴리티virality(정보 및 콘텐츠가 급속하게 확산되는 현상 또는 경향성—옮긴이)의 과학에 대해 꼼꼼히 조사하고 그것을 구성하는 요소들을 실험해봤다. 이제 바이럴리티의 공식이 너무도 단순하게 느껴졌다. "좋아. 영상 시간만 잔뜩 늘리면 되는 거잖아." 그는 이렇게 결심했다. 유튜브의 변화로 저품질 영상을 자주 올리는 크리에이터들이 "에스컬레이터에 오르게 되었다"라고 웡과 일했던 기획사 매니저는 당시의 상황을 설명했다. 웡은 유튜브를 향한 신뢰가 점점 사라지는 것을 느꼈다. 유튜브는 시청자들이 영상을 볼 수 있는 최적의 시간에 맞춰 크리에이터들이 자동 업로드를 예약하는 새로운 기능을 소개했다. 편리한 기능이었다. 하지만 웡이 아는 사람 중에 해당 기능을 사용하는 이는 없었다. 시스템이 오류라도 날까 걱정이 큰 탓이었다.

그는 또 다른 변화를 감지했다. 첫 비드콘 때 웡은 유튜버를 꿈꾸는 사람들 수십 명이 휴대용 카메라로 서로의 모습을 영상으로 찍으며 호텔을 바쁘게 돌아다니는 모습을 감탄하며 지켜봤었다. 애너하임의 디즈니 근처로 장소를 옮겨 개최한 2012년 비드콘에서는 수많은 참석자가 팔을 쭉 내밀어 카메라를 들고 있었지만 화면은 모두 본인들에게 향해 있었다.

. . .

사이트가 시청 시간을 우대하는 방식으로 바뀐 뒤 단연 큰 수혜를 본 유튜브 장르는 '렛츠 플레이Let's Play'였다. 렛츠 플레이는 유명하거나 대단히 이상한 타이틀의 게임을 직접 플레이하는 비디오 게이머들의 영상을 부르는 명칭으로, 팬들은 이들이 게임을 하는 모습을 시청했다.《마인크래프트》 같은 노벨 게임들은 값비싼 콘솔용이 아니라 컴퓨터용으로 다양한 버전을 끝도 없이 출시하며 큰 시장을 이루었다. 비디오게임에는 서사가 담겨 있었고, 이것이 열성적인 팬들로 하여금 쉼 없이 계속해서 영상을 시청하게 만들었다.

또한 '렛츠 플레이'계에는 새롭게 떠오르는 최고의 마스터가 있었다.

 퓨디파이: 재미있는 게이밍 몽타주
(PewDiePie: FUNNY GAMING MONTAGE!)

▶ ▶|　　　　　　　　　　　　　2012년 10월 28일 · 11:01

TV보다 더 높은 시청률을 기록한 베스트 영상만 모아놓은 클립 쇼다. 펠릭스 셸버그, 즉 퓨디파이가 화면 한쪽 구석에 금발 머리에 커다란 헤드폰을 쓰고 꺼칠하게 수염이 자란 얼굴로 등장한다. 화면에 등장하는 게임들을 설명하고 "젠장"과 환희를 정신없이 오가는 모습이 《사우스파크》의 카트먼Cartman을 연상케 한다. 스무 개 이상의 게임 장면을 편집해 이어붙인 영상이다. "지금 진짜 너무 무서워요." 그는 자신의 전공인 슬래셔 호러 게임을 하며 이렇게 외친다. 비명소리. 영상이 시작된 지 9분이 지났을 즈음, 셸버그는 팬에게서 온 우편물을 연다. 콘돔이 나온다. "항상 멋지기를, 퓨즈Pewds" 그가 편지를 읽는다. 바보 같은 미소를 짓는다.

셸버그는 유튜브의 변화에 절대적으로 유리한 입장이었다. 유튜브가 더 많은 크리에이터들이 활동하길 바라는 해외에 거주하고 있었고, 그는 본능적으로 유튜브에서 무엇이 통할지 아는 사람이었다. 그는 새로운 주간 시리즈 〈퓨디파이와 함께하는 금요일〉을 통해 시청자들과 직접적으로 대화를 나누며 자신을 더욱 드러내기 시작했다. "제 팬들은 전문가들이 제작하는 최고급 영상은 그다지 바라지 않아요." 그는 한 인터뷰에서 이렇게 말했다.[87] "컴퓨터 화면 앞에서 나누는 외로움이 우리를 뭉치게 하는 힘이죠." 더욱 중요한 점은 퓨디파이의 게이밍 영상이 검색에서 훌륭한 성과를 거두었다는 것이다. 몽타주 영상 아래에는 그가 했던 모든 게임의 링크와 타이틀이 정리되어 있었다. 이 텍스트를 삼킨 유튜브 시스템은 사람들이 해당 게임을 검색하거나 비슷한 영상을 시청할 때면 퓨디파이의 클립을 페이지에 등장시켰다.

유튜브라는 점점 커져가는 상업의 중심지에 있는 모두가 그를 주목했다. 게이머들은 젊은 남성층을 대규모로 불러들였고, 몇몇 광고주에게는 대단히 이로운 현상이었다. 대니 재핀의 메이커스튜디오스의 리더는 파란 눈에 수려한 외모로 다른 게이머보다 더 많은 여성 시청자를 모으는 셸버그를 알아봤다.

메이커에게 '렛츠 플레이' 장르는 비즈니스 모델을 정비할 계기로 작용했다. 이 스튜디오는 더욱 많은 유튜브 스타와 스눕 독Snoop Dogg 같은 유명 인사들을 계약해 거대한 그린 스크린을 마련해놓은 새 사무실에서 영상을 촬영했다. 2011년 초, 메이커는 자사의 네트워크 안에 150여 개의 채널을 거느리고 유튜브 월 조회 수 3억을 기록하며 시청자 도달에서는 전체 TV 네트워크사에 필적하는 규모를 자랑했다. 재핀은 벤처 자금으로 150만 달러를 지원받았다. 하지만 메이커스의 채널 대부분은 대본을 두고 비싸게 제작되었고, 유튜브의 광고 수입이 항상 제작 비용을 충당할 정도가 되는 것은 아니었다. 유튜브가 시청 시간을 우대하는 방향으로 개편된 후, 경제적 불균형은 무시하기 어려운 수준이 되었다. 게이머들은 게임을 하고 대화를 하는 모습을 찍어 올렸다. 애니메이션을 추가하는 등 약간의 편집 작업을 할 때도 있었지만 대체로 영상은 유튜브로 곧장 올라가는 식이었다. 제작 간접비가 들지 않고 대단한 규모의 그린 스크린도 필요하지 않았다. 또한 게이머들의 팬은 10분 이상 영상을 시청했다. 유튜브의 초기 세무 관리사인 데이비드 시버스는 얼마 전부터 메이커의 새로운 게이밍 콘텐츠 개발을 맡아 진행하고 있었고, 과거 교회에서 청년부 리더를 했던 그는 욕설을 내뱉는 '렛츠 플레이' 최고의 마스터, 즉 퓨디파이의 팬이 되었다.

유튜브 개편과 더불어 벤처 자금에 대한 성과를 내야 한다는 새로운 압박감까지 더해진 메이커는 게임 네트워크인 머시니마 소속 유튜버들에게 더 나은 조건을 약속하며 접근했다. 당시 메이커 임원진은 머시니마가 셸버그와 체결한 허술한 '무기한' 계약의 허점을 이용해 셸버그가 거기서 벗어날 방법이 있다는 것을 알아챘다. 이후 셸버그는 머시니마를 나와 메이커와 계약을 맺었고, 퓨디파이의 시청자 수는 이후 더욱 치솟았다. 그가 구독자 300만 명을 달성하며 유튜브 게이머 중 최고의 자리를 차지하자 메이커는 파티를 열기로 했다. 메이커 직원들은 그의 성과를 축하하는 파티 전단지를 제작했다. 파티 계획 중에 퓨디파이가 400만 구독자를 넘기자 기존의 전단지를 파기해야 했고, 이후 구독자 증가세는 계속되었다. 마침내 이들은 구독자 수 600만 명을 축하하는 파티를 열었다.

메이커는 컬버시티의 한 창고를 빌려 타코 트럭 몇 대를 부르고 수백 명을 초대했다. 뿌듯함을 느낀 셸버그의 요청 사항은 몇 개 되지 않았다. "미국에는 사람 얼굴을 새긴 케이크가 있다고 하던데요." 그는 한 직원에게 말했다. 이들은 해당 케이크를 대령했다.

· · ·

블로그 게시물, 2012년 4월 12일:
이제 유튜브 크리에이터는 더욱 큰 보람을 느낄 수 있습니다

유튜브팀

파트너들은 이미 영상을 제작하며 큰 규모의 충성심 높은 시청자를 만나는 동시에 자신의 커리어를 쌓아가고 있습니다. 하지만 우리는

재능을 가진 크리에이터들이 아직 많다는 것을 알고 있고, 어떤 꿈이
든 이들이 자신의 목표를 달성할 수 있도록 돕고 싶습니다.

유튜브에게는 지독하게도 바쁜 봄이었다. 알고리즘이 달라지고 한 달쯤
지나, 유튜브는 시스템 개선만큼이나 중대한 의미를 지니게 될 또 하나의
전면적인 변화를 감행했다. 이들은 수문을 열어 사실상 누구나 돈을 벌 수
있는 기회를 만들어주었다.

5년 전 소수의 크리에이터들과만 광고 수익을 공유하기 시작한 유튜브
는 이제 그 숫자가 3만 명으로 늘어났다. 하지만 유튜브 리더들에게는 납
득하기 어려운 상황이 펼쳐지고 있었다. 우선, 경제성이 좋지 않았다. 매디
슨 애비뉴 마케터들은 유튜브를 좋아하기 시작했고, 유튜브의 서비스는 중
동부터 동남아시아까지 해외의 시청자들에게 광범위하게 도달했지만, 디지
털 기반상 많은 광고를 걸 수 있는 환경이 갖춰지지 않거나 어떤 경우는 광
고를 전혀 낼 수 없는 지역이 많았다. 또한 크리에이터들 중에는 시청자들
에게 불쾌감을 유발할지도 모른다는 걱정에서 여전히 벗어나지 못하고 광
고를 끄는 이들도 있었다. 따라서 유튜브는 수익이 발생할 수 있는 광고를
걸 자리가 부족해졌다. 몇 년 전, 메로트라도 유튜브의 임시 이사회를 대상
으로 〈딜버트〉의 언쟁을 나눌 때 이와 유사한 딜레마를 경험했었다. 그때와
비슷한 해결책만이 답인 듯했다. 광고 자리를 더 많이 마련하는 것이었다.

또한 판이 기울어져 있었다. 메이커와 머시니마 같은 MCN들은 단번
에 수백 개의 채널을 쓸어 담았는데, 많은 유튜버에게 이 편이 수익을 지급
받기 가장 쉬운 방법이었다는 것도 일부 원인으로 작용했을 터다. 덕분에
MCN들은 킹메이커가 되었다. 유튜브는 킹메이커들을 좋아하지 않았다.
카만가와 메로트라는 사이트가 '공평한 경쟁의 장'을 제공해야 한다는 자

신들의 원칙을 자주 언급했다. 공평한 장에서는 크리에이터와 유명 인사를, 시민과 뉴스 앵커를, 뷰티 블로거와 패션 리더를 동등한 위치에 두었다. 아직 죽음의 겨울이 닥치지 않은 아랍의 봄 사태 또한 이러한 평등주의의 타당성을 몸소 보여주고 있었다. 새로워진 알고리즘으로 처참한 상황에 빠진 몇몇 유튜버에게는 수익을 더 많은 이에게 확장하는 방식이 불공평하게 느껴졌다. 하지만 전체적인 데이터를 들여다보는 유튜브로서는 부를 널리 나누는 개념이었다.

따라서 유튜브는 저작권이나 헤이트 스피치, 폭력적인 영상에 관한 정책을 너무 많이 어기지만 않는다면 누구나 광고 수익을 신청할 수 있도록 했다. 이후 광고를 게재한 채널 수가 3만 개에서 300만 개 이상으로 늘어나면서 이미 규모가 커서 관리하기 힘든 토르소와 롱테일 사업부의 몸집을 눈 깜짝할 새 불려놓았다. 이는 의심할 여지 없이 대중매체와 인터넷 자율 규제에 관련해 가장 대담한 실험이었고, 사상 가장 큰 규모의 웹 경제 중 하나를 탄생시킨 일이었다.

아무런 검증도 없이 구글의 지원 아래 수백만 명이 알아서 방송을 하게 둘 때 여러 문제가 발생할 수 있다는 것을 뒤늦게 깨달은 관련자들이 많았다. 유튜브 내에서는 시청 시간을 얼마만큼 넘겨야 한다는 식으로 광고를 게재할 수 있는 자격 요건을 마련하자고 제안하는 이들도 있었다. 콘텐츠 부서 책임자인 딘 길버트는 "모든 픽셀이 동일한 것은 아니다"라는 자신의 만트라를 새기며 영상 카테고리에 따라 다른 광고료가 적용되어야 한다고 주장했다. 하지만 당시에는 공평한 경쟁의 장이 되어야 한다는 주장이 우세했다.

또한 뒤늦게 몇 가지 실수를 떠올린 사람들도 있었다. 유튜브는 전체 시청 시간 중 시청자들이 부적절하거나 바람직하지 않다고 신고한 영상들의 시청 시간 비율은 측정하지 않았다. 광고 프로그램 확대를 준비하는 동안 직원들은 '수익 창출'의 권한을 누구에게 주어야 하는지를 두고 길고 긴 토론을 나누지 않았다. 다만 직원들은 많은 크리에이터가 영상으로 생계를 책임질 정도의 견인력을 얻을 수 없다는 현실을 깨닫게 되는 상황을 우려했다. 실제로 대부분의 크리에이터는 그만한 견인력을 얻지 못했다. 그럼에도 도전하는 이들은 여전히 많았다.

14장

▶

디즈니 베이비 팝업 팰스
이스터 에그스 서프라이즈

⏸ ⏭ 🔊 ⚙ ▢ ⛶

해리 조Harry Jho는 이메일을 보고 도무지 믿을 수가 없었다. 유튜브에서 사람이? 그는 유튜브 측의 실제 사람과 이야기하는 것을 포기한 지가 이미 오래였다. 한 행사에서 유튜브 직원이 건네는 명함을 보고 그는 좋은 조짐이라여겼다. 명함에 적힌 이메일 주소를 들여다보니 support@google.com이라적혀 있었고 이름은 없었다.

조는 월스트리트에서 뱅크오브아메리카Bank of America 소속 증권 변호사로일했다. 아내 소나Sona와 함께 색색의 동물들이 동요를 부르는《마더 구스클럽Mother Goose Club》이라는 유튜브 채널도 운영했다. 1990년대 부부는 한국에서 영어를 가르치다 해리는 금융계로 이직했고, 하버드대학교에서 교육학을 전공한 소나는 공공 방송사들과 지역 PBS의 프로그램을 제작하는 일을 했다. 한국계 미국인인 조 부부는 어린 두 자녀를 두었고, TV에 자녀들과 비슷한 생김새의 아이들을 찾아보기 어렵다는 사실을 깨달았다. 교육자였던 이들은 텔레비전에서 교육적 결함을 발견했다. 아이들이 학습하려면 입술이 움직이는 것을 봐야 하지만, 바니Barney는 입을 움직이지 않았다.

《베이비 아인슈타인Baby Einstein》에는 장난감만 나왔다. 《마더 구스 클럽》을 시작하기로 결심한 부부는 스튜디오에 투자했고 동물 옷을 입고 "The Itsy Bitsy Spider"와 "Hickory Dicory Dock"을 부를 배우를 여럿 고용했다. 텔레토비와 비슷했지만 그보다는 덜 나른하고 덜 유치했다. 조 부부는 부모들을 대상으로 DVD를 판매해 TV 쇼까지 이어질 수 있을 정도의 관심을 이끌어내려 했다. 유튜브는 클립들을 저장할 편리한 공간을 제공하고 있었고, 2008년 해리 조는 별다른 생각 없이 유튜브 계정을 시작했다.

계정을 운영한 지 2년 차가 되자 그는 퇴근 후 계정의 숫자들을 확인하기 시작했다. 조회 수 1,000. 그는 다음 날 다시 확인했다. 조회 수 1만. 유튜브에는 아이들을 위한 동영상은 많지 않았다. '어쩌면 텔레비전이 아니라, 유튜브에서 처음으로 아이들을 위한 채널이 되는 것도 나쁘지 않겠는데.' 적어도 니켈로디언이 키즈 분야를 점령하기 전까지는 말이다.

유튜브의 누군가가 메일을 보내와 구글의 맨해튼 사무실로 그를 초대한 일이 2011년 봄이었다. 유튜브 직원은 조에게 개편된 사이트 디자인을 보여주며 몇 가지 팁도 전해주었다. 결국 조는 그간 참아왔던 질문을 던졌다. "저희를 왜 부른 거죠?"

"뉴욕에서 가장 큰 채널을 운영하는 유튜버일 겁니다." 직원이 답했다. 조는 처음 듣는 이야기였다.

온화한 말투에 안경을 쓰고 정갈한 옷차림을 한 해리와 소나 조 부부는 유튜브 스타라기보다는 학부모 모임에 참석한 부부 같았다. 1년 전에 출시된 아이패드는 어린아이를 둔 지친 부모들에게는 유용한 도구로 자리 잡았다. 오래지 않아 유튜브는 기계적으로 영상이 이어서 재생되는 자동 재생 기능을 선보였다. 구글 미팅 이후 조 부부는 사이트에 트래픽이 더 늘어난 것을 확인했다. 유튜브는 부부의 계정을 광고 프로그램에 등록했다. 1년 후 유튜브는 시청 시간을 측정하는 것으로 시스템이 달라졌고, 이내 《마더 구스 클럽》과 비슷한 계정들이 등장했다. 처음에는 블루컬렉션BluCollection이었다. 장난감 피규어들을 바닥에서 이리저리 움직이는 남성의 손 영상만 올리는 익명 계정이었다. 부부는 자신의 동영상 옆에 자리한 클립들을 하나씩 시청했다. 곧 비슷한 영상들이 사이드바를 가득 채웠다. 부부는 이 영상들이 유튜브를 점령했다는 사실을 알게 되었다.

. . .

학부모들과 정부 관계자들은 아이들이 무엇을 시청하는지에 관심을 가져왔다. 1970년대,《세서미 스트리트Sesame Street》가 TV에 방영될 수 있도록 힘쓴 옹호자들과 교육자들 연맹은 아이들이 프로그램과 광고를 구분하지 못할 것을 우려해 어린이 TV 프로그램에는 상업적 활동을 더욱 강경하게 규제하는 방안을 요구했다. 토요일 오전에 방영하는 만화에서는 상품을 홍보하는 것이 금지되었다. 일명 키드비드Kidvid(아동용 TV 프로그램을 뜻하는 단어—옮긴이) 규정[88]이라고 불리는 1990년 법안이 확대되며 아이들을 대상으로 하는 방송사는 교육 프로그램을 일정 시간 방영해야 하고 광고 시간에도 제한을 두었다. 방송사들은 규정을 교묘하게 어겨보려 했지만 규제 기관으로부터 방송 허가를 취소하겠다는 위협을 받았다.[89]

그러다 사이버 공간이 등장했다. 1995년 『타임』 표지에는 공포 영화 같은 조명 아래 눈을 번뜩이며 키보드 앞에 앉아 있는 금발의 남자아이와 그 아래로 "사이버 포르노"라는 위협적인 문구가 적힌, 괜한 불안을 조장하는 사진이 걸렸다. 『타임』은 이렇게 물었다. "인터넷에 접속한 아이들은 인간의 성에 대한 가장 추악한 면에 노출될 것인가?" 현대의 인터넷 환경을 좌우하는 입법자들은 성과 폭력의 위험에 지나치게 매몰된 나머지 미디어의 균형 잡힌 교육 콘텐츠란 무엇인지, 방치된 소비지상주의가 성장 중인 아이들에게 미칠 잠재적 영향력은 무엇인지 같은 문제들은 살피지 않았다.[90] 구글의 쿠키와 같은 웹 미행꾼들의 조용한 전방위적 감시 체계를 걱정하는 사생활 보호 활동가들은 아이들의 인터넷 사용을 규제해야 한다고 의회를 압박했다. 웹사이트는 마케터들의 소중한 자산이 될 인적 사항을 공유해달라고 아이들에게 직접 요청하고 있었다.《배트맨 포에버Batman Forever》영화 홍보 사이트에는 이런 문구가 걸려 있었다. "훌륭한 웹 시민은 고든 국장을 도와 고담 인구조사에 동참합니다." 1998년, 타깃 광고 용도로 13세 미만 미성년자의 개인 정보를 수집하지 못하게 하는 어린이 온라인 사생활 보호법Children's Online Privacy Protection Art, COPPA이 제정되며 활동가들은 작은 승리를 거두었다. 하지만 법안의 집행력은 텔레비전을 감독하는 기관(FCC, 연방통신위원회)이 아니라 다른 기관(FTC, 연방거래위원회)에 있었고, 해당 법안에는 TV의 교육 프로그램 방영이나 광고 방송과 관련한 규정이 하나도 포함되어 있지 않았다. 캘리포니아 등 몇몇 주에서는 TV나 영화 속 아역 배우의 출연 시간을 제한하고 이 아이들의 수입을 보호하는 장치를 마련했다. 인터넷은 그러한 제도가 없었다.

하지만 아이들은 온라인으로 향하고 있었고, 거대한 키즈 엔터테인먼트 업계도 이들을 따라 온라인으로 넘어오고 있었다.

유튜브는 이러한 이주 현상을 일찍부터 목격했다. 구글에 인수되기 전, 유튜브의 부사장이자 과거 카툰네트워크Cartoon Network 프로듀서였던 케빈 도너휴는 유튜브 창립자들에게 아동용 사이트를 만들어야 한다고 제안했다. 창립자들은 그에게 사내 변호사와 이야기해보라 했고, 변호사는 그 제안을 거절했다. 코파COPPA로 인해 아동용 사이트를 만들려면 대단히 복잡한 과정을 거쳐야 했는데, 당시 유튜브는 인력이 턱없이 부족한 상태라 사내 법무 인력은 전부 저작권 문제에 대응하는 데 매달려야 했다. 유튜브는 영상을 올리는 업로더에게 13세 이상이라고 적힌 박스에 체크하도록 했다. 사이트의 이용 약관에는 13세 이상만 사용할 수 있다고 명시했고, 따라서 서류상으로도 그러했다.

앞서 구글도 유사한 결론에 도달했다. 과거 최대 강적이던 야후는 한때 아동 전용 웹사이트 야훌리건Yahooligans을 운영했다. 한 해에 몇 차례 구글 내부에서는 아동 친화적인 버전의 구글 검색을 만들자는 제안이 오갔다. 다만 이 제안은 매번 난제에 부딪혔다. "아동 친화적인 것이 무엇인지 우리가 어떻게 판단할 수 있는가?" 아이를 둔 직원 중에 아동용으로 제작된 동요와 ABC 노래, 장난감 영상 들을 찾아본 사람들도 있었지만(블루컬렉션이 생기기 전에도 아동 콘텐츠를 운영하던 사람은 조 부부만이 아니었다) 실망스러운 품질에 답답해했다. "정말 난장판이었어요." 한 여성 직원은 이렇게 표현했다.

난장판을 수습하는 맥락의 제안이라면 무엇이든 프로덕트 매니저 헌터 워크를 거쳐야 했다. 과거 유튜브 댓글 칸을 청소하려던 인물이었다. 워크는 유튜브의 젊은 문화를 이해했고 아이들의 세계도 잘 알고 있었다. 그는 경영 대학원을 다닐 당시 마텔Mattel(미국의 장난감 및 게임 제조업체 — 옮긴이)에서 인턴을 했고 어린이 서점에서 근무한 경험도 있었다. 하지만 동료들이 아동용 유튜브를 제안했을 때 그는 거절 의사를 밝혔다. 유튜브는 아동용 고급 콘텐츠가 충분하지 않았기에 해봤자 형편없는 버전의 케이블 정도밖에 되지 못할 거라고 그는 판단했다. (바이어컴이 니켈로디언을 소유하고 있어 유튜브는 해당 네트워크의 프로그램을 사이트에 유치할 수 없었다.) 유튜브에 TV 고전 프로그램이 있긴 했지만(기업은 두 번째 비드콘에서 《세서미 스트리트》를 재생했다), 이는 '향수를 불러오는' 콘텐츠였지 아동용 콘텐츠는 아니었다. 직원들은 프레드 같은 청소년들이 큰 인기를 끈다는 것은 알았지만 프레드의 시청자층은 대부분 TV가 지루해진 10대였고, 13세 미만 시청자들은 사이트에 깨알같이 적힌 약관처럼 반드시 성인의 지도 아래 시청할 것이라고 믿었다.

하지만 이미 다수의 직원들은 초등학생이나 심지어 유치원생도 사이트에 유입되고 있다는 것을 분명 알고 있었고, 몇몇은 이와 관련해 무엇이든 해야 할 것만 같은 생각이 들었다. 2011년 초, 워크는 손목의 고통스러운 반복성 긴장 손상으로 휴직했고, 그해 가을 복직한 워크의 머릿속에는 아직 여물지 않은 아이디어가 하나 자리하고 있었다. 바로 '선을 위한 유튜브YouTube for Good'라는 포괄적인 이니셔티브였고, 이는 활동가, 비영리 단체, 학교를 위해 사이트의 여러 가지 기능을 향상시키겠다는 의미였다. 유튜브의 무질서한 인터넷 환경을 우려해 대부분의 교육구에서 사이트를 차단한 상태였다. 하지만 유튜브에는 교육 영상들이 만개하고 있었다. 그린 형제들의 콘텐츠가 있었고, 헤지펀드 애널리스트인 살만 칸Salman Khan은 고등교육의 학습 방식을 전환하는 데 기여하자는 실리콘밸리 운동의 일환으로 칸 아카데미Khan Academy 채널에 수학 강의 영상을 올리기 시작했다.[91] 따라서 유튜브 내부에서는 워크의 주도 아래 이 크리에이터들에게 '에듀튜버'라는 이름과 도구, 관심을 주려는 움직임이 형성되었다. 그는 학교와 정치인에게 유튜브가 학생들에게 어떠한 이점이 있는지를 알렸다. 학교에서 유튜브를 허락한다면 더욱 품질 높은 아동 콘텐츠가 늘어날 것이라 기업은 판단했다.

워크는 '선을 위한 유튜브' 프로젝트의 또 다른 일환으로 사이트를 좀 더 품격 있게 만들고자 했다.

코더들은 영상 속 얼굴을 흐릿하게 처리하는 도구를 만들어 시위자들이 뒤탈을 염려하지 않고 영상을 올릴 수 있도록 했다. 한 팀은 유튜브가 뉴스 사이트 같은 느낌을 전할 수 있도록 유튜브 영상에 관한 트윗과 온라인 대화를 사이트와 홈페이지에 게시하는 기능을 개발하고 있었다. 앞서 워크는 유튜브의 채널화를 설득하는 과정에서 유튜브에 '세계의 거실'이라는 이름을 붙였었다(TV를 향한 펀치였다[92]). 이제 그는 유튜브를 세계의 강의실이자 세계의 광장으로 세상에 소개하고자 했다.

한편, 교육적이고 건전한 측면을 강화하던 기업은 내부에서 태어난 괴이한 짐승에게, 다른 방향으로 돌진하려는 짐승에게 기습을 당하고 말았다.

· · ·

짐승은 늘 그렇듯 가장 먼저 데이터에서 모습을 드러냈다. 과거 홈페이지
큐레이터였던 유튜브의 쿨헌터 중 몇몇은 유튜브 트렌즈Trends 라는 마케팅
부서에 자리를 잡았다. 매주 부서는 사이트에서 뜨고 있는 유행을 정리한
'왓츠 트렌딩What's Trending' 보고서를 발송했다. 사업부 직원들도 광고 수익으
로 100위 안에 든 채널을 정리한 차트를 모니터링했다. 그런데 이상한 채널
하나가 트렌드 보고서에 등장하기 시작했고 수익 차트에서도 높은 순위를
차지하고 있었다.

 디즈니컬렉터BR:
거인 공주 킨더 서프라이즈 에그스 디즈니 겨울왕국
엘사 안나 미니 미키 플레이도 우에보스 소르프레사
(**DisneyCollectorBR:** Giant Princess Kinder Surprise Eggs Disney
Frozen Elsa Anna Minnie Mickey Play-Doh Huevos Sorpresa)

▶ ▶❘   2014년 3월 24일 · 14:28

"안녕, 여러분. 디즈니 컬렉터예요." 다양한 크기의 장난감 에그를 감싼 포장지
에는 역시 다양한 어린이 엔터테인먼트 프랜차이즈의 캐릭터들이 새겨져 있
다. 경쾌한 여성 목소리에서 외국인 억양이 살짝 묻어난다. 얼굴은 보이지 않는
다. 카메라는 바짝 당겨 여성의 두 손만 찍고 있고, 검은색 네일아트에는 디즈
니 공주들의 초상화가 섬세하게 그려져 있다. 그녀는 차례대로 달걀의 이름을
하나씩 부른다. "미키 마우우우우스." 장난감 달걀을 열어보기 시작했고, 제일
바깥쪽 호일 포장지를 벗겨내자 바스락거리는 소리가 들린다. 이내 등장한 초
콜릿이 탁 소리를 내며 쪼개진다. 그러자 작은 플라스틱 캡슐이 보이고 그 안
에 장난감이, 보물이 담겨 있다. 그런 뒤 다른 에그를 집는다.

유튜브는 지금껏 《디즈니컬렉터BR》 같은 견인력을 보지 못했다. 그해 여름, 채널에서 가장 큰 인기를 끈 4분짜리 '언박싱' 영상은 9,000만 조회 수를 달성했다. 영상을 모두 합산하면 무려 24억 회 재생되었다. 유튜브판 온라인 빌보드Billboard 매거진 《튜브필터Tubefilter》는 《디즈니컬렉터BR》을 퓨디파이와 케이티 페리의 뒤를 이어 가장 많이 시청한 채널 3위에 올렸다.[93] 얼마 지나지 않아 이 채널이 금광이나 다름없다는 사실이 드러났다. 한 조사 기관에서는 이 채널이 유튜브 광고 수익으로 1년에 1,300만 달러를 벌어들였을 것이라고 추정했다. 영상에는 대부분의 사람들은 이해하지 못하는 방식으로 아이들의 두뇌 속 뉴런을 건드리는, 새롭고도 묘한 무언가가 담겨 있었다. 물론 유튜브에서 그 매력을 이해하는 사람은 아무도 없었다. "아이들의 머릿속으로 숨어든 것만 같다"라고 한 마케터는 기자에게 말했다.[94] 10년 전 테크 리뷰어들 사이에서 시작된 언박싱 영상에는 아이팟과 스마트폰을 숭배의 대상처럼 대하는 장면들이 담겨 있었다. 이제는 주목받지 못한 이탈리아의 제품 킨더 에그Kinder Egg가 성스러운 대상이 되어 있었다. 미국 정부 기관에서 작은 장난감이 질식 위험이 있다는 이유로 해당 제품을 금지했기에 《디즈니컬렉터BR》의 트렌드를 좇는 유튜버들은 이 달걀을 이베이에서 밀수품처럼 거래했다.

메이커스튜디오스 직원들도 이 유행을 주시하고 있었고 해당 트렌드에 '손[手] 채널'이란 별명을 붙였다. 다른 유튜버들은 '얼굴 없는 채널'이라는 명칭을 선호했다. 앞서 큰 인기를 얻은 유튜브 영상들처럼 이 얼굴 없는 채널들은 구글의 중심 경로인 검색어를 이용해 조회 수를 늘리려 했다. 《디즈니컬렉터BR》 영상 아래 엉망진창으로 적힌 문구를 살펴보길 바란다.

프린세스 에그, 겨울왕국 에그들, 스쿠비 두, 헬로 키티, 앵그리 버즈, 리틀 프린세스 소피아, 위니 더 푸, 토이 스토리, 플레이도 서프라이즈 그냥 키워드의 나열이었다. 장난감 언박싱 제목도 비슷한 로직을 따랐다. 〈초코 토이즈 서프라이즈 매시엄스 앤 패시엄스(작은 통 안에 장난감이 들어 있는 제품ㅡ옮긴이) DC 마블 어벤져스 배트맨 헐크 아이언맨〉, 〈디즈니 베이비 팝업 펠스 이스터 에그스 서프라이즈 미키 구피 도널드 플루토 덤보〉. 이런 제목들은 타깃 시청자나 부모를 위한 것이 아니었다. 알고리즘을 위한 것이었고, 머신이 단어를 추출하고 흡수하도록 의도한 것이었다. 다른 미디어 대기업들과 마찬가지로 디즈니는 소중한 콘텐츠를 유튜브에 게시하기를 거부했다. 따라서 '겨울왕국 엘사'나 '마블 어벤져스'를 검색 칸에 입력하면 (2009년 디즈니가 마블을 인수했다), 머신은 얼굴 없는 채널을 보여주는 식이었다.

유튜브 할리우드팀의 한 멤버는 당황스러워하며 트렌드를 지켜봤다. '알고리즘이 정말 엉망이구나.' 이런 생각을 했다. 더욱 불길한 일이 유튜브 근처를 어슬렁거리고 있었다. 홍보 직원은 시청자들이 유튜브 중재 부서로 신고한 영상들의 샘플을 찾아보고 있었다. 어린아이들이 좋아할 만한 벅스 버니Bugs Bunny 영상이 폭력적인 1인칭 슈팅 게임으로 편집되어 있었다. "어쩌면 아이들에게 엄청난 충격을 주지는 않을 수도 있어요." 직원은 이렇게 결론지었다. "하지만 정말 괴상하긴 하잖아요." 앞으로 닥칠 괴상함에 비하면 준수한 수준이었다.

《디즈니컬렉터BR》처럼 얼굴 없는 채널 대부분이 익명이었다. 초창기 스타들은 가명으로 된 닉네임을 썼지만, 유명해지면 실명이나 적어도 얼굴을 공개했다. 이들은 매니저와 에이전트, 덕을 보려 얼쩡대는 사람들, 트위터 프로필이 있었다. 광고 수익을 위해 유튜버들은 회사에 법적 이름과 이메일 주소를 제출해야 했고, 유튜브는 보안상의 이유로 해당 정보를 직원에게도 공개하지 않았다. 하지만 《디즈니컬렉터BR》의 등장으로 유튜브는 전례 없는 상황에 마주한 것이다. 유튜브는 사이트에서 가장 유명한 채널에 대해 아는 바가 하나도 없었다.

이제 유튜브 측 사람은 해리 조에게 전화를 걸어 다른 질문을 던졌다. "저 사람들이 누군지 혹시 아세요?"

. . .

조는 구글에서 수익이 들어오기 시작한 이후에도 은행 일을 그만두지 않았다. 구글 수익이 꾸준하게 발생하지 않기 때문이다. 여름이나 연휴가 있는 달은 조 채널의 광고 수익으로 70만 달러라는 막대한 수입이 발생했다. 하지만 다른 때는 15만 달러로 뚝 떨어졌다. 이런 상황에서 부부가 어떻게 직원을 더 고용하고 안정적인 월급을 약속할 수 있겠는가? 유튜브가 부부의 유일한 수입원이었다면 "스트레스 때문에 미쳐버렸을 겁니다"라고 조는 말했다.

조의 채널이 큰 인기를 얻고 나자 메이커스튜디오스의 대리인이 그에게 전화를 걸었다. 처음에는 조도 관심을 가졌지만 두 번째, 세 번째 각각 다른 직원의 전화를 재차 받고 나서 조는 이들이 리스트에 있는 사람들에게 전화를 돌리고 있다는 사실을 깨달았다. 유튜브 행사(아동용 엔터테인먼트 행사인 비드콘과 키즈스크린 서밋)에 참여한 그는 다른 크리에이터들에게 MCN에 합류하면 어떠한 장점이 있는지 물었다. '별로 없다'는 반응이었다. 그는 유튜브에서 좀 더 환영받는다는 느낌은 있었지만, 유튜브가, 적어도 유튜브의 머신이 자신의 채널과 다른 채널들의 차이점을 파악하지 못한다고 생각했다. 한번은 《마더 구스 클럽》의 페이지가 신작 공포 영화 《엑소시스트》 스핀오프 홍보 영상으로 도배된 일도 있었다. 〈Skip to My Lou〉 동요 옆에 악령에 사로잡힌 여자아이가 비명을 지르는 섬네일이 나란히 자리했다. '우리는 키즈 채널이라고.' 조는 생각했다. '저런 섬네일을 보고 싶어 하는 사람은 없어.' 그는 유튜브에 불만을 제기했지만 별 성과는 없었다. 결국 방법을 찾았다. 자신의 채널을 홍보하는 광고를 구매해 유튜브 페이지에 게시하면 《엑소시스트》섬네일을 없앨 수 있는 것은 물론 트래픽도 급등할 터였다.

2014년에는 킨더 에그가 유튜브를 잠식했다. 관련 영상으로 그 옆에 등장하기 위한 (그래서 아이들 앞에 노출될) 방법은 명확해 보였다. 조 부부는 자신들의 맨해튼 사무실에서 회의를 가졌다. 이들은 화면 한쪽에 길게 늘어선, 키워드만 잔뜩 나열된 선명한 색감의 《디즈니컬렉터BR》과 그 뒤로 셀 수 없이 이어진 모방 계정들을 들여다봤다. "이런 영상들은 진짜 저렴하게 만들 수 있는데." 조가 말했다. "방을 하나 구하자고. 장난감들도 한 2,000달러어치 사고." 두 사람은 죽 늘어선 영상들을 다시 살폈다.

결국 사무실에 함께 있던 친구 한 명이 끼어들었다. "포르노나 다름없잖아." 그가 말했다. "이건 장난감 포르노라고."

부부는 지금까지의 이야기를 없던 일로 하기로 했다.

. . .

유튜브에 얼굴 없는 채널들이 퍼지는 와중에 또 다른 현상이 나타나고 있었다. 자녀가 있는 직원들이 늘기 시작했고, 조금 큰 자녀를 둔 직원들은 전자 기기를 갖고 싶다고 조르는 아이들에게 시달리고 있었다.

실리콘밸리에는 오래전부터 그곳에서 만든 기기들을 멀리한다는 역설적인 육아 철학이 널리 퍼져 있었다. 스티브 잡스가 자녀들이 과학기술을 사용하지 못하도록 제한했다는 이야기가 전해졌다. 잡스처럼 유튜브 직원들도 회사에서는 유튜브 사이트의 체류 시간을 최대화하는 데 필요한 코드와 비즈니스 계획을 몇 시간씩 검토했지만 집에 돌아가서는 아이들에게 유튜브를 그만 보라고 말했다. 두뇌가 스펀지 같은 사춘기 이전의 아이들에게 사이트가 중독성 있게 느껴지는 것은 당연했다. 자신이 담배 회사에 다니는 것 같다고 말하는 직원들도 있었다. 유튜브의 임원진들, 충성심 높은 구글러들은 이 문제를 측정해 지표로 나타내고자 했다.

이들은 두 가지 카테고리를 만들었다. '맛있는Delicious'과 '영양가 높은 Nutritious'이었다. 유튜브 콘텐츠의 대부분은 과거 "눈으로 먹는 풍선껌"이라는 경멸어린 조롱을 듣던 TV를 많이 닮아 있었다. 화려하고, 달콤하고, 자꾸 당겼다. 하지만 교육적이고도 건강한 영상도 많다고 유튜브는 생각했다. (영상 시간을 전부 더해 생각하면 TV보다는 분명 많았다.) 맛있는 영상들은 확실히 시청 시간이 길었다. 물론 몇몇 직원은 이런 식의 시청은 반짝하고 마는 유형이라고 우려를 표했지만 말이다. '간식을 정신없이 먹고 난 후 죄책감이 들지 않는가?' 만약 몇 시간 동안 언박싱 영상을 시청하고 사람들이 죄책감을 느낀다면? 얼굴이 없는 채널에 빠져든 아이를 보고 부모가 유튜브를 금지시킨다면? "우리는 사람들이 영상을 보고 난 뒤 행복감을 느껴야만 성공할 수 있습니다." 샌브루노 회의 자리에서 메로트라가 직원들에게 말했다. "영상 시작이나 중간만이 아니라요." (워크가 물러난 후 메로트라가 엔지니어링뿐 아니라 프로덕트까지 책임지고 있었다.) 유튜브는 시청 시간으로 이 문제를 측정했지만 좀 더 정성적인 기준을 바랐다. 선을 위한 유튜브팀은 영상 끝에 시청자들에게 물어볼 설문 조사를 작성했다. 체크 박스 몇 개를 제시하며 "당신의 한 시간을 더욱 잘 활용할 방법은 다음 중 무엇입니까?"라고 물었다.

- 독서
- 운동
- TV 시청
- 유튜브 시청

유튜브는 TV가 아니었다. 황금 시간대에 영양가 있는 영상을 편성할 수 있는 구조가 아니었다. 대신 워크는 '이로움 점수'를 제공해 칸 아카데미와 그린 형제들 같은 크리에이터들이 만든 교육적 영상은 유튜브 검색과 발견

시스템상에서 가중치를 부여하는 방안을 제안했다. 내부 회의나 메일에서 유튜브는 사이트에 '브로콜리'를 더한다는 표현을 썼다('초콜릿이 뒤덮인 브로콜리'일 때도 있었다). 브로콜리 OKR을 작성하기도 했다. 점점 두터워지는 크리에이터층을 관리하는 토르소 부서는 영상 시간의 30퍼센트를 영양가 높은 영상으로 채우는 계획을 세웠다. 유튜브 검색과 광고를 담당하는 코더들은 방안을 토론했다.

그러다 운명의 장난처럼 이러한 논의들이 전부 흐지부지되고 말았다. 전사적인 목표와 핵심 결과도 세우지 못했다.

구글의 아동용 검색 페이지 개발을 가로막았던 난제가 다시 한번 등장했던 것이다. 영양가가 높다는 것은 무엇인가? 우리가 어떻게 판단할 수 있는가? 알고리즘에 퀄리티를 프로그래밍할 수 있는가? 그래야 할까? 유튜브 교육 프로젝트에 소속되었던 몇몇은 아동용 앱을 개발하는 곳으로 옮겨 갔다. 워크는 회사를 떠났다. 측정 지표도 마련되지 않았다. 한 임원은 이렇게 말했다. "어떻게 측정해야 하는지 그 방법을 밝히지 못하면 그 현상 자체가 없는 거라고 넘기는 거죠."

게다가, 더욱 크고 불쾌한 소동이 벌어져 샌브루노에 있는 모든 사람의 시간을 쏟아부어도 부족할 정도가 되었다. 구글 외부와 내부에서 일어난 소동들이었다.

15장
▶
파이브 패밀리즈

II ▶I ◀))   ✄ ▢ ⌘

2012년 어느 금요일 늦은 밤, 살라 카만가는 유튜브에서 비즈니스 파트너들과의 관계를 책임지는 임원 프랜시스코 바렐라Francisco Varela와 통화를 하고 있었다. 유튜브의 수장은 불안해했다. "확실한가요?" 그가 물었다.

　기업은 거대한 도박을 준비하고 있었다. 몇 년 전, 유튜브는 (중국을 제외한) 모든 아이폰에 자사의 앱을 기본 장착하는 계약을 애플과 맺었고, 이는 사실상 유튜브에 수백만 명의 시청자를 보장해주는 셈이었다. 그 대가로 애플은 유튜브 매출액의 일부를 취하고, 해당 계약이 디자인에 강박적으로 집착했던 스티브 잡스가 있을 때 맺었던 만큼 애플이 아이폰 내 유튜브 앱 디자인에 대한 결정권을 갖기로 했다. (잡스는 2011년에 세상을 떠났다.) 유튜브 직원들로서는 애플이 바랐던 새로운 기능들을 개발해도 막상 애플이 신속하게 추가하지도 않고, 가끔씩은 자신들을 완벽하게 무시하는 것 같다고도 느꼈다. 인터넷을 사용하는 기기가 핸드폰으로 빠르게 전환되고 있는 상황에서 애플의 변덕에 휘둘리는 처지가 될까 봐 걱정했다. 카만가 측 인사들은 바렐라에게 애플이 앱에 대한 통제를 고집한다면 아이폰 기기에 유튜브 앱을 사전 설치하지 않겠다는 의사를 애플 측에 전해달라고 요청했다. 소비자들이 알아서 유튜브 앱을 다운로드할 것이라는 데 도박을 건 셈이다.

바렐라의 팀은 스마트 TV 내 유튜브 앱 설치를 두고 비슷한 도박을 한 적이 있었고 성공을 거두었다. 하지만 아이폰의 경우 수백만 명의 시청자가 걸려 있었다. 불안함을 잠재울 답이 필요했던 상사에게 바렐라는 이렇게 말했다. "살라, 단 한 명의 이용자도 잃는 일은 없을 겁니다."

실제로도 그랬다. 애플이 유튜브 앱 사전 설치를 중단한 뒤에도 아이폰에서 유튜브 사용량은 거의 변화가 없었고, 이는 유튜브가 사람들의 삶 중심에 자리하고 있다는 의미였다. 이듬해 유튜브 사이트에는 월 방문자가 10억 명에 달했다. 곧 아이폰과 스마트 TV를 판매하는 쇼핑몰에는 인터넷 연결이 가능한 스피커와 냉장고, 영상 출력 장치 등 유튜브를 시청하는 새로운 도구들이 등장하기 시작했다.

다양한 가젯에 유튜브를 접목시키는 것은 쉽지 않은 일이었고, 급히 아이폰용 앱을 다시 만들고 출시하는 데 전 직원이 매달려 있었으며, 전자 기기 파트너들과의 협상은 대체로 지난한 과정을 거쳐야 했다.

한편, 이 일은 구글의 다른 문제를 해결한 일에 비하면 덜 힘들었다고 다들 한결같이 털어놨다.

당시 구글은 검색, 지도, 브라우저, 광고까지 인터넷 유틸리티를 지배하는 여러 영토의 집성체라고 표현하는 게 가장 적절할 것이다. 대부분의 사업부는 동경받는 'L팀(래리 페이지의 L을 의미한다 — 옮긴이)', 래리 페이지의 경영 자문위원회에 한 자리씩 차지한 A형 성격의 알파형 임원진이 운영하고 있었다. 그중에서도 안드로이드처럼 배타적이고 절대적인 영토는 없었다. 안드로이드 리더로 뛰어난 프로그래머이자 로봇 공학 너드인 앤디 루빈Andy Rubin은 애플에 대항하기 위해 수많은 핸드폰 제작 업체에 무료 운영 체제를 제공하는 방식으로 자신의 구글 영토를 세웠다. (그 대가로 핸드폰 제작자들은 구글 어플들을 사전 설치해야 했다.) 안드로이드 직원들은 구글 내 따로 마련된

(루빈이 가장 좋아하는 일식이 준비된) 카페테리아에서 식사를 했고, 애플처럼 한 사람에게 집중된 기업 문화를 따랐다. 큰 키에 마른 체형, 정수리까지 벗겨진 머리에 안경을 쓴 루빈은 실제로 잡스와 많이 비슷해 보였다. 루빈과 같은 테크 천재를 둘러싸고 온갖 이상한 이야기가 들려왔다. 다만 정말 끔찍한 추문은 나중에야 전해졌다.

애플의 아이튠즈을 저지하려던 루빈은 음악과 영화용 디지털 스토어를 만들기 위해 유튜브의 첫 변호사였던 르바인을 포함해 유튜브에서 직원 몇 명을 데려왔다. 루빈의 코더들은 안드로이드 핸드폰에 설치되는 유튜브 앱을 마음대로 통제했다. 유튜브의 디렉터들은 도리어 자신들이 구글의 음악 서비스를 운영해야 하고(시청 시간을 우대하는 것으로 전환된 후 사이트에 뮤직 비디오가 폭발적으로 증가하고 있었다), 유튜브 앱도 유튜브가 관리하는 것이 맞다고 느꼈다. 디렉터들은 대립을 피하고 싶어 하는 카만가에게 루빈에게 맞서라고 종용했다. 실제로 그 일이 있은 뒤에 카만가가 잔뜩 진이 빠진 채 샌브루노로 돌아오는 모습이 임원진의 눈에 띄었다.

2013년, 유튜브는 실제로 구글의 거의 모든 부서와 피곤한 싸움에 휘말려 있었다. 안드로이드와는 뮤직과 앱 들을 두고 싸웠다. 네트워킹 부서와는 대역폭으로 싸움을 벌였다. 검색팀은 엔지니어들이 싸움의 주제였다. 세일즈팀과는 지배권을 두고 다투었다. 구글의 세일즈팀은 영상을 묶어 패키지로 광고를 판매하길 원했지만 유튜브 임원진은 뜻을 따르길 거부했다. 유튜브는 TV처럼 리베이트와 광고비 선결제 계약을 운용하며 광고를 판매하고 싶었다. 토론은 고성이 오가는 말다툼으로 번지기도 했다. 당시 L팀에는 여성이 단 두 명이었다. 전 디렉터는 구글의 리더십을 "오만에 취한 거물들의 공간"이라고 묘사했다.

유튜브 최악의 싸움은 물론 (유튜브를 운영하는 사람들의 생명력을 앗아간 싸움은) 구글 플러스(줄여서 구글+)를 두고 벌인 것이었다.

오래전, 구글의 소셜 네트워크는 기업의 가장 중요한 사업이었다. 페이스북이 잡초처럼 무섭게 자라고 있었고, 사람들이 페이스북에서 보내는 시간은 달리 말하면 더 넓은 인터넷 세상에서, 즉 구글의 시장에서 보내지 않는 시간이었다. 2011년부터 페이지는 기업 전체가 구글+에 초점을 맞추도록 했다. 페이스북처럼 구글+는 사람들이 감정과 잡다한 일상을 공유하고, 친구를 추가하고, 온라인에서 실명으로 타인과 소통할 공간을 제공했다. 구글은 웹이 (그리고 웹 광고가) 소셜 연결성과 네트워크 중심으로 전환되며 구글이 뒤처지는 상황을 깊이 우려했다. 구글 내 모든 이들의 보너스와 OKR은 구글+의 성장에 기여하는 정도로 평가되었다.

구글+는 전염병처럼 갑작스럽게 유튜브를 덮쳤다. 그 시작은 유튜브의 피드와 영상을 이용자 맞춤형으로 재설계하라는 요청이었다. 이내 유튜브 코더들은 사람들이 광고를 공유하도록 사이트에 작은 G+위젯을 추가해야 했다. 페이스북에는 '공유가 가능한' 광고들이 있었다. (사실상 유튜브에서는 광고를 공유하는 일이 없었다.) 선을 위한 유튜브팀이 트윗과 온라인 대화를 사이트 홈페이지에 통합하는 계획도 세웠지만 이를 포함한 몇몇 프로젝트들이 구글+에 밀려나며 보류되었다. 새로운 명령들이 석판에 새겨진 말씀처럼 위에서 전해졌다. 어느 순간엔가 고위 경영진 사이에서 YouTube.com 전체를 구글+ 영상 탭으로 옮기자는 진지한 논의가 오갔고, 이는 사실상 유튜브를 정리하겠다는 의미였다. 카만가가 무사히 이 논의를 종료시켰지만, 이 일은 도리어 유튜브 수장이라는 타이틀을 지닌 카만가가 사실 구글의 손아귀에 있는 처지라는 현실만 일깨우는 계기가 되었다.

몇 년 후, 구글+가 죽음을 맞이하고 벌어진 사후 평가는 저마다 달랐다. 페이스북의 라이벌이 될 수 없었다는 점이 명확해진 후 좀비처럼 소환된 구글+를 두고 유튜브의 전 프로덕트 매니저 헌터 워크는 "집단 환각을 경험하는 것 같았다"라고 설명했다. 구글+를 실패한 이유를 두고, 어떤 이들은 상명하달식 명령 체계가 잘못이라고 주장했다. 또 어떤 이들은 소셜 연결성을 이해하지 못하는 기업의 유전성을 탓했다. 구글러들은 《스타트렉》의 감정

없는 사이보그 이름을 따서 회사에 구글 더 보그the Borg라는 별명을 붙였다. "보그 마인드는 감정이나 커뮤니티를 이해할 수 없습니다." 당시 구글의 HR 책임자였던 라즐로 복Laszlo Bock은 이렇게 회상했다.

더 보그는 이미 소유하고 있었던 소셜 미디어도 완벽하게 무시했다. 정확히 말하자면, 유튜브의 많은 부분은 전형적인 한 방향 방송 미디어처럼 또는 유사 사회적인 네트워크처럼(유사 사회적인 네트워크는 청중이 개인적으로 알지 못하는 퍼포머에게 친밀감을 느끼는 심리적 현상이다) 운영되고 있었다. 유튜브는 웹 2.0 소셜 기능을 일부 포기했지만 수백만 명이 매일 소통하고 감정을 공유하고 깊은 유대감과 충성심을 형성하는 공간이 되었다. 이러한 특징은 구글의 계획에 포함되지 못했다. 2013년 말, 유튜브 시청자들은 댓글을 남기려면 구글+ 계정으로 로그인해야 했고 구글+의 '파워 유저들'의 댓글은 댓글 칸 상위에 배치되었다. 유튜브 랜드의 분노는 즉각적이었다. 유튜브의 세 번째 공동 창립자로 경영 대학원 때문에 회사를 떠났던 자웨드 카림은 자신이 올린 유튜브 최초의 동영상에 이런 글을 남겼다. "영상에 댓글을 쓰는 데 구글+계정이 도대체 왜 필요한 거지?"

유튜브 크리에이터들 또한 채널을 운영하기 위해서는 구글+ 계정이 필요했다. 구글은 "활성 이용자 수 월 3억 명 달성!"이라며 자사의 소셜 네트워크가 이룬 성공을 자랑하면서도 이 중 어쩔 수 없이 가입해야 했던 사람들이 얼마나 많았는지는 밝히지 않았다. "전부 다 유튜버들이었어요!" 비드콘 창립자인 행크 그린이었다. "자신들이 뭘 보유하고 있는지는 모르죠. 그저 자신들이 갖지 못한 것만 보니까요." 유튜브의 초창기 팀원들 다수는 사이트 거주민들을 이런 식으로 홀대하는 처사를 유튜브 문화를 향한 신랄한 비난처럼 여겼다. 어떤 이들은 보통 사람을 배려하기보다는 성장을 우선시하는 끔찍한 변화가 인터넷 전반에 걸쳐 벌어지고 있다고 판단했다. (훗날 페이스북의 사례가 이에 해당한다.) "소셜 미디어의 운명이죠." 초창기 유튜브 중재자였지만 트위터로 이직한 줄리 모라-블랑코였다. "작은 규모의 집단에서 시작해 커뮤니티를 키우다가 그 규모가 정말 커지면 해당 커뮤니티를 버리는 거죠. 그때부터는 플랫폼이 된 거니까요."

구글+의 전성기 시절, 또 하나의 어두운 현실이 들이닥쳤다. 구글에서 소셜 네트워크 시스템을 운영하던 프로그래머 요나탄 정거Yonatan Zunger는 구글+의 지령을 갈수록 호응이 나빠지는 청중들에게 전하기 위해 샌브루노를 자주 오갔다. 구글+를 관리하던 정거는 불안한 트렌드를 발견했다. 사람들이 분노에 휩싸여서, 또는 단순히 다른 사람들을 언짢게 하려고 불쾌한 게시글(헤이트 스피치 규정을 아슬아슬하게 위반하지 않는 글)을 올려댔다. 그는 이런 현상을 유튜브에서도 발견했다. 영상이 규정을 어기면 유튜브가 삭제 조치를 취했지만, 이런 경우를 제외하면 모든 영상은 공평한 경쟁의 장에 놓여 있었다. 가령 홀로코스트가 사실이 아니라고 주장하는 영상은 헤이트 스피치 관련 규정을 농락하고 있었지만 위반한 것으로는 인정되지 않았다.[95] 유튜브 정책팀과 논의하던 중 정거는 이런 식으로 문제의 소지가 있는 클럽들에 세 번째 대응책을 추가하는 방안을 제안했다.[96] 영상은 그대로 두되 선을 넘기 직전이라는 표시를 내부적으로는 해두는 것이다. 만약 이런 경우가 너무 잦아지면 해당 계정을 추천 영상에서 내리면 되었다. 정책팀원들은 이런 식의 개입은 표현의 자유를 보장하겠다는 유튜브의 약속에 위배되고, 더 심각한 경우 유튜브가 법적 책임을 보호받지 못할 수도 있다고 주장했다. 유튜브의 지배 계급인 엔지니어들도 동의했다. 훗날 엔지니어링 디렉터인 크리스토스 굿로는 당시 유튜브가 사이트에 올라온 영상은 무엇이든 공평하게 처리하려 노력했다고 설명했다. "추천에 들지 못할 영상이라면 유튜브에 있어서는 안 되는 영상인 겁니다." 당시 그는 이렇게 말했다.

이후에 재앙이 닥치고 유튜브가 감당하기 힘들 정도로 영상이 많아지자 굿로와 동료들은 몇 년이 지나서야 뒤늦게 정거의 충고를 따르기로 했다.

. . .

구글+가 유튜브 한쪽을 갉아먹고 있을 때 다중채널 네트워크는 유튜브의
다른 쪽을 사정없이 파괴하고 있었다.

유튜브의 파트너 프로그램을 시작한 매니저 조지 스트롬폴로스는 일찍이
골드러시 행렬에 동참했다. 2010년 그는 독립을 위해 구글을 떠났다. 로스
앤젤레스로 이주한 후 한동안 대니 재핀의 소파에서 지낸 그는 메이커스튜
디오스에 합류할 생각도 했다. 하지만 그는 풀스크린Fullscreen이라는 경쟁
MCN 사업체를 시작해 동쪽으로 몇 마일 떨어진 위치에 사무실을 차렸다.
할리우드 사람들에 비하면 스트롬폴로스는 좀 진지하고 재미없는, 구글리
한 느낌이었다. 그는 파격적으로 스튜디오를 운영하는 재핀과 달리, 체계적
으로 돌아가는 기계를 바랐다. 초창기 디지털 기업 임원을 지냈던 맥스 배
너타Max Benator는 두 사람을 미디어 업계의 스티브 잡스와 빌 게이츠에 빗대
었다. 스트롬폴로스는 투자자들에게 그가 세운 네트워크 사업체의 운영 방
식을 설명하며 테크 업계에서 사랑해 마지않는 용어인 '플라이휠flywheel(한
번 가속도가 붙으면 알아서 거세게 돌아가는 특징으로 아마존의 성장 모델로 널리
알려져 있다—옮긴이)'을 이렇게 소개했다. 유튜브 채널들과 계약한 후 성장
을 위한 소프트웨어 도구들(이전 콘텐츠들을 홍보하는 팝업을 영상 속에 띄우는
등)을 제공하고, 그 성장으로 얻은 수익을 이용해 더 많은 채널을 계약하겠
다는 것이었다. 서브네트워크를 떠올린 그는 닥터 드레Dr. Dre가 일개 래퍼에
서 힙합계의 거물이 된 것처럼 유명 크리에이터들이 다른 크리에이터들을
데려오는 그림을 그렸다.

사업 시작 후 얼마 지나지 않아 스트롬폴로스는 유튜브에서 함께 일했던
동료 제이미 바이른Jamie Byrne과 소식을 나누며 풀스크린이 채널 수만 개와
계약했다는 이야기를 들려주었다. 바이른은 처음 듣는 이야기였다. 풀스크
린과 다른 네트워크사들이 유튜브의 바로 턱밑에서 무서운 기세로 성장하

고 있었다.

다만, 풀스크린의 닥터 드레 전략은 통제도 예측도 불가능한 유튜브의 현실적인 벽에 부딪히고 말았다.

 FPS러시아: 대재앙에서 살아남는 데 필요한 무기 탑 3
(FPSRussia: TOP 3 WEAPONS TO SURVIVE THE APOCALYPSE)

▶ ▶| `2012년 11월 19일 · 6:15`

"제가 먼저 보여드릴 첫 번째 무기는 레밍턴 970 12게이지 샷건입니다." 카일 마이어스Kyle Myers라는 유튜버가 들판에 서서 러시아어 억양의 어색한 영어로 설명하고 있다. 그의 앞에 마련된 테이블에는 거대한 총 세 자루가 놓여 있다. 마이어스는 디미트리Dimitri라는 엉뚱한 캐릭터로 분해 장난기 넘치는 총기 강사를 연기하고 있다. "미국의 경우 총기 가게가 아니라 해도 대부분의 대형 상점에서 소형 총기를 판매합니다." 충성도 높은 시청자라면 이제 그가 무언가를 폭파시킬 차례라고 짐작할 수 있다. 그는 실망시키지 않는다. 그는 저격 소총을 조준했고 이내 "쾅".

2013년 초, 《FPS러시아》는 유튜브에서 아홉 번째로 유명한 채널이었다. 카일 마이어스와 함께 이 채널은 탄생시킨 케이스 래틀리프Keith Ratliff는 총기를 너무 사랑한 나머지 자동차에 "I ♥ Guns and Coffee"라고 적힌 범퍼 스티커를 붙일 정도였다.[97] 스트롬폴로스는 래틀리프에게 연락해 야심 찬 프로젝트를 설명했다. 유튜브에서 풀스크린과 서브네트워크를 형성해 사냥 같은 거친 아웃도어 스포츠를 전문으로 해보자는 제안이었다. 예티Yeti 같은 브랜드들이 후원할 터였다. 함께하기로 한 래틀리프는 다만 자신의 위치와 신분만 드러나지 않게 해달라고 요청했다. 조지아에서 총기 가게를 운영하고 있던 터라 자신의 비즈니스에 어떠한 영향이 가는 것을 원치 않는다고 설명했다.

특이한 요청이었지만 타당한 듯 보였다. 스트롬폴로스는 비즈니스에 필요한 서류를 준비했다.

그러던 중 그는 래틀리프가 총상을 입고 사망했다는 소식을 들었다.

풀스크린의 직원들은 당연하게도 크게 당황했다. 가끔 크리에이터들로부터 괴로운 전화를 받아야 할 때도 있었지만 업계 특성상 흔한 일이었고, 대부분은 재밌는 상황극, 패러디, 황당한 영상이 가득한 기발한 유튜브 세계에서 즐거운 날들을 보내고 있었다. 이런 일은 처음이었다. 더욱 문제인 것은 래틀리프의 살해범이 밝혀지지 않고 있었다는 점이다. "저희 무슨 조직 범죄에 휘말린 거예요?" 풀스크린의 임원인 필 랜타Phil Rant가 물었다. 사건을 두고 인터넷에서 온갖 소문이 시작되었고, 그 씨앗은 음모론의 비옥한 대지인 유튜브에 안착했다.

풀스크린에서 맺은 네트워크 계약 중 이렇게 큰 마찰을 일으킨 채널은 없었지만, 당시 채널들이 하나같이 경제적인 의미를 잃어가고 있었다. 규모에서 경제성이 탄생했다. 스트롬폴로스가 구글에서 배운 것이었다. 구글은 같은 방식을 유지하면서 최소한의 비용과 개입으로 확대해나갈 수 있는, '확장'할 수 있는 소프트웨어와 비즈니스 모델을 숭배했다. MCN의 확장 방식은 다음과 같았다. 가능한 한 많은 채널을 보유하고, 가능한 한 많은 광고를 섭외한다. 그리고 이것을 '반복'하는 것이다. 풀스크린의 확장은 '공격적 텔레마케팅 사무실'에서 이뤄졌다. 할리우드 바로 밑의 컬버시티에 위치한 약 56평 규모의 창고에서 20대 직원들이 컴퓨터 모니터가 가득한 기다란 테이블에 앉아 근무했다. 모니터마다 유튜브 상위 채널 10만 개를 나열한 스프레드시트가 띄워져 있었다. (나중에는 상위 100만 개까지 리스트를 작성했다.) 각 직원은 하루에 채널 1,000곳에 영업 메일과 문자, 전화로 연락을 취해야 했다. 어느 순간인가 50명의 직원 중 약 절반은 계약을 성사시키고 있었다.

당시 유튜브는 유튜버들이 단 세 번의 클릭으로 풀스크린에 가입할 수 있는 간단한 소프트웨어를 만들었다. 문제는, 다른 MCN들도 쓰리클릭 도구가 있다는 것이었다. 그렇게 전쟁이 시작되었고, 실제 영상을 제작하는 크리에이터들에게는 별 이득이 없는 확장을 위한 싸움이 벌어졌다.

유튜브에서 지급을 담당했던 디렉터 앤디 스택은 크리에이터들이 내민 서류를 확인하고 다가오는 갈등의 전조를 눈치챘다. 게이밍 네트워크인 머시니마는 유튜브가 2달러 CPMs(1,000뷰당 2달러)를 지급한다는 조건이 명시된 계약서를 보내왔다. 그리고 머시니마는 다년 계약을 맺은 크리에이터에게는 3달러를 보장해주었다. 훌륭한 조건이지 않은가? (머시니마 측은 당시 본업을 그만두는 유튜버 수로 자사의 성공을 측정했다.) 유튜브 내부 시스템에 들어가 몇 번의 클릭만에 스택은 사실 이 크리에이터들이 MCN에 수수료를 내지 않고 홀로 활동하는 지금, 그보다 더 많은 돈을 벌고 있다는 사실을 알게 되었다. 부당한 거래였다.

하지만 유튜버 대부분은 유튜버의 인사 자료에 접근할 수 없었다. 그저 네트워크사와 계속해서 판돈을 올리는 MCN 리크루터들이 하는 이야기만 들을 뿐이었다. 할리우드에서 매니저와 에이전트는 제작 계약마다 정해진 수수료율이 있었다. MCN들도 처음에는 유튜브 광고 수익을 두고 이런 방식을 유지했지만(크리에이터가 70퍼센트, 네트워크사가 30퍼센트), 경쟁이 치열해지기 시작하자 기존의 방식을 곧장 폐기했다. 머시니마는 고정 요율을 보장했다. 메이커 측은 게이머들에게 더욱 나은 조건으로 광고 수익을 분할하는 것으로 응수했다. 새로운 MCN사들은 그보다도 나은 조건을 들고 갑자기 얼굴을 들이밀었다. 크리에이터에게 80퍼센트! 90퍼센트! 95퍼센트! 유튜브라는 파이에서 아주 얇은 조각을 두고 다들 덤벼들었다. 네트워크사들은 유튜브 수익금을 키우고자 제품 홍보 계약을 성사시키려 애썼지만, 무엇보다 이들은 크리에이터들이 경쟁사로 가는 것을 막기 위해 손해를 보더라도 크리에이터들과 무조건 계약부터 하려고 했다.

자신의 MCN으로 유튜버를 영입하려던 댄 와인스타인은 머시니마가 해당 유튜버에게 유튜브 광고 수익의 두 배에 달하는 돈을 지불한다는 사실을 접했다. '말이 안 되는데, 이게 어떻게 가능한 일이지?' 웨인스타인은 생각했다.

이 비즈니스 모델은 유튜브 광고료만 계속 오른다면 성립이 가능해 보였다. 광고주들은 계속 TV에서 넘어오고 있었고, MCN사들은 원유가 쏟아지는 유정에 접근할 수 있는 선택된 소수였다. 다만 그때 유튜브는 유전 지대를 확장하고 나섰다. 유튜브가 광고 프로그램을 일반 유튜버들에게도 공개하자 MCN의 경제에 불이 붙기 시작했다. 광고를 게시하는 영상들이 늘어나자 광고료는 크게 내려갔고, MCN사들은 더는 돈을 마구 뿌릴 수도, 중개인의 역할을 정당화할 수도 없어졌다. MCN사에 합류한 수천 명의 젊은 크리에이터들은 법적인 도움을 거의 또는 전혀 받지 못한 채 고통에 빠졌다. 텍사스의 브이로거로 머시니마와 계약을 맺었던 칼레브 네이션Kaleb Nation은 네트워크사에서 고정 요율을 보장받았음에도 자신의 수익이 현재의 6분의 1로 줄어들 것이라는 전화를 받았다. "이럴 수는 없어요." 그가 불만을 터뜨렸다. "제 계약서에 다 적혀 있잖아요!" 하지만 계약서에 적힌 깨알 같은 조항에는 네트워크사가 그럴 수 있다고 명시되어 있었다. 분노한 크리에이터들은 회사를 머-쉿shit-티마라고 불렀다. 네이션은 계약을 해약했지만 그러지 못한 사람들도 있었다.

MCN 측 대부분은 말장난을 하는 것은 자신들이 아니라 유튜브라고 생각했다. 유튜브는 어떠한 사전 통보도 없이 알고리즘을 바꾸거나 경제적인 조건을 대대적으로 변경하며 네트워크사들의 지반을 지속적으로 흔들었다. 유튜브가 MCN사들을 모방할 때도 있었다. 풀스크린이 스크린 팝업 기능을 선보이자 6개월 후 유튜브는 자사 버전의 팝업을 출시했다. 결국 유튜브는 백엔드 사이트에 크리에이터들이 클릭 한 번으로 MCN을 탈퇴할 수 있는 버튼을 마련했다. 네트워크사들은 한때는 유튜브가 미디어와 할리우드의 차세대 선두 주자라고 여겼지만, 이제는 정직하게만 임한다면 비즈니스를 구축하기 불가능한 사이트라고 생각했다. "제 인생에서 폰지 사기에 가장 가까운 일이었어요." MCN사 한 곳의 임원이 말했다. "우리가 돈을 더 많이 벌게 해주겠다고 하면서 다른 사람들이 만들어놓은 것과 채널을 계속해서 가져왔죠. 몇몇은 실제로 돈을 더 벌기도 했고요. 대부분은 아니었죠."

댄 와인스타인은 상위 MCN 기업 네 곳과 네트워크사 간의 바닥 치기 경쟁의 휴전을 선언하는 자리를 마련했다. MCN 네 곳을 초대한 그가 이들을 두고 '파이브 패밀리즈five families(시카고에서 활동하는 이탈리아 갱단 다섯 곳이 모인 조직의 이름 — 옮긴이)'라고 부르며 이 업계가 마피아와 비슷한 점이 있음을 인정했다.[98] 이들은 로스앤젤레스 등지에서 자주 만나며 바닥 치기 경쟁을 피할 수 있는 수수료 모델을 논의했다. 마땅한 모델이 떠오르지 않았다. 투자자의 자본에 의존한 네트워크사가 너무 많고 이들은 하나같이 투자금을 갚을 수 있는 인수 기회를, 엑시트 기회만을 기다리고 있다는 것을 와인스타인은 깨달았다.

· · ·

한편, 유튜버들에게 힘과 지배력을 주고자 했던 네트워크사는 무너져 내리고 있었다.

메이커스튜디오스에 자금을 지원한 투자가인 마크 서스터Mark Suster는 본래 전과자인 대니 재핀이 메이커의 CEO가 되지 않는다는 조건으로 투자한 것이었다. 하지만 서스터는 창립자들이 기업을 책임지는 편을 선호한 벤처 캐피털리스트였던 만큼 마음을 바꿔 파격적인 야망가에게 자리를 돌려주었다. '그를 텐트 안으로 들여 밖을 향해 소변을 보게 하는 편이 낫지.' 투자자는 이렇게 생각했다.

그럼에도 텐트는 더러워졌다. 서스터가 복직된 CEO에게 메일을 보내 이사회 회의를 개최하는 것이 어떤지 묻자 재핀은 한 줄짜리 답장을 보냈다.

"나한테 이래라저래라 하지 마세요."

대니 다이아몬드는 비즈니스 분쟁이라면 익숙했다. 유튜브의 할리우드 책임자인 로버트 킨슬과는 언성을 높이며 한바탕했던 게 수차례였다. 유튜 버들이 스튜디오를 소유하고 운영하도록 하겠다는 재핀의 계획은 시작부터 분열만 초래했다. 일찍이 여러 스타가 비즈니스에 대한 의견 차이를 이유로 메이커를 떠났고, 또 다른 멤버도 재핀을 고소했으며, 자신만만한 유튜브 코미디언인 레이 윌리엄 존슨은 대단한 성공으로 메이커를 흥분시켰지만 얼마 후 스튜디오가 자신에게 더 많은 돈과 지식재산권을 내놓으라고 요구 한다며 비난했다. 존슨이 스튜디오의 요구를 거부하자 추악한 상황이 펼쳐 졌다. 2012년 12월 늦은 밤, 재핀은 존슨에게 문자를 보냈다. "너는 [원문 그 대로 인용] 도덕성이라고는 없는 딱한 인간이야. 엿이나 먹어. 전쟁에 대비 하고… 쪼잔한 놈."

존슨은 블로그와 페이스북에 불화를 자세히 기록하고 재핀의 "폭력배 같 은 전략"을 질책하며 대중에게 모든 것을 공개했다.[99] 재핀은 메이커 직원 들에게 보내는 편지에서 존슨의 비난을 반박했고 수감 생활이 자신에게 얼 마나 많은 도움이 되었는지 밝혔다. "내게 또 한 번의 기회가 주어졌다는 데 무척이나 행복했습니다." 다만 그즈음, 그 '또 한 번의 기회' 또한 끝나가고 있었다.

재핀은 여자 친구이자 메이커의 공동 창립자였던 리사 도너번과 헤어졌 고, 동료들은 그가 점점 더 감정적이고 난폭하게 변해가는 모습을 지켜봤 다. 유튜브 네트워트사들로 거액의 돈이 흘러들어오고 있는 상황에서 여러 모로 스튜디오의 리스크가 훨씬 커지고 있었다. 존슨과의 싸움이 진행되는 동안 메이커는 스튜디오의 가치를 2억 달러로 평가한 타임워너와 다른 투 자자들에게서 투자금을 유치할 준비를 하고 있었다. 대니 다니아몬드가 책 임자인 상황은 자본가들의 이익에 부합하지 않았다. 서스터는 냉철한 이스 라엘인으로 부실기업 재건 아티스트라는 명성이 있는 TV 업계의 임원인

이넌 크라이츠Ynon Kreiz를 영입했고, 2013년 4월 16일 재핀이 사임하자 메이커의 이사회는 투표를 통해 크라이츠를 CEO로 임명했다. 한편, 재핀은 충격에 빠졌다. 크레이츠와 이사회가 비밀리에 자신의 공동 창립자들과 공모해 자신을 밀어냈고 그 대가로 더 많은 주식을 건넸다고 그는 주장했다. (크레이츠와 다른 이들은 이를 인정하지 않았다.) 재핀은 추정적 사기와 '계획적 축출'로 메이커와 이사회, 전 여자 친구를 고소했다. 소송은 패소했고, 모든 크리에이터가 메이커 경영진을 떠나자 유튜브에서 유나이티드 아티스츠를 세우겠다는 그의 비전 또한 사라졌다.

그는 수많은 시련 속에서 귀중한 재산마저 잃고 말았다. 메이커의 새로운 리더들은 그의 예전 유튜브 채널을 삭제해야 한다고 판단했다.

· · ·

한편 메이커의 가장 반짝이는 스타는 점점 더 커져만 갔다.

 퓨디파이: 나에 대해 몰랐던 이야기들
(PewDiePie: THINGS YOU DIDN'T KNOW ABOUT ME)

▶ ▶│　　　　　　　　　　　　　　　　2013년 8월 9일 · 5:49

펠릭스 셸버그는 환한 조명 아래 클로즈업된 채 웃고 있다. 오늘 그는 팬들에게 자신에 대한 스물다섯 가지 사실을 공유하고 있다. 그는 유튜브를 시작하기 위해 포토샵 그림을 팔아 컴퓨터를 샀다. 열네 살 때 테니스 대회에 나가 우승했다. 그는 채소를 먹지 않는다. "너드한 성격은 엄마를 닮았어요." 그는 라디오헤드(Radiohead)를 좋아하고, 실제로는 "욕을 거의 하지 않는다." "제 여자 친구는 축구와 자동차를 저보다 많이 알아요." 그는 자선 모금 운동을 홍보한 뒤 시그니처 인사인 '브로-피스트bro-fist(주먹을 맞부딪치는 인사 ─ 옮긴이)'로 영상을 마치며 시청자들을 향해 정겹게 주먹을 내민다.

6일 후 퓨디파이는 스모쉬를 뛰어넘어 유튜브에서 가장 많은 구독자 (1,191만 5,435명)를 거느린 채널이 되었고, 이 영예는 이후 6년이라는 파란만장한 세월 동안 유지되었다.

16장

▶

린 백

그녀의 팬들은, 그녀의 '진짜' 팬들은 잉그리드 닐슨Ingrid Nilsen의 인생을 빼곡히 알고 있었다. 이들은 그녀의 아침 스킨 케어 루틴과 저녁 리추얼을 알고 있었다. 그녀가 가장 좋아하는 컨실러와 아이라이너, 샴푸도. 사람들 앞에서 말하는 것을 싫어한다는 것도, 만성적으로 나는 여드름도, 아버지의 사망으로 큰 충격을 받은 것도, 고등학교를 간신히 졸업한 것도(전 과목이 C와 D였다), 이후 우울함에 빠져 있다가 유튜브를 시작하게 된 것도 모두 알고 있었다.

혼혈인 닐슨(태국인 모친과 백인 아버지를 두었다)은 오렌지카운티에서 자라는 동안 읽었던 잡지에서 자신에게 유용한 뷰티 팁을 찾을 수 없었다. 도움이 되는 조언을 발견한 곳은 유튜브였고, 그곳에는 뷰티 전문가란 이름으로 사이트에 거주하는, 자신과 비슷한 생김새의 여성들이 있었다. 스무 살이었던 2009년 어느 날 밤, 늦은 시각까지 잠을 이루지 않던 닐슨은 나중에야 시청자들에게 고백했던 것처럼 "정말 우울한 상태에서" 유튜브 계정을 시작해 레이디 가가 노래에서 영감을 얻어 미스글래머라치Missglamorazzi라는 닉네임을 붙였다.[100] 그녀는 집에서 흐릿한 조명을 뒤에 둔 역광으로 웹캠에 얼굴을 지나치게 가까이 들이대고는 첫 번째 영상 〈하우투: 완벽한 레드 립〉 영상을 찍었다. 작은 체구, 통통 튀는 성격에 카메라 앞에서도 자연스러운 모습을 보이는 닐슨은 10대들의 언어로 메이크업, 헤어 케어 제품의 특성 등 어떤 주제로든 즉흥적으로 애드리브가 가능했다.

쿨 헌터들은 유튜브에 메이크업 튜토리얼 영상이 뜨고 있다는 사실을 읽어냈다. 이런 영상들은 마침 기업의 '하우투' 카테고리에도 잘 맞아떨어졌으며 검색에도 적합했다. 하지만 이런 요인들보다 훨씬 깊은 매력이 힘을 발휘하고 있었다. 이 유튜버들은 누구나 따라 할 수 있는 튜토리얼을 영상뿐만 아니라 정제되지 않은 친밀함과 안도감도 전해주고 있었다. "이들은 연습하고 실패하고 스스로를 향해 웃음을 터뜨려도 되는 안전한 공간을 제공한다." 닐슨이 데뷔한 해에 한 패션 관계자는 『뉴욕타임스』에 이렇게 설명했다.[101] 사이트에서 시청 시간이 중요해진 뒤 뷰티 전문가들은 유튜브 차트에서 높이 솟아오르기 시작했다. 닐슨은 비교적 편집을 거의 하지 않고 10~15분 분량의 영상을 올릴 수 있었다. 그녀는 메이크업 팁과 스킨 케어 방법을 넘어 의류, 음식, 좀 더 사적인 주제(나에 대한 50가지 사실 아무거나, 좀비 여드름+청소하는 날, TMI 태그)로 확장해나갔다. 처음 패션 업계에서는 이 콘텐츠의 매력을 이해하지 못했다. 언젠가 그녀가 유명한 매거진의 뷰티 에디터를 만났을 때 에디터는 레드 카펫 스타일의 영상을 더 올려야 한다며 닐슨을 비판했다. "이런 식으로는 별 성과가 없을 거예요." 에디터는 그녀에게 이렇게 말했다.

여러 유튜브 행사와 크리에이터 콘테스트에 참여할 때마다 닐슨은 코미디언들과 뮤지션들 사이에 파묻혔다. 열광적인 팬덤에도 불구하고 유튜브에는 뷰티 전문가들에 대한 지원이 부족했다. "그들이 완전히 이해하지 못하는 장르였어요." 닐슨은 이렇게 회상했다. 당시 닐슨과 같은 크리에이터들이 상점에서 구매한 물건들을 하나씩 천천히 열어보는 하울haul(언박싱과 유사하지만 제품을 대량으로 구매해 개봉한다는 차이점이 있다―옮긴이) 영상을 찍기 시작했고, 마침내 유튜브 토르소팀이 상업성을 알아봤다. 유튜브는 뷰티 전문가들을 '스타일'이라는 카테고리로 분류했고, 이후 닐슨과 동료 유튜버들이 광범위한 주제로 영상을 자주 올리는 특징을 반영해 유튜브는 이들을 다시 '라이프스타일'로 분류했다. 유튜브 알고리즘이 사랑하는 카테고리였다.

. . .

유튜브 알고리즘은 점점 더 강력해지고 있었다. 스토리풀을 운영하는 아일랜드 저널리스트 마크 리틀은 '린백Leanback' 서비스의 프레젠테이션을 보며 알고리즘의 놀라운 힘을 처음 경험했다. 시청자들이 클릭하면 영상이 즉각적이고 자동적으로 연속 재생되었다. "더 이상 마우스를 만지작거리며 계속 클릭할 필요가 없습니다." 홍보 영상 속 듣기 좋은 목소리로 설명이 이어졌다. "이제 몸을 뒤로 기대고 편안히 감상만 하면 됩니다." 구글 맨해튼 사무실에서 이 영상을 시청하던 리틀은 조금 불안한 생각이 들었다. 뉴스의 경우 시청자들에게 가장 중요한 소식을 먼저 전하고 주요 사건들을 전해 들은 시청자들은 이후 일상으로 돌아가는 식이었다. '이건 완전히 다른 방식인데? 한번 들어오면 다시 나가지 않는 거잖아.' 그는 생각했다. 특정 영상을 더 많이 볼수록 유튜브는 비슷한 영상들을 더 많이 가져왔다. "침전물이 쌓이지도 않은 곳에 래빗 홀(『이상한 나라의 앨리스』에서 앨리스가 토끼굴로 떨어지는 장면에 빗대어 어딘가에 빠져 쓸모없는 시간을 허비하는 현상을 일컫는다―옮긴이)부터 만들고 있는 것 같았습니다." 리틀은 당시의 소감을 이렇게 설명했다. "침전물은 나중에 생기겠죠."

당시 이 기능은 인터넷상에서 나름의 선의처럼 보이는 행위와 한패로 묶였다. 마른 체구에 트렌드에 밝은 조나 페레티Jonah Peretti는 버즈피드BuzzFeed

라는 신생 웹사이트를 운영하고 있었고, '린백' 시연이 진행되던 당시 그 또한 뉴욕에서 프레젠테이션을 하고 있었다. 버즈피드는 얼마 후 인터넷을 달구는 소식들과 진지한 르포를 함께 전하는 뉴스룸을 신설했다. MCN처럼 운영하라는 압박을 받았던 리틀의 기업은 버즈피드의 접근법을 채택했다. 유튜브에서 아랍의 봄 영상을 큐레이팅하는 업무처럼 진지한 보도를 위한 경비를 마련하고 스토리풀은 기분 좋아지는 바이럴 영상들을 찾아다녔다. 이들은 '감성적인 아기emotional baby'를 발견했다. 엄마가 올린 영상에는 아기가 엄마의 노래를 듣고 눈물을 뚝뚝 흘리는 모습이 담겨 있었다. 모친에게 연락해 영상에 광고를 게재해도 되는지 확인하고, 수입을 나누고, 더 많은 조회 수를 이끌어낼 방법을 찾기 위해 TV 쇼에 이 클립을 소개했다. 스토리풀은 이 접근법을 '멀릿(헤어스타일에 빗댄 표현―옮긴이)'이라고 칭했다. 앞은 비즈니스용, 뒤는 파티용이었다.

언론 매체들 또한 멀릿을 채택했다. 크렘린Kremlin이 자금을 지원하는 TV 네트워크, 러시아투데이는 유튜브에서 이 전략을 멋지게 펼쳤고, 정치 소식과 귀여운 동물, 자동차 사고, 공공장소에서 성관계를 하다 걸린 커플들의 영상 등 보고 싶어 견딜 수 없게 만드는 낚시성 영상을 적절히 섞어 채널을 운영했다. (알고리즘의 연금술로 러시아투데이는 유튜브 차트 상위에 오랫동안 머물렀고, 러시아의 정치가 논란을 야기하기 전까지만 해도 유튜브는 이런 상황을 크게 우려하지 않았다.)

'린백' 기능은 유튜브에서 금방 사라졌지만 그 행위만큼은 오래 지속되었다. 더 많은 시청자가 추천 영상을 연달아 보며 시청 시간을 늘렸고, 더욱 중요하게는 더 많은 '데이터'를 제공했다. 샌브루노에서 유튜브 직원들은 영상을 보는 일이 거의 없었지만 영상 데이터는 지속적으로 관찰했다. 특히나 이들은 광고와 시청자 간의 데이터 시소 현상을 유심히 지켜봤다. 자주 등장하는 광고일수록 사람들이 외면했다. 유튜브는 TV 광고 같은 리듬이 아직 자리 잡지 못한 상태였다. 유튜브에서는 시청 시간 7분이 지날 때마다 광고가 등장했지만 이 기준은 비일관적이었고(광고가 없는 시간이 더 긴 채널들도 있었다), 비효율적이었다(구글의 심기를 불편하게 하는 사안이었다). 메로트라 아래서 일하던 프로그래머 알렉세이 스톨보쉬킨Alexei Stolboushkin은 알고리즘이 결정하도록 두라고 유튜브에 제안했다.

그렇게 유튜브의 가장 수익성 높은 비즈니스 전략 중 하나가 시작되는 순간이자, 자사의 머신이 무엇을 하는지 유튜브가 잘 모른다는 현실이 드러나는 순간을 맞이했다. 다이내믹 애드 로즈Dynamic Ad Loads(코드명: 댈러스)였다. 그즈음 머신러닝이 구글에서 엄청난 인기를 끌고 있었다. 인공지능의 한 형태인 머신러닝은 실제 구현에 필요한 컴퓨팅 성능과 막대한 데이터가 가능해지는 때를 기다리며 오랫동안 그저 이론으로만 존재했다. 구글은 이 두 가지를 다 갖추고 있었다. 그 전까지만 해도 대부분의 소프트웨어는 하드코드로 되어 있었다. ('만약if' 이것이라면 '그럼then' 저것이다. '만약' 시청자가 잉그리드 닐슨의 영상을 본다면 '그럼' 그 광고를 보여준다.) 머신러닝 시스템은 스스로 프로그래밍을 했고, 데이터 안에서 패턴을 발견해서 가령, 사진 속 사람 얼굴과 영상 속 유두를 가려냈다. 훌륭한 머신러닝 시스템은 사람보다 적어도 특정 기술에서는 앞섰다. 머신 시스템이 내리는 결정은 이를 관리하는 사람들에게조차 불가해할 때가 많았다. 유튜브 엔지니어들은 시청 패턴에 관한 충분한 데이터를 수집해 시청자들을 불편하게 만들지 않는 최적의 광고 상영 비율을 예측하는 모델을 제안했다. 머신러닝 모델은 골대가 필요했다. 메로트라는 한 축에는 '시청 시간'을, 다른 축에는 '매출'을 적은 그래프를 완성했다. 균형을 맞추기 위해 그는 코더들에게 광고 수익이 2퍼센트 증가한다면 시청 시간 1퍼센트를 희생할 용의는 있지만 그 이상은 어렵다고 설명했다.

엔지니어들은 시청자들에게 알리지 않고 그들의 시청 경험에 조금씩 변화를 주며 댈러스를 테스트했다.[102] 메로트라가 금요일마다 여는 유튜브 스탯츠Stats 회의에서 엔지니어들은 혼란스러운 결과를 전했다. 머신이 광고를 더 많이 보여주면서 시청 시간도 늘리는 방법을 찾아냈다는 것이다.

"어떻게 둘 다 향상될 수 있는 겁니까?" 메로트라가 물었다.

"모르겠습니다." 엔지니어가 답했다. "내보내도 될까요?" 다시 말해, "모든 영상에 적용해도 될까요?" 메로트라는 시스템의 행동에 대한 설명을 가지고 다음 주에 다시 보고해달라고 엔지니어들에게 지시했다. 그다음 주 엔지니어들이 들어왔다. 결과는 같았다. 더 많은 광고와 더 길어진 유튜브 체류 시간. 이유는 알 수 없었다.

마침내 코더들은 머신의 로직을 추론했다. 시청자가 사이트에 도달하자마자 유튜브가 광고를 재생하면 시청자는 사이트를 나갈 공산이 컸다. 하지만 10분, 20분 영상을 보며 사이트에서 시간을 보내기 시작할 때까지 기다렸다가 광고를 틀면 광고의 방해에 좀 더 인내심을 발휘했다. 머신은 사람들이 영상을 더 보게 만든다면 궁극적으로 광고를 더 많이 본다는 공식을 추론해냈다. 당시 유튜브가 새로 선보였던 또 다른 참신한 포맷과도 잘 들어맞았다. 시청자들이 빨리 감기를 할 수 있는 "건너뛰기가 가능한 광고"였다. 광고주들은 시청자들이 건너뛰기를 하지 않을 때만 광고료를 지불하면 됐는데, 다시 말해 광고주들은 이제 마음을 사로잡는 광고 영상을 만들어야 한다는 뜻이었다(시청자가 건너뛰기 버튼을 누르지도 않을 정도로 게으르거나 아이가 아닌 이상에야 말이다). 유튜브 영업 사원들은 이 포맷을 마음에 들어 했다. 사람들이 나이키 광고를 본다면 아디다스도 매력적인 광고 자리를 원할 터였고, 그렇게 되면 아디다스가 유튜브 광고 경매에서 나이키보다 더 큰 금액을 제시할지도 모를 일이었다. 결국 유튜브의 비즈니스는 전 임원의 표현처럼 "멈출 수 없는 화물열차"가 되었다.

리드 엔지니어인 스톨보쉬킨은 샌브루노에서 열리는 유튜브 전사 회의 자리에서 댈러스에 대해 설명해달라는 요청을 받았다. 10분이 주어진 그는 알고리즘이 불러올 금전적 인센티브를 이해하기 쉬운 비유를 들어 설명했다. "영상은 음식이고 광고는 술이라고 생각해보세요." 그는 무대에 올라 설명을 시작했다. 댈러스는 로봇 소믈리에로 술과 안주의 최적의 조합을 제시해준다는 개념이었다. 그는 스크린에 스테이크 요리와 샤또 마고 와인을 크리스탈 잔에 따르는 영상을 띄웠다.

. . .

유튜브가 알고리즘을 개선하는 동안 시청자들은 사이트에서 점점 더 커져만 가는 문제에 시달리고 있었다.

팬들은 유튜브의 주요 인물 중 하나인 그를 스테프Stef라고만 알고 있었다. 벗겨진 머리에 다부진 체격, 친근한 인상의 캐나다인은 아일랜드계를 짐작케 하는 억양으로 불행한 유년 시절부터 데이트, 결혼, 중대하고 진지한 주제들(그는 어떤 주제든 이야기할 수 있었다)을 힘든 시기를 겪으며 세상에 대한 불만이 가득해진 젊은 남성들을 향해 직설적으로 이야기했고, 터널 끝에 분명 빛이 있을 거라고 약속했다. 젊은 남성들은 그의 말을 경청했다.

전직 IT 사업가였던 스테판 몰리뉴Stefan Molyneux는 30대 후반의 나이에 거창한 말발을 앞세운 구루로 변신했다. 닷컴 호황 때 컴퓨터로 돈을 벌었던 사람들이 그렇듯이, 그는 넉넉한 폴로 셔츠를 입었고 자신의 이야기를 들려주는 것을 즐겼다. 2005년 그는 팟캐스트이자 하나의 운동인 프리도메인 라디오Freedomain Radio를 시작했다. 얼마 지나지 않아 유튜브에 가입했고 '철학 개론'과 같이 검색 엔진의 표준 문안 같은 제목의 영상과 토니 로빈스Tony Robbins 스타일의 자기 계발 강의 영상을 올렸는데 대부분이 한두 시간 분량이었다.[103] 몇 년 후, 금융 위기가 터졌고 몰리뉴는 그 여파로 닥친 경제적 고통과 무질서의 상태에 관해 이야기했다. "대학생들은 우울할 만합니다." 그는 시청자들에게 이렇게 말했다.[104] "그들의 사회가 지속 불가능한 상황이 되었잖습니까." 자신의 강연을 《해리포터》와 《스타워즈》 코멘터리로 구성해 전달했다. 그의 세계관과 잠깐씩 들려주는 개인사에 관한 이야기 둘 다에 푹 빠진 시청자들도 있었다. 웨스트버지니아대학교를 중퇴한 캘럽 케인 Caleb Cain은 데드 케네디스Dead Kennedys라는 밴드와 마이클 무어Michael Moore의 다큐멘터리를 좋아했고, 유튜브 추천 영상으로 몰리뉴를 발견한 그는 몰리뉴가 아내와 딸에게서 느끼는 가정의 행복에 관해 이야기하는 것을 듣고 감탄했다. 케인은 이렇게 생각했다. "나도 저런 삶을 원해. 계속 시청한다면 나도 스테프처럼 될 수 있을 거야."

몰리뉴는 딱히 정치성을 드러내며 유튜브를 시작하지 않았다. 해당 주제의 이야기가 나오면[105] 그는 자유주의자 또는 '무정부 자본주의자'[106]가 되었다. 하지만 언제부터인가 정치 이야기가 슬그머니 영상에 침투하기 시작했고, 특히나 미국이 흑인 대통령을 선출한 후에 그런 경향이 심화되었다.

 스테판 몰리뉴: 노예화에 대한 이야기
(Stefan Molyneux: The Story of Your Enslavement)

▶ ▶| 2010년 4월 17일 · 13:10

은은한 색감과 오래된 자료 화면이 등장하는 영상은 인간의 본성과 경제학에 관한 다큐멘터리처럼 보인다. 하지만 신랄한 비난이 담긴 영상이었다. 몰리뉴는 노예제도가 현대사회로 어떻게 진화해왔는지를 두고 교과서적인 역사 강의를 한다. 그러다가 그는 펀치를 날린다. "하지만 현실은 완전히 다르다." 그는 이렇게 말한다. 케이지에 갇힌 동물들의 영상이 등장한다. 그는 내뱉듯 말한다. "당신네 나라에서는, 당신이 일하는 농장에서는 당신네 농장주가 어느 정도의 자유를 허락해주겠지만, 그것은 당신의 자유를 신경 쓰기 때문이 아니라 농장주가 수입을 늘리고 싶어서일 뿐이야." 화면은 티파티Tea Party 시위(보스턴차사건에서 유래한 보수주의 정치 운동으로 오바마 행정부의 의료보험 개혁 정책에 반발해 등장했다 — 옮긴이) 장면으로 전환되고, 오바마 대통령 사진 아래 '파시즘'이란 문구가 적힌 포스터가 등장한다. "이제 좀 알겠나?" 몰리뉴가 묻는다. "당신이 태어난 케이지의 실체를?"

그즈음 이미 몰리뉴는 몇몇 부모의 우려를 사고 있었다. 영국 의원인 바버라 위드Babara Weed는 아들이 "절 찾지 마세요"라는 메모만 남기고 갑자기 가출하자 불안에 휩싸였다.[107] 위드는 심리 치료나 다른 방법으로 문제를 해결할 수 없다면 원가족을 버려야 한다는 몰리뉴의 팟캐스트를 듣고 아들이 어떤 무리에 합류했다는 것을 알게 되었다. 그는 '디푸deFOO(Disengage Family of Origin, '원가족에서 해방되어'를 의미한다 — 옮긴이)'라는 표현을 썼다. 몰리뉴는 심리 치료사인 그의 아내 크리스티나 파파도풀로스Christina Papadopoulos와 함께 온라인에서, 그리고 부부의 집에서 열리는 모임에서 이 이론을 전파했다.[108] (캐나다 심리학 위원회는 이후 파파도풀로스가 직업윤리에 위배되는 행위를 했다고 질책했다.[109]) 부부는 청취자들에게 유튜브에는 없는 특별 강좌 비용으로 기부금을 유도했고, '필로소퍼 킹Philosopher King'[110]이라는 500달러짜리 팬 구독 등급을 제안했다. 2008년 초, 위드가 자신의 이야기를 세상에 공개했고 신문사들은 몰리뉴를 보도하며 '컬트'라는 단어를 썼다.

유튜브는 사이트 외부에서 벌어진 크리에이터들의 행동을 조사할 수 있는 규정이 마련되어 있지 않았다. 너무도 많은 사람이 영상을 업로드하는 와중에 사이트를 감시할 여력이 없었다. 하지만 댈러스 같은 시스템 덕분에 유튜브는 자사의 방송인들을 위한 광고 수익을 벌어들이는 데 훨씬 더 능숙해졌고, 당시에는 모든 유튜버에게 수익을 공평하게 제공하기도 했다.

이 사건은 온라인에서 분개한 남성들이 도무지 막을 수 없는 정치 세력이 될 수 있다는 것을 몰랐을 때 벌어진 일이었지만, 그럼에도 몇 가지 징후는 있었다. "페미니즘 때문에 몇 커플은 이혼했을 겁니다." 2008년 그는 캐나다 기자에게 이렇게 말했다.[111] "그렇다고 해서 페미니즘이 컬트가 되는 것은 아니잖아요."

17장

▶

구글의 어머니

수전 워치츠키의 비행기가 취소되었다. 유튜브로 오기 한참 전인 2010년, 워치츠키는 『포춘Fortune』 매거진이 매년 선정하는 '가장 영향력 있는 기업가 50인'을 축하하며 수많은 사람이 모이는 행사에 참석하기 위해 워싱턴 D. C.로 향하는 길이었다. 버락 오바마의 연설이 예정되어 있었다. 워치츠키가 『포춘』 리스트에 오른 것은 처음이었지만 일과 가족에 대한 의무를 생각하면 굳이 다른 비행기를 다시 예약해야 할 정도의 가치는 없는 일 같았다.

그녀의 차고에서 구글이 시작된 지 10년이 지났지만 약간씩만 변화를 주었을 뿐 그녀의 더티 블론드 색 단발머리도 구글에 대한 애정도 그대로였다. 방향을 전환하고 목표를 달성하는 데 신중하게 접근하는 그녀는 완벽한 구글 오퍼레이터였다. 구글 비디오가 유튜브에게 자리를 내어준 후 워치츠키는 구글의 유전油田인 광고 비즈니스로 자리를 옮겼다. 웹사이트들을 디지털 대시보드로 환산하는 구글 시스템인 애드센스AdSense를 책임졌다. 그녀는 애드센스를 개발한 공로를 인정받아 구글 '파운더스 어워드Founders' Award'를 수상했고 상 이름처럼 해당 직원을 창립자처럼 대우해 보상해주는 리텐션 보너스(유능한 인재의 장기근속을 유도할 목적으로 제공하는 인센티브―옮긴이)를 받았다. 구글의 최고 경영진 내 여성은 그 수를 한 손에 꼽을 수 있을 정도로 적었고, 워치츠키는 이들 중 한 명이었다.

전 유튜브 CEO 수전 워치츠키(2016)

그럼에도 엘리트 집단에서 대중의 관심을 더욱 많이 받는 사람들은 따로 있었다. 구글에서 세일즈를 맡고 이후 페이스북의 이인자 자리로 옮겨 간 셰릴 샌드버그Sheryl Sandberg가 있었다. 타고난 정치인인 샌드버그는 실리콘밸리의 집에서 저녁 파티를 정기적으로 열었고, 페이스북의 자리 덕분에 매거진 인터뷰와 영광을 누렸다. 그녀는 2009년 『포춘』 선정 영향력 있는 기업가 22위에 올랐다. 구글 프로덕트의 수장이자 워치츠키와 더불어 사내에서 "미니 창립자들"이라 불리는 인물 중 하나인 마리사 메이어도 해당 리스트에 올라 있었다. 메이어와 샌드버그는 카메라 앞과 무대에서 자연스럽고 자신감 넘치는 모습을 보여주었다. 워치츠키는 때때로 부자연스러운 모습을 보일 때가 있었다. 최고 경영진에 속한 여성들은 미디어에 비치는 모습과 무대 위의 존재감이라는 조금 다른 기준으로 평가받는 경향이 있었다.[112] 구글 홍보팀에게는 워치츠키를 무대에 더욱 자주 올리고 언론에 노출해야 한다는 임무가 주어졌다. 언젠가 구글 검색창에 그녀의 이름을 치면 두 번째로 등장하는 결과는 "수전 워치츠키의 새빨간 거짓말"이었는데, 이는 애드센스 개발에서 그녀의 역할이 거짓이라는 혐의를 제기한 《고커》의 기사였다. 이에 관해 묻는 저널리스트 스티브 레비Steve Levy에게 그녀는 순순히 인정했다. "네, 신경이 쓰이긴 해요." 하지만 구글은 자사의 임원이 언짢아하는 것일지라도 검색 결과를 지우고자 검색 순위의 성스러움을 헤치려 들지 않았다.[113]

워치츠키는 마침내 2010년 『포춘』 리스트 43위에 이름을 올렸고, 이는 같은 해 샌드버그보다 스물일곱 계단이나 낮은 위치였다. 메이어는 42위였다.

워치츠키가 비행기를 놓치자 그녀의 홍보진 참모는 조심스럽게 조언을 건넸다. "참석하셔야만 하는 자리예요." 샌드버그와 메이어는 벌써 그곳에 도착해 다른 사람들과 친분을 다지고 있을 터였다. 워치츠키도 행사 장소로 향했다.

. . .

수전 다이앤 워치츠키는 1968년에 실리콘밸리의 핵심인 캘리포니아주 샌타클래라의 한 가정에서 태어났는데, 훗날 이 가족은 뛰어난 자제들로 많은 이에게 인정받았다. 입자물리학자인 부친 스탠리Stanley는 아우슈비츠로 향하는 기찻길 바로 옆 크라쿠프에서 가톨릭 신자로 자랐다. 나치가 그의 가족이 살던 집을 앗아 갔고, 그는 스웨덴으로 탈출했다. 수전이 어렸을 때 스탠퍼드대학교는 스탠리를 물리학과 학과장으로 임명했다. 수전의 모친인 에스더는 뉴욕 로워이스트사이드에서 러시아계 유대인 이민자 가정에서 태어났고 이후 쾌활한 저널리스트이자 교육자가 되어 스탠퍼드 근처 팰로앨토Palo Alto 고등학교의 교사로 실리콘밸리 전역에서 널리 이름을 알렸다. 연달아 딸 셋을 낳은 워치츠키 부부는 딸들이 운전을 배울 나이가 되기도 전에 할인 쿠폰을 모으고 수표책을 결산하는 부지런한 아이로 키웠다. 수전이 네 살 때, 스탠퍼드 유치원의 주차장에서 만난 엄마에게 다급히 뛰어갔다. "오늘 마시멜로를 줬어요." 아이가 말했다.[114] "난 두 개 받았어요." 에스더 워치츠키는 얼마 후 맏딸이 심리학 실험에 참여했다는 사실을 알게 되었다. 스탠퍼드대학교 교수인 월터 미셸Walter Mischel은 아이들에게 간식을 하나 주며 지금 바로 먹어도 되고, 아니면 15분 기다렸다가 두 개를 받을 수 있다고 설명했다. 이 전설적인 연구는 기다렸던 아이들이 40년 후 신체가 더욱 건강하고, "인지적으로 그리고 사회적으로 더욱 경쟁력 있는 청소년기"를 보냈으며, 더욱 안정적인 성인으로 자랐다고 결론을 내렸다. 어린 수전은 마시멜로를 두고 다른 유치원생들보다도 더욱 오래 기다렸다.

미셸의 연구 결과는 훗날 면밀한 검증을 받아야 했지만, 여전히 초창기 참가자들을 수식하는 전설적인 일화로 남았다. "수전은 내가 아는 사람 중 제일 인내심이 뛰어나고 논리적인 사람이다." 에스더 워치츠키는 자녀 교육 저서 『용감한 육아』(반비)에서 마시멜로 실험 이야기를 한 뒤 이렇게 적었다.[115] "수전은 어떤 일에도 당황하지 않는다. 놀라운 자제력을 지녔다. 자신이 신뢰하고 존경하는 동료들에게 둘러싸여 있다. 어렸을 때부터 이런 특징들을 보였는데, 이는 타고난 것이 아니라 오랫동안 훈련한 결과였다."

수전은 하버드대학교에서 역사학을 공부했고 인도에서 1년 동안 머물며 사진 기자로 일했다. 이후 좀 더 현실적인 분야로 방향을 틀어 경제학과 경영학 석사 학위를 받은 후 테크놀로지 업계에서 경력을 시작했다. 그녀는 과학기술 전문가인 데니스 트로퍼Dennis Troper와 결혼했고, 트로퍼는 나중에 아내를 따라 구글에 합류했다. 수전의 여동생인 재닛은 유행병 학자가 되었다. 막냇동생 앤은 월스트리트에서 일하다가 실리콘밸리의 왕족이 되었다. 앤은 유전자 검사 기업인 23앤드미23andMe를 공동 창립했고, 구글의 세르게이 브린과 바하마에서 특별한 결혼식을 올렸다. 상냥하고 매력적인 앤은 어디서나 좋은 이야기를 들었다. 『베니티 페어Vanity Fair』는 그녀를 "버켄스탁Birkenstock을 신은 제니퍼 애니스턴Jennifer Aniston"이라 칭했고, 또 다른 잡지에서는 "미국에서 가장 당돌한 CEO"라는 이름을 붙였다.[116] 이와 반대로 수전은 내성적이고 겸손하고 성실한 성격으로 한 지인의 표현처럼 "전형적인 맏언니" 같은 모습을 보였다.

유튜브가 구글에 합류한 뒤 워치츠키는 구글의 더블클릭 인수에 도움을 주었고, 광고 게시를 원하는 사이트라면 어디든지 배너를 걸며 구글을 광고계의 대기업으로 만들었다. 무엇보다 중요한 것은 그녀는 레리 페이지의 마음을 움직일 수 있는 사람이었다. 전 구글 디렉터인 킴 스콧Kim Scott은 수전이 "래리 위스퍼러whisperer"였다고 전했다. "사람들이 도무지 그를 설득할 수 없을 때도 그녀는 항상 성공했어요." 스콧은 이렇게 설명했다. 워치츠키는 침착한 성품에 누군가에게 깊은 인상을 남기는 일이 거의 없었고, 자신의 존재감을 감추는 데 능했다. 언젠가 구글자이트가이스트(구글 경영진과 대화를 나누고 싶어 하는 거물들과 정치인들, 유명 인사들을 초청하는 연간 행사) 때 한 참석자의 눈에 근처 산에 다녀온 하이킹 복장 그대로 행사에 와서 조용히 무언가를 적고 있는 워치츠키가 들어왔다. 아무도 그녀를 알아보지 못했다. 하지만 워치츠키는 해야 할 때는 자신의 기민함을 드러냈다. 전 임원은 구글의 영원한 적 루퍼트 머독의 뉴스코퍼레이션과 비즈니스 미팅을 가졌던 때를 떠올렸다. 적군은 강경한 태도를 취하고 있었다. "좋습니다. 그럼 저희가 귀사에 비용을 지불하지 않으면 되겠네요." 워치츠키가 태연하게 말했다. "어떠세요?"

구글은 그녀의 기민함이 아니라 남성 중심 업계에서 이점으로 작용한 적응력이 있고 무던한 면(근면하고 위협적이지 않으며 충실한 면)을 홍보하려고 했다. 대중적 이미지가 형태를 갖추기 시작했다. 2011년, 산호세 신문사인 『머큐리뉴스The Mercury News』에서 워치츠키를 가리켜 "당신이 한 번도 들어본 적 없는 가장 중요한 구글러"라고 소개하며 호의적인 관심을 보였다.[117] 동료들은 스포트라이트를 독차지하지 않으려는 그녀의 성품을 칭찬했지만, 기사는 더블클릭 그리고 유튜브 인수에 중추적인 역할을 한 인물로 그녀를 설명하며 유튜브 인수에 대해 당시 관계자들이 기억하는 것보다 크게 그녀의 공로를 치하했다.

하지만 해당 기사는 사실 엄마로서 그녀의 모습에 더욱 치중하고 있었다. 워치츠키는 구글에서 처음 엄마가 된 인물로 구글 남자들은 생각조차 하지 못한 육아휴직 제도를 만들었다. 2011년, 그녀는 네 아이의 엄마가 되어 있었고, 기사는 도요타 하이랜더Toyota Highlander에 아이들을 태우고 기사 노릇을 하는 "사커 맘soccer mom(아이들을 태우고 학교와 스포츠 클럽을 오가는 열성 엄마―옮긴이)"이라고 그녀를 설명했다. "제가 매일 저녁 식사를 함께하리라는 것을 아이들은 알고 있어요." 워치츠키는 이렇게 말했다. 홍보 전략이 좋았다. 전 비즈니스 파트너는 워치츠키가 "건조하게" 보일 수도 있지만 "엄마의 역할에 대해 말할 때면 생기가 돌았다"라고 평했다. 『포춘』은 그녀에게 "구글의 어머니mother of Google"라는 별명을 붙였다.[118] 『포브스』 기사는 청바지에 후드 차림으로 사무실을 오가는 모습을 묘사하며 그녀의 "자기 비하에 가까운 검소함"에 대해 언급했고,[119] 익명의 전 동료가 워치츠키를 두고 영화 《찬스Being There》에서 피터 셀러즈Peter Sellers가 분한 정원사 챈스Chance the Gardner와 비교했다고 적었다. 워치츠키에 대한 기사마다, 그리고 탕비실에서 오가는 동료들의 수다마다 필수적으로 구글을 탄생시킨 그녀의 차고가, 천재 청년들에게 내어준 엄마의 품 같은 보금자리가 언급되었다. (후에 구글은 이 부지를 매입해 구글 맵에 주소를 "수전의 차고"라고 표시했다.) 사실 이 일로 경영진으로서 워치츠키의 성과와 개성이 과소평가되었고, 실제로 몇몇 사람들은 그녀를 깎아내리기도 했다. (한 동료는 후에 그녀를 "세상에서 가장 운이 좋은 차고 소유주"라고 조롱했다.) 물론 그녀가 구글 창립자들과 일찍부터 친밀한 사이였다는 점이 중요하게 작용했지만, 이것이 연고주의 인사의 계기가 되었기 때문이 아니라 사내에서 그녀의 입지를 설명해주기 때문에 중요한 것이었다. 래리 페이지와 세르게이 브린은 너무도 젊은 나이에 대단한 성공과 부와 영향력을 얻고, 철저한 검증의 대상이 된 나머지 이런 변화가 찾아오기 전부터 알고 지낸 유능한 사람들을 주위에 둘 수밖에 없는 입장이었다. "창립자들은 수전을 아마도 세상 그 누구보다 신뢰할 겁니다." 구글 세일즈 디렉터인 패트릭 킨Patrick Keane의 말이었다. "무엇도 수전을 동요시킬 수 없었습니다. 제아무리 어려운 순간이 찾아와도요."

구글에서 오랫동안 HR 책임자로 일하다가 2016년에 회사를 떠난 라즐로 복은 구글을 가족 기업에 빗대었다. 페이지와 브린은 2011년 구글의 주식을 개편해 일부 주주들의 10배에 해당하는 투표권을 확보했다. 워치츠키의 남편과 그 형제도 구글에서 근무하고 있었다. 그녀의 모친은 교육 프로그램의 고문으로 채용되었다. 구글은 앤의 기업에도 투자했다. "가족 기업에서는 무엇보다 충성심이 가장 큰 보상을 받습니다." 복이 설명했다.

. . .

다만, 2013년 수전 워치츠키는 격렬해진 가족 간의 경쟁 속에서 옴짝달싹 못 하는 처지가 되었다. 그녀는 페이지의 L팀의 일원이었고, 이 팀은 논쟁이 빈번하게 일어났다. 또한 그녀와 같은 사업부의 누군가가 그녀를 노리고 있기도 했다.

안경을 쓴 깐깐한 엔지니어 스리다 라마스와미Sridhar Ramaswamy는 광고 사업부에서 계속 승진해나가다가 워치츠키와 같은 지위에 올랐다. 두 사람은 스타일이 완전히 달랐다. 라마스와미는 컴퓨터 코딩 문서를 분석해가며 세부 사항을 신경 썼고, 측정 지표와 수치를 내밀하게 이해했다. 동료들은 워치츠키가 '빅 픽처' 사고가여서 세부적인 일들은 충성심 높은 직속 부하 직원들에게 위임하는 편을 선호했다고 증언했다. (전 구글러는 워치츠키에게 슬라이드 60개 분량의 비즈니스 제안서를 건네자 다섯 장을 넘겨본 그녀는 직속 부하에게 딱 드는 느낌이 어떤지 묻고는 회의를 일찍 마쳤던 적도 있다고 말했다.) 그녀와 라마스와미가 심각한 논쟁을 벌인 적도 있었다. 워치츠키는 구글이 웹 전역에 걸쳐 게시하는 배너 광고에 검색어를 활용하고자 했다. 검색어와 웹사이트를 기반으로 고객을 타깃팅할 수 있다면 광고주들은 구글에 더 많은 광고비를 내고자 할 터였다. 라마스와미는 비즈니스적인 이유로 이에 반대했고(가격이 저렴한 배너 광고가 검색 광고가 불러오는 큰 마진을 훼손할 수도 있다고 여겼다), 이런 방식에 프로그래머 다수가 상당한 혐오감을 느낀다는 점도 작용했다. 검색어와 연관된 광고들을 인터넷 곳곳에서 마주한다면 사람들이 소름 끼칠 수도 있었다. 페이지는 오래전부터 검색 데이터를 다른 모든 것과 별개로 취급해야 한다고 말했다. 하지만 워치츠키 같은 이들은 그런 원칙이 더욱더 많은 데이터를 추구하는 광고계의 트렌드와 맞지 않는다고 생각했다.

2013년 말, 페이지가 (그가 구글 2.0이라고 칭한) 기업의 장기적 방향성을 확립하고자 마련한 회의가 몇 차례 이어지는 동안 이러한 갈등은 정점에 달했다. 평소 감정을 잘 드러내지 않는 라마스와미는 감정이 격해져갔고,[120] 한 회의 자리에서 워치츠키가 본심을 "숨기고 있다"며 비난했다는 이야기가 전해졌다. 이런 자리가 아니라면 두 임원은 한 공간에 있기를 피했다. 광고팀원들은 매주 화요일 워치츠키가 자리한 리뷰 미팅에 참여한 뒤 목요일에는 똑같은 미팅을 라마스와미와 했던 일을 떠올렸다. 워치츠키 아래서 근무한 어느 직원은 자신이 라마스와미의 프로젝트를 수행했을 때 보스인 워치츠키가 가장 크게 화를 냈다고 전했다. ("수전과 저는 의견 차이가 있었습니다." 나중에 라마스와미는 이런 이야기를 했다. "하지만 정책이나 비즈니스 결정을 둘러싼 차이였어요. 개인적인 감정은 전혀 없었습니다.") 결국 페이지는 둘 중 하나를 선택해야 하는 처지에 놓였다.

한편, 워치츠키의 여동생 앤과 세르게이 브린은 타블로이드 신문에 실릴 법한 이혼 절차를 밟고 있었다. 엉뚱한 성격의 구글 공동 창립자인 브린은, 구글이 컴퓨팅의 미래라고 홍보한 우스꽝스러운 헤드기어 구글 글래스의 모델이었던 20대 마케팅 직원에게 마음을 빼앗겼다. 해당 직원은 마침 구글의 안드로이드 사업부의 간부와 사귀고 있었다. 브린과 앤 워치츠키는 2013년 8월 이혼을 세상에 공개하며 홍보 담당자를 통해 "좋은 친구이자 파트너 사이를 유지할 것"이라고 전했다.[121] 앤은 여자 친구들과 피지로 종적을 감추고 그곳에서 요가를 하며 휴식을 취했다. 브린은 버닝맨Burning Man(네바다주에서 열리는 행사로 목각으로 된 인간 모형을 태우는 전통 때문에 버닝맨이라는 이름이 붙었다—옮긴이)으로 향했다.[122] 하지만 두 사람의 이혼과 거북

한 사각 관계는 구글의 입방아에 내내 오르내리는 주제가 되어 사내에 긴장감은 더욱 커져갔다. 가정을 중시하는 페이지는 공동 창립자와 한동안 대화를 나누지 않았다. 워치츠키는 절친한 친구들에게 두 사람의 이혼이 진행되는 방식이 너무나 마음에 들지 않았고 특히나 브린이 벌인 짓이 끔찍하다고 토로했다.

유튜브에서 구글의 가족 싸움보다 더욱 견딜 수 없었던 것은 점점 관료주의적으로 변해가는 기업 문화였다. 몇 년 전, 유튜브 로스앤젤레스 지사의 직원인 캐슬린 그레이스Kathleen Grace는 카만가에게 유튜브 프로덕션 스튜디오를 제안하며 할리우드 스튜디오들(패러마운트픽처스와 유니버설스튜디오스)의 이미지 여러 장에 이어 탁 트인 유튜브 스페이스의 모형을 보여주었다(슬로건: "모두가 '예스'라고 말하는 공간입니다"). 카만가는 30분 만에 제안을 승인했다. 3년 후, 이보다 훨씬 비용이 덜 드는 프로젝트를 진행하고 싶었던 그레이스는 열다섯 명의 위원회 앞에서 네 차례에 걸쳐 승인을 구해야 했다. (유튜브에 프로젝트가 너무 많다는 우려에 위원회가 구성되었다.) 한편, 유튜브 리더들은 자신이 자율과 권한이 주어진 경영진이 아니라 구글 부서들을 오가며 아쉬운 소리를 하는, 셔틀 외교를 행하는 외교관처럼 느꼈다. "내가 잘하고 싶지 않은 일을 잘해야 하는 상황이 되었군요." 메로트라는 카만가에게 불평했다.

2013년 유튜브 직원들은 수장의 얼굴을 거의 보지 못했다. 카만가는 일주일에 하루 정도만 샌브루노에 얼굴을 내비쳤다. 유튜브에 대한 열정을 잃어버린 듯 보였다. (한 디렉터가 샌프란시스코 공항에서 그를 마주친 일이 있었다. 배낭을 메고 하이킹 여행을 시작하는 카만가는 그를 향해 손을 흔들어 인사했다. 또 다른 직원은 유튜브 키즈에 관한 중대한 미팅 자리에서 그가 느긋하게 화면을 획획 넘기며 본인의 페이스북 페이지를 들여다보던 상황을 떠올렸다.) 하지만 카만가는 정작 급성장에 대해 고민하고 있었다. 월요일마다 그는 L팀에 합류해 온종일 이어지는 '구글 2.0' 회의에 참석했는데, 회의 자리에서 페이지는 구글이 예전의 기민한 스타트업의 마법을 다시금 재현해보는 방안을 자주 언급했다. 카만가는 이후 페이지와 따로 자리해 더욱 극적인 기업 혁신 전략을 브레인스토밍했다.

유튜브를 운영하는 사람은 사실상 이인자인 메로트라였다. 콘텐츠 책임자인 딘 길버트가 은퇴한 상황에서 메로트라는 경영 부서 직원들을 지휘했고 직원들 사이에 그를 향한 충성심이 높아졌다. 카만가는 자신의 업무 대행인 직속 부하를 데리고 페이지와의 일대일 미팅에 참석하기 시작했으며, 이후 카만가가 미팅에 오지 않는 경우도 종종 있었다. 다들 머지않아 카만가가 자리에서 물러나 메로트라에게 지휘권을 물려주리라 생각했다.

그때 계획이 변경되었다.

10년 넘게 메로트라는 실리콘밸리의 모든 이가 "코치"라고 부르는 냉철한 비즈니스 베테랑 빌 캠벨Bill Campbell과 정기적으로 만남을 가졌다. 캠벨은 래리 페이지와 스티브 잡스, 검증되지 않았던 수많은 테크놀로지 거물을 가르친 인물이었다. 페이지는 캠벨에게 유튜브 창립자들의 코칭을 맡겼고 비협조적인 유튜브 CEO가 회피하는 어려운 질문들을 가지고 캠벨을 찾았다. 2014년 초 캠벨은 메로트라와의 정기적인 미팅 일정을 당겨 화상회의로 대체하자고 부탁했다. (당시 코치는 건강이 나빠지기 시작했고 2년 후 암으로 사망했다.) 메로트라는 복잡한 경영 문제를 적어놓은 리스트를 챙겨 화상회의에 참석했다.

"사실, 오늘 당신에게 해줄 이야기가 있어요." 캠벨이 말문을 열었다. "아무도 이야기해주지 않을 것 같아서요. 래리가 유튜브 책임자로 다른 사람을 선택했습니다."

충격에 빠진 메로트라가 물었다. "누굽니까?"

"수전이요."

. . .

그해 2월, 유튜브 직원 몇몇은 구글 취리히 지사를 방문하고 있었다. 핀볼 게임 기기들, 레고 방, 와인 셀러, 낮잠용 욕조가 마련된 그곳은 놀이동산이나 다름없었다. 취리히에도 플라스틱으로 된 미끄럼틀이 있었다. 유튜브 직원들이 취리히에 근무하는 동료들과 밤늦게까지 술을 한잔 나누던 중 메시지들이 앞다투어 들어오기 시작했다. "새로운 대표가 취임했어." "누구?" "뭐라고?"

샌브루노에 소식이 전해지자 대부분이 충격을 받았다. 함께 일해본 적은커녕 만나본 적도 없는 구글의 최고 경영진 중 한 명이 회사를 이끌게 된 것이었다.

워치츠키와 가까운 사람들은 그녀가 다른 동료들처럼 더 높은 자리로 올라가기를 얼마나 애태우며 바랐는지 잘 알고 있었다. 2014년, 광고 엔지니어 라마스와비와의 갈등은 그녀에게 위기감을 안겼다. 워치츠키는 전 페이팔 마피아 멤버인 일론 머스크의 이인자, 테슬라 최고운영책임자COO 자리를 두고 밀담을 나누고 있었다. 하지만 페이지는 그녀가 구글에 남기를 바랐다. 그는 카만가가 회사를 떠나고 싶어 한다는 것도 알고 있었다. 그즈음 페이지도 자신이 믿는 부하 직원 선다 피차이Sundar Pichai에게 구글을 넘기고 회사를 떠날 계획을 세우고 있었다. HR 책임자였던 라즐로 복은 페이지에게 워치츠키를 유튜브로 옮기면 그가 선택한 후계자에게 조금 더 수월하게 회사를 넘겨줄 수 있을 것 같다고 제안했다. 그렇게 수전의 유튜브행이 결정되었다. 페이지는 마침내 메로트라에게 소식을 전하며 이런 말을 했다. "지금 하는 것처럼만 해주면 됩니다."

언론과 몇몇 유튜버들은 광고 사업부 책임자가 유튜브 대표로 임명되었다는 것은 구글이 유튜브 사이트에서 매출을 더욱 쥐어짜겠다는 의미라고 해석했다. "수전은 불가능을 가볍게 무시할 줄 아는 사람입니다." 페이지는

『뉴욕타임스』에 이렇게 전했다.[123] (『뉴욕타임스』 신문은 수전의 인사 소식을 전하며 실수로 앤의 사진을 실었다.) 유튜브 본사에서 뉴스를 전하는 메로트라의 눈에 눈물이 고였다. 워치츠키는 짧은 연설 후 각 팀과의 회의 일정을 잡았다. 알고리즘 책임자이자 시청 시간 주창자인 크리스토스 굿로는 마흔여섯 장의 슬라이드 프레젠테이션을 준비해 그녀와 만났다. 슬라이드 다섯 장은 하루 10억 시청 시간을 달성하기까지의 진행 상황이 담겨 있었다.[124] "그런데, 아직 한참 못 미칩니다." 굿로는 새로운 보스에게 말했다. "저는 미칠 지경인데, 저만큼은 아니더라도 당신도 약간은 그렇게 느껴주면 좋겠네요." 그는 목표를 달성하지 못하는 걸 끔찍하게 싫어했다.

실리콘밸리에서는 새로운 경영진이 들어서면 족적을 남기기 위해, 또는 권위를 보여주기 위해 기업의 운영 방향을 바꾸는 일이 잦다. 유튜브에 합류한 후 워치츠키와 자리를 가진 구글의 네트워킹 직원들도 그녀에게 같은 것을 바랐다. 이들은 유튜브가 시청 시간을 목표로 한 후 서버에 엄청난 부하가 생기자 극심한 스트레스를 받았고 유튜브의 전략을 조정해 대역폭에 가중되는 부담을 줄이고 싶었다.

시청 시간을 우선시하고 광고 수익을 가능한 한 많은 이에게 전하겠다는 목표가 유튜브 자신에게 여러 부담으로 작용하게 되어 훗날 큰 피해를 주는 계기가 될 거라고 워치츠키에게 경고한 사람이 있었는지는 알 수 없다. 당시 워치츠키는 네트워킹 직원들에게 "당분간은 기존의 계획을 유지하는 것으로 합시다"라며 제안을 거절했다.

3부

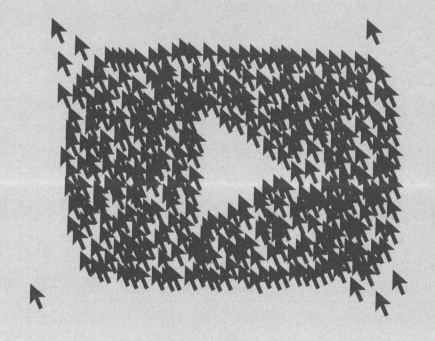

18장

▶

바람 빠진 튜브

구글의 시인 클레어 스테이플턴은 쿨헌터가 되었다. 뭐, 그 비슷한 게 되어 있었다.

쿨헌터라고 불린 적은 없어도 자신이 유튜브에 합류한 2014년에는 이미 마케팅 부서의 소관이 되었던 편집 역할을 더욱 적극적으로 운용한 팀이 예전에 있었다는 것을 알고 있었다. HR 임원은 스테이플턴에게 '큐레이션 전략 매니저' 자리에 지원해보라고 제안했다. 직무 기술서를 확인한 그녀의 머릿속에 이런 물음이 떠올랐다. '이게 도대체 무슨 일을 하는 자리인 거지?' 어쨌거나 그녀는 그 일을 하기로 했다. 유튜브로 온 첫 주에 그녀는 파리로 가서 추천 시스템을 작성하는 엔지니어들을 만났다. 코더들은 알고리즘에 적용되는 다양한 신호에 관해 이야기했지만 정작 그녀의 역할이 무엇인지 묻는 기본적인 질문에는 답하지 못했다. 런던에 있는 동료가 사내 게시판 링크로 그녀의 질문에 완곡한 답변을 전해주었다. 스테이플턴은 링크를 클릭했다. 「쓸모없는 업무가 존재하는 현상에 관하여」라는 제목으로 한 인류학자가 쓴 장문의 글이 등장했다.[125]

사람들을 어떻게든 일하게 만들려고 누군가 의미 없는 일자리를 만들어놓은 것만 같다. 이것이 바로 미스터리다 … 지옥은 자신이 싫어하고 딱히 재능이 있지도 않은 일을 하며 대부분의 시간을 보내는 사람들이 모인 곳이다.

스테이플턴은 애플의 마법을 부려보려던 구글의 사업부, 뉴욕의 구글 크리에이티브 랩에서 2년을 채 채우지 못했다. 랩은 애플의 유명한 일중독 문화를 수용해 직원들에게 늦은 밤과 주말에도 그저 열심히 매진할 것을 종용했다. 하지만 이들은 아이폰을 개발하는 사람들이 아니었다. 이들은 브랜드 쇄신, '모형 제작' 그 외 여러 프로젝트를 진행했지만 구글의 수많은 프로젝트가 그렇듯 전부 무산되었다. 그녀는 랩이 압박을 가장 많이 가하는 직원은 자신 같은 본사 직원이 아니라 구글의 공정한 평가와 보상이 주어지지 않는 계약자와 외주 용역이라는 사실을 깨달았다. 심지어 사무실에서 다른 색깔의 배지를 착용했다. 캘리포니아의 구글 커뮤니케이션팀에 있을 때 스테이플턴은 의미 있는 업무에 자극도 받고 열정을 다했다. 여성 임원이 책임지던 커뮤니케이션팀은 '모계사회'처럼 느껴졌다. 하지만 유튜브에서는 아무런 관리를 받지 못하는 것처럼 느꼈다. 남자 상사와 잘 지내보려고 방법을 찾던 그녀는 동료에게 조언을 구했다. "전형적인 남자 상사예요." 동료가 말했다.[126] "퇴근 후에 맥주 한잔 같이 할 수 있는 남자 직원들과 일하는 것을 좋아하는 스타일이요."

서른에 가까워진 스테이플턴은 구글의 버블에서 벗어나 팜투테이블(농장에서 재배한 농산물을 식탁에 올리는 식문화—옮긴이) 음식들과 캐시미어 스웨터, 고급 텔레비전이 함께하는 브루클린의 삶에 적응했다. 그녀는 잠깐 회사를 그만둘까도 생각했지만 유튜브의 문화가 너무도 매력적이었다. 당시 유튜브는 매일같이 새로운 어귀와 새로운 기후가 형성되는 거대한 문화의 바다였다. 사이트에 ASMR 영상들이 넘쳐났다(속삭임과 바스락거리는 소리가 특정 청취자들에게 희열을 선사했다). 한국 TV에서 넘어온 진기한 대식 콘텐츠 '먹방'도 있었다. 시청자들은 사람들이 음식을 먹어치우는 모습을 지켜봤고, 유튜브에서는 좀 더 야성적이고 난잡하게 행해졌다. 스테이플턴의 부서는 이러한 트렌드를 지켜보고 기록하며 흐름을 파악하는 일을 했다. 그녀는 유튜브가 특별히 인상 깊은 영상들을 찾아서 플레이리스트로 만든 '스포트라이트' 페이지(youtube.com/youtube)를 큐레이팅하는 일을 맡았다.

그녀는 과거 구글의 TGIF 대본을 작성할 당시 많은 칭찬을 받았던 기발하고 독특한 스타일로 플레이리스트의 설명글을 적었다. "명확하게 전달하세요." 매니저가 충고했다. "개성이 드러나지 않게요. 컴퓨터가 쓴 글처럼 보여야 합니다."

"개성을 드러내는 게 제가 하는 일이라고요!" 그녀가 응수했다.

그녀는 유튜브가 중립적인 플랫폼으로 운영되어야 하고 법적 문제를 피하기 위해 사적인 의견을 표현하지 않아야 한다는 이야기를 들었다. 실로 스테이플턴이 합류한 이후, 앞서 있었던 법적 다툼들을 상대적으로 사소하게 만들 정도로 위험한 트렌드가 새로이 유튜브에 등장하며 이러한 기업의 신중한 입장이 더욱 강화되던 차였다.

스테이플턴의 매니저는 그녀의 의견을 비난했고, 그녀는 제멋대로 행동하기 시작했다. 개인적으로 뉴스레터를 발행했다. '바람 빠진 튜브(원문의 'down the tube'에서 tube를 TV가 아니라 물놀이 튜브에 빗대어 '바람 빠진 튜브'로 옮겼다―옮긴이)'라는 이름의 뉴스레터에 예전의 유튜브의 마법 같은 매력을 떠올리게 하는 링크를 첨부해 유튜브라는 거대한 바다에 신선한 물방울들을 떨어뜨렸다. 귀여운 새끼 치타들, 차이코프스키 곡을 입힌 캥거루 복싱, 소 경매인이 쏟아내는 말에 맞춰 연주한 기발한 드럼 연주. "스트리밍이 당신과 함께하길"이란 문구를 마지막으로 그녀는 레터를 마쳤다.[127] 그녀는 자국의 유튜브 스타들의 영상보다 해외 TV 클립 링크를 더 많이 실었는데, 사실 당시 유튜브 또한 해외 클립을 자주 노출시키는 경향을 보이고 있었다. 여러 임원이 그녀의 뉴스레터를 신청했다. 그해 마지막 레터에 그녀가 쓴 글은 회사가 이 사회에 불러온 현상을 고찰하고 있었다.

모두들, 해피 홀리데이!

잠깐 진지한 이야기 좀 할게요…. 올해 유튜브 시청 시간이 720억 시간 이상을 기록한 것을 보면(생기 없는 대중문화의 파편들이 대부분을 차지하고 있고요), 우리가 너무 많은 것을 보고 있는 것일지도 모릅니다. "볼 것이 많을수록 볼 것을 찾기가 어렵고, 더욱 깊이 들여다볼 때 더 많은 것을 볼 수 있다." 어떤 분이 이런 비슷한 말을 했죠.
무언가를 본다는 얄팍한 습관에 약간의 깊이가 남아 있길 바라며 2014년에 이별을 고합니다. 시야를 어지럽히는 광경과 금이 간 영화 스틸 컷이 가득한 이 무감각한 시대에 그럼에도 희미한 의미의 빛이 깜빡이기를 바랍니다. 뭐 그런 건 없을 수도 있고요. (살금살금 컴퓨터에서 물러나며)

・ ・ ・

2014년, 유튜브에는 위대한 기업들이 모두 거치는 생애 주기에서 유튜브의 위치를 설명하는 만트라 하나가 퍼졌다. "장난, 위협, 자명함"이었다.
　시시르 메로트라는 예전 마이크로소프트의 상사에게서 배운 것을 자신의 직원들에게 전해주었다. "처음에는 장난이라 생각하고 아무도 믿지 않을 겁니다." 메로트라가 설명했다. "그러고 나면 위협이라 생각하고 다들 무서워하죠. 그다음은 자명한 사실이 되어 당신이 앞으로 할 일은 분명 성공할 거라 다들 믿는 거죠." 유튜브도 '장난'의 시기가 있었다. 스케이트보드를 탄 개들과 웃음거리로 전락한 구글의 2군 시절이. '위협'의 시기도 다가왔다. 바이어컴과 이후 훌루, 인터넷 파티에 초대도 받지 않았으면서 들이밀고 들어오려는, 또는 이 현실 자체를 무시해보려는 올드미디어의 허접한 노력까지. 유튜브의 배가 움직이기 시작하자, '자명함'의 시기가 찾아왔다. 대중이 지배하는 저비용 미디어, 유튜브가 바로 엔터테인먼트의 미래가 되었다.

유튜브의 모델이 자리를 잡자 다른 업계들이 덤벼들었다. 스티븐 스필버그의 스튜디오로《슈렉》을 포함해 여러 프랜차이즈 시리즈를 제작한 드림웍스는 1억 달러 이상을 들여 10대들을 위한 유튜브 네트워크 기업 어섬니스TV를 매입했다. AT&T는 MCN사인 풀스크린을 인수하는 데 이보다 더 큰돈을 썼다. 디즈니도 수표책을 꺼낼 준비를 하고 있었다. 넷플릭스와 다른 온라인 프로그래머들은 유튜브 스타들을 영입하기 시작했다. 구글은 10억 달러에 가까운 비용으로 게이머들 사이에서 큰 인기를 끌고 있는 온라인 생중계 사이트 트위치를 인수해 유튜브에 합병시킬 계획을 세웠다. 하지만 구글이 인수 금액과 독과점 금지에 관련한 조사를 받을지도 모른다는 사실에 망설이던 사이 이야기가 무산되었고,[128] 아마존이 재빨리 트위치를 매입했다. 페이스북은 영상 서비스를 고민하기 시작했다.

수전 워치츠키는 이 자명함의 시기에 유튜브 리더가 되었다. 그녀는 백지에서부터 유튜브의 비즈니스 계획을 세울 필요가 없었다. 그저 연료를 더 공급하기만 하면 되었다. 2013년 유튜브의 연 수입은 텔레비전 전체 시장의 일부인 고작 30억 달러에 그쳤다. 비즈니스 언론들은 유튜브가 10억 시청자를 거느리면서도 수익이 없다며 비난했다.[129] 워치츠키가 유튜브 리더로서 처음 공식 석상에 나선 자리는 매디슨 스퀘어 가든Madison Square Garden에서 열린 브랜드캐스트Brandcast 무대로, 광고주들에게 유튜브의 프로그램 편성을 보여준다는 데 TV와 같았지만 유튜브스러움을 더한 연례 쇼케이스 행사였다. 무대에서 워치츠키는 유튜브의 새로운 서비스를 발표했다. 구글 프리퍼드Google Preferred는 가장 인기 있는 영상에 값비싼 광고를 판매하는 서비스로, 프리미엄 영상들로 채워진 매대를 만들겠다는 유튜브의 오랜 노력의 결실이었다. 유튜브스럽게도 프리미엄 프로그램들을 직접 선별하는 것이 아니라 공개되지 않은 알고리즘 로직에 근거해 선택하는 쪽에 가까웠다.

"우리는 영상의 거대한 변혁의 한가운데 있습니다." 새로운 CEO가 청중에게 말했다. 이후 퍼렐 윌리엄스Pharrell Williams가 노래 〈Happy〉를 불렀다.

쇼 비즈니스의 중심이 달라지고 있었다. 그해 가을, 워치츠키는 자신의 새로운 동료들인 HBO의 CEO와 케이블계의 거물 디스커버리 커뮤니케이션즈의 CEO와 함께 샌프란시스코에서 열린 '베니티 페어' 행사에 패널로 참석했다. 남성 미디어 수장들은 실리콘밸리의 정석 복장인 청바지와 페니로퍼 차림이었다. 워치츠키는 힐을 신고 심플한 은색 드레스를 입었다. "10년 후에도 케이블이 있을까요?" 진행자가 그녀에게 물었다. 워치츠키는 은근한 미소를 지으며 답했다. "어쩌면요."『뉴욕타임스』는 그해 말 워치츠키를 다룬 장문의 기사를 실으며 그녀가 "어느새 세계에서 가장 영향력 있는 미디어 경영자 중 하나가 되었다"라고 적었다.[130] 기사에 실릴 사진을 위해 어두운 청색 드레스를 입고 포즈를 취한 그녀는 누가 봐도 다섯 번째 아이를 가진 임산부의 모습이었다.

다만 유튜브 내에서는 워치츠키를 향한 반응이 대단히 뜨겁지 않았다.

사내 첫 대담 자리에서 그녀는 예의 정돈되지 않은 "음"과 "그러니까"가 많은 화법을 썼다. 방청석에 앉아 있던 한 여성 직원은 그런 무심함이 인상적이었고 "보기 좋았다"라고 전했다. 당시 대다수의 직원들에게 걱정거리란 시시한 것들밖에 없었다. 첫 전사 회의에서 워치츠키에게 물어보고 싶은 질문으로 가장 많은 표를 받은 것은 왜 구내식당에 있던 그릭 요거트가 일반 요거트로 교체되었느냐는 것이었다. 사내 몇몇 미디어 베테랑들은 그녀가 유튜브로 온 것이 구글이 유튜브를 신뢰하고 있다는 의미라며 워치츠키를 반갑게 맞이했다. 헐리와 카만가가 유튜브 'CEO'로 소개될 때도 있었지만 정확히 말하면 두 사람은 CEO가 아니었다. 구글은 이들을 수석 부사장으로 표기했다. 계열사 모든 곳에서 높은 위상을 드러내는 공식적인 CEO 타이틀을 가진 사람은 워치츠키였다. 크리에이터 관계 디렉터였던 팀 셰이Tim Shey는 "말을 탄 기사가 등장하는 것만 같았다"라고 회상했다. 유튜브의 다른 이들은 워치츠키를 침입자처럼 느꼈고, 오래된 할리우드 배우들에게 너무 빠져 있는 것 같다고 여겼다. (또 다른 디렉터는 CEO 임명 소식에 가장 먼저 축하를 건넨 사람들 중 브래드 피트가 있는 것을 보고 그녀가 무척이나 흥분했다고 떠올렸다.) 새로운 CEO가 온 뒤 메로트라는 6개월간 휴직을 하며 다음 행보를 고민했다. 워치츠키는 그에게 유튜브에 남아 자신이 기반을 다지는 데 힘을 실어달라고 부탁했지만, 그는 유튜브를 떠났고 그의 직속 부하들도 1년 내로 모두 퇴사했다. 자명함의 시기에 권태를 느낀 이들도 있었다. 거의 모든 핸드폰과 가젯에 유튜브 서비스를 구동하는 데 일조한 어느 유튜브 디렉터는 비행기 내 드롭다운 스크린 이야기가 나오기 시작하자 두 손을 들었다. '더 이상 정복할 세계가 남아 있지 않았다.' 많은 사람이 메로트라에게 충성심을 갖고 있었고 그가 인사에서 제외되자 다들 언짢아했다.

어쩌면 새로운 보스의 구글스러움이 짜증스러웠던 것인지도 모른다.

초창기에 구글스러움은 기업의 실재적인 자산이었다. 구글의 오랜 HR 책임자였던 라즐로 복은 경영을 주제로 한 자신의 저서에 기업이 "구글리한" 특성을 지닌 사람들을 채용했다고 적었다.[131] 겸손하고, 성실하고, "모호함을 편안하게 느끼는" 성향을 말하는 것이었다. 일터에서 부끄러워하지 않고 미끄럼틀을 탈 줄 아는 것이 구글리다. 구글리하다는 것에는 모토가 있었다. "정치적으로 굴지 않는다. 데이터를 활용한다." 유튜브 매입을 고민하던 시기에 한 구글 임원은 기업이 저작권을 침해한 콘텐츠로 수익을 얻어야 할지 여부를 두고 이메일로 이렇게 물었다. "이게 구글리한 행동입니까?" 하지만 시간이 지나면서 "구글리하다"는 것은 혈통을 중시하는 구글의 관리 문화와 시스템에 절대적으로 헌신하는 사람을, 구글의 큰 뜻을 위해 자신의 감정과 특이한 개성을 희생하는 사람을, 조금은 꼭두각시 같기도 한 사람을 가리키는 말로 의미가 달라졌다. "그녀가 어떤 사람인지 말하기가 어려워요." 오랫동안 워치츠키 밑에서 일한 사람의 말이었다. "아주 백지 같은 사람이었어요."

미국 경제계에서는 조직 사다리에서 누군가 당신 바로 윗 직급으로 들어와 당신이 강등되는 당황스러운 상황을 두고 "레이어드layerd(층 또는 겹이 생긴―옮긴이)"라는 세련된 용어를 쓴다. 구글은 전 직원을 근속 연수와 성과 지표에 따라 지위를 매겼다. 2군인 유튜브 매니저 다수는 다른 구글 사업부와 비교해 상대적으로 직급이 낮았다. 샌브루노로 자리를 옮긴 워치츠키는 사무실 책장에 아들의 바르미츠바(13세를 맞아 유대교에서 치르는 성인식―옮긴이) 사진 여러 장과 구글에서 직함이 달라질 때마다 나온 명함 통을 나란히 세워두었다.[132] 또한 그녀는 구글의 부사장과 수석 디렉터, 우수한 엔지니어 여럿도 함께 데려왔다. 그녀가 레이어를 만든 것이었다. 구글의 조직하나가 유튜브로 들어왔고, 유튜브 직원 몇몇은 사내 분위기가 더욱 기업적으로 변했다고 느꼈다. 한 직원은 당시 '구글이 사무실에 침투했다'는 생각이 들었다고 전했다. 워치츠키는 자신이 신뢰할 수 있는 고문들을 선호했는데, 이를 경영 전략으로 높이 평가하는 사람들도 있었다. 다만 직원 이탈이 벌어지던 때 함께 그곳을 빠져나온 유튜브 매니저는 워치츠키의 이런 성향을 "반지에 입을 맞추며 듣기 좋은 소리만 하는 사람"을 원하는 것이라고 설명했다. 어떤 이들은 새로 영입된 사람들을 보며 워치츠키가 유튜브에 자신의 구글 광고팀을 재현하려는 것으로 이해했다. 유튜브에서 육아휴직을 보낼 당시에도 그녀는 주간 회의 하나만 유선으로 참여했는데, 프리미엄 광고를 논하는 간부 회의였다.

평탄치 않은 과도기를 감당하는 동안 유튜브는 갑작스럽게 완전히 새로운 악몽을 마주하게 되었다.

· · ·

8월 유튜브에 올라온 〈미국에 보내는 메시지〉라는 이름의 영상은 오바마 대통령이 이라크 공습을 발표하는 장면으로 시작되었다. 2분 후, 장면이 바

꿰었다. 선명한 화질의 영상 속에는 목깃에 작은 마이크가 달려 있는 오렌지색 점프 슈트를 입은 한 남성이 황량한 사막에 무릎을 꿇고 앉아 있었다. 온몸을 새카만 옷으로 두른 또 다른 남성이 그의 뒤에 서 있었다. 무릎을 꿇은 미국인 남성은 자신의 마지막 메시지를 낭독했다. 그리고 사망했다. 얼굴을 숨긴 남성은 카메라를 향해 말했다. "오바마, 이슬람의 칼리프 체제 아래서 안전하게 살아갈 무슬림의 권리를 부정하려는 시도는 어떤 것이든 당신 국민의 참사로 이어질 것이다." IS가 촬영하고 업로드한 이 영상은 점프 슈트를 입은 또 다른 인질이 사막에 무릎을 꿇고 있는 장면으로, 또 다른 협박으로 끝이 났다.

2년 전 시리아에서 납치된 기자이자 첫 번째 인질이었던 제임스 폴리James Foley가 참수당했다. 폴리의 영상이 올라오기 두 달 전, 잔혹하고 전근대적인 칼리프 국가를 선언한 무장단체는 이제 지상에서 그리고 소셜 미디어상에서 전쟁을 벌이고 있었다. 서구의 죄악을 설파하는 영상과 장기간 공을 들여 제작된 인질 영상과 함께 IS의 병사들이 유튜브로 밀려들었다. 가장 끔찍한 영상들이 유럽의 낮 시간에 몰려드는 바람에 구글의 작은 지사들이 급히 대응해야 했다. 기업은 폭력적인 콘텐츠에 대한 규정을 들어 폴리의 영상은 삭제했지만, IS의 다른 영상들에는 좀 더 신중하게 대응해야 했다. 여러 언론 매체에서 IS의 클립을 올렸지만 유튜브는 이 클립들은 삭제하지 않았다. 유튜브는 어디가 언론 기관이고 또 어디가 아닌지를 직접 나서서 가려내기를 원치 않았다. 아랍의 봄을 통해 누구나 언론 매체가 될 수 있다는 것이 드러난 바 있었다.

하지만 IS 영상이 대거 유입되는 상황에는 분명 조치가 필요했다. 도심에 상당한 규모의 지사를 갖춘 파리에서는 갑작스럽게 거의 모든 직원이 자신의 업무가 아님에도 그 주 내내 콘텐츠 중재자로 일했다. 거대한 스프레드시트를 마련해 다시 업로드된 폴리의 영상과 그와 유사한 끔찍한 콘텐츠를 모두 추적했다. IS 영상을 계속해서 지켜봐야 했던 유튜브 비즈니스팀원은 이 프로파간다 영상이 얼마나 영화처럼 느껴지는지를 깨닫고는 충격을 받았다고 전했다. IS 업로더들은 실제 뉴스 영상에 클립들을 광적으로 이어 붙여 유튜브가 찾기 어렵게 만들었다. 직원들은 그나마 영상보다는 트라우마가 덜한 정지 화면으로 넘겨 보는 방법을 강구했다. 이들은 얼굴을 찌푸린 채 화면을 넘겼다. 뉴스 앵커, 뉴스 앵커, 뉴스 앵커, 사막과 오렌지 점프슈트. 스트라이크. 다음 영상. 한 직원의 눈에 이 영상을 연달아 본 동료들의 얼굴이 잿빛으로 질려 있는 모습이 들어왔다.

. . .

수년간, 유튜브는 이슬람 급진주의자들에게 플랫폼을 제공한다고 비난받았다. 2010년 민주당 하원 의원인 앤서니 위너Anthony Weiner는 '인터넷의 빈 라덴'으로 알려진 성직자 안와르 알-아울라키Anwar al-Awlaki의 클립을 삭제하라며 유튜브에 분노 어린 편지를 보냈다. 구글은 미 국무부에서 지정한 테러리스트 명단에 오른 사람들과 연관이 있는 계정은 "보통 한 시간 이내로" 삭제 조치하고 해당 클립 또한 이미 삭제했다고 답변했다. 유튜브는 이런 식의 요청이 견딜 수 없이 순진하고 지나치게 훈계조라고 느꼈다. (유튜브의 메커니즘을 모르는 몇몇 정치인은 구글 임원에게 "그 영상을 왜 올린 겁니까?" 묻기도 했다.) 유튜브 변호사들은 공식 테러리스트 명단에 오른 사람들의 게시물을 제한하는 것 외에는 다른 차별을 둘 수 없다고 판단했다. 정치인들을 분노케 한 영상 중에는 남성들이 총을 들고 사막을 뛰어다니는 영상도 있었다. 미 육군 모집 홍보 영상에도 비슷한 장면이 연출되었다. 따로 교육을 받지 않은 사람들 눈에는 이 두 영상이 쉽게 구분되지 않을 터였다. 머신도 마찬가지였다. '테러리스트' 레이블은 팔레스타인과 북아일랜드에서 다른 의미로 쓰였다(북아일랜드에서 독립운동을 펼친 아일랜드공화국 군대를 테러리스트로 칭하고 있다 —옮긴이). 이 복잡한 논쟁에 뛰어들 필요가 있을까?

다만 IS의 맹공격으로 유튜브는 뛰어들 수밖에 없었다. IS의 살해 행위 영상들이 온라인에 점점 더 늘어갔다. 스코틀랜드야드Scotland Yard(영국 런던 경찰국의 별칭 ─ 옮긴이)는 이런 영상들을 다운로드하고 유포하는 행위를 체포 가능한 범법 행위로 간주했다. 참수와 관련해 계속해서 이어지는 헤드라인들은 독자들로 하여금 IS가 선택한 매체는 유튜브라는 사실을 상기시켰다. 하지만 유튜브는 수익이 발생하는 유일한 소셜 미디어였을 뿐이었다. 유튜브는 세계의 공적 1호를 반갑게 맞이하는 무대처럼 보였고, 이제 유튜브는 '모호한 기준'이라는 과거의 입장을 고수하며 정부 기관과 대립하는 방식이 더는 유효하지 않다고 판단했다.

유튜브는 IS의 콘텐츠를 가능한 한 모두 찾아 삭제했다. 트위터도 뒤따라 같은 조치를 취하자 구글의 오랜 동맹 단체들이 우려를 표하고 나섰다. 그중에는 인권 운동 단체인 전자프런티어재단EFF도 있었는데, 바이어컴과의 송사 당시 유튜브를 응원했던 곳이다. 순식간에 온라인 정보 게이트키퍼들은 미국 정부 당국에 기대어 인류의 중대한 사건들 중 무엇을 기록으로 남겨야 하는지를 마음대로 결정하는 것처럼 보였다. "뉴스 보도 기관 대부분이 이것은 법률적인 문제가 아니라 윤리적인 문제라고 생각할 겁니다."[133] EFF의 디렉터인 질리안 요크Jillian York는 기자들에게 이렇게 말했다. "기업에 검열할 권리를 주는 것은 위험한 선례를 남길 겁니다."[134]

하지만 유럽 대부분의 국가에서는 유튜브가 '충분히' 검열하지 않는다며 비난하고 있었다. 유럽 대륙에서 우호적이었던 구글의 입지는 벌써부터 흔들리고 있었다. 유럽 정치인들은 "악을 행하지 말라"라는 이념을 지닌 기업이 세금도 내지 않고, 사생활 침해를 안중에도 두지 않으며, 독점 기업처럼 군다고 비판했다. 유대인 단체들은 홀로코스트를 부정하는 자들에게 방송을 허락했다고 유튜브를 질책했다. 2013년 에드워드 스노든Edward Snowden의 충격적인 폭로에는 미국국가안전보장국National Security Agency, NSA이 구글의 데이터 센터를 해킹했다는 이야기가 포함되어 있었다. 구글은 전혀 예측하지 못했다는 입장을 전했다. ("저희는 몹시도 격노한 상태입니다." 최고법률책임자인 데이비드 드러먼드David Drummond는 언론에 이렇게 밝혔다.[135]) 그렇다 해도 이런 사건이 미 정부의 자산이라고 공격당하던 구글 유럽 지사 직원들의 신상을 더욱 괴롭게 만들었다는 데는 변함이 없었다.

폴리 사건 이후 5개월이 지난 1월에 브뤼셀에서 유럽의회가 개최되기 전, 구글 대리인들은 구글이 이렇듯 많은 테러리즘 영상을 제공하는 이유를 정당화시킬 방법에 대해 논의했다. (당시 유튜브는 유럽에 정책 책임자로 임명된 인력이 없었다.) 구글 매니저는 관리가 어려울 정도의 콘텐츠 규모를 설명하기 위해 통계 수치를 언급했는데, 이는 유튜브가 향후 몇 년간 요긴하게 사용할 자료가 되었다. 그녀는 유튜브에 매분 300시간 분량의 콘텐츠가 업로드된다고 밝히며 "전화가 오기도 전에 차단해야 하는 것과 비슷한 맥락"이라고 일깨워주었다.[136]

한편, 샌브루노의 유튜브 홍보 담당자들은 매일같이 잔혹함을 마주하는 기분이었다. 직원들은 워치츠키에게 유튜브의 중재 업무 과정을 브리핑했고, 이 이야기를 듣는 워치츠키는 중재 콘텐츠 결정에 대한 중압감에 짓눌린 것 같은 표정이었다고 한 임원은 전했다. 유튜브는 '교육적'이거나 '다큐멘터리적'인 콘텐츠에는 면제 조항을 적용해, 해당 콘텐츠들은 경고문이 있는 경우에 폭력이나 극단주의를 묘사할 수 있었다. (만장일치의 합의를 거친 결정은 아니었다. 가방으로 자살하는 법을 가르쳐주는 영상은 정책 담당자가 개입하기 전까지도 '교육적'이라는 태그가 달려 있었다고 한 직원은 전했다.) 하지만 대단히 구글리한 유튜브의 핵심 정책은 바로 카운터 스피치counter-speech(헤이트 스피치에 대한 반박 ─ 옮긴이) 여론에 의지하는 것이었다. 변호사들은 법조계의 오래된 격언을 공유했다. "햇볕이 가장 훌륭한 살균제다."[137] 온라인에 얼룩들이 나타날 때면 닦아내기보다는 빛으로 다른 곳에 비추는 편이 나았다. "강제적인 침묵은 해결책이 아닙니다." 구글의 변호사인 드러먼드는 검열에 관한 연설 자리에서 이렇게 밝혔다.[138] "과학기술은 전 세계에서 곤란에 처한 젊은이들이 증오와 급진주의에 빠지지 않도록 지켜내는 가장 훌륭한 도구 중 하나입니다." 오바마 국무부는 IS의 신병 모집을 방해하기 위해 이 무장 단체의 잔인함이 기록된 소름 끼치는 유튜브 영상을 공개하는 것으로 맞서고자 했다. 유튜브 직원들은 크리에이터들을 섭외해 다른 곳을 비출 조명을 여럿 만드는 방안을 논의했다.

유럽의회 공청회가 끝난 후 구글 매니저 몇 명은 EU 대테러조정관인 점잖은 정치인 질 드 케르쇼브Gilles de Kerchove와 따로 만남을 가졌다. 보통 이런 자리라면 구글 측은 비난받을 만한 영상을 '실제로' 얼마나 많이 삭제했는지 숫자를 들이밀었을 터였다. 하지만 사이트에 아직 남아 있는 영상이 얼마나 되는지 알지 못하는 이상 문제적 영상을 아무리 많이 삭제했다 해도 이 수치는 아무런 의미가 없었다. "얼마 안 남았습니까? 많이 남았나요?" 드 케르쇼브가 물었다. "전혀 짐작이 안 됩니다." 다만 구글은 테러리즘 영상을 발견하는 즉시 삭제하겠다고 그를 안심시켰다. 가끔 드 케르쇼브는 퇴근 후 집에 가서 유튜브에 참수 영상을 검색하다가 쉽게 몇 개를 발견하는 일도 있었다. 그의 눈에는 유튜브가 아랍인들이 등장하는 영상보다는 미국인이 연관된 끔찍한 영상을 좀 더 재빠르게 삭제하는 것처럼 보였다.

드 케르쇼브와 회의를 진행하던 중, 구글 매니저 한 명은 그에게 기업이 효과적인 카운터 스피치 영상을 제작하는 데 EU 정치인들이 도움을 줄 수 있을지 물으며 햇볕 접근을 시도했다. 어쩌면 정치인들이 유튜버 스타들을 설득해줄지도 모를 일이었다. 드 케르쇼브의 동료 위원 중 한 명이 유튜브의 가장 위대한 스타와 같은 스웨덴인이었다.

구글 매니저는 백발의 대테러조정관을 바라보며 진지하게 물었다. "혹시 퓨디파이라고 아십니까?"

19장
▶
진짜 뉴스

|| ▶| ◀»   ✱ □ ⊏⊐

 퓨디파이: 브이로그-싱가포르-브로들은 어디에나 있다!
(PewDiePie: VLOG-Singapore-BROS ARE EVERYWHERE!)

▶ ▶| 2013년 5월 29일 · 6:23

파파라치들이 보이고 비명 소리와 소리를 지르는 사람들, 보안 요원이 등장한
다. 우리의 유명 인사는 촬영을 하고 있다. 펠릭스 셸버그는 소셜 스타 어워즈
로 싱가포르에 와 있고, 그가 믿는 브로들인 우리도 그곳에서 그의 일상을 함
께하고 있다. 우리는 그가 도착하는 모습, 발코니에 앉아 높은 곳에서 낯선 나
라를 내려다보는 모습을 지켜보고 있다. 수영장에서 수영을 하고, 밥을 먹고,
팬들에게 둘러싸이고, 이 모든 것을 누리는 그를 지켜본다. "로비에 잠깐 내려
왔는데요." 그가 카메라를 향해 말한다. "여기에 팬들이 한 100명은 되는 것 같
은데, 제가 내려오니까 비명을 지르기 시작했어요. 이게 무슨 일인가 싶네요.
싱가포르에 제 친구들이 이렇게 많은 줄 전혀 몰랐어요."

의문의 여지 없이 퓨디파이는 유튜브 세상에서 가장 밝게 빛나는 태양이었다. 셸버그의 팬들, 즉 그의 '브로 아미'들은 영상으로 그의 일상을 점점 더 많이 엿볼 수 있었다. 이들은 싱가포르에서 합류한 그의 여자 친구이자 유튜버 마르치아 비조닌Marzia Bisognin도 만났다. 팬들은 두 사람이 할 수 있는 게임도 알려줬고, 카메라 앞이 익숙해진 셸버그는 점점 대담해졌다. 게이밍 문화가 계속 활기를 띠어가고 있었으며, 이와 더불어 인터넷에서 반짝하는 인기와 밈에 심취한 사람들을 이용하려는 가내수공업 또한 커지고 있었다. 사람들은 페이스북의 아이스버킷 챌린지에 열광했다. 《레딧Reddit》(미국의 대형 커뮤니티 사이트 — 옮긴이)과 《버즈피드》 같은 사이트에서는 시바이누 견과 심술 난 고양이 들을 밈 유명 인사로 만들었다. 다른 유튜버들과 마찬가지로 셸버그도 이 흐름에 편승했다. 2013년 굉장한 바이럴을 일으킨 〈Harlem Shake〉(힙합 뮤지션 바우어 곡의 절정에 맞춰 가만히 있던 사람들이 막 춤을 추는 밈으로 유명하다 — 옮긴이)에서 그는 머리를 묶고 핑크색 팬티와 브라를 입은 채 춤을 췄다. 그의 주 수입원은 여전히 집에서 호러 게임을 하는 모습을 저렴하게 촬영한 영상이었다. 하지만 셸버그의 소속사인 메이커스튜디오스는 뜻밖의 횡재를 얻기 직전이었고, 이를 통해 그의 명성이 더욱 높아질 예정이었다.

2014년 월트디즈니컴퍼니는 6억 달러 이상을 들여 메이커스튜디오스를 인수했다. 대니 재핀이 베니스 뒷마당에서 시작한 이 네트워크사는 이제 5만 5,000개에 이르는 유튜브 채널을 거느리는 거대 미디어 기업이 되어 있었다. 인수 소식을 다룬 『뉴욕타임스』 기사에는 디지털 스타덤을 완벽하게 파악하고 있는 퓨디파이와 메이커의 능력을 언급했지만("이들이 아이언맨과 미키, 요다로 무엇을 할 수 있을지 상상해보세요." 한 에이전트가 열변을 토했다), 재핀과 리사노바, 기존의 메이커 크루의 이름은 하나도 등장하지 않았다.[139]

셸버그는 인수가 되어 좋은 점이 몇 가지 있었다. 유명 유튜버들이 로스앤젤레스로 모여드는 반면 좀 더 내성적이었던 셸버그는 런던 남부, 은퇴한 사람들이 거주하는 브라이튼Brighton에서 지냈다. (유튜브 내부 문서에는 그가 "집에 틀어박혀 있는 남자"라고 기록되어 있을 것이다.) 셸버그는 캘리포니아에 갈 때면 디즈니랜드 일정을 요청할 때가 잦았고, 그때마다 그는 VIP 투어를 제공받았다. 하지만 그의 새로운 대표가 항상 멋지기만 한 것은 아니었다. 퓨디파이가 새로운 유튜브 포맷으로 인터넷의 온갖 기이한 것을 브로들에게 보여주는 영상을 선보였을 때처럼 말이다. 한 영상에는 그와 다른 게이머 한 명이 디즈니사의 《겨울왕국》 캐릭터를 묘사한 외설적인 팬픽션 게임을 하며 웃음을 터뜨리는 모습이 담겨 있었다. 디즈니 직원 한 명이 이 클립을 발견하고는 CEO인 밥 아이거Bob Iger에게 보냈고, 그는 불쾌해했다.[140] 늦은 시각 걸려 온 전화에 메이커 디렉터는 셸버그의 의도가 인터넷의 성도착적 문화를 조롱하려던 것이라고 설명하며, 아이거에게 그가 사실 《겨울왕국》의 열혈 팬이라고 전했다. 디즈니는 셸버그에게 영상을 삭제하길 권했고, 셸버그는 그 말을 따랐다. 종국에는 취향과 문화의 차이로 셸버그와 디즈니의 관계는 완전히 단절될 운명이었다.

당시 퓨디파이는 재능 있는 퍼포먼스 아티스트이자 뉴미디어의 전형으로 인정받고 있었다. 유튜브 사무실 곳곳에 그의 포스터가 붙어 있었다. 올드 미디어는 그의 매력에 공감해보려거나 무시하려 노력했다. "헛소리를 떠들어대며 서구 문명에 급브레이크를 건 광대를 만나다." 퓨디파이가 싱가포르에 다녀오고 몇 개월 후 『버라이어티』 잡지에 실린 그의 기사에는 이런 글이 적혀 있었다.[141] "당신이 한 번도 들어본 적 없는 사람이 어떻게 영상 조회 수로 26억 뷰를 달성할 수 있었을까?" 잡지는 이렇게 물었다. "한심한 명청이처럼 실없는 소리를 지껄인 덕분인 듯하다." 그와 함께 일했던 사람에 따르면, 셸버그는 이 기사를 지독히도 싫어했고 이 글을 쓴 기자에게 꽤 오랫동안 앙심을 품었다. 그럼에도 디즈니에 인수된 후 그에게 인터뷰 요청은 더욱 많이 들어왔다. "이런 영향력이 있다는 건 참 멋진 일이죠." 그는 『월스트리트저널』에서 이렇게 말했다. "하지만 동시에 좀 겁이 나기도 합니다."[142]

신문에는 화관을 쓴 그의 사진과 함께 이런 헤드라인이 실렸다. "유튜브에서 가장 큰 인기를 누리는 그는 게임을 하며 연 수입 400만 달러를 거둔다." 유튜버의 수입에만 기웃거리는 미디어의 행태가 셸버그와 그의 동료들을 대단히 언짢게 했다. 자신들을 존중하지 않는 것 같다고 느꼈다. 엄청난 인기를 구가하는 채널을 관리하는 데 무척이나 익숙한 몇몇 유튜버는 마치 자신이 채널을 제대로 통제하지 못하는 사람처럼 그리는 미디어에 신물을 느꼈다.

하지만 전통적인 미디어는 유튜버들이 TV보다 더욱 많은 시청자를 불러 모을지라도 그저 사람들이 신기해서 관심을 갖는 퍼포머 정도로 대했다. 초기 유튜브 스타인 미스터리기타맨이 CNN에 출연했을 당시 그의 매니저이자 아내인 새라 페나는 프로듀서들에게 수입에 관한 질문은 삼가달라고 전했다. 조지 클루니에게 얼마나 버는지 묻는 사람은 없으니까. 그럼에도 CNN은 물었다. 2015년, 셸버그는 《더 레이트 쇼 위드 스티븐 콜베어The Late Show with Stephen Colber》에 출연했다. 빳빳한 파란색 슈트에 머리를 뒤로 넘긴 스웨덴 청년은 진심으로 긴장된 얼굴을 하고 있었다. 그곳에는 녹화를 보기 위해 비행기를 타고 먼 길을 온 부모님도 자리하고 있었다. "오늘 저녁 귀한 황제를 이곳에 모실 수 있게 해준 인터넷에 감사 인사 전합니다." 포문을 연 진행자는 셸버그에게 왜 사람들이 그가 비디오게임을 하는 영상을 보는지 이유를 물었다. "세상에서 가장 멋진 직업이죠." 셸버그가 답했다. 콜베르는 셸버그의 전년도 수입을 언급하며 "슈메븐 슈밀리언(세븐 밀리언, 700만 ─ 옮긴이) 달러와 비슷한 숫자"라고 시청자들에게 알렸다.

유튜브는 전혀 의식하지 않았지만, 이런 식의 관심은 회사에 이롭게 작용했다. 불과 몇 년 전만 해도 유튜브를 전문 미디어의 보고는커녕 제대로 된 비즈니스로 생각하는 사람도 없었다. 이제는 슈메븐 슈밀리언 달러의 커리어를 쌓은 유튜버가 있는 곳이 되었다. 유튜브는 내부적으로 셸버그를 포함해 자사 최고 순위의 스타들에게 전담 비즈니스 매니저를 안배하는 프로그램을 시작했다. 퓨디파이는 반테러 영상을 제작한 적은 없었지만, 유튜브 홍보 활동에는 참여한 경험이 있었다. 2010년부터 쿨헌터들은 유명 크리에이터들 다수와 함께 한 해를 정리하는 감동적인 영상 〈유튜브 리와인드 Youtube Rewind〉를 제작했다. 유튜버들은 이 클립에 대단한 관심을 보였고 누가 출현하는지(또는 누가 출현하지 않는지)에 집착하기도 했다. 2015년, 유튜브 10주년에는 〈유튜브 리와인드〉에 셸버그가 잠깐 등장해 회사 로고를 향해 그의 시그니처 인사인 브로-피스트를 날렸다.

. . .

셸버그의 집에서 서쪽으로 약 160킬로미터 떨어진 조용한 영국 남부 마을에서 데이비드 셔랏David Sherratt은 유튜브 여정을 시작하고 있었다. 대단히 영리하고 약간은 외톨이 기질이 있었던 그는 학교생활에 지루함을 느꼈다. 2010년, 열세 살인 셔랏은 《마인크래프트》,《콜 오브 듀티》등 유튜브 게이밍의 세계에 빠져들었다. 대부분의 게임 스트리머는 별 의미 없는 이야기를 하는 반면, 그는 한 번씩 철학에 대한 이야기를 하는 유튜버의 영상을 보게 되었고, 유튜브는 관련 영상들을 그에게 더 많이 소개해주었다. 클릭. 철학을 주제로 한 영상에서 시작한 셔랏은 금세 '유튜브 회의론자들'의 세계에 빠져들어 무신론자 브이로거들과 선동가들로 구성된 느슨한 네트워크에 발을 들였다. 그는 종교적인 가정에서 자라지도 않았고 종교가 어떻다는 식의 대단한 신념도 없었지만, 이 브이로거들이 똑똑하고 예리하게 느껴졌고 이들이 여러 영상에서 종교인들을 비난하는 모습을 지켜보는 것이 재밌었다.

이런 사람이 셔랏만은 아니었다. 젊고, 예리하고, 생각이 많은 사람은 유튜브 회의론자들에게 열광했다. 보스턴에서 피아노를 전공하는, 열아홉 살 나이에 비해 조숙한 내털리 윈Natalie Wynn은 리처드 도킨스, 샘 해리스 Sam Harris 등의 유명한 무신론자들의 영상을 탐닉했다. 팬들은 이들의 강의와 토론 영상에 유튜브 특유의 스타일로 제목을 붙여 사이트에 올렸다. 윈은 신랄함이 돋보이는 유튜브 브이로거들을 접하게 되었고, 다양한 자료화면으로 구성된 몽타주와 조롱 섞인 코멘트를 영리하게 활용하는 썬더풋Thunderf00t도 그중 하나였다(그는 〈사람들은 왜 창조론자를 비웃는가?〉라는 제목으로 마흔여덟 편의 시리즈 영상을 올리기도 했다). 세속주의자(사회에서 종교적 영향력을 제거하려는 세속주의를 지닌 사람들―옮긴이), 이성주의자, 자유의지론자, 괴짜까지 유튜브가 박식한 학자들과 같은 무대에 올려준 자유사상가들이 한데 모인 집단이었다. 이들의 영상은 자유의지와 인간의 본성이라는 심도 있는 주제를 다루며 학구적인 담론에 유쾌한 인터넷 트롤링(의도적으로 분노를 자극해 관심을 유발하는 행위―옮긴이)이 가미되어 있었다. 시청자들은 댓글로 논쟁을 벌였고 영상에 반응을 보였다. 윈은 유튜브를 통해 17세기 유럽의 카페 문화를 경험하는 것 같은 기분을 느꼈다. 윈과 셔랏은 담론을 긴밀하게 지켜봤고 카페 단골들처럼 그 안에서 활동하는 모든 사람을 알게 되었다.

이 시청자들은 (하우투나 노래, 바이럴 영상을 보기 위해 가볍게 사이트에 오는) 보통 사람들처럼 유튜브를 소비하지 않았다. 마르고 창백한 외모에 갈색 앞머리를 짧게 낸 10대 소년 셔랏은 방에서 비디오게임을 할 때도 배경으로 영상을 틀어놓고는 가장 좋아하는 유튜버들의 이야기를 계속해서 들었다. 아이패드 어플로 영상을 다운로드한 뒤 등교할 때도, 점심시간에도, 자유 시간이 날 때마다 들었다. 캐나다의 구루 몰리뉴의 팬인 웨스트버지니아의 캘럽 케인 또한 유튜브 회의론자들의 영상을 시청했고, 근무 중 헤드폰을 써도 된다는 이야기를 들은 후에는 하루에 12~14시간 영상을 봤다.[143] 『뉴욕타임스』 기자로 케인의 이야기를 보도한 케빈 루즈Kevin Roose는 이 헌신적인 추종자들이 "이너Inner 유튜브"를 이루고 있다고 말하며 유튜브 사이트를 "모든 문화와 정보를 굴절시키는 프리즘"으로 묘사했다. 루즈는 이 현상을 유려한 어휘로 다음과 같이 설명했다.[144]

유전적 돌연변이로 인해 1995년 이후에 태어난 모든 사람이 자외선UV을 보는 능력을 지녔다고 상상해 보자. 이들이 UV를 바탕으로 독자적인 정체성을 형성하게 되었고, 스스로를 "UV어스Uvers"라고 지칭하며 가시 스펙트럼에서 탄생한 미디어 상품에는 무조건 의혹을 품는다고 말이다. 이런 변화 앞에서 평범한 눈을 지닌 나이 든 사람들은 자신의 인지가 느린 속도로 저하되고 있나 보다 생각할 것이다. 매일같이 점점 더 세상의 많은 것이 UV에서 벌어지고 있는 지금, 당신은 이 세상을 흘낏 눈에 담는 것도 힘들어할 것이다.

몇몇 이너 유튜버들(너드파이터와 퓨디파이의 브로 아미들)은 공동의 관심사나 팬덤으로 유대감을 형성했지만, 유튜브 회의론자들은 공동의 신념을 바탕으로 뭉쳤다. 공동의 신념까지는 아니라면 적어도 어떠한 신념을 시끄럽고도 난폭하게 주장하고 옹호하고자 하는 공동의 열정이 있었다.

그러다가 어느 순간에 이르자, 카페에서 오가는 담론이 달라졌다.

셔랏이 기억하는 온라인 무신론의 분열은 2012년 한 사람이 기성 종교 문제에 더해 인종차별과 성차별 같은 문제들도 다루자고 제안하며 시작되었다. 다른 이들은 이 제안에 반대를 표했고, 이 일로 회의론 서브컬처 분파가 하나 생겨났다. 하지만 그 전부터 여성 혐오라는 불온한 암류가 집단 내 꿈틀대고 있었고 이제야 요동치는 것이었다. 이미 2012년도에 유명 회의론자 브이로거인 어메이징 에이시스트Amazing Atheist는 '페미니즘의 실패'에 관한 영상 여러 편을 올려 낮 시간대 TV를 시청하는 "땍땍거리는 여편네들"을 비난했다. "이제 그만 칭얼거려요." 리처드 도킨스는 한 여성의 불편한 성적 경험이 담긴 영상에 이런 댓글을 남겼다.[145] 원은 썬더풋 같이 창조론자를 조롱하던 유튜버들이 여성들을 패러디하기 시작하는 현상을 목격했다. 셔랏은 유튜브 추천 영상으로 페미니즘을 "유해하고 병든 이데올로기"라고 부르는 영국의 떠버리 사르곤 오브 아카드Sargon of Akkad의 영상을 접했다. 셔랏은 이 유튜버의 분노를 보며 재미와 카타르시스를 느꼈다. 그는 유튜브 채널 《스피노사우루스 킨Spinosaurus Kin》을 시작해 〈페미니즘은 테러리즘 이다〉와 같은 제목으로 사람들이 호기심 또는 분노에 선택할 법한 대담한 영상들을 제작했다. 분노에 찬 시청이라도 여전히 시청이었다. 대학에 간 후로 그는 영국 타블로이드 신문에 남성 인권 운동의 새로운 얼굴로 등장하기 시작했고, 가죽 재킷을 입고 인상을 살짝 찌푸린 그는 성폭행 누명을 피하기 위해 여성을 멀리하는 자랑스러운 동정남의 얼굴을 하고 있었다.

· · ·

유튜브 이전, 미디어에 규제가 없었던 마지막 시절에 시끄럽게 떠들어대는 사람들이, 여성의 진보에 대항해 발생한 뒤 점차 그 규모가 커진 대단한 세력의 정치 선동가들이 모습을 드러냈다. 그 시작은 러시Rush였다.

1987년, FCC는 논란의 여지가 있는 사안에 관해 방송사가 양측의 의견을 모두 전달해야 한다는 공정성 원칙Fairness Doctrine을 폐지했다. 이듬해 실패한 디제이였던 러시 림보Rush Limbaugh는 AM 라디오의 새 토크쇼로 세상에 등장했다. 공격적인 발언을 서슴지 않는 DJ 캐릭터를 정치에 접목시켜 성차별, 가령 '페미나치feminazis(페미니즘과 나치를 합성해 래디컬 페미니스트를 가리키는 별칭 ─옮긴이)' 등이 깊이 밴 미디어의 한 브랜드를 창조했고, 주류 언론에 소외받고 있다고 느낀 보수 청취자들의 호응을 얻었다. 그는 광신적으로 라디오를 듣고 시청자 전화에 참여하는 팬들과 유대감을 쌓았다. FM 라디오, 케이블 뉴스와 경쟁하기 위해 림보 및 그와 비슷한 부류가 대중에게 발휘하는 매력에 의지하려는 AM 방송국이 점점 더 늘어나기 시작했다. 몇몇 방송국은 '청취 시간'이라는 측정 지표를 사유로 들어 이런 경향을 정당화했다. 루퍼트 머독은 폭스 뉴스를 "영상이 더해진 전화 토론 라디오 프로그램"이라고 설명했다.[146] 2007년이 되자 평일 전화 토론 라디오 프로그램의 91퍼센트가 보수주의자로 드러났다.

아마 이런 이유로 정치적인 방송인들이 처음에는 유튜브로 급히 넘어오려는 움직임을 보이지 않은 것일지도 모른다. 꽤 오랫동안 유튜브에는 젠크 유거Cenk Uygur 밖에 보이지 않았다. 진보 성향의 입담 좋은 라디오 베테랑인 그는 2005년 《더 영 턱스The Young Turks》라는 새로운 토크쇼를 유튜브에서 시작해 늘 그랬듯 언론과 정치인들에게 날리는 좌파 잽에 클릭을 유도하는 타블로이드식 콘텐츠를 더했다.[147] 유거는 유튜브에서 공격적인 발언을 하는 보수파 진행자의 프로그램을 본 적이 거의 없었지만, 시청 시간을 기준으로 하는 시스템이 적용된 즈음부터 "눈이 닿는 곳마다 그런 영상이 튀어나오기 시작"했다. 대부분 유거의 쇼나 그의 이름을 조롱하는 영상들이었고, 'The Young Turks'나 'Cenk Uygur' 태그가 들어간 영상들은 검색 결과와 추천에 더욱 자주 등장했다. 유거는 맞받아칠 때가 많았다. 당시만 해도 주류 뉴스 채널들이 유튜브에 거의 없었던 덕분에 거친 발언을 일삼는 진행자들이 정치적인 주제를 마음껏 이야기할 수 있는 공간이 형성되었다. 유거는 유튜브에 새로 온 사람들에게서 이상한 점을 발견했는데, 이들의 발언이 어딘가 사실에서 상당히 동떨어져 있는 듯한 느낌을 준다는 것이었다. 유거가 설명했다. "러시가 거짓말을 할 때는 가능할 법한 이야기에 엮어서 하는데요, 이 사람들은 전혀 사실이 아닌 이야기를 날조하는 겁니다."

캐나다의 자기 계발 철학자 스테판 몰리뉴도 이에 합류해 《더 영 턱스》를 반박하는 영상을 올렸다. 하지만 몰리뉴와 반反 사회정의전사Social Justice Warrior, SJW(SJW는 차별적인 언행에 문제를 제기하고 변화를 촉구하는 사람들을 뜻한다 — 옮긴이) 단체는 내심 떠들썩한 사건으로 번질 만한 큰 불똥을 기다리고 있었다. 그리고 게이머게이트Gamergate가 터졌다.

데이비드 셔랏은 이 조작된 논란에서 오가는 이야기들을 최대한 놓치지 않으려 노력하며 게이머게이트가 전개되는 과정을 지켜봤다. 그가 이해한 바로는, 페미니스트 비디오게임 디자이너가 전 연인에게서 호의적인 게임 리뷰를 받았고, 이러한 스캔들을 고발한 영상과 게시물이 공격을 당하거나 완전히 삭제되었다. 잘못된 처사 같았다. 셔랏은 자세한 내용은 따라가기 어려웠지만 분노만큼은 생생하게 느낄 수 있었다. 어떤 여성들은 비디오게임 속 여성 캐릭터들이 어떻게 묘사되고 있는지 비판하며 남성 게이머들의 분노를 더욱 뜨겁게 달구었고, 이는 PC(Political Correctness, 정치적 올바름 — 옮긴이)와 페미니스트 문화가 행패를 부린다는 인식으로 번져 사회정의전사들이 비디오게임 판을 망가뜨리러 왔다는 맥락으로 흘러갔다. 이른바 게이머게이트라는 스캔들(비디오게임이 편향된 리뷰를 받았다는 소문)은 사실이 아니었지만,[148] 그럼에도 게이머게이트가 암처럼 퍼져 나가는 현상을 막지 못했고, 게이밍 산업의 몇몇 여성이 성희롱과 살해 협박에 시달린 후 종적을 감춘 일도 벌어졌다. 이는 러시 림보의 문화 전쟁이 온라인에 옮겨온 형태였지만 인터넷 그 자체처럼 더욱 과장되고 더욱 거칠게 변모되어 있었다.

게이머게이트는 소셜 네트워크와 포챈 같은 웹의 구석진 곳에서 점점 더 몸집을 키워나갔지만, 유튜브의 경우 거듭 진화하는 이 인터넷 스캔들은 브이로거들에게 길고 재밌는 뉴스용 콘텐츠 소재이자 알고리즘이 좋아하는 주제로 작용했다. 구루 몰리뉴는 전보다 더욱 신랄해졌고 더욱 격분하는 모습을 보여주었다. 주류 매체에 대항하는 충실한 야당으로 자신의 이미지를 만들어 성공을 거둔 림보의 전략을 따라 〈진짜 뉴스True News〉라는 이름의 시리즈물을 시작했다. 몰리뉴는 〈…에 대한 진실〉이란 제목으로 클립을 자주 올렸다. 칼 마르크스, 이스라엘과 팔레스타인, 마틴 루서 킹 주니어 퍼거슨 폭동, 《겨울왕국》과 《원더 우먼》. (두 영화 모두 페미니스트 의제에 트로이 목마의 역할을 하고 있었다.) 그는 미디어가 "요도 바로 위 고환을 SWJ라는 고문 기구로 바짝 조여" 상황을 심화시키고 있다고 설명했다. 그를 스테프라고 부르는 팬들에게는 상당히 설득력 있는 메시지였다. "저는 진실을 좇고 있었어요." 그의 충성스러운 시청자였던 케인은 훗날 이렇게 밝혔다.[149]

2013년, 미국 전역의 관심을 한 몸에 받던 조지 짐머만George Zimmerman의 재판이 시작되었다. 살해당한 플로리다의 10대 남학생 트레이번 마틴Trayvon

Martin을 추모하며 전국적으로 퍼진 항의 운동인 '후드티 행진'에 구글러들도 동참했다. 몰리뉴는 유튜브에 30분 분량의 영상에 본인의 시그니처 제목을 달아 업로드했다. 〈조지 짐머만과 트레이번 마틴에 대한 진실〉. 그는 추후 법정에서 반박당한 짐머만의 증언을 이용해 미디어와 흑인 홀어머니들, 랩 음악을 악마로 만들었다. 몰리뉴는 다른 영상들에서는 인종 간의 IQ 차이에 대해 말하며 "인종 현실주의race realism"라는 완곡한 표현을 썼는데, 이는 우생학을 가리키는 도그 휘슬(dog whistle, 사람에게는 들리지 않지만 개의 가청 주파수 범위 내의 소리를 내는 도구로, 특정 지지 그룹의 호응을 얻으려고 사용하는 암시적인 표현 및 언어를 가리킨다 — 옮긴이)이었다. 그는 난민 위기를 "유럽의 매장burying"이라고 지칭하며 이 문제에 점점 집착하는 모습을 보였고, 이내 유튜브 우측에 나열된, 무슬림 이주로 인한 '대체율'을 비난하는 관련 영상들 대열에 합류했다. "유럽의 출산율이 그 정도로 떨어진 건지는 몰라도 자녀들이 앞으로 자라게 될 세상 따위에 관심이 있는 정치인이 하나도 없습니다." 한 영상에서 분노를 참지 못한 몰리뉴가 카메라를 똑바로 쳐다보며 말했다. "하지만 난 매우 신경을 쓰고 있다고. 난 신경 쓴다고."

· · ·

노골적인 악의는 늘 유튜브에 있었다. 2007년 4월, 유튜브가 구글에서 여전히 자리를 잡아가고 있던 당시 남부빈곤법률센터Southern Poverty Law Center는 유튜브 사이트 내 신나치주의적 영상들(백인 국수주의자 록 밴드 영상들, KKK의 전 리더이자 전화 토론 라디오 프로그램의 고정 출연자였던 데이비드 듀크의 영상들)이 얼마나 퍼져 있는지를 보고서로 작성했다.[150] 코미디언으로 활동했던 영국 유튜버 팻 콘델Pat Condell을 포함해 유명 회의론자 유튜버들은 2010년부터 이슬람교를 두고 문제를 일으키는 퇴보한 종교로 묘사하는 영상을 자주 올렸다. "아무도 그 문제에 신경 쓰지 않으니까요." 회의론자들의 팬 내털리 윈은 당시를 이렇게 회상했다. "당연히 그가 이슬람교에 대해 과장해서 말할 수밖에요. 우리는 무신론자잖아요. 우리가 하는 일이 그런 거라고요." 유튜브의 헤이트 스피치 규정을 위반하지만 않는다면 이들의 주장은 다양한 아이디어의 시장에서 기꺼이 받아들여졌다.

전화 토론 라디오 프로그램이 널리 퍼진 지도 20년이 되었으니, 유튜브는 극단적인 정치적 목소리가 큰 영향력을 발휘할 수 있다는 사실을 이미 깨닫고 마땅한 준비를 했어야 했다. 하지만 진보 성향의 캘리포니아에 갇혀 지내던 유튜브 리더들은 극우의 간판이 되는 인물들은 물론 문화 보수주의자들과도 교류한 적이 없었다. "우익 인사들을 어떻게 대해야 하는지 아는 사람이 없었어요." 한 직원은 이렇게 설명했다. 꽤 오랫동안 가장 불미스러운 인물들은 유튜브의 가장 안쪽 선반에, 지반과 건물 사이의 좁은 공간에 잔류했다. 이들 중 대다수는 페이스북과 트위터에서도 활동했다.

하지만 온라인상 다른 어느 곳과도 달리 유튜브는 콘텐츠 제작자들에게 수익을 지급하고 있었다. 또한 유튜브는 긴 영상, 관심을 사로잡는 영상에 보상했다. 또한 유튜브는 어떠한 영상을 보고 싶어 하는 정확한 오디언스에게 영상을 추천하는 머신을 만든 상태였다. 그리고 이 머신은 점점 더 강력해지고 있었다.

20장

불신

2015년 말, 유튜브로 온 매튜 맨저링크Matthew Mangerink는 페이팔과 이베이에서 장기근속 경력을 포함해 20년간 프로그래밍과 소프트웨어 엔지니어 관리를 해온, 워치츠키가 높이 평가하는 혈통을 지닌 인물이었다. 하루 10억 시청 시간 달성이라는 유튜브의 대담한 목표까지 데드라인이 시시각각 가까워져오고 있었다. 목표에 접근하고는 있었지만 간신히 성공할까 싶은 정도였다. 워치츠키는 구글리한 동기부여 시스템을 도입했다. 목표의 진행 상황을 표시하는 빨강, 노랑, 초록의 작은 막대가 담당 직원의 이름 옆에 자리했다. 기본적으로 경쟁심이 있는 프로그래머들은 직업인으로서 자신의 가치와 보너스, 승진 등이 초록색을 달성하는가에 달려 있다는 것을 알고 있었다.

맨저링크가 왔을 당시는 마침 프로그래머들은 사기 증진이 필요한 때였다. 워치츠키가 처음 엔지니어링 부서를 이끌 리더로 뽑았던 구글의 벤카트 판차파케산Venkat Panchapakesan이 암으로 사망하며 부서가 동요하고 있었다. 부사장으로 온 맨저링크는 유튜브의 10억 시청 시간 목표를 달성하고 엄청난 규모의 시청 시간을 관리하는 임무를 맡았다. 유튜브 내부에서 오래전부터 주고받던 농담과 달리 유튜브가 실제로 인터넷을 망가뜨리지는 않았지만 거의 그런 상황이 벌어지기 직전이었다. 맨저링크는 유튜브의 인터넷망 사용량과 한두 번 시청으로 끝나는 영상들이 대단히 많다는 데 충격을 받았다. 대다수의 시청자는 접근할 수 없는 '비공개' 영상이 아주 많았다. 유튜브는 이용자들이 선택된 청중들과만 영상을 공유할 수 있도록 이 기능을 제공했지만, 무료 저장소로 사용되는 경우도 많았다. 사업자들이 며칠간의 보안 카메라 영상을 유튜브 서버에 떠넘기는 경우도 있었다.

맨저링크의 팀원 다수는 또 다른 고단한 목표를 향해 힘겹게 나아가고 있었다. 공동 창립자인 스티브 첸이 10년 전 만든 사이트 소프트웨어의 스캐폴딩scaffolding(애플리케이션의 골격 및 뼈대를 빠르게 설정하는 기술 — 옮긴이)을 더욱 안정적인 프로그래밍 언어로 변환하는 업무였다. 코딩 프로젝트에서 이 일은 소설『전쟁과 평화』를 한 언어에서 다른 언어로 번역하고 그러고 난 뒤『전쟁과 평화』를 읽고 쓴 모든 독서 감상문을 대상으로 동일한 작업을 반복하는 것과 비슷했다. 혁신이 자리하는 업무가 아니었다. 이러한 종류의 프로젝트가 나태함을 불러올지도 모른다는 익숙한 우려가 서서히 퍼져 나가고 있었다. "구글러를 채용할 때는 조심해야 해요." 동료 한 명이 맨저링크에게 경고했다. "유튜브는 구글러가 은퇴하러 가는 회사거든요."

프로그래머들의 열의를 불어넣는 일도 있었다. 실리콘밸리를 휩쓴 인공지능의 참신하고도 놀라운 기술이었다. 맨저링크는 '디자인 오버뷰overview' 미팅에서 이 과학기술의 위대함을 목격했다. 구글이 의식처럼 치렀던 이 미팅은 회의실에 모여 Google.com이나 다른 서비스의 외관에 더해진 아주 사소한 변화마저도 낱낱이 점검하는 자리였다. 이 회의는 변화를 적용한 후 치러지는 것이라 기술의 진보를 축하하는 자리에 가까웠다. 회의실 끝에 자리한 커다란 스크린에 직원이 YouTube.com을 띄우자 한 줄에 여섯 개씩 디지털 선반에 차곡차곡 쌓인 영상들과 그 오른편으로 시청자들의 클릭을 유도하는 작은 화살표들이 보였다. 영상 제목과 채널명, 조회 수, 빨간색 구독 버튼이 있었다. "유튜브 페이지가 이렇게 되어 있는데요." 직원이 말했다. "여기서 머신러닝을 삭제하면." 클릭. 그러자 보이는 것은 유튜브 로고와 선반을 나누는 가느다란 선뿐이었다. 머신 지능이 없다면 유튜브는 그저 여백이었다. 영상의 휴거였다.

· · ·

맨저링크가 합류하기 1년 전인 2014년 3월, 래리 페이지는 밴쿠버의 무대에 올라 인공지능의 혁명에 관해 설명하고 있었다. 구글의 CEO는 청록색 티셔츠에 회식 재킷을 지퍼를 연 채로 걸치고 몇몇 억만장자나 아티스트가 지닌 꾸미지 않은 듯 딱 떨어지는 분위기를 연출했다. 페이지 아래서 일했던 사람들 중에는 그의 계산적인 태도를 벌칸Vulcan(영화《스타트렉》의 외계 종족 ─옮긴이)에 비교했는데, 일자 앞머리와 초현대적인 복장은 실제로 스팍(《스타트렉》에서 벌칸과 인간의 혼혈로 태어난 등장인물 ─옮긴이)과 비슷해 보이기도 했다. 그는 말을 할 때면 가깝게 받쳐 든 마이크를 통해, 부분 마비된 성대를 거친 단어들이 울려 퍼졌다. 머리는 거의 다 회색빛이었다. 하얀색 작은 테이블을 사이에 두고 페이지를 마주한 찰리 로즈는 타이를 매지 않고 셔츠 제일 윗 단추를 풀어 캐주얼한 모습을 드러냈지만 여전히 이성적인 미국의 담론을 대표하는 얼굴이었다. (3년 반이 지난 후 성희롱 폭로로 그의 명성이 무너졌다.[151])

이 TED 세션은 구글의 미래에 관한 이야기를 나누는 자리로 알려졌지만 로즈는 구글의 과거에 대해서도 물어야 했다. 그는 에드워드 스노든의 NSA 폭로 사건과 이에 경악하던 구글의 반응에 관한 이야기를 꺼냈다. 페이지는 웃으며 당시 TED에서 이슈가 되고 있던, 자신의 반쪽인 세르게이 브린이 화상회의 로봇으로 연결된 스노든 얼굴 옆에서 웃으며 찍은 사진을 언

TED에서 찰리 로즈(왼쪽)와 인터뷰하는 래리 페이지(2014)

급했다. "저는 대단한 실망감을 느꼈습니다." 미소가 사라진 그는 이렇게 말하며 정부가 행한 승인받지 않은 스누핑snooping(네트워크상에서 타인의 정보를 염탐하고 가로채는 행위 — 옮긴이)은 "기능적인 민주주의"에 대한 위협이라고 설명했다. 그는 평소 외교적으로 지켜온 예절을 무시하고 구글 창업자만이 보여줄 수 있는 솔직함을 드러냈다. "전 슬픕니다." 그가 말을 이었다. "구글이 사람들을 보호하는 자리에 있다는 것이요." 페이지가 로즈를 흘끗 바라봤다. "정부 측의 구글 이용자들이 아무도 모르게 비밀스러운 일을 한 것도요. 말도 안 되는 일이죠." 페이지는 피곤해 보였다. 그는 정치도, 무대도 좋아했던 적이 없다. 이것이 그의 마지막 인터뷰 중 하나였다. 17개월 후 그는 신뢰하는 부하 직원 선다 피차이에게 자리를 넘기고 공인의 삶에서 벗어났다. 하지만 당시 무대에서만큼은 그는 적극적인 모습이었고, 구글의 황금기에 보였던 소년의 매력 같은 것이 엿보였다. 그는 자신의 최신 작품인 딥마인드DeepMind에 대해 이야기했다. 런던에 있는 이 기업은 인공지능을 연구하지만 상품이나 서비스를 판매하지는 않았다. 구글은 이 기업을 6억 5,000만 달러에 인수했다. 딥마인드의 위대함은 '자율' 학습을 해결한 데서 탄생했다. 페이지가 마이크에 대고 속삭이자 로즈는 바로 이해하지 못한 듯 보였다. 페이지가 물었다. "영상을 하나 보여드리면 어떨까요?"

두 사람 뒤에 있던 스크린이 밝아지며 예전 오락실에서 보던 게임이 등장했다. 딥마인드는 지시나 감독 없이 이 게임들을 스스로 배워나가는 컴퓨터 모델을 만들었고, 이는 과거 체스 컴퓨터에 필요한 기술이었다. 화면으로 《엔듀로Enduro》, 《리버 레이드River Raid》, 《배틀 존Battle Zone》과 같은 고전 게임들이 휙 나타났다. "이 모델도 우리가 보는 화면을, 픽셀을 봅니다." 페이지가 설명했다. "그리고 이 게임들을 플레이하는 법을 배웠어요. 저희가 했던 것과 같은 프로그램입니다. 다만 초인적인 능력으로 플레이하는 법을 배운 거죠. 이전에는 컴퓨터로 이런 것들을 할 수 없었습니다." 아타리Atari 사에서 만든 옛날 게임 《복싱Boxing》이 스크린에 등장했고, 형광 녹색의 배경에 구불구불한 선으로 표현된 두 형상이 겨루는 모습을 위에서 보여주는 화면이 등장했다. 게임이 되지 않았다. "상대를 꼼짝 못 하게 만들 방법을 알아낸 거죠. 왼쪽이 컴퓨터입니다." 페이지는 자신의 복서가 상대를 완전히 무너뜨리는 모습을 보며 미소 지었다. "혼자서 점수를 계속 쌓고 있네요."

구글은 그간 공개적으로 드러내지 않고 초인간적 지능을 연구해왔다. 2011년, 구글의 '문샷' 연구소에 몇몇 코더가 비밀스럽게 모여 사실상 인간의 사고방식을 모방할 수 있는 컴퓨터 시스템을 개발하기 시작했다. 이 코더 그룹은 스스로 '브레인'이라는 이름을 붙였다.[152] 컴퓨터 시스템은 인간의 스피치와 제시된 이미지를 인식하는 데서 진보했다. 인간을 상대로 체스 게임을 가볍게 이길 수 있었다. 하지만 비교적 미미한 성과였다. 《스타트렉》에 등장하는 컴퓨터들처럼 대화를 계속해나갈 수는 없었다. 또한 특정한 기능에 국한되어 있었다. 체스를 훈련받은 모델을 체커는 하지 못했다. 훈련을 받으면 사진에서 고양이를 찾아낼 수 있었다. 네 발, 뾰족한 귀, 수염, 꼬리를 보고 가능했다. 하지만 개를 보여주면 이런 메시지만 내뱉었다. "고양이 아님." 컴퓨터들은 일반 지능이 필요했다. 이를 가능케 하기 위해 브레인팀은 선반에서 먼지만 쌓여가던 오랜 아이디어를 되살렸다. 1940년대부터 컴퓨터 과학자들은 '신경망'을 바탕으로 한 머신 지능 모델을 떠올렸다. 인간의 두뇌처럼 데이터(보는 것, 들리는 것, 개념)를 처리할 수 있는 수학적 모형이 여러 층으로 구성된 개념이었다. 이렇게 되면 머신은 특정한 레이블(고양이, 체스 퀸) 없이도 학습이 가능했다. 하지만 인간의 두뇌에는 약 1,000억 개의 뉴런과 1조 개의 시냅스 연결기가 있다. 컴퓨터는 이 정도 규모를 모방할 만큼 강력하지 않았기에 신경 회로망 이론은 묻어두어야 했다. 인터넷이 번영하고 컴퓨터가 가공할 만한 위력을 갖추기 전까지는 말이다. 구글은 인공지능을 신경망 기반의 접근법으로 처리하는 초기 시스템을 만들고, 이에 '분산 훈련distributed training'을 줄여 '디스트빌리프DistBelief'라는 이름을 붙였다. 머신 여러 대를 하나로 엮는 이 방식은 수행의 어려움을 깨닫는 계기만 되었다. 성공했다면 얼마나 좋았을까!

처음에는 페이지, 브린과 같은 층에서 근무했던 구글 브레인 코더들은 간질 발작 환자들이 사람 또는 사물을 인식하는 방법을 연구한 2005년 신경과학 논문을 자주 논의했다. 이 환자들에게 드라마 《프렌즈》의 배우 제니퍼 애니스턴 등 특정 얼굴을 보여주자 기억 형성과 연관된 두뇌의 특정 뉴런이 뚜렷한 이유 없이 발화되었다. 해당 뉴런은 환자들에게 애니스턴과 에펠탑을 보여주었을 때도 발화되었는데, 이는 두뇌가 연관성을 만들고 암호화하려는 것을 의미했다. 구글의 프로그래머들은 머신에서도 이와 비슷한 현상이 나타날지 확인하고 싶었다. 신경망이 유사한 대상이나 개념의 이미지를 스스로 부호화할 수 있을까? 네트워크에 상당한 양의 사진을 보여줘야 하는 작업이었다.

다행스럽게도 구글은 역사상 최대 규모의 영상 이미지 저장소이자 인간 경험의 거대한 도서관을 보유하고 있었다. 브레인팀원들은 신경망에 유튜브 영상에서 찾은 스틸(구체적으로는 고양이 영상의 스틸)을 제공했다. 구글은 우리의 뇌보다는 훨씬 작지만 기존의 어떤 컴퓨터 버전보다도 몇백 배 많은 뉴런과 시냅스를 보유한 네트워크를 구축했다. 이 머신은 스스로 고양이를 찾아내는 법을 깨우쳤다.

"고양이가 무엇인지 학습할 수 있는 겁니다." 그로부터 2년 후, 밴쿠버에서 페이지는 찰리 로즈에게 이렇게 설명했다. "상당히 중요한 점이죠." 구글이 시작할 때부터 페이지는 인공지능에 집착해왔다. 2002년 한 인터뷰에서 그는 효율적인 웹 검색을 위해서는, 즉 사람들에게 원하는 것을 제시하기 위해서는 "세상의 모든 것을" 이해할 줄 알아야 하는데 여기에는 AI가 필요하다고 말했었다.[153] 10년 후 머신러닝이 큰 이슈가 될 거라는 점을 그는 정확하게 예견한 것이었다. 아마존은 음성 인식 기기인 에코Echo를 출시할 예정이었다. 삶의 질 개선 연간 목표를 발표한 페이스북의 마크 주커버그는 1년간 AI 집사 개발에 매진할 것이라고 알렸다. 테크 기업들은 "모바일 퍼스트mobile-first"라는 슬로건을 외치며 스마트폰 세상에서 자신들의 적합성을 강조했지만 구글은 "AI 퍼스트"를 선언했다.

TED 무대 위 복싱 오락 클립이 끝나자 페이지는 숨을 가다듬었다. "이러한 지능이 스케줄이나 정보 욕구에 적용될 수 있다면 어떨지 생각해보세요." 그는 로즈에게 말했다. "저희는 현재 그 시작점에 있습니다." 얼마 지나지 않아 구글의 각 사업부는 AI를 최대한 포함하는 방향으로 비즈니스 계획과 OKR을 다시 작성했다. 그 결실은 가장 먼저 구글 검색에서 나타났다. 상당히 긴 질문(《프렌즈》에서 레이철 모친으로 분한 배우가 어느 대학을 다녔는가?)을 입력하면 곧장 답이 제시되었다. 이 질문을 불어로 번역하면 에 부알라et voilà(여기 있다는 뜻으로 완성되었음을 의미한다―옮긴이). 신경망은 구글의 이메일 스팸 필터와 광고 타깃팅, 디지털 포토 앨범에 적용되었다.

유튜브에서는 신경망을 추천 엔진에 적용했다.

· · ·

유튜브 추천 시스템을 손이 여러 개인 거대한 선별 기계라고 생각해보자.

주어진 업무는 단 하나다. 이용자가 어떤 영상을 볼지 예측해 제시하는 것이다. 유튜브가 시작할 때부터 자사의 컴퓨터 프로그램으로 해당 업무를 수행하기 위해 부단히 노력했다. 하지만 브레인의 신경망은 오류를 범할 가능성이 있는 인간과 조잡한 코드는 할 수 없는 방식으로 이용자를 예측하고 영상을 선별해낼 수 있었다. 네트워크는 본질상 그것을 만든 엔지니어들이 당장은 또는 완벽하게 이해할 수 없는 방식으로 행동할 때가 많았다.

맨저링크가 합류할 즈음, 유튜브에는 브레인의 네트워크가 이미 도입된 상태였다. 취향에 맞는 영상이 제시되는 비율이 조금씩 증가하고 있다는 점을 알아챈 이들이 있다면 몰라도 시청자들이 따로 알아챌 수 있는 방법은 없었다. 이 네트워크는 사람들이 핸드폰으로 영상을 볼 때는 짧은 클립을 제시하고 유튜브 앱으로 TV에 영상을 틀 때는 좀 더 긴 클립을 제시하는 법을 학습했다. 이 두 방안 모두 전체적인 시청 시간을 증가시키는 선택이었다. 네트워크는 에피소드형 시리즈를 자동적으로 선별해내는 법을 배웠다. 작은 점들을 연결시켜 연관성을 찾아내고 부호화했다. 누군가 《어벤저스》클립을 보면 네트워크는 이 사람이 로버트 다우니 주니어의 클립에도 관심을 가질 거라고 판단해냈다. 그리 대단해 보이지 않을지 몰라도, 블로버스터 영화 속 블록버스터 스타를 감지하는 것을 수십 개의 언어로 수천 개의 주제를 다룬 수백만 개의 영상을 대상으로 수행했다고 상상해보길 바란다. 2년째가 되자 브레인 네트워크는 76개국 언어로 하루 약 2억 개의 서로 다른 영상을 추천할 수 있었다.[154]

네트워크는 공식들도 알아냈다. "제가 어떤 코미디언의 영상을 본다면 저희 추천 시스템은 '그것과 똑같은 또 다른 영상이 여기 있어요'라고 말하는 식이죠." 한 유튜브 디렉터는 기자에게 이렇게 말했다. "하지만 구글 브레인 모델은 유사하지만 똑같지는 않은 다른 코미디언들을 찾아냅니다. 좀 더 밀접한 관련성을 띄는 것으로요. 덜 명확한 패턴을 볼 수 있는 겁니다." 구글 내부에서 코더들은 이 시스템으로 어느 뮤지션이 발표한 모든 음악에서 보석을 찾아내는, 시청자들에게 의미 있는 서비스를 제공하는 방안을 이야기했다. (당시 뮤직비디오들이 큰 인기를 끌고 있었다.) 직원들은 사람들이 반복해서 시청할 만한 '입문 뮤직비디오' 클립을 찾으려 했다. "그 영상에 중독되게 말이죠." 해당 시스템에 참여했던 엔지니어 잭 폴슨Jack Poulson의 말이었다. "그 작업을 할 때 좀 이상한 기분이 들었어요." 유튜브는 앞서 미팅에서 봤던 영상의 휴거처럼 모델들이 사이트 전체를 운영할 수 있을 때까지 사이트의 구성 요소에 머신러닝 모델을 계속해서 더해나갔다.

맨저링크는 의심이 생기기 시작했다. 머신러닝을 오래 지켜보다 보니 해당 시스템의 오류 대다수는 인간처럼 생각하지 않아서 벌어지는 것이 아니라 '지나치게' 인간처럼 생각해서 발생하는 것이었다. AI는 우리처럼 성차별주의자가 될 수도 있고 인종차별주의자가 되기도 했으며 잔인해지기도 했다. 나중에 그는 이렇게 말했다. "편견을 드러내는 것은 무엇이든지요, AI는 그 편향성을 순식간에 찾아냅니다."

IS는 여전히 골칫거리였다. 2015년 법률 집행기관에서는 미국의 모든 50개 주에 걸쳐 이슬람 국가Islamic State의 '동조자들'을 대상으로 진행 중인 수사가 900건 가까이 되었다. 유튜브에서는 급진주의적 이슬람교를 설파하는 영상들을 어떻게 처리해야 할지 논의하는 것이 일상적인 대화가 되었다. 더욱 예리한 머신 지능이 분명 도움이 될 수 있었다. 중재자들은 끝없이 밀려오는 영상들을 분석하는 데 어려움을 느꼈고, 머신이 영상 중간에 등장하는 IS 깃발을 쉽게 발견할 수 있다면 관련 결정들을 훨씬 빠르게 내릴 수 있을 터였다. 하지만 맨저링크는 유튜브 내 이슬람에 '반하는' 영상들 또한 마찬가지로 급진적으로 보일 수 있다는 것을 깨달았다. 유대교에 반대하거나 흑인 커뮤니티에 반대하는 영상들도 마찬가지였다. 이슬람교도였던 그는 신앙생활에서 개인의 영혼 투쟁을 의미하는 '지하드 알-나프jihad al-nafs'를 제외하고는 '지하드'라는 단어를 사용하지 않는다는 것을 알았다. 그는 유튜브에 '지하드'를 검색했다. 예상했던 대로 IS와 테러리즘에 관한 영상들이 피드를 가득 채웠지만, 더 아래로 내려보니 티파티 추종자들이 올린 영상과 몰리뉴를 포함해 심각한 눈빛을 한 브이로거들의 얼굴이 등장했다. 이들은 유튜브가 삭제할 만한 모욕적인 욕설을 지나치게 많이 쓰지 않고 노골적인 폭력을 조장하지 않으려 주의했음에도 신랄함과 분노가 느껴졌다. 브레인 네트워크가 시청 시간을 극대화하는 방향으로 설정되었다면 이런 영상들이 아주 좋은 성과를 보였을 터였다. 그리고 실제로 브레인 네트워크는 시청 시간을 중요하게 여기도록 설계되어 있었다.

유튜브는 이슬람교도의 테러를 홍보하는 영상들을 필터링하기 시작했고 특정 영상에는 나이 제한을 걸거나 삭제했다. 한 회의 자리에서 맨저링크는 다른 형태의 급진주의 영상을 숨기는 데도 같은 방법을 써서 해당 영상들이 검색 결과나 추천에 등장하지 않도록 하자고 제안했다. "아주 찾기 어렵게 만드는 겁니다." 흑인 미국인에 대해 비판적인 영상을 본 사람에게 흑인 역사를 긍정적인 관점에서 제시하는 영상을 보여주면 어떨까? 그런 콘텐츠는 많았다. 하지만 그런 식으로 시스템을 변경하는 것이 표현의 자유를 반대하는 것처럼 보일 수 있고, 그런 상황은 구글이 피하고자 하는 것이며, 검색의 가치를 훼손할 수도 있다는 이야기가 전해졌다. 그는 한 가지 걱정을 반복해서 들었다. "그건 별로 구글리하지 않은데요." 저 주장을 뒷받침하는 데이터는 어디에 있는 걸까? 유튜브의 한 직원은 어떤 결정에 반대하자 동료들이 자신을 '긍정적'이지 않고 '구글리하지 않다'고 비난한 일을 떠올렸다. 맨저링크의 태도가 "섬뜩하다"라는 이야기를 들은 적도 있었다.

그의 동료들이 어떠한 영상들이 불쾌한지 모르는 것도, 그 영상들이 딱히 좋아서 그랬던 것도 아니었다. 이들은 알렉스 존스Alex Jones 같은 문제 있는 크리에이터들에게 '페널티 박스' 제재를 주는 등의 아이디어를 의논하기 시작했다. 음모론자인 알렉스 존스의 토크쇼《인포워스InfoWars》가 유튜브에서 어마어마한 규모의 시청자들을 끌어들이고 있었다. 재미로 보는 사람도 있었지만 그의 생각에 설득당한 사람들도 있을 터였다. 머신은 이 시청자들의 차이를 분간할 수 없었다. 당시 유튜브 고위직 자리를 두고 면접을 진행하던 중 한 지원자에게 이런 질문이 전해졌다. "알렉스 존스는 어떻게 하실 건가요?"

이 질문에 올바른 대답은 유튜브는 개입을 최소화해야 한다는 것이었고, 추천 시스템을 손보는 것은 개입처럼 느껴졌다. 표현의 자유를 향한 굳건한 믿음도 물론 있었지만 이에 못지않게 회사는 시청자의 자유의지에 도덕적 판단을 개입시켜서는 안 된다는 생각도 강하게 들었다. 맨저링크는 지원자에게서 이런 대답을 들었다. "사람들이 그런 영상을 본다면, 그건 그들의 선택입니다."

사이트에서 설문 조사를 진행한 후 그는 이러한 주장의 로직이 어느 지점에서 무너지는지를 깨달았다. "아이들에게는 통하지 않는 논리군." 그는 이렇게 말했다.

21장

남자아이와 장난감

유튜브의 두 번째 10년 동안 가장 크게 성공한 스타는 2011년생이었다. 모친이 갓 세 살하고도 5개월이 된 아들이 새 장난감을 언박싱하는 모습을 촬영한 영상으로 아이는 유튜브에 처음 등장했다.

 라이언 토이스리뷰:
레고 듀플로 넘버 트레인 장난감을 갖고 노는 아이
(**Ryan ToysReview:** Kid playing with toys Lego Duplo Number Train)

▶ ▶| `2015년 3월 16일 · 15:13`

"안녕, 라이언!" "엄마, 안녕!" "오늘을 무슨 장난감 갖고 놀고 싶어?" 라이언 카지Ryan Kaji는 타깃 매장 복도에 쪼그려 앉아 있다. 다람쥐같이 불룩한 볼과 보조개, 커다란 갈색 눈망울이 무척이나 귀엽다. 아이는 이미 빨간색 장난감 트럭 두 대를 만지작거리지만 엄마의 질문에 아이는 장난감에서 손을 뗀다. 아이가 장난감을 골랐다. 타깃에서부터 뒤따른 시청자들은 아이가 집에 가서 남은 영상 시간 14분 동안 레고 기차 포장지를 조금씩 풀고, 열까지 세어보고, 카펫 위로 기차를 밀고 나가는 모습을 지켜본다.

꼬마 라이언의 부모는 유튜브의 초창기 시절, 텍사스의 한 대학에서 만났다. 일본에서 태어난 부친 시온Shion은 비트 박스를 하는 유튜버들을 좋아했고, 《매직: 더 개더링Magic: The Gathering》이라는 너드 같은 인터넷 최초의 카드 게임을 하다가 아내인 로안Loann과 친해졌다. 첫째인 라이언이 영상을 시청하기 시작했을 때 유튜브에서 자신보다 약간 연령이 높은 아이들의 영상을 좋아했는데, 그중에는 앵그리버드Angry Birds의 제품 분해를 전문으로 하는 요크셔 아이의 채널 《에반튜브HDEvantubeHD》도 있었다. 라이언의 부모는 해외에 사는 가족들을 위해 아들의 영상을 촬영했다고 나중에 밝혔다.

유튜브에 데뷔한 후 카지 가족은 6개월 동안 100편이 넘는 라이언의 영상을 올렸다. 대부분 아이가 장난감을 한두 개(꼬마 기관차 토마스와 친구들이나 플레이도 세트) 갖고 노는 영상이었다. 그해 7월, 로안은 어린 아들이 "디즈니 자동차 장난감이 100개 이상 들어 있는 거대한 라이트닝 맥퀸 에그 서프라이즈"를 갖고 노는 모습을 촬영하며 대박을 터뜨렸다. 단어들을 뒤죽박죽 나열한 제목, 지나치게 많은 장난감들, 익숙한 프랜차이즈 시리즈물 이름까지 영상은 뜨거운 인기를 구가하는 얼굴 없는 언박싱 채널의 여러 요소를 차용했다. 라이언 키만 한 빨간색 거대한 에그 안에는 픽사의 깜짝 선물들이 담겨 있었고 픽사 영화 로고가 새겨져 있었다. 1년 후 해당 영상은 전례 없는 수치인 5억 뷰를 넘어섰다. 당시 라이언의 채널은 하루 1,900만 뷰 이상을 기록하며 퓨디파이 조회 수의 두 배를 달성했다. 그 거대한 에그 서프라이즈 영상으로 라이언과 부모는 곧장 예상치 못한 유명세와 재산을 얻으며 아동 유튜브 스타들 세대의 도래를 알렸다.

"사람들이 그 영상을 왜 그렇게 좋아하는지 잘 모르겠습니다." 그의 부친은 기자에게 고백했다. "제가 이해했다면 비슷한 영상을 엄청 많이 만들었을 거예요."[155]

. . .

라이언의 데뷔 한 달 전, 유튜브는 공식 발표를 했다. "오늘 저희는 유튜브 키즈 앱을 소개합니다. 시작 단계부터 마지막까지 아이들을 생각하며 만든 구글의 첫 프로덕트입니다." 아마추어 키즈 콘텐츠가 우후죽순 늘어나는 상황에서 유튜브는 질서를 세우고자 했다. 이 새로운 모바일 앱은 사이트에서 선별한 영상들과 더불어 크기가 작은 손가락에 적합한 크고 귀여운 버튼들, 부모님을 위한 내장 타이머와 음량 설정 기능이 담겨 있었다. 유튜브 디렉터는 블로그 게시물에 이렇게 적었다. "이제 부모님들은 유튜브 키즈 앱의 영상이 아이들에게 적합한 콘텐츠로 선별되었다는 사실에 안심하고 좀더 편하게 휴식을 취할 수 있습니다." 블로그에서는 선별을 인간이 아닌 알고리즘이 한다는 사실까지는 언급하지 않았다.

유튜브와 마찬가지로 이 앱도 무료였고 광고가 붙었다. 이 같은 방식이 가족 구성원 모두에게 수익에 대한 동등한 접근성을 보장할 수 있다고 유튜브는 믿었다. 또한 유튜브는 어린아이들이 지닌 상업적 호소력을 이미 잘 알고 있었다. 2014년 기업이 마케터들을 위해 준비한 문서에는 지난 12개월간 '언박싱'으로 표시된 영상(가젯, 스킨 크림, 장남감)을 전부 시청하려면 7년이 걸릴 것이라고 자랑스레 적혀 있었다. 광고 구매자들과 대화를 나눌 때면 유튜브 직원들은 'k' 단어(키즈)를 쓰지 않으려 조심했다. 부모가 아이들과 함께 시청한다는 의미로 '동반 시청'이란 용어를 썼는데, 법적으로는 이렇게 하는 것이 옳기 때문이다. 광고주에게 더욱 비싼 영상 자리를 안배하는 구글 프리퍼드에는 '가족과 아이들의 관심사'라는 섹션이 있었다. 기업은 해당 섹션에 어떤 영상들이 있는지 공개하지 않았지만 웹 매거진 《튜브필터》가 리스트를 파헤치고자 뒷조사를 진행한 바, 얼굴 없는 영상의 여왕들인《마더 구스 클럽》과《디즈니컬렉터BR》이 포함되어 있는 것으로 밝혀졌다.[156] TV 쇼《투데이》에는《디즈니컬렉터BR》에 중독된 아이를 둔 아버지가 나와 해당 채널의 언박싱 영상들을 가리켜 "어린아이들의 마약"이라고 말했다.[157] 도파민 또는 거울 뉴런(분명한 목적이 있는 어떤 일을 수행하거나 타인이 수행하는 것을 볼 때 활성화되는 세포)을 자극한다고 의심하는 사람들도 있었다. 이 서프라이즈 에그 안에 무엇이 담겨 있는지 같이 볼까요! 아이들이 이런 영상에 진심으로 흥미를 느껴서 강박적으로 보는 걸까, 아니면 유튜브가 계속해서 영상을 눈앞에 내놓았던 걸까? 제대로 된 연구를 진행하기에는 너무도 새로운 현상이었고, 유튜브는 외부 연구자들에게 사실상 아무런 데이터를 공유하지 않았다.

해리와 소나 조 부부는 해리의 법률 업무로 인해 트레드밀 책상이 가득한 월스트리트 사무실 10층에서《마더 구스 클럽》을 운영했다. 알록달록한 코스튬이 걸려 있는 옷걸이와 유튜브 동요 영상 제작용 그린 스크린도 설치된 곳이었다. 법률 업무를 쉴 때면 해리는 부지런히 유튜브 트렌드가 변화하는 양상을 지켜봤다. 어떤 경우에는 하룻밤 새 트렌드가 달라지기도 했다. 유튜브 관련 영상들이 온통 〈Finger Family〉일 때도 있었다. 영상에는 손가락마다 핵가족 구성원이 만화로 그려져 있는 손이 양옆으로 움직이며 노래 〈Baa, Baa Black Sheep〉을 복제한 노래를 부르고 있었다. 조는 영상의 기원을 찾다가 한국의 오래된 동영상을 하나 발견했는데, '대디 핑거'가 우스꽝스러운 히틀러 수염을 붙이고 있어 아마 당시에 큰 화제가 되었을 것 같았다. (의도적이지는 않았을 거라 조는 생각했다.) 노래와 손가락들이 움직이는 모습이 아이들에게 매력적으로 다가갔을 것 같았고, 대단히 교육적이지는 않다 해도 무해한 영상들이었다. 하지만 유튜브에는 또 다른 무언가가 벌어지고 있었다. 핑거 패밀리 영상들이 좋은 반응을 얻자 사이트로 수없이 많은 영상이 밀려들었다. 대부분 애니메이션이었지만 사람이 직접 의상을 입고 노래를 부르며 몸을 흔드는 영상도 있었다. 유튜브 머신은 콘텐츠가 유입되는 현상을 긍정적인 신호로 보고 해당 영상들을 더욱 홍보하며 더 많은 영상을 불러 모으고 있다는 사실을 조는 깨달았다. 결국 조 부부도 핑거 패밀리 영상을 만들었다.

조 부부는 갑작스럽게 유튜브에 수많은 동료가 생겼다. 유대감을 쌓기 위해 또는 광고 수익을 위해 가족 단위로 유튜브에 합류하는 사람들이 늘어났다. 맨해튼의 부동산 회사에서 운영 디렉터로 일하는 외향적인 성격의 멜리사 헌터Melissa Hunter는 다발성 경화증 진단을 받고 일을 그만두어야 했다. "엄마가 외출이 어려운데 여름 방학 때 뭘 하면 좋을까?" 그녀는 여덟 살 난 딸에게 물었다. 두 사람 모두 유튜브에서 인형 공예 영상을 시청하는 것을 좋아했다. "우리도 그런 영상 한번 만들어볼까?" 두 사람의 채널인《마미 앤드 그레이스Mommy and Grace》는 초창기 유튜브의 어색하고도 즉흥적인 스타일로 인형을 리뷰하는 영상을 찍어 올렸다. 조회 수가 늘어가자 헌터는 아동용 영상을 제작하는 유튜버들은 매체나 비즈니스 경험이 한정된 경우가 많다는 것을 깨닫고는 이들을 위한 MCN을 설립했다. 초창기 유튜버 대다수는 할리우드나 패션계로 입성을 꿈꾸는 10대 또는 20대였다. 하지만 이 유튜버들은 갚아야 할 대출과 대학 학자금 대출이 있는 부모들이었고, 계속해서 광고 수익이 오를 것 같은 기대감에 직장을 그만둔 경우도 있었다.

꼬마 라이언의 천문학적 성공은 더 많은 어린아이를 유튜브로 불러들였다. 기업의 관심도 불러왔다. 브랏츠Bratz 인형 제작사인 MGA엔터테인먼트를 운영하는 완구계의 거물 아이작 래리언Isaac Larian은 자녀들을 통해 유튜브 트렌드를 알게 되었고 회사에 언박싱을 위한 장난감을 디자인하라고 주문했다. 이들은 'L.O.L 서프라이즈!'라는 불투명한 포장 안에 알록달록한 색감의 눈이 큰 인형들이 담겨 있는 제품을 만들었다(해당 제품을 보고 "약물 환각 체험에서 등장할 법한 무언가" 같다고 한 기자는 평했다.[158]) 광고를 몇 달 전에 앞서 구매해야 하는 TV와 달리 유튜브는 래리언에게 즉각 제품 피드백을 제공했다. 새로운 인형을 홍보하기 위해서 그는 쿠키스월CCookieSwirlC와 같은 장난감 유튜버가 운영하는 연령대가 높은 키즈 채널에 제품을 제공했다. 곧 'L.O.L 서프라이즈!'는 매출 40억 이상을 기록하며 미국에서 가장 많이 팔리는 장난감 중 하나가 되었다. 다른 장난감 제조 회사들도 이에 합류해 유튜버들에게 돈을 지불하고 제품을 갖고 노는 영상을 의뢰했다.

해리 조는 이런 트렌드를 이미 예측했었다. 완구류는 TV에서도 큰 비즈니스였으니까. 다만 그는 이보다 더욱 불안한 패턴을 발견했다. 해외의 거대한 애니메이션 스튜디오들이 등장해 유튜브의 미취학 아동들을 두고 경쟁을 벌이기 시작하고 있었다. 디지털 애니메이션 소프트웨어는 대단히 저렴하고 사용하기 쉬워 어떤 영상들은 사람이 제작한 것처럼 보이지 않았다. 애니메이션 공장들이 무서운 기세로 아동용 영상을 잇달아 찍어냈다. 유튜브에는 같은 영상을 너무 많이 복제해 올리는 행위를 금지하는 규정이 있었지만, 애니메이터들이 (제작물을 핑거 패밀리 가족들 얼굴을 다르게 하는 식으로) 아주 미묘하게 달리하는 법을 배운 터라 규정을 적용하는 것이 어려워졌다. 콘텐츠 공장은 이미 전부터 값싼 유튜브 영상을 쏟아내고 있었지만 성인 시청자들의 외면으로 사이트 아래에 가라앉아 있었다. 아이들은 그만큼 현명한 판단을 할 수 없었다. 유튜브가 키즈 앱을 출시한 2015년, 조는 아동을 노린 자동화된 콘텐츠의 홍수가 "그 어떤 항체도 없는 바이러스처럼" 퍼져 나가는 광경을 지켜봤다.

. . .

한편, 샌브루노에서 유튜브는 또 한 번 전략을 개편하고 있었다. 기업은 가장 큰 카테고리 세 가지 키즈, 음악, 게이밍 앱으로 전환할 계획을 세웠다. 워치츠키는 특히나 음악이 지닌 잠재성에 관심을 갖고 있었다. 사람들은 싸이의 〈강남스타일〉과 릴 존Lil Jon의 〈Turn Down for What〉 같은 뮤직비디오를 무섭게 시청했다. '왜 깜찍한 스웨덴 기업 스포티파이Spotify가 뮤직 스트리밍 업계를 지배해야만 하는 거지?' 하지만 유튜브의 첫 번째 시도는 성공하지 못했다. 유튜브 뮤직 키Music Key는 월 9.99달러를 내는 시청자들에게 광고 없이 뮤직비디오를 시청하는 서비스를 제공했지만 그리 많은 구독을 이끌어내지는 못했다. 실패의 원인은 유튜브가 어떤 클립이 뮤직비디오이고 아닌지를 가늠하지 못했던 것이 컸다. 할리우드 책임자인 로버트 킨슬은 자신의 경험에서 얻은 깨달음으로 이 현상을 설명했다. 유튜브의 뮤직 서비스를 테스트하던 중 그의 딸이 《겨울왕국》의 노래들을 찾지 못하는 모습을 목격했다. "아이에게는 그 수록곡들이 노래였던 거죠."[159] 킨슬은 기자에게 말했다. 유튜브는 계획을 변경했다. 전 사이트를 (릴 존, 게이머, 장난감 언박싱, 거친 발언을 하는 논객들까지) 넷플릭스나 HBO처럼 광고 없이 제공되는 유료 서비스로 전환하는 것이었다. 기업은 이를 레드 카펫의 의미를 담아 '유튜브 레드'로 이름 지었는데, 처음에는 유명 포르노 사이트 이름과 비슷하다는 것을 개의치 않았다. (후에 유튜브 프리미엄으로 변경되었다.)

　워치츠키가 유튜브의 수장이 된 후에도 떠나지 않고 남아 조직 사다리를 오른 킨슬은 유튜브의 '최고사업책임자CBO가 되어 할리우드, 음반 회사, 크리에이터를 책임졌다. 그의 《겨울왕국》 일화는 협상 전략으로도 쓰였다. 유튜브 레드를 위해 그의 팀은 거의 모든 올드미디어 거물들을 대상으로 고급 콘텐츠를 유튜브에 공유해달라고 설득했다. 협조를 거부하는 단 한 곳은 디즈니였다. 2013년 《겨울왕국》은 스튜디오에서 최고 수익을 거둔 애니메이션 영화였고 대단한 규모의 파생 상품까지 탄생시켰다. 《겨울왕국》은 유튜브에 없었지만 그 팬들은 유튜브에 있었고, 꼬마 라이언부터 얼굴 없는 채널들까지 거의 모든 아동용 채널에서 엘사 조각상, 엘사 인형, 엘사 만화, 엘사 코스튬 영상을 올리고 머신에 잡히기를 바라며 엘사 제목과 태그를 달아 애니메이션 팬덤에 달려들었다.

　로스앤젤레스에서 메이커스튜디오스는 디즈니의 디지털 상속인이라는 새로운 본분을 다하고자 분주하게 움직였고, 시작은 장난감 리뷰어들에게 연락을 취하는 것이었다. 메이커의 임원인 크리스 윌리엄스는 유명 언박싱 채널 다섯 개를 스튜디오의 유튜브 네트워크로 계약했다. 언박싱계의 여왕 《디즈니컬렉터BR》을 영입하고 싶었던 그는 계정 뒤에 있는 여성과 대화를 시도하려 했지만 그 어떤 저널리스트도 성공하지 못한 일이었다. 그녀는 네트워크에 합류하기를 거부했고, 윌리엄스는 그녀의 채널명에서 '디즈니'를 지워달라고 요청했다. 2015년 2월 『데일리 메일』은 아마도 유튜브에서 가장 수입이 높은 퍼포머일 이 계정의 크리에이터가 전직 성인영화 여배우라는 사실을 밝혔다.[160] 유튜브 스타들이 따로 검증을 거치지 않았다는 사실을 상기시키는 계기이자 타블로이드지의 좋은 소재가 되었다.

메이커 직원들이 디즈니에 합류할 당시 이들은 이 전설적인 스튜디오가 《겨울왕국》과 《스타워즈》, 스포츠의 뜨거운 팬덤에 힘입어 유튜브에 매진할 계획이라는 이야기를 들었다. (디즈니는 ESPN을 소유했다.) 다만 디즈니는 유튜브에 영화 트레일러나 자사의 TV 네트워크 프로그램의 홍보 영상물만 드물게 올리며 조심스러운 행보를 보였다. 하지만 유튜브가 키즈 앱을 출시하자 스튜디오에 경보가 울렸다. 디즈니 변호사는 디즈니 콘텐츠를 유튜브에 통합하는 일을 감독하는 메이커 직원, 데이비드 시버스에게 전화를 걸었다. "도대체 무슨 일이 벌어지고 있는 겁니까?" 연방법에 따르면, 13세 미만의 시청자를 대상으로 한 미디어, 즉 '아동 지향적' 콘텐츠는 TV에서 엄격한 규정을 따라야 했고 시청자의 습관을 온라인에서 추적할 수 없었다. 한편, 유튜브 키즈의 알고리즘이 디즈니가 '아동 지향적'이라 여기지 않은 TV 프로그램들의 여러 클립을 아동에게 제공하고 있었다. 변호사들과 시버스는 매주 유튜브 키즈 내 콘텐츠를 검토하는 회의를 갖기로 했고 스튜디오가 앱에서 내리고 싶은 영상은 삭제하는 것으로 유튜브 직원들과 따로 정리를 마쳤다.

디즈니 외에는 유튜브 키즈 앱을 이토록 면밀하게 큐레이팅하는 이들이 없었다. 대서양 연안에서는 우려에 찬 또 다른 그룹이 유튜브를 주목하고

있었다. 전 미라맥스Miramax 영화사에서 배급자로 일했던 조쉬 골린Josh Golin
은 '광고에 노출되지 않는 유년기Commercial-Free Childhood'라는 비영리 캠페인
의 책임자였고, 그의 미션은 캠페인 이름에 고스란히 드러난 바와 같았다.
골린의 노력은 대체로 TV에 초점이 맞춰져 있었지만 유튜브 키즈가 등장
하자 그는 앱을 꼼꼼하게 살피기 시작했다. 앱이 출시되고 2개월 후 그는
FTC에 편지를 보내 유튜브 앱에 "불공정하고 기만적인 마케팅"이 가득하
고 장난감 영상들은 중단 없이 길게 이어지는 상업광고와 같은 기능을 하고
있다고 주장했다. 유튜브 키즈의 콘텐츠 대부분이 TV에서는 법적으로 방
영될 수 없는 것들이라고 적었다.

활동가들은 이런 식의 엄중한 메시지를 늘 보냈다. 실리콘밸리나 워싱턴
D. C.에서 이를 그리 신경 쓰는 사람은 거의 없었다. 따라서 골린은 계속 앱
을 조사하며 언론의 헤드라인을 장식할 만한 콘텐츠를 더욱 많이 찾아냈다.
한 달 후 그가 속한 집단은 공문을 또 발송했다. 이들은 유튜브 키즈에서 와
인 테이스팅 영상과 전기톱 튜토리얼, 버트와 어니(《세서미 스트리트》의 등장
인물들―옮긴이)가 영화 《카지노Casino》를 패러디한 부적절한 콘텐츠, 소아
성애를 주제로 농담하는 클립들, 〈엄청난 환각 체험?〉이라는 제목의 영상을
발견했다. 공문에는 앱 리뷰들도 첨부했는데, 그중에는 페파 피그Peppa Pig 영
상을 본 네 살 아이에게 유튜브 키즈 알고리즘이 〈페파 페니스〉라는 이름의
포르노 만화를 추천했다며 불만을 터뜨린 리뷰가 포함되어 있었다. "이런
영상들은 누가 필터링하는 건가요?" 한 부모는 이렇게 적었다.

유튜브는 사과의 뜻을 전했다. 영상을 분류하는 자동화된 필터가 앱에 적
용되어 있었지만 새로운 콘텐츠들이 올리는 속도는 필터가 처리할 수 있는
수준을 넘어서 있었다.

하지만 골린의 두 번째 공문이 발송되고 겨우 석 달 후인 8월이 되자 논
란은 거의 잊혔다. 『타임』 측 기자 한 명은 회사 뒤편 야외에서 열린 유튜
브 10주년 기념행사에 참석했다. 워치츠키가 구글리한 주간 회의인 유튜브

프라이데이스를 도입한 터였다. 『타임』은 유튜브 파티에 "바운시 캐슬bouncy castle(공기를 채운 성 모양의 구조물로 된 놀이기구 ― 옮긴이), 슬러시 기계, 초대형 보드게임들, 가득 쌓인 빨간색 사탕들, DJ"가 함께했다고 전했다.[161] 워치츠키는 고무로 된 거대한 풀장에서 계속 돌아가는 프로펠러를 피해야 하는 멜트다운Meltdown이라는 게임에 참가하기 위해 헬멧을 썼다. (망신이라면 그녀도 경험이 많았다. 전통에 따라 직원의 설문 조사 응답률이 98퍼센트가 넘으면 구글 임원은 코스튬을 입고 출근해야 했는데, 워치츠키는 보통 동물 복장을 했다.)

풀에서 나온 뒤 CEO는 『타임』 기자에게 자신이 가장 좋아하는 유튜브 영상은 HBO의 존 올리버John Oliver가 유급 출산 휴가 의무화의 중요성을 설파하며 호통을 치는 영상이라고 말했다. 8개월 전 다섯째 아이를 출산한 워치츠키는 구글이 제안한 18주 중 14주만 쉬고 나왔다. 워치츠키가 자녀들과 나눈 경험은 "이제 비즈니스 강점"으로 작용했다고 잡지는 적었다. "이 아이들은 그녀의 아이디어 중 다수를 실험해볼 수 있는 첫 번째 기니피그였다." 킨슬은 자신의 상사를 "많은 이가 경험하는 일상적인 고충을 잘 이해하는 지극히 평범한 사람이자 엄마"라고 평가했다.

. . .

키즈 앱을 알고리즘에 맡겨 자유롭게 운영하자는 유튜브의 결정은 만장일치로 정해진 것이 아니었다. 몇 년 후 몇몇 직원은 자신들이 앱의 콘텐츠를 점검하거나 선별하자는 제안을 했다고 토로했다. 하지만 이들의 의견은 받아들여지지 않았다. 유튜브는 미취학 아이들이 기차가 등장하는 영상을 좋아한다는 사실을 알고 있었다. 만화가 아닌 경우에야 기차가 등장하는 영상이라도 일반적인 아동용 콘텐츠로 보이지 않기에 큐레이션을 거친 앱에는 등장하지 않을 터였다. "예측 불가함이 유튜브의 근본적인 매력이 아닌가? 왜 아이들은 예측 불가한 콘텐츠를 보지 못하게 막아야 하는 걸까?"

몇몇 직원은 유튜브에서 사건 사고를 시청하는 것이 많은 이의 취미생활이 된 만큼, 알고리즘에 맡긴다면 결과적으로는 아이들에게 열차 사고 영상이 제시될 거라고 지적했다. 알고리즘에 맡기자는 유튜브의 결정에 반대한 구글 디렉터에게는 구글리한 답변이 전해졌다. "정보는 많을수록 좋습니다."

실로 구글의 활동 대부분은 정보가 더 많이 주어진 대중은 반드시 더 나은 정보를 갖고 있다는 아슬아슬한 신념을 바탕으로 운영되고 있었다.

다만 열차 사고의 잔해와 언박싱 아래에는 유튜브도 다른 어떤 온라인만큼이나 교육적인 집단이 '존재'하고 있었다. 학교 내부로 서비스를 제공하려던 이전의 시도가 성공을 거두지는 못했지만 교육 분야에서 경력이 있는 (또는 너드한 학문적 관심을 지닌) 크리에이터들로 구성된 핵심 그룹, 에듀튜버들이 크게 성장하기 시작했다.[162] 행크와 존 그린은 성공한 교육 콘텐츠 시리즈물을 어린이들을 위한 쇼로 확장했다. 신기한 애니메이션이나 디스커버리 채널처럼 무언가 터지고 '우와' 소리가 나오게 만드는 영상으로 좀 더 깊이 있는 과학 개념을 설명하는 채널들도 있었다. 다수는 영상 제작을 본업으로 삼아도 될 정도의 광고 수익을 거두었다. 이들은 다른 유튜브 스타들보다는 연령대가 조금 높았고, MCN사들의 제안을 거절할 만큼 삶의 경험이 쌓여 있었다. (PBS가 네트워크사를 운영하는 방안을 제안했지만, 호응이 거의 없었던 이유는 유튜버들은 해당 방송국의 프로그램이 그리 매력적이지 않다고 느꼈기 때문이다.) 에듀튜버들은 온라인에서 즐거움을 주고 커리어를 쌓고자 한 것도 있었지만, 이들을 움직이는 또 다른 신념이 있는 듯 보였다. 바로 정보를 제공하고 또 바로잡겠다는 것이었다. 유튜브가 요청하거나 권장하지 않았음에도 불구하고 이들 중 몇몇은 영상 바로 아래 자료의 출처를 삽입하기 시작했다.

많은 사람이 온라인에 과학을 향한 소름 끼치는 위협이 자리하고 있다는 사실을 아는 듯 보였다. 음모론은 유튜브와 소셜 미디어에서 새로운 생명과 연료를 얻었지만 빠른 시간 안에 근거가 바닥나버릴 소음일 뿐이었다.

유튜브에는 현실성이 떨어져 보이는 영상들이 항상 존재했다.《루스 체인지Loose Change》는 큰 파장을 일으킨 9·11 초기 '음모론' 영화로 유튜브로 넘어오기 전에 먼저 구글 비디오에서 바이럴을 일으켰다. 직원들은 해당 영상을 그리 신경 쓰지 않았고, 확산을 막을 방법을 생각하지 않았다. "대중들은 진실이 무엇인지 깨달을 거야. 무엇이 옳은지 스스로 찾아갈 거야.' 이런 분위기가 있었어요." 전 유튜브 커뮤니케이션즈 책임자 리카르도 레예스는 이렇게 말했다. 한 직원은 UFO와 초자연적 주제를 다루는 영상들이 붐을 일으키자《Syfy TV》채널처럼 제대로 된 카테고리를 만들어 유튜브가 전략적으로 관련 크리에이터들을 지원하는 방안을 제안했지만 잘 진행되지는 못했다. 게다가 음모란 무엇인지 정의하는 것은 '아동 친화적인 것'이 무엇인지 밝히는 일보다 더 까다롭게 느껴졌다. 따라서 유튜브는 따로 손을 쓰지 않았다.

한편, 에듀튜버들은 나름의 대응을 했다. 여러 크리에이터가 사이트의 반대편에 존재하는, 기후변화는 거짓이라거나 지구는 평평하다는 식의 주장이나 그 외 분명한 오류들이 틀렸다는 사실을 밝히는 클립을 제작했다. 스마터에브리데이SmarterEveryDay라는 이름으로 영상을 올렸던 앨라배마의 항공우주공학자 데스틴 샌들린Destin Sandlin은 한 영상에서 자신의 마음가짐을 설명했다. 그는 자신을 상징하는 그림을 가리켰다. 가장 좋아하는 작가인 C. S. 루이스의 작품 속에서 검을 휘두르는 작은 쥐 리피칩Reepicheep의 이미지였다. 영상 속 그는 아내가 리피칩 캐릭터로 수를 놓아준 폴로 셔츠를 입고 있었다. "리피칩은 자신이 목숨을 잃을 확률이 아주 높아도 적을 상대하죠." 샌들린은 미소를 지었다. "하지만 이 적이 진실을 매도한다면 반드시 공격해야 하는 대상이 되는 겁니다."

유튜브 내부에서 몇몇은 이러한 에듀튜버들을 더욱 홍보하기 위해 여러 프로젝트를 진행해보려 했다. 워치츠키는 에듀튜버들의 영상을 보는 것을 좋아한다고 밝혔는데, 특히나 스웨덴의 발명가로 장난기 넘치는 '엉망진창

로봇' 영상을 여러 편 올린 시몬 예츠Simon Giertz를 좋아했다. 하지만 프로젝트들은 대단한 지원을 받지는 못했다. 워치츠키는 이 교육 크리에이터들을 더 어린 연령층의 오디언스나 사이트 내 음모론에 빠져 있는 사람들에게 소개하겠다는 결연한 노력을 보이지 않았다. 그녀가 그런 노력을 해야만 하는 상황이 닥치기 전에는 말이다.

당시 그녀의 기업은 비즈니스상 우선적으로 처리해야 할 일들이 있었다.

22장

▶

스포트라이트

더그리드몬스터: 브이로그마스 2014가 왔어요!!!
(TheGridMonster: VLOGMAS 2014 IS HERE!!!)

▶ ▶| 2014년 12월 1일 · 16:28

미스글래머라치와 잉그리드 닐슨의 두 번째 채널로 브이로그와 개인적인 여러 이야기를 올리는 곳이다. 인트로 음악이 흘러나온다. "크리스마스 날까지 매일 브이로그를 할 거예요." "피부가 숨을 쉴 수 있게" 화장을 하지 않은 잉그리드는 편안한 브랜디 멜빌Brandy Melville 터틀넥을 입고 있다고 설명하고는 타깃 슬리퍼를 신고 집 안을 돌아다닌다. 장을 봐야 하는 상황이다. 그녀는 운전대 뒤에 핸드폰을 내려놓고 촬영을 계속하며 홀푸즈Whole Foods로 향한다. "이제 여러분은 편안히 앉아 드라이브를 즐기면 됩니다." 집으로 돌아온 그녀는 짐을 정리한다. 시청자들과 함께 요리도 한다. 그녀의 남자 친구 크리스Chris도 언뜻 스치기는 하지만 그는 스냅챗을 할 뿐 유튜버는 아니다. 늘 그렇듯 선물이 준비되어 있다. 바디 로션을 받으려면 그녀의 인스타그램을 방문해야 한다. 그녀는 영상을 마무리한다. "그럼 내일 또 만나요!"

2011년 잉그리드 닐슨은 홀리데이 브이로그 챌린지인 브이로그마스를 처음 시작한 인물이었다. 그녀가 잘하는 분야였다. 처음에는 즐거웠다. 매년 더 많은 브이로거가 유입되었고, 브이로거스트Vlogust(8월 한 달 동안 매일 진행하는 브이로그 — 옮긴이), 브이록토버(같은 형식으로 10월에 하는 브이로그 — 옮긴이), 7월의 브이로그마스, 베다VEDA(같은 형식으로 4월에 하는 브이로그 — 옮긴이)를 진행하며 자신의 끈기를 시험했다. 닐슨이 나이를 먹고 홀리데이 때 해야 할 일들이 많아지자 브이로그마스가 전보다 즐겁지 않았다. 매일같이 재밌는 클립을 찍어 올리는 일이 단조롭고 지루한 업무처럼 느껴졌다.

스물여섯 살 무렵, 닐슨은 이제 유튜브 원로에 접어들어 유튜브라는 플랫폼을 디딤돌이라기보다는 전문적인 직업처럼 느끼는 2세대 방송인이 되었다. 그해 초, 닐슨은 드러그스토어 브랜드와 제품 영상을 올리는 홍보 계약을 맺고 유튜버 사상 최초 커버걸GoverGirl의 '글램배서더Glambassador'가 되었다. 한때 그녀를 무시했던 뷰티 매거진들은 쉴 새 없이 연락을 해 왔다. 사람들은 닐슨 같은 크리에이터들에게 새로운 이름을 붙여주었다. '인플루언서'였다.

2014년부터 워치츠키는 이러한 인플루언서들을 주류 오디언스에게 홍보하는 광고 캠페인을 시작했다.『버라이어티』가 그해 여름 발표한 설문 조사에 따르면, 미국 10대들은 제니퍼 로렌스Jennifer Lawrence와 조니 뎁Johnny Depp 같은 A급 스타들보다 스모쉬와 퓨디파이를 더 잘 알고 있었다.[163] 설문 조사 결과가 유튜브 사무실에 순식간에 퍼졌고, 유명 인사들을 영입하려던 예전의 전략은 구식이라는 새로운 믿음에 힘을 실어주었다. 유튜브는 자신만의 유명 인사를 보유하고 있었다. '스포트라이트'라는 별명으로 불리는 워치츠키의 광고 캠페인으로 유튜브 스타들의 얼굴이 옥외 광고판, 지하철, TV 광고를 뒤덮었고, 그 시작에는 '라이프스타일' 분야의 3인조(각각 메이크업, '하울' 영상, 요리)로 유명한 유튜버가 있었다. 유튜브에는 상업적 호소력을 지닌 스타들을 지칭하는 새로운 단어가 있었다. '엔데믹 크리에이터들', 토종들이었다.

새로운 홍보 전략이 명예와 부를 좇는 유튜버들을 더욱 많이 불러들이며 사이트에서 활동하던 베테랑들에게 굉장한 압박과 부담감을 주었다.

· · ·

대다수의 '라이프스타일' 스타들이 등장하기 이전에 유튜브에서 큰 인기를 끌었던 올가 케이Olga Kay는 누구보다 열심히 노력하는 자세로 유튜브 랜드에서 유명한 인물이었다. 케이는 처음 저글링하는 모습을 유튜브에 올렸지만(열네 살 때 모국인 러시아에서 서커스단에 입단했다), 짜릿한 친밀감을 선사하는 브이로깅에 빠져들었다. 그녀는 자기 고백과 익살스러운 상황극 등 온갖 주제를 섞은 영상을 올렸다. 왜소한 체구에 하트형 얼굴과 지칠 줄 모르는 에너지를 갖춘 올가 케이는 유튜브의 첫 오합지졸 크루의 주축이었다. 그녀는 리사노바와 메이커스튜디오스 클립에 등장했고 비드콘 무대에서 칼 여러 개로 저글링을 선보이기도 했다. 비드콘이 열리는 호텔에 그녀만 묵직한 아이맥iMac을 등에 지고 도착했다. 영상 편집을 독학으로 배운 그녀는 콘퍼런스가 진행되는 중에도 편집 작업을 해야 하는 게 분명했다.

당시에는 유튜버가 수익을 내기 위해서는 엄청난 수의 구독자가 필요했고, 케이는 자신만의 친밀한 방식으로 많은 사람을 불러 모을 수 있다는 것을 깨달았다. 누가 구독할 때마다 그녀는 상대의 유튜브 페이지로 가서 댓글을 남겼다. "구독해줘서 고마워요. 러시아에서 사랑을 담아." 이 댓글을 본 사람들이 그녀의 페이지를 방문할지 모를 일이었다. '댓글, 반복'이었다. 집에서 영화를 볼 때도 TV 프로덕션 일을 할 때도 영상을 올렸다. 한 시간에 구독자가 수백 명씩 추가될 때도 있었다.

"구독해줘서 고마워요. 러시아에서 사랑을 담아:)"

조금씩 성공이 그녀에게 찾아왔다. 그녀는 유튜브에서 첫 수익금을 받았다. 54센트였다. '괜찮네.' 그녀는 이렇게 생각했다. '내일이면 5달러가 될 거야.' 어떤 날은 유튜브 영상을 만드는 데 열두 시간이 걸렸다. 2014년이 되자 그녀의 유튜브 수익은 3년 연속 10만 달러 이상을 기록하고 있었다. 큰돈이었지만 세금을 제하기 전이었고, 상품 사업에 든 투자금을 제하기 전이었으며(그녀가 직접 상품을 판매했다), 에디터를 고용하기 전이었다. 그녀는 자신이 운영하는 여러 채널을 통해 일주일에 스무 편의 영상을 올려야 했다. 새로운 종류의 저글링이 시작되었다.

그러길 얼마 후, 유튜브 2세대와 부담스러운 소셜 앱들이 등장했다. 케이는 유튜브의 시청 시간 우대 정책에 적응해 게이밍과 메이크업 영상을 올렸다. 여러 유튜브 행사를 다니며 자신의 팬들이 대부분 10대 여학생이라는 사실을 알게 되었다. 당시 30대 초반이었던 케이는 여성스러움이란 이례적일 수 있고 특이할 수 있으며 무결하지만은 않다는 점을 보여주는 영상들을 제작했다. 일주일에 한 번씩 영상을 올리던 그녀는 별 성과가 없다는 사실을 깨닫고는 그만두었다. 다만 흐름을 놓치지 않기 위해서는 매일 영상을 올려야 했다.

 올가 케이: 아직 준비되지 않았어요!!!
(Olga Kay: I AM NOT READY!!!)

▶ ▶| 　　　　　　　　　　　　　　　　　2015년 1월 21일 · 4:30

그녀는 아이폰을 멀찍이 들고 셀카를 찍듯 소파에 기대어 자신의 모습을 촬영하고 있다. "제가 이 영상을 왜 찍느냐고요? 여드름이 엄청 많이 생겨서 제 얼굴이 어떤지 보여 드리고 싶어서요. 여드름이 너무 많이 났어요." 그녀는 왼쪽 입술 위 인중에 난 여드름을 가리킨다. "저도 다른 사람들과 똑같아요." 이 영상을 올리는 또 다른 이유는 굉장히 멋진 영상을 두 편 촬영했지만 아직 준비가 다 되지 않아서라고 그녀는 설명한다. "네, 여러분이 제가 아직 여기 있다는 것을 알 수 있게 뭐든 올리고 싶었어요."

· · ·

2015년 4월, 유튜브는 100명이 넘는 스타들을 맨해튼 패션 지구에 마련된 한 스튜디오로 초대해 유튜브만의 비디오 콘퍼런스인 제1회 유튜브 크리에이터 서밋Creator Summit을 개최했다. 멋진 케이터링 음식과 데이비드 블레인David Blaine의 마술쇼도 준비되어 있었지만 10대 팬들은 없었다. 그럼에도 크리에이터들은 마땅히 참석해야 한다고 생각했다. 한 브이로거는 점심 식사 시간을 촬영하다가 카메라를 돌려 회색 후드티를 입고 편안한 모습으로 샐러드를 먹는 잉그리드 닐슨을 찍었다. 카메라를 보자 닐슨은 미소를 지으며 다정하게 이야기를 시작했다.

하지만 닐슨은 사실 별 감흥 없이 서밋을 떠났다. 유튜브는 영상 제작 팁을 알려주고 헌신적인 괴짜 크리에이터들을 진심으로 치하하며 마침내 이들을 A급 스타처럼 대우했다. 유튜브에게도 이 모임은 하나의 성공이었다. 유튜브 내부에서 직원들은 크리에이터가 성공하는 데는 두 가지 경로가 있다는 이야기를 자주 나눴다. 퍼포머들이 유튜브를 영화계나 방송계로 진출하는 발판으로 삼는 《SNL》 유형이 있었고, 다른 하나는 유튜브에서 충성도 높은 오디언스로 하나의 제국을 만드는 오프라 유형이 있었다. 서밋에는 미니 오프라들이 가득했다.

이 서밋은 백미러로 보이는, 점점 더 성장하고 있는 유튜브의 경쟁사들을 새삼 떠올리는 자리가 되기도 했다. 어느샌가 거의 모든 유튜버가 핸드폰을 꺼내 인스타그램에 올릴 셀카를 찍었다. 인스타그램과 스냅챗, 6초 분량의 영상 공유 서비스인 바인Vine과 같은 소셜 앱에 올려야 하는 순간이었다.

이런 앱들에 올릴 사진을 찍을 때는 유튜브에 필요한 카메라와 편집 소프트웨어가 아니라 핸드폰만 있으면 충분했다. 야심 찬 크리에이터들은 이 모든 앱에서 내내 존재감을 드러내야 한다고 생각했다. 이 앱들이 아직은 크리에이터들에게 수익을 지급하지 않았던 터라 유튜브의 불안감을 덜어주었지만, 훌루 창립자가 만든 새로운 영상 서비스인 베셀Vessel은 수익을 지급했고, 닐슨과 같은 대형 유튜버들과 계약을 맺고 독점 콘텐츠를 제작했다. 유튜브 사업부 직원들은 베셀에 대해 크게 걱정하지 않다가 래리 페이지가 신경을 쓰고 있다는 이야기를 듣고는 새로운 경쟁사를 제압할 전략을 세우느라 바쁘게 움직였다. (내부에서 플래티넘이라 부른 이 전략에는 스타들의 충성도를 유지하기 위해 특정 스타들에게는 광고 수익 중 거액의 선불금을 제공하는 방안이 포함되어 있었다.)

하지만 페이스북만큼 유튜브를 걱정시킨 경쟁자는 없었다.

2012년, 페이스북은 20억 달러에 인스타그램을 인수했는데, 이제 와서 생각해보면 훔친 것이나 다름없었다. 이 사진 앱은 유튜브 이후로 젊은 층의 시대정신을 완벽하게 사로잡은 유일한 플랫폼이었다. 한동안 페이스북은 유익한 경쟁자가 되어주었다. 페이스북에서 공유한 유튜브 클립은 유튜브 초창기 시절 마이스페이스처럼 대단한 바이럴로 번질 때가 많았다. 2014년 즈음, 유튜브 매니저들은 페이스북에서 유입되는 영상 트래픽이 시들해지기 시작하는 현상을 발견했다. 이내 트래픽이 곤두박질쳤다. 이 소셜 네트워크는 자사의 비디오 플레이어를 갖고 있었고 유튜브 등 외부 서비스를 사용하는 게시물보다 자사의 플레이어를 사용한 게시물을 우대하는 것처럼 보였다. 이후 페이스북은 인스타그램에 라이브스트리밍과 영상 기능을 추가했다. 당시 구글 플러스는 무력한 상태였다. "구글은 소셜 미디어계에서 제 발을 찍었던 겁니다." 한 유튜브 매니저가 말했다. "이제 페이스북이 영상을 접수하려 하고 있잖아요."

페이스북의 결정적인 공격이 날아든 것은 TV에서 선도적인 역할을 하

는 닐슨Nielsen과 손을 잡고 오디언스 평가 시스템을 공유해 마케터들이 TV
와 페이스북에 광고를 게재하는 시스템을 개발할 때였다. 본질적으로 이는
유튜브를 향한 도발이었다. 이 디지털 광고라는 불안정한 세계는 워치츠키
가 커리어 대부분을 바친 분야였다. 그녀는 곧장 유튜브 채널들을 TV처럼
번들로 묶는 시스템을 도입했다. 그간 마음대로 광고를 판매할 수 있게 내
버려둔 다중채널 네트워크사들에게서 그녀는 광고 운영권을 되찾았다. 더
는 그리 둘 수 없었다. 앞선 유튜브의 변화로 인해 난처한 지경에 빠져 있던
MCN들은 온라인 광고 메시지 효과 측정을 둘러싸고 유튜브와 페이스북이
새로 벌인 전쟁에서 또 한 번 타격을 입었다. 시급한 문제였다. 메이커 스튜
디오의 데이비드 시버스는 당시를 이렇게 떠올렸다. "구글은 거대한 800파
운드 고릴라였어요. 그 전쟁에서 질 수 없었죠."

　하지만 이 전쟁에서 유튜브는 언더독 같은 느낌이었다. 사람들이 시간을
더 많이 쓰는 플랫폼은 유튜브였다. 2011년 하루 평균 5분이었던 시청 시
간이 2015년 핸드폰에서만 40분으로 늘었다. 하지만 광고 수익에서는 페이
스북이 훨씬 앞서 있었고, 이 같은 격차는 워치츠키가 CEO로서 처음으로
설정한 위태로운 목표에 일부 영향을 미쳤다. 그 목표란 2020-20플랜으로
2015년부터 향후 5년간 수익 20억 달러를 초과한다는 것이었다.

　작은 도파민 머신인 소셜 앱들의 경쟁은 유튜브 수장으로 워치츠키가 내
렸던 또 다른 지령을 설명해주는 단초가 되기도 한다. CEO에 취임하고 얼
마 되지 않아 그녀는 데이터를 검토한 후 유튜브가 사이트에 머물고 있는
시청자들이 더 많은 영상을 보도록 유도하는 데 탁월함을 발휘한다는 것을
깨달았다. 이것이 10억 시간 목표로 이어지는 경사로를 제공할 것이라 결
론지었다. 하지만 유튜브는 일일 시청자 수를 성장시키는 데는 조금 부족한
모습을 보였다. 레리 페이지는 이와 관련해 자신이 가장 좋아하는 래리이즘
이 있었다. 바로 '칫솔 테스트'였다. 구글의 상품은 사람들이 하루에 칫솔질
하는 횟수만큼 사용될 때만 존재 가치가 있다는 것이었다. 따라서 워치츠키

는 엔지니어팀에게 일일 시청자들을 계속해서 불러오는 영상들을 우대하는 방향으로 추천 알고리즘을 조정하라는 지시를 내렸다.

이 모든 것이 미니 오프라들을 융숭하게 대접한 이유였다. 유튜브는 스타 크리에이터들이 미디어 총괄 책임자가 되어 TV의 일일 성과와 광고비에 필적하는 채널을 운영하길 바랐다. 이를 위해서 유튜브는 스타들과 좀 더 긴밀한 유대감을 형성해야 했다. 물론 상당한 문화적 격차를 극복해야 했지만 말이다. 워치츠키가 유튜브 임원으로 채용한 구글러인 에어리얼 바딘 Ariel Bardin은 회사에 합류한 초기에 유튜버들을 직접 만나러 다닌 적이 있다. 로스앤젤레스에서 그는 매튜 패트릭 Matthew Patrick을 만났다. 전직 뮤지컬 배우로 연극 조의 과장된 화법으로 게이밍 역사에 관한 심도 있는 지식, 과학, 유튜브를 전하는 채널 《게임 시어리스트 Game Theorist》를 운영하는 유튜버였다.[164] 어색함을 이겨보고자 패트릭이 먼저 가벼운 질문을 던졌다. "유튜브 채널 중 어떤 거 보세요?"

"《바이스》요." 바딘이 대답했다.

패트릭은 움찔했다. 트렌디한 브룩클린의 미디어 사업체인 《바이스》는 유튜브에서 지원금을 받은 후 외부에서 더욱 큰 자금을 지원받았다. 대부분의 유튜버들에게 《바이스》는 기업의 지원을 믿고 으스대며 자신들의 사이트를 점령한 채널이자 유튜브 문화에 진정한 애착을 갖고 있는 사람들은 보지 않는 채널이었다. "그렇군요. 다른 채널은요?" 패트릭이 물었다. 임원에게는 다른 대답이 없었다.

첫 크리에이터 서밋 당시 패트릭은 앞줄 가까이 앉아 무대가 시작되기 전 흘러나오는 DJ 스펀 DJ Spun의 곡들을 듣고 있었다. 그곳에 있는 모든 크리에이터는 패트릭을 가명인 맷팻 MatPat으로 알고 있었다. 하지만 유튜브는 그 이름을 모르고 있었다. 본격적인 행사가 시작되자 유튜브는 거대한 영상 스크린에 크리에이터들의 사진을 띄웠다. 스모쉬! 아이저스틴! 맷팻! 사진 속 남성은 패트릭이 아니라 다른 사람이었다. 이런.

킨슬이 무대에 올랐다. "제가 사랑하는 멋진 사람들의 얼굴이 많이 보입니다." 그는 중후한 바리톤의 목소리로 말했다. "크리에이터들 중에 이분도 보이네요." 프레그넌트 포즈Pregnant pause (여기서 pregnant는 '임신한'의 뜻이 아니라 '[의미 등이] 가득한'이라는 뜻으로, '의미심장한 침묵' 또는 '긴장 어린 침묵'을 가리키는 단어다 — 옮긴이).

패트릭은 궁금하지 않을 수 없었다. '참, 다른 사람 이름은 도무지 떠오르지 않았던 걸까?' 마침내 킨슬은 유튜브가 도시 전역의 옥외 광고판에 게시한 한나 하트Hanna Hart의 이름을 댔다.

• • •

펠릭스 셸버그는 인형 옷을 입고 도미나트릭스dominatrix(성적 쾌감을 위해 상대와 합의하에 폭력적으로 행위를 주도하는 여성 — 옮긴이)에게 채찍질을 당하며 스피커에서 흘러나오는 자신의 목소리가 전하는 명령에 복종하고 있었다. 대단히도 이상한 광경이었다.

유튜브 내부에서 워치츠키가 페이스북을 우려하는 한편, 로버트 킨슬은 또 다른 걱정이 있었다. 그의 예전 회사 넷플릭스였다. 2013년 이 스트리밍 서비스가 선보인 오리지널 시리즈물《하우스 오브 카드House of Cards》는 엄청난 히트를 기록했다. 아마존도 스트리밍 쇼를 제작하기 시작하며 TV 황금기와 고급 콘텐츠의 세상으로 우아하게 뛰어들었다. 유튜브라고 못할 게 있을까? A급 스타들로 큰 인기를 끌지 못한 킨슬은 새로운 전략으로 눈을 돌렸다. 유튜브는 오리지널스Originals란 이름으로 시청자들이 사랑하는 크리에이터와 함께 유료 구독자들에게만 제공되는 쇼를 제작할 자금이 있었다. 넷플릭스와 아마존은 기존의 전통 미디어 모델을 따라 프로그램 총괄 책임자와 프로듀서가 스토리 라인과 출연진을 선택하도록 했다. 바이어컴의 거물인 섬너 레드스톤에게는 이러한 모델의 경제적 가치를 옹호하는 유명한 신조가 있었다. "콘텐츠가 왕이다." 유튜브는 《하우스 오브 카드》 시대를 맞아 그들만의 접근법을 반영한 신조를 만들어냈다. "오디언스가 왕이다."

이런 연유로 유튜브 시청자들은 2016년 초에 시작된 유튜브 시리즈 《스케어 퓨디파이Scare PewDiePie》의 9화에서 셸버그가 채찍질을 당하는 장면을 시청하게 된 것이었다.

메이커스튜디오스가 제작한 이 쇼는 셸버그의 유튜브 영상에 등장한 호러 게임을 실제 상황으로 만들어 그가 직접 경험하는 내용이었다. 《스케어 퓨디파이》는 리얼리티 TV 쇼의 장치에 크게 의존했다. 9화에서 셸버그는 《피어 팩터Fear Factor》와 유사하게 퀴즈를 풀기 위해 생고기와 바퀴벌레를 손으로 헤집어야 했다. 셸버그는 투지 있는 모습을 보였지만, 이 시리즈물은 미지근한 리뷰와 관심만 받았다.[165] 아마도 셸버그가 만화에 나올 법한 미치광이 캐릭터 퓨디파이가 아니라 실제 자신의 모습(내성적이고 조금은 어색해하는 유튜버)으로 임했기 때문인지도 모른다. 제작은 잘되었지만 진부한 TV 쇼 같은 느낌을 주었다. 주변 사람들은 이 촬영이 셸버그의 진을 얼마나 빼놓았는지 알고 있었다.

유튜브가 열 몇 편의 오리지널 쇼를 출시하는 동안 많은 유튜버가 한 가지 중요한 모순을 발견했다. 유튜브는 화려함, 활력, '소비'를 원했다. 유튜브는 로스앤젤레스에 약 1,125평 규모의 격납고를 개조해 선별된 크리에이터들을 위한 최첨단 프로덕션 스튜디오로 만든 후 '유튜브 스페이스'라는 이름을 붙였다.[166] 하지만 유튜브의 알고리즘은 여전히 그 반대를 원했다. 알고리즘은 시청 시간과 일일 조회 수를 바랐고, 이를 충족시키는 영상들은 대체로 저렴하게 제작된 것들이었다. 이런 영상들이 상위로 올라갔다. 훗날 한 유튜브 임원은 크리에이터팀이 재능과 창의력을 육성하는 데서 "지표를 달성할 수 있는 사람을 찾는 것"으로 달라진 데 통탄을 감추지 못했다.

많은 유튜버에게 독립성과 접근성이라는 사이트의 기본 문화가 대중매체 광고 비즈니스와 상충하는 것처럼 느껴졌다. "이 일을 직업적으로 하게 되면 진정성을 발휘하고 공감대를 형성하는 것이 상당히 어려워집니다." 비드콘 창립자인 행크 그린은 〈솔직한 유튜브 토크 타임〉이라는 영상에서 안타까운 듯 말했다. 올가 케이는 이러한 부담감을 내내 느꼈다. 스타들이 오는 서밋에 초대받을 정도로 많은 구독자는 없었지만, 영화 스튜디오와 네트워크사 여러 곳에서 제안을 받았다. 기업들은 할리우드 스타일의 제작을 원했지만 케이는 유튜브 팬과 머신은 그런 스타일을 원하지 않는다는 점을 알고 있었다. 이들은 그녀가 집에서 카메라를 향해 이야기하는 모습을 선호했다. 팬과 머신이 원하는 것은 빈도였다. 케이는 계속 일주일에 스무 편 가량의 영상을 올렸다. 친구들이 함께 외출하자고 부를 때도 있었다. "거기서 촬영하지 못하면 집에서 그냥 콘텐츠나 만들게." 그녀는 이렇게 답했다.

그녀가 한 번씩 유튜브의 로스앤젤레스 스튜디오에서 콘텐츠를 제작하기도 했지만, 그곳에는 사실 이런저런 컨설팅을 들으러 가는 경우가 많았다. 한 MCN 사는 그녀의 게이밍 채널을 계약하고 싶어 했다. 그녀는 네트워크사에서 받은 서류를 유튜브 매니저 앤디 스택에게 가져갔다.

스택은 숫자들을 들여다봤다. "상당히 손해가 크겠는데요." 이렇게 말하며 제안을 거절하는 것이 좋겠다고 조언했다. 구글의 다른 직원들처럼 스택 또한 어설픈 계약서와 마피아 같은 전략을 들이미는 MCN들은 '노 부에노(no good에 해당하는 스페인어로 '쓸모없는', '나쁜'을 의미한다—옮긴이)'였다. 다른 직원은 네트워크사를 "기생충들"이라고 불렀다.

그럼에도 인재를 관리하는 기관으로서 유튜브의 단점은 더욱 명확해지고 있었다. 스택은 롱테일에 속한 수백만 명의 크리에이터에게 수익을 분배하는 시스템을 감독했다. 구글 변호인단이 그에게 전화를 걸어 이렇게 지급되는 수익이 구글의 일일 매출에 중대한 영향을 미치기 시작한 바, 원칙과 규정이 잘 준수되고 있는지를 살피기 위해 새로운 방안을 마련해야 한다고 알렸을 때야 비로소 스택은 그 엄청난 규모에 놀라고 말았다. 이 유튜버들에게는 돈의 흐름과 사이트의 잦은 업데이트를 추적할 시스템이 필요했다. 다른 기업들의 경우 콜 센터를 운영하거나 방송인들을 관리하는 팀을 꾸릴 터였다. 구글은 아니었다. "문제를 해결하는 구글의 방식은 사람이 아니라 머신을 제공하는 거죠." 스택이었다. 엔지니어팀은 전화나 사람이 개입할 필요 없이 니즈를 해결하는 컴퓨터 시스템을 만들었다. 하지만 머신은 크리에이터들에게 필요한 도움을 제공하지 못할 수도 있었다. 워치츠키 아래서 유튜브 시스템은 (심한 욕설과 섹스로) 광고주를 불쾌하게 하는 영상을 찾아내고 해당 영상에 광고를 철회하는 데는 더욱 공격적으로 임했다. 하지만 시스템은 크리에이터의 수입을 취소한 후 명확히 크리에이터에게 고지하거나 이유를 설명해주지 않았다. 한 회의 자리에서 스택은 동료들에게 좀 더 나은 도구가 필요하다고 애원했다. "구속될 때도 최소한 전화 정도는 받잖아요." 그가 말했다.

가끔 머신이 일을 그르칠 때도 있었다. 한번은 포르노나 성 착취를 자동적으로 찾아내 삭제 조치하는 피부 감지 알고리즘을 업데이트한 적이 있었다. 누군가 부주의한 실수를 저질렀다. 업데이트가 (공식적인 안내도 없이) 시작되었고, 사이트의 유명한 틈새시장인 수많은 보디빌더는 영상이 사라지는 것을 지켜봐야 했다. 스피도Speedo 수영복과 포르노를 구분하지 못한 시스템의 피해자들이었다. 유튜브 직원인 캐슬린 그레이스도 당시 이 상황을 목격했다. 그녀는 알고리즘 이상이라는 것을 깨달았다. '어머, 알고리즘이 모든 것을 알 수는 없겠지.'

그레이스가 담당하는 유튜브의 로스앤젤레스 스튜디오는 크리에이터들이 촬영하는 것만이 아니라 고민을 털어놓기 위해 오는 곳이었다. 시청자수가 떨어지는 데 심란해하던 한 여성 유튜버는 다시 도약할 계획을 그레이스에게 들려주었다. 그녀는 6주 동안 300편 이상의 영상을 촬영하고, 하루에 영상을 하나씩 올리고, 기존의 콘텐츠와는 완전히 다른 유튜브 쇼를 만들 계획이었다. 유튜버는 '10배' 개선을 생각하고 있었다. 유튜브가 시작될 때부터 웹 영상을 촬영하고 제작했던 그레이스는 크리에이터의 계획을 가

만히 들여다보았다. '이건 미친 짓이야.' 그녀는 생각했다. 또 다른 유튜버는 알고리즘의 도움을 받으려면 영상이 10분 이상 되어야 하는데, 이만한 길이의 영상을 꾸준히 올리는 데 너무 지쳤다고 눈물을 쏟았다. "계속 고통만 가중되는 상황이네요." 그레이스가 말했다. "이런 식으로는 창의적인 활동을 할 수 없어요." 크리에이터와 일하는 또 다른 유튜브 직원 빙 첸Bing Chen은 직접 채널을 운영하며 자주 영상을 올리는 실험을 해보기로 했다. 영화 속 남자 주인공 같은 외모에도 불구하고 첸은 금방 실험을 그만두었다. "100시간은 드는 일이예요." 그는 동료들에게 말했다. "정말 할 일이 너무도 많더라고요."

취미 삼아 하나의 프로젝트로 스택은 할리우드힐스에 있는 자신의 집을 연금술의 집Alchemy House으로 개조했다. 그가 상상하는 예술가들의 공간이자 창의력을 얻기 위한 안식처였다. 그는 음악가와 유튜버를 초대했다. 가장 먼저 도착한 올가 케이는 회사에서는 보수적인 옷차림을 하던 스택이 반바지를 입고 손톱에는 파란색 매니큐어를 칠한 모습을 보고 놀랐다. 많은 구글러처럼 스택 또한 매년 버닝맨에 참석했다. 2013년 스택은 연금술의 집을 '감압실'로 또 한 번 개조했다. 매년 비드콘이 끝나고 나면 유튜버들을 이곳으로 초대해 사람들과 카메라, 업로드해야 한다는 압박에서 벗어나 술을 마시며 전경을 즐기도록 했다.

케이는 일주일에 유튜브 영상을 스무 편 올리는 정도로 그쳤다면 이 단조롭고 지겨운 일을 계속할 수 있었을 것이다. 하지만 유튜브 비즈니스의 일부를 원하는 소셜 앱들이 그녀를 찾기 시작했다. 케이는 스냅챗의 요청을 받고 더는 참을 수 없는 상태가 되었다. 이 메시징 앱은 그 순간의 사진과 영상을 공유하는 스토리스Stories라는 기능을 개발했다. 한 브랜드 대리인이 스폰서 계약을 맺고 10초 분량의 스토리스 다섯 편을 올려줄 수 있는지 그녀에게 물었다. 7,000달러를 지급하겠다고 했다.

좋은 조건이었지만 막상 할 생각을 하니 손이 떨렸다. 단 50초라 해도 촬영해야 할 것이 늘었다는 데 화가 나고 너무도 지긋지긋해졌다. 그녀는 정말 할 수가 없었다. 그녀는 생각했다. '와, 더는 안 될 것 같아. 이건 아니야.' 40대가 되어서도 하고 싶은 일인가? 60대에도? 계속 카메라 앞에 서서 사람들의 관심을 받으려 자꾸 다른 모습을 보여줘야 하는 삶? 아니었다. "난 그냥 평범하게 살고 싶을 뿐이라고." 그녀는 결정을 내렸다.

· · ·

회사도 크리에이터들의 경제가 어딘가 살짝 어긋나 있다는 것은 알았다. 하지만 기업은 해결해야 할 또 다른 소란이 있었다.

2015년 8월, 래리 페이지는 알파벳Alpabet의 창설을 발표하며 이 지주회사 아래 자신의 제국을 구글, 자율 주행 차, 스마트 온도 조절 장치 등 일곱 개의 자회사로 분할시켜 편입한다는 계획을 알려 세상을 (그리고 대부분의 구글러들을) 충격에 빠뜨렸다. 유튜브는 당연히 자회사로 분리될 듯했다. 이미 다른 이름 아래 다른 사무실에서 운영되고 있었다. 리더들은 구글에서 분리되어 알파벳의 유닛으로 사업부를 전환하는 계획을 세웠다. 워치츠키는 페이지에게서 구글을 물려받은 선다 피차이가 아니라 알파벳 CEO가 된 페이지에게 지금처럼 보고할 수 있기를 바랐다. 하지만 결과적으로는 유튜브가 분리되기에는 구글의 사업과 시스템에 너무 밀접하게 얽혀 있다는 결론이 났다. 따라서 유튜브는 구글에 머물기로 되었다.

그해, 워치츠키는 유튜브의 미래를 설계해나가기 위해 두 명의 새로운 임원을 들였다. 두 사람 다 미디어 프로덕션에는 경험이 없었지만 구글 베테랑들이었다. 닐 모한Neal Mohan은 유튜브가 피자 가게 위층에 머물 당시 더블클릭의 디렉터로 유튜브의 첫 번째 거대 광고 계약을 성사시킨 인물이었고, 더블클릭이 구글에 인수된 후에는 구글의 광고 사업부에 남았다. 그는 스탠퍼드대학교 학위를 두 개 소지했고, NBA의 팬이었으며, 회계사처럼 신중

한 화법을 썼다. 구글 내부에서 그는 '윗사람과 좋은 관계를 유지하는' 정치의 대가로 알려져 있었다. 한 유튜브 디렉터는 화요일 회의 때 워치츠키와 갈등이 있었던 일을 떠올렸다. 목요일이 되자 워치츠키의 생각이 달라져 있었다. 그 디렉터는 모한이 "뒤에서 제다이Jedi(영화 《스타트렉》 등장인물―옮긴이)처럼 마음을 조종하는 기술을 발휘했던 것 같았다"라고 말했다. 이런 태도에 보상이 따랐다. 한 매체는 2011년 구글이 트위터의 이직 제안에서 그를 묶어두고자 1억 달러 보너스를 지급했다고 보도했다. 구글 동료들은 그를 "1억 달러의 사나이"라고 불러 그의 유감을 샀다.

워치츠키는 모한을 유튜브 프로덕트 책임자로 앉혔고, 그는 곧장 워치츠키의 직속으로 권한 대행을 하는 역할을 맡았다. 그 권한으로 모한은 《바이스》를 좋아하는 에어리얼 바딘을 영입했다. 말이 빠르고 직설적인 이스라엘인인 그는 2004년에 구글에 입사해 가장 마지막에는 페이먼트 서비스를 운영했다. 유튜브에 도착한 두 사람은 크리에이터 경제의 수치들을 살피고는 대단히 불공평한 정황을 발견했다. 광고 수익 대부분이 상위 100명의 크리에이터들에게 집중되어 있었다. 만약 이들 중 몇 명이 다른 곳으로 가거나 영상 제작을 멈춘다면? 보상 시스템이 정말 공평하게 조성되어 있는 것일까? 새로운 임원들은 유튜브의 페이먼트 시스템 일체를 성공의 수학적 기준에 따르는 방식으로 재편할 계획을 세웠다. 두 사람은 영화 《머니볼》에서 특이한 야구 매니저로 그려진 실존 인물 빌리 빈Billy Beane을 따서 프로젝트 빈Project Beane이라고 불렀다.

두 사람은 프로젝트에 다른 이름을 붙이기도 했다. '바닷물을 끓여라.' 대단히 힘든 엔지니어링 업무가 요구된다는 의미였다. 유튜브는 과거 자사의 서비스를 앱과 TV용으로 개편하며 들인 엄청나고도 성공적인 노력을 설명할 때 이 문구를 썼다. 2016년 시작과 함께 기업은 크리에이터의 재정 문제를 늘 그렇듯 엔지니어링으로 해결할 준비를 시작했다. 언뜻 보기에는 다른 큰 문제들은 없을 것 같았다.

23장

장난, 위협, 자명함

2016년 1월

백악관 이스트룸East Room의 작은 세트장에는 연한 파란색 벽 앞에 다육식물과 국화 화분 몇 개를 더해 잉그리드 닐슨의 방을 그대로 옮겨둔 공간이 만들어졌다. 닐슨은 버락 오바마를 바라보며 탐폰에 대해 물었다.

'라이프스타일' 브이로거 닐슨은 백악관 공식 유튜브 채널에 대통령과 인터뷰를 진행할 세 유튜버 중 한 명으로 뽑혔다. 온라인에서 영향력 높은 크리에이터들을 보다 높은 연령층에게 알리기 위한 노력의 일환이었다. 전년도 여름, 닐슨은 영상 고백으로 구글의 레이더에 포착되었다. "저는 동성애자입니다. 말하고 나니 너무 좋네요." 시청자들에게 이렇게 말하고는 기쁨 어린 눈물을 쏟았다.[167] 오바마와의 인터뷰는 세심한 연출을 거쳐 진행되었지만(닐슨은 앞서 네 시간에 걸친 전화통화로 인터뷰 내용을 점검받았다), 여성 용품이 '사치품'으로 분류되어 세금이 부과되는 이유를 듣는 과정에서 그녀는 요령 있게 화제성을 이끌어냈다. (대통령이 답했다. "제 생각에는요, 법을 만드는

버락 오바마 대통령과 인터뷰하는 유튜버 잉그리드 닐슨(2016)

사람들이 남성이라 그런 것 같군요.") 조금 긴장되어 보이던 닐슨은 본인의 유튜브 채널에서 '자아감'을 상징하는 물건에 대해 사람들에게 물으며 이야기를 나눴던 콘텐츠를 진행하면서부터 좀 더 편안해진 모습을 보이기 시작했다. 오바마는 주머니에서 교황에게 받은 묵주와 한 승려에게 받은 작은 부처상, 아이오와의 바이커에게서 받은 행운의 포커칩을 꺼내 보였다. "정말 감동적이네요." 닐슨이 호응했다. "너무 멋져요!"

닐슨의 인터뷰가 끝난 후 유튜브 첫 커뮤니티 매니저 중 하나인 스티브 그로브가 카메라 앞에 등장했다. 이제 구글에서 일하는 그는 청바지와 스니커즈 차림을 버리고 정치인이 입을 법한 빳빳한 파란색 슈트를 입고 있었다.[168] "그동안 정말 멋진 전통을 쌓아오셨습니다." 오바마 대통령에게 감사해하며 그가 말했다. "후임자도 대통령님의 뒤를 잘 이어주길 바라는 마음입니다."

・ ・ ・

공화당 경선에서 도널드 트럼프가 앞서는 이해할 수 없는 상황은 예상치 못한 펀치 라인 같았다. 미국 내 모든 무슬림을 등록 관리하는 방안을 지지하는 등 터무니없는 제안을 여러 번 한 인물이었다. 주치의의 진단서에는 트럼프가 "역대 가장 건강한 대통령이 될 것"이라고 적혀 있었다. 해당 진단서를 페이스북에 공개한 트럼프는 자신의 "훌륭한 유전자"에 대해 칭찬하며 실수로 사망한 의사를 출처로 밝혔다. 트럼프는 TV 방송에 능했다. 11월에 《SNL》에 출현했고, 이후 지미 키멜Jimmy Kimmel의 토크쇼에도 등장했다.[169] 두 프로그램의 클립은 곧장 유튜브에 올라왔다.

유튜브 사이트 한 편에서 그는 굉장히 다른 대우를 받았다. 자기 계발 구루인 스테판 몰리뉴는 1월 〈도널드 트럼프에 대한 거짓〉이란 제목으로 시리즈를 시작했다. 미디어와 주류 기관을 향한 공격에 능한 몰리뉴 같은 유튜버들은 강력한 협력자와 훌륭한 콘텐츠를 보유하고 있었다. 몰리뉴의 새 영상 시리즈는 트럼프를 향한 언론의 '오보'를 모두 정리해 보여주었다. 첫 영상에서 몰리뉴는 트럼프가 언론의 시선을 다른 곳으로 돌리는 데 능하다는 옳은 소리를 한 뒤, 이 후보자의 이민, 여성, 그 외 여러 입장을 줄줄이 읊어대며 변론을 펼쳤다. 몰리뉴는 시청자들을 똑바로 응시하며 힘 있게 말했다. "여기서 정말 중요한 교훈은 당신이 어떤 생각을 하고 무엇을 느껴야 하는지 타인이 결정하게 두어서는 안 된다는 것입니다. 제가 그렇게 하도록 두어서도 안 되고요. 다른 이들이 그렇게 하도록 두어서도 안 됩니다. 특히나 주류 언론을 따라가서는 안 됩니다. 저들은 정보를 전달하려는 게 아니에요. 당신을 통제하려는 겁니다." 이런 영상들은 트럼프의 과격한 충신들이 모여 있는 레딧에서 좋은 반응을 얻었다. 그해 말, 몰리뉴는 작가 몇 명을 게스트로 초대했는데, 이들은 남부빈곤법률센터가 각각 "우생학자"와 "백인 민족주의자" 출판사의 에디터라고 지칭한 사람들이었다.[170] (몰리뉴는 게스트들을 향한 이러한 정의를 반박했다.[171])

몰리뉴는 1월에 올린 영상 마지막에 이렇게 덧붙였다. "이 정보가 유용했다면 좋아요, 구독, 공유 부탁드립니다."

· · ·

2016년 4월

수전 워치츠키는 로스앤젤레스의 선셋 블러바드의 안다즈 호텔 무대 위
에서 여러 줄을 이뤄 자리한 크리에이터들의 고민을 듣기 위해 무대 위에
앉아 있었다.

전임자인 카만가처럼 이 유튜브의 보스도 많은 사람 앞에서 어색하게 굴
때가 있었다. 그녀가 직원 회의 중 유튜버들을 친한 친구처럼 언급하는 모
습을 보고 "잘나가는 애들과 어울려보려 하는 촌스러운 엄마 같았다"라고
전 직원은 표현했다. 클레어 스테이플턴은 그녀를 클린턴에 비유했다. 일중
독에 긴장을 푸는 일이 거의 없이 프로의 모습을 항상 유지하고, 떽떽거리
는 여자로 폄하된다는 점에서 말이다. 워치츠키에게 크리에이터들은 특히
나 까다로운 청중이었다. 이들은 그녀의 직원도 아니었고, 그녀가 크리에이
터들의 커리어에 막대한 영향력을 미치지만 또 크리에이터들을 관리하는
것은 아니었으니까(관리하고 싶었다고 해도 할 수가 없었다).

또한 까다로운 자리이기도 했다. '#유튜브블랙'이라는 이름으로 4월 초에
열린 이 선셋 블러바드 행사는 오랫동안 유튜버 생활을 해온 아킬라 휴스
가 유튜브를 향해 비판적인 고발을 행한 후 열린 것이었다. 자신의 채널《아
킬라 오비어슬리Akilah Obviously》를 통해 그녀는 유튜브 트렌드인 대중문화, 정
치, 문학을 풍자하고 해부했다. (그녀가 존 그린의 책을 '살짝 취한 상태로' 리뷰
한 영상을 올린 후 이 브이로그브라더와 친구가 되었다.) 그녀는 유튜브 활동을
발판 삼아 미디어 기업 퓨전Fusion에서 일자리를 얻었다. 한 해 전, 휴스는 유
튜브가 스포트라이트 캠페인으로 옥외 광고판과 지하철 광고를 진행할 당
시 블랙 크리에이터는 포함되어 있지 않다는 사실을 깨달았다. 새로 시작한
오리지널스 쇼도 마찬가지였다. '흑인 역사의 달Black History Month'인 2월, 유

튜브의 트위터 계정에는 블랙 크리에이터들과 비교해 백인 크리에이터들의 홍보 콘텐츠가 열 배나 많이 올라왔다. 퓨전에 소속된 휴스는 유튜브의 댓글 시스템은 "다른 소셜 네트워크보다 다양한 크리에이터가 유튜브에서 활동하기 어렵게 만든다"라는 글을 썼다.

그녀의 기사는 할리우드의 고리타분한 남성들로, 주로 백인으로 구성된 게이트키퍼들을 무너뜨렸다는 데 자부심을 느끼는 유튜브 직원들 사이에 퍼져 나갔다. 마케팅팀들은 #유튜브블랙을 기획해 워치츠키와 함께 블랙 유튜브 애니메이터이자 기업이 가장 좋아하는 유튜버인 스우지Swoozie, 즉 아단데 쏜Adande Thorne을 무대에 올렸다.[172] 쏜은 곧장 본론을 꺼냈다. "언제쯤 옥외 광고판에서 블랙 크리에이터를 볼 수 있습니까?" 그가 물었다.

워치츠키가 약속의 말을 전했다. "조만간이요. 더 나아진 모습을 보여드리겠습니다." 그녀가 인정하는 모습을 보였다.

한 자리에 처음 모인 유튜버들은 그날 저녁, 켄드릭 라마Kendrick Lamar의 〈Alright〉에 맞춰 흥겹게 노래를 불렀다. 이후 휴스는 이렇게 적었다. "유튜브는 완벽하지 않습니다. 하지만 적어도 경영진은 더욱 나아지기 위해 노력하는 듯 보입니다."

몇 주 후, 워치츠키는 크리에이터들을 향한 애정에 잔뜩 흥분한 모습으로 두 번째 크리에이터 서밋의 무대에 올라 자신의 가장 큰 스타들 앞에 섰다. 그녀는 유튜브 광고가 얼마나 성장했는지 자랑스레 알렸고 회사가 오리지널스 쇼에 장기적인 노력을 아끼지 않겠다고 말했다. 그런 뒤 질문을 받는 시간을 가졌다.

어느 순간인가 한 여성 크리에이터가 유튜브 내 괴롭힘에 관해 물었다. 동료 유튜버가 그녀에 대한 적대적인 영상을 반복적으로 올리고 있고, "신상을 유출"하고 있으며(그녀의 개인 정보를 온라인에 게시했다), 분노에 찬 추종자들을 자신 쪽으로 보내고 있다고 알렸다. 또 다른 여성 크리에이터가 마이크를 잡고 같은 문제를 겪고 있다고 알리며 이런 일이 너무 비일비재해졌다고 주장했다. "유튜브는 이 문제를 어떻게 처리할 생각인가요?" 워치츠키가 경계 태세를 취했다. 그녀는 안타까운 마음을 전했지만 어떠한 약속도 하지 않고 넘어갔다. 다른 질문들이 몇 개 이어진 후 더 많은 유튜버가 괴롭힘에 관해 물었다. 워치츠키는 좀 전과 비슷한 답변만 들려주었다. 당시 유튜브는 크리에이터들 간의 갈등에 개입하지 않는 것이 가장 좋다고 여겼고 유튜브의 규정이 표현의 자유 사이와 피해 사이의 균형을 잘 잡고 있다고 여겼다. 어쩌면 유튜브는 이런 문제를 다룰 준비가 되어 있지 않았던 것일지도 모른다.

청중들 사이에 앉아 있던 잉그리드 닐슨은 온라인 비방에 대한 걱정이 더욱 커져갔다. 아직 그녀의 신상 정보를 공개한 사람은 없었지만, 시간문제일 뿐이었다. "유튜브는 줄 수 있는 답이 없었어요." 그녀는 이렇게 회상했다. "엄청 큰 문제라는 건 그들도 알고 있었어요."

· · ·

 마일로: 마일로 이아노풀로스는 흑인 인권 운동 시위자에게 특별한 발언권을 허락하지 않는다
(**Milo:** Milo Yiannopoulos denies Black Lives Matter protester special mic privileges)

▶ ▶|　　　　　　　　　　　　　2016년 4월 27일 · 3:30

짧은 머리를 뾰족하게 세워 고정시킨 헤어스타일에 행복한 트롤이라는 진부한 캐릭터의 영국인 마일로 이아노풀로스Milo Yiannopoulos는 극우 성향의 뉴스 사이트 《브라이트바트뉴스Breitbart News》에서 일했다. 이 영상은 그가 대학 캠퍼스 여러 곳을 누볐던 〈동성애자의 위험한 투어〉 중 하나로 아메리칸대학교에서 페미니스트, SJW, '줏대 없는 보수 정치인'을 비방하는 연설 모습이 담겨 있다. 블랙 학생과의 긴장감 넘치는 대화로 더욱 인상적인 연설이 되었고, 유튜브의

좋은 콘텐츠거리가 되었다. "미국을 다시 위대하게Make America Greet Again(2016년 미국 대선 당시 트럼프의 구호 — 옮긴이)"라는 문구가 적힌 빨간색 야구 모자를 쓴 학생 한 명이 둘의 논쟁을 들으며 웃음을 터뜨린다.

스티브 배넌Steve Bannon은 할리우드의 금융가와 비디오게임 기업의 임원이라는 종잡을 수 없는 커리어 끝에 《브라이트바트뉴스》를 창립했다. 그는 이아노풀로스 같은 대리인들을 이용해 불만이 가득한 극단적인 온라인 지지자 군단을 '가동'시켰다. "이들은 게이머게이트 같은 사건을 통해 유입된 후 정치와 트럼프에 관심을 갖게 되는 겁니다." 그는 저널리스트인 조슈아 그린Joshua Green에게 이렇게 말했다.[173] 2년 전, 보수 선두주자인 폭스 뉴스와 러시 림보의 지지에도 불구하고 《브라이트바트뉴스》의 공격적인 보도가 상원의 이민법 개정안을 무산시키며 정치적인 영향력을 입증해 보였다. 트럼프의 수석 전략가 자리에 오르기 몇 달 전, 배넌은 인터넷 유명인과 선동가, 인종차별주의자의 네트워크인 '알트라이트'의 우두머리 역할을 맡고 있었다. 저널리스트인 그린은 이러한 운동을 두고 "상처받은 남성의 이드id(인간 심리의 무의식 깊은 곳에 자리한 본능 — 옮긴이)와 공격성이 얽힌 채 굴러다니는 회전초tumbleweed(특정한 종이 아니라 기후가 건조한 지역에서 한데 뭉쳐져 굴러다니는 마른 풀들을 뜻한다 — 옮긴이)"라고 정확하게 묘사했다.

이 회전초는 《브라이트바트뉴스》와 신랄한 인터넷 게시판, 소셜 미디어를 굴러다녔다. 유튜브도 헤집고 다녔다.

영국의 남성 인권 운동가 유튜버인 데이비드 셔랏은 이 움직임이 퍼져 나가는 것을 지켜봤다. 그가 주기적으로 방문하는 여러 채널이 무신론과 페미니즘에서 트럼프로 이야기의 주제가 달라져갔다. 사르곤 오브 아카드 같은 브이로거는 기존과 같이 뭐가 뭔지 잘 모르겠다는 듯 굴며 역설적인 톤으로 "마키아벨리같이 권모술수에 능한" 힐러리 클린턴과 그녀의 정치자금을 대는 "억만장자 악마 조지 소로스George Soros"를 상대로 불만을 터뜨렸다. 처음 셔랏은 트럼프를 향한 지지가 일종의 장난이자 엘리트층을 향한 조롱이라고 생각했다. 하지만 이후에는 혼란스러워졌다. 트럼프와 관련한 영상은 조회 수가 나왔다.

새로 유입된 사람들은 곧 유튜브의 알트라이트의 영향권 안으로 휩쓸렸다. 다른 유튜브 서브컬처처럼 서로의 영상에 카메오로 출현하고, 댓글을 달고, 토론했다. 이들은 검색도 이용했다. 후에 진행된 연구를 통해 2016년 여름, '게이머게이'를 검색하면 이아노풀로스가 등장하는 클립이 '계속해서' 검색 결과 1위를 기록했다는 것이 밝혀졌다.[174] '이슬람', '시리아', '난민'을 검색하면 알트라이트 유튜버들의 영상이 등장했다.

이아노풀로스처럼 폭탄을 던지는 사람들은 처음에는 브렉시트를 옹호하는 이야기를 했다. 그러다가 이민자의 병폐에 대한 이야기를 하는 비중이 늘어나기 시작했다. 셔랏은 의구심이 들었다. '그런데, 저 사람들 전쟁을 피해서 온 거잖아. 당연한 거잖아.' 훗날 이 시기를 떠올리며 그는 자신이 무엇을, 왜 믿었던 것인지 혼란스러워했다.

· · ·

2016년 7월

워치츠키는 비상 회의를 소집했다. 전날, 도널드 트럼프가 공식적으로 대선 후보 지명을 수락했다. 하지만 이 회의는 당일 벌어진 다른 일 때문에 소집되었다. 미디어 기업들이 유튜브가 아닌 소셜 네트워크에서 영상으로 성공을 거두고 있다는 『월스트리트저널』의 짤막한 기사 한 편 때문이었다.[175] 유튜브는 너무도 복잡해 영상 공유에 가장 용이한 메커니즘을 갖고 있는 것은 아니라고 기사는 말했다. "유튜브의 무언가가 달라져야만 합니다." 익명의 미디어 기업 임원의 불평이 실려 있었다. "그렇지 않다면 페이스북과 스냅쳇이 세상을 지배할 겁니다."

워치츠키는 홍보팀을 소집해 유튜브보다 페이스북이 영상을 올리기에 더욱 매력적인 목적지가 된다는 인식에 맞설 계획을 세우라고 요청했다. 2016년, 유튜브는 이 경쟁사를 막아내는 노력에 상당한 시간과 관심을 쏟았다.[176] 두려움은 여전히 실재했다. 유튜브는 규모가 작은 테크 기업들과 한 가지 조건을 추가한 비즈니스 협약을 제안하기도 했다. 페이스북이 해당 테크 기업에 인수를 제안할 경우 유튜브가 거부권을 행사할 수 있다는 조건이었다. 페이스북이 새로운 상업적인 기능을 출시하면 구글 홍보 담당자는 기자들에게 전화를 걸어 구글은 이미 비슷한 기능이 있다고 알렸다.

. . .

3년 전, 갑작스럽게 유튜브를 떠나게 된 기욤 샬로Guillaume Chaslot 는 나이 든 부친의 곁에 머물기 위해 모국인 프랑스로 돌아가야 했다. 툭 튀어나온 이마에 긴 코가 살짝 비뚤어져 있는 샬로는 키가 작고 활발한 성격이었다. 긴 머리를 귀 뒤로 넘기면 티모시 샬라메Timothée Chalamet를 조금 닮아 보이기도 했다. 컴퓨터 공학 전공으로 박사 학위를 받은 후 샬로는 단 한 기업에, 학구적인 너드를 반기는 곳으로 알려진 기업에 지원했다. 그가 2010년 캘리포니아에서 열린 구글 오리엔테이션에 참가했을 당시 신입 구글러의 절반 이상이 그와 같은 외국인이었다. 얼마 전 H-1B 비자(전문직 취업 비자 — 옮긴이)가 한 차례 승인이 난 터였다. 샬로는 외국인 직원들이 많은 것이 너무도 마음에 들었다.

그는 유튜브 추천 시스템에서 근무하게 되었다. 얼마 후 그는 구글의 '20퍼센트 프로젝트'의 일환으로 시스템에서 발견한 오류를 해결하기 시작했다. 유튜브는 사람들에게 동일한 관점을 반복해 보여주는 경향이 있었다. 트레이번 마틴의 사망 사건 이후 사람들 수천 명이 정보나 분석, 카타르시스를 찾아 유튜브를 찾아왔다. 마틴을 동정하는 영상을 보고 나면 유튜브는 보통 그와 비슷한 영상을 추천했다. 그 반대의 시각에 해당하는 영상을, 가령 마틴의 죽음을 정당화하는 영상을 보면 유튜브의 추천 시스템은 이와 결이 같은 영상을 더욱 많이 제시하는 식이었다. 샬로는 이러한 시스템에 균형을 더하는 기획안의 초안을 마련했다. 어떠한 세계적 사건이나 역사적 사건의 전개 과정을 추적하는 '구글 히스토리'라는 디지털 카탈로그였다. 이 프랑스인 엔지니어는 이러한 시스템이 유튜브의 시청 시간을 어떻게 향상시킬 수 있는지도 의도적으로 언급했다. 샬로의 기획을 본 동료들은 좋은 평가를 전했지만 유튜브 매니저들에게서는 관심을 얻지 못했고, 얼마 후 그는 부정적인 인사 고과를 받았다('쿵'). 구글은 그를 내보냈다.

프랑스로 돌아간 그는 해고당한 일을 거의 잊고 지냈고 유튜브에 대해서도 그리 생각하지 않았다. 열정적인 약사였던 부친은 시골에 거주하며 온라인상에서 거의 시간을 보내지 않았지만, 컴퓨터 공학자인 샬로에게 큰 충격을 안겨준 발언을 했다. 아버지가 제안했다. "얘야, 블라디미르 푸틴에 관한 이야기를 들어봐야 한다." 정치에 대해 딱히 큰 관심을 보이지 않았던 부친이 푸틴의 장점을 나열하기 시작했다. 샬로는 아버지의 의견에 반박하면서도 혼란스러움을 감출 수 없었다. '어떻게 러시아의 프로파간다가 프랑스에 있는 아버지에게까지 전해질 수 있었던 걸까?' 의아했다. 그는 부친이 펍에서 어울리는 친구들이 무료 인터넷 텔레비전에서 푸틴에 대한 영상을 보고 전파한 것이라 추측했다. 샬로는 유튜브를 뒤졌다. 수많은 지지자 앞에서 이민자들이 유럽에 어떠한 피해를 끼쳤는지 연설하는 푸틴이 있었다. 러시아의 국영 TV에 나와 불어로 푸틴을 찬양하는 제라르 드빠르디유Gérard Depardieu가 있었다. 공신력 있는 언론 매체보다 이런 영상들이 더 많은 트래픽을 기록했다.

또 한차례 이전 직장과의 기이한 조우로 그는 혼란에 빠졌다. 파리에서 버스를 탄 그는 옆자리 승객이 고개를 숙이고 유튜브 영상에 빠져 있는 모습을 목격했다. 불어로 된 클립은 소리를 들을 수 있었다. 어떠한 집단이 세계 인구의 4분의 1을 몰살시킬 계획을 갖고 있다는 이야기가 흘러나왔다. 농담이라 생각한 샬로는 옆 승객 쪽으로 몸을 기울이며 물었다. "누가 우리를 죽이려 한다는 거예요?"

"정부에서 비밀리에 진행 중인 게 있어요." 승객은 진지하게 답했다. "관련 영상이 수백 편이나 있다고요!"

샬로의 두 눈이 커졌다. 유튜브에 있을 당시 그는 정보의 반향실 효과(이용자의 신념에 따라 편향된 정보에 갇히는 현상 — 옮긴이)에 대해 우려했었다. 다만 그 반향실이 절대적인 음모로만 가득할 거라고는 상상도 하지 못했다.

그는 무언가에 이끌리듯 미국 대통령 선거를 앞둔 유튜브를 더욱 자세히 파고들기 시작했다. 추천 시스템에서 공용 데이터를 추출하는 도구를 만들었다. 제한적인 표본이었지만(외부인은 로그인한 시청자들에게 어떤 영상이 제공되는지 볼 수 없었다), 그럼에도 흥미로운 사실을 발견할 수 있었다. 목록 제일 위에 이름 하나가 등장했다. 거친 목소리로 공격적인 발언을 내뱉는 논객이자 걸어다니는 미디어 이슈 메이커 알렉스 존스Alex Jones였다. 그는 7월 클리블랜드주에서 공화당 전당대회가 진행될 당시 그 건물 밖에서 열린 트럼프 지지 집회에 난입해 수십 대의 카메라 앞에서 세계주의자들과 "신세계 질서(하나의 정부를 구성하려는 비밀결사 단체가 세계 지배를 계획한다는 음모론의 하나 — 옮긴이)"에 대한 비판을 늘어놨다. 자신의 토크쇼인 《인포워스InfoWars》에서 그는 샌디후크 총격 사건이 조작되었다고(2012년 샌디후크의 초등학교에서 벌어진 총격전으로 범인을 포함해 27명이 사망한 사건을 두고 총기 규제를 원하는 오바마 대통령이 주도했다는 음모론이 생겼다 — 옮긴이) 주장하는 괴짜들을 방송에 출연시켰다. 유튜브에서 존스의 영상들은 18개월 만에 3억 뷰 이상을 기록했다. 데이터를 분석한 샬로는 자신의 데이터 세트 내에서 존스가 가장 상위에 존재할 뿐 아니라 추천 영상으로 가장 많이 오른 채널이기도 하다는 사실을 알게 되었다. '이런 말도 안 되는 일이.' 샬로는 이렇게 생각했다.

그의 전 직장은 이 사실을 모르거나 알면서도 아무런 조치를 취하지 않은 것이거나 둘 중 하나였다.

. . .

2016년 8월

"광고주 친화적이 되세요." "폭력적이거나 노골적인 콘텐츠, 과도하게 부적절한 언사는 삼가주세요."

유튜브가 크리에이터들에게 전달하기로 한 메시지 내용은 이러했다. TV에서 마케팅 비용을 더욱 많이 빼앗아 오려면 유튜브에 정제된 콘텐츠가 더욱 많아야 한다고 워치츠키는 판단했다. 유튜브의 알고리즘이 항상 합리적인 결정을 하는 것은 아니었지만 광고주들을 언짢게 할 만한 영상에서 광고를 자동적으로 취소하는 능력은 향상되었다. 광고가 삭제되면 유튜브 직원들이 작성해놓은 자동 메일이 해당 유튜버에게 발송되어 어떠한 사유로 광고가 삭제되었고 또 이의를 제기하고 싶으면 어떻게 해야 하는지를 알렸는데, 공정하고 친절한 방식이었다.

다만 계획처럼 되지는 않았다.

필립 디프란코는 최초로 가장 크게 분노를 내비친 사람이었다(영상 제목: 〈유튜브가 제 채널을 정지시켰는데 뭘 어떻게 해야 할지 모르겠어요〉). 끈기 있는 브이로거로 뾰족하게 세운 헤어스타일에 보통 사람 같은 친숙한 분위기를 전하는 디프란코는 10년째 유튜브의 중심에 자리했던 유튜버이자 수익을 최초로 지급받은 방송인 중 한 명이었다. 그날그날의 뉴스와 가십을 다루는 토크쇼 영상은 같은 인사로 시작했다. "안녕, 멋진 새끼들?" 그해 8월 한 영상에서 그는 더 이상 '새끼들bastards'이란 단어를 쓰지 못할 것 같다고 털어놨다. 광고주 친화적이지 않기 때문이었다. 자동 발신 안내문을 받은 디프란코와 다른 유튜버들은 이 메일을 유튜브가 생각했던 것처럼 필터링 문제에 이의를 제기하는 방법을 친절히 알려주는 안내문이라고 생각하지 않았다. 검열처럼 느꼈다. 유튜버들 대부분은 유튜브의 광고 친화 정책에 대해 몰랐거나 해당 정책이 독단적이고 불공정하다고 느꼈다. 디프란코는 뉴스를 다룬 자신의 영상 가운데 수십 편이 광고가 삭제되었다는 것을 알게 되었다. 다만 유튜브에 가득한 미디어 대기업의 뉴스 해설 클립들은 아무런 문제 없이 광고가 게재되고 있었다. 얼마 후 유튜브는 크리에이터들이 사용하는 온라인 대시보드의 각 영상 옆에 작은 달러 그림의 아이콘을 도입했다. 달러 그림이 초록색이면 해당 영상은 수익을 창출한다는 의미였다. 노란색이면 그렇지 않다는 뜻이었다. 이 노란색 달러 아이콘은 부당함의 상징이 되었다. 이는 유튜버들에게 종교적인 의미를 지니게 되었다. 광고가 없는 영상과 크리에이터는 '수익을 창출할 수가 없다'라는 뜻이었다. 유튜브는 이러한 갈등이 모두 의사소통의 오해에서 비롯되었다고 생각했다. 디프란코는 트위터에서 이렇게 대응했다. "10년이나 함께했는데 등에 칼이 꽂힌 기분이에요."[177]

　유튜브는 그간 크리에이터들의 불만을 내내 견뎌왔다. 이들이 제공하는 무료 영상에 대한 적정한 대가였다. 이 영상이 시청자를 유치하고 그로 인해 광고 수익이 발생하면 그중 45퍼센트가 곧장 유튜브에 전달되었다. 하지만 그해 여름, 크리에이터들의 좌절감이 몇 달간이나 쌓이다 터져 나온 불만은 유독 거셌다. 디프란코의 영상으로 촉발된 해시태그는 분노를 표출하는 도구가 되어 온라인에 번져 나갔다. 바로 '#유튜브파티는끝났다YouTubePartyIsOver'였다. 수많은 유튜버가 동참했고, 이러한 분위기에 유튜브가 표현을 제한한다고 비난하는 보수 브이로거들과 우파 집단도 합세했다. 보수 지지 그룹으로 업계 거물 여럿을 뒤에 두고 있는 프레이거유PragerU는 유튜브가 십계명과 성서를 주제로 한 영상 여러 편을 제한했다고 비난했다.

유튜브는 자사의 뉴욕 스튜디오에서 또 한 번 이야기를 듣는 자리를 마련해 프레이거유의 대리인들과 다른 보수 채널의 수십 명을 초청했다.

추잡하고도 비방성 짙은 대선을 앞두고 구글은 우파에게서 검색 결과가 힐러리 클린턴에게 유리하게 편향되어 있다는 비난을 들었다. 구글은 사실이 아니라고 반박했지만 논란은 더욱 커질 뿐이었다. 유튜브는 모회사인 구글과 마찬가지로 어느 쪽이든 정치적인 힘을 실어주는 듯한 모습을 보일 마음이 전혀 없었다.

$\cdots$

다만 유튜버들은 한 정당의 편을 드는 데 거리낌 없었다.

 폴 조세프 왓슨: 힐러리의 괴상한 행동의 진실
(Paul Joseph Watson: The Truth About Hillary's Bizarre Behavior)

▶ ▶| 2016년 8월 4일 · 5:54

"이상한 발작들. 정신병적인 얼굴 경련들. 지나치게 과장된 리액션들. 발작적인 기침들. 혓바닥에 괴상한 병변들." 영국인은 여러 사진을 편집한 영상을 설명하며 민주당 후보자를 어딘가 불안정한 사람처럼 보이게 만들고 있었다. "힐러리가 스트레스로 인한 신경쇠약에 걸리기 직전인 걸까요, 아니면 이상한 행동을 급격히 보이는 증상이 어떤 질환과 연관이 있는 걸까요?"

폴 조세프 왓슨은 알렉스 존스의 웹사이트 《인포워스》의 에디터이자 알트라이트 유튜브의 중심인물이었다. 그는 주요 뉴스와 인터넷의 비밀들을 주제로 재치 있는 사람이 궁금해 질문을 던지는 것처럼 이야기를 풀어내는 긴 분량의 영상을 자주 올렸다. 그는 주류 미디어가 숨기는 비밀스러운 지식을 알려주는 듯 구는 스테판 몰리뉴의 전략을 채택했다. (왓슨의 영상은 강간 문화, IS, 에볼라 바이러스, #게이머게이트'에 관한 진실'을 전했다.) 그가 올린 클린턴 영상의 정보원은 웃음을 자아냈다. 그가 전문가라고 언급한 "제약 회사 브로" 마틴 슈크렐리Martin Shkreli는 당시 증권 사기 혐의로 기소된 상태였다. 하지만 해당 영상은 큰 이슈를 끌며 레딧의 트럼프 게시판에서 1위로 올라갔다.[178] 트럼프의 사나운 대리인들인 《드루지 리포트Drudge Report》와 『내셔널인콰이어러National Enquirer』는 클린턴의 건강에 대해 더욱 허위적인 보도를 내보냈다. 폭스 뉴스의 션 해니티Sean Hannity는 자신의 쇼에서 며칠 동안이나 이 사안을 다루었다. 중립적인 플랫폼이라는 위치를 지키고자 노력하는 유튜브는 극단적인 정치적 전사들에게 효율적인 무기가 되었다.

왓슨의 영상이 올라가고 나흘 후, 구글은 대선 관련 검색어 순위를 공개했다. 힐러리에 관한 검색어 2위는 '힐러리에게 건강 문제가 있는가?'였다. 그녀의 상대와 관한 가장 유명한 검색어는 '트럼프가 〈레터맨Letterman〉(데이비드 레터맨이 진행하는 토크쇼 ― 옮긴이)에 언제 나왔는가?'였다.

트럼프는 텔레비전을 좋아했지만 그가 가장 좋아하는 무대는 트위터였다. 이제 이곳은 캠페인 관계자들이 가장 최근에 벌어진 정치적 혼란의 정도를 발 빠르게 파악하기 위해 강박적으로 확인하는 곳이 되었다. 몇 달 후 왓슨은 사람들에게 한 가지 비밀을 밝히는 데 트위터를 이용했다. "좌파 사람들은 유튜브에서 한 방 크게 먹었다는 사실을 아는지 모르겠다."

. . .

2016년 10월

유튜브는 뒤처지고 있었다. 당시에는 상황이 대단히 심각해 보였다.

7월, 북반구 사람들은 화면에서 멀어져 많은 시간을 야외에서 보냈다.

10억 시간 목표를 기록하는 유튜브 내부 그래프의 상승세가 주춤했다.[179] 그래프 바로 옆에 이름이 적혀 있는 크리스토스 굿로는 매일 같이 그래프를 확인했다. 주말이든, 휴가 중이든, 병가 중이든. 가을이 되자 그의 팀은 일일 시청 시간을 조금이라도 늘릴 방법을 찾으려 했다. 무언가를 발견하면 바로 적용했다. 1년 동안 팀은 2012년에 세운 목표를 달성하는 데 도움이 될 변화를 150가지 감행했다.

마침내 10월의 어느 날, 그래프를 확인한 굿로는 유튜브가 예정보다 일찍 목표를 달성했다는 것을 알게 되었다.

그달, 몇몇 동료는 11월 첫째 주에 진행할 행사를 계획했다. 유튜브는 대선이 치러지는 날 밤에 맨해튼 스튜디오에서 열릴 파티에 크리에이터들과 직원들을 초대했다. 힙합 아티스트 커먼Common이 공연을 개최할 예정이었다. 미국 유권자들의 손으로 첫 여성 대통령이 당선되는 모습을 보기 위해 거의 모든 사람이 스튜디오로 모여들었다.

24장

파티는 끝났다

11월 10일, 도널드 트럼프의 당선 이틀 후인 그날 구글러는 전사 회의에 모였다. 꽤 오랫동안 구글의 일상적인 업무에 관여하지 않았던 세르게이 브린이 무대에 올라 마이크를 잡았다. "이민자이자 난민으로 저는 이번 대선 결과가 대단히 불편하고, 또 여기 계신 분들 중에도 그렇게 느끼는 분들이 많을 겁니다." 브린이 말했다. "스트레스가 심한 때이고 구글의 많은 가치와도 상충하는 시기입니다."

래리 페이지가 무대 위에 올라 그의 옆에 자리했다. 수염이 희끗한 두 억만장자는 손에 든 마이크를 감싼 스폰지 커버처럼 검정색 셔츠를 입고 있었다. 두 사람은 구글을 사실상 운영하고 있는 최고 경영진 4분의 1을 무대로 초청했다. 여기에는 페이지의 뒤를 이어 CEO 자리에 오른 선다 피차이도 포함되어 있었다. 인도에서 태어난 그는 마른 체구에 안경을 쓴 프로덕트 전문가이자 전직 컨설턴트로 구글 내부에서 놀라울 정도로 적이 없는 인물이었다. 직원 Q&A 시간이 시작되었다. 브린이 읽은 질문에는 유튜브와 소셜네트워크의 알고리즘이 사람들의 양극화를 심화시키고 "세상 반대편

현 유튜브 CEO 선다 피차이(2014)

의 생각이 어떤지 보지 못하게 만드는" 데 대한 걱정이 담겨 있었다. "구글이 무엇을 할 수 있을까요?" 스타일리시한 후드 티를 입은 피차이는 경영진들 사이에서도 이런 질문이 자주 오가고 있다고 직원들을 안심시키는 한편, 그는 이 사안과 관련해 "데이터에 기반한 실증적인 자료"를 먼저 보고 싶은 마음이라고 설명했다. 구글은 여전히 대중에게 정보를 전달하는 기업이라고 그는 설명을 이었다. "하지만 이 정보가 특정한 사람들에게만 닿는다고는 생각하지 않습니다." 그가 덧붙였다. 더 많은 질문이 이어졌다. 한 번씩 구글 창립자들이 대답하기 위해 끼어들기도 했다. 한 질문에 브린이 나섰다. "데이터를 통해 지루함이 파시즘과 공산주의 혁명의 부상으로 이어진다는 사실이 드러났습니다." 그는 잠시 멈춰 말을 골랐다. "아무도 모르게 덮쳐 올 때도 있죠. 정말 끔찍한 일들이 말이에요." 이후 해당 영상은 〈브레이트바트뉴스〉로 유출되어 보수주의자들을 향한 구글의 부정적인 편견을 드러내는 증거가 되었고 구글이 앞으로 나아가는 데 발목을 잡을 꼬리표가 되었다.[180]

다음 날 유튜브 직원들은 주간 회의를 위해 유칼립투스 나무들이 드문드문 자리한 뜰에 모였다. 공식 프레젠테이션이 끝나면 간식과 수제 맥주를 담은 카트 여러 대가 들어오고 라이브 음악이 연주되는 것이 일반적이었다. 하지만 이번에는 아니었다. 대신 구글의 회의와 비슷하게 다들 멍함과 혼란스러움이라는 후유증에 시달리고 있었다. 그러던 중 한 직원이 이런 분위기를 뚫고 질문을, 아니 한 가지 주장을 밝혔다. 이 직원은 코멘터리나 전문가의 의견을 가장해 트럼프를 무조건적으로 응원하는 알렉스 존스와 같은 채널들의 데이터를 분석한 바 있었다. 이 채널들의 시청 시간을 전부 더하자 제대로 된 언론 기관의 시청 시간보다 더욱 길었다. "위기 상황입니다." 직원은 안타까운 듯 말했다.

유튜브 고위 경영진도 이에 동의했는지는 알려진 바 없다. 하지만 얼마 후 확실한 위기가 찾아왔고, 유튜브는 어떻게 대처해야 할지 전혀 몰랐다.

· · ·

 퓨디파이: 5,000만 달성하면 채널 삭제합니다
(PewDiePie: DELETING MY CHANNEL AT 50 MILLION)

▶ ▶❙   [2016년 12월 2일 · 10:19]

"유튜브가 유튜브스러운 짓 좀 그만하게 할 수 없나요?" 벽에 그의 브로-피스트 모양의 네온사인이 걸린 작은 사운드 스튜디오에 지저분한 수염을 한 셸버그가 서 있다. 자신의 인터넷 서식지에 불평을 늘어놓는 새로운 기술을 한창 연마하는 중이다. "유튜브는 이제 칼을 갖고 노는 어린아이 같아요. 이제 그 아이 손에서 칼을 좀 뺏자고요!" 들어보니 문제는 그의 구독자들에게 영상이 보이지 않는 오작동이 발생한 것이다. 그의 유튜버 친구들 또한 영향을 받고 있다. 유튜브는 분명 무언가 달라졌는데 아무에게도 알리지 않았다. 또한 그의 조회 수도 낮아졌다. 일상 브이로그 몇 편은 200만 조회 수를 간신히 넘는 정도다. "이런 일은 처음이네요." 장면 급전환. "유튜브가 제 채널을 죽이려 하고 있어요." 그래서 그가 먼저 할 생각이다. 5,000만 구독자를 넘어서면 그는 채널을 삭제할 예정이다.

그러지 않았다. 협박은 알고 보니 그의 유튜브 오리지널스 쇼 〈스케어 퓨디파이〉의 두 번째 시즌을 홍보하는 전략이었다. 하지만 리어왕의 분노와도 같은 유튜브 왕의 노여움은 진짜였다. 앞서 몇 달간 셸버그는 스태프들이 본 중 '가장 어두운' 모습이었다고 함께 일했던 사람이 전했다. 콘텐츠 제작이라는 고된 일이 셸버그를 점점 더 지치게 했다. 올해 초, 그는 메이커스튜디오스 산하에 레블모드Revelmode라는 자신의 유튜브 네트워크를 차린 후 동료 유튜버들을 모아 영상을 찍고 자선 활동도 시작했다. 네크워크사 운영과 함께 로스앤젤레스에서 〈스케어 퓨디파이〉를 촬영하고, 살인적인 개인 콘텐츠 제작 일정까지 저글링했다. (이후 셸버그는 팬들에게 스트레스 때문에 매일 술을 마시는 습관이 생겼다고 털어놨다.) 메이커는 셸버그에게 브랜드를 확장하라는 압박을 가했다. 그는 자신의 이름으로 책을 냈고 다른 유튜브 시리즈도 시작했다. 바이어컴이 그에게 코미디 센트럴에서 방영할 쇼를 하나 제안했지만 유튜브와 계속하는 쪽을 선호한 그는 제안을 거절했다. 『타임』은 2016년 가장 영향력 있는 100인에 그를 선정하며 《스타워즈》 시사회 날 레드 카펫 위에서 턱시도를 입고 찍은 그의 사진을 실었다.[181]

셸버그가 주류 문화에 가까워지고 있을 때 퓨디파이는 다른 방향으로 더욱 멀어지고 있었다. 2015년부터 시작한 비디오게임이 점차 지루해진 그는 허무맹랑하기만 한 게임을 하던 콘텐츠를 그만두고 인터넷의 허무맹랑함을 논하는 메타 코멘터리로 전환했다. 10대 남자아이들의 유머로 가득한 그의 게이밍 영상은 이미 품위의 선을 넘어서 있었다. (〈설사가 나올 것처럼 달려라〉, 〈멋진 손기술〉 외에도 '젖가슴'이라는 단어가 등장하는 영상 제목이 많았다.) 다른 유튜버들이 느끼듯, 유튜브 시스템이 '광고 친화적인' 콘텐츠와 브이로깅 쪽으로 기울며 플랫폼이 자신의 발아래서 지각변동을 일으키고 있다는 것을 느낀 그는 유튜브의 노력을 같은 방식으로 비웃어주었다. 그의 브이로깅은 진심을 담아 지나치게 느껴질 정도의 감상주의(〈기념일!〉)와 회의감(〈조회 수 높이려고 소변을 마시다〉, 〈응가 캔디 먹습니다!〉, 〈정말 지긋지긋해요〉)이 뒤섞여 있었다. 그는 몇 편의 영상을 통해 유튜브 댓글들이 너무 저속해졌다고 안타까워하는 모습을 보였다. 타당한 불만이었다. 그는 구독자 수가 이상하다는 불평도 했는데 이 또한 사실이었다. 휴면 또는 가짜 구독자들을 우려했던 유튜브는 구독 수를 정리하기 시작했지만 기술적인 문제가 발생했고, 나중에 유튜브는 크리에이터들과 제대로 소통하지 못했다는 점을 인정했다. 매일 콘텐츠를 방영하는 방식에 익숙한 TV 네트워크사들이 갑작스레 유입된 상황은 일일 조회 수를 높이 평가하는 시스템 아래서 유튜버들이 불리한 입장에 놓일 수밖에 없었다. ('시어리스트[이론가―옮긴이]' 유튜버인 맷팻은 12월에 이를 주제로 애니메이션을 만들었는데, 유튜버들은 트레드밀에서 떨어지는 한편 TV 토크쇼 로고들은 꿈쩍없이 앞서가는 내용이었다.)

'렛츠 플레이' 포맷을 장악하고 있음에도 당시 그는 유튜브의 알고리즘 로직을 무시하는 듯한 모습을 의식적으로 드러냈다. 응가 캔디나 소변을 먹는 법을 검색하는 사람은 없었다. 조회 수는 떨어질 수밖에 없었다.

하지만 셸버그는 핵심 오디언스를 만족시키려는 의도든 아니면 본인이 코미디를 선호해서든 자신의 스타일을 고수했다. 그는 《사우스 파크》를 무척이나 좋아했는데, 이 애니메이션의 2015년과 2016년 시즌은 PC 문화와 트럼프의 허풍을 특유의 허무주의로 조롱하는 내용이 가득했다. (트럼프와 클린턴은 각각 '왕재수'와 '똥 샌드위치'로 묘사되었다.) 《사우스 파크》에는 유대인 캐릭터에 관한 개그가 지속적으로 등장했고, 문화의 저변에 낮게 드리운 반유대주의를 (논란의 여지는 있었지만) 잘 풍자하는 데 성공했다. 다만, 온라인에서는 이 코미디 브랜드가 세련미와 뉘앙스를 잃었다. 알트라이트와 브레이트바트 부대는 열심히도 모욕과 욕설을 남발하는 한편, 온라인에서 '싯포스터shitposter(쓰레기 같은 영양가 없는 게시물을 올리는 사람―옮긴이)' 군단은 만화에 등장하는 개구리 페페Pepe를 증오의 상징으로 만들고 자신들의 전략을 농담으로 가장하거나 농담처럼 넘어가려 했다. 순전히 짜릿함을 느끼려고 트롤링을 하는 이들도 있었지만, 좀 더 정치적인 의도를 갖고 현대판 닉슨식 '공작 정치rat-fucking(닉슨 대통령의 워터게이트 사건을 뜻하는 은어―옮긴이)'로 해결사 노릇을 하려는 이들도 있었다. TV 비평가인 에밀리 너스바움Emily Nussbaum은 이렇게 적었다. "트럼프의 발언이 그렇듯, 그들이 유머를 빙

자해 밈을 사용하고 욕설을 하는 화법은 진지함과 한심함의 경계를 너무도 위태롭게 오가며 평범한 담화의 경계를 왜곡시켰다."[182]

싯포스터의 사촌쯤 되는 '엣지로드edgelord'들은 어떠한 의견을 밝히기 위해서 또는 그냥 그러고 싶어서 금기시하는 게시물을 올리는 웹 서브컬처에 속한 사람들이다. 셸버그는 온오프라인에서 모두 엣지로드들을 받아들였다. 전 동료는 셸버그가 마치 어린아이가 아무 생각 없이 '동성애자'라는 단어를 쉽게 내뱉는 것처럼, 엣지로드를 두고 유대인들 같다고 농담했던 일을 떠올렸다. 퓨디파이는 자신의 채널에서 트럼프 후보자의 '유행하는 웃긴 밈들'과 온갖 인터넷 바이럴을 전부 모아 리뷰했다. "당시 유튜브는 한계가 어디까지인지 아무도 모르는 곳 같았어요." 훗날 셸버그는 이렇게 회상했다. "수많은 채널이 계속해서 극한까지 가보는 식이었죠. 그때는 제한이 없었거든요."[183] 외부에서 보면 그가 실제로 무엇을 믿었는지는 알 수가 없었다.

터무니없는 행동을 여럿 했지만 셸버그는 유튜브의 진실성을 (적어도 그가 생각하는 진실성을) 지키기 위해 노력한 듯 보였다. 유튜브 알고리즘이 '좋아요'와 '댓글'을 시청자 몰입의 상징으로 보고 그에 더 많은 가중치를 둔다고 느끼는 유튜버들이 많았고, 실제로 조악한 영상 속 (대체로 남성인) 크리에이터들이 시청자들에게 "좋아요 버튼을 눌러요!"라고 요구를 해댔다. 그해 12월, 셸버그는 이 트렌드를 패러디해 상의를 탈의한 채 집 안을 마구 돌아다니면서 '좋아요'에 대한 이야기를 정신없이 떠들어댔다. 상황극 속 캐릭터에 빠져든 그는 순간, 나치 경례처럼 보이는 동작을 했다.

셸버그와 일했던 많은 사람은 그가 적의나 혐오스러운 신념 같은 것은 전혀 없는 사람이라고 주장했다. 이들은 그를 유튜브 오디언스에 변함없이 충실한 사람이라고 설명했다. (어떤 사람은 유튜브를 향한 그의 편집증적인 모습을 가리켜 "약간 자폐 스펙트럼의 특징을 보인다"라고 설명하기도 했다.) "그는 대단히 친절한 사람입니다." 메이커스튜디오스의 초기 임원이었던 데이비드 시버스였다. "수많은 아티스트처럼 그도 자신만의 예술성이 있습니다. 자신의 예술성을 발휘하는 코미디언들을 모든 사람이 이해하고 인정하지는 않잖아요." 셸버그의 영상을 보면 '퓨디파이 목소리'가 (그가 게이밍을 하던 시절 탄생한 목청이 크고 걸걸한 소리가) 한 번씩 튀어나왔다가 사라지기를 반복했다. 한 영상에서 셸버그는 자신이 백인 남성이기 때문에 유튜브가 자신을 몰아내려 하는 것 같다고 추측했다. 유튜브 마케팅팀이 홍보했던 유색 여성 크리에이터 릴리 싱Lilly Singh에 대한 이야기를 하며 그는 음모론자 같은 말투를 흉내 냈다. "제가 백인이니까요. 이런 말, 해도 되나?" 그가 말했다. "하지만 제 생각에는 그게 문제인 것 같거든요." 후속 영상에서 그는 해당 발언은 날선 농담이었다고 설명했다.

그다음 달, 그는 선을 넘고 말았다.

그는 5달러의 비용으로 사람을 고용해 일을 맡길 수 있는 온라인 긱 이코노미(일시 고용 경제 — 옮긴이) 서비스인 파이버Fiverr를 이용해 영상 시리즈를 시작했다. 셸버그는 해당 서비스에서 무엇까지 가능한지 확인하고 싶었다.

한 영상에서 그는 평소와 다름없이 인터넷 코멘터리를 진행했다. 자신의 모니터를 시청자들과 공유하며 어떠한 콘텐츠에 대한 자신의 반응을 실시간으로 보여주는 것이었다. 모니터에는 그가 고용한 파이버 계정 하나가 등장했는데, '퍼니 가이즈Funny Guys' 계정은 인도 시골 지역에 사는 두 남성의 것이었다. 퍼니 가이즈가 웃음을 지으며 돌돌 말려 있는 종이를 펴자 "모든 유대인에게 죽음을"이란 문구가 등장했다. 충격에 빠진 셸버그는 손으로 입을 가렸다. 그렇게 몇 초가 흘렀다. 잠시 후회하는 표정을 지은 그는 "죄송해요. 정말 저분들이 할 줄은 몰랐어요"라고 말했다. "좀 부끄럽네요. 솔직히 좀 그래요. 전 반유대주의자가 아닙니다." 그는 다시 퓨디파이의 목소리로 돌아갔다. "웃긴 밈이었어요. 진짜 될 줄 몰랐는데."

어쨌거나 그는 이 영상을 유튜브에 올렸다.

. . .

그달 말, 트럼프의 백악관은 이상한 성명서를 발표했다. 홀로코스트 추모일 기념 메시지였지만 유대인에 대한 언급이 일절 없었다.[184] 시민사회단체들은 비난의 목소리를 냈다. 다른 이들은 이것이 의도적인 행위였는지, 새 대통령과 연관된 극단적인 단체에 보내는 암호 메시지였는지 궁금해했다. 『월스트리트저널』의 한 기자는 이 성명서를 극우파가 어떻게 받아들였을지 알고 싶었던 나머지 대표적인 신나치주의 웹 포럼인 《데일리 스토머The Daily Stormer》에 방문했다. 웹사이트 상단에 익숙한 얼굴이 보였다. 금발에 파란 눈의 스웨덴인. 《데일리 스토머》는 "#1 퓨디파이 팬사이트"를 자칭하고 있었다. 가장 유명한 유튜버가 왜 신나치주의 웹사이트에 걸려 있는 걸까?

해당 신문사의 기자들이 《데일리 스토머》를 파헤치다가 사이트가 퓨디파이를 지지하는 이유로 꼽은 아홉 가지 영상을 발견했다. 그중에는 셸버그가 1월에 올린 문제의 영상이 있었고, 그가 공유한 또 다른 파이버 클립도 포함되어 있었다. 예수 복장을 한 어느 남성이 "히틀러는 아무 잘못이 없다"라고 말하는 영상이었다. 셸버그는 온라인에서 마주한 터무니없는 무언가를 지적할 때면 한 번씩 히틀러의 영상과 나치 이미지를 사용했다. 《데일리 스토머》의 한 게시물은 셸버그의 헤어스타일과 옷차림이 파시스트의 복장을 간접적으로 상징하고 있다며 칭찬하고 있었다. 『월스트리트저널』은 구글과 디즈니에서 활동하는 유명 인사를 신나치주의자들이 홍보하고 있는 이 우려스럽고도 이해할 수 없는 상황을 보도하는 기사를 준비했다. 이들은 셸버그의 이야기를 듣기 위해 연락을 계속 시도하다가 2월 10일 금요일에 디즈니와 유튜브를 찾아갔다.

이것으로 시작된 연쇄반응은 유튜브와 유튜브의 가장 위대한 스타의 커리어를 순식간에 그리고 영원히 뒤바꿔놓았다.

일요일, 셸버그는 논란을 잠재워보려 짧은 블로그 글을 올렸다. 파이버 클립은 "현대사회가 얼마나 비정상적인지 보여주려던 것"이었다고 설명했다. 그는 시청자들에게 불쾌감을 선사한 점은 인정하지만 그럴 의도가 전혀 없었다고 주장했고 사과는 하지 않았다. "저는 제가 제작하는 콘텐츠를 엔터테인먼트라고 생각하고 접근합니다. 재미가 있는 만큼 제가 그쪽 사람들을 실제로 지지한다고 생각하기 쉬울 겁니다. 혐오를 바탕으로 한 단체를 제가 어떤 관점에서 바라보는지 모르는 분들이라면요. 하지만 아닙니다. 저는 어떤 식으로든 그들을 지지하지 않습니다." 이것으로 충분하지 않았다. 디즈니는 공개적인 사과를 원했다. 기업은 자사의 이름이 신문에 이런 식으로 언급되는 것을 원치 않았다. 디즈니의 디지털 사업 부서인 메이커스튜디오스는 광란의 주말을 보냈다. 비단 PR팀만의 문제가 아니었다. (메이커의 또 다른 스타이자 초창기 브이로거인 셰이 칼은 같은 날, 대중에게 알코올중독 문제를 고백하며 치료 시설에 입원할 계획을 알렸다.) 디즈니의 수장인 밥 아이거는 셸버그가 영상에 대해 사과를 한다면 디즈니는 그와 함께할 의사가 있다고 메이커 직원들에게 밝혔다. 셸버그는 이를 거부했다.

디즈니는 『월스트리트저널』을 찾아가 입장을 전달했다. 퓨디파이와 상업적 계약을 모두 중단하겠다는 것이었다. 『월스트리트저널』의 기사(디즈니가 유튜브의 왕과 관계를 끊는다는 기사)는 "모든 유대인에게 죽음을" 문구와 셸버그가 나란히 자리한 영상 속 사진과 함께 월요일 오후에 보도되었다.[185] 셸버그의 프로덕션 스튜디오에 소속된 영상 에디터들은 폭풍이 닥친 줄도 모르고 런던의 사무실에서 다음 유튜브 쇼 영상을 잘라내는 작업을 하고 있었다. 당시 함께 있었던 사람에 따르면 에디터 한 명이 인터넷에서 기사를 발견하고는 이렇게 말했다고 한다. "보아 하니 회사가 망할 것 같은데요."

유튜브는 처음으로 『월스트리트저널』에 퓨디파이의 영상은 유튜브 규정을 어기지 않았고, 그는 한계를 시험하는 콘텐츠로 알려진 인물이라고 답했다. 유튜브는 유대인 이야기가 등장하는 영상에서 광고를 내렸지만 《데일리 스토머》에서 좋은 평가를 받는 다른 영상들에는 같은 조치를 취하지 않았다. 폭력과 혐오를 조장하는 영상은 문제가 되나 "도발적이거나 풍자적인 의도로 제작된" 영상들은 문제가 없다고 대변인은 밝혔다. 유튜브는 이 두 가지를 판단하는 기준에 대해서는 자세히 설명하지 않았다. 기사가 나가자 유튜브는 〈스케어 퓨디파이〉를 취소하고 셸버그를 프리미엄 광고에서 제외시키겠다고 발표했다.

이 모든 일이 벌어졌을 당시, 셸버그는 처음 미디어가 그의 채널을 괴상하다고 평가했을 때처럼 매체의 반응을 도무지 이해할 수가 없었다. 기사가 보도된 밸런타인데이에 그는 작은 별장을 빌려 여자 친구와 시간을 보내던 중 트위터를 확인하다가 J. K. 롤링이 그를 파시스트라고 적은 글을 마주했다. 트럼프의 당선으로 미디어의 일반적인 관행과 담론의 결이 완전히 뒤바뀌었고 사람들은 날카로워져 있었다. 20대 초반부터 유명 인사로 지내며 정치에 대한 반감을 꾸준하게 드러냈던 셸버그가 당시 상황을 제대로 파악하지 못했던 것이거나, 자신의 영상에 담긴 암시적인 표현들을 알아채지 못했던 것 같았는데, 이는 그의 오디언스가 편협하게 구성되었다는 점이 작용했을 터였다. "다 비슷한 사람들만 모여 있는 곳에 있었어요." 그는 훗날 한 인터뷰에서 이렇게 밝혔다.[186] 논란을 대처하는 과정에서 자신이 "대단히 무책임했다"라고 고백하기도 했다.

다만 당시만 해도 그는 대단히 분노했었다.

 퓨디파이: 내 심경[187]
(PewDiePie: My Response)

▶ ▶┃   2017년 2월 16일 · 11:05

"이게 괜찮다, 안 괜찮다 세대 간의 싸움이 벌어진 것 같은 느낌이네요." 셸버그는 스튜디오에서 자신의 생각을 밝히고 있다. 그는 디즈니나 유튜브를 비난하지 않는다. 자신의 풍자를 전혀 이해하지 못하는 『월스트리트저널』을 탓하고 있다. 파이버 영상은 분명 불쾌한 장난이었지만 어디까지나 농담이었고 다른 영상들도 마찬가지였다고 주장하며 이렇게 말한다. "미치겠네요!" 영상이 진행될수록 그의 좌절감이 점차 커져간다. 그는 앞서 신문사가 자신의 수입에 집착했던 일을 언급한다. "올드 스쿨 미디어는요, 인터넷에서 활동하는 사람을 싫어합니다. 우리가 두려우니까요." 그는 모니터에 띄운 『월스트리트저널』의 최근 기사를 보여주며 기자 이름을 줌인한다. "전 계속해서 영상을 만들고 있어요. 『월스트리트저널』, 시도는 좋았어요." 그는 중지를 들어 입에 넣었다 뺀다. "어디 한번 더 해보시지, 망할 새끼들." 잠시 후, 눈물을 글썽이던 그는 지지를 보내준 "유튜브 커뮤니티"에 감사 인사를 전한다.

이 영상에서 오간 의미 있는 이야기(혐오 단체가 대중문화를 어떤 식으로 이용하거나 왜곡하는지, 무책임한 풍자를 두고 대기업들이 어떻게 이익을 취하거나 부추기는지, 트럼프 시대에 농담이 어떻게 받아들여지는지, 어떤 경우 전혀 받아들여지지 않는다는 이야기)는 이후 이어진 소음에 가려졌다. 퓨디파이의 충신들은 (그리고 이들의 움직임에 편승한 트롤들은) 온라인에서 『월스트리트저널』 기자들을 공격하고 그들의 가족에 대한 정보까지 파헤쳤다. 한 기자는 제목칸에 나치 문양 그림이 삽입된 메일을 여럿 받았다. 한 직원과 가족들이 살해 협박을 받는 일이 벌어지자 신문사는 민간 경호 업체를 고용해야 했다. 유튜버와 팬으로 구성된 끈끈한 집단은 원래부터 주류 언론에 회의적인 입장이었고 사건 이후 그에 대한 불신이 더욱 커졌다.

수많은 전문가가 저마다 의견을 표했지만, 가장 날카로운 의견은 유튜브에서 나왔다. 맷팻으로 알려진 매튜 패트릭은 펠릭스 셸버그의 파이버 영상이 코미디로 실패한 이유를 설명하는 영상을 올렸다.[188] 유튜브는 본질적으로 퍼포머와 페르소나의 경계를 흐릿하게 만들었다. "퓨디파이가 사라지고 펠릭스가 시작되는 지점을 정확히 판단하기가 어려울 때가 많습니다."[189] 패트릭은 이렇게 설명했다. 그 농담이 노렸던 타깃(긱 이코노미의 끔찍한 자본주의)이 별다른 설명 없이 경솔하게도 충격적인 반유대주의에 뒤섞여버렸다. 또한 농담 자체가 공격적으로 보일 수밖에 없는 상황이었다. 돈이 많은 백인 유명 인사가 아무것도 모르는 인도 남성을 조롱한 꼴이었다. "위험한 유머는 하려면 제대로 전달해야 합니다." 패트릭은 이렇게 정리했다. "짜증 나는 일인 것은 알지만 언어가 중요해요, 펠릭스. 특히나 5,000만 명의 오디언스에게 전달하는 거라면요."

유튜브는 이 모든 상황이 전개되는 동안 침묵했다. 임원들은 사안을 공개적으로 논의하지 않았다. 전 MTV 임원으로 유튜브가 오리지널스 책임자로 영입한 수전 대니얼스Susanne Daniels가 셸버그의 기이한 행동에 분노를 표했다는 이야기가 미디어 관계사들의 귀에 들어왔다. 그해 말, 유튜브 크리에이터에 관한 책을 출간한 로버트 킹슬은 셸버그의 문제를 1993년 검은색으로 얼굴을 칠한 테드 댄슨Ted Danson에 비교했다. 킹슬을 그 유튜버가 "결코 혐오에 가득 차 있는 것이 아니라 해도, 플랫폼에서 가장 유명한 대표 인물로서 본인의 책임감을 과소평가했다"라고 적었다.[190] 한편, 유튜브는 장막 뒤에서 브랜드에 가해지는 피해를 막아보려 노력했다. 기업은 셸버그와 자리를 갖는 일정을 잡았다. 유튜브의 정책 책임자인 주니퍼 다운스Juniper Downs와 저명한 유대인 단체인 반명예훼손연합Anti-Defamation League, ADL이 함께했다. ADL 측은 자신들이 뒤쫓고 있는 극단주의자들은 온라인상에 떠도는 반유대주의 유머를 실제적인 폭력을 정당화하는 도구로 삼고 있고, 이러한 소재를 단순한 밈으로 치부하는 것은 책임감을 부인하는 행위라고 설명했다. 단체는 셸버그가 유대인 집단에게 공개적으로 기부하거나 관용에 대해 이야기하는 영상 등으로 사과하는 쪽을 추천했다.

당시 자리했던 한 사람은 셸버그가 교장실에서 지겨운 얼굴을 하고 있는 학생처럼 대체로 조용하게만 있었다고 전했다. 플랫폼과 플랫폼의 가장 위대한 스타에게 간섭하지 않겠다는 유튜브의 접근법은 돌이킬 수 없을 정도로 잘못된 처사였다. 그리고 유튜브 브랜드 문제는 이제 시작일 뿐이었다.

25장

▶

애드포칼립스

퓨디파이에 대한 『월스트리트저널』 기사가 보도되고 한 달 후, 제이미 바이른은 유튜브 로스앤젤레스 사무실에 앉아 본인 탓을 하고 있었다. 바이른은 유튜브의 원로였다. 사실 40대 중반밖에 되지 않은 나이에 애니메이션에 등장할 법한 금발에 베네치아의 서퍼처럼 햇볕에 멋지게 태닝된 피부가 더해져 나이보다 더욱 동안처럼 보여 엄밀히 따지자면 원로라고 말하기는 뭐했지만 말이다. 하지만 그는 구글에 인수되기 전부터 유튜브에 있었던 직원으로 기업의 관습과 시련을 모두 알고 있었다. 직접 모든 일을 목격했다. 이제는 유튜브의 최고 스타들과 소통하는 업무를 맡았고, 따라서 회사가 또는 그가 통제할 수 없는 일들을 사과하는 일이 잦았다.

한 미팅 자리에서 바이른은 LGBTQ(동성애자, 양성애자, 성전환자, 성소수자—옮긴이) 크리에이터 여러 명에게 불공정하게 작용하는 유튜브 머신에 대해 사과의 말을 전하고 있었다. 유튜브는 LGBTQ의 진보를 수호하는 플랫폼으로 오랫동안 찬사를 받아왔다. 사이트에서 젊은 성소수자들에게 희망을 주는 이야기를 전하는 온라인 운동, '점점 더 나아질 거야It Gets Better'를 시작했다. 잉그리드 닐슨의 영상처럼 커밍아웃 영상들은 익숙한 장르가 되었고, 해당 크리에이터들은 시청자들이 TV와 영화에서 접하지 못했던 이야기를 들려주었다. 유튜브는 이런 콘텐츠에 스포트라이트를 비추고 싶었다.

하지만 유튜브의 다른 부분에서 지속적으로 이런 노력을 무효화시켰다. 학교에서 유튜브 접근이 가능해지자 기업은 '성숙한' 콘텐츠로 여겨지는 영상에 자동 필터를 설정했고 '광고 친화적'으로 기운 변화가 필터를 더욱 강화시켰다. 그 결과, 투박한 자동 시스템이 탄생해 학교와 도서관에서 더욱 깨끗한 콘텐츠를 위해 설정하는 제한 모드에 성性을 주제로 하거나 '게이'와 '레즈비언'을 언급한 수많은 영상이 포함되는 사태가 벌어졌다.

바이른은 유명한 퀴어 크리에이터들을 유튜브 사무실로 초청해 기업이 시스템을 바로잡고 있는 중이고 솔직히 회사는 이 크리에이터들이 수익을 내기를 원하는 입장이라고 설명했다. 퓨디파이 사건이 거의 가라앉은 상황이었고, 바이른은 만족스럽게 미팅을 마쳤다.

유튜브의 다른 직원들처럼 그의 업무는 줄줄이 터지는 논란에 대응해야 하는 상황이 없었다. 지금까지는 그랬다. 퇴근 준비를 하던 중 동료 한 명이 그를 잡으며 물었다. "잠깐 회의실에 와주실 수 있나요?"

회의실 내부에서 바이른은 그조차도 깜짝 놀랄 만한 소식을 듣게 되었다. 유튜브의 최대 광고주들이 거의 다 보이콧을 선언한 상황이었다.

· · ·

2017년 3월의 유튜브 상황을 이해하기 위해서는 잠시 마크 프리처드Marc Pritchard라는 인물에 대해 알아보는 시간을 가져야 한다.

유튜브에 가장 많은 광고를 가져오는 마케터들은 대체로 프리처드를 닮았다. 번듯한 자세에 힘이 들어간 악수, 멋진 슈트 차림에 과학기술 전문 용어와 TV 평가 시스템을 꿰뚫고 있는 캐릭터였다. 고른 치아도 인상적이다.

프리처드는 소비재 대기업인 프록터앤드갬블Procter & Gamble에서 1982년부터 일했다. 조직의 사다리를 차근히 밟아 최고브랜드관리자CBO에 오른 그는 중요한 두 가지 과제를 맡았다. (1) 기업의 다양한 가정용품(크레스트Crest, 타이드Tide, 탐팩스Tampax 등)을 가장 효율적으로 광고하고, (2) 이 브랜드들의 이미지가 훼손되는 일이 없도록 하는 것이었다. 처음에는 구글과 인터넷이 첫 번째 과제를 무척이나 수월하게 만들어주었다. 특정 소비자층을 겨냥하고 시장에서 영향력 있는 사람들에게 닿을 수 있는 능력은 P&G에게는 뜻밖의 행운이나 다름없었다. P&G 제품인 올드스파이스Old Spice의 2010년도 광고(대단히 섹시한 남성이 샤워를 하는 광고였다)는 다양한 상을 받고 유튜브에서 큰 인기를 끌었다. 워치츠키는 P&G의 올웨이즈Always 브랜드 광고 '여자답게Like a Girl'에 공개적으로 큰 찬사를 보냈다. 프리처드는 대단한 규모의 돈을 책임지기도 했다. 2016년 P&G가 마케팅에 쓴 72억 달러는 세계 그 어떤 기업보다도 큰 액수였다. 그는 유튜브가 간절히 바라던 일을 시작했다. 그 돈의 일부를 TV에서 웹으로 옮기는 것이었다.

다만, 인터넷도 악수를 나누며 간단히 구두계약을 하는 매디슨 애비뉴 방식('이' 광고는 '이' 쇼나 '이' 옥외 광고판에 오릅니다)을 따랐고, 이내 모든 것이 엉망이 되었다. 2007년, 구글은 더블클릭을 인수했고, 애플의 아이폰이 출시되었으며, 페이스북이 폭발적으로 성장했다. 온라인 광고 구매와 판매의 자동화를 위해 존재하는 이 세 기업을 중심으로 가내수공업 업계 전반이 운영되었다. 주식 거래와 유사한 구조가 탄생했고, 월스트리트처럼 산업이 불필요하게 복잡해지기 시작했다. 기업들은 광고를 몇 초라도 빨리 판매하거나 그 효과를 조금이라도 더 효율적으로 측정하거나, 마트 진열대 앞에서 소비자가 마침 해당 제품 앞에 서 있을 때 마케팅 메시지를 전달하는 여러 부가적인 서비스를 제공했다. 사기꾼들이 등장해 웹사이트 조회 수를 속이는 방법과 광고를 클릭하는 봇을 만들어냈다. 그 결과 광고 가격이 상승했고, 광고비를 지불해야 하는 프리처드 같은 비즈니스맨들의 심기를 거슬렸다. 실제로 사람들에게 광고가 전달되었다 해도 '가시성viewability(소비자가 광고를 볼 가능성 — 옮긴이)'에 대한 걱정이 있었다. 페이스북은 나름의 방식으로 광고가 조회된 규모를 판단했고(그리고 이를 기준으로 비용을 청구했고), 유튜브는 다른 방식을 택했다. 그런 문제 정도야 넘어갈 수 있었지만, 구글과 페이스북이 전쟁을 시작하며 두 기업은 마케터와 공유하는 데이터를 더욱 제한하기 시작했다. P&G 같은 기업들은 웹 광고가 매출로 전환되는 상황을 쉽게 볼 수 없었다. 구글의 알고리즘 시스템이 광고를 전달하는 방식은 원래부터 어둠에 싸여 있었지만 더욱 불투명해졌다. 매디슨 애비뉴에서는 이를 '월드 가든walled garden(울타리가 쳐진 정원, 사적으로 통제되거나 폐쇄적인 인터넷 환경 또는 서비스 — 옮긴이)'이라 부르며 치를 떨었다. "고객들과의 사이에서 대단히 중요한 쟁점이 되었습니다." P&G 및 여러 대기업 브랜드의 광고를 맡았던 대형 광고 에이전시 WPP의 수장인 마틴 소렐Martin Sorrell의 말이었다. "처음 웹이 등장한 후 기업들은 소비자에게 직접적으로 접근할 수 있을 것이라고 생각했기 때문이죠." 하지만 알고 보니 구글만 접근할 수 있었다. 또한 TV와 비교해 구글은 별 의미도 없고 일관성도 없는 도달률을 제공했다.

유튜브 경영진은 뉴욕과 프랑스의 광고 임원들 곁에서 창의성과 감동을 자아내는 광고에 열정적으로 떠들었지만 비공개적인 자리에서 이들은 '가시성'과 '측정 가능성' 사기 행각을 두고 언성을 높였다. 유튜브와 광고계의 당시 관계를 소렐은 '프레너미frenemies(친구friend와 적enemy의 혼성어 — 옮긴이)'이라고 표현했다. 2017년 마크 프리처드는 프레너미에 대해 연설하는 자리에서 "형편없는 미디어 공급망"에 돈을 낭비하는 것이 지긋지긋해졌다고 말했다. 이제 그가 속한 업계는 온라인에 700억 달러나 소비하고 있었고, 이는 TV보다 큰 규모였다. "지금껏 새로운 것을 배우는 중이라 여기고 뉴미디어에 '아량'을 베풀었습니다." 그는 이렇게 말했다. "이제는 성장해야 할 때입니다."

11일 후, 런던의『타임스』제1면 헤드라인으로 이런 글이 실렸다. "대기업 브랜드들이 온라인 광고를 통해 테러에 자금을 대고 있다."[191] 신문사는 메르세데스벤츠와 영국의 슈퍼마켓 광고가 유튜브에서 IS 지지자들과 신나치주의 영상에 게재되어 있다는 사실을 발견했다.

이 기사로 유튜브가 곧장 불안에 휩싸인 것은 아니었다. 인터넷에서 광고가 게재되는 위치와 관련해서는 항상 잡음이 있어왔다. 과거 유튜브는 도요타를 몰던 여성 운전자가 슈퍼마켓에 차를 들이박는 바이럴 영상에 도요타의 광고가 게재된 일 때문에 해당 자동차 회사에 굽신거리며 사과를 해야 했다. 이런 실수로 거액의 피해를 보는 경우는 한 번도 없었고, 유튜브의 고객들은 이런 우연한 사고들은 자동화된 세계적 광고 시장이라는 놀라운 플랫폼에 진입하기 위한 대가로 여겼다. 유튜브만 그렇게 생각한 것인지도 모르지만.

하지만 얼마 전부터 구글의 유럽 세일즈팀은 동료들에게 화법, 사생활 보호, 미디어를 대하는 구글의 경솔하고도 지극히 미국적인 접근법은 해외에서 좋은 반응을 얻기가 어렵다고 개인적으로 경고하는 말을 전하기 시작했다. 유럽 직원들은 골치 아픈 영상에 광고가 실리는 문제 때문에 "창문에 머리를 들이박고" 있었다고 전 세일즈 직원은 고백했다. 하지만 유튜브는 곧 다가올 공격에 여전히 조금도 준비가 되어 있지 않았다.

3월, 유튜브는 영국 내각에 소환되어 영국 광고주들이 테러리즘과 헤이트 스피치를 후원하게 된 사유를 설명해야 했다. 이후 프랑스의 대형 광고 에이전시 하바스Havas는『가디언』에 구글 소유의 플랫폼에 지출되던 모든 비용을 거둬들이겠다고 전했다.[192] WPP 에이전시의 수장인 소렐은 한차례 경고 사격을 가했다. 그는『가디언』에 구글과 페이스북을 "미디어 기업"이라고 설명하며 이렇게 덧붙였다. "이들은 테크 기업인 척 가장할 수 없습니다. 특히나 광고를 게재하고 있다면 더더욱이요."『데일리메일』이 낸 관련 기사에는 이런 문구가 등장했다. "구글의 피 묻은 돈."

이 사태는 곧장 대서양을 건넜다. 그다음 주, 『월스트리트저널』에 실린 기사에는 대단히 불쾌한 유튜브 영상에 등장한 여러 브랜드 이름이 실렸고, 그중에는 〈유대인 세계 질서, 6,000년의 역사〉라는 제목의 영상에 광고로 후원한 P&G의 사례도 포함되어 있었다.[193] 포춘 500대 기업들은 정치적인 사안은 물론 특히나 극단주의에는 일체 관여하지 않으려 했다. 트럼프의 여파였다. 한편 마케터들은 측정 기준과 데이터를 두고 구글과의 싸움에서 우위를 점하려 하고 있었다. 퓨디파이 사태 직후 계속해서 이런 기사들이 쏟아져 나왔다.

댐이 무너졌다.

P&G는 스타벅스, AT&T, 월마트 외 대형 광고주 수십 곳이 합류해 유튜브가 '브랜드 안전성'을 보장해 이들의 비즈니스가 테러리스트나 신나치주의 집단의 후원자로 신문에 등장하지 않도록 약속하기 전까지 광고를 구매하지 않는 움직임에 동참하지 않겠다고 선언했다. "유튜브는 큐레이팅되어 있지 않습니다." WPP는 마케터들에게 이런 메일을 보냈다.[194] 에이전시는 구글과 협력해 "하나라도 큐레이팅되지 않은 콘텐츠가 있을 경우" 그 해결책을 찾기 위해 노력하고 있다고 적었다. 유튜브는 지금껏 논란의 여지가 있는 영상들을 둘러싼 논쟁을 셀 수 없이 경험했지만 유튜브의 수익에 직접적으로 타격을 받은 적은 처음이었다. 구글의 지주회사인 알파벳은 3월 한 주 만에 시총 260억 달러가 증발했다. 유튜브는 몇 달간 이어진 보이콧으로 매출 피해액이 어느 정도인지 한 번도 공개한 적은 없지만 내부 수치에 정통한 한 관계자의 말에 따르면 20억 달러에 가까운 손해를 기록했다.

유튜브는 곧장 수습에 나섰다. 공개적으로 사과를 전하며 "AI의 최신 기술"로 문제를 해결하겠다고 약속했다. 유튜브는 광고주들에게 환불을 진행했고 "위험하거나 경멸적인 콘텐츠"에는 광고를 금지하도록 규정을 수정했다. 에너지 넘치는 독일인이자 구글 세일즈 책임자인 필립 쉰들러Philipp Schindler는 한 인터뷰에서 문제가 되는 영상에 게재된 광고는 "그 수가 정말 매우 작다"라고 밝히며 이 사안을 해결하는 것이 쉽지 않다고 전했다.[195] "흑인을 비하하는 단어를 예로 들어보겠습니다." 해당 단어가 등장하는 모든 영상에서 광고를 지우면 "랩 영상의 상당량이" 해당될 터였다. 머신은 랩 가사와 헤이트 스피치를 구분할 수 없었다. "지금 저희가 해결해야 하는 사안의 규모를 생각해보시면 짐작하실 수 있을 겁니다." 그는 이렇게 말했다. 워치츠키는 관계 개선을 목적으로 광고 에이전시 임원들을 에릭 슈미트의 맨해튼 집으로 초대했다. 유튜브가 북한 정부의 영상 여러 편에 광고를 게재했던 일을 두고 법적인 문제가 될 수도 있는 사안이라며 걱정을 표하는 에이전시를 안심시키기도 했다. (해당 영상은 멕시코에서 제작한 것이었고, 멕시코는 은둔자의 왕국 북한과 외교 관계를 맺고 있었으므로 문제 될 것이 없다고 설명했다.) 대화 도중 유튜브 리더들은 비유를 들어 설명했다. 이들의 사이트는 작은 마을에서 시작되어 큰 도시가 되었지만, 도시에 필요한 신호등도 없고 구획도 나뉘지 않았으며 치안을 유지하는 인력도 없는 상황이라고 설명했다. 워치츠키는 그해 말, 마크 프리처드와의 단독 미팅 자리에서도 이 비유를 들어 설명하려고 했다. 프리처드는 그 의견에 반대했다. "당신들은 세상 누구도 보지 못한 저 너머의 거대한 은하계로 갔던 겁니다. 기업이 지닌 영향력을 깨닫지 못하고 있는 것 같군요."

"저희는 역사의 옳은 편에 서고 싶습니다." 워치츠키가 물러서지 않고 말했다.[196]

다만 구글로서는 억울한 순간들도 있었다. 이 한바탕의 소란이 유튜브는 가차 저널리즘gotcha journalism(실수나 해프닝을 꼬투리 삼아 반복적으로 보도하는 현상―옮긴이)의 행태라고 느꼈다. 구글이 테러리스트와 나치를 지원한다는 것은 말도 안 되는 이야기였다. 기사를 계속 내기 위해 기자들은 불쾌한 영상에 광고가 달린 사례를 계속 찾기만 하면 되었다. 그리 어려운 일은 아니었다. 최악의 영상을 한 번 검색하면 나머지는 인터넷이 다 알아서 해주는 일이었다. 『월스트리트저널』의 한 기자가 저녁 때 인종차별적 단어를 유튜브에 입력하자 미셸 오바마를 조롱하는, 가정용품 브랜드 광고가 달린 영상들이 곧장 등장했다. "기본적으로 사냥을 한 겁니다." 유튜브의 제이미 바이른은 나중에 이 기자들을 두고 이렇게 표현했다. 구글 내부에서는 많은 이들이 특정 신문사 『타임스』와 『월스트리트저널』이 둘 다 구글의 철천지 원수인 루퍼트 머독의 소유라는 점을 미심쩍어했다.

그렇다고 해서 광고 기업인 유튜브가 광고를 어디에 게시할 것인지 통제할 수 없었고 그로 인해 광고주들의 신뢰를 크게 잃었다는 사실이 달라지는 것은 아니었다. 유튜브가 이제 해결해야 할 힘든 문제는 크리에이터들에게 수익이 왜 사라졌는지 설명하는 일이었다.

· · ·

광고주들의 보이콧이 시작되고 얼마 지나지 않아 유튜브의 가격 책정 알고리즘이 반응을 보였다. 광고가 줄어들자 알고리즘은 광고비를 낮췄다. 유튜브가 조금이라도 논란의 여지가 있는 영상의 광고를 모두 제거하는 방향으로 필터를 조정하자 유튜브에서 수익을 얻던 수많은 크리에이터의 손해가 막심했다. 하룻밤 새 수입의 무려 80퍼센트 가까이가 사라진 이들도 있었다. 기업은 선별한 크리에이터들에게 대단히 심각한 상황을 맞이한 탓에 미디어 기업이나 MCN에 속하지 않은 유튜버들은 수익이 없어질 수도 있다고 경고했다. "이 일이 잘 해결되면 다시 회복할 수 있을 겁니다." 제이미 바이른은 유명 유튜버들에게 설명했다. "하지만 잘 해결되지 않으면 뭐, 끝이죠."

대다수의 크리에이터는 아무런 이야기도 듣지 못한 상황이었다. 이들의 눈에는 유튜브가 아무도 모르는 신비한 기준에 따라 영상에 경제적 가치를 부여하는 것만 같았다. 그래서 이들은 행크 그린과 같은 사람을 찾아가 조언을 구하고 이야기를 들었다. 그린은 10년 전 브이로그브라더스로 데뷔했을 때 이후로 나이를 하나도 먹지 않은 것처럼 보였다. 여전히 안경을 썼고, 헝클어진 더티 블론드 색 헤어스타일에 멀쑥한 체구까지 꼭 활력 넘치는 중학교 선생님 같은 모습이었다. 그는 빼곡한 책과 알록달록한 나니아 지도 액자가 걸려 있는 벽 앞에서 브이로그를 촬영했다. 여전히 몬태나에 살고 있었다. 하지만 아마추어는 결코 아니었다. 그린은 여덟 개의 유튜브 채널을 운영하고, 여러 자선 활동을 겸하고 있었다. 이제는 3개국에서 개최하는 비드콘 콘퍼런스도 책임지고 있었으며, 스무 명의 직원을 거느린 미디어 기업 컴플렉슬리Complexly도 운영하고 있었다. 그린은 또한 유튜브라는 오즈의 나라에 접근할 수 있는 인물이었다. 그는 유튜브 고위 경영진이 개인적으로 또 자주 대화를 하는 소수의 크리에이터 중 한 명이 되었다. 그린은 퓨디파이 정도의 구독자를 보유하지는 않았지만 성숙하고 광고 친화적이었으며 사이트상에서 유튜브 직원들이 존경할 정도로 도덕적 권위가 있는 인물이었다. 유튜브가 두려워할 정도였다. 한 해 전, 그린은 전문 유튜버들의 커뮤니티인 인터넷 크리에이터스 길드Internet Creators Guild를 시작했다.[197] 그린은 유튜브로 하여금 자신의 말을 경청하게 만드는 힘이 있었다.

유튜브 임원들은 한 달 넘도록 크리에이터들에게 광고와 관련한 공지를 하지 않았다. 결국 그린이 나섰다. 줄무늬 후드 티셔츠를 입고 늘 브이로그를 촬영하는 자리에 앉은 그는 평소보다 수염이 덥수룩한 상태였다. (첫 아이가 5개월 전에 태어났던 때였다.) 그린은 영상 에세이를 통해 보이콧에 대한 이야기를 전하고 심지어 이 상황을 지칭하는 용어인 '애드포칼립스Adpocalypse(광고ad와 세상의 파멸을 뜻하는 아포칼립스apocalypse의 혼성어 ― 옮긴이)'까지 탄생시켰지만 무엇보다 대단히 상업적인 유튜브와 인터넷 모델을 향한 신중하면서도 열정적인 공격에 방점이 찍혀 있었다.

▶ ▶|

"유튜브 광고에는 아주 희한한 점이 있습니다." 그린이 설명을 시작한다. "유튜브 영상에 광고가 게시되면 같은 광고라도 TV에서 방영할 때보다 약 10분의 1 정도의 돈을 받는데요… 왜일까요? 제 눈eyeball이 유튜브를 보는 것보다 TV를 시청할 때 그 가치가 열 배나 높아지는 걸까요? 맹세컨대, 다 똑같은 제 눈이거든요!" 또한 유튜브는 시청자가 무언가를 능동적으로 하는 시간이다. 서핑을 하고, 클릭을 하고, 영상에 집중하는 시간이지 소파에 늘어져 있는 시간이 아니다. "우리 오디언스가 이토록 저평가된다면 어느 지점에 이르러서는 더는 안 되겠다는 생각이 드는 거죠!"

그린은 점점 흥분하기 시작한다. "그럴 만한 가치가 있나요? 콘텐츠와 브랜드의 관계가, 사실 이 관계도 라디오를 위해 만들어진 건데 다른 세기의 쓸모없는 유물은 아닐까요?

열흘 후인 5월 1일, 그린과 크리에이터 수백 명이 맨해튼의 스카이라인이 내려다보이는 뉴욕의 호화로운 친환경 럭셔리 호텔인 원 호텔 브룩클린 브리지1Hotel Brooklyn Bridge에 도착했다. 유튜버들이 모인 화려한 볼룸은 세 번째 크리에이터 서밋 연례행사가 열리는 자리이자 유튜브가 스타들에게 직접 설명을 전하는 자리였다.

서밋이라기보다는 내란 현장 분위기였다. 그린은 유튜버들 대부분이 기업의 위태로운 상황을 이해할 거라 생각하며 볼룸에 입장했다. 하지만 아니었다. 워치츠키는 자신의 직속 업무 대행인 로버트 킨슬과 닐 모한과 함께 앞에 나와 있었고, 크리에이터들은 세계에서 가장 돈이 많은 기업 중 하나가 출혈을 막지 못하는 이유가 무엇인지 이들에게 따져 물었다. 직원 한 명은 그 자리를 "고성이 오가는, 걱정스러운 순간"이었다고 회상했다. 유명세를 얻고 있는 젊은 유튜버 한 명은 경영진에게 영상 수입보다 제작 비용이 더 많이 든다고 외쳤다. "제가 어떻게 버텨야 하죠?" 그녀가 물었다.

유튜브의 벼락 스타인 케이시 네이스탯Casey Neistat은 자리에 앉아 상황을 지켜봤다. 지칠 줄 모르는 영상 제작자이자 쇼맨인 그는 가족이 등장하는 브이로그를 운영하는데, 낮 시간에 니켈로디언에서 방영하는 프로그램만큼 건전한 콘텐츠에 수준 높은 단편영화 영상을 올렸다. 눈보라가 지나간 맨해튼 거리에서 유튜브 로고가 박힌 새빨간 방한복을 입고 스노우보딩을 하는 영상은 크게 히트했다. 동료 브이로거인 필립 디프랑코는 네이스탯을 "유튜브의 인기인"이라고 불렀다. 36세의 이 인기인은 원로 역할을 했고 절망에 빠진 어린 크리에이터들은 그를 찾아갔다. 서밋에서 네이스탯은 기업은 왜 변덕스러운 광고주들에게서 크리에이터들을 보호하기 위해 더 많은 노력을 기울이지 않았는지 물었다. 경영진은 밀려드는 질문에 당황한 듯 보였지만 유튜브 또한 통제할 수 없는 재정적인 힘에 영향을 받는다고 설명했다. "그 자리에서 할 수 있는 최선의 대답을 준 거였죠." 네이스탯이 당시를 이렇게 설명했다.

유튜브 내부에서는 유튜브를 구성하는 핵심 요소(시청자, 크리에이터, 광고주)를 의자를 지탱하는 동등하고도 단단한 다리 세 개로 비유했다. 그런데 이 의자가 흔들리고 있었다. 유튜브가 모든 크리에이터에게 수익을 지급하는 정책을 시작하고 5년이 지나자, 그 시스템은 대단히 허술하고 지속이 불가능한 실험처럼 느껴지기 시작했다. 유튜브가 위기를 겪는 동안 '다른' 문제 하나만은 제이미 바이른의 노력으로 바로잡았다. 1,200만 개가량의 LGBTQ 영상을 제한 모드에서 해제한 것이었다. 하지만 광고 보이콧 사건으로 유튜브 크리에이터들의 비즈니스가 흔들리자, 그 성과가 피로스의 승리(고대 그리스 왕인 피로스가 전투를 승리로 이끌었으나 유능한 병사들을 모두 잃은 상황에 빗대어 너무 큰 희생이나 대가를 치른 승리를 뜻하는 용어 — 옮긴이)처럼 느껴졌다. "한 분야에 집중하다 보면 다른 곳에서 끓고 있는 문제를 놓치게 됩니다." 바이른은 훗날 이렇게 전했다. "화재 같은 것이죠, 대단히 집중해야 하는. 잠깐 눈을 돌리면 훨씬 큰 문제로 번지고 맙니다."

그리고 다음 화재가 발생하기까지 그리 오래 걸리지 않았다.

26장

▶

레인포스

크리에이터 서밋이 열리고 한 달 뒤인 2017년 6월의 어느 금요일 아침, 열 댓 명의 유튜브 직원들은 창문도 없는 칙칙한 로스앤젤레스의 한 호텔 지하 공간에 모였다. 이들도 스트림에 참석하러 온 것이었다. 유튜브 전 직원이 참여하는 야유회 행사에서는 팀 빌딩 훈련과 스눕 독의 공연을 다 같이 즐 겼고 근처에는 해리포터 테마파크도 있었다. 워치츠키는 축제 기분에 흠뻑 젖은 그 금요일 날, 자신의 직속 업무 대행들과 홍보 담당자들, 최고 엔지니 어 한 명에 더해 운이 나쁜 직원들 몇 명을 따로 소집해 심란한 사안을 논의 하는 자리를 마련했다. '코드 옐로' 상황이었다.

탈라 바르단Tala Bardan(가명이다)은 자신이 있어도 되는 자리인지 어색했다. 구글에서 직급이 낮은 사원인 그녀는 임원진과 자리를 같이하는 회의가 익 숙하지 않았다. 아랍계 미국인 가정에서 자란 바르단은 박사 과정을 준비 중이었지만, 유창한 아랍어 구사자를 간절히 찾고 있는 구글에 지원해보라 는 친구의 제안을 따랐다. 바르단은 모국을 떠나 유튜브 VE팀에 안착했다. VE는 '폭력적 극단성violent extremism'을 중재하는 업무를 뜻하는 약칭이었다.

논란을 일으키는 온라인 콘텐츠를 처리하는 신뢰 및 안전Trust and Safety 부서에 소속된 팀이었다. 동료는 관리 부실과 구조적인 혼란이 가득한 이 팀을 '불이 붙은 대형 쓰레기통(dumpster fire, 극도의 혼란스러운 상황―옮긴이)'이라고 불렀다. 바르단의 동료들은 팀에 '번아웃 공장'이라는 별명을 붙였다. 매일 같이 수위 높은 콘텐츠에 노출된 사람들은 이곳에서 그리 오래 버티지 못했다. 그녀는 구글도, 성욕으로만 가득 찬 웹의 구석진 곳도 잘 모르는 채로 구글에 합류했다. 교육 기간 동안 그녀는 헬스장에 있는 한 남성이 자신의 발가락을 꼬는 모습을 촬영하며 자위하는 신음을 내뱉는 페티시 영상을 시청했다. 그녀는 '아이보리 코스트Ivory Coast 영상'이 돈을 갈취할 목적으로 낯 뜨거운 영상을 올리는 행위라는 것을 배웠다. "저는 보수적인 무슬림 가정에서 자랐어요." 그녀는 이렇게 말했다. "저는 준비가 되어 있지 않았어요." 그녀는 유튜브의 기풍에 대해서도 알게 되었다. 극단적인 폭력을 보이거나 조장하지 않는 한 영상을 그대로 둔다는 것이었다. "유튜브는 플랫폼이에요." 그녀는 이런 이야기를 들었다. "플랫폼에 무엇이 있는지는 우리 책임이 아니고요."

이러한 기조가 그 6월의 금요일에 달라졌다. 일주일 전, 이슬람 극단주의자 세 명이 런던 브리지에서 테러를 일으켜 여덟 명이 사망한 일이 있었다. 얼마 후 보도를 통해 살인자 중 한 명이 유튜브에서 본 미국인 종교 지도자에게 영감을 받았다는 사실이 밝혀졌다.[198] 뉴스를 보고 멍해진 경영진은 신뢰 및 안전 부서를 점검해야 한다는 결정에 이르렀다. 폭력적인 극단주의를 중재하고 아랍어를 할 수 있는 직원 세 명 중 하나였던 터라 바르단도 코드 옐로 회의에 참석했다. 그녀는 자리에 앉아 회사의 계획을 들었다. 유튜브는 급진적인 성직자들을 모두 몰아내고 가급적 많은 이슬람 급진주의자들을 찾아내 근절하도록 더욱 엄격한 AI 시스템을 구축하는 데 더 많은 엔지니어를 동원하기로 결정했다. 동료들은 신나게 행사를 즐기는 한편 바르단의 팀은 곧장 주말 내내 영상 스크리닝 업무에 투입되었다. 팀원 한 명은 새

벽 두 시에 일어나 아랍어로 된, 특히나 짜증스러운 영상을 처리해야 했다. 이 중재자는 룸메이트를 깨우지 않으려고 욕실로 가서 영상을 시청하고 전화 업무를 처리했다. 바르단의 상사는 주말 동안 애를 쓴 그녀에게 컵케이크로 보상했다. 그 주 본사 유튜브 정책팀이 선동적인 열네 명의 무슬림 남성을 추렸고 어떤 영상을 올렸든 삭제 조치를 할 계획을 세웠다. 전 달, 유튜브는 간섭을 최소화한다는 접근법을 보여주기 위해 직원들을 대상으로 아주 이상한 사고 훈련을 진행했다. 바로 "오사마 빈 라덴 요리 채널을 운영한다면 그것은 문제 될 것"이 없다는 것이었다. 하지만 더는 그렇지 않았다. 빈 라덴과 관련된 것은 무엇이든 사이트에서 지워야 했다. 런던 브리지 테러리스트에게 지속적으로 영감을 불러일으킨 종교 지도자 아흐마드 무사 지브릴Ahmad Musa Jibril의 영상처럼 일부 설교 영상은 유튜브의 페널티 박스로 옮겨졌다. 단호한 결정이었다. 새로운 머신 검열관도 단호하기는 마찬가지였다. 아랍어를 하는 직원 한 명은 시스템 코드를 살펴보다가 필터링 대상 단어 중에 알라신을 의미하는 아랍어가 포함되어 있는 것을 확인했다.

이후 유튜브 임원들은 코드 옐로 회의를 두고 기업이 초인간적 지능을 추천 시스템만이 아니라 중재에도 적용하기로 결정한, 대단히 중요한 터닝 포인트였다고 설명했다. 바르단은 그 주말을 다르게 기억할 터였다. 그녀와 동료들에게 그 주말은 유튜브 시스템이 다른 종교나 집단의 극단주의자들은 손대지 않은 채 온라인에서 무슬림을 감시하는 데만 회사의 모든 자원을 동원하는 것은 아닌지 의아함을 품기 시작한 날이었다.

· · ·

코드 옐로 미팅 후 몇 주가 지난 어느 날, 10대들과 20대들이 안전선 안에 길게 줄을 서 비드콘 입장을 기다리고 있었다. 7년 전에 임시변통으로 개최했던 첫 번째 비드콘과는 상당히 달라 보였다. 기업들이 주최한 행사였다.

세계적인 크리에이터 축제 비드콘(2017)

디즈니랜드에서 얼마 떨어지지 않은 곳에 자리한, 현대적인 외관에 엄청난 규모를 자랑하는 애너하임 컨벤션 센터Anaheim Convention Center가 개최 장소였고, 한눈에 봐도 다양한 출연자로 구성된(워치츠키는 블랙 크리에이터를 옥외 광고판에 올리겠다는 약속을 지켰다) 유튜브 오리지널스 쇼를 홍보하는 대형 배너가 세 개나 걸려 있었다. 한때 유튜브에 적대적이었던 NBC와 니켈로디온이 스폰서였다. 8개월 후, 웹을 모두 끌어안으려던 바이어컴이 비드콘을 매입했다.

2017년, 비드콘의 보안은 어느 때보다도 엄격해 보였다. 전년도 여름, 올랜도에서 열린 팬 미팅 중 음악가인 유튜버가 총격을 당해 사망한 일이 발생했다. 긴장감을 높이는 다른 요인들도 있었다. 6월, 샬럿츠빌이 리 파크Lee Park(남북전쟁 당시 노예해방을 반대한 사령관 로버트 리 장군의 공원 ― 옮긴이)를 개칭한 일로 폭력적인 우익 집단의 무시무시한 집회가 열렸다.

컨벤션 센터 내부에서 2016년 #유튜브블랙 행사의 시작이 되었던 크리에이터 아킬라 휴스는 '여성으로 온라인에서 창작하고 소통하기'라는 대담의 패널로 자리한 네 명의 유튜버를 지켜보고 있었다. 그중에도 한 패널리스트인 어니타 사키지언Anita Sarkeesian을 보러 온 사람들이 많았다. 그녀는 비디오게임계의 성차별주의를 드러낸 유튜브 시리즈의 페미니스트 작가였다. 이 시리즈에 참여했다는 전력과 온라인 트롤들을 기꺼이 상대하려는 그녀의 성향이 맞물려 #게이머게이트 사건 당시 단골 타깃이 되었다.

비드콘의 대담 자리에서도 이 이야기가 등장했다. 사람들이 모여들며 떠들썩해지자 사키지언은 청중에 앉아 있는 덥수룩한 수염의 한 남성을 가리켰다. "절 괴롭히는 사람 중 하나가 앞줄에 앉아 있는 것 같네요." 그녀가 말했다. "당신처럼 쓰레기 같은 인간에게 관심을 주긴 너무 싫지만요."

휴스도 아는 사람이었다. 사르곤 오브 아카드로 알려진 쉬지 않고 떠드는 영국 유튜버 칼 벤저민Carl Benjamin은 한 유명한 여성과의 일화로 주류 언론의 관심까지 받은 인물이었다. 영국의 여성 정치인이 온라인에서 강간 협박을 자주 듣는다는 이야기를 한 후 벤저민은 이렇게 조롱했다. "그쪽을 강간하고 싶은 마음조차 들지 않는데." 벤저민은 사키지언을 비난하는 영상을 여러 차례 올렸고, 그때마다 영상 제목에 그녀의 유튜브 닉네임 페미니스트 프리퀀시Feminist Frequency를 넣었다. 검색에 걸리려는 낡은 수법이었다. 그는 노골적인 괴롭힘에 반대하는 유튜브의 규정을 어기지 않으려고 영상에서 조심하려는 모습은 보였지만 그가 갖고 있는 혐오감은 전혀 감춰지지 않았다. 휴스는 트럼프 당선으로 그를 알게 되었다. 그녀는 대선이 끝나고 며칠 후, 클린턴 진영의 선거 날 밤의 상황을 담은 장면으로 감동적인 영상을 만들어 올렸다. 한쪽으로 치우친 브이로그 영상이었다. 클린턴의 패배로 큰 충격을 받은 휴스는 하얀색으로 "끔찍하다"라는 글자가 새겨진 검은색 맨투맨 티셔츠를 입었다. 보건 정책의 변화와 블랙 여성들을 포함해 많은 이가 느낀 사회 전반의 여러 우려에 대한 자신의 두려움을 이야기했다. 아르곤 오브 사카드는 〈SJW들 수준의 인식〉이라는 조롱이 담긴 제목으로 이 영상을 자신의 채널에 재업로드했다. 휴스는 온라인에서 수많은 메시지(인종차별적인 모욕과 그녀가 피를 흘리는 이미지)를 받은 뒤에야 무슨 일이 벌어졌는지 깨달았다. 그녀는 앞서 출판 계약을 마쳤고, 그녀의 에이전트는 갑자기 휴스가 "진정한 인종차별주의자"라며 출판 계약을 파기하라는 알 수 없는 메시지를 여럿 받았다.

벤저민과 그와 뜻이 같은 유튜버들은 비드콘에 일찍 도착해 관중석 앞줄을 선점했다. 심각한 충돌 없이 대담은 잘 끝났지만, 크리에이터들 간의 갈등이 조회 수를 높이는 좋은 소재가 되는 트위터와 유튜브로 당시의 긴장감이 번져 나갔다. 이 분위기에 휘말려든 행크 그린은 문화적 담론에서 나름의 판결을 내려주는 것이 비드콘 주최자의 의무라는 사실을 깨달았다. 결국 그는 입장을 발표했다. 그는 연사가 청중을 "쓰레기 같은 인간"이라고 부르는 것을 원치 않았다. 하지만 분노를 조장하고 "수년간 괴롭힘의 온상지"가 된 유튜브의 처사에 문제가 있고, 이로 인해 팔로워들이 "아이디어가 아니라 사람에게(대체로 여성들에게)" 독설에 찬 공격을 퍼붓는 상황이 벌어졌다고 적었다. "우리는 이러한 전술이 비단 인터넷 문화만이 아니라 우리가 사는 이 사회에도 가득하다는 것을 목격하고 있습니다." 그는 벤저민에게 이제부터 비드콘에서 환영받지 못할 거라고 전했다. 벤저민은 자신에게 내려진 처사를 유튜브로 끌고 가 조 로건Joe Rogan의 채널에도 출현하고 사키지언을 진땀을 흘리는 날카로운 이빨의 메두사로 묘사한 그림을 섬네일 삼아 직접 영상을 올렸다. 해당 영상은 그의 가장 유명한 영상 중 하나가 되었다.

휴스는 이 사건으로 인해 유튜브의 댓글 칸과 알고리즘이 갑자기 활기를 띠는 것 같았다. 적어도 행크 그린은 나름의 조치를 취했다. 유튜브는 그러길 거부하는 것처럼 느껴졌다.

· · ·

유튜브는 알고리즘을 개선하기 위해 노력하고 있었다. 하지만 그해는 유튜브 플랫폼의 거침없이 뻗어 나가는 성질이 회사의 노력을 늘 그렇듯 앞질러 나갔다.

유튜브는 광고가 엉망이 되었다는 것을 물론 알고 있었다. 보이콧이 계속되자 5월, 기업의 연간 광고 쇼케이스 자리에서 워치츠키는 공개적으로 사과를 전하며 마케터들에게 더 많은 해결책을 강구하겠다고 약속했다. 하지만 그녀는 사이트의 무질서함은 하나의 자산이라고 설명하며 "유튜브는 TV가 아니고 앞으로도 그렇게 될 일은 없을 것"이라고 선언했다. (그런 뒤《아메리칸 아이돌》의 진행자인 라이언 시크레스트가 제작하는 새 시리즈를 발표했고, 이후 TV 스타 케빈 하트와 제임스 코든의 무대가 이어졌다.) 샌브루노에서는 이 무질서함이 그리 환영받고 있지 못했다. 워치츠키는 엔지니어팀을 꾸려 보이콧을 이겨낼 방법을 찾게 했다. 레드만큼 비상사태는 아니었지만 그에 가까운 코드 오렌지 상황이었다. 프로그래머들은 유튜브 광고주들이 광고가 언제 게시되고 얼마의 비용이 나갔는지 볼 수 있는 보고서를 만드는 도구들을 개발했다. 당시 관계자였던 직원은 "좀 혼란스러운 상황이었다"라고 밝히며 유튜브 중재팀이 "문제를 처리하기에는 팀 규모가 너무 작았다"라고 전했다. 유튜브는 문제가 되는 영상에 스폰서십을 금하는 방안을 마련하는 데 더 많은 자원을 쏟았고 해당 프로젝트에 발칙한 이름을 붙였다. 프로젝트 마사MASA(광고를 다시 안전하게Make Ads Safe Again)였다.

다른 엔지니어들은 런던 브리지 테러 이후 새로 생긴 미션에 맞춰 알고리즘을 수정하는 업무를 맡았다. 유튜브 정책을 위반하지는 않지만 그 경계에 맞닿은 수위의 "선동적인 종교 콘텐츠나 우월주의적 콘텐츠"는 페널티 박스 행이었다. 유튜브는 더욱 강력한 도구들을 개발해 검색 결과에서 영상을 숨기려 했는데, 내부에서 '휘파람 불기whistling'라고 부르는 영상 숨기기 프로젝트는 전 임원이 영상을 삭제하지는 않고 '폐기'하는 방법을 가리키는 명칭이었다. 유튜브의 세심하지 못한 중재 방식이 전쟁의 부수적 피해와 같은 전쟁범죄를 보여주는 소중한 기록물들을 훼손한다는 인권 단체의 비판 이후 기업은 영상을 삭제하는 데 더욱 조심스러운 입장을 취하게 되었다.

한편, 유튜브의 최고 엔지니어들은 "선동적이거나 우월주의적인 콘텐츠"

에는 해당하지 않는 불쾌한 영상에 대해 어떻게 처리해야 할지 고민했다. 광고주들은 피할 영상들이었지만, 이를 감지해내기 위해 명확한 규정과 코드를 만들기가 어려운 유형이었다. 유튜브의 해결책은 '만족도'를 측정하는 것이었다. 저렴하고 조잡하게 만들어진 영상은 수없이 많았고, 엔지니어들은 시청자도 이를 알아볼 수 있을 것이라 생각했다. 따라서 이들은 시청자들이 별 한 개에서 다섯 개까지 시청 후 영상을 평가하는 기능을 도입했다. 유튜브 엔지니어링 임원인 안드레아 로어Adnread Rohe는 이후 이 시스템에 대해 이렇게 설명했다. "치명적인 동물들 10종"을 보여준다고 말하는 영상이 있다고 생각해보자. 시청자는 영상을 클릭하고 얼마간 시청한다. 하지만 영상이 약속한 바를 이행하지 못했다면? "영상을 시청하고 나서 '이런, 7분을 낭비했네'라는 생각이 들 때가 있을 겁니다." 로어가 말했다. 그런 영상에는 별 한 개를 누르는 식이었다. 2016년 말, 이 데이터 포인트가 알고리즘에 쌓이자 해당 설문 자료와 영상 옆에 자리한 엄지 시스템을 이용해 만족도를 측정할 수 있게 되었다. 수년 전, 영상 품질로 빚어진 위기를 극복하기 위해 유튜브는 시스템을 조회 수에서 시청 시간을 우대하는 방향으로 전환했지만 더 이상 소용이 없었다. (유튜브는 평가 시스템이 작동하는 정확한 원리를 외부에 공개한 적이 단 한 번도 없다.) 엔지니어들은 지구는 평평하다거나, 백신이 자폐를 일으킨다거나, 페미니즘이 사회를 망가뜨린다거나, 민주주의는 정화 작업이 필요하다는 등의 영상을 보면 시청자들이 당연히 불쾌감을 표현하고 반감을 만족도 평가로 드러낼 거라 생각했다. 처음 유튜브는 이런 식으로 불쾌한 영상을 뿌리 뽑을 수 있을 거라 믿었다고, 몇 년 후 그것이 가능하지 않다는 점이 드러나자 로어는 이렇게 말했다.

유튜브 시스템의 공식이 대체로 베일에 싸여 있었던 만큼 크리에이터들이 이를 불신하고 있다는 것을 알고리즘 관리자들도 당연히 알고 있었다. 유튜브는 알고리즘을 이해하기 쉽게 설명하는 영상이 필요하다는 결론에 이르렀다. 직원들은 유명 에듀튜버인 데릭 멀러Derek Muller를 초청했다. 그가 운영하는 베리타시움Veritasium은 어려운 주제를 다루는 채널로 유명했다. 멀러는 자신의 영상에 등장해 내레이션을 했다. 단단한 이두박근을 가지고 검은색 수염을 단정하게 손질한 그는 코미디언 닉 크롤Nick Kroll의 좀 더 잘생긴 버전 같은 느낌이었다. 멀러는 처음 유튜브를 시작할 때부터 유튜브라는 오즈의 나라를 인지했었다. '저 안에서 뭔가 이상한 일들을 벌이고 있군. 우리는 그 파도를 타고 있는 거고.' 그는 이렇게 생각했다.

유튜브 사무실에서 회의가 진행되던 중 엔지니어들은 멀러에게 시스템을 공개했다. 해당 시스템에서는 시청자가 어떠한 크리에이터의 마지막 영상을 보지 않았거나 지난 한 달간 크리에이터의 영상을 하나도 보지 않았다면 해당 크리에이터의 영상이 추천될 가능성이 낮다는 엔지니어들의 설명을 들으며 그는 불편함을 느꼈다. '그럼 영상을 자주 올리지 않는 크리에이터들을 벌하는 처사가 아닌가?' 그는 알고리즘이 '세션 시간'에 (다른 영상들도 시청하게 만드는 영상을 가치 있게 여기지만 다른 사이트로 안내하는 영상은 아니었다) 가중치를 둔다는 설명이 마음에 들지 않았다. 만약 양자역학이나 블랙홀을 다룬 그의 영상을 보고 시청자가 이 주제에 관심이 생겨 검색해본다면 이 또한 그의 공을 인정받아야 하는 게 아닐까? 《TMZ》(미국의 연예계 가십 전문 사이트 ─ 옮긴이) 스타일의 영상이 유튜브에서 크게 성공하는 이유를 알 것 같았다. 그가 말했다. "저기요, 별로 좋은 생각이 아닌 것 같습니다." 그는 알고리즘을 설명하는 영상을 만들지 않기로 했다.

8월, 유튜브는 직접 제작한 영상을 출시했다. 영상은 알고리즘을 '실시간 피드백 루프'로 설명하며 유튜브 내부에서는 이미 신조처럼 떠받드는 격언을 크리에이터들에게 제시했다. "유튜브 알고리즘은 오디언스를 따릅니다." 오디언스가 왕이었다.

이는 절반의 진실이었다. 지난 5년간 보여줬듯, 유튜브 알고리즘의 변화는 무엇이 인기를 얻고 있는가뿐만이 아니라 어떤 콘텐츠의 영상인가에 따라 달라졌다. 또한 기업이 원할 경우 알고리즘에 개입해 다이얼을 돌렸다.

《마인크래프트》때를 생각해보면 된다. 시청 시간으로 기준이 달라진 후, 유튜브 오디언스는 니치 시장의 게임이 주류에 등장한 것을 반기며《마인크래프트》에 큰 사랑을 보냈다. 2015년 5월, 유튜브의 로그아웃 홈페이지(구글 계정으로 로그인하지 않은 사람들에게 보이는 홈페이지 버전)에 열 네 개의 슬롯이《마인크래프트》게임 영상으로 채워졌다고 유튜버 맷팻은 꼼꼼하게 조사해 제작한 영상에서 밝혔다. 6월이 되자 맷팻은 일곱 개의 슬롯이《마인크래프트》영상이라는 것을 발견했다. 9월에는《마인크래프트》가 사라져 있었다. 이로 인해 유튜브 랜드의 누군가《마인크래프트》가 너무 많다는 데 언짢음을 느껴 개편을 지시했다는 이론이 생겨났다.[199] 유튜브의 시니어 엔지니어인 크리스토스 굿로는 이를 부인하며 유튜브는 좀 더 넓은 층에 호소할 수 있는 환영 전략이 필요했기에 "딸부터 엄마까지 모두가 좋아할 만한" 영상을 소개하도록 알고리즘을 조금 손봤다고 설명했다.

진실이 무엇이든《마인크래프트》채널의 트래픽이 크게 떨어진 것은 변치 않는 사실이었다. 오디언스가《마인크래프트》영상에 싫증을 느끼게 됐을까? 그럴 수도 있고 아닐 수도 있다. "인간은 주어진 것을 봅니다. 눈앞에 제시된 것을요." 맷팻은 영상에서 이렇게 말했다.

또 한번은 유튜브가 보기에 홈페이지에 충격적이고 징그러운 영상들이 너무 많다는 것을 발견했다. 기업은 아무도 모르게 약간의 수정을 가했다. 유튜브 내부에서는 이런 작업을 하는 컴퓨터 모델을 "저질 영상 분류기"라고 불렀다. (이 모델을 책임지는 엔지니어들은 '저질 클릭베이트 팀' 소속이었다.)

그럼에도 유튜브는 시스템에 대체로 만족했다. 2017년 말, 유튜브의 추천 영상은 구글 브레인이 만들고 AI의 한 분야인 강화 학습reinforcement learning의 이름을 따서 '레인포스Reinforce'라고 이름 붙인 새로운 버전의 소프트웨어 작품이었다. 그해 진행된 콘퍼런스에서 구글 브레인 연구자는 레인포스를 지난 2년을 기준으로 유튜브의 가장 성공적인 서비스라고 설명했다.[200] 이 소프트웨어로 전체 조회 수를 약 1퍼센트 상승시킬 수 있었는데, 이는 유튜브의 규모로는 대단한 수치였다. 『뉴욕타임스』는 이 추천 시스템을 "장기적인 중독 머신"이라고 묘사했다. 하지만 유튜브는 그렇게 생각하지 않았다. 8월 유튜브는 '피드를 완벽하게 구성'하는 방법이라는 주제로 진행된 웹사이트 《버지The Verge》와 진행하는 인터뷰에 직원들이 응하는 것을 허락했다.[201] 개인 맞춤형 영상이 제공되도록 그해 약 300가지 사항을 수정했다. 유튜브는 홈페이지에 걸린 영상의 조회 수가 3년 만에 스무 배 증가했다고 인터뷰 자리에서 자랑스럽게 말했다. 또한 사이트 영상 시청의 70퍼센트가 추천 영상에서 비롯되었다는 사실을 알렸다. 과거에는 시청 습관을 알고리즘에 입력하는 데 며칠이나 걸렸지만 이제는 몇 시간 또는 몇 분이면 충분하다고 유튜브 매니저는 대중매체에 전했다. 시스템은 사람들에게 원하는 것을 제공하는 데 탁월한 능력을 보였다. "시청자가 이미 좋아하는 것과 밀접하게 관련된 콘텐츠가 있고 또 현재 인기를 끌고 유행하는 콘텐츠가 있습니다." 매니저는 설명했다. "하지만 이 둘 사이에 마법 지대가 존재하죠."

알고리즘은 이 마법 지대에 무엇이 자리하든 영향을 받지 않았다. 알고리즘은 시청 시간과 만족도만 측정했다.

11월, 500명이 넘는 사람들이 제1회 평평한 지구 국제 콘퍼런스Flat Earth International Conference에 참석하기 위해 롤리의 교외 지역에 몰려들었을 당시, 한 참석자는 BBC 기자에게 50시간이 넘는 영상을 시청한 뒤 지구가 평평하다는 이야기가 사실처럼 느껴졌다고 전했다.[202] "집에서 영상을 볼 때면 스크린과 나 이렇게 둘만 존재하거든요." 버지니아에서 온 해피Happy라고 밝힌 남성은 이렇게 말했다. 콘퍼런스의 연사 한 명은 그와 여자 친구가 경험한 유튜브 여정을 설명했다.[203] "빌더버그Bilderberg(세계 엘리트 비밀 모임 ― 옮긴이), 로스차일드가Rothschilds(유대계 금융 재벌 가문으로 각종 음모론에 등장한다 ― 옮긴이), 일루미나티Illuminati(18세기 후반 창립되고 얼마 후 교황 비오 6세에게 이단으로 규정된 조직, 역시 수많은 음모론에 등장한다 ― 옮긴이)를 접하게 되었습니다. 이 분야에 한번 발을 들이면 계속 보게 되는 그런 이야기들이요. 영상을 한 편 보면 비슷한 콘텐츠가 추천 영상으로 뜨고 그러니까요."
이 중 자신이 본 영상에 불만스러워하는 사람은 아무도 없었다.

물론 이듬해 1월, '고전 자유주의'를 맡은 사르곤 오브 아카드와 스스로
백인 민족주의자라고 밝힌 리처드 스펜서Richard Spencer 간의 실시간 스트리밍
논쟁을 지켜본 시청자들 가운데 불만을 표하지 않은 사람들도 있었다. 유튜
브는 홈페이지 상단에 '트렌딩Trending'이라는 탭을 추가해 알고리즘에 따른
인기 영상을 소개했는데, 그달 잠깐 동안 두 사람의 토론 영상이 트렌딩 영
상 1위를 차지하기도 했다.

유튜브는 결국 지구 평면설 영상과 위의 토론 같은 영상은 추천 시스템에
서 '해로운 콘텐츠'로 분류해 금지시켰다. 하지만 이것은 나중 이야기였다.

2017년 초, 유튜브는 비즈니스 잡지 『패스트컴퍼니Fast Company』의 기자를
초대했다. 얼마 후 사회적으로 급격한 변화가 찾아오며 매거진의 기사는 놀
라운 유물이 되었다. 기자는 3월 전사 회의 자리에서 워치츠키가 새로운 직
원, 즉 뉴튜버NewTuber 열 명을 환영하는 모습을 지켜봤다. 이후 구글 브레인
이 추천 시스템을 주제로 한 프레젠테이션을 모두가 경청했다. 『패스트컴퍼
니』는 그 장면을 이렇게 묘사했다.

> 우버(Uber)의 성희롱 사건이 보도되는 상황에서 [워치츠키는] 직원들에게 유
> 튜브 내에서 난처한 사건이 발생할 경우 자신을 포함한 누구에게든 가장 마음
> 이 편한 상대에게 털어놓길 바란다고 전했다. 그뿐만 아니라 그녀는 전주에 처
> 음으로 오스카 시상식에 (프로듀서인 하비 와인스타인의 게스트로 초대되어) 참석
> 했던 경험을 공유하며 〈베니티페어〉 애프터 파티 자리에서 자신은 채식주의자
> 임에도 치즈버거를 먹어야 하는 것에 죄책감을 느꼈다고 전했다.[204]

광고 보이콧이 시작된 후 해당 매거진은 유튜브의 반응을 연이어 주도
적으로 전달하는 매체가 되었다. 워치츠키는 크리에이터들이 고통받는 상

황을 크게 안타까워하며 새로운 고객 지원 방안을 마련하겠다고 약속하는 한편 자사의 서비스에 흠이 있다는 것 또한 인정했다.[205] "유튜브에는 굉장히 인간적인 면이 있습니다." 그녀는 잡지에서 이렇게 밝혔다. 그녀가 인터뷰를 진행한 장소는 일주일에 하루 출근하는 구글 본사의 사무실로, 아홉 살 난 딸이 팅커토이Tinkertoys와 판지로 만들어준 작은 조각상들이 자랑스럽게 전시되어 있었고 거기에는 영감 넘치는 짤막한 슬로건이 새겨져 있었다. "모든 이에게 공정하라. 뒤가 아니라 앞으로 가라. 당신의 눈에는 미래가 보인다."

· · ·

조직의 사다리 아래에 자리한 클레어 스테이플턴은 회사가 옆으로 기우는 것만 같은 기분이 들었다. 그녀가 '바람 빠진 튜브' 뉴스레터를 발송했던 때는 첫 아이를 출산하기 몇 주 전인 5월이었다. 그녀가 팀을 옮기기 전 유튜브의 스포트라이트를 큐레이팅하는 일을 했을 당시 매니저들은 그녀에게 사이트에서 "담론을 형성"해주길 바란다고 했었다. 하지만 사안의 심각함을 생각해보면 스테이플턴은 "거대한 온천을 골무로 막아보라"라는 소리처럼 들렸다. 유튜브의 소셜 미디어 계정을 관리하는 팀으로 옮긴 그녀는 더는 피할 수 없이 유튜브 사이트에서 그녀만의 길티 플레저guilty pleasure(가책을 느끼는 쾌락—옮긴이)에 빠져들었다. 바로 10대 엄마의 브이로깅 영상이었다. 알고리즘은 계속 새로운 영상을 소개해줬고, 그럴 때마다 엄마는 점점 더 어려졌고, 점점 더 자극적이었으며, 점점 더 극단적인 느낌이었다.

그녀는 《시녀이야기The Handmaid's Tale》의 GIF 파일이 첨부된 5월의 뉴스레터를 꺼내 봤다. 이 소설 작품은 트럼프 시대에 저항하는 여성의 새로운 상징이 되었다. 스테이플턴과 동료들은 실리콘밸리의 성차별주의가 구글까지 번지고 있다는 것을 알고 있었다. 구글 초창기 직원 한 명은 공동 창립자의 어시스턴트들을 두고 "섹시한 여성들이 떼로 모여 있던 집단"[206]이라고 말했고, 일터에서 여성 직원들을 향한 모호한 언행은 일상이 되었다. 하지만 구글 직원 대다수는 테크 브로tech-bro 문화(웹 2.0을 주도한 백인 남성 엔지니어들이 테크 세계를 만들어가면서 생겨난 문화—옮긴이)가 우버와 같이 젊고 무모한 기업을 탄생시켰고 씁쓸한 당파 논쟁은 태양 전지판이 설치된 구글 캠퍼스에서 멀리 떨어진 플라이오버 지역flyover country(동부 연안에서 서부 연안으로 비행기로 횡단할 때 상공에서만 보인다는 뜻으로 농업과 공업 지대의 중부 지역을 뜻한다. 트럼프의 텃밭이다—옮긴이)에서나 벌어지는 일이라고 믿었다.

이러한 집단적 착각은 그해 여름 산산이 부서졌다. 구글의 중간급 프로그래머였던 제임스 다모어James Damore는 「구글의 이념적 반향실Google's Ideological Echo Chamber」이라는 제목으로 열 페이지 분량의 글을 퍼뜨렸다.[207] 다모어는 구글에서 보수주의자들은 "소외된다"고 적었지만, 사실 그가 전하고자 했던 핵심 메시지는 다양성이라는 채용 목표는 성별에 대해 그가 배운 과학적 사실과 일치하지 않기에 허구라는 것이었다. 그는 논란의 여지가 있는 사안에 대해 논의할 때 쓰는 사내 리스트서브listserv(그룹 전원에게 메시지를 자동으로 전송하는 시스템—옮긴이)인 '스켑틱스skeptics'로 글을 전송했다. 8월이 되자 그의 글은 전사로 퍼졌고 외부로까지 유출되었다. 침체기를 맞았던 여름에 이 사안은 대단히 중요한 뉴스로 부상했다. 이 스캔들이 심각해질 당시 휴가 중이었던 구글의 CEO 선다 피차이는 다모어를 해고했는데, 이 처사가 기름을 끼얹은 격이 되었다.[208]

끔찍한 문화 전쟁의 씨앗이 라디오 토론 프로그램과 TV에 뿌려졌고 유튜브에서 숙성되어 이제 구글 내부에 도착했다.

신문사와 TV 네트워크사들은 해고당한 프로그래머와 인터뷰하길 원했다. 다모어는 자신이 가장 좋아하는 유튜버들과 첫 인터뷰를 하기로 했다. 그중 한 명인 심리학 교수 조던 피터슨은 논란이 많은 주제를 다루며 엄청난 규모의 팔로우를 보유하고 있었다. 다른 한 명은 바로 스테프였다.

스테판 몰리뉴: 구글 메모로 해고된 직원이 입을 열었습니다![209]
(Stefan Molyneux: Google Memo: Fired Employee Speaks Out!)

▶ ▶▏   2017년 8월

자신의 집에서 영상 통화 화면으로 연결된 다모어의 길고 소년 같은 얼굴을 따라 하얀색 이어폰 줄이 매달려 있다. 몰리뉴의 익숙한 민머리가 분할 화면 오른쪽에 자리하고 있다. "당신의 지적 성장 수준이 어느 정도인지 말씀해주시죠." 몰리뉴가 기분 좋은 목소리로 말한다. "저는 무언가를 배우는 것을 정말 좋아합니다." 다모어는 적절한 단어를 고르며 답을 이었다. "다들 한 반향실 안에 모여 혼잣말을 하는 그런 환경에서는요, 무척 많은 것을 놓칩니다." 몰리뉴는 구글을 반향실이라고 표현하는 것을 특히나 마음에 들어 한다. 두 사람은 코딩과 자유의지론에 관한 대화를 나눈다. 상대가 아주 수다스러운 편이 아니란 것을 알게 된 유튜버가 공백을 채우려 한다. 몰리뉴는 다모어의 글과 그 안에 담긴 불만을 현대 과학의 아버지에 비교한다. "갈릴레오의 '그래도 지구는 돈다' 같은 겁니다." 몰리뉴가 흥분한 듯 말한다. "그들이 당신 이야기를 사이비 과학이라고 하다니 믿을 수가 없습니다. 아니죠. 아닙니다. 다양성이 사이비 과학이죠." 다모어가 조심스럽게 웃음을 터뜨린다.

다모어의 글에는 여러 위험 요소가 많이 숨어 있는 학문이자 몰리뉴가 사랑해 마지않는 진화심리학 이론이 많이 등장했다. 다만 검증을 거친 후 그의 이론은 허점투성이였고, 『와이어드』는 "좋게 보면 정치적으로 순진하고 최악의 경우 위험한 이론"이라고 표현했다.[210] 다모어가 인용한 연구자는 성별 차이에 관한 다모어의 주장이 "지나친 왜곡"이라고 밝혔다. 구글은 당시 "여성을 대상으로 한 구조적 임금 격차"로 연방 정부의 수사를 앞두고 있는 상황이었다. 다모어의 문서는 사태를 악화시켰다.

사안에 거리를 두기 위해 구글은 수전 워치츠키를 내세웠다. 그녀는 유튜

브 직원들에게 보내는 짧은 글을 썼고, 유튜브는 이 글을 공개했다.[211] 글은 그녀의 딸의 질문으로 시작했다. "엄마, 생물학적인 이유로 테크 업계와 리더십 자리에 여자들이 적은 게 진짜예요?" 커리어 내내 자신의 마음을 '무겁게 짓누르는' 질문이었고, 그 문서를 읽으며 고통이 되살아났다고 그녀는 전했다. 구글은 표현의 자유를 지지하지만, "자신의 신념을 공개적으로 표현할 권리가 있다고 해서 성별로 인한 부정적인 고정관념을 지속시키는 발언에 여성들이 노출될 때 기업이 조치를 취할 수 없는 것은 아닙니다." 워치츠키가 운영하는 플랫폼에서 부정적인 댓글에 거듭 노출되었던 여성 크리에이터들에게는 그녀의 이런 발언이 눈치가 없다고 느껴졌을 터였다. 워치츠키는 다모어의 유튜브 활동을 어떻게 생각하느냐는 질문을 받았다.[212] "문제될 게 없습니다." 그녀는 이렇게 말했다. "저희는 폭넓고 다채로운 주제가 다양한 관점에서 논의될 수 있도록 노력하고 있습니다."

스테이플턴은 다모어 사건 당시 육아 휴직 중이었지만 여러 동료는 그곳에서 분노하고 있었다. 이들은 공격당한 기분이었고 무언가를 해야 할 것만 같았다. 거의 여성인 이 구글러들은 네트워크를 형성하고 암호화된 앱이나 모임을 통해 소통했고, 구글에서 목격한 성비 불균형 실태를 기록했다. 이들은 회사를 향한 불만을 차곡차곡 정리해나갔다.

27장

▶

엘사게이트

Ⅱ ▶Ⅰ ◀))　　　　　　　　　　　　　　　　**⚟ ▭ ⛶**

그렉 치즘Greg Chism은 유튜브를 사랑했다. 그가 정말 힘든 시기에 놓여 있을 때 유튜브를 처음 접했다. 일리노이 남부에서 홀로 어린 두 딸을 키우는 그는 부친과 마찬가지로 잔디 관리 일을 오랫동안 해오며 생계를 꾸리고 있었다. 치즘은 긴 얼굴형에 머리카락과 턱수염이 한 줌씩 남아 있었다. 어렸을 때부터 치열이 심각하게 뒤틀려 있던 그는 자존감이 낮았다. 다만 마흔 살을 앞두고 유튜브를 알게 되었고 그곳에서 인생 개선에 관련한 영감 넘치는 영상들을 접했다. 그는 치아를 교정하고 운동을 시작했다. 잔디 관리를 주제로 한 유튜브 채널을 개설해 화질이 안 좋은 모토로라 핸드폰으로 촬영해서 올렸고, 자신과 비슷하게 강박에 사로잡힌 사람들을 만났다. "괴짜들"이라고 그는 말했다. "공동체 의식을 느낍니다." 그는 한 동료 유튜버에게 말했다. "이 세상에 나 혼자만 있지 않다는 그런 느낌 말이에요."[213]

　그는 가족 영상(딸들이 장난감을 언박싱하는 클립들)을 올렸다. 영상 제목과 태그, 콘텐츠로 이런저런 시도를 했다. 자신의 채널명을 《토이 프릭스Toy Freaks》로 변경했다. "패턴이 보이기 시작했어요. 이런 영상들이 다른 것보다 조회 수가 더 높았습니다." 2015년 그는 이렇게 말했다. "창의적이고 보람도 있어요. 경제적인 보람도 물론 생길 수 있고요. 유튜브는 정말 놀라운 곳입니다." 2017년이 되자 《토이 프릭스》는 굉장한 보상을 돌려주었다. 유튜브 조회 수 차트에 68위로 올랐고 프리미엄 광고 자격을 얻으며 큰돈을 긁어 모으기 시작했다. 치즘은 트레일러에서 벗어나 집으로 거주지를 옮길 수 있었다. 그는 계속 유튜브의 패턴을 따랐다. 딸들과 함께 공갈젖꼭지를 물고 '나쁜 아기'를 연기한 영상은 상상하지 못한 트래픽을 기록했다. 그는 아이들과 엄청 큰 사이즈의 간식을 먹었다. 아이들에게 짓궂은 장난도 쳤다.

유튜브는 100만 이상 구독자를 달성한 그에게 골드 플레이 버튼을 선사했다. 기업은 캘리포니아에서 열리는 한 행사에 그를 초청해 파트너 매니저를 배정해주고 극진히 대우했다. 그의 영상에 대해 누구도 불만을 표하지 않았지만, 어느 순간부터 모든 사람이 그의 영상을 문제 삼기 시작했다.

. . .

유튜브가 키즈 영상을 맛있는 콘텐츠와 영양가 높은 콘텐츠로 분류하려는 노력을 그만둔 이후로 몇 년 간 키즈 콘텐츠는 어떠한 카테고리에도 속할 수 없는 대단히 이상한 무언가로 변형되었다. 유튜브에서 벌어지는 모든 트렌드가 그러하듯, 이러한 변화 또한 크리에이터들이 가장 먼저 포착했다.

이선Ethan과 힐라 클레인Hila Klein은 유튜브의 대들보 역할을 하는 이들로, 《미스터리 공상극장 3000Mystery Science Theater 3000》(미국 TV에서 방영된 컬트 시리즈물―옮긴이)의 독특한 스타일을 표방해 유튜브 구석구석 시청자들을 저속한 여정으로 안내하는 채널 《h3h3》를 운영하고 있었다. 기업은 《h3h3》를 무대 위로 올려 널리 알리지 않았지만 수많은 유튜버가 열심히 시청하는 채널이었다. "오늘은요, 유튜브의 이상한 현상에 대해 탐험해보겠습니다."[214] 2016년 봄, 이선 클레인은 시청자들에게 이렇게 말했다. 클레인 부부는 빠른 속도로 유튜브를 향해 다가오고 있는 한 가지 현상을 짚었다. 바로 어린이 오디언스를 위해 슈퍼 히어로 복장을 한 성인들이었다. 특히나 《웹스 앤드 티아라스Webs & Tiaras》로 알려진 채널은 이 분야의 강자로, "스파이더맨과 겨울왕국 엘사 vs 조커! 그리고 핑크 스파이더걸 안나와 배트맨! 슈퍼히어로의 놀이 시간:)"과 같이 온갖 키워드를 갖다 붙인 영상들을 올렸다. 2016년 6월, 이 채널은 유튜브 전체 트래픽 3위를 기록했고, 그 앞에는 꼬마 라이언과 당시 큰 유행을 얻기 시작한 발리우드의 히트 제조기 T-시리즈밖에 없었다. 클레인 부부는 이 놀라운 조회 수에 놀라움을 금치 못했다. 몇 달 후 부부는 이 트렌드를 다시 한번 조명했다.

 h3h3: 토이 채널이 사회를 망치고 있다
(h3h3: Toy Channels are Ruining Society)

▶ ▶❙   2017년 1월 25일 · 13:09

이선 클레인이 컴퓨터 모니터 앞에 앉아 이야기를 들려준다. 우스꽝스러운 한 커플 유튜버는 이선이 가장 좋아하는 주제인 짓궂은 장난을 하는 영상을 올리곤 했다. "그러다 이들은 새로운 골드러시를 발견하게 된 거죠." 클레인이 설명을 잇는다. "스파이더맨과 엘사요." 문제의 영상이 재생된다. 재즈풍의 음악이 흘러나오고 당구대가 있는 방에서 성인 네 명이 춤을 춘다. 두 명은 스파이더맨, 한 명은 헐크, 다른 한 명은 엘사 옷을 입고 있다. 코스튬을 입은 한 아이도 보인다. 스파이더맨 한 명이 엘사의 가짜 가슴을 더듬기 시작한다. "와, 멋진데." 스파이더맨이 말한다. 클레인이 보여주는 채널의 다른 영상들도 하나같이 선명한 노란색 배경에 엘사와 스파이더맨이 여러 선정적인 행위를 하거나 옷을 벗는 모습이 담긴 섬네일이 달려 있다. "얘들아, 유튜브가 너희들 뇌를 망쳐놓는다고." 클레인이 말했다. 그런 다음 그는 영상을 보며 자위를 하는 척한다.

클레인이 경멸하는 것은 바로 이 새로운 형식의 대가들을 뒤쫓는 풍토였다. 퀘벡시티의 누군가 운영하는《웹스 앤드 티아라스》채널은 칙칙한 주택에서 싸구려 핼러윈 의상을 입고 온갖 괴상한 짓을 하는 연기자들이 등장했다. 아무런 설명 없이 보여주는 극은 대체로 스파이더맨과 곤경에 처한 여성 엘사 간의 연애 이야기였다. 채널의 주인은 에릭Eric이란 가명을 썼다. 클레인 부부와 같은 유튜버들은 봇 트래픽을 의심했다. 예상할 수 있듯이,《웹스 앤드 티아라스》는 아동용 콘텐츠가 급격히 늘어난 현상에 더해 주류 콘텐츠는 부재한 상황이 맞물려 엄청난 위력을 발휘하는 알고리즘의 퍼펙트 스톰을 악용했다. (중독성 높은 '아기 상어 댄스' 열풍은 유튜브에서 2016년에 시작되었다.)《겨울왕국》과 슈퍼 히어로 브랜드들이 유튜브에 없었으므로 부모나 아이가 '엘사'나 '스파이더맨'을 사이트에 입력하면《웹스 앤드 티아라스》의 유명 입문 영상들이 등장했다. 이런 현상이 거듭 반복되었다. "어떤 아이들은 같은 영상을 50번쯤 봤을 겁니다." 해당 채널을 계약한 MCN 사업체, 스튜디오71의 임원 필 란타Phil Ranta는 2017년 리포터에게 이렇게 말했다. "조회 수를 높이는 데 큰 도움이 되죠."[215]

《웹스 앤드 티아라스》는 꼬마 라이언의 성공을 흉내 내기 시작했다. 당시 라이언은 어린 여동생 두 명과 다양한 장난감과 엄청 큰 사이즈의 음식 모형 젤리를 갖고 노는 영상으로 수억 조회 수를 달성하고 있었다. 어느 시점이 되자《웹스 앤드 티아라스》는 코스튬과 아이들에게 유명한 검색어 두 개가 요상하게 조합된 키워드로 큰 인기를 끌기 시작했다. 훌륭한 유튜버라면 누구나 그렇듯, "바이럴이 되는 콘텐츠를 계속해서 반복하기 마련"이라고 후에 란타는 설명했다. 란타는《웹스 앤드 티아라스》와 계약을 맺을 때 익명성은 크게 신경 쓰지 않았다. 여러 키즈 유튜버가 익명을 선호했는데, 어린이 사생활 보호 관련법에 어떤 식으로든 문제가 되는 상황을 피할 최선의 방법이기도 했고, 그들이 선택한 콘텐츠가 대단히 이상했던 탓이기도 했다.[216] 엘사 복장을 한 성인의 발에는 닭발이 보이고, "배에 너가" 달려 있는 영상들이었으니까. 하지만 전직 스탠드업 코미디언이기도 했던 란타는 해당 채널은 아동용 고전 무성영화나 코스프레 극장 같은 것이라 "무해한 편"이라고 주장했다. 또한 캐릭터들이 철창 속에 갇혀 있는 스토리는 큰 흥미를 끈다고 설명했다. "어린아이들이라면 '와, 나 엘사 엄청 좋아하는데. 스파이더맨도. 그런데 이게 뭐지? 둘이 감옥에 갇혔다고?' 이러면서 놀라죠." 란타가 설명했다. "'나 이런 이야기는 한 번도 본 적 없는데.' 하면서요." 클릭.

채널의 성공으로 아류들이 물밀듯이 생겨났다. 이 중에는 유튜브의 또 다른 트렌드였던 프랭크스터들prankers(관심을 받으려 도를 넘는 장난을 치는 사람들―옮긴이)의 스타일을 채택하는 이들도 했다. 프랭크스터들은 누가 더 이상한 장난을 치는지 한계를 시험하며 경쟁을 벌이고 있었다. 프랭크스터들이 합류하자 슈퍼 히어로 장르는 더욱 기이해졌다. 엘사는 스파이더맨이 안에 든 변기 물을 내렸고, "사악한 산타"가 엘사를 납치했으며, 스파이더맨이 엘사에게 이상한 액체가 든 주사기를 찔렀다. 엘사가 출산하는 장면은 수시로 등장했다. "포르노 시나리오인가 싶을 정도다."[217] 2017년 2월 한 블로거는 이렇게 적었다. 그에 앞서 몇 달 전, 메이커스튜디오스의 데이비드 시버스는 엘사 제작 스튜디오인 디즈니 변호사들에게 보고서를 전달했다. 유튜브의 디즈니 홍보 클립들을 한 달에 약 10억 뷰라는 놀라운 수치를 기록했다. 엘사가 등장하는 아마추어 영상은 매달 130억 조회 수라고 시버스는 보고서에 적었다.

그해, 《마더 구스 클럽》 크리에이터인 해리와 소나 조는 유튜브에서 가장 유행하는 키워드 중 하나가 '나쁜 아기'라는 것을 알게 되었다. 이 카테고리에는 어린아이 캐릭터가 반항적으로 구는 귀여운 애니메이션 클립과 실제 어린이들이 과식하고 구토하는 식의 역겨운 영상이 모두 포함되어 있었다. 후자에 속하는 《토이 프릭스》 채널에는 키즘이 초등학교 저학년 연령의 두 딸에게 아기처럼 옷을 입히고 장난을 치는 영상이 올라왔다. 한 영상에는 딸 중 한 명이 흔들리는 이를 요리조리 움직여보더니 비명을 지르고는 피를 뱉어내는 장면이 담겨 있었다. (영상에서 클립은 비명을 지르는 딸을 침착하게 안심시키는 장면도 나왔지만 피가 낭자한 스틸컷들만 보는 사람들은 그런 것까지 알지 못했다.)《토이 프릭스》는 유튜브 차트에서 고공행진을 이어 갔다.

3월, BBC에서 비판적인 보도가 나왔다.[218] 충격을 받은 부모들은 어린 자녀들이 안전한 플랫폼이라고 소개된 유튜브 키즈 앱에서 폭력적이고 끔찍한 영상들을 시청한다는 사실을 알게 되었다. 치과에서 고문을 당하는 가짜 페파 피그. 배설물로 장난을 치는 미키 마우스. 몸이 절단되어 피를 흘리는 미니 마우스. 유튜브 머신은 이런 콘텐츠를 아동용 만화로만 인식했다.

유튜브의 추천 시스템에 연결된 초인간적 인공지능인 신경망은 인간이 그 작동 방식을 헤아릴 수 없다고 해 '블랙박스' 시스템이라 불릴 때가 많았다. 유튜브 내 많은 이들은 불쾌한 아동용 콘텐츠가 증가하는 현상을 보며 자신들에게 블랙박스를 열 비밀번호가 없다는 현실을 새삼 깨달았다. "더는 통제할 수가 없는 규모가 되었고, 이 시스템을 책임질 수 있는 사람도 없었습니다." 유튜브 직원은 이렇게 회상했다.

얼마 지나지 않아, 상황을 지켜보던 사람들은 모두 점점 몸집을 불리는 재앙의 실체를 알게 된 듯 보였다. 단, 유튜브만 빼고 말이다.

• • •

악당들bad actors. 구글이 스팸 발송자들과 선거 개입자들(인터넷을 불안하게 만드는 사람들)을 부르는 용어다. 유튜브에서는 피를 흘리는 미니 마우스 카툰을 만드는 사람들, 회사의 허점이나 한계를 악용하는 사람들, '문제적 콘텐츠'를 올리는 사람들이 바로 악당들이었다.

2017년 여름, 유튜브의 한 팀이 나서서 아동을 타깃으로 한 콘텐츠 가운데 '문제적으로' 느껴지는 영상들을 면밀히 살피기 시작했다. 기업은 여전히 광고 보이콧 여파로 동요하고 있었지만, 광고 가이드라인을 업데이트하고 테러리스트 영상을 더욱 명확하게 식별해내는 모델을 만들어 (AI 신의 가호가 함께하길) 해당 문제와 영원히 이별을 고하려 했다. 봄에 팀에 입사한 한 직원은 자신의 업무가 "더는 필요하지 않을 수도 있을 것 같다"라는 이야기를 들었다.

하지만 막상 뚜껑을 열자 그런 희망은 사라져버렸다.

《토이 프릭스》만이 아니었다. 치즘의 성공은 수십 개의 모방자들을 만들어냈다(유튜브는 이를 "복제 콘텐츠"라고 불렀다). 어떤 이들은 '나쁜 아기'처럼 알고리즘의 덕을 보고자 머신에 잡히려는 목적으로 아무 관련 없는 태그들을 영상에 삽입하는 오래된 스팸 전략인 '키워드 채우기'를 활용했다. 유튜브 직원들 중에는 미성년자가 등장하는 '나쁜 아기' 영상을 보다가 구역질 나는 불편감을 느끼는 사람도 있었다. 이 트렌드를 따른 영상 가운데는 벌로 어린아이의 얼굴을 면도하는 영상도 여럿 등장했다. (진짜 면도를 한 것인지 가짜인지는 분명하지 않았다.) 다른 영상에는 아이들에게 음식을 잔뜩 먹여 한껏 부른 배를 보여주는, 포르노 유형에 가까운 장면도 담겨 있었다. 기업은 오래전부터 아동 착취와 성적 페티시에 대한 규정이 있었다. 해당 영상들은 그 규정을 위반하지는 않았지만 위반에 준하는 수준이었다. 오랫동안 유튜브는 부모들이 아이를 유튜브 키즈로 유도해주리라 믿었지만 키즈 앱의 빈약한 트래픽을 보면 그것이 잘 이루어지지 않고 있었다. 부모의 감독에서 벗어난 수백만 명의 아이들은 YouTube.com에 머물러 있었다.

직원들은 새로운 카테고리('경계성 페티시')를 만들어 중재자들과 머신이 해당 카테고리에 속하는 영상을 잡아낼 수 있도록 기준을 마련했다. 유튜브는 어린이 캐릭터와 '성인용 주제'를 뒤섞은 영상(기괴한 페파 피그와 스파이더맨과 엘사가 함께하는 수많은 콘텐츠)에 또 다른 이름을 붙였다.

이들은 신중하게 움직였다. 유튜브 직원들은 페이스북을 부러워했지만, 페이스북의 예전 모토인 "빠르게 움직여 틀을 깬다move fast and break things"라고 말하지 않을 수 있어 다행이었다. 트럼프 당선의 여파로 이 모토는 민주주의적 규범을 파괴하는 소셜 네트워크의 경솔함과 동의어로 쓰이고 있었다. 유튜브가 총기를 다루는 법을 알려주거나 총을 판매하는 영상을 금지하기로 결정했을 당시 관련 규정을 만들고, 테스트를 실시하고, 프로토콜을 개발하는 데 6개월이 걸렸다. 기업은 부수적 피해를 염려했다. AI 과학자들은 이를 "정밀도precision와 재현율recall"이라고 불렀다. 폭탄 제조 영상을 찾도록 훈련받은 머신은 가급적 많은 영상을 찾아내야 하는데(재현율), 이때 실수로 뉴스 영상이나 제2차세계대전 다큐멘터리, 와일 E. 코요테Wile E. Coyote 만화 영상을 삭제하는 일은 없어야 했다(정밀도). 구글은 더욱 높은 수준의 정밀도와 재현율을 갖춘 AI 모델을 선호했다. 괴상한 아동용 콘텐츠를 살펴보던 유튜브 직원들은 머신을 위한 가이드라인을 정하는 데 고전했다. 《어덜트 스윔Adult Swim》(미국의 카툰 네트워크사의 성인 만화 채널 — 옮긴이) 스타일의 만화는? 패러디물은? 《겨울왕국》의 〈Let It Go〉를 저속하게 패러디한 영상을 두고는 뜨거운 논쟁을 거쳐 결국 해당 클립이 아이들을 타깃으로 한 것인지 모호하다는 결론에 이르렀다. 스파이더맨과 엘사가 함께하는 콘텐츠와 코스프레한 코믹콘Comic Con(세계적인 국제 만화 박람회 — 옮긴이) 참석자를 무엇으로 구분할 수 있을까? 인간도 쉽게 구분하기 어려웠다. 그런데 머신이 어떻게 가능하겠는가? 《토이 프릭스》는 또 어떻고? 가족들이 재밌는 홈비디오 영상을 올리는 게 문제가 될까? 그렉 치즘은 영상 속 두 아이의 아빠라고 밝혔지만 그가 아빠가 아니었다면 그 영상들은 상당히 다르게 전달될 수 있었다. 유튜브는 부모 여부를 팩트 체크할 수 없었고, 채널 수천 개를 대상으로 해야 하는 상황에서는 절대로 불가능한 일이었다.

유튜브는 크리에이터들을 더욱 언짢게 할까 봐 걱정되었다. 애드포칼립스가 지속되자 유튜버들의 분노는 점점 커져갔고, 자신들에게 불리하게 운영되는 플랫폼의 문제가 더 많이 보이기 시작했다. 그해 가을, 라스베이거스에서 총격범이 60여 명을 살해한 사건이 벌어진 후 케이시 네이스탯은 희생자들을 위한 자선단체를 지원하는 클립을 제작해 시청자들에게 해당 영상의 광고 수입은 자선단체로 바로 전달될 거라고 알렸다. 유튜브 시스템은 그의 영상이 광고주 대다수에게 부적절하다고 판단했지만 ABC의 지미 키멜 영상에는 아무런 문제 없이 광고가 게재되었다. "위선의 악취가 풍기네요." 그는 〈수익 창출 정지 수익 창출 정지 수익 창출 정지〉라는 제목의 후속 영상에서 이렇게 말했다. "여러 커뮤니티가 유튜브에 불만을 품고 있습니다." 이 말에 더해 찌푸린 표정의 얼굴을 그려 들고 있었다.

9월, 워치츠키가 본사에서 소집한 회의에는 엔지니어들, 홍보 담당자들이 자리했고, 신뢰 및 안전 부서 직원들은 직접 참석하거나 화상 회의로 참여했다. "위기 상황입니다." 워치츠키가 직원들을 향해 말했다. 직원들은 앞서 '문제적 콘텐츠'를 더욱 빠르게 처리하고 크리에이터들과 더욱 효과적으로 소통할 계획을 세워 오라는 지시를 받았었다. 테크 기업은 위기 조치 대응을 "워 룸war room(군사작전실 또는 상황실—옮긴이)"이라고 불렀다. 이 새로운 그룹은 '지속적인 워 룸' 태세였다. 이들의 첫 번째 전술 중 하나는 《토이 프릭스》와 같은 '경계성 페티시' 채널을 사이트에서 제거하는 것이었다. 벌써 많은 사람이 채널의 영상을 봤고, 아동들이 지시를 받고 영상에 등장하거나 불편한 상황을 경험하고 있는 것만은 확실하다고 느끼는 사람들이 많았다.

그즈음, 더욱 큰 역할을 맡기 시작한 유튜브의 프로덕트 책임자인 닐 모한은 워치츠키를 대신해 여러 행사에 참석에 난감한 문제를 해결하고 기업의 감시 활동 노력을 감독하기 시작했다. 10월 모한은 이 워 룸 전술을 승인했다. 하지만 유튜브 직원들은 새 계획을 신중하게 펼치고 싶었다. 따라서 이들은 몇 주 기다리기로 했다.

. . .

그해 가을, 가정용품 브랜드들과 광고 에이전시가 유튜브로 자금을 조금씩 가져오기 시작했다. 홀리데이가 가까워지며 치열한 마케팅 시즌이 돌아온 것이었다. 유튜브는 좀 더 높은 가격의 광고 프로그램인 구글 프리퍼드라는 안전한 환경을 제시했다. 그럼에도 몇몇 에이전시는 또 다른 문제가 생길까 하는 우려 속에 자사의 유튜브 광고를 감사監査하기 시작했다. 10월 감사 중에 맨해튼 에이전시의 임원은 충격적인 무언가를 발견했다.

당연하게도 아이들이 홀리데이 매출에 큰 영향을 미치는 만큼 에이전시는 키즈 영상 다수에 광고를 게재했다. 하지만 몇몇 영상들은 대단히 이상했고 잘못되어 있었다. 페티시적이었다. '색깔 배우기' 영상에 아이가 색색의 테이프에 묶여 있는 모습이 등장했고, 아이들과 성인 여럿이 스피도 수영복을 입은 채 공갈 젖꼭지를 물고 있었다. 아이들이 수영복을 입고 있는 영상이 여럿이었다. 영상 아래 밀크셰이크와 휘핑크림이란 단어가 들어간 성적인 댓글들이 보였다. 이런 영상을 후원하는 데 유튜브는 TV에 준하는 요금을 청구했던 것이다. 임원은 구글 사람들에게 연락해 프리미엄 영상을 확인하지 않는 이유가 무엇인지 물어세웠다.

평소 수다스럽고 친근한 분위기의 구글 세일즈 직원들이 보내온, 정해진 양식에 따른 이메일은 꼭 "인질이 받아 적은 것처럼" 읽혔다고 베테랑 광고인인 에이전시 임원은 말했다. 후속 이메일에서 구글 직원은 "이용자 관심"이 구글 프리퍼드의 영상을 결정한다고 설명했다. 오디언스가 왕이었다. "인기도에 따라 결정됩니다"라고 메일에 쓰여 있었다. "한편, 몇몇 광고주들이 불편하게 느낄 만한 콘텐츠가 있을 수 있다는 점은 양지하고 있습니다." 구글은 환불을 제안했다.

비공개적으로 오가던 이런 대화는 11월 4일 『뉴욕타임스』가 유튜브 키즈 앱에 있는 "깜짝 놀랄 만한" 영상에 대해 기사를 보도하며 세상에 드러났다.[219] 악마에 사로잡힌 가짜 《퍼피 구조대PAW Patrol》 캐릭터들이 기사에 등장했다. "아무것도 모르는 불쌍한 우리 아들"이라며 키즈 앱을 시청한 세 살 아들을 둔 엄마는 안타까워했다. 『뉴욕타임스』는 《프릭 패밀리Freak Family》 채널의 '나쁜 아기' 영상 속 얼굴이 울긋불긋해진 어린 여자아이가 괴로운 표정으로 이마를 면도당하는 사진을 실었다. 유튜브 사이트에서 해당 클립의 조회 수는 5,300만 회 이상이었다. 유튜브 디렉터는 신문사에 지난 30일간 부적절한 콘텐츠로 확인된 영상은 "0.005퍼센트 미만"이라고 말하며 "건초 더미 속에 있는 아주 가느다란 바늘"이라고 표현했다. 하지만 땅은 이미 크게 뒤흔들린 터였다. 이틀 후 산사태가 일어났다.

드론과 전쟁에 관한 글을 쓴 영국 작가 제임스 브라이들James Bridle은 사람들의 관심을 아이들에게로 돌려놨다. 브라이들은 블로깅 사이트인《미디엄Medium》에 「인터넷에서 무언가 잘못되어가고 있다」라는 흥미를 유발하는 제목으로 장문의 글을 썼다.[220] 브라이들의 글은 명료하고 세밀했지만 첨부된 시각자료만으로도 그가 하고자 하는 이야기를 충분히 파악할 수 있었다. 브라이들의 게시물은 먼저 서프라이즈 에그 언박싱 영상과 동요, 가짜 페파피그의 영상 스틸 컷이 등장하며 유튜브에서 수백억 조회 수를 기록한 카테고리들을 소개했다. 이후 큰 돌풍을 일으킨 'Finger Family'가 등장했다(유튜브에 최소 1,700만 개 버전이 있었다). 로봇이 만든 것 같은 영상들이 많았지만 가려내는 것은 불가능했다. 브라이들은 이렇게 적었다. "이는 알고리즘적 발견의 시대에 콘텐츠가 만들어지는 방식이다. 실제 인간이라 할지라도 머신으로 가장해야 한다." 스크롤을 내리면 상황은 더욱 심각해졌다. 알고리즘 맞춤형으로 불편할 정도로 똑같은 그림체에 원색의 선명한 스틸 컷이 나열되어 있었다. '나쁜 아기' 파생작들과 정상이 아닌 듯 보이는 만화들, 이것들보다 더욱 비현실적인 콘텐츠('틀린 머리'는 디즈니 캐릭터들의 머리가 잘려나간 채로 화면에 둥둥 떠 있었다)가 소개되었다.《토이 프릭스》의 스틸 컷을 첨부한 브라이들은 아이들이 구토하고 고통을 느끼는 모습을 보여주는 채널이라고 소개했고, 글 아래로 스파이더맨과 엘사에 짓궂은 장난을 더한《토이 프릭스》의 모방품들이 대거 등장했다. 브라이들은 이를 "악몽 생산의 공업화"라고 하며 뜻밖의 결론을 제시했다. "아이들을 이러한 콘텐츠에 노출시키는 것은 학대다. … 지금 이 상황에는 유튜브와 구글이 이 시스템에 연루되어 있다."

조 부부나 클레인 부부처럼 오랫동안 유튜버 생활을 했던 이들은 이러한 트렌드가 뜨고 있다는 것을 눈치챘지만 대부분의 사람들, 특히 어린아이를 둔 부모들은 심지어 구글 직원들마저 이러한 콘텐츠가 존재한다는 것조차 알지 못했다. 모든 것을 온라인으로 추적하는 유튜브에서 직원들은 브리들의 글을 둘러싸고 트위터에서 당황스러울 정도로 뜨거운 반응이 일고 있다는 것을 확인했다. 매디슨 애비뉴가 다시 움츠러들자 또 한 번 대참사가 벌어질 것 같은 분위기였다. 브리들의 글을 낱낱이 파헤친 신문사 리포터들은 유일하게 얼굴이 등장했던 한 사람, 《토이 프릭스》의 아빠인 그렉 치즘을 쫓기 시작했다. 런던의 『타임스』는 치즘의 영상에 광고가 게재되었던 광고주들이 분노에 차 자금을 회수하기 시작했다는 기사를 실었다. 기사 제목: 유튜브에 올라온 아동 학대. 부제: 구글이 충격적인 영상으로 수백만 달러를 벌어들이다.[221]

· · ·

그 아동 학대 기사가 스리다 라마스와미의 임계점이었다. 그는 구글 광고 사업부에서 기술 운영부를 책임지고 있었고, 워치츠키와 갈등이 있었던 4년 전부터 부사장직을 맡고 있었다. 직설적인 엔지니어였던 라마스와미는 구글과 유튜브 광고의 경매와 거래라는 복잡한 시스템을 관장했지만 워치츠키와 공동으로 유튜브의 여러 선택을 내려야 하는 입장이었다. 라마스와미는 광고를 다시 안전하게 만들기 위해 보이콧 사태를 수습하는 데 동참하고 있었지만 《토이 프릭스》나 그 유명세, 수많은 모방작까지는 전혀 알지 못했다. 『타임스』의 기사로 그는 구글의 광고 사업부에서 탈출해야겠다는 결심이 들었다고 후에 고백했다.[222] 그는 이듬해 구글을 떠났다.

『타임스』 기사로 인해 유튜브는 전례 없던 무언가를 고민하기 시작했다.

11월의 어느 주말, 워치츠키와 모한, 라마스와미를 포함한 임원진 소수는 이번 참사를 극복할 전략을 세우고자 각자의 집에서 영상 통화로 모였다. 유튜브는 문제가 되는 영상들을 두고 외부 전문가에게 자문을 구하기 시작했고, 전문들은 특정 콘텐츠아이들이 색색의 테이프에 묶여 있는 영상과 체조 영상에 달린 댓글들는 온라인에서 소아성애를 암시하는 암호들이 담겨 있다고 설명했다. 라마스와미는 구글이 이런 키워드와 함께 언급되고 싶은 것인지 화면에 대고 물었다. 유튜브는 두 가지 유형의 광고를 판매하고 있었다. 직접 반응(쿠폰과 할인)과 브랜드(타이드나 쉐보레 같은 기업의 전통적인 상업광고)였는데, 브랜드 광고가 매출의 대부분을 차지하고 있었다. 회의 중 어느 시점인가, 라마스와미는 사이트가 키즈 콘텐츠 문제를 바로잡을 때까지 유튜브에서 모든 브랜드 광고를 종료하자고 제안했다. 수십억 달러가 될지도 모를 손해를 감수하자는 것이었다.

결국 이들은 다른 과감한 전략을 행하기로 결정했다. 과거 논란이 심한 영상조차도 사이트에서 지키기 위해 격렬하게 맞섰던 유튜브는 이번만큼은 수십만 개의 영상을 단번에 날려버렸다. 추수감사절을 앞둔 며칠 전, 유튜브는 200만 개의 영상에서 광고를 제거했고, 15만 개 이상의 영상을 지웠으며, 270개 이상의 계정을 삭제했는데, 여기에는 모두 합쳐 1,300만 구독자를 거느린 그렉 치즘의 채널 두 개도 포함되어 있었다.《토이 프릭스》를 모방한 채널 50개도 사라졌다.

필 란타는 퀘벡에 거주하는 그의 슈퍼 히어로 연기자들의 흥분한 전화에 잠에서 깼다.《웹스 앤드 티아라스》가 사라져 있었다. 유튜브 직원들에게 연락해보려 모든 방법을 동원했지만 전부 실패로 돌아갔다. 인형을 리뷰했던 엄마이자 키즈 MCN사를 운영하는 멜리사 헌터에게 패닉에 빠진 유튜버들의 전화와 메일이 빗발쳤다. 긴급했던 유튜브는 정밀도와 재현율 세팅을 정교하게 조율하지 않은 채 AI 필터링 시스템을 모든 문제적 아동 영상에 적용했다. "앞뒤 보지 않고 마체테 칼을 휘두른 거였죠. 그래야만 했으니까요."

헌터가 말했다. "정말 힘든 시기였어요."

비범한 가족 브이로거인 에이프릴April과 데이비 오길Davey Orgill은 그해 초, 유튜브 레퍼토리에 슈퍼 히어로 패러디 채널을 추가했다. 의상을 입고 아이들과 연기를 하는 영상으로 200만 명이 넘는 구독자를 얻었지만 8월에 업로드를 그만두었다. "영상들이 점점 이상해지기 시작했어요." 에이프릴은 해당 장르에 대해 시청자들에게 이렇게 말했다. "웩."[223] 하지만 이들은 채널을 유지하며 조회 수와 광고 수익을 가져갔다. 11월 23일, 유튜브는 이들의 영상 중 두 개에 광고를 허용했다. 그러고는 하루 뒤 채널이 사라졌다. "유튜브는 이런 영상을 찍는 사람들 탓을 하지만 1년 동안 유튜브 알고리즘이 이런 콘텐츠를 밀어줬어요." 데이비 오길은 리포터에게 말했다. "유튜브가 괴물을 만든 겁니다."[224] 누군가 이 흉측한 괴물과 유튜브의 마체테 대응을 두고 꽤 어울리는 이름을 붙여주었다. 바로 '엘사게이트Elsagate'였다.

그렉 치즘의 삶이 완전히 달라졌다. 그는 《토이 프릭스》를 벅스 버니 만화의 실사판처럼 여겼고, 딸들의 대학 학비를 마련하고 아이들의 자존감을 높일 수 있는 무해한 방법이라 생각했다. 그런데 갑자기 세상 사람들 모두가 그의 행동을 악의적으로 해석하고 있었다. 전혀 모르는 사람들이 온라인에서 그를 비난했다. 한 여성은 그의 둘째 딸이 실종 아동이라고 주장했다. 채널이 삭제되자 그는 "우리 영상을 보며 부적절한 즐거움을 느낀 사람들이 있었다는 데" 마음이 무척 괴로웠다는 입장을 발표했다. 일리노이주의 수사 기관에서 치즘이 아동을 위험에 빠뜨린 정황이 있는지 조사하기 시작했다. 일리노이 경찰서 서장인 리치 밀러Rich Miller는 《버즈피드 뉴스》에 이렇게 밝혔다. "모두가 불편함을 느끼고 있겠지만 당시 그가 나쁜 부모였는지 범죄 혐의점을 찾기가 상당히 어려웠습니다."[225] 결국 치즘은 모든 혐의에서 벗어났다.

몇 년이 지났지만 그는 여전히 당시의 일로 괴로움을 느끼고 있었다. "정신 건강에 대단히 안 좋은 일이었습니다. 정말 죽을 것 같았어요." 그는 당시의 상황을 이렇게 회상했다. "미디어가 저를 부당하게 몰아간 거죠. 유튜브가 저한테 잘못한 건 없습니다. 그쪽과 엄청 소통하고 그런 건 아니라서. 그냥 갑자기 그런 일이 벌어진 거죠."

. . .

2017년 유튜브는 끔찍한 추수감사절을 보냈다. 몇몇 직원들은 휴일임에도 노트북 앞에 앉아 워치츠키에게 전달할 현황 보고서를 작성하고 실행 중인 광범위한 변화가 제대로 진행되고 있는지 살펴야 했다. 늘 그렇듯 유튜브는 사이트가 지운 영상들을 다시 업로드하는 사람들이 없는지 관찰했다. '코드 레드' 상황이었다. 엔지니어들은 불려 나와 최대한 빨리 머신 필터를 수정했다. "정신이 하나도 없는 상황이었습니다." 대응 업무를 맡은 구글 리서처 잭 폴슨Jack Poulson이었다. "솔직히 말해, 잘해내면 승진이 될 거라는 것을 다들 알고 있었어요." 홀리데이가 가까워질 즈음, 유튜브는 신경이 곤두선 직원들의 마음을 달래기 위해 샌브루노 사무실에 강아지들을 데려왔다. 지금껏 수많은 일을 겪으면서도 변하지 않았던 유튜브가 이번 사건을 계기로 중재하는 방식을 단번에 바꿨다. "다른 회사에서 일하는 것 같은 기분이었어요." 전 직원 한 명은 이렇게 고백했다. "제게는 무엇보다 감정적으로 다가온 사안이었어요." 세 아이의 아빠로 당시 후속 대응을 감독했던 닐 모한이었다. "모든 동력과 열정, 스트레스는 사실 이 일이 기본적으로 아이들을 보호하는 것과 관련한다는 데서 발생했습니다."

유튜브가 공개적으로 약속한 사안이 몇 가지 있었다. 부적절한 가족용 콘텐츠에서 광고를 제거하고, 어린이를 향한 외설적인 댓글을 차단하고, 더 많은 전문가에게 자문을 구하고, '가족 친화적인 콘텐츠'에 대한 크리에이터 가이드를 마련하고 새로운 가이드라인이 "과학기술을 통해 더욱 신속하게 시행"될 수 있도록 하겠다는 것이었다. 12월, 유튜브 블로그 글에 워치츠키는 유튜브의 풍부한 영상은 자신의 자녀들이 "깨우침을 얻는 데 도움을 주었다"라고 밝혔다. "하지만 유튜브의 개방성이 곤란하게 작용하는 경우도 있다는 것을 가까이에서 지켜봤습니다." 그녀는 이렇게 적었다. "악당들이 우리의 개방성을 악용해 그릇된 길로 이끌고, 속이고, 희롱하고, 심지어 해를 끼치는 경우도 목격했습니다." 그녀는 악당들이 올리는 영상을 사전에 가려내는 일을 하는 구글의 중재 인력이 내년이면 1만 명을 넘어설 것이라고 약속했다. 상당한 숫자였다. 워치츠키는 다만 이 중 대부분은 구글 소속 인력이 아니라는 사실은 언급하지 않았다.

28장

▶

악당들

더블린의 한 건물에 도착한 제이콥 회이 효베리그Jakob Høgh Sjøberg는 입구에 표지판 두 개를 확인했다. 페이스북 계약직을 위한 입구와 구글을 위한 입구로 나뉘어 있었다. 프런트 데스크에서 받은 플라스틱 카드로 그는 구글 입구를 통과할 수 있었다. 붉은색 머리에 호리호리한 효베리그의 이력서에는 여러 나라가 담겨 있었다. 모국인 덴마크와 아일랜드에서는 법학 학위들을 받았고 런던경제대학에서는 여름 계절학기를 수강했다. 하지만 이 일을 할 사람을 찾던 구인자들은 자신의 덴마크어 구사 능력를 더욱 중요하게 생각하는 듯했다. 채용 과정 중 면접을 진행했던 기업은 그가 한 번도 들어본 적 없는 액센츄어Accenture라는 곳이었고, 기업은 그에게 '민감한 콘텐츠'에 관련한 업무도 괜찮을지 물었다. 효베리그는 잠시 고민했다. "보통 사람들이 버티는 정도는 버틸 수 있습니다." 그가 답했다. 업무에 대한 다른 이야기를 듣지는 못했다.

2017년에 열린 오리엔테이션에 다섯 명이 더 합류했다. 러시아인, 스페인인 세 명, 불어를 하는 아일랜드 여성 한 명이었다. 이들은 휑한 교실에 앉아 표현의 자유와 표현의 자유 보장에 대한 설명을 들었는데, 효베리그에게 는 재밌게 느껴지는 주제였다. 이후 강사는 효베리그의 자리에서 약 4.5미 터 떨어진 대형 스크린으로 자리를 옮겼다. 유튜브 영상이 재생되었다.

"이것은 잔인한 영상입니다." 강사가 경고했다. 다음 영상. "이것은 매우 잔인한 영상입니다."

효베리그의 심장이 빨리 뛰고 있었다. '매우 잔인한'이란 불에 탄 사람들 이나 짓이겨진 신체 부위를 의미한다는 것을 알게 되었다. 충격과 살인. 음 울한 영상들. 한 남성이 수차례 칼에 찔리며 비명을 지르는 영상이 나오자 효베리그는 화장실로 달려가 얼굴에 물을 끼었으며 정신을 잃지 않으려 애 썼다. 끔찍했다. 하지만 중도에 포기하는 사람은 아니었다. 그는 다시 자리 로 돌아갔다.

그가 실제로 근무한 공간은 규모가 훨씬 큰 사무실에 수십 대의 컴퓨터가 나란히 자리하고 있었고, 컴퓨터마다 지메일과 비슷하지만 레이블과 폴더 가 더 많은 디지털 인터페이스, 티켓팅 시스템이 가동되고 있었다. 컴퓨터 로 계속해서 영상이 들어왔다. 효베리그는 폭력적인 극단주의를 중재하고 덴마크어 콘텐츠를 담당하는 일을 맡았다. 하루에 영상 120개를 처리한다 는 할당량이 정해져 있었다. 다만 리뷰를 해야 하는 부적절한 콘텐츠가 덴 마크어는 많지 않아 효베리그는 다른 언어로 된 영상도 한 번씩 살피곤 했 다. 그는 참수 영상은 도저히 볼 수가 없었다. 당시 유튜브 머신이 참수 영 상의 대다수는 자동적으로 삭제할 수 있었지만 한 번씩 잡아내지 못하는 것 들이 나왔다. 무딘 칼이 등장해 그로테스크함의 정도를 넘어선 영상들이었 다. 한번은 익숙한 영상이 화면에 등장했다. 남성 한 명이 묶여 있고, 요구 조건이 흘러나왔다. 효베리그는 머리가 어질해졌다. 본능적으로 그는 삭제 버튼을 눌렀지만 나중에야 그 영상이 장난이었다는 것을 알게 되었다. 영상 속 테러리스트는 휙 칫솔을 꺼내 묶여 있는 남자의 목에 갖다 대었다. 실수 를 저질렀다고 상사가 질책했다. 결국 업무를 바꿔준 동료들이 폭력적인 콘텐츠를 가져가고 효베리그에게는 동물과 아이들이 나오는 우울한 영상을 맡겼다. 그가 말했다. "저한테 어떤 문제가 있는지는 모르지만 그런 콘텐츠는 그렇게 괴롭지 않았어요."

끔찍함을 이겨내보려 농담을 하는 동료들도 있었다. 효베리그는 헤드폰으로 유쾌한 잼 연주 톱 40을 듣고 한 번씩 사무실 부지 내 연못 근처를 산책했다. 그는 9개월 동안 근무했다. 딱 한 번, 사무실을 더욱 깨끗하게 관리해달라는 메일을 받은 적이 있었다. 유튜브에서 방문한다고 했었다.

. . .

2008년 금융 위기 이후 구글은 몇몇 업무를, 주로 비전문적인 업무를 외부에 위탁했다. 회사가 커지자 외부 인력도 커졌다. 구글은 이들을 TVC(임시직temporary, 공급업체vendor, 계약직contract)라고 불렀다. 2018년 임직원 수를 10만 명 이상으로 발표한 구글은 TVC들도 그 정도나 되었지만 실제 숫자는 밝히지 않았다. 단기 프로젝트에 참여하고 보수를 듬뿍 받는 사람들도 있었다. 다른 이들은 사무실을 청소하거나 아직 자율 주행을 한다고 보기 어려운 자동차들을 테스트했다. 유튜브에서 TVC들은 액센츄라, 바코Vaco, 카그너전트Cognizant와 같은 정체를 알 수 없는 기업(봐도 무슨 일을 한다는 것인지 이해가 가지 않는 채용 광고를 내는 그런 기업)에 소속되어 콘텐츠 중재 일을 했다. 이 중재자들은 고위 간부들을 만날 일이 거의 없었다. 유튜브 직원과 마주하는 일은 더더욱 없었다. 이 스크리너들은 인터넷상 최초의 최전선 근무자 중 하나였던 유튜브의 예전 스쿼드팀의 후계자들이었다. 하지만 스쿼드팀원들은 유튜브의 월급과 혜택을 받았고 사무실 제일 앞 열에 자리한 데스크에서 근무했다. 이제 대부분의 스크리너들은 더블린, 하이데라바드, 쿠알라룸푸르의 익명 상업 지구 내 제멋대로 뻗어 나가는 지하경제에서, 구글의 재무제표상에는 모습을 숨긴 채 일하고 있었다.

2017년 초, 사회의 압력이 커지는 가운데 구글과 페이스북은 언론과 광고주, 규제 기관의 격렬한 비난을 피하기 위해 스크리닝 인력을 급히 확장했다. 계약직 중재자들 다수가 상당한 불안감과 우울감, 놀라며 자주 잠에서 깨는 증상에 시달린다고 《버지The Verge》의 기자 케이시 뉴튼Casey Newton은 비판적인 기사를 보도했다.[226] 뉴튼과 인터뷰한 오스틴의 액센츄라 소속 유튜브 중재자들은 병가 없이 시급 18.5달러(연봉 약 3만 7,000달러)를 받았다. 유튜브 직원이 본사 근처에서 근무하는 새 중재자들에게 업무를 교육하러 갔을 당시 한 중재자가 자신들도 테라피스트에게 치료를 받을 수 있는지 물었다. 유튜브 직원은 어떤 답을 해야 할지 알 수 없었다.

효베르그와 그의 더블린 동료들은 의료 보험 혜택을 받지 못했지만 휴식을 취할 수 있는 '수면실'은 있었다. 마침내 심리학자 한 명이 파견되었고 곧장 직원들의 상담 예약이 줄을 이뤘다.

모든 스크리너가 소름 끼치는 영상을 마주한 것은 아니었다. 몇몇 계약자들은 유튜브의 저작권 분쟁 업무를 맡아 정작 대형 미디어 기업과는 먼 곳에서 벌어지는 기이한 다툼을 처리했다. 캘리포니아의 한 계약자는 캄보디아의 낚시 영상에는 전문가가 되었다. 어떤 이유에서인지 저작권 침해 항의가 빗발치는 장르였다. 넷플릭스의 〈오쇼 라즈니쉬의 문제적 유토피아Wild Wild Country〉 속 영적 지도자가 선임한 변호사들이 저작권 침해물의 게시를 중단하라는 문서를 한 뭉치 보내오기도 했다. 때로는 스크리너가 본의 아니게 유튜브 비즈니스를 방해하기도 했다. 그해 중동에 있는 유튜브 세일즈 직원은 사우디아라비아에서 라마단(이슬람력 9월에 일출에서 일몰까지 금식하고 매일 다섯 번 기도하는 기간—옮긴이) 동안 게시할 광고 스폰서 계약을 성사시켰다. 한 직원은 라마단이 "슈퍼볼의 30초 광고"에 맞먹는 마케팅 시즌이라고 설명했다. 사우디아라비아의 유명한 음식 및 엔터테인먼트 채널에 게시될 광고들이 줄줄이 예정되어 있었지만 라마단이 시작되고 나자 거의 모든 광고가 보이지 않았다. 그 어떤 상업 광고도 이슬람교도 극단주의와 함께해서는 안 된다고 훈련받은 유튜브 중재자들과 머신이 눈치 없이 아랍 또는 이슬람 이미지가 담긴 영상에서 광고를 삭제한 것이었다. (한편, 중동의 한 임원에 따르면 유튜브는 돼지를 불쾌하게 여기는 사우디아라비아의 교리를 고려해 페파 피그 만화를 추천 시스템에서 삭제하는 신중함을 보였다.[227])

구글은 속도를 이유로 계약직 고용을 합리화했다. 실제로, 채용까지 지나치게 느린 속도로 진행되는 구글보다 도급업체가 훨씬 빠르게 인력을 고용할 수 있었다. 구글이 가령, 이상한 키즈 영상같이 갑자기 감시해야 할 대상이 생기면 '시스템을 훈련시켜줄', 즉 머신 영상 분류기를 교육시켜줄 중재자들이 많이 필요해졌다.[228] 계약자들은 머신 훈련사라는 자신의 역할을 잘 이해하고 있었다. 효베르크의 동료들은 유튜브 알고리즘을 '로봇'이라고 불렀다. 로봇이 업무에 능숙해지면 자신들이 실직하리란 것을 중재자들은 알고 있었다.

고용 안정성과 혜택을 누리는 구글의 인하우스 중재자들마저도 기업이 폭발적으로 성장하던 시기에는 소모품이 된 것 같은 기분을 느꼈다. 2011년에 입사한 유튜브 직원 하나는 당시 리뷰어가 마흔 명뿐이었지만 하루에 1,000편의 영상을 검토해야 했다고 전했다. 2015년에 유튜브에 온 중재자 데이지 소더버그-리브킨Daisy Soderberg-Rivkin은 구글 이미지 검색 결과를 검토하던 당시 아랍어를 쓰는 팀원 한 명이 떠났음에도 경영진은 인력을 충원하려 들지 않았다고 전했다. 5,000억 원 가치의 기업이자 언제든 마실 수 있는 콤부차가 준비되어 있고 무한에 가까운 컴퓨팅 파워를 지닌 기업이란 점을 생각해보면 더욱 이상하게 느껴졌다. 그녀는 "예산이 없어서요"라는 말을 들었다. "그러니까 그 말은 사실 우리 팀 예산이 없다는 거잖아요?" 그녀는 한 가지를 바로잡으려 했다. 유튜브의 신뢰 및 안전 부서를 퇴사한 직원 한 명은 불쾌한 키즈 콘텐츠를 검토한 업무 때문에 외상후스트레스장애PTSD 치료를 받아야 했다. 그는 이렇게 말했다. "매일 리튬Lithium이나 자낙스Zanax를 삼켜야 했어요."

엘사게이트로 기업은 감시 활동에 훨씬 큰 투자를 쏟아부었고, 기업이 '아동 보호'라고 이름 붙인 활동에 더욱 많은 자원을 투입했다. 프로덕트 책임자인 모한이 신뢰 및 안전 부서를 맡으면서 이 부서는 조직 구조에서 좀 더 높은 위치로 올라가게 되었다. 중재자들에게는 (정확한 기준은 전해지지 않았지만) 영상에서 아동 학대를 더욱 면밀하게 살피라는 지시를 전했다.²²⁹ 또한 유튜브는 가장 많은 사람이 찾는 섹션의 영상을 검수하는 중재자들을 따로 안배했다. 그 섹션 중 하나가 홈페이지의 트렌딩 탭이었고, 여기만큼은 세계 어디든 누군가 항상 지켜보는 인력이 있게 했다.

이렇게까지 준비했기에 트렌딩이 끔찍하게 망가지자 크게 동요할 수밖에 없었다.

• • •

유튜브의 아동 보호를 둘러싸고 닥친 재앙 한가운데에서도 유튜브 스타들은 더욱 높은 유명세를 얻고 있었다. 그중에서도 로건 폴Logan Paul만큼 높이 빠르게 올라간 사람은 없었다.

폴과 그보다 체구가 작고 좀 더 요란하다는 것 외에는 그를 꼭 닮은 동생 제이크Jake는 10대 초반의 나이로 클리브랜드 교외 지역에서 장난을 치는 콘텐츠로 한 유튜브 채널을 시작했다. 하지만 로건이 대학에 입학한 뒤 형제는 6초 분량의 영상 공유 앱인 바인이 유튜브에서는 표현하기 어려운 즉흥적이고 창의적인 마법의 순간을 포착해낼 수 있다는 점에 크게 이끌렸다. 전직 고등학교 라인배커(미식축구의 수비 포지션—옮긴이)이자 레슬러였던 로건은 젊은 매튜 맥커너히Matthew McConaughey와 우람한 디즈니 왕자를 더해놓은 것 같은 외모였다. 바인에서 그는 《잭애스》스타일의 콘텐츠로 엄청난 규모의 팔로워를 얻었다. 남의 차에 오르고 슈퍼마켓에서 몸싸움을 벌이는 영상들이었다. 상의를 탈의한 모습이 등장할 때가 많았다. 2016년 10월,

유명 유튜버 로건 폴(2016)

바인의 소유주인 트위터는 이 서비스를 더 이상 감당하지 못하고 갑작스럽게 종료해버렸다. 폴은 거대한 바인의 이주민들을 데리고 유튜브로 옮겨와 더욱 긴 분량에 더욱 거친 내용으로 영상을 만들었다. 이 크리에이터들은 웹 2.0 시대에 자라(폴은 1995년생이었다) 유튜브나 인터넷 유명세라는 것이 없던 시절은 잘 알지 못했다. '소셜 미디어 인플루언서'가 자연스럽게 이들의 커리어가 되었다. "세상에서 가장 유명한 엔터테이너가 되고 싶어요."[230] 2016년, 당시 스무 살이었던 폴은 한 광고 잡지와의 인터뷰에서 이렇게 밝혔다. 충분히 가능해 보였다. 이듬해 그는 1,500만 명 이상의 유튜브 구독자에, 디즈니와의 TV 프로그램, 영화 계약, 스튜디오71 MCN사와의 계약, 어마어마한 팬까지 모두 얻었다. 퓨디파이에게는 브로 아미가 있었고 폴에게는 '로갱Logang'이 있었다.

인간 폴에 대해 말하자면 그는 미국 중서부 지역 사람 특유의 매너가 있었고, 주의력결핍장애도 있어 의자에서 자꾸 몸을 일으키는 탓에 네트워크사 임원진이 나서서 그를 바로 앉혀야 했다. 또한 클릭을 이끌어내려면 무엇이 중요한지를 파악하는 초인적인 능력이 있었다. 전 스튜디오71의 디렉터였던 존 칼John Carle은 술을 자주 마시는 철없는 대학생이 주변에 있는 사람은 폴에게서 "공감대를 느낄" 것이고, 그와 같은 삶을 갈망하는 사람은 그를 "야심차다"고 할 것이라고 설명했다. 폴은 인터넷 유명 인사와 덕 좀 보고자 주변에서 어슬렁대는 사람들로 된 패거리를 항상 데리고 다녔다. 홀리데이 때면 그는 이들을 데리고 일본으로 가서 브이로그를 촬영했다.

새해를 맞아 가족들과 여행을 떠난 스튜디오71의 임원 댄 와인스타인은 터크스케이커스제도의 한 수영장 옆에서 느긋하게 시간을 보내던 중 사무실에서 온 부재중 전화가 열 통이나 되는 것을 확인했다. "이런, 세상에." 그는 사무실로 전화를 걸었다.

"로건이 시체를 찍었어요." 동료가 전했다.

"저 지금 애들과 수영장에 와 있어요." 와인스타인이 답했다. "제가 뭘 할 수 있겠습니까?"

폴은 일본 주요 도시를 돌며 〈도쿄 어드벤처〉 3부작 시리즈를 촬영하고 있었다. 한 영상은 그가 새해 전날 시청자들에게 말했듯이, 일본의 '자살 숲'으로 알려진 아오키가하라를 방문하는 장면으로 시작했다. 유튜버들의 단골 편집 기술인, 다음 방문할 곳을 짧은 예고편으로 보여주는 영상이 나온 후, 로건은 경고 화면을 띄웠다. 화면에 등장한 그는 시청자들에게 콘텐츠상 이번 영상에는 광고를 내렸는데, 다시 말하면 이 영상이 "유튜브 역사에 한 획을 그을" 것이라고 덧붙였다. 그는 경고의 말을 마지막으로 전했다. "그러니까, 마음들 단단히 먹으라고요. 이런 영상은 다시는 어디서도 보지 못할 테니까."

그의 패거리는 숲에서 하룻밤을 지낼 캠핑 장비와 쌍안경을 챙겼고, 폴은 《토이 스토리》에 등장하는 귀여운 에일리언 얼굴이 그려진 우스꽝스러운 초록색 모자를 쓰고 있었다. 몇 분 후, 폴이 걸음을 멈췄다. "우리 좀 전에 시체 본 거 맞아?" 카메라가 나무에 매달려 있는 남성을 비추었다. "미안해요, 로겡." 폴이 카메라를 향해 말했다. "그냥 재밌는 브이로그 찍으려던 거였는데." 그는 우울증이 얼마나 무서운 것인지, 시청자들 모두 사랑받는 사람들이고 필요한 경우 도움을 적극 구해야 한다고 즉흥적으로 설명을 덧붙였다. 하지만 이후 영상은 그와 그의 패거리는 숲속에서 아드레날린에 취해 "너무 소름 끼칠 정도로 현실적인" 대화를 이어 갔다.

폴은 최종 편집 작업에서 시체의 얼굴을 흐릿하게 처리했다. 그런 뒤 영상을 올렸다. 시청자들의 클릭이 이어졌다. 유튜브 알고리즘은 불빛에 달려드는 벌레처럼 영상을 홍보했고 사이트의 트렌딩 열 번째 자리에 올렸다.

폴의 영상 수입의 일부를 취하는 스튜디오71의 임원진은 그의 영상이 유튜브 규정은 몰라도 사회의 규범을 어겼고, 아직도 유튜브에 겁을 내는 광고주들을 쫓아내버릴 것만은 분명하다고 판단했다. 하루 만에 (수백만 조회수를 기록한 후에) 폴은 영상을 내렸다. 하지만 바이럴 영상이라는 것이 늘 그렇듯 재업로드된 영상이 유튜브에 가득했고, 언론이 이 사태를 보도했다. 와인스타인은 휴가지에서도 사태를 수습하느라 바빴다. 유튜브는 잠잠했다. "이 난장판이 어느 정도 규모인지 확인하고 싶었던 거겠죠." 와인스타인이 회상했다.

그레이엄 베닛Graham Bennett은 모국인 영국에서 휴가를 보내던 중 트렌딩 페이지에 게시된 폴의 영상을 확인했고 이후 상황이 심각해지는 것을 지켜봤다. 느긋한 성격에 수염을 기른 영국인 베닛은 2007년 BBC를 그만두고 유튜브에 입사해 대니 다이아몬드 같은 변덕스러운 유튜버들을 맡았던 초창기 담당자 중 한 명이었다. 폴의 사건은 그의 유튜브 커리어 중 "가장 두려운 시기"였다고 베닛은 나중에 털어놨다.

퓨디파이 사태가 벌어진 후에도 유튜브는 품위와 허용성이라는 무언의 기준을 스타들의 양심에 맡겼다. 폴 영상 사건이 있고 일주일 후 베닛과 만난 유튜브 경영진은 이런 결론을 내렸다. "이제 더는 그렇게 할 수 없겠습니다." 베닛은 후에 이렇게 말했다. "지금 생각하면 좀 순진한 소리처럼 들리겠지만, 유튜브 크리에이터들이 정말 글로벌 스타라는 것을 그때 처음 깨달았던 것 같습니다. 그들이 좀 그릇되거나 이상한 일을 저지르고, 뉴스에 나올 만한 행동을 하면 전 세계에 보도된다는 것을요." 지극히 미국적인, 인터넷 유명 인사라는 타이틀이 주어진 사람들이 다른 나라와 문화에서 무질서하게 날뛰는 모습은 자신들이 바라는 글로벌 비즈니스의 이미지에 도움이 되지 않는다는 것 또한 유튜브는 알고 있었다.

퓨디파이와 달리 폴은 곧장 사과했다. 1월 2일 그가 올린 〈정말 죄송합니다〉라는 제목의 짧은 영상에서 그는 붉어진 눈으로 카메라를 바라보며 이렇게 말했다. "카메라를 바로 치웠어야 했어요. 더 나아진 모습 보이겠습니다. 더 나은 사람이 될게요."

그는 약속을 지켰다. 한 달 정도는. 이후 폴은 유튜브와 소셜 네트워크를 당황하게 만든 바이럴 인터넷 챌린지에 합류했다. 작고 알록달록한 타이드 캡슐형 세제를 먹는 챌린지였다. 트위터에서 폴은 세제를 삼키겠다는 농담을 했다. 같은 날, 그의 로스앤젤레스 저택에서 촬영한 어느 유튜브 영상에는 그가 죽은 쥐에게 테이저 건을 쏘는 장면이 등장했다.

마침내 기준이 마련되었다. 베닛과 워치츠키, 그 외 유튜브 리더들은 이 논란의 스타를 대상으로 '행동 강령' 검토 회의가 열렸다. 폴은 영상으로 회의에 참가했고, 한 시간 이상 진행된 회의 동안 유튜브의 결정을 그에게 상세히 전달했다. 기업은 이제 폴의 트윗처럼 유튜브 사이트 밖에서 크리에이터들의 행동도 고려하기로 했고, 무엇이 영상에 담겨도 되는지에 관해 엄격해진 규칙을 적용할 생각이었다. 10대들이 집에서 쉽게 따라 할 수 있는 장난이 금지되었다고 베닛은 설명했다. 가정용품에 불을 붙이거나 타이드 세제를 입에 넣는 등의 영상은 내리지만 스카이다이빙처럼 모방이 어려운 스턴트는 해당되지 않았다. (폴은 후에 알몸으로 해당 스턴트를 한 영상을 유튜브에 올렸다.) 또한 유튜브로서는 최초로 폴의 채널 전체에 광고를 일시적으로 내리는 처벌 조치를 취할 계획도 세웠다. 당시 유튜브 내부에서는 이런 말을 자주 쓰기 시작했다. "유튜브에서 수익을 창출하는 것은 특권이지 권리가 아니다."

화상 회의 동안 폴은 이해심 있는 모습을 보여주었다. 그는 유튜브를 떠나지 않았다. 다만 광고가 없는 동안 그는 다른 상업 활동에 의존하기는 했다. 자신의 의류 브랜드를 판매했는데, 애드포칼립스로 수익이 줄어든 유튜버들 사이에서 이런 추세가 늘고 있었다. 영국의 저널리스트인 크리스 스토클-워커Chris Stokel-Walker는 폴과 그의 동생이 2월과 3월에 올린 영상 50편을 분석했다.[231] 평균적으로 폴은 그들의 '제품'을 142초에 한 번씩 언급했다.

. . .

유튜브의 수많은 스캔들은 지금껏 외부인(광고주, 학부모, 저널리스트, 정치꾼)이 부적절한 영상을 찾아낸 데서 발생했다. 그해 겨울에는 상황이 달라졌다. 내부자가 입을 열기 시작했다.

전 유튜브 엔지니어였던 프랑스인 기욤 샬로는 음모론을 조장하는 유튜브의 우려스러운 취향에 대해 알게 된 후 처음에는 옛 동료들을 회유하려 했다. 샬로는 2017년 초 유튜브에 있는 친구에게 그가 발견한 것들에 대해 이야기했다. 그의 친구는 공감하면서도 추천 시스템은 사람들의 관심 또는 한심함이 반영되는 것으로 구글이 통제할 수 없는 영역이라고 설명했다. "내가 뭘 할 수 있겠어?" 친구가 물었다. "나도 사람들을 바꿀 수 있으면 좋겠어." 그래서 샬로는 이 이야기를 세상에 공개하기로 했다. "픽션은 현실을 능가한다."[232] 2018년 2월 2일 『가디언』의 헤드라인이었다. 샬로는 유튜브가 우물에 독을 푼다고 주장했다. "추천 알고리즘은 무엇이 진실인지 또는 균형 잡혀 있는지, 민주주의에 건강하게 작용하는지에 최적화되어 있지 않아요." 그는 이렇게 말했다. 5일 후, 샬로가 조사한 내용은 노골적인 거짓말을 부각시키는 유튜브의 경향에 대해 다룬 『월스트리트저널』 기사에 등장했다.[233] 공화당 의원들은 얼마 전 트럼프와 러시아의 관계를 조사하는 과정이 편향적으로 진행되었다며 관계자들을 비난하는 문서를 발표했다. 유튜브에 'FBI 메모'를 입력하면 알렉스 존스와 계정명 스틱스헥센해머666Styxhexenhammer666의 영상이 나왔다. '독감 백신'을 입력하면 의학을 불신하는 내용의 수많은 영상과 또 이와 비슷한 영상들이 토끼 굴로 이끌 듯 계속 이어졌다. 의원들이 제출한 문서에는 유튜브 검색 결과와 구글의 검색 결과가 비교되어 있었다. 구글은 이러한 검색어에 합법적인 뉴스 보도 매체와 건강한 기관을 검색 상위에 제시했다.

모든 CEO가 그렇듯이 『월스트리트저널』을 정기적으로 확인하는 구글의 선다 피차이는 기사 내용을 확인하고는 유튜브 경영진에게 짜증을 표했다. 피차이의 지적이 유튜브에게 특히나 따끔했던 이유는 유튜브는 이미 이 문제가 해결되었다고 믿었기 때문이다.

전년도 가을, 유튜브는 '더욱 공신력 있는' 뉴스 채널을 상단에 노출하도록 알고리즘을 수정했다. 하지만 샬로의 지적은 이 시스템의 허점을 정확히 짚어낸 것이었다. "보통 뉴스가 보도되면 사람들은 관련 기사를 쓰죠." 유튜브 임원인 조해나 라이트Johanna Wright가 『월스트리트저널』에 밝혔다. "영상을 만드는 것이 아니라요." 케이블 매체는 혹여 영상을 만든다 해도 몇 시간 또는 며칠 후에 유튜브에 영상을 올렸다. 스틱스헥센해머666 같은 계정은 기다리지 않았다. 롱테일의 흉측한 무언가가 헤드로 급히 치고 올라왔다. 구글도 이런 현상을 알고 있었다. 비슷한 사건으로 큰 곤욕을 치른 덕분이었다. 엔지니어들은 대표적인 사례를 인용했다. 바로 트럼프가 정치 생활을 시작할 당시 이용했던 인종차별적 음모론인 오바마 버서리즘birtherism이었다. 오바마가 적법한 시민이라는 사실을 믿는 사람들은 그에 관한 글을 쓰지 않았다. 믿지 못하는 (또는 믿지 말라는 거짓 정보를 접한) 사람들은 글을 쓰고 자신의 링크를 구글 상단으로 끌어올렸다. 직원들은 이렇듯 드물게 악용될 수 있는 허점을 가리켜 '데이터 공백data voids' 또는 '사악한 유니콘evil unicorns'이라 불렀고, 2016년 선거 당시 '일반 유권자 투표 승자'를 구글에 검색하면 트럼프가 승리했다고 잘못된 주장을 하는 익명의 블로그가 잠시 동안 등장하자 구글은 이 공백을 급히 메웠다.

그로부터 1년이 조금 더 지난 후 유튜브는 이 괴물에 맞설 의지가 없거나 여전히 준비되지 않은 모습을 보였다. 하지만 괴물은 계속해서 모습을 드러내고 있었다.

2017년 10월, 라스베이거스에서 대규모 총기 난사 사건이 일어난 후, 몇몇 유튜버는 이 데이터 공백을 총기 사건이 연출되었다는 '거짓 깃발false flags(선제공격을 당한 것처럼 상황을 조작해 공격의 빌미를 만드는 전쟁 수법, 정치 행위로 자작극, 위장극으로 해석할 수 있다 — 옮긴이)'에 관한 괴상한 이론으로 메웠다.[234] 11월 텍사스에서 총기 난사 사건이 벌어진 뒤에도 같은 현상이 벌어졌다. 다음 해 2월 플로리다주 파크랜드에서 총격범이 고등학생 열일곱 명을 살해한 사건 때도 마찬가지였다. 인터넷 극단주의자들 사이에서는 비극적인 사건에서 살아남아 총기 규제를 강력하게 요구하는 학생들이 사실 고용된 재난 전문 배우라는 음모들이 등장했다. 유튜브는 자사의 시스템이 이러한 거짓 정보에 잘 대처할 준비가 되어 있다고 생각했지만 '마이크 m' 이라는 계정이 나타나 〈데이비드 호그DAVID HOGG(파크랜드 고등학교 총격 사건의 생존자로 여러 언론과 인터뷰를 하며 트럼프 행정부를 비판하고 총기 규제를 촉구했다 — 옮긴이)는 연기자…〉라는 제목으로 파크랜드 운동가의 모습이 담긴 지역 TV 영상을 게시했다. 음모론을 나르는 사람들, 호기심에 찬 방관자들 또는 이 두 가지 유형이 뒤섞인 사람들의 호응 속에 해당 클립은 빠르게 퍼져 나갔다. 처음 봤을 때는 다른 목적으로 편집된 뉴스 영상이 유튜브 규정을 어긴 것으로 보이지 않았기에 중재자 누군가가 트렌딩 페이지에 게시되는 것을 허락했고, 해당 클립이 잠시간 2위를 차지하는 바람에 외부에서 보기에는 유튜브가 암묵적으로 홍보하는 것 같은 인상이 전해졌다. 유튜브 홍보팀 직원은 동료에게 문자를 보냈다. "세상에나 우리 어쩌죠?"

유튜브 계약자들 가운데는 이 상황이 너무나 익숙한 이들도 있었다. 저작권 분쟁을 담당하는 직원들이 보는 규정집에는 섹션 하나가 2016년 샌디훅 학교의 총기 참사 피해자의 아버지이자 이후 인터넷 거짓 선동가들의 주요 타깃이 된 레너드 포즈너Leonard Pozner의 사례를 다루고 있었다. 포즈너는 조롱과 음모가 담긴 영상에 저작권 침해로 맞서 싸웠지만 늘 효과가 있는 방법은 아니었다. 유튜브 중재자들은 온라인에서 무차별적인 공격을 당하는 샌디훅 학부모들을 생각하면 마음이 무척 괴로웠지만 저작권 침해 신고가 들어오면 정해진 양식대로 난해한 법률 용어가 가득한 답장밖에 보낼 수 없었다. 가끔씩 이들은 "다른 곳에서" 도움을 구하길 바란다고 조언하는 문구처럼, 특정 문구에 볼드 처리를 할 뿐이었다.

. . .

파크랜드 영상 사태가 벌어지고 한 달 후인 3월, 텍사스의 무대에 자리한 수전 워치츠키는 긴 인터뷰 중에 상당히 어색한 순간을 여러 번 마주했다. 워치츠키가 공개석상에 모습을 드러내는 자리에서 더 이상 유튜브가 TV 산업을 어떻게 바꾸었는지와 같은 이야기는 등장하지 않았다. 대신 『와이어드』의 에디터 닉 탐슨Nick Thompson은 음모론과 선거 개입에 대한 유튜브의 대처 전략을 캐물었다. 얼마 전 페이스북과 트위터는 2016년 당시 러시아 요원들이 사이트를 봇과 광고로 잠식했고 이로 인해 소셜 네트워크가 중대한 지정학적 공작 세력이라는 대중의 혼란이 일어났다고 발표했다. 이어진 학교 총기 난사 사건과 악의적인 음모론으로 인해 소셜 미디어를 파헤치는 사람들은 유튜브 또한 그런 세력은 아닌지 의심했다. 그곳에 모인 사람들은 순간 유튜브의 수장이 지독히도 말이 없어졌다는 사실을 깨달았다.

어려운 질문을 받을 때면 워치츠키는 말을 멈추고 시선을 위로 향한 뒤 말을 할 때는 자주 쓰는 손을 무릎에 내려놓는 습관이 있었다. 텍사스의 무대에서 그녀는 영상은 그대로 게시하지만 추천하지 않고 광고도 진행하지 않는 유튜브의 페널티 박스에 대해 설명했다. 이러한 지옥에 빠뜨리는 카테고리를 몇 가지 언급했다.

"허위 사실은요?" 탐슨이 끼어들었다.

워치츠키는 고민에 빠진 포즈를 취했다. 그녀가 입을 열었다. "제 생각에는 허위 사실이란 절대적으로 평가하기 대단히 어려운 가치라고 봅니다. 무엇이 사실이고 사실이 아닌지를 우리가 판단해야 하는 일이 될 테니까요. 대부분의 경우, 그것을 결정하는 사람이 우리가 되어서는 안 된다고 생각합니다. 이런 이유로…"

탐슨이 말을 잘랐다. "무엇이 증오심을 표현하는지를 결정한다는 뜻입니까? 아니면 누가 나체인지를 결정한다는 말입니까?"

"나체는 대체로 그 기준이 명확하죠." 워치츠키가 답했다. 증오는 그보다는 어려웠지만 판단할 수 있는 개념이라고 덧붙였다. 진실을 판단하는 것은 달랐다. "저는 대학 때 역사를 전공했습니다." 그녀가 말했다. "역사가 바로 그래요. 서로 다른 해석이죠. 누가 영웅인가? 이 질문에 사람들마다 서로 다른 일이 벌어졌다고 답할 겁니다." 그녀는 지구가 평평하다고 믿는 사람들에 대한 이야기를 꺼냈다. 비교적 무해한 음모론이라고 느껴지는 탓에 유튜브가 음모론의 사례로 가장 자주 언급하는 주제였다. 인터뷰가 시작될 당시 워치츠키는 개인적인 일화를 또 하나 공유했었다. 그녀의 할머니는 미국 의회 도서관에서 슬라브어 부서를 담당했었다. 도서관들은 금서와 표현의 자유를 지지했다. 유튜브처럼 말이다.

"저희는 도서관에 가까운 개념인 거죠." 워치츠키가 말했다.

도서관에 소장된 콘텐츠에 광고를 게시해 그해 112억 달러의 매출을 기록한 기업의 수장이 언급하기에는 어울리지 않는 비유였다. 하지만 대단히 구글리한 발언이기도 했다. 워치츠키는 유튜브의 음모론 사태에 구글리한 해결책을 제시했다. 유튜브는 '정보 단서들information cues'이라는 기능을 제공해 지구 평면설과 그 외 다른 여러 '널리 알려진 인터넷 음모론' 영상에 작은 박스를 게시할 생각이었다. 이 박스에는 구글이 검색 기능에 적용한 것처럼 비영리적인, 이용자 생성 사이트로 지속적으로 수정해가며 진실에 가까워지고자 하는 위키피디아의 설명과 링크가 담긴다. (워치츠키의 발언 이후 위키피디아는 이 계획에 대해 전해 들은 바가 없다고 전했다.[235])

워치츠키는 또한 유튜브에서 자주 사용하기 시작한 단어 하나를 소개했다. 유튜브 알고리즘은 시청 시간과 일일 시청자 수, 만족도를 중요시했지만 기업은 여기에 네 번째 지표를 추가했다. "책임감이란 개념을 시스템에 추가하는 작업을 시작했어요." 그녀가 탐슨에게 말했다. "이것이 정확히 어떤 의미인지 정립해나가는 과정입니다." 인터뷰가 종료된 후 당시 참석했던 직원은 내심 『와이어드』 에디터가 '독감 백신' 검색 결과에 대한 이야기를 꺼내지 않아서 안심이었다. 그 주제야말로 온갖 음모론이 가득했다. 워치츠키가 백신에 대한 영상을 제한하는 데 반대하며 백신을 금하는 대안 의학 채널을 구독하는 친구들 이야기를 꺼냈다고 유튜브 정책팀의 한 직원은 나중에 밝혔다. 다만 워치츠키는 세계적으로 팬데믹이 닥친 후 백신 금지에 대한 생각을 바꿨다.[236]

어쨌거나 워치츠키는 이 인터뷰를 멋지게 마무리했다. 시스템을 악용하는 '악당들'을 그녀가 몰아낼 수 있도록 유튜브는 일련의 업데이트를 실행한 바 있었다. 트렌딩 페이지의 파크랜드 클립 같은 영상들은 괴롭힘 정책을 위반한 이유로 사이트에서 사라졌다. 새로운 광고 필터와 조절 장치가 가동 준비를 마치자 워치츠키는 보이콧에 참여했던 브랜드를 거의 모두 설득해냈다.

무엇보다 중요하게는 그해 겨울, 그녀는 유튜브가 5년 전에 시작했던 위대한 균등 실험을 폐지한다는 어려운 결정을 내렸다. 모두에게 지급될 만큼의 돈은 이제 없었다. 광고 수입을 얻기 위해 유튜버들은 이제 최소 구독자 수(1,000명)와 시청 시간(4,000시간)을 달성해야 했다. 이 정도가 되어야 광고 수익이 "어느 정도 의미 있는" 금액의 소득을 발생시키기 시작하기에 정해진 기준이라고 모한이 설명했다. 이러한 제한을 두는 것으로 유튜브는 불쾌한 채널에 보상을 금하고 전년도에 겪었던 언론의 비판에 종지부를 찍고자 했다. 거의 하룻밤 새, 유튜브에 수익을 지급받던 채널이 약 600만 개에서 약 2만 개로 줄었다.

광고주들은 이러한 변화를 반가워했고 유튜브는 대형 크리에이터들 대다수도 이해하리라 생각했지만 그렇지 않은 크리에이터들도 있을 거라는 점은 알고 있었다. 다만 이런 변화에 어느 정도까지 격한 반응을 보일지는 예상하지 못했다.

29장
▶
901 체리 애비뉴

‖ ▶‖ ◀))   ⚡ ▢ ⛶

유튜브 본사는 교외 쇼핑몰 같은 건물을 제법 구색을 갖춰 잘 꾸며놓았다. 건물 입구에서 돌출되어 있는 덩굴식물이 덮인 야외 계단은 날개를 펼친 듯 곡선을 그리며 바깥으로 뻗어 있었다. 건물의 무광 미색 외벽에 맞춰 색을 입힌 회사 로고가 남쪽 계단에 새겨져 있었다. 회사는 위로 고속도로가 지나가는 4차선 도로인 체리 애비뉴를 마주한 모퉁이에 자리하고 있었고 근처에는 칼스 주니어와 주차장이 있었다. 이 주차장과 유튜브 입구 사이의 뜰에는 의자와 새빨간 양산이 가득 메우고 있었다. 유튜브의 금요일 회의가 열리는 장소였다.

2018년 4월 3일 화요일, 늘 그렇듯이 아침에 셔틀버스에서 줄줄이 내린 직원들이 덩굴로 덮인 계단을 올라 책상과 빨간색 거대한 미끄럼틀이 있는 2층으로 올랐다. 정오경, 이들은 뜰에 나와 점심 식사를 했다. 커트 윌름스 Kurt Wilms는 2층에 있는 자신의 데스크 앞에 앉아 있었다. 윌름스는 테크 업계 시간으로는 수십 년이나 다름없는 7년을 유튜브에서 보내며 다양한 프로젝트를 진행해왔다. 이제는 '거실' 사업부라는 곳에 소속되어 비디오게임

콘솔, 스마트 TV 등 여러 기기에서 유튜브의 경험을 향상시키는 일을 했다. 그의 업무는 정상적인 유튜브에 속해 있었다. 요리 수업, 스포츠 하이라이트, 《SNL》, (그가 가장 좋아하는) 체스 게임 해설 같은 것이었고, 참수나 자살 숲, 스파이더맨과 엘사와는 거리가 멀었다. 윌름스는 여유롭고 태평한 성격이었다. 그는 테크 업계에서 '교훈lesson' 대신 무게감과 열정을 더하기 위해 동명사 형태로 쓰는 '배움learnings'이란 단어를 쓰며 "좋은 배움의 기회였어요. 잘 추슬러보려고요"라고 말했다.

지금껏 그가 몸담은 유튜브라는 곳은 구글이나 다른 기업들처럼 누구나 오갈 수 있는 열린 대학 캠퍼스 같은 공간이었다. 동료들은 친구나 가족을 초대해 유명 바이럴 영상의 이름을 딴 작은 주방과 사무실을 구경시켜주었다. 워치츠키가 부임하고 샌브루노 사무실의 직원이 1,000명이 넘을 정도로 규모가 커졌을 때도 이 같은 분위기는 여전했다. 함께 일하던 사람들의 얼굴을 모두 알고 있던 윌름스는 '갑자기 이 사람들은 도대체 누구지?' 하는 생각이 들었다. 그래도 좋은 징후였다. 성장하고 있다는 뜻이었으니까.

화창한 4월의 화요일, 바깥에서 공사 소리 같은 것이 들렸다. 1시가 조금 못 된 시각, 윌름스가 이메일을 작성하고 있는데 소음이 들렸다.

탕.

"이게 무슨 소리예요?" 옆자리 동료가 물었다.

"아, 공사 소음이요." 윌름스는 다시 모니터로 고개를 돌리며 답했다.

탕. 탕. 탕.

윌름스는 동료를 향해 몸을 휙 돌렸다. 아니었다. 이건 분명 총소리였다. 그것도 아주 가까이서 들리는. 윌름스는 자리에서 일어나 본능적으로 소리쳤다. "도망쳐!"

. . .

나심 나자피 아그담Nasim Najafi Aghdam은 샌디에이고에 거주하는 38세 유튜버였다. 이란 젊은이들은 아마 그녀를 나심 삽즈Nasim Sabz 또는 그린 나심 Green Nasim으로 알고 있을 것이다.[237] 그녀는 이란과 이란인들이 소통하는 플랫폼에서 이름이 조금 알려진 소셜 미디어 스타로, 페르시아의 위성 TV에 영상을 올리고 유튜브에도 영상을 많이, 정말 많이 올리던 특이한 인터넷 유명인이었다.

터키 국경에 인접한 이란 지역에서 태어난 아그담은 터키어, 페르시아어, 영어로 바하이Baha'i라는 종교적 소수자로서 박해를 받는 가족들에 관한 영상을 올렸다. 1996년, 가족은 캘리포니아로 이주했고, 아그담은 동물권에 깊은 열정을 갖게 되었다.[238] 29세의 나이로 그녀는 서던캘리포니아에 있는 해병대 기지인 캠프 펜들턴Camp Pendleton에서 페타PETA(미국의 급진주의적 동물권 운동 단체 — 옮긴이) 활동가들과 돼지를 군사 훈련에 사용하는 데 반대하는 시위를 펼쳤다. 시위자들은 부대 입구에 "동물을 그만 고문하라"라는 팻말을 들고 섰다. 새까만 머리에 날카로운 인상, 마른 체형의 아그담은 검은색 장갑을 낀 손으로 플라스틱 검을 들고 청바지에는 검붉은 색으로 혈흔처럼 보이는 핏방울을 그렸다. 턱에도 붉은색 가짜 핏방울을 두 개 그렸다.

"제게는 동물권과 인권이 동일합니다." 그곳에서 그녀는 리포터에게 이렇게 밝혔다. 페타의 직원으로 당시 시위를 기획한 제나 헌트Jena Hunt는 아그담에게 시위를 그만하고 돌아가라는 말을 했다고 나중에 밝혔다. "그분은 안타깝게도 정신적으로 무척 불안해 보였어요." 헌트는 당시 그녀를 이렇게 회상했다.

아그담은 운동을 펼치고 위안을 찾기 위해 인터넷으로 눈을 돌렸다. 웨이트 운동을 하며 스스로를 "최초의 페르시안 여성 채식주의자 보디빌더"라고 칭했다. 그녀는 《피스 썬더Peace Thunder》라는 웹사이트와 비영리단체를 시작했다. 동물권 단체는 메시지를 전달하기가 어렵다고, 그녀는 2014년 한 건강 매체와의 인터뷰에서 밝혔다. "수많은 미디어와 심지어 인터넷 사이트조차도 자신들의 재정적 이익에만 관심을 갖기 때문이죠." 매체는 나비가 그려진 형광 초록색 탱크톱을 입고 이두박근을 자랑하는 아그담의 사진을 올렸다.

그녀는 자신의 메시지를 널리 전파하기 위해 유튜브로 향했다. 로스앤젤레스 외곽의 메니피에 있는 부모님의 집, 작은 침대와 스팽글 의상을 입은 마네킹을 마주한 감색의 벽 앞에서 영상을 촬영했다. 최소 네 개의 채널을 운영했던 그녀는 운동 루틴, 특이한 뮤지컬 패러디, 동물에게 행해지는 잔인한 행위를 기록한 참혹한 영상 등 유튜브의 광범위한 주제에 걸쳐 이상한 클립들을 자주 올렸다. 그중 한 영상은 인터넷 이란 커뮤니티에서 큰 호응을 얻었다. 가슴이 깊게 파인 화려한 자주색 드레스에 가짜 가슴을 달고 춤을 추는 영상이었다. 몸을 흔들던 그녀가 가짜 가슴을 벗자 화면에는 "당신의 눈을 믿지 마세요"라는 자막이 등장했다. 그녀는 특이한 콘텐츠와 무표정한 얼굴로 한 번씩 조롱의 대상이 되기도 했다. 시청자들은 그녀의 정신 건강에 대해 물었다. 여러 영상에서 아그담은 미국 생활에 대해 불만을 표했고, 체제에 맞서는 사람들과 대기업들은 '검열'을 당한다고 말했다. 이란만큼 끔찍하다고 전했다. "그곳에서는 도끼로 사람을 죽이죠." 그녀는 카메라에 대고 말했다. "여기서는 목화 솜으로 사람을 죽여요." 무해해 보이는 무언가로 인한 죽음을 뜻하는 이란식 표현이었다.

2017년부터 그녀는 유튜브에 대한 불만을 늘어놓기 시작했다. "유튜브에서 저를 필터링하고 있어요." 한 영상에서 그녀는 이렇게 말했다. "이런 일을 당하는 게 저뿐만이 아니에요." 그녀는 웹사이트에 유튜브가 자신을 단속하는 정황을 기록했고, 이를 두고 거침없이 비판하는 자신에게 정육업계가 보복을 행하는 것이라고 이해했다. 그녀는 유튜브 대시보드를 찍은 스크린 샷을 세 장 올려 시청 시간, 조회 수, 구독자 수가 점차 줄고 있는 상황을 공유했다. 한 게시물에서는 시청 시간 30만 7,658시간, 조회 수 36만 6,591회가 기록되어 있었다. 유튜브 대시보드에는 "예상 수익은 0.1달러"라고 적혀 있었다. 그녀는 이 숫자에 빨간색 동그라미를 쳤다. "유튜브에는 공평한 성장의 기회가 주어지지 않아요." 그녀의 웹사이트에는 눈에 확 띄는 색의 배경에 깨알 같은 글씨가 가득 적혀 있었다. "유튜브가 원하는 채널만 성장할 수 있습니다!!!!!"

한편, 아그담은 샌디에이고로 거주지를 옮겨 조모와 함께 지내고 있었다.[239] 2018년 1월 2일, 샌디에이고의 소매상인 건 레인지Gun Range에서 9mm 스미스앤드웨슨Smith & Wesson을 한 자루 구매했다.[240] 2주 후 그녀는 총을 챙겼고, 그날은 유튜브가 광고 정책의 대대적인 변화를 발표했던 날이다. 그녀는 남쪽으로 차를 몰았다.

4월 2일 월요일 점심시간에 아그담은 901 체리 애비뉴에 진입했다. 유튜브 프런트 데스크로 간 그녀는 안내 직원에게 일자리를 문의했다. 그녀는 10분이 채 안 돼 자리를 떠났다.

그날 밤, 경찰은 유튜브에서 남쪽으로 약 48킬로미터 떨어진, 구글 본사가 있는 마운틴뷰의 거리에 주차되어 있는 흰색 승용차 안에서 그녀를 발견했다. 얇은 후드티를 입고 후드를 머리에 뒤집어쓴 그녀는 운전석 문을 열었다. 조수석에는 화장지 한 롤이 놓여 있었다.

"지금 복용 중인 약물이 있습니까?" 여경이 그녀에게 물었다.

"아니요." 아그담이 답했다.

"본인을 해치거나 하실 생각은 아닌 거죠?" 경찰이 물었다. 아그담은 핸드폰을 들여다보고 있었다. 그녀는 고개를 들어 아니라고 가로저었다. 경찰이 다시 질문했다. "그럼 타인을 해치려 하는 것도 아닌 거죠?" 아그담은 핸드폰을 내려다보며 살짝 고개를 끄덕였다. 경찰은 그곳을 떠나며 아그담의 가족들에게 상황을 알렸다.

그녀의 오빠는 경찰의 전화를 받은 뒤 동생의 위치를 구글에서 확인하고 불안한 생각이 들었다고 나중에 기자들에게 말했다. "유튜브가 자기 인생을 망쳤다고 늘 불평했었어요." 그는 이렇게 전했다. 그는 다시 경찰에 전화를 걸어 "동생이 무슨 짓을 벌일지도 몰라요"라고 알렸다고 말했다.[241] 마운틴 뷰 경찰서는 그런 일이 없었다고 부인했다.

사건 발생 당일 아침, 아그담은 지역 사격장으로 향했다. 정오가 막 지난 시각, 그녀는 유튜브 회사로 돌아와 회사 바로 옆에 있는 주차장에 차를 주차했다. 입구에서 직원이 막아서며 신분증을 요청했다. 아그담은 핸드백에서 총을 꺼냈고 직원은 곧장 달아나 911에 신고했다. 아그담은 건물 안뜰로 향했다.

유튜브 프로젝트 매니저인 다이애나 안스피거Dianna Arnspiger의 눈에 어두운색 머리의 외부인이 총을 쏘는 모습이 들어왔다. 본능적으로 안스피거는 소리쳤다. "총격범이다!" 근처를 지나가던 시민은 TV 카메라에 이렇게 전했다. "세상에. 총소리가 계속됐어요. 가차 없었어요. 정말 무자비했죠." 사무실 안에서 계단을 주시하던 한 유튜브 매니저는 바닥에 피가 떨어져 있는 것을 봤다.

커트 윌름스는 주변 상황을 제대로 파악할 겨를도 없이 자신의 데스크 옆 문 밖으로 달려가 정신없이 계단으로 뛰어 내려갔다. 그러다 갑자기 걸음을 멈췄다. 로비를 내려다본 그는 점심시간이면 늘 시끌시끌하던 곳이 텅 비었다는 것을 깨달았다. 뒤를 보자 패닉에 빠진 동료들이 자신의 뒤를 따르고 있었다. 이들은 다시 위층으로 올라가 회의실에 들어간 후 회의실 문을 책상으로 막고 기다렸다. 총격범 또는 총격범들이 당장이라도 밀고 들어올 것만 같아 윌름스는 심호흡을 했다.

총격범에 앞서 경찰들이 윌름스와 그의 동료들을 발견했다. 직원들은 손을 든 채 경찰의 안내에 따라 건물 밖으로 나갔다. 근처 쇼핑센터에 숨거나 고속도로 가드레일을 뛰어넘어 도망치는 직원들도 있었다. 유튜브 직원 세 명이 총격에 각각 경미, 중태, 위독 상태로 샌프란시스코 병원으로 이송되었다. (다행히 세 명 모두 생명에는 지장이 없었다.) 아그담은 스무 발을 난사했고 그중 한 발은 자기 자신을 향했다.

총격이 발생했을 때 2층에서 회의 중이던 수전 워치츠키는 빌린 검은색 코트를 걸치고 회사 건물 밖으로 나왔고 그녀의 뒤를 직원들과 현장에 도착한 리포터들이 따랐다. "우리는 한 가족으로서 힘을 모아 다 함께 이겨낼 것입니다." 얼마 후 그녀는 트위터에 이런 글을 남겼다. 첫 911 신고 이후 3분 만에 경찰이 도착했고 그 뒤를 이어 TV 카메라 여러 대와 헬리콥터 몇 대, FBI 요원들이 현장에 도착했다. "예상하겠지만 정말 혼란스러운 상황이었습니다. 샌브루노의 경찰서장 에드 바베리니Ed Barberini는 인근 주차장에 급히 모인 기자들에게 이렇게 밝혔다.

몇 시간 동안 온갖 추측이 난무한 끝에 아그담의 신분과 사연이 공개되었다. 정확한 언론 보도 후 비평가들은 그녀의 비극을 두고 변덕스럽고 신뢰하기 어려운 유튜브 머신이 빚어낸 참사라는 끔찍한 교훈을 전달하려 했다. 하지만 아그담의 사건은 본질적으로는 정신 건강 관리의 부실과 총기 허용이라는 미국의 현실을 보여주는 사례에 가까웠다. 아그담이 샌디에이고에서 권총을 구매하기 석 달 전, 판매자는 '총 12자루의 크리스마스 세일'을 광고했다. 그녀에게 총을 판매했던 점원은 당시 이상한 낌새는 없었다고 전했다.

30장

▶

바닷물을 끓여라

II ▶I ◀))   ✄ ▢ [ ]

총격 사건 다음 날인 수요일, 수전 워치츠키는 마음을 담은 타운홀 미팅을 열어 즉각 회사 보안을 강화할 방안을 공유했다. 한 동료는 커트 월름스에게 유튜브는 이제 자유분방한 테크 기업인 척은 그만하고 이런 식의 자생적 테러리스트의 공격에 대비가 되어 있는 TV 네트워크사와 신문사처럼 굴어야 한다고 말했다. "우리도 미디어 대기업이라고 생각해야 해요." 월름스가 말했다. "본질적으로는 그렇잖아요."

구글은 오래전부터 임원진의 안전을 걱정했었다. 빠른 대피를 위해 숨겨진 뒷문을 따로 마련한 브라질 지사의 경우 영상이나 회사의 결정이 시민 또는 정부 관계자를 흥분시킬 수도 있었다. 총격 사건 며칠 후 작업자들이 워치츠키의 사무실 네 면을 감싸는 방탄벽을 설치했고 직원용 카드를 긁어야만 진입할 수 있도록 했다. 워치츠키는 경비를 강화하고자 전직 해병대 인력을 공급하는 텍사스 기업에서 사람을 채용해 자신의 집 앞을 지키도록 했다. 한 테크 콘퍼런스에서 연설을 부탁해 오자 그녀는 무장 경비원이 없으면 참석하지 않겠다고 전했다. 워치츠키의 보안 인력은 그녀의 웹사이트만 확인해도 고용인의 생명을 향한 위협에 긴장의 끈을 놓지 않을 수 있었다. 격노한 유튜버들과 엣지로드들은 본인들의 불만을 기업의 수장인 '유대인 여성'의 탓으로 역시나 돌리고 있었다. 워치츠키의 이 두 정체성을 둘러싼 고정관념을 들먹이는 이들이 많았다. 1년 후, 저속한 반이슬람 영상으로 알려진 열네 살 유튜버가 카메라에 대고 워치츠키의 목숨을 위협하는 일이 벌어졌다.[242]

총격 사건으로 유튜브 모든 직원은 자신들이 지닌 책임감의 무게를 생각하게 되었다. 수백만 명에게 수익과 규칙 및 제한이 거의 없는 무대를 제공했다가 이 대부분이 순식간에 사라진 시스템을 통제할 방법에 대해 고민하게 되었다. 유튜브 디렉터인 제니 오코너Jennie O'Connor는 총격 사건 한 달 전 사이트의 문제와 위험을 관리하는 새로운 부서로 자리를 옮긴 터였다. 사건이 있었던 화요일 병가를 낸 그녀는 집에서 끔찍한 현실을 지켜보고 있었다. "우리가 내리는 선택이 얼마나 중요한지를 선명하게 깨닫게 되었어요." 그녀는 이렇게 회상했다. "'유튜브를 안전한 공간으로' 만드는 한편 지나친 강제성을 주장하지 않는다는, 이 둘 사이에서 균형을 찾아야 했죠. 실제적이고 실질적으로 중요한 문제예요."

워치츠키는 특히나 크리에이터들에게 규제를 더하는 데는 망설였다. 사건이 벌어지고 며칠 후 구글의 CEO인 피차이와 공동 창립자 세르게이 브린이 유튜브를 방문해 리더들 몇 명과 자리했다. CEO로서 피차이는 유튜브 일에 지나치게 관여하지 않으려 조심했는데, 이런 태도에는 구글 창립자들과 가까운 워치츠키에 대한 존중도 일부 있었다고 한 관계자는 설명했다. 당시 피차이는 광고주들이 문제가 될 수 있는 유튜버들을 멀리할 수 있도록 추가적인 조치를 취하자고 제안했다. 워치츠키는 이에 단호하게 답했다. "그런 조치는 이미 너무 많이 했어요."

하지만 이 사건이 워치츠키의 계획 중 하나를 포기하게 만든 것은 맞았다. 오래전부터 유튜브는 "바닷물을 끓일" 준비를 해왔고 머니볼 프로젝트로 크리에이터들의 수익 지급 시스템을 개편했다. 이 프로젝트를 진행한 이유는 성교육이나 자살 인식에 관한 영상처럼 훌륭한 내용이지만 광고주들이 경악할 만한 콘텐츠를 지원하자는 의도도 일부 있었다. 이 계획하에서 유튜브는 영상에 게시한 광고대로 크리에이터에게 수익을 지급하던 방식을 그만두고 좋아요, 댓글, 시청 시간처럼 시청자의 참여도를 바탕으로 전체 광고 수입에서 수익을 나눌 예정이었다. 이 편이 더욱 공정하고 지속 가능하게 느껴졌다.

유튜브는 이 야심찬 계획을 몇몇 크리에이터에게 공유했다. 3월, 워치츠키는 이 안을 직원들에게 소개하며 "이 계획이 새어 나가지 않도록 조심해주세요"라고 말했다.

이 프로젝트는 외부로 유출되지 않았다. 하지만 실행되지도 못했다. 정치인들과 비평가들은 소셜 네트워크가 '참여도'를 높이 받드느라 정확성, 정중함 그 외 모든 가치를 훼손하고 있다고 비판했다. 이들은 유튜브에도 비판의 날을 세웠다. "우리는 지금 인간 본연의 욕구가 컴퓨터에 이용당하는 현실을 목도하고 있다"라고 사회학자인 제이넵 투펙치Zeynep Tufekci는 3월 『뉴욕타임스』에 「유튜브, 위대한 극단주의 제조기」라는 제목의 기명 논평을 실었다.[243] 유튜브의 머니볼 계획을 승인했던 피차이는 언론의 이러한 우려를 악화시킬까 걱정된 나머지 승인을 철회했다. 새로운 시청자 몰입 모델이 유튜브 내 그 어떤 뉴스 보도 매체보다도 로건 폴처럼 뻔뻔한 스타들에게 더욱 많은 수익을 안겨줄 거라 계산했던 직원도 있었다.

그러나 그때 (광범위한 서비스 변화에 분노한 폭력적인 크리에이터가 벌인) 총격 사건이 벌어지며 "바닷물을 끓이는" 프로젝트는 영원히 사라져버렸다.

. . .

그해 또 다른 세력이 유튜브와 그 모회사 구글을 뒤흔들었다. 기업을 비난하는 것은 비단 신문사 칼럼니스트들과 정치인들만이 아니었다. 직원들도 회사를 향해 비난을 쏟기 시작했다.

출산 휴가 후 클레어 스테이플턴은 다른 회사로 복직한 것 같은 느낌이었다. 갑자기 모두들 살얼음판을 걷듯 눈치를 보며 조심하기 시작했다. 정확히 언제부터 달라지기 시작했는지는 확실치 않지만, 충격 사건이 벌어지기 전, '흑인 역사의 달' 기간에 밸런타인데이 즈음 그녀의 팀은 유튜브 계정으로 이런 트윗을 남겼다.

> 장미꽃은 붉은빛이고
> 제비꽃은 푸른빛이에요.
> 흑인 크리에이터들을 구독하세요.

'가치'에 대해 이야기하는 귀엽고 트위터스러운 글이었다. 그녀의 팀은 "우리의 가치를 더욱 널리 알려야 한다"라는 지령을 계속해서 들어왔다. 전년도 여름, 의류 브랜드인 파타고니아Patagonia가 첫 TV 광고 캠페인을 출시해 국유지를 보호해야 한다고 호소했을 때(트럼프를 향해 분명한 한 방을 날렸을 때[국립자연보호구역을 축소하거나 개발하려는 트럼프 행정부에게 전하는 메시지였다—옮긴이]) 유튜브 마케팅 책임자는 광고와 관련한 기사와 함께 "너무 마음에 든다"라는 소감을 더해 주변에 전달했다. 스테이플턴은 가치를 널리 알리자는 지령이 위에서 내려온 것이라는 이야기를 들었다. "수전이 널리 활동하고 싶어 해요." 스테이플턴의 팀은 양성평등을 워치츠키의 핵심 가치로 삼아 계획을 세웠다. 2018년 브랜드팀이 준비한 문서에는 "여성 CEO가 이끄는 글로벌 테크 기업으로서 우리는 성 평등 문제에 리더가될 준비가 되어 있습니다"라고 적혀 있었다. 또한 기업이 정신 건강, 이민자, LBGTQ, 인종적 정의에 목소리를 내야 한다는 내용도 있었다. 스테이플턴의 팀은 유색 크리에이터를 덜 노출시키는 알고리즘의 경향성에 대응할 방법을 자주 토론했다. 유튜브는 야유회 같은 행사에 구조적 인종차별 등을 주제로 연사를 초청하기도 했다. 트위터에 올린 시는 '흑인 역사의 달' 계획안에 잘 어울리는 듯 보였다.

다만, 예상했던 반응이 등장하자(백인 남성 프로필 사진을 올린 이용자는 "나는 모든 크리에이터를 지지하겠다"라고 적었고, "싫은데"라는 간단한 답글 하나가 많은 호응을 받았다), 회사는 이 트윗을 올린 데 이의를 제기했다. 유튜브의 변화에 피해를 입은 크리에이터들을 달래는 일을 자주 떠맡는 임원, 에어리얼 바딘은 반발을 크게 걱정했다. "왜 굳이 이런 논쟁에 휘말리는 겁니까?" 그가 물었다. 그 일 이후로 스테이플턴의 상사는 트윗 하나하나 보고를 받고 승인을 내렸다. 마케팅팀 직원 한 명은 트랜스젠더 크리에이터들에 관한 유튜브 트윗을 올릴 당시 직원 서른 명이 모여 워크숍과 보고를 거쳐야 했던 일을 나중에 밝혔다.

국제 여성의 날에는 광고 에이전시에 의뢰해 미국 중부 지역(앞서 밝혔듯이 이 지역은 트럼프 대통령을 지지하는 곳이다 — 옮긴이)에 호소하는 내용의 프로모션을 제작했다. 프로모션이 완성되자 더욱 많은 불만이 터져 나왔다.[244] "지나친 양극화를 초래하는 내용이네요." 스테이플턴의 상사들은 이렇게 결론 내렸다. 스테이플턴에게는 이런 반응이 세상에 우리의 뜻을 알린다기보다는 현실을 부정하는 쪽에 가깝게 느껴졌다. "우리가 지지해온 것들에 대한 믿음이 사라진 채 혼란스러워하고 있었다"라고 그녀는 전했다.

트럼프의 미국이 시작된 지 2년차에 접어들자 젠더, 인종, 가치, 표현, 권력을 둘러싼 담론이 빠르게 변화했고 격렬해졌다. 하비 와인스타인이 할리우드 곳곳에 걸쳐 행한 엽기적인 학대가 보도되며 문화 생산을 이끌어온 남성들을 재평가해야 한다는 움직임이 일었다. 미디어 거물 여럿이 순식간에 나락으로 떨어졌다. 스테이플턴과 동료들은 새로이 전개되는 사건들을 인터넷의 속도로, 1분에 1마일로 따르며 상황을 지켜봤다. 사람들이 힘을 모아 권력에 대항하는 #미투 운동이 유튜브에게는 구원의 움직임처럼 느껴졌다. 미디어 업계의 권력자들은 여성의 커리어를 인질처럼 잡고 있는 끔찍한 남성들로 밝혀졌다. 하지만 구글은 이런 담론을 거들기는 고사하고 이끌어가는 데조차 더 이상 관심을 보이지 않았다. 좌파의 공격을 받은 보수주의자들은 구글의 거대한 인력이 우파의 영상과 시각을 검열한다고 비난을 쏟았다.

지금껏 구글은 자사가 가장 깊이 우려하는 것을, 정치인들의 위협을 회피해왔다. 유럽에서 여러 규제에 시달려온 구글은 자국에서만큼은 온라인 광고와 지도, 이메일, 웹 브라우징, 영상, 정보를 독점하고 있음에도 별다른 간섭을 받지 않았다.

구글은 어떻게 정치적 공격을 피해 갈 수 있었을까? 우선 구글이 2017년 워싱턴 D. C.에 지출한 로비 금액 1,700만 달러는 그 어떤 기업보다도 큰 규모였다. 구글러 한 명은 곰을 만난 하이커 두 명에 대한 오래된 농담에 빗대어 구글의 전략을 설명했다. 곰을 만난 하이커 중 한 명은 힘차게 도망치기 시작했고, 다른 한 명은 자리에 앉아 신발 끈을 조였다. "뭐하는 거야?" 도망치던 하이커가 물었다. "내가 곰보다 굳이 빨리 달릴 필요는 없어." 신발 끈을 묶던 하이커가 답했다. "난 그저 너보다만 빨리 달리면 돼." 구글은 다행스럽게도 페이스북이라는 대단히 어설픈 동료와 하이킹을 함께 하고 있었다.

2017년 말, 의회와 언론, 특검이 힘을 합쳐 러시아의 대선 개입 정황을 밝히기 위해 소셜 미디어를 매섭게 파헤쳤다. 페이스북의 손이 가장 붉게 물들어 보였다. 꾸물거리던 페이스북은 결국 러시아 측에서 10만 달러의 광고비를 집행했고 1억 2,600만 명의 이용자들이 해당 광고에 노출되며 음모론이 너무도 쉽게 전파되었다는 사실을 인정했다. 구글의 경우 러시아 측의 광고 투입 비용이 5만 8,000달러에 그쳤다. 하지만 유튜브는 러시아 문제에 개입되어 있었다. 러시아 관영 TV 네트워크사로 사명을 RT로 변경한 러시아투데이는 유튜브 플랫폼에서 대단한 영향력을 과시하고 있었다. CNN

에 조금 못 미치는 200만 명 이상의 구독자를 보유하고 있었고, 이 같은 수치는 누구나 확인할 수 있었다. 다만 RT가 여러 채널과 시장에 영상을 홍보하며 막대한 광고비를 쓰는 유튜브의 주요 광고주라는 것은 구글 세일즈팀만이 알 수 있는 사실이었다. 유튜브 유럽 임원들은 따로 RT 리더들을 만나 관계를 다졌다. 러시아가 인터넷 검열의 고삐를 조이기 시작하자 구글은 러시아가 중국의 뒤를 이어 자사를 몰아낼 것을 우려했다. "러시아를 잃을 수 없었습니다." 전 세일즈 디렉터는 당시의 상황을 이렇게 설명했다. 2013년, 유튜브 측에서 킨슬이 나서 여러 방송사와 관계를 다지기 위해 러시아로 친선 방문한 일도 있었다. 그는 RT의 한 채널에 등장해 10억 뷰라는 대단한 성과를 축하하며 해당 네트워크사의 "진정성" 있는 콘텐츠와 "아젠다 또는 프로파간다"를 강요하지 않는 논조를 높이 평가했다.[245] 미국 정치인들은 그렇게 생각하지 않았다. 연방 정부는 RT를 '외국 대리인'으로 등록하라고 압박했다(외국 정부, 정당 또는 단체의 이익을 위해 미 정부와 의회에 로비 활동을 하는 비정부 기관 및 기구를 대리인으로 등록하는 법안이 있다 ─ 옮긴이). 버지니아주 민주당원인 상원 의원 마크 워너Mark Warner는 유튜브를 두고 RT의 "핵심 플랫폼"이자 "역정보 활동을 펼칠 타깃이 풍부한 환경"이라고 설명했다.

압박을 느낀 유튜브는 RT를 프리미엄 광고 채널에서 제외하고 관영 매체로 표시하기로 했다. 유튜브를 향한 탄압이 심해지고 있을 때즈음 페이스북은 또 한 번 비틀거렸다. 워치츠키가 텍사스에서 음모론으로 날카로운 질문을 받은 지 나흘 후, 케임브리지 애널리티카Cambridge Analytica 스캔들이 터졌다. 이 컨설팅 기업은 페이스북의 데이터를 수집해 트럼프 캠프 선전에 활용했다. 소셜 네트워크를 향해 분노와 관심이 또 한 번 쏠렸다. 구글은 몸을 낮추는 것이 최선이라 생각했다.

구글의 이런 태도는 리더의 성향이 반영되었을 터였다. 나긋한 말투에 생각이 많은 구글의 CEO는 대립보다는 합의를 훨씬 선호했다. 구글의 몇몇 이들에게는 이런 성향이 우유부단하게 느껴졌다. 구글의 전 임원은 피차이가 소심한 탓에 유튜브의 머니볼 프로젝트를 중단시키는 선택을 내린 것이라고 분석했다. 하지만 피차이는 페이스북 규모의 스캔들이 구글에서 발생하지 않도록 지켜낸 인물이기도 했다.

2018년까지는 말이다.

구글의 수장이 된 후 피차이는 구글의 미래가 크게 두 가지에 달려 있다고 판단했다. 클라우드 컴퓨팅을 통한 비즈니스 소프트웨어 판매와 그가 "차세대 10억next billion users"이라고 지칭한 신흥 시장의 인터넷 소비자였다. 구글은 미 국방부 펜타곤과 컴퓨터 비전을 장착한 드론 공급 계약을 맺으며 정부를 대상으로 수익성 높은 클라우드 서비스 공급 계약의 길을 열었다. 펜타곤과의 계약을 두고 내부에서 큰 반발이 있은 지 몇 주 후인 6월, 구글은 끝내 직원들의 반대에 항복하고 계약을 갱신하지 않기로 약속했다. 그러다가 여름이 되자 직원들은 "차세대 10억" 계획의 충격적인 내용을 알게 되었다. 구글은 본토 중국에 검열 결과를 반영한 검색 엔진을 만들려 하고 있었다. 두 프로젝트 모두 기업의 가치에 대한 배신이라고 생각한 구글 직원들은 크게 분노했다.

구글의 (펜타곤과의 거래를 그만두고 중국과 친밀한 관계를 쌓아가는) 조치를 신성모독이자 자신에게 유리하게 정치적 사안을 이용하는 행위로 이해한 워싱턴 D. C.의 입법자들과 군 관계자들은 노여워했다. 구글의 펜타곤 사태에 얽매인 트럼프는 구글이 정보를 조작해 보수주의자들을 검열한다는 근거 없는 주장을 펼쳤다. "조심해야 할 겁니다." 8월 트럼프 대통령은 격노했다. "국민들에게 그런 짓을 해서는 안 되니까요." 트럼프 측 사람들은 실리콘밸리 플랫폼들이 이용자 생성 사이트의 법적 책임을 보호하는 통신품위법 제230조를 악용한다고 공격했다. 텍사스주 공화당원인 테드 크루즈Ted Cruze는 청문회에서 제230조에 명시된 것처럼 페이스북을 "중립적인 공개 포럼의 장"으로 운영해야 할 마크 주커버그가 이를 실패했다며 질책했다. 사실 법안에 이 같은 내용이 명시되어 있지는 않지만,[246] 엄포성 위협은 여전히 효과가 있었다.[247] 구글의 정책팀원들은 제230조와 관련된 것은 무엇이든, 구글이 발행인으로 보일 수 있는 것은 무엇이든 각별히 조심하라는 지침을 받았다.

유튜브에서는 바이어컴과의 소송 때 나타났던 극도의 경계심이 다시 발동되었다. 광고주들을 위해 영상을 정리하는 업무를 맡은 한 엔지니어가 문제가 될 만한 클립을 직접 찾아나섰지만 유튜브 변호사들이 개입해 그를 막았다. 프리미엄 광고를 실을 만한 영상을 선발해달라는 요청을 받은 유튜브 세일즈 직원(그는 알고리즘이 고른 것이라고는 온통 "장난과 픽업 아티스트 영상"뿐이었기에 어쩔 수 없었다고 설명했다)은 이런 행위가 기업의 법적 입장을 약화시킬 수도 있다는 이야기를 들었다. 우려스러운 영상들을 스프레드시트에 작성하며 "대단히 인종차별적인" 등과 같이 나름의 평가를 정리한 어느 시니어 임원은 유튜브는 이러한 영상들을 선제적으로 찾아봐서는 안 된다는 소리를 들었다. 충격 사건 이후 또 다른 직원은 유튜브 댓글 칸에 총격 협박이 얼마나 자주 등장하는지를 알아보려 했지만 이 또한 가로막혔다. 유튜브 리더들은 공개적으로 자신의 정치적 역할을 축소했다.

트위터 광인 트럼프가 유튜브에서는 대단한 활동을 펼치지 않았다는 사실이 분명 도움은 되었지만, 그의 가장 극단적인 지지자들은 유튜브를 애용하고 있었다. 학자인 베카 루이스Becca Lewis는 대선 직전 힐러리 클린턴의 건강과 관련한 의심스러운 영상들이 케이블 뉴스에 자주 등장하기 시작하자 유튜브의 오른편에 등장하는 영상들을 살펴보기 시작했다. 2017년부터 15개월간의 영상을 추적한 루이스는 조 로건과 같은 주류 유튜버들 가운데 더욱 극단적인 인물과 방송을 함께하는 사람들이 늘어나는 현상[248]을 발견했다.[249] (로건은 캐나다의 구루인 스테판 몰리뉴를 게스트로 초대해 세 시간짜리 토크쇼를 몇 차례나 진행했다. 이후 몰리뉴는 백인 민족주의를 '정체성 우선주의Identitarianism'라는 개념으로 포장한 힙스터인 척하는 호주 유튜버를 초대했다.) 우파 유튜버들은 주류에 속한 사람처럼 활동하기에 번창할 수 있다고 결론지었다. "유튜브는 정치 인플루언서 같은 행동을 장려하도록 만들어졌다." 루이스는 이렇게 적었다. 극단적인 유튜버들 다수가 그 효과가 입증된 검색 엔진 트릭을 썼다. 2015년 초, 남성 인권 운동가인 데이비드 셔랏은 이민자나 '서구 문명'에 관한 영상 열 개 중 하나에서 '백인 학살'과 '백인 대체론great replacement(백인 사회가 유색 인종에 의해 대체된다는 음모론 — 옮긴이)' 같은 태그가 달려 있는 것을 확인했다. 이런 영상을 하나 클릭하면 거의 비슷한 내용의 영상들이 계속 등장했다.

유튜브 리더들은 극단적이거나 위험한 콘텐츠와 정치적으로 논쟁을 불러올 수 있는 일반적인 콘텐츠를 구분하는 데 어려움을 느꼈다. IS는 명백한 악당이었지만 충격적인 발언을 서슴지 않는 우파 논객들은 그렇지 않았다. 게다가 수치상으로도 둘 다 대단한 시청자 수를 거느리지는 않았다. "이 점을 명심해야 합니다." 워치츠키는 『가디언』에서 말했다. "뉴스 또는 뉴스 코멘터리는 저희의 조회 수에서 아주 낮은 비율을 차지할 뿐이라는 점이요."250

. . .

유튜브에서 뉴스 또는 뉴스 코멘터리의 오디언스는 비교적 작은 규모지만 몇몇 논객은 온라인에서 큰 성공을 거둔 나머지 자신의 활동을 외부로 확장하기도 했다.

2018년 여름, 스테판 몰리뉴는 투어를 진행했다. 이 구루가 투어에 동행한 인물은 젊은 캐나다의 유튜버이자 다문화주의를 경멸하고 스스로 페미니스트들을 "지극히 독단적이고 주관적인" 잣대로 맞선다고 밝히는 알트라이트인 로렌 서던Lauren Southern이었다. 트럼프의 백악관은 그녀에게 기자증을 발급해주었다. 7월, 토론토에 있는 그녀의 집에 방문한 리포터는 10만 구독자 달성을 축하하는 유튜브의 '실버 버튼'을 달기 위해 벽이 텅 비어 있었다고 전했다.[251] 같은 달 시드니에서 몰리뉴와 서던은 객석이 꽉 찬 공연장에서 대담을 나눴다. 최근 호주 지방 정부들이 원주민에게 여러 조약을 제안하며 전국적으로 논쟁이 일어나고 있는 상황이었다. 당시 유튜브 구독자가 약 80만 명이었던 몰리뉴는 오스트레일리아 원주민들은 "문명의 가장 낮은 단계에"[252] 자리하고 있으므로 이러한 조약들은 불필요하다고 이야기한 것으로 전해졌다.

8월, 이 유튜버 두 명은 뉴질랜드의 오클랜드로 향했지만 유명 공연장에서 이들의 행사를 취소했다. 자유롭게 반항적인 표현을 하는 급진주의자들에게 어울리는 처사였고, 두 사람은 뉴스허브Newshub 방송국에 나가 자신들의 이야기를 풀어놓았다.

 뉴스허브: 인터뷰 풀영상: 로렌 서던과 스테판 몰리뉴
(**Newshub:** Full interview: Lauren Southern and Stefan Molyneux)

▶ ▶| 2018년 8월 3일 · 13:46

"이 나라는 인종의 용광로로 알려져 있습니다." TV 앵커인 패트릭 가워Patrick Gower가 운을 뗀다. 그는 게스트들에게 다양성이 "약점"이라는 두 사람의 메시지를 자국이 어떻게 이해해야 할지 묻는다. 그 용광로가 "세계에서 가장 아름다운 문화, 서구 문화를 만든 모든 것과 충돌한다면 어떨까요?" 서던이 묻는다. 당황한 가워는 잠시 말을 잇지 못한다. 이제 그는 몰리뉴를 바라보며 어떠한 인종은 유전적으로 다른 인종에 비해 부족하다는 의견에 대해 묻는다. "그런 말은 한 적이 없습니다." 몰리뉴가 답한다. 몰리뉴는 자신이 가장 자신 있는 일인 논쟁을 시작한다. "사회과학에서 가장 확실한 측정 도구는 IQ입니다." 유튜버가 말한다. 몰리뉴가 말하는 도중에 가워가 끼어들며 몰리뉴의 주장을 "지나친 발언"이라고 가로막는다. "보고 계시는 시청자분들도 생각해야 하는 입장이라서요." 가워가 말한다. "아, 저를 믿으셔도 좋습니다." 몰리뉴가 답한다. "시청

자들도 저희가 하는 말에 관심이 클 테니까요."

TV 방송국이 해당 인터뷰를 유튜브에 올리자 자신의 채널을 "인생에서 원하는 것을 얻는 데 필요한 고급 사회 기술"을 배울 수 있는 곳이라고 홍보하는 한 유튜버는 인터뷰 대화가 오가는 상황을 분석한 영상을 올렸다. 〈스테판 몰리뉴와 로렌 서던이 패트릭 가워를 붕괴시키다(바디랭귀지 참사)〉. 영상 제목이었다. 얼마 지나지 않아 이 영상이 원본 인터뷰 영상의 두 배에 가까운 조회 수를 기록했다.

・・・

시간이 갈수록 구글은 정치적인 문제들을 해결해야 하는 입장에 몰렸다. 2018년 12월, 선다 피차이는 마침내 의회 의사당 캐피틀 힐에 모습을 보였다. 의회는 9월 선거 개입과 사생활 침해, 그 외 실리콘밸리의 여러 병폐와 관련해 그에게 청문회 참석을 요청했었다. 피차이와 래리 페이지 둘 다 응하지 않는 바람에 입법자들은 진술을 위해 참석한 페이스북과 트위터 임원들 사이의 빈 테이블에 '구글'이라는 이름표만 세워두었고, 구글은 불응함으로써 참석했을 때 겪었을 피해보다 더 큰 정치적 피해를 야기했다. 당시 불참으로 구글은 비난을 받았고, 이제야 피차이 홀로 의회에 나가 세 시간 동안 이어질 질의를 마주해야 했다.

감색 슈트 차림의 그는 양팔을 의회 테이블에 올려둔 채 꼿꼿한 자세로 앉았고, 의원들이 자신의 이름을 엉망진창으로 불러대도 바로잡지 않았다. 보드게임인 모노폴리 속 신사처럼 차려입은 운동가 한 명이 피차이 몇 줄 뒤에 자리했다. 러시아의 개입에 대한 질문에 CEO는 이렇게 답했다. "저희는 소셜 네트워크 기업이 아닙니다." 그는 구글 플러스라는 실패작을 두고 농담까지 하려 했다. CEO 뒤에 얌전히 앉아 있던 구글 임원진들은 현재의 맥락에서라면 유튜브는 소셜 네트워크가 (이용자가 발생하고, 규제가 적고, 규모가 대단히 크다는 점에서) 맞다는 것을 잘 알고 있었다. 정치인들이 페이스북과 트위터에 문제 삼고 있는 사안들을 유튜브에도 적용했다. IS 신병 모집, 러시아의 프로파간다, 음모론, 정치적 편향성을 불러일으키는 콘텐츠 중재 방식. 구글의 대정부 관계 및 정책팀 직원 몇몇은 유튜브가 너무 많은 골칫거리를 회사에 안긴다며 내심 불만을 터뜨리기도 했다. 구글의 핵심 비즈니스인 검색 광고는 대체로 사람들의 검색과 지역을 바탕으로 할 뿐 비평가들을 분노케 하는 브라우징 히스토리나 음침한 사생활 침해 활동과는 무관했다. 하지만 유튜브의 비즈니스 모델은 후자에 속했다. 한번은 사내 전화 회의 자리에서 구글의 정책팀 직원이 유튜브의 기업 분할에 관한 이야기를 꺼내기도 했다. 내부에서 오가는 이야기를 잘 알고 있는 이들은 이 제안이 심각하게 고려되었다고 전했지만, 또 다른 이들은 그저 별 뜻 없이 오가는 "거창한" 잡담일 뿐이었다고 잘라 말했다.

캐피틀 힐에서 이 사안에 대해 피차이에게 물은 사람은 없었다. 연령대가 높은 미국인들 다수가 그렇듯 입법자들 또한 유튜브를 거의 사용하지 않았고 뉴스를 보러 사이트에 방문하는 사람은 전혀 없었다. (구글 워싱턴 D. C.의 직원 한 명은 여러 행사 자리에서 정계 유력 인사들이 워치츠키를 몰라보는 바람에 분위기를 이끌어내느라 애를 먹었다고 토로했다.)

하지만 메릴랜드주의 민주당원인 제이미 래스킨Jamie Raskin이 피차이에게 예상치 못한 질문을 던졌다. "프래즐드립Frazzledrip이 뭔지 아시나요?"

피차이는 대략적으로는 알고 있다고 답했다. 오늘 직원에게 전해 들었다고 설명했다. 래스킨은 전날 발간된 『워싱턴 포스트』 한 부를 펼쳐 읽었다. "최근 유튜브에서는 정치인들, 유명 인사들, 그 외 주요 인사들이 어린아이를 성적으로 학대하고 악마 숭배 의식의 하나로 인육을 섭취하는 영상을 추천한 일이 있습니다."[253] 피차이가 고개를 들었다. 힐러리 클린턴과 그녀의 측근이 어린 여자아이를 학대하고 피를 마셨다고 주장하는 영상들이 있었다. 피자게이트(힐러리와 민주당 인사들이 소아성애자 단체와 연관이 있다고 주장하는 음모론―옮긴이)의 괴상한 사촌쯤 되는 프래즐드립은 당시 컬트적인 음모론이자 운동인 큐어넌QAnon으로 이어졌다. "이 사안에 대한 귀사의 정책은 무엇인가요?" 래스킨이 물었다.

당시 유튜브는 음모론 클립들을 숨기고 그 외 '해로운' 콘텐츠로 판단되는 영상들을 페널티 박스에 넣기 위해 추천 엔진을 대대적으로 정비하는 과정에 있었다. 다만 아직 대중에게 공개될 준비가 되지 않았기에 피차이는 추천 시스템의 변화에 대해 언급하지 않았다. "여러 가지 조치를 취할 예정입니다." 그는 이렇게 답했다.

하원 의원이 압박을 가했다. "기본 입장이 콘텐츠가 너무 많고 이에 대해 할 수 있는 일이 없다는 건가요?"

"어려운 문제들을 해결하려 노력하고 있습니다." 그렇지 않다는 말 대신 피차이는 우회적으로 답했다. "유튜브가 표현의 자유를 펼칠 수 있는 플랫폼이 되도록 노력하는 한편 책임감을 갖고 사회에 긍정적으로 기여하는 것 또한 저희의 책임이라고 생각합니다."

. . .

클레어 스테이플턴이 속한 브랜드 마케팅팀은 프래즐드립 사태와 별난 극단주의자들, 지나치게 정치적인 이야기는 피하려 했다. 2017년 트럼프의 백악관은 디트로이트에서 열리는 코딩 프로젝트를 홍보하는 데 유튜버들을 보내달라고 회사에 요청했다. 유튜브는 아무나 보낼 수 없었다. 한 동료는 스테이플턴에게 보수적인 논객들이 유튜브에 큰돈을 벌어준다는 이야기를 들었다고 전했고, 거침없는 구글러들은 유튜브를 두고 "나치들을 위한 CNN"이라고 부르기 시작했다. 스테이플턴의 눈에는 험한 말을 쏟아내는 논객들이 유튜브의 광활한 바다를 흐리는 것만 같았다. "너무 많은 일이 벌어지고 있었어요." 그녀는 당시를 이렇게 설명했다. "유독한 시궁창처럼 느껴졌어요."

그해 봄, 그녀는 또 다른 위기를 제일 앞줄에서 지켜봤다. 게이 프라이드 Gay Pride 축제가 있기 바로 전인 6월, 퀴어 크리에이터들이 자신들의 영상이 제한되고 광고가 사라졌다며 불만을 터뜨렸다. 더욱 최악인 것은 '실제로' 게시되고 있던 광고 중에 동성애 전환 치료(동성애 또는 양성애를 이성애로 치료할 수 있다고 주장하는 치료법으로 사이비과학이라는 비판을 받는다 — 옮긴이) 광고들이 있었다. 행크 그린은 이 사태를 두고 "파렴치하고 역겨우며 혐오스럽다"라고 표현했다. 유튜브는 사과의 뜻을 전하며 해당 광고들이 정책을 위반하지 않았고 유튜버들이 특정 광고를 게재되는 것을 차단할 수 있다고 설명했다. (다만 그 방법은 정확히 이해하지 못한 크리에이터들이 많았다.) 이 사태의 여파로 그녀는 이런 일이 벌어지게 된 전말이 담긴 유튜브 정책팀의 대단히 흥미로운 문서를 하나 열게 되었다. 롱테일에 속한 온갖 영상들과 광고를 선별하는 데 자동화된 시스템이 사용되는 이상, 이러한 불평은 계속해서 나올 수밖에 없다고 문서에는 적혀 있었다. 고르디아스의 매듭(대단히 복잡하고 어려운 문제 — 옮긴이)을 풀기 위해서는 유튜브는 한쪽을 선택해야 했다. 퀴어 크리에이터 등 특정 이해 당사자의 요구를 정확히 반영한 규칙을 다시 쓰거나 아무런 간섭도 하지 않거나 둘 중 하나였다. 유튜브는 모든 사람을 만족시킬 수 없었다. 스테이플턴의 표현처럼 "진보의 아이콘들인 예스 퀸yas queen, #프라이드#Pride와 자유의지론자 피터 틸Peter Thiel(유명한 벤처 캐피털리스트이자 동성애자인 그는 공화당원으로 트럼프를 지지한다 — 옮긴이)의 세상이 공존"할 수는 없었다.

하지만 회사는 둘 다를 하고 싶어 할 때가 많았다. 구글과 실리콘밸리는 결국 풍요를 바탕으로 하는 곳이었다. 이러한 모순이 프라이드 사태 이후와 이전 몇 달간 스테이플턴을 괴롭혔다.

그러던 중 그녀는 회사가 실제로 한쪽을 택했던 때가 있었다는 것을 알게 되었다. 이 일이 간신히 버티고 있던 그녀를 절벽 아래로 밀어버렸다.

10월 25일 목요일, 유튜브 첼시 사무실을 나서 브룩클린 집으로 퇴근한 그녀는 어린아이를 재운 뒤 와인 한 잔을 따르고 노트북을 켰다.[254] 자주 확인하는 엄마들을 위한 사내 리스트서브를 클릭한 그녀는 회사에 대한 기사가 실린 『뉴욕타임스』의 아침자 헤드라인 링크를 발견했다. 클릭.

> 2014년 10월, 안드로이드 모바일 소프트웨어의 창시자 앤디 루빈이 퇴사하는 날 구글은 송별회를 열었다. … 다만 구글이 알리지 않은 사실은 한 직원이 미스터 루빈을 부적절한 성적 행동으로 고발했다는 것이다.[255]

『뉴욕타임스』는 한 여성이 오랫동안 구글에서 권력자로 지낸 루빈에게 호텔 방에서 구강성교를 강요당한 일을 고발했다고 보도하고 있었다. 보안 직원들이 그의 회사 컴퓨터에서 신체를 결박한 성관계 동영상을 여럿 찾아냈고, 그가 여성에게 보낸 메일을 찾아낸 신문사가 공개한 내용에 따르면 "소유한다는 것은 당신이 내 것이 된다는 것이고, 내가 당신을 다른 사람들에게 빌려줄 수도 있다는 거지"라는 글이 적혀 있었다. 이 외에도 『뉴욕타임스』에는 "구글은 회사를 떠나는 미스터 루빈에게 한 푼도 주지 않고 보낼 수도 있었다. 하지만 구글은 그에게 퇴직금으로 9,000만 달러를 지급했다." (루빈은 여성에게 성관계를 강제한 적이 없다고 부인했고 여러 혐의는 이혼 소송을 진행 중인 전 부인의 비방 공작이라고 일축했다.)

스테이플턴은 기사를 모두 읽은 후 구글 사내 게시판에 들어갔다. 피차이는 사과의 메일을 전하며 해당 기사가 "읽기 괴로웠다"라고 적었고, 지난 2년 간 성희롱으로 마흔여덟 명을 해고했다는 충격적인 사실을 알렸다. 『뉴욕타임스』는 래리 페이지와 구글의 이사회가 9,000만 달러라는 루빈의 퇴직금을 승인했다고 보도했다. 최고 경영진이 경쟁사로 가는 것을 막기 위한 일반적인 퇴직금 액수라고 합리화하는 이들도 있었다. 당시 구글의 HR 책임자였던 라즐로 복은 루빈을 빈손으로 내보내라고 페이지에게 조언했던 일을 나중에 밝혔다.

저녁 7시 58분, 스테이플턴은 엄마들을 위한 리스트서브에 글을 썼다. 그녀는 이렇게 적었다. "구글 여성들은 (그리고 동맹자들은) '대단히' 분노로 가득한 상태이고, 이 분노를 이용해 진정한 변화를 이끌어낼 방법이 무엇일지 생각해보고자 합니다." 공개서한이 좋을까요, 아니면 파업이 좋을까요? 그녀는 물었다. 아니면 워크아웃(근로자가 단체로 일터를 떠나 노동력을 공급하지 않는 시위 ― 옮긴이)? 직원들은 다음 날에도 여전히 분노하고 있었다. 그날 오후 스테이플턴은 논란을 마주했을 때 어떻게 해야 하는지 회사에서 교육받은 대로 행했다. 그녀는 '위민즈-워크womens-walk'라는 이름의 리스트서브를 개설해 다른 이들의 동참을 촉구했다. 토요일 아침에 일어난 그녀는 200명 이상이 서명한 것을 알게 되었다.

일이 일사천리로 진행되었다. 한 구글러는 경영진에게 요구 사항을 전달하자고 제안했고, 또 다른 구글러는 직원들의 요구 사항을 수집하고 정리했다. 남성들도 리스트서브에 참여했다. 스테이플턴은 영역을 좀 더 확장했다. 펜타곤 사태와 중국 프로젝트 당시 반발했던 경험이 있는 직원들이 동참했다. 트럼프에게 너무 다정하게 또는 줏대 없이 군다며 구글을 비난하는 직원들이 많았다. 또 다른 이들은 유튜브의 외주 중재자들처럼 구글 계약자들이 형편없는 보수와 조건으로 일을 하는 데 분개했다. 전 직원들은 #미투 운동이 소셜 미디어를 타고 빠른 속도로 한 업계에서 다른 업계로 번지는 모습을 지켜봤고, 이제는 테크 업계 차례였다.

동료 다섯 명이 스테이플턴에게 합류해 특별 위원회를 꾸렸다. 이들은 11월 1일 목요일을 워크아웃의 날로 정했다. 암호화된 메시지 앱으로 대화를 나눴지만, 구글 독스docs와 캘린더도 이용했다. (스테이플턴은 이번 시위를 #미투라고 부르자고 제안했지만 거절당했다.) HR과 홍보팀 직원들도 리스트서브에 합류했는데, 구글은 항상 직원들에게 우려의 목소리를 내라고 독려했던 바 문제될 것은 없어 보였다.

스테이플턴은 월요일에 출근 복장으로 "여성이 미래다The Future Is Female"가 새겨진 티셔츠를 "잔다르크의 심정으로" 입었다고 훗날 전했다.[256] 이제 시위단의 규모는 1,000명이 넘었다. 그녀는 "왜 워크아웃에 동참하시나요?"라고 묻는 메일 한 통을 더 발송했다. 성차별, 인종차별, 희롱에 관한 수백 개의 사연이 쏟아졌다. 훗날 스테이플턴은 이를 두고 "환멸의 기록물이나 다름없었다"라고 전했다.[257]

화요일, 피차이는 전사 메일을 보내 자신의 이전 사과문이 "충분하지 못했다"라고 밝히며 사실상 구글은 목요일 워크아웃을 지지한다는 메시지를 전달했다. '막을 수 없다면 동참하자는 거군.' 스테이플은 생각했다.

목요일 이른 아침, 구글 매니저이자 워크아웃 주최자인 에리카 앤더슨 Erica Anderson은 여자 친구인 뷰티 전문가, 잉그리드 닐슨이 챙겨준 애플 사이다 도넛이 든 응원의 가방을 챙겨 회사를 나섰다. 닐슨은 지금껏 구글을 지켜봐왔고 구글의 방침이 유튜브의 역학에 그대로 반영되고 있다고 생각했다. 그녀는 LGBTQ와 섹스 포지티브sex-positive(성을 자유롭고 긍정적으로 보는 시각─옮긴이)한 크리에이터들이 늘 수입과 시청자 수에 고전하는 한편, 타인을 괴롭히는 사람들과 문제아들은 차트에서 고공행진하는 모습을 목격했다. "실제로 피해를 끼치는 사람들이 높은 순위를 차지할 뿐 아니라 수백만 달러를 벌어들이기도 해요." 그녀는 이렇게 회상했다. "그 반대가 되어야 하는데 말이죠."

11시가 막 지난 시각, 녹색 군용 재킷을 걸친 스테이플턴은 3,000명 이상이 되는 동료들을 이끌고 허드슨강 인근의 작은 공원으로 향했고, 거기서 직원들은 확성기를 들고 집결했다. 런던과 싱가포르, 취리히에서 가두 행진을 펼치기도 했다. 구글 본사 앞에서는 사내 행사 자리에서 동료에 의해 약물을 섭취한 여성 엔지니어의 이야기를 듣고 시위자들은 눈물을 흘렸다. 구글러들은 "타임즈 업(time's up, 성범죄 및 성차별에 대항하는 여성 운동의 구호—옮긴이), 테크. 악을 행하지 말길"이라고 적힌 피켓을 들었다. 모두 합쳐 2만 명 이상이 50개 도시에서 벌인 시위는 화이트칼라 운동의 획기적인 순간이자 트럼프 시대의 카타르시스였다. 바닷물을 끓일 수 있는 운동이었다. 테크 업계의 반란 세력은 전국적으로 헤드라인을 차지했고, 어쩐지 구글이란 기업에게 자부심을 안긴 것 같았다. 구글의 CFO인 루스 포랏Ruth Porat은 시위를 두고 "구글러들이 제일 잘하는 일을 했다"라고 전했다.

이렇듯 인정하는 분위기는 두 달 정도밖에 지속되지 못했다는 것을 스테이플턴은 깨달았다. 구글의 최고 경영진과 반란 선동자들은 유튜브 속 문화 전사들과 목소리가 가장 큰 사람들이 흔히 그렇듯 서로 다른 소리를 내기 시작했다.

31장

▶

주인의 연장

구글 워크아웃 사태는 많은 구글러가 자신이 속한 회사에 품었던 단단한 신뢰에 사실상 균열이 있었음을 보여주는 사건이었다. 유튜브 플랫폼에서도 이와 비슷한 일이 벌어지고 있었다.

초기에 유튜브 사이트를 만들고 그곳에 거주해온 사람들은 유튜브가 다 함께 공유하는 프로젝트이자 커뮤니티라고 믿었다. 유튜브가 성장해가며 분열되자 충성심 높은 크리에이터들과 팬들이 가졌던 신뢰가 점차 무너져갔다. 이제 많은 사람이 자신이 속한 이 작은 사회를 포기했는데, 이는 트럼프 시대에 널리 확산되고 있는 정서였다. 이들은 그 분노를 다른 곳으로 돌릴 준비가 되어 있었다.

윌 스미스Will Smith가 그 시작이었다.

유튜브:
"유튜브 리와인드 2018: 누구나 되감기 버튼을 누를 수 있다"
(YouTube: "YouTube Rewind 2018: Everyone Controls Rewind")

▶ ▶| 2018년 12월 6일 · 8:13

왕년의 프레시 프린스Fresh Prince(윌 스미스 데뷔 당시 활동명이었고 이후 이 이름을 딴 시트콤에서도 큰 사랑을 받으며 지금까지도 프레시 프린스로 불리고 있다 — 옮긴이)의 시작으로 유튜브의 한 해를 되돌아보는 클립의 막이 오르며 유튜버들과 팬들이 선택한 얼굴과 트렌드, 경이로운 이야기들이 등장한다. 십수 명의 유튜버들이 K-팝과 포트나이트Fortnite, ASMR, 〈아기 상어〉, 기부 운동, 드랙 퍼포머, '2018년에 자신의 목소리를 찾은 모든 여성들'을 기념한다.

유튜브 랜드에 속하지 않은 외부인의 눈에는 이 영상이 전혀 문제 될 것이 없었다.

하지만 그렇지 않았다. 2년간 이어진 경제난과 격변의 시간을 거쳐 온 유튜브 랜드는 이 순간을 분노를 표출할 기회로 삼았다. 영상에는 올드미디어의 인물들(윌 스미스, 존 올리버, 트레버 노아)이 등장했고 이것이 많은 토종 유튜버에게는 일종의 모욕처럼 느껴졌다. 영어로 영상을 제작하지 않는 크리에이터들(한국, 브라질, 인도의 유튜버들)은 떠들썩한 미국 팬들에게는 익숙하지 않은 얼굴들이 다수 등장했다. 그해 있었던 볼썽사나운 사건들을 그럴듯하게 얼버무린 영상이었다. 뷰티 전문가들의 불화와 로건 폴의 새롭고도 과장된 복싱 커리어도. 2018년 리와인드 영상은 낯설고 광고 친화적으로 느껴졌다. 기업적으로 느껴졌다.

대중이 의견을 토로하기 시작했다. 일주일도 채 되지 않아 1,000만 명 이상이 영상 아래 달린 '싫어요' 버튼을 누르며 사상 최악의 영상으로 기록되었다. 자연스럽게 유튜버들은 리와인드 영상에 대한 콘텐츠를 제작했다. 퓨디파이는 한 영상에서 시청자들에게 유튜브의 마케팅 영상이 "유튜브 커뮤니티와 크리에이터에게 너무 동떨어져 있다"라고 평했다. 다만 유튜브 스타가 너무 많아져 관리하기가 어렵다는 이야기도 덧붙였다. 100만 명이 넘는 구독자를 보유한 채널이 약 2,000개 정도였다. "모든 사람을 만족시키기란 불가능할 겁니다."

"모든 유대인에게 죽음을" 사건 이후, 펠릭스 셸버그는 화면에서 더욱 거칠어진 모습을 보였다. 그는 〈퓨 뉴스〉라는 새로운 콘텐츠를 시작해 미디어 비평가들과 동료 유튜버들을 대상으로 영화 《네트워크》 속 하워드 빌Howard Beale처럼 독설을 쏟아냈다. 톨킨Tolkien의 드워프만큼 수염을 길렀다. 그는 유튜브에서 비디오게임 생중계 중 흥분하는 바람에 흑인을 비하하는 단어를 내뱉은 후 "제가 멍청했어요"라고 곧장 사과했지만 또 한 번 보도가 이어지며 시끄러워졌다.²⁵⁸ 〈퓨 뉴스〉 중 한 클립에서 그는 로건 폴이 여기저기서 나와 사과 투어를 다니는 모습을 언급하기도 했다. 일본 자살 숲 영상 이후 로건은 주간 TV 프로그램에 출연했고 가련한 눈망울로 자살 경향성을 겪는 사람들에게도 사과하는 영상을 올렸다. 사람들이 셸버그에게도 그처럼 하라고 조언했지만 그는 시청자들에게 "진정성이 느껴지지 않는다"라고 전했다. "제가 변해가는 모습을 영상을 통해 사람들에게 보여드리는 쪽을 택하겠어요."

사과 투어를 하지 않은 것이 그의 수입에 타격을 입혔을지는 몰라도 오디언스 규모에는 아무런 영향을 미치지 않았다. 2018년 가을 퓨디파이의 구독자 수는 6,000만 명 이상이 되었고 이들은 매스컴이 그에게 안긴 시련의 시기 동안 충성심을 더욱 단단하게 키워나갔다. 하지만 오디언스는 그가 왕관을 유지할 수 있을 정도로 빠르게 성장하지는 않았다.

그해 8월, 유튜브 채널을 분석하는 사이트 《소셜 블레이드Social Blade》가 제시한 차트에는 퓨디파이가 가장 많은 구독자를 보유한 유튜버라는 타이틀을 잃는 과정이 담겨 있었다. 그의 도전자인 T-시리즈는 대단한 규모의 인도 음반사이자 발리우드 스튜디오였고 대형 엔터테인먼트 기업이었다. 인도 전역으로 값싼 스마트폰이 퍼져 나가며 인터넷에 수억 명의 발리우드 애호가들이 유입되었고, 이에 발맞춰 T-시리즈는 유튜브에 영상을 자주 올리기 시작했다. 이들 중 대다수는 컴퓨터는 물론이고 TV도 소유해본 적이 없었다. T-시리즈는 유튜브의 헤드팀이 오랫동안 바라왔던 음악 히트메이커이자 영화 업계의 거물, 대중문화 공장을 한데 모아놓은 것과 같았다. 인도의 히트메이커는 구글의 "차세대 10억"을 향한 열정과 꼭 들어맞았다.

하지만 유튜브 랜드의 많은 이에게 T-시리즈는 침입자였다. 한 달에 수십 개의 번드르르한 유튜브 영상을 제작해내는 대형 미디어 기업이었다. 사실 전까지만 해도 T-시리즈를 들어보거나 신경 쓴 미국인은 거의 없었고, 이 채널이 유튜브의 자유분방한 문화를 상징하는 인물 그 자체인 퓨디파이의 영역을 침범하기 시작하면서 알게 된 사람들이 대부분이었다. 가장 큰 글로벌 대기업 중 한 곳이 게시하는 광고 몇 개에 커리어 전체가 달려 있던 스웨덴 출신의 퓨디파이는 언젠가부터 반체제 인사가 되었다. 도전자의 등장이라는 난국에 빠진 셸버그는 기지를 발휘해 대처했다. 10월 그는 〈bitch lasagna〉라는 디스 영상을 만들어 에미넴을 모방한 스타일에 엣지로드 가사를 넣어 랩을 했다. ("나는 푸른 눈의 백룡, 너는 어둠 속의 마술사.") 전형적인 퓨디파이 방식이었다. 엉뚱하고, 아는 사람만 아는 인터넷 농담을 버무렸으며 ("bitch lasagna"는 인도 남성이 여성을 향한 구애에 실패한 밈이다), 외부인들은 언뜻 이해하지 못하는 '무언가'를 희화화했다.

구호가 탄생했다. "퓨디파이를 구독하세요!" 이제는 웬만한 일로는 충격을 받지 않을 정도가 된 유튜브가 충격을 받을 정도로 엄청난 기세였다. 폴의 무리 중 한 명인 장난기 넘치는 유튜버가 타임스퀘어 광고를 구매해 이 운동을 홍보했고 로건 폴은 자신의 로갱들에게 퓨디파이에게 힘을 보태달라고 촉구했다. 스턴트 챌린지와 자선 모금 활동으로 유명세를 얻으며 유튜브에서 놀라운 인기를 끌고 있는 유튜버 지미 도널드슨Jimmy Donaldson, 닉네임 미스터비스트MrBeast는 자신의 고향인 노스캐롤라이나주 그린빌에 옥외 광고판을 사서 "모든 브로에게 알리세요! 당신이 유튜브를 구할 수 있습니다. 퓨디파이를 구독하세요"라는 광고를 걸었다. 프린터와 스트리밍 기기, 구글 소유의 스마트(하다고 알려진 것과는 다른) 카메라 네스트Nest를 해킹하며 캠페인 활동을 펼치는 이들도 있었다. 직접 만든 인터넷 밈이 큰 호응을 얻었다. 퓨디파이의 구독자가 수백만 명 더 늘어났다.

12월, 유튜브 리와인드가 큰 실패로 끝난 뒤 기업은 이제부터 다가올 비판에 좀 더 세련되게 대처하기로 결정했다. 워치츠키는 리와인드 영상을 본 자녀들조차도 민망해했다고 직원들에게 알렸다. 현재의 상황을 잘 인식하고 있다는 제스처로 유튜브 마케팅팀은 리와인드의 유명 피드백 영상을 선별해 플레이리스트로 만들 계획을 세웠고, 이 업무는 클레어 스테이플턴에게 맡겨졌다. 분명 인기는 있었지만 퓨디파이의 영상도 포함시킨다는 데 경악을 금치 못했다. 셸버그는 독일의 임원인 시니어 파트너 매니저 이너 푹스Ina Fuchs가 계속 연락을 하고 지냈지만 2017년 사건 이후 유튜브는 자사의 가장 유명한 스타와 공식적인 관계를 끊어냈다. (물론 유튜브는 그의 영상 중 적절한 콘텐츠에는 광고를 계속 게재했다.) 하지만 셸버그를 향한 지지가 고조되자 경영진은 셸버그와의 거리를 유지하려는 유튜브의 입장이 더는 옹호될 수 없다고 느꼈다. 유튜브를 비난하는 목소리도 자주 들렸다. 푹스와 다른 동료들은 셸버그가 그동안 오해를 받아왔고 기업의 서포트를 더욱 많이 받아야 마땅하다고 주장했다. 하지만 이런 선택을 쉽게 내릴 수는 없었다.

스테이플턴은 구글 캠퍼스에서 마사지를 받던 중 리와인드 플레이리스트에 대해, 퓨디파이 영상도 포함시켜야 한다는 이야기에 대해, 메시지를 정확하게 전달해야 한다는 당부까지 장문의 메시지가 줄줄이 들어와 마사지에 집중하기가 어려웠다. 이후 이메일로 유튜브 트위터 계정으로 그의 트윗에 ♥를 눌러야 할지 논의가 이어졌다. 스테이플턴은 눌러선 안 된다는 쪽이었다. 이 유튜버는 "자신의 영향력에 무책임한" 모습을 보였다고 그녀는 지적했다. 그녀는 플레이리스트에 그의 영상을 올리지 않기로 했다.

하지만 그의 영상이 올라갔다. 스테이플턴의 매니저는 그녀 몰래 다른 마케터에게 그의 클립을 추가하라고 지시했다.

...

스테이플턴은 이미 이 사태를 예상했어야 했다. 워크아웃 이후 그녀가 『뉴욕타임스』와 TV 방송국 카메라에 등장하자 동료 한 명은 회사에 소속된 채로 이렇듯 눈에 띄는 행보를 계획하고 전개한다면 괜한 반응을 불러올 거라고 주의를 주었다. 이 동료는 시민 평등권 운동가이자 작가인 오드리 로드Audre Lorde의 말을 인용했다. "주인의 연장으로는 결코 주인의 집을 무너뜨릴 수 없어."

스테이플턴은 훗날 이 교훈을 이렇게 이해했다. "불편해지기 시작했다면 당신이 머물 날이 얼마 남지 않은 것이다."

그녀는 구글의 리서처이자 펜타곤 계약 당시 시위를 이끈 리더였던 메러디스 위터커Meredith Whittaker와 함께 워크아웃의 얼굴이 되었다. 위터커는 회사가 인공지능 기술로 위험하고 비윤리적인 실수를 저지르고 있다고 열을 올리며 주장했다. 위터커는 2006년에 입사해 스테이플처럼 구글의 베테랑이었고, 그런 경력으로 두 사람은 사내에서 유능한 운동가로 활약할 수 있었다. 또한 두 사람 모두 백인이었다. 한 유튜브 동료는 퓨디파이에 대한 스테이플턴의 입장에 동의하는 직원들이 있었지만, 그녀처럼 상사들에게 찾아가 분노할 특권은 없었다고 전했다.

구글의 최고 경영진이 보여준 워크아웃에 대한 지지는 지속되지 않았다. 주최자들은 단순히 시위로 그친 것이 아니라 다섯 가지 요구 사항을 경영진에게 전달했는데, 그중에는 임금 불평등 해소와 이사회에 직원 자리 요구안이 포함되어 있었다. 워크아웃 후 얼마 지나지 않아 스테이플턴과 몇몇 유튜브 여성 직원들은 CEO와 회의 자리를 가졌다. 앞서 워치츠키는 몇몇 직원에게 앤디 루빈의 사태에 대해 전혀 몰랐으며 그에게 제기된 여러 혐의에 혐오감을 느낀다고 털어놓은 바 있었다. 회의 자리에서 워치츠키의 직원들은 유튜브의 성차별적 임금 구조와 유튜브의 리더십에 블랙 리더가 희소한 상황에 우려를 표했다. 워치츠키는 임금 성차별에 무지했고 유튜브는 이 격차를 바로잡기 위해 노력하겠다고 전했다. 회의가 끝난 후 한 동료는 스테이플턴에게 말했다. "워치츠키가 한 말 모두 거짓말이야." 워치츠키는 데이터를 잘 알고 있지만 책임을 회피하는 것이라고 이들은 결론지었다. "그저 립서비스일 뿐이었어요."[259] 스테이플턴은 후에 이렇게 전했다.

그것으로 그녀는 다시는 CEO를 마주할 기회가 없었다. 1월, 스테이플턴의 매니저는 그녀의 역할이 '재편성'되었다고 알렸다. 공식적으로는 구글에서 자주 있는 인사 '개편'이었지만 스테이플턴의 업무는 물론 관리하던 인력도 절반이나 축소되었기에 그녀는 다른 동기를 의심할 수밖에 없었다. 그녀는 이 사안을 상부에 보고했지만 전해진 조언이라고는 매니저와 "신뢰를 다시 형성"하고 며칠 일을 쉬라는 이야기였다. 불길한 징조였다.

3월이 되었고, 그녀는 캘리포니아에서 열리는 웰빙 코드 레드 수련회에 초대되었다. "와, 정말 재밌겠는데." 그녀는 무표정한 얼굴로 동료에게 메일을 썼다.

. . .

3월 14일 목요일, 제니 오코너는 유튜브의 '정보 데스크intelligence desk'에 자리했다. 유튜브는 엘사게이트 사태 이후인 2018년 초, 위험을 줄이고자 새로운 부서를 마련했다. 오코너는 리더로서 유튜브의 롱테일을 살피며 문제가 될 만한 위협의 조짐을 파악하고 혼란을 예측해 유튜브 중재자들과 머신이 적절하게 대처할 수 있게 하는 임무를 맡았다. 오코너는 전직 정보요원들과 크리에이터 매니저들을 영입해 사이트의 상황을 더욱 면밀히 파악하고자 했다. 12년차 베테랑인 그녀는 "구글어를 말할 수" 있었다고 예전 동료를 전했다. 가장 중요한 점은 그녀가 닐 모한의 직속으로 프로덕트팀에서 일한 이력이 있다는 것이었다. 전 유튜브 디자이너인 홍 취는 이렇게 설명했다. "프로덕트팀에서 일하거나 코드를 쓰는 게 아니면 어떠한 영향력도 발휘할 수가 없어요."

새로운 업무에서 오코너는 IS의 최근 동향을 파악했다. 전직 고등학교 수학 교사였던 그녀는 요즘 아이들 사이에 유행하는 이상한 놀이에도 밝은 편이었다. '콘돔 챌린지' 같은 것 말이다. (콘돔에 물을 채워 사람의 머리로 떨어뜨리면 어항 형태의 헬멧처럼 머리에 푹 뒤집어쓰게 되는데, 딱 인터넷에서 유행할 만한 놀이였다.) 가끔 오코너의 팀은 허를 찔릴 때도 있었다. 2월에도 한 유튜버가 소아성애자들이 아이들이 등장하는 영상 밑 댓글로 암호로 된 링크와 용어로 소통한다는 사실을 폭로하며 또 한차례 광고주들의 보이콧 바람이 일었다. 오코너의 팀은 빠르게 움직였다. 2주 안에 영상 수백만 개의 코멘트를 전부 분석하고 더욱 효율적인 AI 댓글 선별 시스템을 출시했으며, 더욱 엄격한 처벌 기준을 세웠다. 오코너는 교대로 근무하는 글로벌 '사건 지휘관들'이라는 팀을 마련해 이러한 긴박한 재난에 대처하도록 했다. 워 룸, 정보, 사건 지휘관 같은 군사 용어 덕분에 다들 유튜브가 적을 상대로 전투를 벌이고 있는 듯한 기분을 느꼈다.

목요일, 미 상원 의원들은 국경에 장벽을 세우겠다는 대통령의 긴급조치에 반대했고, 이 결의안에 트럼프는 "거부권 행사veto!"라는 트윗을 남겼다. 일본의 한 구글러는 원주율을 소수점 이하 31조 자리까지 계산해 기네스 신기록을 세웠다. 오코너의 하루는 무탈하게 지나갔다. 퇴근 후 집에서 편안히 휴식을 취하려던 차에 뉴질랜드 사건을 알리는 이메일들이 도착했다.

테러리스트는 28세 호주인이었다. 그는 시드니 북부 해안 도시[260]에서 자라며 비디오게임을 하고 에잇챈8chan과 같은 극단주의 포럼의 게시글을 정독했다. 부모님은 이혼했고, 이후 모친은 폭력적인 관계에 빠져들었다. 테러리스트가 스무 살이 되기 전 부친은 석면에 노출된 후 암으로 사망했고, 이 일로 합의금이 나와 아들에게 큰돈을 남겼다. 테러리스트는 주로 홀로 여행을 자주 다녔는데, 이후 정부 발표에 따르면 "그는 타인과 오래 지속되는 관계를 형성하지 않았다." 백인인 그는 스스로를 유럽인이라 여겼다. 그는 백인과 유럽인이라는 두 가지 특성은 우월성의 상징이고 이 정체성이 현재 심각한 위협을 받고 있다고 믿었다.

그는 유튜브를 시청하고 여러 채널을 구독했다. 라즈 소사이어티Lads Society에 게시물을 올렸는데, 페이스북이 공개 그룹을 한차례 정리하며 비공개 페이스북 포럼으로 강등된 극우 인터넷 공간이었다. 대량 학살을 저지르기 전에 그의 마지막 말은 아마도 라즈 소사이어티에 남긴 말일 터였다. "명심하세요, 동지들이여. 퓨디파이를 구독하세요." 그가 퓨디파이의 콘텐츠를 시청했다거나 어떤 식으로든 퓨디파이에게 영향을 받았다는 증거는 전혀 없었다. 마지막 말은 단순히 관심을 끌기 위한 용도였다.

2017년 초, 이 젊은 남성은 미국 백인 민족주의자 싱크탱크와 스테판 몰리뉴가 운영 중인 프리도메인 라디오에 기부를 했다. (입장 발표 당시 몰리뉴는 "뉴질랜드 테러리스트를 즉각적으로 비난했다"라고 전했다.[261]) 그해 봄, 테러리스트는 프랑스를 여행하던 중 쇼핑몰에서 이주민들을 마주했다. 나중에 그는 온라인 게시물에 그 이주민들을 두고 "침략자들"이라고 칭하며 그날의 사건으로 폭력을 시작하게 되었다고 적었다. 하지만 그 전부터 징후가 있었다. 그의 가족은 2016년 말 그가 여행을 다녀온 후에 "다른 사람"이 되어 있었다고 정부 당국에 밝혔다. 냉담해졌고, 극단적으로 변했으며, 무슬림 이

주자들은 서양과 세계의 종말을 상징한다는 이야기를 자주 했다. 모친은 그의 정신 건강을 염려했다. 트럼프 당선 이후 "애국자들과 민족주의자들의 대승"이라고 온라인에 글을 남겼다. 이후 라즈 그룹에 그는 이렇게 적었다. "우리의 가장 큰 위협은 비폭력적이고 출산율이 높으며 사회적 결속력이 높은 이민자들이다." 그는 '백인 대체론'에 관한 자료들을 탐독하고 몰두했다. 책들, 포럼들, 포챈, 페이스북 그룹들을 통해서였다.

다른 무엇보다 사건 발생 후 테러리스트를 인터뷰한 뉴질랜드 정부의 발표에 따르면 한 플랫폼이 특히나 그에게 큰 영향력을 미쳤다. 발표에는 이런 내용이 담겨 있었다. "그는 극우 사이트에 자주 글을 남기지는 않았고 그에게는 유튜브가 정보와 영감을 얻는 데 훨씬 더 중요한 출처로 작용했다고 주장했다."

테러 이틀 전, 그는 페이스북 페이지에 출산율 수치와 동양 갱단의 폭력성을 다룬 영국 타블로이드 기사 링크를 포함해 수십 개의 링크를 올렸다.[262] 유튜브 영상 링크도 잔뜩 올렸다. 1930년대 영국의 파시스트 연설, 혼란에 빠진 유럽, 시리아를 향한 러시아의 폭격, 독일의 군악에 맞춰 행진하는 이족 보행 로봇. 라트비아 민요 영상 옆에는 "그들은 이런 것을 파괴하고 싶어 한다"라고 적었다. 그는 수사관들에게 유튜브 튜토리얼 영상을 보고 테러에 쓴 총기들을 조립했다고 진술했다.

2017년 그는 뉴질랜드 남부의 더니든으로 거주지를 옮겨 조용히 지냈다. 사건 후 뉴질랜드인들은 대량 학살 사건의 전말을 파악하기 위해 바삐 움직였다. "정말 아무것도 안 나왔습니다." 그의 지난 삶을 조사했던 리포터 커스티 존스턴은 이렇게 말했다. "지극히 평범한 인종차별주의자였어요. 돈과 시간이 많은 사람이었죠."

하지-다우드 나비는 크라이스트처치에서 사랑스러운 가족과 함께 존경받는 커뮤니티를 이루며 살아가고 있었다. 71세의 나비는 손자를 둔 할아버지로 1970년대 아프가니스탄에서 미국으로 이주했고, 여전히 전통 모자인 파콜pakol을 쓰고 다녔다. 그는 낡은 차를 고치는 일을 했고 지역을 방문한 손님들을 태우고 그가 다니는 모스크까지 데려다주는 일을 즐겼다. 그는 뉴질랜드로 온 이주자들에게 멘토 역할을 해주었지만 제2의 조국 또한 깊이 받아들였다. 장례식장에는 생전에 그가 좋아했던 할리데이비슨 모터사이클이 줄지어 등장했다. "그는 아프가니스탄인이었지만 뉴질랜드인이기도 했습니다."[263] 한 친구가 그를 이렇게 회상했다. 나비는 모든 사람을 형제라고 불렀다.

3월 15일, 그 운명적인 금요일 오후, 나비는 알누어Al Noor 모스크의 문 앞에 서서 신도들을 맞이하고 있었다.[264] 오후 1시 40분이 막 지난 시각, 그는 AR-15 소총과 촬영 중인 바디 카메라를 소지한 한 남성을, 자신의 목숨과 마스지드Masjid(모스크—옮긴이) 알 누어와 또 다른 이슬람 관련 장소에서 51명의 목숨을 앗아갈 남성을 마주했다. 나비는 따뜻한 인사를 건넸다. "안녕하시오, 형제여. 환영합니다."

. . .

잠시 후인 목요일 저녁, 캘리포니아에 있는 제니 오코너는 주방 카운터에서 업무용 노트북을 켰다. 동료들은 크라이스트처치에서 대규모 총격 사건이 벌어졌고, 총격범이 살해 현장을 페이스북에 생중계했다고 그녀에게 알렸다. 이제 그 영상은 유튜브로 넘어온 터였다.

이런 상황을 대비한 프로토콜이 마련되어 있었다. 유튜브는 해당 영상의 폭력성 정도를 파악하고 그에 해당하는 규정을 마련해 중재자들과 머신에 적용했다. 오코너는 영상이 사이트에 게시되어서는 안 된다고 판단했고, 그녀의 결정에 따라 다음 절차가 진행되었으며, 밤이 깊어지자 그녀는 마침내 쉴 수 있었다.

유튜브의 폭력적 극단주의 전문가 탈라 바르단은 아침 일찍 일어나 인스타그램에서 총격 사건 소식을 접했다. 그녀는 곧장 울음을 터뜨렸다. 눈물을 추스른 뒤 컴퓨터를 켠 그녀는 테러리스트의 영상을 시청했다. 사건 현장 속 주변 사람들의 모습을 보는 것이 더욱 힘들었다. 이슬람교도들과 주변 이웃들이 믿을 수 없다는 듯 눈물을 쏟고 있었다. 바르단은 중재자들을 위한 가이드라인을 작성하는 업무를 도왔다. 해당 영상을 재업로드한 클립이나 이 사건을 찬양하는 클립은 일체 지우되 뉴스 보도 영상을 지우지 않도록 주의해야 한다는 내용이었다. 그녀는 방해받지 않고 업무에 매진하기 위해 택시를 타고 회사로 향했다. 주말 내내 집에서 폭력적인 영상들을 검토하는 동안 남편이 그녀의 데스크로 음식을 가져다주었다. 유튜브 사이트에는 크라이스트처치 사건과 관련한 영상으로 도배되어 있었다. 선동가들 또는 교활한 트롤들이 머신의 감지를 피하려 영상을 편집했다. 캘리포니아가 잠든 시각, 바르단과 유럽 및 아시아에 있는 그녀의 동료들은 불을 끄기 위해 정신없이 움직였다.

금요일 아침에 잠에서 깬 오코너는 업무 프로토콜이 효과가 없다는 것을 깨달았다. 처음 그녀는 유튜브에 스크리너가 더 필요하다고 생각했다. "리뷰어가 부족해요." 그녀는 어젯밤만 해도 상부에 이렇게 호소했다. 하지만 아침이 되자 리뷰어를 증원하는 것이 적절한 해결책이 아니라는 생각이 들었다. 어느 시점부터인가 총격 영상을 복제한 영상이 거의 1초에 하나씩 올라오고 있었다. 한 임원은 무서울 정도의 속도로 올라오는 재업로드 영상을 보며 회사 내부에서 국가 행위자state actor가 연관되어 있는 것이 아닌가 추측했다고 나중에 전했다. 오코너의 상사인 모한의 눈에는 "바이럴을 목표로 한 비극"처럼 보일 정도였다.[265]

바이럴리티는 유튜브의 역사에 걸쳐 선물과도 같을 때가 많았다. 유튜브는 인터넷의 무한한 저장소나 다름없었다. 크라이스트처치 생중계처럼 다른 곳에서 처음 방송된 영상들이 유튜브로 금세 넘어와 급격한 인기를 얻는 식이었다. 이러한 역할에 충실하기 위해 유튜브는 더 많은 속보를 널리 알리는 방향으로 알고리즘을 다시 설계해 대규모 총격 사건 같은 일이 벌어진 후 TV를 확인한 사람들이 곧장 유튜브를 열도록 유도했고, 이번에도 사람들이 그렇게 하고 있었다. "퓨디파이를 구독하세요" 구호와 같은 유튜브 랜드의 특이한 상황도 주요 뉴스로 보도되고 있었다. 정교하지 않은 검색 기능을 제공하는 소셜 네트워크와는 달리 유튜브는 무엇이든 대단히 쉽게 찾을 수 있는 플랫폼이었다. 비즈니스로서 유튜브의 성공을 이끈 이 모든 메커니즘이, 그것들이 어떠한 의도치 않은 재앙을 불러올 수 있을지 고려하지 않은 채 만든 도구들이 함께 작용하며 악몽을 부채질하는 연료로 쓰이고 있었고 기업으로서는 손써볼 도리가 없었다.

오코너가 통화하며 출근하고 있을 때 결단이 내려졌다. 유튜브는 크라이스트처치 총격 사건을 보여주는 본 영상의 재업로드만이 아니라 어떤 영상이든 제거하기로 결정했다. 또한 사상 처음으로 검색에서 이 비극적인 사건의 카테고리를 제거해 검색조차 되지 않도록 했다. 기업은 빠르게 대응하기 어려운 리뷰어 인력을 철수시켰다. 유튜브는 필터를 강화했고 통제권을 머신의 손에 맡겼다.

4부

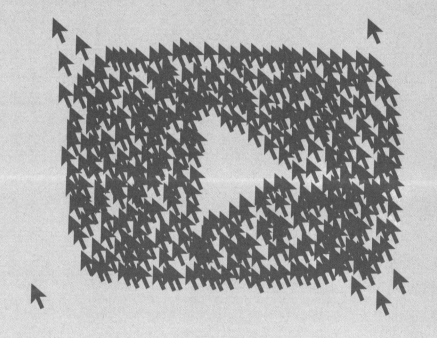

32장

▶

룸바

II ▶I ◀))　　　　　　　　　　　⚓ ▢ ⛶

2019년 5월, 많은 구글러가 통근길로 오가는 샌프란시스코 고속도로 인근의 옥외 광고판에 광고가 하나 올라갔다. 거기에는 이런 문구가 적혀 있었다. "빅 테크 해체".

경선 경쟁자였던 엘리자베스 워런Elezabeth Warren이 구매한 이 광고는 정치적인 의도를 넘어선 것 같았다. 그해 여름, 트럼프의 법무부가 구글을 독점 혐의로 고소하는 기념비적인 사건이 벌어졌다. 상원 의원들은 패널로 참석해 소셜 미디어의 통제되지 않은 인공지능의 위험성을 두고 토론했다. "기업들은 알고리즘이 제멋대로 날뛰도록 내버려두고 있습니다." 한 입법자가 말했다. 보통 때라면 신랄한 대립 날을 세우던 공화당원과 민주당원은 유튜브 같은 인터넷 게이트키퍼들이 지나치게 커져 큰 영향력을 과시한다고 뜻을 모았다.

그해 여름, 유튜브는 여러 중요한 위기를 잠재웠다. 브랜드들이 더 이상 극단적인 영상을 의도하지 않게 후원하는 일이 없어졌고(적어도 이런 일로 뉴스에 나는 일은 없었고), 소름 끼치는 아동 콘텐츠도 사라졌고, 격하게 반응하는 스타들을 진정시켰고, 광고 보이콧 이전으로 비즈니스를 정상화시키는 데 성공했다. 하지만 '이번' 위기는 명확한 해결책이 없었다. 정부는 실리콘밸리에 규제가 필요하다고 판단했다. EU 관계자들은 웹사이트 소유자에게 저작권 침해의 책임을 묻는 저작권 지침 13조를 통과시켰으며, 이로 인해 유튜브의 저작권 관리 프로세스가 크게 타격을 입었다. 소셜 미디어의 성장으로 예기치 못하게 애를 먹은 여러 국가에서 테크 업계를 규제할 여러 안을 구상하기 시작했다. 다보스 포럼에서조차도 페이스북을 '새로운 형태의 담배'라고 부르기 시작했다.[266] 유튜브는 보통 이런 식의 꼬리표가 달리지는 않았지만, 입법자들이 페이스북에 해당하는 법안만 제정하지는 않으리라는 것을 잘 알고 있었다. 이들은 유튜브에게도 손을 뻗을 터였다.

특히나 2020년이 가까워지면서 위험은 더욱 커져만 갔다. 2019년 『뉴욕 타임스』의 조사를 통해 유튜브에 올라온 수상쩍은 영상들로 브라질에서 지카 바이러스에 대응하는 노력이 무력해졌고, 유튜브의 편재성이 우익 대통령인 자이르 보우소나루Jair Bolsonaro의 당선을 이끌었다는 내용이 자세히 밝혀졌다.[267] 이후 이 대통령은 바이러스에 대한 불확실한 주장들을 펼치기도 했다. 유튜브 초창기 직원인 마이카 샤퍼는 과거 그가 일했을 당시만 해도, 그러니까 유튜브가 수익에 이토록 목을 매지 않았을 때만 해도 백신 음모론처럼 위험한 이론들을 지금처럼 지지하는 일은 없었다며 전 회사에 분노를 터뜨렸다. "당시에는 적자가 컸을지도 모르죠." 그는 리포터에게 이렇게 말했다. "하지만 적어도 스케이트를 타는 개들로 사람이 죽는 일은 없었습니다."[268] 2019년 6월, 퀴어 크리에이터인 카를로스 마자Carlos Maza는 우파 권위자인 스티븐 크라우더Steven Crowder의 입에서 나온 인종차별적이고 반동성애적으로 여겨지는 비방들을 제재하지 않는 유튜브를 공개적으로 지탄했다. 해당 문제에 대해 얼버무리는 유튜브의 태도에 몇몇 직원은 크게 분노하기도 했다. 구글이 공식 스폰서로 참여한 샌프란시스코의 프라이드 퍼레이드에 수십 명의 구글러들은 "유튜브 괴롭힘이 우리를 죽인다"라는 피켓을 들고 시위행진을 벌였다.

그해 있었던 회의에서 한 직원은 워치츠키에게 그녀가 가장 두려워하는 것이 무엇인지 물었다. 워치츠키는 망설이지 않고 답했다. "규제요."

크리에이터와 직원들의 비판에 미적거리며 응답을 미루기만 하는 일이 잦았던 유튜브는 이번만큼은 빠르게 움직여 정부 기관에 앞서 자체적으로 규제하기 위해 노력을 기울였다. 6월 기업은 헤이트 스피치 규정을 다시 작성해 "우세한 집단[269]이 차별이나 분리 또는 배척을 정당화하기 위해 어떠한 혐의를 제기하는" 영상들을 금지시켰다. 나치를 미화하는 콘텐츠부터 홀로코스터와 학교 총기 참사를 "기록으로 입증된 폭력적 사건"으로 축소하는 콘텐츠까지 모두 해당되었다. 크라이스트처치 사건 이후 유튜브는 가해자가 촬영한 "치명적인 또는 주요 폭력 사건"의 영상을 금지했다. 유튜브는 괴롭힘 정책을 업데이트해 다른 크리에이터들을 향한 위협을 금지했다. 보통 사람들을 유명하게 만드는 서비스를 제공하는 기업인 만큼 많은 고민이 있었지만 처음에는 "유명인"을 보호 대상에서 제외했다. (이후 해당 정책이 유명인까지 포함하도록 확장했다.) 아이들을 위해 더욱 교육적이고 건전한 영상을 권장하기 위해 유튜브는 아동 발달 전문가들을 영입해 내부 프로그램(코드명: Crosswalk)을 시작했다. 직원 한 명은 안전벨트가 도입되기 전의 자동차를 두고 그랬듯이 훗날 세상은 이러한 여러 장치를 마련하기 전의 유튜브를 두고 공공의 위험이었다고 평가할 것이라 말했다.

하지만 새로운 안전 조치들이 모두에게 인정받은 것은 아니었다. 헤이트 스피치 정책 업데이트를 발표하고 몇 주 후, 유튜브는 트위터에 이 정책들은 "정치적 편향성에 관계없이" 적용된다고 올리자 도널드 트럼프 주니어는 "그 말을 누가 믿을까"라는 답글을 달았다. 유튜브가 크라우더의 채널에서 광고를 내리자 보수계의 코미디언 테드 크루즈 상원 의원은 유튜브에 "신 놀음은 그만두라"라고 요청했다. 트럼프의 우익 인사들에게 "헤이트 스피치"는 실리콘밸리가 진보주의를 사람들에게 강요하기 위한 수단이었다.

마구잡이식 공격을 서슴지 않는 정치계를 마주한 유튜브는 단 한 번도 반격의 주먹을 날리지 않았다. 대신 자사의 머신에 대한 믿음을 더욱 키웠다. 규정은 기업이 만들었지만 그 집행은 더욱 빠르고 효율적이며 인간의 편향에 영향을 받지 않을 거라 판단하는 자동화된 시스템에 맡겼다. 머신은 규모를 '확장'시킬 수 있었다. 머신은 도널드 트럼프 주니어에게 어떠한 감정도 형성되어 있지 않았다. 유튜브의 이러한 신념은 때로는 오해를 사기도 했다. 2018년, 《인포워스》의 논객인 알렉스 존스는 스포티파이, 애플, 트위터, 페이스북, 유튜브에서 한 달간 계정을 정지당한 후 주류 웹에서도 사라졌다. 존스가 떠들썩하게 외치는 음모론을 오랫동안 널리 전파해주던 주요 플랫폼들이 그가 선을 크게 넘었다고 판단한 것만 같았다. 하지만 사실이 아니었다. 유튜브가 존스의 계정을 중지한 이유는 미성년자가 괴롭힘을 당하는 모습이 담긴 영상이 아동 보호 정책을 위반했기 때문이다. (그가 주장하는 학교 총격 사건 음모론과는 무관한 영상이었다.) 존스는 계정 정지의 상황에서 수를 써서 다른 계정으로 영상을 올리려고 하다가 유튜브에서 퇴출당했다. 알 카포네Al Capone(악명 높은 미국 마피아 조직의 두목 ― 옮긴이)가 탈세로 기소된 것처럼 유튜브가 존스를 삭제한 것은 순전히 원칙적인 이유였다. (당시 존스의 구독자는 200만 명이 넘었었다.)

발 빠른 조치에도 불구하고 유튜브는 가을, 미국 정부의 조사를 피하지 못했다. 유튜브 사이트는 콘텐츠를 열렬히 파고드는 아동 오디언스의 규모가 텔레비전에 비하는 (혹은 능가하는) 수준이었지만 TV와 같은 제한을 조금도 받지 않고 있었다. 유튜브의 표준 안내문("아동은 부모의 감독하에서만 시청할 수 있다")은 더 이상 타당하지 않았다. 2019년 9월, FTC는 "아동을 대상으로 한" 광고를 금지하는 어린이 온라인 사생활 보호법, 코파를 유튜브가 위반했다며 해당 법안이 제정된 이후 최대 규모의 벌금인 1억 7,000만 달러를 부과했다. 이후 유튜브의 사이트는 둘로 나뉘었다. '아동용'이 표시된 영상과 그렇지 않은 영상으로 나뉘었고, 해당 마크가 있는 영상에는 시청자의 브라우징 기록 및 개인 정보를 바탕으로 한 고가의 광고를 게재할 수 없게 되어 크리에이터 수천 명이 수입에 피해를 입었다.

유튜브를 응원하던 사람들조차도 의구심을 표하기 시작했다. 유럽 사업부를 운영하던 패트릭 워커는 회사를 떠난 뒤에도 "스토리텔링의 새로운 언어"를 만들어냈다는 점에서 유튜브를 높이 평가했다. 하지만 그는 어린 딸 혼자 유튜브를 시청하는 상황을 만들지 않기로 결심했다. "어두운 이면도 있다는 점을 예상하고 사용하는 것은 아니잖습니까. 이런 플랫폼들은 대단히 매력적이라 사람들은 어느 순간인가 통제력을 잃기 시작합니다." 워커가 창립한 업타임Uptime은 사람들이 스크린에서 시선을 떼고 위를 올려다보도록 하는 교육적 기업으로 그의 전 고용주가 알고리즘을 이리저리 주무르며 그 안에 심어보려던 목적과는 정반대의 취지를 지녔다.

. . .

수전 워치츠키는 커져가는 공격에 즉각적으로 대응할 전략을 세웠다. 기업이 언제나 활용할 수 있는 만트라 '4R 책임감'이었다. 정책을 위반하는 콘텐츠는 삭제Remove하고, '공신력' 있는 정보를 부각Raise하며, '신뢰할 수 있는' 크리에이터들에게 보상Reward하고, 유튜브 정책의 경계에 있는 영상의 확산을 방지Reduce한다는 약속이었다.

워치츠키는 회의에서도, 유명 유튜버들과 인터뷰하는 친선 프로젝트에서도 이 만트라를 계속해서 반복했다. 크라이스트처치의 비극적인 사건이 벌어지고 한 달 뒤, 처음 진행된 인터뷰에서 그녀는 기업의 철학과 정치적 전략을 들려주었다.

워치츠키는 인도를 방문했다. 이곳은 앞서 그녀가 유튜브 사이트의 인도 방문자가 월 2억 6,500만 명에 이른다며 가장 빠르게 성장하는 시장으로 지목했던 곳이었으며 새로운 경쟁자인 틱톡의 이용자가 급증하는 곳이기도 했다. 그녀는 《모스틀리세인MostlySane》 채널의 운영자인 다중 언어 구사자 코미디언 프라작타 콜리Prajakta Koli와 인터뷰를 나눴다. 콜리는 그녀에게 유튜브에서 어떤 콘텐츠를 시청하는지 물었다. "저는 전형적인 유튜브 이용자인 것 같아요." 워치츠키가 답했다. "요가 영상을 보며 따라 하는 것을 좋아합니다."[270] 그녀는 요리와 공예도 언급했다. (유튜브는 남성 시청자들로 크게 편향되어 있는 사이트에 여성들을 더욱 많이 불러들이려는 노력을 내부적으로 시작했었다. 이로 인해 워치츠키가 계산된 답변을 했을 것으로 이해할 수 있겠다.)

워치츠키는 유튜브가 크리에이터들을 지원하기 위해 어떠한 노력을 기울이는지 모두 공개했다. 그런 뒤에 크리에이터들이 방송하는 콘텐츠와 수입 지급 방식에 기업이 훨씬 엄격한 원칙을 적용하게 된 이유에 관해서도 해명했다. "제가 단 하나에만 집중한다면 그것은 책임감이 될 거예요." 하지만 이곳에서는 향후 인터뷰에서도 그렇듯 워치츠키는 시스템을 지배하는 것이 본인이나 회사가 아니라는 점을 대단히 조심스럽게 설명했다. 사실 시스템을 지배하는 것은 시청자들이었다. 유튜브가 영상의 순위를 매기고 영상을 추천하는 기준은 클릭과 설문 조사, 조회 수였다. 워치츠키가 콜리에게 말했다. "저희가 그런 결정을 내리는 게 아닌 거죠. 이용자들이 저희에게 알려주는 겁니다." 그런 뒤 그녀는 이것이 "이용자들에게 유익하고 사회에 이로운 콘텐츠를 주목시키는" 방식이라고 덧붙였다. "다시 한번 말하지만 '저희' 가 그것을 결정하고 싶지는 않아요."

유튜브는 언어와 관용, 예절이라는 변화하는 규범을 존중하는 (그리고 총기를 사용하지 않는) 크리에이터들을 지원하는 플랫폼으로서 '책임감 있는' 곳으로 인식되길 바랐다. 유튜브는 이러한 규범을 정하거나 심지어 어떠한 규범을 지지하는 데조차 책임을 지고 싶지 않았다. 어쩌면 이런 태도는 면책의 기회를 잃고, 편견을 부르짖는 보수주의자들의 심기를 거스르며, 오디언스가 왕이라는 기업의 신성불가침의 신념에 반하는 것일 수도 있었다. 이러한 입장이 외부인들에게는 혼란스럽게 느껴질 수 있지만 유튜브에게는 완벽히 타당한 이야기였다.

하지만 사실 유튜브는 수많은 결정을 직접 내리기도 했다.

우선 각 영상이 얼마나 '책임감이 있는지'를 따져 홍보 알고리즘에 그 평가를 반영했다. 우버Uber의 기사 평가 시스템과 비슷했다. 유튜브는 시청자가 피드백 버튼으로 영상에 (별 다섯 개 만점에) 별 네 개 또는 다섯 개를 주는 것을 계산에 넣었고, 클립에 (피드백 설문 조사, 좋아요 수, 온갖 측정 지표와 함께) 밝혀지지 않은 공식을 적용해 유튜브가 말하는 "가치 있는 시청 시간"이라는 것을 산출했다. 더욱 책임감 있는 영상들이 가치 있는 시청 시간을 더욱 길게 기록했다. 하지만 부정확한 과학이었다. 이 업무에 참여했던 한 엔지니어는 시청자들이 대부분 20대 남성이었던 만큼 피드백 설문 응답률이 2~3퍼센트대로 "걱정될 정도로 낮았다"라고 설명했다. 이 엔지니어에 따르면 '일반' 시청 시간을 훼손하지 않는다면 '가치 있는' 시청 시간이 향상되도록 알고리즘을 수정해도 좋다는 임원진의 승인이 있었다. 일반적으로 전체 시청 시간에서 0.2퍼센트 미만의 영향력을 발휘하는 요소는 무엇이든 가치 있는 시청 시간의 1퍼센트 향상으로 어림잡아 환산했다. 개인적인 판단에 따른 결정이었다. (대변인은 회사에 가치 있는 시청 시간을 산출하는 과정에는 "엄격한 규칙"이 부재했다고 전했다.)

개정된 감시 시스템을 모니터링하고자 워치츠키는 금요일마다 시니어 직원들과 회의를 갖기로 했고, 이 회의 이름은 나지막한 소음을 내며 홀로 알아서 바닥을 청소하는 작은 로봇 청소기의 이름을 따서 '룸바Roomba'라고 지었다. (워치츠키는 실제로 팀원들에게 이 로봇 청소기를 선물했다.) 이 회의에 참석한 직원들은 정치적 또는 문화적 의미가 담긴 특정 영상들을 두고 자주 토론을 나눴는데, 가령 동양인 분장을 한 상황극과 '원정 출산 시민권자' 같은 모욕적인 발언을 즐기는 유명한 논객 스티븐 크라우더를 풍자로 봐야 하는지 아니면 유해한 인종차별주의로 봐야 하는지 같은 문제였다. 직원들은 테크 업계를 구성하는 두 가지, 프로덕트와 엔지니어링 외에도 다른 분야에서도 고문을 들이는 워치츠키를 높이 평가했다. 유튜브의 집행 팀원들은 더 이상 인력이 부족하거나 성장이라는 이름하에 희생당하는 일이 없었다. 하지만 20억 명 이상의 글로벌 시청자들을 아우르는 관리 이사회인 룸바는 구글과 테크 업계를 반영할 수밖에 없었다. 대다수가 고학력의 백인과 인도계 미국인이었다. "이곳에 있는 사람들은 미국인처럼 보이지 않는군요." 전임원 한 명은 이렇게 말했다.

룸바 토론 중 워치츠키가 자신의 의견을 강력하게 주장하는 일은 거의 없었고 합의를 통해 결정하는 쪽을 선호했다. 그녀는 페널티 박스에 있는 어떤 영상은 풍자로 판단하고 다른 영상은 그렇게 안 하는 식으로 유사한 영상에 다른 잣대가 적용될 때면 불만을 표했다. 유튜브는 이러한 공정함을 자부심으로 삼았다. 매니저들은 유튜브의 규정은 영상의 내용이지 그 이면의 화자에게 적용되는 것이 아니라고 주장했는데, 이는 장광설을 늘어놓는 특정 대통령을 위해 임시로 면제 조항까지 마련한 페이스북을 비꼬는 발언이었다. "모두가 동등한 대우를 받아야 합니다." 유튜브의 프로덕트 책임자인 닐 모한은 말했다. "당신이나 나는 안 되는데 왜 국가 원수만 면제를 받아야 합니까?" 실제로 몇 년 후 유튜브는 트럼프와 보우소나루 등 선출직 공직자들의 영상이 규정을 위반했다는 사유로 사이트에서 내렸다.

하지만 정해진 기준을 적용한다는 원칙에도 혼란스러워하는 사람들이 있었다. 전 임원은 '왓어바우티즘whataboutism'이라고 불렀다. '이 영상은 어쩌지? 저건?' 영상의 향방을 결정하는 과정은 "천 번 칼질을 당하는 능지형" 같았다고 표현한 임원도 있었다. 워치츠키와 그녀의 리더십은 우유부단했고 언론의 혹평이나 재정적 위협이 있을 때만 대응했다고 안타까워한 전 직원들도 여럿 있었다. "더욱 느려지고 수동적으로 변했습니다." 2019년에 회사를 떠난 한 임원은 이렇게 말했다.

유튜브의 디렉터인 제니 오코너는 이런 의견에 동의하지 않았다. 그녀는 워치츠키와 곤란한 결정을 내려야 할 때가 잦았는데, 2019년 한 유튜버가 미성년자들이 등장하는 영상의 댓글 칸이 소아성애자들의 피난처가 되었다는 사실을 폭로했을 때도 마찬가지였다. 위기 모드에 들어간 오코너 팀은 모든 아동 영상의 댓글을 삭제하자는 결정을 내렸다. 그녀는 워치츠키에게 해당 결정을 보고하기 전, 지금껏 유튜브의 핵심 기능이었던 댓글을 폐지하자고 제안하려니 걱정이 되었다. 하지만 워치츠키는 "우리가 해야 할 일이군요"라며 결정에 동의했다. "대단히 침착한 사람이에요." 오코너는 자신의 상사에 대해 이렇게 말했다. "결단력도 있고요."

물론 워치츠키가 내린 모든 결정이 대단한 파급 효과를 일으킨 것은 아니었다. 예컨대, 광고주들은 아동 영상에서 댓글을 없애겠다는 유튜브의 결정을 반겼다. ("구글이 이렇게 빠르게 대응하거나 반응한 적은 처음이었습니다." 한 광고 에이전시 디렉터는 이렇게 말했다.) 하지만 댓글은 오디언스의 피드백을 받는 주요 창구였으며 유튜브가 오랫동안 보상해온 시청자 몰입도의 지표였던 만큼, 댓글 칸이 사라지는 데 영향을 받은 유튜버들은 불평했다. 중요한 결정들이 모두를 만족시키는 경우는 없었고, 유튜브는 이 사실을 받아들이기 시작했다. "옳고 그른 답은 없습니다." 오코너가 말했다. "한쪽을 희생할 수밖에 없는 트레이드 오프일 뿐이죠."

· · ·

한편, 유튜브는 규제만큼은 옳고 그름이 있다고 믿었다. 유럽 저작권 법안의 가혹함은 특히나 회사를 뒤흔들었다. 2019년 한 해 동안 유튜브는 정책팀을 개편하고 유럽의 계획에 맞서 싸우느라 대단한 에너지와 자원을 쏟아부었고, 해시태그 운동(#SaveYourInternet)을 시작하며 유튜버들에게 저작권법 개정안에 비판의 목소리를 내달라고 요청했다. 많은 유튜버들이 동참했고 그중에는 연말이 되자 다시금 유튜브의 애정을 받게 된 펠릭스 셸버그도 포함되어 있었다.

크라이스트처치 사건이 있고 6주 후인 4월 28일, 셸버그는 본인의 원래 모습으로 시청자들에게 메시지를 전하는 영상 하나를 업로드했다. 해당 영상에서는 유튜브 페르소나의 거친 목소리가 튀어나오는 일은 없었다. 그는 팬들에게 "퓨디파이를 구독하세요" 밈을 중단해줄 것을 요청했다. 그는 이렇게 말했다. "제 이름이 말할 수 없을 정도로 끔찍한 일과 함께 언급되는 것이 제가 지금껏 표현한 것보다 제게 훨씬 더 많은 영향을 미치고 있습니다." 유튜브는 퓨디파이와 T-시리즈 간에 1억 구독자 달성을 두고 엎치락뒤치락 벌어지는 경쟁을 두고 여러 유튜버와 언론, 과격한 팬 들이 보일 반응을 예상하며 이를 전담할 팀을 배치해둔 상태였다. T-시리즈는 5월, 별문제 없이 이 목표를 달성했다. 그달, 유튜브에는 셸버그에 대한 내부 문서가 돌았고 그 문서에는 셸버그의 파트너 매니저인 이너 푹스의 코멘트도 담겨 있었다. 문서에는 그가 "그간 공개적으로 무시당한 것 같은 기분을 느꼈기에 이제 회사가 다시금 그를 인정해주길" 바란다고 적혀 있었다. 푹스는 퓨디파이가 "탑 크리에이터들과 (잭셉틱아이, 일론 머스크 등[271])" 콘텐츠를 함께한 것을 포함해 밈 리뷰로 새로운 성공을 거둔 것을 높이 샀다. 또한 보기 좋게도 문서에는 셸버그가 유럽 저작권 개정안을 비판하는 내용도 포함되어 있었다. (브렉시트 이후 영국은 해당 법안을 시행하지 않기로 했다.)

7월 25일, 유튜브는 셸버그와 유럽 크리에이터 열한 명을 런던의 빅토리아앤드알버트뮤지엄Victoria and Albert Museum에 초청해 크리스챤 디올 전시의 스페셜 투어를 진행했다. 기업은 원탁회의에 이어 연회와 만찬 자리를 준비했다. 수전 워치츠키도 런던까지 날아가 참석했지만 사전에 공지된 일정표에는 그녀가 만찬에는 함께할 수 없다는 안내가 적혀 있었다. 다만 일정표에는 오후 5시부터 5시 30분까지 "수전과 퓨디파이"라고 적힌 미팅이 공지되어 있었다. 원탁회의에 앞서 유튜브는 회의 자리에서 전달해야 할 몇 가지 화두를 정리했다.

1. 책임감은 기업으로서 우리에게 가장 중요한 사항이다.
2. 크리에이터들은 우리가 하는 모든 일의 중심이다.
3. 규제는 계속해서 발전할 것이다.

이후 몇 달간 셸버그가 헤드라인에 오르는 일은 없었다. 그는 영상에서 비속어에 다른 음을 입혀 처리하기 시작했고 자신의 초기 콘텐츠로 돌아가 《마인크래프트》게임을 하는 영상을 올리기도 했다. 유튜브에서 싹트기 시작하는 새로운 장르에도 동참했다. 본인의 과거 영상을 시청하며 리액션을 촬영하는 콘텐츠였고, 예전 영상들은 나이가 들어가는 시청자들에게 어린 시절의 향수를 불러일으켰다. 다음 해 봄, 대대적으로 알려지는 않았지만 그는 유튜브와 게이밍 생중계 계약을 체결하며 3년이 넘는 기간 만에 구글과 공식적으로 비즈니스 제휴를 맺었다. 다시 한 팀이 되었다.

. . .

셸버그가 구글과 가까워지는 한편 그곳에서 클레어 스테이플턴의 커리어는 흔들리고 있었다. 업무가 축소된 후 그녀는 자신의 자리를 되찾기 위해 변호사를 고용했지만, 소외되고 단체 메일에서 누락되고 환영받지 못하는 듯한 기분은 여전했다. 그녀가 퓨디파이에게 밀려난 것이었다. 크라이스트처치 사건 이후 스테이플턴은 셸버그에 대한 자신의 입장(이 유튜브 스타의 영향력이 유해하다는 생각)이 지지를 얻을 것이라 생각했다. 하지만 유튜브는 이에 동의하지 않았다. 한편, 구글은 자사에서 워크아웃을 선동한 직원을 다시 데려올 계획이 없었다. 둘째를 임신 중이었던 스테이플턴은 회사에서 받는 스트레스가 아이에게 피해를 끼칠까 걱정했다. 그녀는 괴로워했다. ("내 생명력이 콤부차 병 바닥에 깔린 끈적한 침전물의 크기와 점도로 줄어들었다."[272] 그녀는 이메일 뉴스레터에 이렇게 적었다.) "그만두는 게 어때?" 그녀에게서 괴로운 이야기를 전해 들은 남편은 이렇게 물었다.

"구글은 그냥 직장이 아니야." 그녀가 답했다. "내 집과 같은 곳이라고."[273]

스테이플턴은 워크아웃 전에는 한 번도 반란을 일으킨 적이 없었음에도 구글의 가치와 구글이 자신을 바라보는 시각이 순식간에 달라진 것을 보며 채찍질을 당하는 것만 같았다. 어쩌면 달라진 것은 회사의 가치가 아니라 자신이었을지도 모른다. 전 동료는 스테이플턴이 "유튜브에 가지만 않았더라도" 회사를 향해 이렇듯 강경하게 항의를 표하는 일은 없었을 것이라고 말했다. 그녀가 인간의 추한 모습들이 뒤섞인 사이트에서, 그 추함을 다시 증폭시키는 데 누구보다 능한 사이트에서 일하지 않았더라면 말이다. 구글 워크아웃 주최자들의 반은 유튜브에 소속되어 있었다. 와인 산지로 수련회를 떠나기 한 달 전인 4월, 스테이플턴과 메러디스 위터커, 일선에 모습을 드러내지 않은 또 다른 주최자 한 명은 자신들이 겪고 있는 시련을 자세히 적어 행동을 촉구하는 글을 동료들에게 보냈다. 이들은 구글의 행태에 꽤 강경한 표현을 썼다.[274] '보복'이었다. 스테이플턴은 이제 구글의 메시지를 명확히 이해할 수 있었다. "당신은 더 이상 이곳에 속한 사람이 아닙니다."

결국 그녀는 6월 그리 영예롭지 않게 회사를 떠났다. 동료 몇몇이 첼시 사무실에서 송별 파티를 열어주기도 했지만, 그때마저도 회사 물품을 압수해가려는 보안 요원들이 그녀의 양옆에서 기다리고 있었다. 마케팅팀원들 대부분이 서던캘리포니아에서 염소 요가를 하며 유대감을 쌓는 야유회에 참석 중이었다. 동료들에게 보내는 작별 이메일에 스테이플턴은 자신에게 '주홍글씨'가 새겨졌다고 적었다. 그녀는 뉴스레터를 계속 발행했고, 2주 후 그곳에 이렇게 털어놨다. "외부에서 보기에 유튜브가 지정학적·사회정치적 맥락에서 대단히 중대한 역할을 맡고 있음에도 그에 대한 방향성도 선장도 없는 배처럼 보인다면, 제대로 보고 있는 것입니다."

하지만 레터를 발행하기 하루 전날, 웹 서핑을 하던 그녀는 우연히 발견한 클립 한 편을 즐겁게 시청했다. 뒤이어 다음 것도. 그녀는 다음과 같이 적었다. "인정해야만 했어요, 영상들은 여전히 훌륭하다는 것을요." 그는 편지를 마치기 전 영상 링크 몇 개를 첨부했다. "유튜브 추천 알고리즘을 몰아냅시다!"

· · ·

8개월 후, 유튜브 알고리즘 관리자들은 불안한 활동을 감지했다. 2020년 2월 9일, 끔찍한 새 바이러스를 사이트에서 검색하는 사람들이 급격히 늘어났다. 구글 검색의 엔지니어들도 같은 현상을 목격했다. 미국 내 대부분이 셧다운을 시행하기 며칠 전인 3월 6일, 구글은 사무실을 폐쇄했다.

팬데믹의 우울한 현실이 실제로 펼쳐지던 5월, 수전 워치츠키는 행크 그린과 화상 채팅 약속을 잡았고 그는 이 영상을 유튜브에 업로드했다. 이 선구적인 유튜버는 이미 자신의 과학 채널과 개인 브이로그(불안의 스크롤링)에서 코로나19를 다뤘다. 책과 가족사진이 가지런히 놓인 거대한 하얀색 책장을 배경으로 웹캠을 들여다보고 있는 워치츠키에게 그는 인사를 건넸다. "우선 이 이야기부터 해야 할 것 같은데요." 그린이 입을 열었다. "격리 생활은 어떤가요?"[275]

"힘드네요." 그녀가 답했다.

워치츠키는 최고경영자로서 봉쇄령이 불러온 어려움을 마주하고 있었다. 원격으로 비즈니스를 운영하고, 스트레스가 심한 직원들을 다독이고, 경기 침체에 대비해야 했다. 또한 그녀는 밀려드는 코로나바이러스 관련 영상들도 관리해야 했다. 이 바이러스는 거짓말이자 악몽이었고, 중국에서 퍼진 전염병이자 빌 게이츠와 대형 제약회사가 비밀리에 꾸민 사기극이었다. 이것 하나면 바이러스가 사라진다는 민간요법이 등장했다. 의사들은 바이러스학에 대한 영상을 계속 올렸다. 한 의사는 식료품을 완벽하게 세척하는 방법을 올렸지만 바이러스에는 전혀 효과가 없는 것으로 밝혀졌고, 그럼에도 영상은 큰 인기를 끌며 널리 퍼져 나갔다. 모두들 실내에 갇혀 온라인으로 뉴스를 찾아다녔고, 보건 당국이 '인포데믹infodemic(정보전염병, 잘못된 정보가 언론과 미디어를 통해 확산되는 현상―옮긴이)'이라고 말하는 현상에 사로잡혔다. 3월, 유튜브는 재택근무 중인 리뷰어는 '악의적인 콘텐츠'를 어떻게 가려내야 하는지 변호사의 지침이 있을 때까지 중재 작업을 중단하라는 지시를 내렸다.

유튜브는 새로운 자기 점검 시스템에 의존했다고 워치츠키는 설명했다. 엔지니어들이 사이트에 선별한 코비드 관련 영상을 따로 제공하는 '칸'을 만들었고 여기에 수정한 코드를 적용해 공신력 있는 언론 기관과 의료계 권위자들의 콘텐츠를 더욱 부각시켰다. 4월, 유튜브는 '의료적으로 근거가 없는' 주장을 하는 영상을 금지하는 새로운 규정을 마련했고, 기업은 시청자들에게 우선적으로 팬데믹과 관련해 '공신력 있는' 영상이 제시된다고 설명했다. 워치츠키가 그린과 영상 통화를 하기 몇 주 전, 5G 통신망이 코로나바이러스를 전파한다는 음모론에 휩쓸린 영국인들이 기지국 몇 곳을 공격한 사례도 있었다. 유튜브는 이러한 음모론을 홍보하는 영상을 평소와는 다르게 빠른 속도로 사이트에서 내렸다. "대단히 빠르게 조치를 취해야만 했어요." 워치츠키가 그린에게 말했다. 그녀는 중재 부서와 정보 데스크가 책임지고 있는 핵심 업무를 자랑스럽게 설명했다.

"제가 보기에도 올바른 조치를 취하신 것 같습니다." 그린은 이렇게 답한 뒤 자연스럽게 다음 주제로 넘어갔다. 민간 기업의 높은 곳에 자리한 소수의 사람이 두툼한 커튼 뒤에서 인류 대부분에게 영향을 미칠 결정을 내리고 있었다. 그린이 말을 이었다. "하지만 보기에는 한 기업이 가지기에는 너무도 큰 권력이 아닌가 하는 생각도 드는데요."

워치츠키는 곧장 방어 모드에 진입했다. 유튜브는 강력한 경쟁사가 많다고 주장했다.

한 달 후 유튜브는 광고주들을 대상으로 연 가상 이벤트에서 사람들이 집에만 있는 격리 기간 동안 시청자 수가 크게 늘었다는 점을 강조했다. 컴퓨터와 핸드폰을 제외하고 TV 화면으로만 따졌을 때 사람들은 하루에 유튜브를 4억 5,000만 시간 시청했고, 이는 전년도에 비해 80퍼센트가 증가한 수치였다.

33장

▶

어떤 유튜브가 될 것인가?

॥ ▶॥ ◀»   ✄ ☐ ⌞⌝

팬데믹은 구글의 비즈니스에 상당히 이롭게 작용했다. 처음 몇 달간은 구매할 물건이나 할 일을 검색하는 사람들이 줄어들면서 힘든 시간을 겪었지만, 결국 온 세상이 사업을 하고 일을 하고 위안을 얻기 위해 온라인으로 향했고, 이런 현상은 인터넷의 대문을 맡는 사이트에는 큰 도움을 주었다. 2020년 3월부터 2021년 가을까지 구글 주가는 세 배 가까이 올랐다.

　구글 내에서 유튜브의 가치 또한 굉장히 높아졌다. 이 영상 사이트는 마침내 광고 매출을 공개했다. 2020년의 198억 달러의 매출은 2017년 수치의 두 배 이상이었고, 숙적인 바이어컴의 연 매출에 60억 달러 못 미치는 규모였다. 팬데믹 기간 동안 수십억 명의 사람들이 지루함을 달래려고 또는 삶을 버텨내려고 유튜브에 방문해 머리 자르는 법, 명상하는 법 등의 하우투 영상을 탐닉했다. 할리우드가 멈추자 유튜브가 실질적인 미디어의 자리를 차지했다. 집에 갇힌 심야 TV 진행자들이 먼저 유튜브로 슬금슬금 넘어와 서툰 실력으로 웹캠을 너무 위로 조정해 코와 머리카락만 비추며 영상을 촬영했고, 시청자들의 집중 지속 시간에 익숙한 유튜버들이 빠르게 장면을 전환하는 점프 컷을 활용하는 것과 달리 이들은 중간중간 말을 멈추며 오디언스가 반응할 시간을 주었다. "우리가 하는 일에 다들 심각할 정도로 실패하고 있는 것 같네요." 유튜버 맷팻이 한 영상에서 장난스럽게 이런 말을 하기도 했다. 코로나19 셧다운이 확산되자 시트콤《오피스Office》의 스타인 존 크래신스키John Krasinski는《섬 굿 뉴스Some Good News》라는 유튜브 시리즈를 시작했고, 이 쇼는 두 달도 채 되지 않아 (기대하시라) 바이어컴에서 판권을 구매했다.

유튜브가 공개한 자료는 얼마 되지 않았지만(팬데믹이 시작된 후 처음 몇 달간 사워도우에 관한 영상들의 조회 수가 400퍼센트 이상 증가했다), 그 얼마 안 되는 자료만으로도 유튜브 사용이 전례 없는 규모로 늘어났다는 사실은 파악할 수 있었다. 유튜브는 매일 더 많은 사람에게 기쁨을 전해주었다.

하지만 2020년, 계속해서 바뀌는 세상에 보조를 맞추며 나아가던 중에도 유튜브가 모두를 만족시킬 수 없다는 사실은 더욱 분명해져갔다.

내부 직원들은 유튜브가 모두를 만족시킬 수 없다는 딜레마에 대해 다양한 아이디어를 나누며 논의했지만 결국 이 한 가지 질문이 남았다. "과연 어떤 유튜브가 될 것인가?" 직원들과 광고주들, 교양적 가치를 만족시키는 디즈니 버전의 웹이 될 것인가? 아니면 모든 종류의 담론과 너른 범위를 아우르는 거친 놀이터가 될 것인가? 내부 직원들은 이 정체성 위기를 '브랜드'와 플랫폼 사이의 줄다리기라고 생각했다. "유튜브는 어떤 유튜브가 되어야 할까?" 분명한 답이 나오지 않았다. 이상적으로는 유튜브는 둘 다가 되고 싶어 했다.

하지만 2020년이 갈수록 기업은 이 질문을 다시 한번 마주했고 해결해야 했다. 결정을 내리자 이에 영향을 받게 된 사람들은 늘 그랬듯 유튜브가 변덕스럽고 불공평하다고 여겼다. 어떤 이들에게는 너무 늦은 선택으로 보이기도 했다.

· · ·

미니애폴리스의 경찰이 흑인 조지 플로이드George Floyd를 목을 무릎으로 짓눌러 사망케 한 사건이 발생하자 베트남전 항의 시위 이후 전국적으로 가장 큰 규모의 집단 시위가 벌어졌다. 유튜브는 이 사태에 명민하게 대처했다. 홈페이지에 "흑인의 목숨도 소중하다Black Lives Matter"를 내걸었고 매니저들은 이 역사적인 순간에 대해 논의했다. (논의란 것이 좀 이상하게 흘러갈 때도 있었다. 시위 사태를 두고 회의를 하던 중 신뢰 및 안전 부서의 책임자로 오게 된 백인 임원은 직원들에게 자신은 존 레전드를 좋아하고 결혼식 때 신랑 들러리 중 한 명이 흑인이었다고 말했다.) 유튜브는 블랙 크리에이터들에게 1억 달러를 배정했다. 대부분의 블랙 크리에이터들이 지원금을 수령했다.

하지만 전부는 아니었다. 유튜브 디렉터인 말릭 듀커드Malik Ducard가 지원금 소식을 알리려 아킬라 휴스에게 연락을 취했다. 자기 인생의 3분의 1을 유튜브 사이트와 함께한 휴스는 1년 넘게 아무런 영상도 올리지 않고 있었다. 당시 그녀는 TV에서 다양한 역할로 활동하고 있었고, 인터넷 크리에이터들에게 대단히 유행하고 있는 팟캐스트도 시작한 상태였다. 그녀는 유튜브에 대한 애정이 거의 남아 있지 않았다. 2016년 대선 당시 그녀가 올린 영상의 일부를 사르곤 오브 아카드로 알려진 칼 벤저민이 사용하자 휴스는 저작권 침해로 그를 고소했다. 그녀는 패소했다. 휴스는 벤저민을 '백인 지상주의자'라고 불렀고 벤저민은 반박했다. 여러 유튜버가 이 싸움에 끼어들었다. 휴스는 온라인에서 쏟아지는 욕설이 지나치다고 여겼다. 이 사건이 전개되는 동안 유튜브가 침묵하자 휴스는 유튜브가 조금도 신경 쓰지 않는다고 결론지었다. 그러다 이제야, 포춘 500대 기업이 하나같이 인종차별 반대를 외치니 유튜브가 연락해 온 것이었다.

휴스는 답장으로 지원금에 대해 알려준 임원에게 고맙다는 인사를 전하고는 이내 거침없이 자신의 생각을 전했다. "유튜브가 백인 지상주의자들과 그 커뮤니티를 사이트에서 완전히 정리하지 않는 한 백인은 계속해서 아무렇지 않게 우리를 죽일 겁니다." 그녀는 이렇게 적었다. "유튜브는 지금 우리가 처해 있는 상황을 만든 데 '완벽히' 연루되어 있습니다. 수전에게 가서 전하세요." 휴스는 제안을 거절했다. "다들 모두가 안전하고 즐거운, 디즈니 채널 같은 곳에서 큰돈을 벌고 싶겠죠." 휴스는 이후 유튜브에 대해 이렇게 말했다. "그들은 백인 지상주의자들이 널리 확산하는 데 자신이 일조했다는 사실이 그 어떤 식으로든 이슈가 되는 것을 원치 않아요."

트럼프가 조 바이든을 두고 "IQ가 낮은 사람"이라는 트윗을 올린 다음 날인 6월 29일, 유튜브는 선동적인 백인 남성 채널을 여러 개를 삭제했다. 유튜브에서 정리한 채널이 얼마나 되는지는 정확히 밝혀지지 않았지만, 전 KKK 소속 데이비드 듀크와 열정적인 "하일 트럼프('히틀러 만세'라는 의미의 나치 구호에 트럼프를 대입했다 — 옮긴이)" 연설을 한 백인 민족주의자 리처드 스펜서, 14년간 사이트에 수천 편의 영상을 올린 스테판 몰리뉴가 포함되어 있었다. 유튜브는 어떠한 영상이 어떠한 규정을 위반했는지 구체적으로 설명하거나 공식적으로 알리지 않았다. 몰리뉴는 채널이 삭제된 이유에 대해 유튜브 측에서 들은 바가 전혀 없다고 했다. "제 계정은 아무런 문제가 없었는데 삭제당했습니다.[276] 그는 이렇게 말했다. 한순간에 모든 영상이 사라졌다.

외부에서는 유튜브가 현시대의 흐름을 깨달은 것처럼 보였다. 하지만 공식적으로는 시위 때문이 아니라 전년도에 있었던 헤이트 스피치 규정 개정에 따른 결과였다. 정책 개정은 곧장 효과가 나타나는 것이 아니었다. 유튜브는 새로운 규정을 어떻게 집행할 것인지, 이 정책들을 중재자와 머신의 코드에 적용할 규칙으로 어떻게 변환할 것인지 판단해야 했고, 그러고 나서야 사이트의 롱테일부터 시행해나갔다. 유튜브는 정책이 달라진 후에 올라온 영상만 평가해 규정을 어긴 채널에는 스트라이크를 주었다. 야구처럼 스크라이크 세 번이면 채널이 정지되는 방식이었다. "보통은 시간이 꽤 걸리는 일입니다." 유튜브 디렉터인 오코너였다.

이후 기업은 비난에 늘 이런 식의 대답으로 대응했다. 가끔씩은 유튜브가 얼마나 거대하고 모호하며 통제하기 어려운지 알 수 없는 외부인들을 향해 약간의 불만을 표하기도 했다. "저희가 갑자기 고개를 들고는 '오 이런, 유튜브에 헤이트 스피치가 올라왔어요. 얼른 처리해야 됩니다.' 이렇게 알려주는 그런 게 아닙니다." 오코너가 말했다. 어떤 개념의 의미와 기준은 계속해서 달라졌다. 유튜브는 이민자를 논하는 영상이 민족 우월성을 의미하는 것인지 아니면 단순히 정치적 담론의 연장선인지 판단하기 위해 전문가들에게 컨설팅을 받았다. 미국의 국군 통수권자가 멕시코인들을 '강간범'이라 하고 여러 다른 국가를 '거지 소굴'이라 말하는 세상이었다. (유튜브는 어떤 전문들에게 자문을 받는지 알리기를 거부했다.) "헤이트 스피치 규정은 적용하기가 매우 까다롭습니다." 오코너는 의미심장한 말을 덧붙였다. "특히나 이 정책이 정치적 발언과 밀접하게 연관되어 있기 때문이죠."

여전히 유튜브 내부에서 몇몇은 너무도 확연한 이중 잣대 아래 규정이 적용되고 있다고 여겼다.

2020년 6월, 폭력적 극단주의 직원인 탈라 바르단은 동료들과 이슬람교도의 혐오 표현과 백인의 혐오 표현을 대하는 유튜브의 방식이 어떻게 다른지 보여주는 프레젠테이션을 작업했다. 여러 장의 슬라이드를 통해 경전 설교 영상마저 이슬람 급진주의 종교 지도자의 클립은 전부 사라졌음에도 신나치주의와 그런 부류의 백인 영상은 (샬러츠빌의 '우파 단결' 집회 주최자가 카메라에 대고 '백인 학살'에 대해 말하는 영상을 포함해) 사이트에 있는 그대로 현실이 드러났다. 샬러츠빌 집회 이후 몇몇 직원은 집회 참석자들의 계정을 국내 테러분자로 보고 더욱 엄격한 '폭력적 극단주의' 카테고리에 포함시켜야 한다고 제안했지만 회사는 이를 실행하지 않았다. 바르단의 폭력적 극단주의 팀은 대단한 노고를 들여 98퍼센트의 '품질 점수'를 달성했지만 헤이트 스피치를 중재하는 팀은 이 점수 근처에도 가지 못했다. "증오란 어려운 개념이거든요." 바르단은 이렇게 말했다. 헤이트 스피치 팀의 한 동료는 영상이 너무도 많은 나머지 백인 지상주의자로 표시된 영상은 건들지조차 못한다고 바르단에게 털어놓은 적이 있었다. "명확한 정책. 아쉬운 탐지." 바르단이 함께 작성한 글이 프레젠테이션에 등장했다. 그 아래로 크라이스트처치, 위스콘신, 사우스캐롤라이나, 텍사스까지 백인 민족주의라고 자인한 이들의 테러 목록이 정리되어 있었다. "이 외에도 무척이나 많습니다."

프레젠테이션에는 헤이트 스피치와 관련한 규정의 실행력을 높일 방안이 나와 있었다. 그해 말, 바르단은 유튜브를 퇴사했고 그때까지 리더십에서 어떠한 이야기도 듣지 못했다.

이 문제가 등장할 때면 유튜브는 페이스북 및 다른 소셜 네트워크의 주장을 그대로 반복했다. 정부 기관에서 이슬람 극단주의가 무엇인지 합의된 정의가 있으므로 이들을 온라인에서 근절하는 일이 비교적 쉽다는 것이다. 테러리스트 명단과 제재안이 마련되어 있었다. 유튜브는 미국과 영국 정부에서 발행한 테러리스트 조직 명단에 크게 의존했다. "상대적으로 덜 복잡한 사안인 거죠." 오코너도 이를 잘 이해하고 있었다. 백인 민족주의에는 이러한 기준이 없다고 그녀는 덧붙였다.

유튜브 내에서 비영리 기관인 남부빈곤법률센터SPLC가 정한 혐오 단체 및 개인에 대한 기준을 바탕으로 정책을 정하자는 제안이 있었다. 하지만 SPLC가 트럼프의 적대 세력으로 유명해져 있었고 정치적 위험을 염려한 유튜브 리더들은 이 제안을 거절했다고 당시 관련자였던 두 명이 전했다. SPLC는 "유튜브 내에서 금기어가 되었다"라고 전 임원은 말했다.[277]

이러한 접근법이 인터넷 기업에만 해당하는 것은 아니었다. 여러 국가에서 특정 테러를 다른 것에 비해 더욱 우선시하는 경향을 보였다. 크라이스트처치 대량 학살 사건에 대한 뉴질랜드의 공식 보고서에는 과거 국가 안보 기관은 이슬람 극단주의에 "거의 전적으로" 집중했지만 "테러 위협에 관한 충분한 정보를 바탕으로 평가를 거치지 않은" 접근법이었다고 적혀 있다.

· · ·

2020년이 지나갈수록 유튜브의 비즈니스는 놀라울 정도로 안정되어갔다. 워치츠키의 '광고를 다시 안전하게' 프로젝트가 큰 성과를 거두는 동시에 유튜브는 광고주들을 만족시키기에 충분한 '브랜드 안정성'과 마케팅 오디언스를 제공했다. 2020년 여름, 주요 브랜드들이 헤이트 스피치 관리에 실패한 페이스북에 보이콧을 선언했지만 이들은 유튜브와는 계속 함께했다. 유튜브는 (월 9.99달러의) 구글 뮤직 앱을 흡수했고 수십 개의 케이블 채널을 볼 수 있는 스트리밍 서비스, 유튜브 TV(월 64.99달러)를 출시했다. 두둑한 광고 수입이 더해진 덕분에 이러한 상품들은 유튜브에게 그해 200억 달러 매출을 안기며 워치츠키가 2015년에 세운 목표를 달성할 수 있었다.

2018년 스캔들 이후 광고 수익 창출이 가능한 크리에이터를 크게 축소했던 유튜브는 다시 한번 부를 널리 분배하고자 해당 크리에이터의 규모를 확대해나갔다. 2020년, 셀 수 없이 많은 방송인이 돈을 벌기 위해 유튜브에 합류했다. 역사가 채 20년이 되지 않은 부업이었다. 이듬해 유튜브의 파트너 프로그램에 속한 크리에이터가 200만 명이 넘었는데, 2018년 이전의 규모에 비하면 아직 모자란 수준이었지만 그럼에도 세계에서 가장 크고 가장 복잡한 수입 지급 시스템이었다.

유튜브는 마케팅 프로그램인 '변화를 이끄는 크리에이터Creators for Change'를 시작해 엄선한 크리에이터를 대상으로 괴롭힘과 인종차별 등 다양한 이야기를 나누었다. 회사가 언급하고 싶어 하지 않는 불편한 주제에 관해서는 크리에이터들이 알아서 콘텐츠로 다루었다.

내털리 윈은 10년 전 거친 무신론자들의 회의적인 세계에 빠져들며 유튜브를 시작했다. 트랜스젠더인 윈은 잠시 유튜브에서 멀어져 철학을 공부한 뒤 새로운 페르소나로 복귀했다. 볼티모어의 이웃 주민들 눈에는 그렇게 보이지 않았겠지만, 화장을 하고 조명을 비추고 공들여 복장을 갖춘 뒤 카메라 앞에 서면 준연예인 같은 모습이었다.

 콘트라포인츠: 남성들
(ContraPoints: Men)

▶ ▶| 　　　　　　　　　　　　　　　 2019년 8월 23일 · 30:35

"남성들을 도대체 어떻게 해야 할까요? 악의는 없지만, 남성들을 이렇게 전체적으로 보면 문제가 좀 있어 보이거든요?" 윈은 검은색 블라우스에 붉은 립스틱, 챙이 넓은 검은색 페도라 차림이다. 영상은 익숙한 흐름으로 흘러간다. 그녀는 재치 넘치는 대학 철학 강사처럼 책과 브이로그, 게시판 글들을 분석한다. 화면에 챕터가 등장한다. "안건 Ⅱ : 과거 남성이었던 사람의 일기Proposition Ⅱ : Diary of an Ex-man". 주말에 있었던 두 건의 대규모 총격 사건을, 모두 백인 남성이 저지른 두 사건을 언급한다. "어떻게 고쳐야 할지는 알려주지 않고 그저 저들은 어딘가 고장 난 사람들이라고만 하죠." 그녀가 말한다. "이런 식의 남성 정체성 위기가 계속된다면, 저런 문제는 끝이 나지 않을 거예요."

콘트라포인츠는 '레프트튜브LeftTube'로 언급될 때가 많았는데, 레프트튜브란 버니 브로스Bernie Bros(2016년 민주당 경선에서 버니 샌더스를 지지한 젊은 남성 집단—옮긴이)와 사이트의 신뢰할 수 있는 검색 엔진 기술과 거창한 말솜씨로 우파들에게 펀치를 날리는 다양한 사람을 총칭하는 용어다. 윈은 화려한 무대 의상과 분위기를 선호했다. 언론에서는 그녀에게 '유튜브의 오스카 와일드'라는 별명을 붙였다.[278] (누군가 댓글에 그녀를 '좌파 퓨디파이'라고 부르기도 했다.) 그녀는 우파와 좌파의 순수주의자들은 모두 비판했고, 엣지로드, 혼전순결자, 온라인에서 분노를 표하는 남성까지 광범위한 문제적 사안을 주제로 한 그녀의 수위 높은 튜토리얼에는 준비된 오디언스가 있었다. 대단히 화려한 영상미로 트랜스포비아transphobia(성전환 및 트랜스젠더를 향한 적대감 — 옮긴이)에 대해 이야기하는 콘트라포인트의 영상 〈젠더 크리티컬(젠더 정체성보다 생물학적 성별이 더욱 중요하다는 의미 — 옮긴이)〉은 첫날 약 50만 조회 수를 기록했다. 그녀는 인터넷의 극단성에 이끌린 시청자들을, 대다수 남성인 이들을 과격주의적인 사상에서 '벗어나도록' 하는 탁월한 능력을 널리 인정받았다.

화면 속 원의 모습은 다리오 아르젠토Dario Argento 등 호러 영화감독의 작품을 떠올리게 했다. 하지만 콘트라포인츠는 진정한 유튜브 그 자체였다. 초월적이고 비현실적이고 심오한 역설과 진정성이 뒤섞여 있었으며, 외설적인 농담이 있었고, 시청자들과의 친밀한 대화가 있었다. 영화와 TV에서 의미 있는 트랜스 캐릭터를 그려내기 시작했지만 대체로 시스젠더cisgender(성 정체성과 생물학적 성별이 일치하는 사람 — 옮긴이) 배우가 역할을 맡는 경우가 많았다. 유튜브는 누구든 스스로를 원하는 대로 연출할 수 있도록 했다. CBS나 넷플릭스에서는 속옷 차림의 트랜스 여성이 헤겔에 대해 이야기하거나 고양이 눈 렌즈를 끼고 함무라비법전을 언급하는 모습을 상상하기 어렵다. 훌륭한 유튜버가 모두 그렇듯 원은 모든 콘텐츠를 시청했다. 거친 말을 하는 정치 논객, 뷰티 전문가, 푸드파이터, ASMR을 속삭이는 사람까지. 그녀는 유튜브의 광기를, 그녀가 "어떠한 게이트키퍼도 허락하지 않을" 것이라고 말하는 종류의 콘텐츠를 탐닉했다. "저는 그런 게 너무 좋아요."

2020년, 유튜브의 가장 정신없는 스타 중 한 명이 정치적 발언을 내뱉으며 모두를 놀라게 했다. 6월 초, 로건 폴은 유튜브에 자신의 팟캐스트인《임펄시브Impulsive》의 영상을 올렸다. 일본에서의 사건 이후로 Z세대인 아도니스Adonis, 로건 폴은 유튜브 콘텐츠에 팟캐스트와 복싱을 추가했다. 얼마 전 조지 플로이드 사건이 일어나던 때였다. 〈미국은 인종차별주의자다〉라는 제목의 영상에서 그는 곧장 본론을 꺼냈다. "이 사실을 깨닫는 데 25년이나 걸렸다니 창피할 정도네요. '인종차별주의자'가 아니라는 것으로는 충분치 않다는 사실을요. 반인종차별주의자가 되어야 합니다." 준비한 대본을 읽고 있었지만 열정적으로 메시지를 전달했다. "제가 브이로그에서 훌리건 같은 모습을 보여도 문제가 되지 않았던 것도 어느 정도는 제가 백인이었기 때문일 겁니다." 그는 이렇게 말했다.

철없기로 유명한 유튜버가 자신의 영향력을 이런 방향으로 썼다는 충격과 메시지에 담긴 의미가 큰 호응을 얻으며 그의 영상은 널리 퍼졌다. 이후 그의 유튜브 매니저인 그레이엄 베닛은 폴에게서 "새로 발견한 성숙함"에 대해 유튜브 내부에서 칭찬하고 다니기 시작했다. 베닛은 구제 불능의 크리에이터들로 벌어지는 유튜브의 문제는 해결될 수 없을 거라 생각하는 쪽이었다. "표현의 자유가 보장된, 열린 플랫폼에서 사람들은 한심해지기도 하고 인종차별주의자가 되기도 합니다." 그는 이렇게 말했다. (폴의 동생이자 유튜버인 제이크가 코로나 바이러스 음모를 조장하고,[279] 여름 시위가 한창이던 때[280] 주변 상점을 약탈한 혐의로 뉴스에 등장한 후 폴의 속죄가 퇴색된 부분도 있었다.) 하지만 버닛은 로건의 변화를 기쁘게 생각했다.

앞선 세대와 달리 미디어의 고루한 형식에 반감이 없는 유튜브 세대에서 가장 유명한 멤버가 바로 폴 형제였다. 이들은 TV를 보며 자라지 않았다. 유튜브를 보며 자란 이들이었다. 어느 정도 지각이 생긴 나이부터 카메라 앞에 선 이들은 무엇이든 쉴 새 없이 기록으로 남겨 공유하고자 하는 열망과 수단을 지닌 세대에 속해 있었다. 언젠가 폴의 자손은 원한다면 오래된 사진첩이나 페이스북 게시물을 넘겨 보는 것이 아니라 두 사람이 살아 숨쉬고 움직이는 영상을 재생할 터였다.

폴의 변화를 보며 베닛은 구글의 창립자 중 한 명인 세르게이 브린이 일찍이 유튜브를 두고 했던 말을 떠올렸다. 구글이 자주 하듯, 전체적으로 생각해보면 유튜브는 인류의 집단적인 기억과 상당히 가깝다. 유튜브를 방문해 하우투 영상과 뮤직비디오만 찾는 것이 아니라 무엇이든, 어떠한 이벤트나 인생의 경험이든 찾을 수 있다. "저희가 실제로 만들어낸, 아, 물론 의도적으로 만든 것은 절대 아니고요." 베닛이 웃으며 말했다. "저희가 '우연히'

인간 기억의 시각적 저장소를 만든 것입니다. 한번 생각해보면 정말 말도 안 되는 일이라는 것을 새삼 느끼게 되죠."

. . .

말도 안 되는 일이었다. 2020년 전에도 상상할 수 없을 정도로 방대했던 유튜브의 저장소가 팬데믹 동안 기업조차 예상치 못한 속도로 확장하고 있었다.

하지만 모두가 기억을 업로드하는 것은 아니었다. 중년의 나이에 접어들기도 전에 유튜버라는 일을 그만둔 이들이 많았다. 2020년, 유튜브의 초기 열혈 지지자였던 프레디 윙은 유튜브에 더 이상 영상을 올리지 않았다. 유튜브 사이트가 특화된 한 가지에 이제는 흥미가 없어졌다는 생각이 들었다. "콘텐츠를 만들고 싶다면 유튜브가 적격입니다." 윙은 이렇게 결론 내렸다. "하지만 예술가적인 성향이 강하거나 자신을 행복하게 만드는 창의적 활동이 자주 달라지는 편이라면 그곳이 좀 답답하게 느껴질 겁니다."

유튜브는 콘트라포인츠로서 윈의 삶에 부정적인 영향을 미쳤다. 자신의 삶이 인터넷에 공개적으로 파헤쳐질 때가 많았다. 대다수의 유튜버가 그렇듯 그녀는 항상 노출되어 있다는 부담감과 끊임없이 무언가를 보여줘야 한다는 압박감을 느꼈다. 그녀가 말했다. "솔직히 말해서 누구든 정신 건강이 나빠질 수밖에 없는 환경이죠." 그녀는 팬데믹 기간 동안 오피오이드(마약성 진통제―옮긴이) 중독에 빠졌고, 자신의 유튜브 커리어를 중독에 '원인을 제공한 요인'이라고 했다. 윈은 구글의 광고 수익을 얻었지만, 그녀의 활동 대부분은 패트리온Patreon이라는 팬들이 크리에이터들에게 직접적으로 후원하는 서비스를 통해 지원받았다. 그녀는 유튜브에서 어떠한 연락도 받은 적이 없었다.

수많은 크리에이터가 끊임없이 무언가를 보여줘야만 하는 플랫폼의 특성에 번아웃을 호소했다. 베테랑 유튜버인 데릭 멀러는 경험적 연구 분야에서 사용하는 현상에 빗대어 설명했다. 무언가에 전문가가 되려면 충분한 훈련과 시의적절한 피드백, '신뢰할 수 있는 환경'이 필요하다고 말이다. 유튜브는 처음 두 가지 요소는 제공했지만, 알고리즘이 지나치게 자주 바뀐 탓에 신뢰하기 어려운 환경이 형성되었다. "그래서 전문가가 된 것 같은 기분을 느끼지 못하는 거죠." 멀러가 말했다. "무슨 일이 벌어지고 있는지 제대로 파악하지 못하고 있으니까요."

작은 체구의 '라이프스타일' 브이로거 잉그리드 닐슨은 20대를 영상 업로드하는 일에, 사적인 그녀와 공적인 그녀의 모습 사이에 경계를 지우는 일에 쏟았다. 그녀가 처음 시작한 분야에서 커리어를 쌓으며 눈부신 성장을 이뤘고 스스로도 자부심을 느꼈다. 하지만 차를 몰고 점심을 먹으러 가고, 식기세척기에 그릇을 넣고, 빨래를 하는 대부분의 사람들은 수백만 명에게 방송으로 보여주지 않는 일상적인 일들을 카메라에 담지 않아도 되면 얼마나 좋을까 바랐던 순간이 셀 수 없이 많았다. "저 스스로에게 그런 일상적이고도 평범한 순간들을 허락하지 않았어요." 그녀는 이렇게 말했다. "모든 것을 공유해야만 할 것 같았어요."

스크롤을 계속 내려도 영상이 놓인 선반이 끝없이 펼쳐져 있는 유튜브 사이트를 본떠 그리드몬스터GridMonster 라고 이름 붙인 두 번째 유튜브 채널은 내버려둔 지 오래였고, 홀리데이를 기념하며 매일 올렸던 브이로그마스도 그만두었다. 6월, 그녀는 또 다른 유튜브의 리추얼에 동참하기로 결심했다. 눈물 어린 이별이었다. 그녀는 자신의 아파트에서 삼각대 위 카메라를 부드럽고도 은은한 초점으로 맞췄다.

잉그리드 닐슨:
이 영상은 당신을 위한 것입니다(나의 마지막 영상)

(Ingrid Nilsen: This One Is For You[My Last Video])

▶ ▶| 2020년 6월 30일 · 48:26

"이 영상을 촬영하는 게 너무 힘들었어요. 함께 자라온 친구들 같아서요." 닐슨은 카메라에 이렇게 말하고는 눈물짓는다. 이별에 앞서 그녀는 자신의 인생 이야기를 들려준다. 좋았던 일, 힘들었던 일, 부끄러웠던 일, 기뻤던 일. 그녀는 인터넷을 떠나진 않겠지만 영향력을 행사하는 삶은 정리하려 한다. "이제 게시물은 좀 더 제 방식대로 올리게 될 거예요. 제 정신적·정서적·경제적 웰빙이 더는, 본질적으로 온라인에서 얼마나 많은 사람이 나를 좋아할까에 매여 있지 않으니까요. 해방감이 느껴지네요." 영상이 끝에 다다르자 닐슨은 그녀 인생에서 "최고의 10년"을 만들어준 시청자들에게 감사 인사를 전한다. "우리가 해냈어요. 우리가 같이 해낸 거예요."

그녀는 몸을 앞으로 기울여 카메라의 전원을 끈다.

. . .

재택근무에 익숙해진 유튜브의 신뢰 및 안전 부서원들에게 새로운 'p-제로'가 주어졌다. 회사에 닥친 긴급한 문제인 '우선순위priority 제로'를 가리키는 구글 용어였다. 지난 3년 전 여름, 런던 브리지 테러 후 구글의 p-제로는 폭력적 극단주의였다. 그런 뒤에는 아동 보호였다. 치명적인 팬데믹이 퍼지고 논란의 미국 대선이 눈앞으로 다가온 지금, p-제로는 역정보와의 전쟁이었다.

논란이 많은 코로나 바이러스 영상을 둘러싸고 여름과 가을, 소란이 여러 차례 일어났지만 언론의 집중포화로 이어질 정도로 번지지는 않았다. 선거를 앞두고 도널드 트럼프의 캠페인에서 유튜브의 새로운 기능을 사용하고 싶다고 요청했다. YouTube.com 상단에 생중계되는 영상 광고였다. 트럼프는 민주당 토론회가 진행되는 동안 실시간으로 논평하는 모습을 중계하고 싶어 했다. 유튜브는 제안을 거절했지만 선거 당일을 포함해 며칠간 홈페이지 광고 자리를 판매했다. 트럼프 특유의 과장이 더해진 광고가 자사의 역정보 관련 규정을 어기는 것이 아니라고 판단했다.

11월이 다가오자 트럼프와 그의 대리인들은 선거 과정의 진실성에 더욱 많은 의혹을 제기하기 시작했다. 유튜브의 리더들은 공개적으로 한결같이 침착한 태도를 보였다. 이들은 선거와 관련해 시청자들을 오도하거나 선거 과정을 방해하도록 선동하는 영상들을 금지시켰지만, '선거 결과에 대한 토론'으로 판단되는 클립들은 두기로 했다. 선거가 가까워지자 유튜브 매니저들은 현재의 시스템이 그 어떤 폭격에도 준비되어 있다고 주장했다.[281]

11월 9일, 엿새째 긴장감 속에 개표가 계속되는 가운데 대선 마지막 개표 결과를 기다리던 중 뉴스 앵커가 화면에 등장했다. 여성 앵커는 성조기와 국회의사당을 배경으로 옷깃에 마이크가 꽂힌 크림색 재킷을 입고 있었다. 그녀는 편협한 애국주의적 성향의 케이블 매체인 원아메리카 뉴스네트워크 One America News Network 소속으로, 해당 네트워크는 폭스 뉴스가 당선 결과를 제대로 전달한 일로 트럼프 신봉자들의 분노를 산 이후로 유튜브 트래픽이 꾸준히 증가하고 있었다. "도널드 트럼프가 당선되었습니다." 유튜브 영상 속 앵커가 말했다. "민주당원들은 그의 대통령직을 빼앗기 위해 추잡한 수를 쓰고 있습니다."

그 월요일, 공화당 상원 의원들은 조 바이든을 차기 대통령으로 인정하지 않겠다고 했다. 트럼프는 무장하지 않은 시위대에 군대를 투입하라는 지시를 따르지 않은 국방 장관을 최근 해임한 터였다. 해외 뉴스 방송사들은 미국이 '내전'에 대비하고 있다고 보도했는데, 말이 안 되는 이야기처럼 들리지 않았다. 유튜브에서는 원아메리카 뉴스네트워크의 보도를 퍼 나르는 수십 개의 영상이 등장해 미심쩍은 선거 소프트웨어, 누락된 표, 투표를 망치고 있는 샤피펜(펜 문구 브랜드의 하나—옮긴이), 미디어의 거짓말, 당신이 봐야 할 진실을 외치고 있었다.

하지만 이런 영상들은 찾아내기가 어려웠다. 유튜브 알고리즘은 이 영상들을 사이드바에 올리지 않았다. 대선 검색 결과에서도 심지어 '트럼프 당선'이라는 검색어에도 영상은 나오지 않았다. 선거 후 트럼프의 유튜브 채널에는 그가 선거를 빼앗겼다는 비정상적인 내용이 담긴 연설과 TV 영상들이 올라왔다. 이 영상도 비교적 낮은 조회 수를 기록했다. 선거와 관련해 검색 결과와 추천으로 올라온 영상 대부분(유튜브 머신이 부각시키는 미디어들)은 유튜브가 '공신력이 있다'라고 판단한 매체의 콘텐츠였다. 원아메리카 뉴스네트워크처럼 극단적인 매체와 폭탄을 던지는 정치 논객들, 심지어 선거 결과가 사기라고 주장하는 대통령의 영상까지 모두 알고리즘의 도움을 받지 못했다. 이러한 영상들에 기록된 조회 수는 소셜 네트워크나 우익 커뮤니티에서, 또는 알아서 직접 찾아낸 사람들에서 비롯된 것이었다.

실패한 선거를 둘러싸고 소송이 이어지고 폭도들이 국회의사당을 습격하는 일이 벌어진 지 몇 주 후, 유튜브는 또 한 번 규칙과 알고리즘을 새로 작성했다. 하지만 이는 11월 9일 월요일 이후의 일이었다. 유튜브 대변인은 '트럼프 당선' 영상들에 관한 성명서를 발표해야 했다.[282] "저희 시스템은 대체로 의도한 대로 작동합니다."

머신은 지시를 받은 대로 작동했었다.

유튜브는 엔터테인먼트에서 반란을 일으키는 언더독이자 밑 빠진 독, 장난 같은 무언가에서 시작해, 세계에서 가장 큰 장악력과 영향력을 미치고, 가장 길들여지지 않고, 가장 성공한 미디어 비즈니스가 되었다. 여기까지 오는 데 20년이 채 걸리지 않았다. 여전히 스티브 첸은 한 번씩 믿을 수 없다고 말했다.

오래전, 첸이 유튜브의 코드 첫 줄을 작성했을 당시 소리와 영상의 싱크를 맞추느라 고생했다. 그로부터 5년 후 그가 회사를 떠났을 때 매분 100시간이라는 믿기 어려운 규모의 영상이 업로드되었고, 2020년 그 수치는 500시간을 훌쩍 넘었다. 그사이 건강을 회복한 첸은 채드 헐리와 다시 한번 팀을 이뤄 디지털 미디어 스타트업을 시작했다. 일이 잘 진행되지 않자 첸은 업계의 주름진 얼굴의 현자로 물러나 데스크톱 컴퓨터로 영상을 재생하는 데 대단한 엔지니어링 기술이 필요했던 시절을 회상했다. 그는 어린 자녀들, 아내와 함께 자신이 태어난 타이베이로 거처를 옮겼고, 거기서 택시 기사들이 핸드폰으로 유튜브를 시청하는 모습을 지켜보며 경외감을 느꼈다. 초등학교를 다니는 아들의 반 학생들은 단 두 명을 제외하고 모두 언젠가 유튜버가 되고 싶다고 말했다.

악당들, 음모론, 정치적 발언, 격분한 정치인들, 엄청난 운영 규모로 인한 문제들은 전부 첸의 상상을 초월했다. "솔직히 말해 제가 더는 유튜브에 속해 있지 않다는 게 기쁠 정도입니다. 어떻게 다뤄야 할지 몰랐을 테니까요."[283] 그가 고백했다. 유튜브의 세 번째 공동 창립자인 자웨드 카림은 투자자가 되었고 이제는 영상의 '싫어요' 버튼의 숫자를 지우는 등 거슬리는 변화가 도입되었을 때만 예전 회사에 가서 댓글을 달았다.

가만히 쉴 줄 모르는 성공한 남성들 다수가 그렇듯, 팬데믹 동안 채드 헐리는 트위터를 시작했다. 회사에 속해 있지 않은 자의 자유분방함을 마음껏 드러내며 무의미한 농담을 올리고 트럼프 지지자들과 테크 브로들을 향해 모욕적인 발언을 던졌다. 헐리는 여러 기업에 자금을 지원했고 크리에이터가 한참 유행할 때 '크리에이터 경제의 아버지'라는 명성을 만끽했다.

2021년 트럼프 시대가 지기 시작하자 갑자기 유튜브가 일군 업계로 기업들이 너도나도 진입하려 했다. 최신 앱인 틱톡이 영상 제작자들을 선정해 수익을 지급하기 시작했고 이로 인해 명성을 좇는 젊은 층이 대거 유입되었다. 라이벌인 트위터와 스냅챗도 쭈뼛대며 그 뒤를 따르고 있었다. 또 한 번 인플루언서들을 영입하려고 노력했던 페이스북은 크리에이터들에게 10억 달러 이상을 지원하고 향후 몇 년간 커미션을 받지 않겠다고 약속했다. 스포티파이는 수억 달러를 들여 조 로건 같은 팟캐스트들을 영입했다. 조 로건은 유튜브를 이용해 주류를 완전히 벗어난 곳에서 미디어 업계의 파워하우스를 구축했다. 벤처 투자가들은 일반인들이 온라인 활동의 주권을 개인이 소유하고 이를 통해 수익을 창출하는 암호 화폐 기반 인터넷 모델 '웹3'으로 무섭게 몰려들었다. 이 모델은 유튜브의 크리에이터 경제를 새로운 극단으로 끌어올린 것이었다. 유튜브의 첫 투자자였던 세쿼이아는 2005년의 유튜브 투자 제안서를 '대체 불가능한 토큰NFT'으로 제작했고, 한 암호 화폐 애호가가 이를 86만 달러 디지털 코인으로 구매했다.

크리에이터들을 잡기 위한 열풍 이면에는 비즈니스 로직이 존재하고 있었다. 팬데믹으로 온라인 엔터테인먼트와 상업이 크게 발달하기 시작했다. 당시 타깃 광고라는 웹 2.0 모델은 규제 기관에 의해 해체되고 있었다. 기업들은 온라인으로 마케팅을 하는 것이 점점 더 어려워졌다. 크리에이터들은 훌륭한 마케터인 '동시에' 세일즈맨이었다. 정치인들의 매서운 눈초리가 지속적으로 이어지자 인터넷 비즈니스들은 콘텐츠를 생산하는 사람들이 부유해질 정도로 수익을 지급하는 것이 외부에서 보기에도 좋아 보일 거라 판단했었다. 하지만 팬데믹이라는 거대한 혼란은 (10년 전 금융 위기가 유튜브의 경제성을 높이는 데 큰 도움을 주었던 것처럼) 정치계의 감시가 있더라도 이러한 플랫폼에서 일하는 것이 이롭다는 믿음 또는 본업보다는 낫다는 믿음을 많은 사람에게 심어주었다.

그렇게 유튜브가 인도한 세상(풍부한 콘텐츠와 창의력의 세상, 인플루언서와 온라인 사업가의 세상, 과도한 정보와 무한한 문화 전쟁의 세상)은 우리의 일상이 되었다.

· · ·

이렇게 새로워진 경쟁 구도는 독보적인 유튜브의 힘을 더욱 분명하게 보여줄 뿐이었다. 저작권 싸움, 광고 보이콧, 크리에이터들로 비롯된 온갖 시달림으로 얻은 상흔은 세상 어디에도 없는 보상 시스템을 탄생시켰다. 그 어떤 플랫폼도 이토록 효율적으로 영상과 수익을 배포하지 못했다. 틱톡과 인스타그램에 발을 들였던 크리에이터들은 한 번씩 꽤 괜찮은 수익을 받을 때도 있었지만 결국 안정적인 수입을 얻는 곳은 유튜브였다. 유튜브의 크리에이터 경제를 모방해보려던 기업들은 과거 유튜브가 겪었던 거대한 환난을 마주해야 했다. 틱톡 스타들은 타블로이드지를 장식하기 시작했다. 스포티파이는 조 로건의 코로나19 발언으로 몇 주째 들끓고 있는 한편, 오랫동안 로건의 본거지였던 유튜브는 유유히 나아갈 수 있었다. 미 상원 의원들이 인스타그램이 10대들에게 미치는 해악을 두고 페이스북 임원에게 비난을 퍼붓는 한편, 같은 날 유튜브의 최고사업책임자COO인 킨슬은 유튜브가 경제에 대단한 도움이 된다는 어느 연구 내용을 리포터들에게 기쁘게 브리핑했다.

그간 유튜브는 자사의 플랫폼을 그 본질과 다른 무언가로 만들고자 또는 포지셔닝하고자 애썼다. 프리미엄 서비스, 할리우드의 종착지, '악당'이 어느 정도만 있는 깨끗하고 관리하기 쉬운 공간, 완벽한 균형의 플랫폼으로. 기업이 원하는 것과 기업이 갖고 있는 것 사이의 긴장 어린 간극은 영원히 해소될 수 없었다. 하지만 유튜브는 그 긴장 상태를 수용하는 법을, 또는 그것을 바탕으로 번창하는 비즈니스를 운영하는 법을 배웠다. 2021년 여름, 유튜브가 공개한 분기 광고 실적은 사상 최대치인 70억 달러였고 이는 넷플릭스의 매출과 동등한 수준이었다. 유튜브는 지난 3년간 자사의 방송인들에게 300억 달러 이상을 지급했다고 발표했다. (다만 미디어 기업과 음반사가 아닌 크리에이터들에게 지급된 수입 규모는 구체적으로 언급하지 않았다.) 롱테일이 브랜드 안정성에 관한 논란을 일으키지 않을 거라고 자신한 유튜브는 처음으로 파트너 프로그램 자격을 충족하지 않은 채널을 대상으로 광고 게재를 시작하기도 했다. 유튜브는 여기서 나온 광고 수익 일부를 챙겼다.

자사의 스타들과 좀 더 긴밀한 관계를 쌓으려고 유튜브 최고 경영진이 쏟은 수년간의 쉽지 않은 시간 끝에 유튜버들은 회사가 소홀히 했던 크리에이터 계층에 아낌없는 관심을 보여준 킨슬을 높이 평가했다. 케이시 네이스탯은 그를 "대단히 능동적"인 인물이라고 평했다. 매튜 패트릭은 과거 자신이 유튜브에 대한 이해도가 낮다고 비난했던 에어리얼 바딘을 두고 "크리에이터들의 가장 훌륭한 지지자"라고 칭찬했다. 유튜브는 크리에이터들에게 팬 스폰서십과 상품 판매 등 광고 외 수익을 창출할 수 있는 여러 방법을 제시했다. 유튜브 매니저들은 크리에이터들에게 번아웃을 낮추는 방법에 대해 조언을 전하고 심리 치료사에게 번아웃에 관한 영상을 의뢰했다. 유튜브는 댓글 칸도 개선했다. "댓글 칸이 인터넷에서 가장 끔찍했던 난장판에서 대단히 기분 좋은 경험을 선사하는 곳으로 바뀌었어요." 내털리 윈은 이렇게 말했다.

안정적인 시청자와 수입을 확보한 나머지 더 이상 할리우드에 매력을 느끼지 못하는 크리에이터들도 많았다. 루카스 크룩생크는 새된 소리를 내는 유튜브 페르소나인 프레드 피글혼으로 세 편의 영화에 출연했지만, 스태프와 디렉터에 둘러싸여 모든 것이 정해져 있는 대로 연기를 하는 데 지쳐갔고, 이후 "아무런 부담이 없다"라고 말한 유튜브로 돌아와 홀로 영상을 촬영했다. 아이저스틴으로 알려진 저스틴 이제릭은 유튜브에서 지금도 모든 영상의 대본, 제작, 연기, 출연을 직접 감당하며 쉼 없이 유튜브에서 활동한 지 17년째라고 밝혔다. 영화와 TV는 개인에게 이 정도의 창의력을 발휘할 수 있는 환경을 마련해주지 못했다. "진짜 내 것으로 만들 수가 없어요." 그녀는 덧붙였다.

워치츠키는 크리에이터들을 "유튜브의 심장"이라고 칭하기 시작했다. 기업은 돈으로 환산되지 않는 이들의 가치를 인정하기 시작했다. 유튜버들은 문제적 트렌드(논란의 아동용 콘텐츠, 괴롭힘, 장사꾼, 사기꾼, 극단주의자)를 기업에 앞서 발견했다. "자신이 속한 플랫폼을 잘 지켜봐야만 합니다." 한 비공식 회의 자리에서 패트릭은 유튜브에게 이런 충고를 남겼다. 크리에이터들은 유튜브를 지켜보고 있었다.

한편, 유튜브는 여전히 구글의 플레이북을 따랐다. 유튜브 스타들과 긴밀하게 일하는 시니어 파트너 매니저, 그레이엄 베닛은 자신의 역할을 "유튜브에서 가장 구글리하지 않은 업무"라고 했다. 그의 업무는 규모를 확장할 수 없다는 뜻이었다. 유튜브의 다중채널 네트워크사들이 한때는 이런 식의 크리에이터 관리 일을 맡기도 했지만 하나같이 실패하거나 무너졌다. 베닛은 유튜브가 크리에이터들을 위해 더 많은 것을 해주길 바랐지만 워치츠키의 관점에서는 그와 같은 일을 하는 사람을 한 명 더 영입하는 것과 엔지니어 한 명을 더 영입하는 것 중 무엇을 택할지가 '어려운' 선택이었을 거라고 그는 설명했다. (유튜브는 사내 엔지니어 인력의 규모와 시니어 파트너 매니저의 규모가 어느 정도인지 공개하지 않았다.) 행크 그린의 인터넷 크리에이터스 길드처럼 유튜버들을 조직화하려는 노력은 사라졌다. 유튜브가 지금처럼 계속해서 광고 비즈니스의 길을 걸으며 끝도 없이 확장하려 하는 한, 세 개의 다리(시청자, 광고주, 크리에이터)가 공평한 힘으로 받치고 있는 의자가 되겠다는 기업의 다짐은 거짓말일 뿐이라고 여기는 이들도 있었다. 크리에이터들이 항상 손해를 보는 구조였다. "소설 『동물 농장』과 비슷하죠." 2015년 유튜브를 떠난 매니저 앤디 스택의 말이었다. "평등해 보여도 사실 불평등이 존재하거든요."

2022년 콘텐츠 전략을 개편한 유튜브는 크리에이터들이 등장하는 구독자 전용 콘텐츠에 지원하는 프로그램을 중단하고 넷플릭스와 디즈니, 아마존이 유료 스트리머들을 두고 서로 경쟁을 벌이도록 했다. 대신 유튜브는 짧은 영상 콘텐츠인 쇼츠Shorts로 자원을 돌렸다. 틱톡의 복제품이자 틱톡이 가져온 위협을 막아내려는 시도였다. 활동한 지 오래된 유튜버들은 틱톡의 재치 넘치는 분위기를 초기 유튜브에, 창의적인 유튜버들이 마음껏 실험하고 많은 인기를 끌던 이제는 사라진 지 오래된 과거의 유튜브에 비교했다. ("갑자기 등장했어요." 2020년 워치츠키는 틱톡의 유행을 인정했지만,[284] 사실 구글은 앞서 틱톡의 전신인 뮤지컬.리Musical.ly를 매입하려 했었다.[285]) 유튜브는 틱톡이 금지된 인도에서 쇼츠를 출시해 짧은 콘텐츠를 제작하는 크리에이터들에게 1억 달러의 자금을 지원하기 시작했다.

비즈니스 모델은 나중에 해결하면 되었다. 약 10년간 장편 영상에 치우쳐 있던 유튜브는 이제 짧은 콘텐츠에 자금을 들이고 있었다. 물론 모든 유튜브 콘텐츠가 그렇듯이 쇼츠의 알고리즘 평가 기준 또한 시청 시간이었다.

틱톡이 유튜브의 지배력을 조금씩 앗아가고 있다는 징후는 많았다. 2021년 한 보고서는 미국인들이 핸드폰으로 틱톡을 시청하는 시간이 유튜브를 처음으로 앞질렀다고 밝혔다.[286] 하지만 스마트 TV 앱과 스트리밍 서비스 덕분에 유튜브는 텔레비전 스크린에서 무서운 성장세를 기록하고 있었다. 유튜브 세일즈팀은 틱톡이 아니라 TV의 시장 점유율을 빼앗아 오는 데 주력하고 있었고, 프로덕트팀은 TV 시청자들에게 '좋아요', '댓글', '구독'이라는 기능을 선사할, 즉 TV를 더욱 유튜브스럽게 만들 방법을 찾고 있었다. 그뿐만 아니라 틱톡에는 요가 영상과 제빵 튜토리얼, '렛츠 플레이' 게이머, 뷰티 전문가, 수십억 시간의 유아용 콘텐츠가 부재했다. 유튜브만이 갖고 있는 콘텐츠였다.

다른 테크 플랫폼들은 (곧 페이스북은) 틱톡 세대와 자사의 플랫폼에 불만을 품고 떠난 이용자들 때문에 패닉에 빠졌다. 시청자들은 자주 등장해 짜증스러운 유튜브 광고에 불평했지만 시청을 중단하는 일은 거의 없었다.

지금껏 수많은 부침을 겪으면서도 유튜브는 사람들이 플랫폼을 등질까 봐 조바심을 낸 적은 한 번도 없었다.

한 직원의 표현처럼, "짜릿한 흥분을 어떻게 보이콧할 수 있겠는가?"

· · ·

아이들은 유튜브에 한결같은 충성심을 보였다.

베테랑 너서리 라임 제작자들인 해리와 소나 조 부부는 2020년이 시작하며 전해질 고통스러운 충격에 대비했다. 유튜브와 FTC 간의 협약으로 '아동 지향적' 영상에 더 이상 고가의 광고를 게재할 수 없게 되었다. 또한 팬데믹 영향으로 마케터들은 소비자들이 어떻게 반응할지 우려한 나머지 모든 광고를 중단했다. 조 부부의 광고 수입에 커다란 구멍이 생겼다. 하지만 격리 생활은 결과적으로는 이들의 시청률에 큰 도움을 주었다. 집에 갇힌 아이들은 무서울 정도로 콘텐츠를 시청했다. 2020년 말, 가장 조회 수가 높은 채널 다섯 개는 전부 미취학 아동 콘텐츠였다.[287] 팬데믹 발생 후 1년이 되자 해리 조는 오디언스의 급증이 자신의 비즈니스에 도움이 되었다고 조심스럽게 인정했다. "대단히 희망적으로 볼 수 있는 상황은 아니지만 직원들을 해고해야 하는 상황도 아닙니다." 그는 이렇게 말했다.

또한 그는 유튜브의 머신이 전보다 품질에 반응하는 것 같다는 생각이 들었다. FTC 사건 이후 유튜브는 키즈 앱을 알고리즘에 내맡긴 무질서한 시장으로 내버려두지 않고 과거 유튜브 홈페이지를 관리하던 쿨헌터들 같은 큐레이팅 직원들을 두었다. 아동용 콘텐츠를 제작하는 유튜버들에게 후원을 시작하고 겸손함, 호기심, 자제력 등과 같은 주관적인 특질과 연계된 '결과물을 생산'하는 영상을 지원하겠다고 크리에이터들에게 알렸다.[288] 기업은 유튜브 시스템이 어린 시청자들에게 오프라인 세상에서 무언가를 하도록 유도하는 영상을 보상한다고 설명했다.

"제가 한 번도 보지 못한 건전한 알고리즘 환경을 만들어나간다는 뜻이었습니다." 조가 말했다. 유튜브가 자사의 머신을 향한 맹목적인 믿음을 어느 정도 버린 것처럼 느껴졌다. 사람이 실제로 관여하고 있는 것처럼 보였다.

팬데믹 동안 키즈 유튜브는 새로운 미디어 거물들의 시초가 되었다. 디지털 스튜디오인 문버그 엔터테인먼트Moonbug Entertainment는 거대한 유튜브 채널 세 곳을 매입해 케이블에 대적할 무기고를 완성했다(채널 세 개의 조회 수는 월 70억이었다).[289] 2020년 꼬마 라이언 카지는 아홉 살이었지만 노련한 프로였다. 그는 자신에게 엄청난 유명세를 안겨준 장난감 언박싱을 거의 그만두고 '챌린지' 콘텐츠인 과학 실험(〈식용 캔디 vs 진짜 캔디!!!〉)과 운동 영상을 시작했다. 비디오게임에도 발을 들였다. 팬데믹 초기, 라이언과 그의 부모는 코로나19 보건 관계자와 대화를 나누는 영상을 올리기도 했다. 지칠 줄 모르는 퍼포머 라이언은 태어나 대부분의 시간을 카메라 앞에서 보낸 사람 특유의 과장된 반응을 보여주었다.

하지만 콘텐츠로 인해 라이언과 유튜브는 지속적인 감시의 대상이 되었다. 2020년『뉴욕타임스』는 "키즈플루언서들이 아이들을 살찌게 만들고 있는가?"[290]라는 질문의 헤드라인과 함께 맥도널드 캐셔 놀이를 하는 라이언의 오래된 영상 스틸 컷을 실었다. 한 단체는 아이들을 대상으로 하는 과대광고가 위법 행위라며 라이언을 비난했다. 전 메이커스튜디오스의 임원인 크리스 윌리엄스는 라이언을 포함해 어린이 유튜브 퍼포머들로 엔터테인먼트 회사인 포켓워치PocketWatch를 설립했었다. 윌리엄스는 소속 스타를 비난하는 비평가들이 잘못된 인식을 갖고 있다고 여기며 1990년대 비디오게임과 랩 음악을 둘러싸고 도덕적 공황을 불러일으킨 투덜이들에 비교했다. 그는 비평가들이 어린 오디언스가 화면에서 공감대를 느낄 수 있는 대상을, 그것이 라이언처럼 유명 인사라도 있는 것에 이점을 전혀 보지 못한다고 믿었다. "사실, 그들은 '이건《세서미 스트리트》가 아니군요' 하는 식이예요." 윌리엄스가 말했다. "기준이 그거라면 아이들이 시청할 수 있는 게 하나도 없습니다."

라이언이 처음 유튜브 차트에서 놀라운 상승세를 보이고 있을 당시 그의 부모는 그 성공을 자본화하기 위해 프로덕션 스튜디오를 차렸다. 이들은 라이언을 상표로 내건 장난감과 의류, 침구를 월마트와 타깃에서 판매했다. 라이언이 언젠가 유튜브를 그만두어도 그 유산이 이어질 수 있도록 라이언의 애니메이션 캐릭터도 만들었다. 이 캐릭터는 메이시스 백화점의 추수감사절 퍼레이드에도 등장했다. 매년 가장 많은 수입을 벌어들인 유튜버를 소개하는『포브스』매거진에서 2018년부터 부동의 1위를 기록하는 사람은 라이언이었다.[291] 2020년 그의 예상 수익은 3억 달러로, 누구나 들으면 깜짝 놀랄 규모였다. 아홉 살짜리가 얼마를 번다고?

유튜브 시대에 미디어 업계가 어떻게 운영되고 있는지 세상은 아직도 이해할 수 없었다. 윌리엄의 관점에서 라이언은 단순히 아홉 살짜리 유튜버가 아니라 비즈니스의 가장 큰 원동력이었다. "저는 디즈니 출신입니다." 윌리엄스였다. "3억 달러와 미키 마우스 사이에 넓은 공백이 있죠." 아이들이 계속 시청만 한다면 아직도 성장할 여지는 많았다.

. . .

현재 보유하고 있는 대단한 오디언스 규모와 지불 시스템 덕분에 유튜브는 향후 몇 년간은 업계에서 지배력이 계속될 것이라 기대할 수 있다. 또 다른 이점도 있다. 인공지능 분야에서 모두가 인정하는 리더 구글에 소속되어 있다는 점이다. 이 기술 덕분에 유튜브는 2020년 나치 상징이나 아동용 영상의 성적인 댓글 등 규정 위반이 확실한 콘텐츠를 그것도 저작권이 있는 노래를 탐지하는 속도로 빠르게 잡아내는 머신 시스템을 구축할 수 있었다. 다시 말해, 사람이 전혀 개입하지 않고도 "규정을 위반한" 영상 대부분을 사이트에서 제거할 수 있는 기술이라고 유튜브는 설명했다. 하지만 구글의 초인간 AI는 진실과 허위 정보가 뒤섞인 온라인의 깊은 수렁이라는 더욱 복잡하고 혼란스러운 문제는 해결할 수 없었다.

유튜브는 해당 문제에 컴퓨터 과학과 그 원칙들을 적용하려 했다. 다른 테크 플랫폼들과 마찬가지로 유튜브는 정치적으로 더 이상 옹호될 수 없는 사안을 금지시켰다. 2020년 대선 한 달 전, 유튜브는 극단적인 친트럼프 운동인 큐어넌을 홍보하는 영상을 금지했다.[292] 코로나19 백신이 등장하자 유튜브는 공식적으로 발표된 과학적 사실에 의구심을 품는 영상을 삭제했다. (이런 이유로 삭제된 트럼프 영상이 많았다.) 러시아가 우크라이나를 침략한 후 유튜브는 "기록으로 입증된 폭력적 사건으로 축소"하는 러시아 관영 미디어 채널을 규정 위반으로 삭제했다. (침략 후 러시아는 페이스북을 차단했지만 러시아에서 대단한 인기를 누리는 유튜브에는 그런 조치를 내리지 않았다.) 유튜브는 "위험한 코로나 바이러스 정보"를 담고 있는 영상을 100만 개 이상 내렸다. '골든 셋Golden Set'이라는 이름의 시스템 아래 직원들은 명확한 기준을 보여주는 수천 개의 사례를 머신 탐지기에 입력했다. "이 코로나19 영상은 거짓 정보가 담겨 있고, 이 영상은 거짓 정보가 없어."

유튜브는 이 프로세스가 완벽하지 않다는 것 또한 알고 있었다. "사람들은 저희가 자동차도 운행하고 뭐든 다 할 수 있는 대단한 AI를 보유하고 있다고 생각할지 모릅니다." 유튜브의 베테랑 엔지니어링 책임자인 굿로였다. "하지만 어떠한 영상 하나가 무엇을 주장하고 있는지 제대로 파악조차 하지 못하는 것이 현재의 수준이라고 생각합니다."

설사 어떠한 주장을 파악해낼 수 있다 해도 오정보misinformation(부정확한 정보 — 옮긴이)와 역정보disinformation(허위 조작 정보 — 옮긴이)의 정확한 개념에 합의를 찾기가 어려운 만큼 이 사안을 둘러싼 담론은 정치적 교착 상태에 빠졌다. 대체로 유튜브는 싸움에 휘말리지 않았다. 언론계와 정치계의 분노는 보통 영상 사이트가 아니라 소셜 네트워크로 향했다. 2021년 조 바이든 대통령은 백신 기피 현상을 조장한다며 테크 플랫폼을 비판했는데, 그중에서도 특히 페이스북이 거짓말로 사람들을 "죽이고" 있다고 비난했다. 우파의 분노는 1월 6일 폭동 사태(트럼프 지지자들이 대선 결과에 불복하며 미 국회의사당에 난입한 사건 — 옮긴이) 이후 트럼프의 계정을 차단한 트위터로 쏠렸다. 페이스북과 트위터의 수장인 마크 주커버그와 잭 도시Jack Dorsey는 몇 번이나 의회에 나가 증언해야 했지만 수전 워치츠키는 한 번도 소환된 적이 없었다.

여기에는 많은 이유가 있다. 유튜브는 정보전을 피하기 좀 더 쉬운 위치에 놓여 있었다. 열을 내며 백신에 대해 분노하는 남성을 페이스북이나 트위터에서는 봤을지언정 유튜브에서는 본 적이 없을 것이다. 정치 콘텐츠는 페이스북 인기 차트에서 거듭 1위를 차지했다.[293] 유튜브는 여전히 음악, 게이밍, 키즈 영상이 우세했다. 페이스북처럼 유튜브도 트럼프의 채널을 복원에 대한 정확한 계획 없이 영구 정지시켰지만 트럼프는 유튜브에서 대단한 존재감을 드러내지 않았고, 따라서 그의 공백이 다른 곳에 비해 주목을 덜

끌었다. 페이스북은 계속해서 좀 더 손쉬운 샌드백이 되었다. 2021년 여름, 내부 고발자는 페이스북의 과오가 기록된 문서 여러 건을 공개했고, 그중에는 코로나19 백신에 대한 거짓 정보를 막기 위해 페이스북이 신속하게 조치를 취하지 않았다는 증거가 포함되어 있었다. 어떤 이들은 그저 유튜브가 경영 관리가 더욱 잘되고 있는 기업이라고 생각하기도 했다.

어쩌면 유튜브는 파악하기가 더욱 까다로운 것일 수도 있다. 백신 관련해 수상쩍은 주장을 하는 글로 된 트윗이나 페이스북 게시물은 비교적 쉽게 발견할 수 있지만, 그 주장이 긴 영상에 담겨 있을 때는 훨씬 어려워진다. 유튜브가 외부에 공유하는 데이터가 비교적 적은 것이 면밀한 감시를 피할 수 있는 비결이었는지도 모른다. 2020년 이후 유튜브는 알고리즘에 대해 더욱 많이 드러내기 시작했고 유튜브가 목표한 바를 어떻게 달성해가고 있는지 보여주는 측정 지표를 세상에 공개했다. 경계성 영상과 규정을 위반한 영상이 삭제 조치를 받기 전에 조회 수가 낮거나 떨어지는 징후도 있었다.[294] 하지만 유튜브는 자신의 과제에 직접 성적을 매기며 평가하고 있었다. 성과를 감사하는 외부 그룹이 없었다. 소셜 미디어를 대상으로 한 바이든의 백신 전쟁을 생각해보면 페이스북과 트위터가 공유한 통계 자료를 어느 이익 단체가 조사한 결과가 그 바탕이 되었다. 이 조사 결과에 유튜브가 누락된 이유는 비교할 수 있는 데이터를 유튜브가 공유하지 않았기 때문이다.[295] 페이스북의 내부 고발자가 10대 여자 청소년의 정신 건강에 인스타그램 앱이 얼마나 해로운 영향을 미치는지 내부적으로 연구한 자료를 인정하지 않았다는 사실도 공개하자 페이스북을 향한 비난이 더욱 거세졌다. 이후, 유튜브에 속한 수많은 사람은 자신의 회사가 이러한 연구 자료를 널리 공유하지 않거나 실행조차 하지 않는다고 말했다.

"유튜브는 무척 투명하지 않은 곳입니다." 이 이야기를 한 스탠퍼드대학교 법학과 조교수인 이블린 두에크Evelyn Douek는 콘텐츠 중재에 관해 연구하고 있다. "저야 외부에서 비난을 퍼붓는 쪽이 훨씬 즐겁죠. 콘텐츠 중재는 쉽지 않은 일이에요." 그녀는 덧붙였다. "하지만 그렇다고 해서 유튜브가 책임이 없는 것은 아닙니다."

유튜브 내부에서는 페이스북의 동료들과 마찬가지로 케이블 뉴스와 불평등, 또 다른 수많은 요인이 민주주의적 규범의 붕괴를 초래했음에도 그 모든 비난을 자신들이 받고 있다는 데 불만을 느꼈다. 유튜브를 그만둔 후 한 임원은 직설적으로 말했다. "거울을 탓하지 마세요!" 실리콘밸리에서 자주 쓰이는 표현으로, 플랫폼들은 그저 사회를 반영할 뿐이라는 의미였다.

하지만 유튜브는 사회의 모든 것을 반영한 적이 없었다. 규제가 계속될수록 유튜브가 반영하는 폭이 점점 더 줄어들었다. 2021년 가을, 유튜브는 어떠한 백신이든 그에 관해 잘못된 주장을 하는 영상을 금지시키고 기후변화의 현실을 인정하지 않는 영상에는 광고를 모두 제거했다.[296] 이런 조치에 칭찬하는 이들도 있었고 도가 지나치다는 사람들도 있었다. 뻔한 질문을 하는 이들도 있었다. "왜 이렇게 오래 걸린 거야?"

바이든과 민주당 정권 아래서 유튜브 리더십은 이런 질문에 반발하기 시작했다. 워치츠키는 도가 지나친 중재와 그녀의 조부모가 살았던 소련의 검열을 비교하는 기명 논평을 기고했다.[297] 닐 모한은 유튜브는 정치적인 이유로 콘텐츠 삭제를 요청하는 정부의 요구에서 "새롭고도 불안한 힘"을 목격했다고 주장했다. 유튜브는 여러 보건 기구에서 공식적인 지침을 주었기 때문에 코로나19를 둘러싼 거짓 정보에 공격적으로 대응할 수 있었지만, 다른 사안에는 신중하게 접근해야 했다고 모한은 적었다. "누군가가 잘못 전달하는 정보가 다른 누군가에게는 진심을 다해 믿는 신념일 때가 많았습니다."[298] 그는 유튜브 블로그에 이렇게 적었다. 그는 생긴 지 20년이 채 되지 않은 추정을 당연한 일로 여겼다. 바로 누구나 자신이 믿는 바를 대중매체로 방송할 자격이 있다는 것이다.

다만 유튜브가 불안한 트렌드를 감지했다는 모한의 말은 틀리지 않았다. 러시아와 인도 당국은 '가짜 뉴스'와 '극단주의' 같은 단어를 쓰기 시작하며 유튜브에 비평가들, 뜻이 다른 사람들의 영상을 삭제해달라고 요청했고, 사실상 이는 유튜브에 자사의 가치와 어디에나 존재하고자 하는 자사의 바람 가운데 하나를 선택해야 한다는 압박이었다. 다른 국가들도 이렇게 나올 공산이 컸다. 충돌이 많고 선거 결과에 이의가 제기되는 일이 잦은 국가의 경우, 다른 소셜 미디어와 마찬가지로 유튜브는 그 나라의 언어 또는 정치 지형을 이해하는 인원을 소수 채용한다.

유튜브 리더들은 자사의 세계 최고 수준이나 아직 불완전한 AI 소프트웨어가 유튜브가 만들어낸 방대함을 처리할 수 있는 유일한 시스템이라는 이야기를 자주 나눴다. 이 시스템을 사용할 수밖에 없는 것처럼 보였지만 사실 그것은 선택의 문제였다. 유튜브에는 과거 최전선에서 콘텐츠를 점검하고, 사실관계를 확인하고, 밀려드는 정보를 통제하던 에디터들이, 쿨헌터 커뮤니티 매니저들과 아랍의 봄 뉴스룸 역할을 했던 스토리풀과 같은 파트너들이 있었다. "저희는 계속해서 새로운 것을 시도했습니다. 유튜브의 문화가 장려하는 바대로요." 뉴스와 정치를 책임졌던 스티브 그로브는 이렇게 전했다. 이후 유튜브는 수많은 실험을 멈췄다. 대신 규모를 확장하기로 했다. 이러한 선택으로 사람들은, 결함이 있는 인간들은 인류의 가장 큰 문제 중 하나를 피할 수 있었다. "온라인에 돌아다니는 오정보는 민주주의에 위협이 됩니다." 구글을 떠나 미네소타주 소속 공무원이 된 그로브는 이렇게 설명했다. 이 위협을 해결하기 위해서는 "다양한 형태의 큐레이션이 핵심적인 역할을 해야 한다"라고 그는 덧붙였다.

큐레이션은 수학적 공식이나 확장의 여지가 없는 해결책이다. 그리 구글리하지 않은 방식이다.

. . .

유튜브 내부 몇몇은 큐레이션이라는 끝도 없는 논쟁에 사로잡혀 있었다.

하지만 대부분의 직원은 세계에서 가장 큰 온라인 영상 비즈니스를 운영하느라 바빴다.

클레어 스테이플턴은 퇴사 후 이 문제에 대해 더욱 많이 생각했다. 그녀는 불행한 실리콘밸리 직장인들을 위한 '테크 서포트Tech Support'라는 뉴스레터를 시작해 전 직장의 고용주를 향한 비난과 더불어 자신이 좋아하는 멋진 유튜브 영상 링크를 첨부했다. 퓨디파이 사태에 대한 생각이 달라진 그녀는 퓨디파이 트윗에 ♥ 댓글을 달았던 것을 두고 벌어진 지난한 논쟁이 사실 그 이면에서 썩어가고 있는 진짜 문제를 가렸다고 믿었다. "무의미한 싸움이었죠." 그녀는 당시를 이렇게 회상했다. "유튜브의 진짜 문제에 대해 논의하기를 거부하고 브랜드의 미학에만 너무 매몰되어 있었던 거예요." 지금 그녀가 묻고 있는 질문들이 당시 일터에서는 오가지 않았다. "온 세상의 정보를 체계화하는 데 그토록 충실했던 그녀의 회사가 어쩌다 음모론자들, 정신이상자들, 선동가들을 위한 메가폰과 지불 시스템을 만들 수가 있었을까? 10대 엄마들이 자신의 삶 모든 것을 화면에 노출하도록 유튜브가 유도했다는 것은 어떤 의미인가? 정말 모든 사람이 자신을 방송해야 할 필요가 있을까? 그리고 왜 그녀는 화면에서 눈을 뗄 수가 없는가?" 스테이플턴은 더욱 심도 있는 질문을 떠올릴 수밖에 없었다. "대승적인 관점에서 유튜브는 사회에 부정적인가, 긍정적인가?"

그녀가 이점으로 꼽는 것들, 즉 사이트에서 형성된 귀중한 커뮤니티들과 감탄할 정도의 탁월한 재치들은 회사가 만들어낸 것이 아니었다. "유튜브가 창의력을 조성하는 게 아니에요." 그녀는 이렇게 결론지었다. "사람들이 하는 거죠!"

· · ·

2022년, 유튜브 CEO가 된 지 8년이 된 수전 워치츠키는 무대에서 내려오고 있었다. 그녀가 인터뷰를 하는 일은 거의 없었다. 유튜브가 힘든 시간을 보내던 시절 그녀를 자주 만났던 광고 및 미디어 파트너들은 위기에서 모두 벗어난 지금 그녀를 만나는 일이 많이 줄었다. 유튜브 시청자들 대다수는 그녀를 만나도 알아보지 못할 터였다. "카리스마가 있는 타입은 아니에요." 전 구글 동료인 킴 스콧은 이렇게 말했다. "하지만 그녀의 입장에서는 카리스마가 없다는 것이 전혀 나쁘지 않죠. 특히나 그녀의 역할을 생각해보면요. 카리스마 있게 유튜브를 이끈다면 끔찍해질 것 같아요. 카리스마 있는 리더들은 비즈니스를 망치거든요. 그들은 자신이 중요하니까요."

워치츠키와 구글러인 그녀의 남편은 재단을 설립해 ADL 같은 유대인 단체와 어스저스티스Earthjustice, 환경보호기금Environmental Defense Fund 같은 비영리 환경 단체에 기금을 후원했다. 그녀는 사건을 밝히는 데 신중했다. 공개적인 자리에 참석할 때면 그녀는 새로운 이야기를 언급했다. 바로 유튜브가 '책임감'을 갖기 위해 기울이는 노력들이 비즈니스에 긍정적으로 작용한다는 이야기였다. 실제로 유튜브가 시스템을 대대적으로 정비한 2019년에 비해 광고 매출이 두 배나 증가했다. 2019년은 구글의 창립자인 페이지와 브린이 선다 피차이에게 구글과 알파벳을 맡기고 40대 중반의 나이로 은퇴한 해이기도 했다. 법무부는 구글을 상대로 독점금지법 위반 혐의로 소송을 제기했고, 의회는 테크 기업 간 경쟁과 '악의적인 알고리즘'을, 유튜브의 경우 추천 시스템을 규제하는 법안을 제출했다. 다만 구글에게 가장 심각한 위협은 점차 사라지는 것 같았다. 구글은 와해되지 않을 것이었다. 정치계의 압박에 피차이는 구글을 '유익한' 무언가로, 사람들이 좋아하는 유틸리티로 포지셔닝했다. 심각한 반발이 있었지만 광고 비즈니스를 전자상거래의 핵심 플랫폼이자 아마존의 언더독으로 탈바꿈하는 프로젝트를 밀어붙였다. 하우투와 상업적 인플루언서가 가득한 유튜브는 구글의 전략 두 가지 모두의 중심이 되었다.

워치츠키의 냉정한 성향과 신중한 경영 방식 덕분에 유튜브가 페이스북과는 달리 철저한 조사 대상에서 벗어날 수 있었다고 보는 이들도 있었다. "그녀는 마음을 쓰는 사람입니다." 영향력 있는 이익 단체인 커먼센스미디어Common Sense Media의 설립자 짐 스테이어Jim Steyer의 말이었다. 아동과 관련한 문제로 테크 플랫폼 여러 곳을 맹렬하게 공격한 스테이어는 테크 서비스의 중독성과 비즈니스 운영 방식을 제한하는 규정들을 만들기 위해 로비 활동을 펼쳤다. 그는 더 이상 페이스북에 대한 신뢰가 없었다. 유튜브에 대해서는 "아직은 잘 모르겠다"라고 말했다. 그럼에도 그는 이렇게 덧붙였다. "수전이 온 후에는 제 태도가 달라지긴 했습니다."

실리콘밸리나 할리우드에서 워치츠키를 두고 선견지명이 있다거나 현재의 유튜브를 두고 혁신의 온상이라고 평하는 이들은 거의 없었다. 유튜브는 신중하게 조금씩 방향을 전환하는 대형 선박이자 거대한 비즈니스 기관이었다. 워치츠키가 원했다고 해도 뜻하는 방향으로 온전히 이끌고 나갈 수는 없었을 터였다. 그녀는 자체적인 생명력을 지닌 플랫폼의 집사인 셈이었다. 유튜브를 운영한다는 것은 '본질적으로 정의할 수 없고 다스릴 수 없는' 기업을 상대하는 것과 같다고 유튜브의 한 베테랑은 설명했다. "고삐를 놓쳐서는 안 됩니다." 그럼에도 워치츠키는 유튜브의 통제 불능 상태였던 특정 문제들을 잠재우는 데 성공했다.

"수전 워치츠키가 갖고 있는 정도의 권력을 맡길 사람들을 리스트로 작성한다면 수전도 그 리스트에 오를 겁니다." 행크 그린이 말했다. "하지만 수전이 아닌 다른 누군가 그 정도의 권력을 지니는 상상은 별로 하고 싶지 않아요. 특히나 선출된 사람이 아니라면 더더욱이요."

· · ·

팬데믹 초기 워치츠키와 함께한 너드파이터 브이로거인 그린은 흔치 않은 업적을 이뤘다.[299] 유튜브 리더 입에서 내부 이야기가 나오게 한 것이었다. 워치츠키는 유튜브가 방송인들을 크리에이터, 음반사, 전통 미디어 세 분류로 나누었다고 이야기하며 여기서 유튜버가 전체 시청률의 "거의 절반" 을 책임지고 있다고 전했다.

그린은 몰랐던 이야기에 양손을 번쩍 들었다. "와! 지분이 굉장히 큰 데 요!" 그가 활짝 웃었다.

그는 앞서 다른 주제에서만큼은 이야기를 듣는 데 실패했다. 대화 중 그 린은 유튜브가 채널에 자금을 지원하는 전략이 무엇인지 대답을 들으려 워 치츠키를 압박했다. 할리우드를 유튜브에 영입하는 데 실패한 후 TV 프로 그램 같은 콘텐츠를 제작하기 위해 유튜브의 유명 스타들에게만 금전적인 지원을 한 이유가 무엇인지 말이다. 왜 덜 유명한 크리에이터들이 그들만의 미디어 비즈니스를 구축할 수 있도록 지원하지 않았을까? "중간에 가득 몰 려 있는 유튜버들에게 잠재력이 있거든요." 그린이 주장했다. "저는 유튜브 가 유튜브의 본질에 가까워져야 한다는 생각을 늘 하고 있고…"

워치츠키가 그의 말을 막았다. "우리가 이미 다 동의한 부분이잖아요!"

그린은 웃음을 터뜨렸다. 그는 외부인 중에서, 어쩌면 실제로 그곳에 일 하는 사람들보다도 유튜브를 잘 알고 있는 사람이었고, 지금은 누구보다 유 튜브를 오래 이끌어온 수장과 대화를 나누고 있었다. 그럼에도 어쩐지 두 사람은 서로 다른 이야기를 하고 있는 것 같았다. "유튜브의 본질이 정확히 무엇인지는 동의가 이뤄지지 않았는지도요." 그가 답했다. "충격적이죠! 뭐 다들 그 본질에 대해서는 의견이 다른 것 같습니다."

두 사람의 대화는 한 시간 가까이 이어졌다. 얼마 전까지만 해도 이렇듯 긴 영상을 만들어 인터넷에 올리려 한 사람이 없었던 것은 물론이고 시청자 나 재정적인 보상도 기대하지 못했다. 그린은 그날 유튜브에 이미 올린 수 십억 시간의 영상에 더해 새로운 클립을 업로드했다.

감사의 글

2019년 말, 세상이 문을 걸어 잠그기 직전에 이 책의 집필을 시작했습니다. 유튜브의 역사를 함께했던 수백 명의 사람들, 끝없이 이어지던 팬데믹 기간 동안 자신의 기억과 생각, 문서, 시간을 제게 공유해준 그들이 없었다면 이 책은 탄생하지 못했을 겁니다. 많은 분이 커리어가 위험해질 수 있다는 걸 알면서도 함께해주었고, 이곳에서 이름은 밝히지는 못하지만 그 모든 분께도 진심으로 감사하다는 말씀 전합니다.

여전히 시인인 클레어 스테이플턴은 처음부터 끝까지 신선하다고 느껴질 정도로 솔직하고 관대한 모습을 보여주었습니다. 브랜던 가한은 초창기 유튜브에 관해 기록한 노트를 공유해주고 지혜를 들려주었습니다. 유튜버만큼 유튜브를 잘 이해하는 사람은 없을 겁니다. 맷팻, 행크 그린, 케이시 네이스탯, 베리타시움, 콘트라포인츠의 영상을 시청하며 유튜브라는 플랫폼에 대해 너무도 많은 것을 배웠습니다. 독자들도 이분들의 영상을 꼭 보시길 바랍니다. 시간을 내서 제게 이야기를 들려준 모든 탁월한 크리에이터들 덕분에 유튜브의 역사가 훨씬 풍부해질 수 있었습니다. 모두들 감사합니다.

바이킹Viking은 완벽한 출판 파트너였습니다. 릭 콧Rick Kot은 인내심 넘치고 사려 깊은 에디터로 초보 작가와 스토리라는 야수를 너그럽게 대해주었습니다. 안드레아 슐츠Andrea Schulz, 할 페슨든Hal Fessenden, 셸비 메이즐릭Shelby Meizlik, 줄리아 리카드Julia Rickard, 카미유 르블랑Camille Leblanc 모두 이 책을 믿어주고 이 책이 실제로 출간될 수 있도록 애써주었습니다. 도전해보라며 나를 설득하고 도전이 성공할 수 있도록 해주었으며, 그 과정 내내 신경이 예민해질 때마다 내 곁을 지켜준 로스 윤Ross Yoon의 내 에이전트 이선 베이소프Ethan Bassoff가 아니었다면 어떤 것도 가능하지 않았을 겁니다.

켈시 쿠닥Kelsey Kudak과 션 레이버리Sean Lavery는 훌륭한 팩트 체커이자 저를 구해준 은인이었습니다. 샐리 웨더스Sally Weathers는 사악할 정도로 많은 분량의 유튜브 영상을 보며 기업 초창기 시절에 대한 조사를 도와주었습니다. 정말 멋진 사람인 캐리 프라이Carrie Frye는 제가 초고 작업을 하는 동안 글쓰기에 관해 굉장한 조언을 전해준 덕분에 정신을 차릴 수 있었습니다.

유튜브의 제시카 기비Jessica Gibby, 안드레아 파빌Andrea Faville, 크리스 데일Chris Dale은 제가 흠집을 내리라는 것을 알면서도 유튜브로 향하는 문을 열어주었고 끝도 없이 이어지는 질문에 응해주며 사실 확인 과정을 도와주었습니다. 전부 진정한 프로였어요.

현재 비즈니스 저널리즘에서 단연코 가장 훌륭한 크루들은 블룸버그 테크놀로지Bloomberg Technology의 동료들입니다. 누구와도 비교할 수 없는 리더이자 보도계의 우상 같은 존재인 브래드 스톤Brad Stone은 제 초고에 대단히 유용한 피드백을 주었습니다. 응원을 보내준 멋진 톰 길스Tom Giles, 질리안 와드Jilian Ward, 새라 프라이어Sarah Frier. 올리비아 카빌Olivial Carville은 뉴질랜드에서 수많은 유용한 정보를 전해주었습니다. 커트 와그너Kurt Wagner, 애슐리 반스Ashlee Vance, 조슈아 브루스타인Joshua Brustein, 에밀리 창Emily Chang, 펠릭스 질레트Felix Gillette, 조쉬 아이델슨Josh Eidelson, 이안 킹Ian King, 리젯 채프먼Lizette Chapman은 보도를 도와주고, 방향을 안내하고, 정신적으로 지지해주었습니다. 맥스 샤프킨Max Chafkin은 제가 인정하는 것보다 더 자주 있었던 공황 발작 때마다 매번 저를 진정시켜주었습니다. 에밀리 바이어소Emily Biuso와 알리 바Ali Barr는 이 책의 영감이 된 기사들을 편집했고 제게 무한한 응원을 보내주었습니다. 제 동료 엘런 휴에Ellen Huet에게도 감사 인사 전합니다.

제가 가장 좋아하는 기사 몇 편은 제 업무 동반자인 루카스 쇼Lucas Shaw와 함께 쓴 것입니다. 오랫동안 저라는 사람을 견뎌준 동료이고, 이 책에서 할리우드에 관한 이야기 가운데 좋다고 느끼는 부분은 오로지 그 덕분에 멋지게 완성할 수 있었습니다. 이제 네가 선댄스에서 멋진 모습을 보일 차례야.

책 집필 과정 내내 제게 영감과 도움을 베풀어준 훌륭한 저널리스트들이 수없이 많습니다. 켄 올레타Ken Auletta의 『구글드: 우리가 알던 세상의 종말』(타임비즈)와 스티브 레비Stve Levy의 『0과 1로 세상을 바꾸는 구글, 그 모든 이야기』(에이콘출판)는 구글의 역사를 배우는 제게 성경과도 같았습니다. 바이어컴에 대한 키치 헤이기Keach Hagey의 글들은 제게 대단히 중요한 자원이 되었고, 유튜브의 문화와 영향력에 대해 최고의 기사를 쓴 케빈 루스Kevin Roose는 선뜻 그중 많은 것을 내어주었습니다. (저널리즘적 본능이 대단히 뛰어난 학자) 베카 루이스Becca Lewis와 여러 훌륭한 연구자의 연구에 큰 은혜를 입었습니다. 캐라 스위셔Kara Swisher와 켄 리Ken Li는 검증도 안 되어 있는 어설픈 리포터인 제가 구글을 잘 취재할 수 있을 거라 믿어주었고 제가 아는 거의 모든 것을 가르쳐주었습니다. 제임스 크랩트리James Crabtree는 제가 인도에서 아무것도 모르는 비상근 통신원일 때 멘토가 되어주었고 멋지고 명쾌한 비즈니스 라이팅이란 무엇인지 보여주었습니다. 알렉스 캔트로위츠Alex Kantrowitz와 엘리엇 브라운Eliot Brown은 지난 3년간, 제가 정신없이 보낸 문자와 전화에 늘 응답해주었습니다. 피터 카프카Peter Kafka, 제이슨 델 레이Jason Del Rey, 조해나 뷰이얀Johana Bhuiyan, 머린 모리슨Maureen Morrison, 애나 와이너Anna Wiener, 코리 와인버그Cory Weinberg, 테디 슐라이퍼Teddy Schleifer 이 모든 분이 저를 더욱 훌륭한 저널리스트로 만들어주었습니다.

제가 사랑하는 친구들 덕분에 글쓰기와 사회적 거리 두기가 공존했던 3년의 시간을 버틸 수 있었습니다. 브랜던 클린킨버그Brendan Klinkenberg, 재키 아시Jackie Arcy, 니코 그랜트Nico Grant는 이 책의 모든 버전을 전부 읽어보고 현명한 조언을 들려주었습니다. 메시지를 통해 스승의 역할을 해준 제인 리브록Jane Leibrock은 이 책의 주제들을 제가 미처 생각하지 못한 방식으로 이해하기 쉽게 개선해주었습니다. 뛰어난 작가 윌 앨든Will Alden과 샌 서니San Sawney와 함께 챕터별로 제 글을 토론하던 길고 긴 오후는 제가 진심으로 사랑한 시간들이었습니다. 브래드 앨런Brad Allen, 대니엘 이건Danielle Egan, 댄 고먼Dan Gorman은 제가 원하는 만큼 오랫동안 원고를 읽고 논의하게 해주었고 놀라운 피드백을 주었습니다. 와헤구루 칼사Waheguru Khalsa, 새라 헬러Sara Heller, 야 아사레Yaw Asare, 수잔나 스캇Suzanna Scott, 오스틴 로젠펠드Austen Rosenfeld, 로레알 먼로Loreal Monroe, 데이비드 비질David Vigil, 스튜어트 캠벨Stewart Campbell, 콜린스 너스바움Colin Nusbaum, 해리 모로즈Harry Moroz, 리걸 존슨Regal Johnson, 맷 암스비Matt Armsby, 브라이언 스트롬키스트Brian Stromquist 모두 조언을 전해주었고 몇 년간 쉬지 않고 유튜브에 대해 끊임없이 이야기하는 저를 참아주었습니다. 마이클 달시Micheal D'arcy는 최고의 대화 상대가 되어주었습니다.

가족들은 이 긴 여정 내내 제게 사랑과 격려를 아낌없이 주었습니다. 열정적인 독자였던 잭과 프랜은 조언과 지지를 전해주었습니다. 새라와 존은 팬데믹이라는 가장 어두운 시기에 더욱 환한 빛으로 우리를 밝혀주었습니다. 제 누이이자 가장 좋아하는 작가 에이미는 제가 글을 쓰려고 앉을 때마다 영감의 원천이 되어주었습니다. 부모님은 제게 좋은 스토리를 사랑하는 법과 세상을 공감 어린 눈으로 바라보는 법을 가르쳐주었습니다. 어머니, 아버지가 무척이나 자랑스러워하실 겁니다.

마지막으로 제 격리 파트너 애니, 제 처음이자 마지막 에디터, 평생의 사랑이자 내 가장 친한 친구, 당신이 없었다면 해낼 수 없는 일이었습니다. 이제 다 끝났어요. 너무 멋지지 않나요?

이 책에 등장한 모든 이야기는 실제로 벌어진 일이다. 이곳에 보고된 내용은 공식 기록, 정보원들과의 소통, 내가 구한 문서들, 2019년 말부터 2022년 초까지 내가 직접 진행한 장시간의 인터뷰를 바탕으로 한 것이다. 물론, 유튜브 영상도 참고했다.

나는 보도를 위해 유튜브의 역사를 함께한 300명 이상의 사람들을 인터뷰했다. 유튜브와 구글의 전 직원과 현 직원 160명가량, 여러 비즈니스 파트너, 매니저, 소비자 운동가, 규제 기관 담당자, 연구자, 수십 명의 유튜브 크리에이터가 포함되었다. 이 책에 등장한 대화 다수는 공개가 가능한 내용이지만, 그 외에는 구글이 전 직원과 현 직원, 파트너에게 요청한 엄격한 비밀 유지 원칙에 따라 비공식적으로 오간 대화에서 비롯되었다. 이 책에 등장한 이메일 내용은 바이어컴과 구글 간의 소송 문서나 의회의 조사 자료, 정보원들에게서 얻은 사내 문서를 통해 구한 것이다. 몇몇 대화는 실제 그 대화에 참여했던 당사자 또는 그 대화를 들었던 사람의 기억을 토대로 재구성했다. 독자들은 대화의 당사자가 내게 직접적으로 말을 했다고 오해해서는 안 된다. 한편, 내가 이 책에 등장하는 모든 이야기를 여러 정보원에게 교차 확인했다는 점은 독자들이 알아야 한다. 출처가 하나인 정보는 그 점을 명시했다. 이 책은 철저한 사실 확인을 거쳤다. 또한 내가 『블룸버그 통신』에서 행했던 저널리즘의 가장 중요한 원칙을 따랐다. 바로 "깜짝 놀랄 만한 일이 없어야 한다"라는 것이다. 이 책에 언급된 사람들 모두 자신이 어떻게 그려질지 잘 인지하고 있고 본인의 의견을 전할 기회도 주어졌다.

유튜브 역사에서 핵심적인 역할을 맡은 인물 몇몇은 나와의 대화를 거부했다. 각각의 경우, 이들의 대변인을 찾아가 사실관계를 확인했고, 의견을 전달해달라고 요청했으며, 이를 위해 최선의 노력을 다했다. 유튜브는 10명이 넘는 직원들과의 인터뷰를 허가해주었고 팩트 체크에도 참여해주었다. 유튜브 대변인들의 의견은 책 본문 또는 미주에 포함되어 있다. 수차례의 인터뷰 요청 끝에 펠릭스 셸버그의 대변인은 "정중히 요청을 거절합니다"라는 답장을 보냈다. 구글의 전 CEO인 에릭 슈미트는 대변인을 통해서만 의견을 전달하고자 했다. 유튜브를 운영했던 세 사람 채드 헐리, 살라 카만가, 수전 워치츠키는 모두 인터뷰를 거절했다. 구글의 창립자이자 구글의 모기업 알파벳의 대주주인 래리 페이지와 세르게이 브린은 수년째 저널리스트와 대화하지 않고 있다. 나 또한 예외가 될 수 없었다. 페이지와 브린에 관한 수많은 질문에 유튜브와 구글은 답변하지 않았다.

전 유튜브 직원 한 명은 회사 또는 다른 사람들에게 보복을 당할 것이 두려워 실명으로 등장하지 않기를 원해 가명을 사용했다. 이들이 들려준 이야기의 일부는 문서와 다른 정보원들에게 확인 절차를 거쳤고 몇몇 세부적인 내용은 정보를 제공한 이들의 신원을 보호하기 위해 생략했다. 독자들이 유튜브가 어떻게 운영되는 곳인지 그 진실한 이야기를 이해하는 데 이들의 경험이 대단히 중요한 역할을 할 것이라 믿는다.

미주

프롤로그: 2019년 3월 15일

1 Farhad Manjoo, "Why the Google Walkout Was a Watershed Moment in Tech," *The New York Times*, November 8, 2018, https://www.nytimes.com/2018/11/07/technology/google-walkout-watershed-tech.html.

2 Ellen Huet and Mark Bergen, "Google Talent Advantage Erodes as More Workers Doubt CEO Vision, *Bloomberg*, February 1, 2019, https://www.bloomberg.com/news/articles/2019-02-01/google-talent-advantage-erodes-as-more-workers-doubt-ceo-vision.

3 클레어 스테이플턴과 다른 익명의 유튜브 직원의 인터뷰 내용. 유튜브 대변인은 해당 행사가 "평범한 연례 수련회"였다고 전했다.

4 유튜브는 타임 스탬프를 설정해 각 영상의 분량을 표시하고 있다.

1장: 보통 사람들

5 현재 메타Meta로 사명을 변경한 페이스북의 대변인은 이 사안에 관해 어떠한 의견도 전하길 거부했다.

6 복사본들이 다른 온라인에는 있지만, 브로텍은 이후 해당 원본 영상과 초기 영상을 모두 삭제했다.

2장: 원초적이고 무작위적인

7 아미치스의 소유주는 사업장 내부에 쥐가 있었다는 사실을 기억하지 못했지만, 당시 그곳에는 또 다른 음식점이 있었고 이후 이 음식점 주인이 바뀌었다.

8 보타는 플리커의 투자자이자 페이팔의 전 리더였던 레이드 호프먼Reid Hoffman이 플리커가 영상 서비스를 당장은 시작할 예정이 없다고 유튜브를 안심시켰다는 내용도 제안서에 적었다.

9 Steven Levy, *In the Plex: How Google Thinks, Works, and Shapes Our Lives* (New York: Simon

& Schuster, 2011), 249. 세쿼이아 캐피탈이 아마존과 마이크로소프트, 구글에 관해 추가적으로 언급한 부분이다.

10 Catherine Buni and Soraya Chemaly, "The Secret Rules of the Internet," *The Verge*, April 13, 2016, https://www.theverge.com/2016/4/13/11387934/internet-moderator-history-youtube-facebook-reddit-censorship-free-speech.

11 유튜브에서 처음으로 조회 수 100만 회를 넘긴 영리한 마케팅 전략이었다. 보타는 이후 유튜브 창립자들을 데리고 포틀랜드로 가서 나이키 임원진을 만났다.

12 마이카 샤퍼는 처음 자신의 형 아키바Akiva가 속해 있는 '레이지 선데이' 그룹의 웹사이트를 운영했다. 해당 영상이 유튜브에서 큰 인기를 끌자 샤퍼는 유튜브 직원인 맥시에게 연락해 인력을 충원할 계획이 있는지 물었다. NBC와의 분쟁 이후 샤퍼의 부친은 아들 하나는 토요일에 영상을 만들고 다른 아들은 월요일에 그 영상을 지우려 한다고 농담했다.

13 Brad Stone, "Video Napster?," *Newsweek*, February 28, 2006, https://www.newsweek.com/video-113493.

14 John Perry Barlow, "The Economy of Ideas," *Wired*, March 1, 1994, https://www.wired.com/1994/03/economy-ideas/.

15 윙은 이를 주제로 학사 논문을 쓸 정도가 되었다.

16 Joshua Davis, "The Secret World of Lonelygirl," *Wired*, December 1, 2006, https://www.wired.com/2006/12/lonelygirl/.

3장: 두 명의 제왕

17 Levy, *In the Plex*, 121.

18 John Doerr, *Measure What Matters: How Google, Bono, and the Gates Foundation Rock the World with OKRs* (New York: Portfolio, 2018), 6.

19 The Try Guys, "Eugene Interviews the CEO of YouTube," YouTube video, December 16, 2019, 46:15, https://www.youtube.com/watch?v=fKIsuulxJ1I.

20 Virginia Heffernan and Tom Zeller, "'Lonely Girl' (and Friends) Just Wanted Movie Deal," *The New York Times*, September 12, 2006, https://www.nytimes.com/2006/09/12/technology/12cnd-lonely.html.

21 Levy, *In the Plex*, 235.

22 누구도 달갑게 여기지 않았을 이 이야기는 사실 과장된 것이다. 유튜브는 얼마의 수입이 발생하기는 했다.

23 사무실에는 남성 화장실과 여성 화장실이 각각 하나씩 있었다. 어느 시점이 되자 남성 직원 수가 더 많고 화장실 줄이 긴 데 불편함을 느낀 남성 직원들 몇 명이 화장실 두 곳 모

두를 공용 화장실로 사용하기 시작했지만 한 여성 직원이 인사부에 알린 후에야 상황이 종료되었다.

4장: 돌격대원들

24 하퍼가 가장 좋아했던 영상은 코미디언 도널드 글로버Donald Glover의 〈B-Boy Stance〉로, 양팔이 몸을 감싸도록 팔을 고정하는 수술을 받은 1970년대의 한 힙합 보조 래퍼 남성의 이야기를 그린 것이었다. 11년 후, 글로버가 통렬한 시각으로 사회를 논하는 코멘터리 영상인 〈This Is America〉는 공개 첫날 1,200만이 넘는 조회 수를 기록했다.

25 2008년, 한번은 에디터들이 릭롤Rickrolls(유튜브에서 탄생한 말도 안 되는 장난으로, 중요해 보이는 웹 링크를 열어보면 영국 로커인 릭 애슬리Rick Astley의 중독성 높은 히트곡 〈Never Gonna Give You Up〉의 영상이 등장했다)을 두고 농담을 했었다. 예외 없이 재미를 보장하는 장난이었다. "유튜브 홈페이지에 릭롤하면 재밌을 거 같지 않아요?" 하퍼가 반쯤 농담 삼아 제안했다. 동료 미셸 플래너리는 애슬리의 에이전트에게 연락해 원곡자의 참여를 부탁했다. 그는 해당 프로젝트는 허락했지만 직접 참여하는 것은 거절했다. 4월 1일, 유튜브는 모든 영상을 릭롤했다.

26 보너와 슈미트 대변인은 이에 관해 의견을 전하길 거부했다.

27 정확히 말하면, 고어의 〈불편한 진실〉을 제작한 영화 스튜디오는 패러마운트픽처스였다.

28 Keach Hagey, *The King of Content: Sumner Redstone's Battle for Viacom, CBS, and Everlasting Control of His Media Empire* (New York: HarperCollins, 2018).

29 Matthew Belloni, "The Man Who Could Kill YouTube," *Esquire*, August 15, 2007, https://www.esquire.com/news-politics/a3131/youtube0707/.

30 Keach Hagey, "The Relationship That Helped Sumner Redstone Build Viacom Now Adds to Its Problems," *The Wall Street Journal*, April 11, 2016, https://www.wsj.com/articles/the-relationship-that-helped-sumner-redstone-build-viacom-now-adds-to-its-problems-1460409571.

31 Ryan Singel, "YouTuber Warned of Finnish Gunman in June, But No One Listened," *Wired*, November 8, 2007, https://www.wired.com/2007/11/youtuber-warned/.

5장: 클라운 Co.

32 이 팬은 "그것들을 전부 TV로 가져가면 재미도 사라지고 유튜브의 생명력과 본질이 크게 망가질 것"이라고 공표했다.

33 지뷰를 제작한 기업은 이후 래리 페이지의 형인 칼 페이지Carl Page를 영입했다. 회사는 2008년 사업을 접었다.

34 Richard Nieva, "Inside YouTube, Leaders Look for 'Balance' After Scandals," CNET, July 11, 2019, https://www.cnet.com/tech/services-and-software/features/inside-youtube-leaders-look-for-balance-after-scandals/.

35 Louise Story, "DoubleClick to Set Up an Exchange for Buying and Selling Digital Ads," *The New York Times*, April 4, 2007, https://www.nytimes.com/2007/04/04/business/media/04adco.html.

36 Michael Wolff, *Television Is the New Television: The Unexpected Triumph of Old Media in the Digital Age* (New York: Portfolio, 2015), 1. 책에 기술된 사건들은 추가적인 자료로 확인되었다.

37 Brian Stelter, "Serving Up Television Without the TV Set," *The New York Times*, March 10, 2008, https://www.nytimes.com/2008/03/10/technology/10online.html.

38 Dodai Stewart, " 'Abortion Man': The Worst, Supposedly-Funny Video You May Ever See," *Jezebel*, April 23, 2008, https://jezebel.com/abortion-man-the-worst-supposedly-funny-video-you-m-383043.

39 언젠가 유튜브 엔지니어들이 유튜브에서 자체 영상 재생 박스를 실행하길 바라던 타임 워너를 위해 임시로 테스트를 돌려야 하는 일이 있었다. 테스트 결과 유튜브의 플레이어가 훨씬 빠른 속도로 작동한다는 사실이 드러나자 타임워너는 마음을 접었다.

40 유튜브는 영상을 모두 삭제하려 했지만 팬들은 다른 방법을 찾았다. 이들은 해당 클립들에 'WWE'나 '레슬링'이 아닌 '치즈 수플레'라는 암호로 태그를 달아 유튜브가 찾아서 지우기 어렵게 했다.

41 홍보 담당 직원 두 명은 하나같이 공동 창립자들이 《오프라 윈프리 쇼》에 나가는 것을 꺼려 했다고 말했다. 당시 상황을 묻는 질문에 스티브 첸은 "우리 둘 다 《오프라 윈프리 쇼》 녹화에 참여하게 되어 기뻤습니다! 실제 무대에 앞서 며칠간 리허설과 준비를 하는 것이 좀 어색했지만요."라는 글로 답했다.

6장: 구글의 시인

42 Levy, *In the Plex*, 133-4.

43 Ken Auletta, *Googled: The End of the World As We Know It* (New York: Penguin Press, 2009), 59.

44 샌머테이오 사무실에서 일할 당시 중재자들은 티케팅 소프트웨어 시스템상에서 메일 계정 하나를 함께 쓰며 고객 불만 사항에 답해야 했는데, 당시 스타트업이었던 유튜브가 계정 하나면 충분할 거라 여겼던 탓이다.

45 드코트는 신문사 두 곳이 자신의 내부 고발 이야기를 들어주지 않자 유튜브에 저화질의

영상을 올렸다. 영상이 순식간에 큰 화제를 불러일으킨 후 드코트는 유튜브에 연락을 취했고 유튜브는 그를 샌머테이오 사무실로 초대했지만, 딱히 뭘 어떻게 해야 할지 몰랐던 유튜브는 그에게 셔츠 한 벌과 스티커 몇 개를 주었다.

46 결정자 니콜 윙은 오바마 행정부의 기술 차관 자리에 올랐다.

7장: 전속력으로 달리다

47 당시 행사에 참여했던 여러 관계자는 준비 단계 또한 악몽 같았다고 전했다. 이들은 데이브 샤펠Dave Chappelle을 초청하려 했지만 실패했다. 한 직원은 행사를 주관하던 마케팅 매니저가 스트레스로 실신했던 일을 떠올렸다.

48 이 일에 대해 묻자 워크는 "제가 머저리처럼 굴 때도 분명 있을 겁니다. 농담이었다 해도요"라고 답했다. 그는 이렇게 덧붙였다. "프로덕트 책임자라면 이러한 논의 과정에서 함께하지 못하는 유저를 보호하기 위해 얼마간의 무기를 지니고 있어야 한다고 생각합니다. 하지만 제가 '사람이 아니라 문제를 엄격하게' 대할 줄 아는 모습을 보였다면 좋았을 텐데 하는 아쉬움은 있습니다. 광고계 사람들을 언짢게 한 일도 분명 있었을 겁니다."

49 2013년 상급 법원에서 유튜브에 우호적인 판결이 나왔을 때 헐리는 트위터에 바이어컴의 CEO 필립 다우먼을 향해 짧은 글을 남겼다. "헤이 필립, 맥주나 한잔하며 축하할까요?!"

50 Zahavah Levine, "Broadcast Yourself," YouTube Official Blog, March 18, 2010, https://blog.youtube/news-and-events/yourself/.

51 Kent Walker, "YouTube Wins Case Against Viacom," YouTube Official Blog, June 23, 2010, https://blog.youtube/news-and-events/case-against-viacom/.

52 이 작업을 위해 새로 들어온 코더는 사회성이 조금 떨어지는 사람이었는데, 사무실 앞 거리에서 건너편에 있는 디자이너 재슨 슈록을 향해 인사를 건네며 이렇게 소리쳤다. "저기요! 제가 그 포르노 직원이에요!"

8장: 다이아몬드 공장

53 Melissa Greggo, "Latenight Laffers," *Variety*, November 16, 2000, https://variety.com/2000/tv/news/latenight-1117789313/.

54 재핀의 원본 유튜브 영상은 이후 전부 사라졌다.

55 Eriq Gardner, "Maker Studios Lawsuit: Inside the War for YouTube's Top Studio," *The Hollywood Reporter*, October 24, 2013, https://www.hollywoodreporter.com/business/business-news/war-650541/.

9장: 너드파이터스

56 이 회사에서는《베어》와 같은 영화를 제작했는데, 해당 영화는 캠핑 중인 두 커플이 영리한 회색 곰 한 마리의 공격을 막아내는 내용으로 실제 곰과 촬영한 것이었다. 후에 윙은 "진짜 회색 곰은 함부로 덤벼서는 안 되는 동물"이라고 설명했다.

57 vlogbrothers, "How To Be a Nerdfighter: A Vlogbrothers FAQ," YouTube video, December 27, 2009, 3:58, https://www.youtube.com/watch?v=FyQi79aYfxU.

58 행크는 비드콘 프로그램 안내서 3쪽에 영화《해리 포터》,《매트릭스》,《프린세스 브라이드》,《반지의 제왕》에 관한 이야기를 언급했다.

59 Kevin Nalty, "Ray William Johnson Is YouTube's First Millionaire Creator," Will Video for Food, April 1, 2011, http://willvideoforfood.com/2011/04/01/ray-creator/. 존슨은 연간 광고 매출 10억 달러 이상이라고 주장했지만, 유튜브 대변인은 당시 날티에게 회사가 이를 확인할 수 없다고 말했다.

60 Brian Stelter, "Nielsen Reports a Decline in Television Viewing," *The New York Times*, May 3, 2012, https://mediadecoder.blogs.nytimes.com/2012/05/03/nielsen-viewing/.

10장: 카이트서핑 TV

61 Wayne Drehs, "How PewDiePie Gamed the World," ESPN, June 11, 2015, https://www.espn.com/espn/story/_/id/13013936/pewdiepie-how-became-king-youtube.

62 대부분의 게이머들은 저작권이 있는 게임을 영상에서 묘사하는 상황이 '공정 이용'에 해당되어 저작권에 대한 걱정을 덜어도 되었지만, 법적 근거가 불분명한 사안이었고 특히나 20대 또는 10대 유튜버들에게는 까다롭게 느껴질 만한 문제였다.

63 카만가와 가까운 사람들의 이야기에 따르면, 두 사람이 친구 사이이기는 했지만 사귀었다는 가십은 사실이 아니다.

64 Danielle Sacks, "How YouTube's Global Platform Is Redefining the Entertainment Business," *Fast Company*, January 31, 2011, https://www.fastcompany.com/1715183/how-youtubes-global-platform-redefining-entertainment-business.

65 Shishir Mehrotra, "What Will Software Look Like Once Anyone Can Create It?," *Harvard Business Review*, January 30, 2019, https://hbr.org/2019/01/what-will-software-look-like-once-anyone-can-create-it.

66 구글 CEO의 참석 여부는 확정되지 않았었다. 페이지는 구글 캘린더 초대장에 참석 여부를 절대로 확정하지 않는 습관이 있었다.

67 비평가들은 영화에 혹평을 남겼다. (로튼 토마토Rotten Tomatoes 지수 0퍼센트를 받았다.) 하지만 케이블에서는 출시와 함께 700만 명 이상의 시청자를 사로잡으며 TV 방영 영화 1위

를 차지했다.

68 2020년 9월, 유튜브 디렉터 제이미 바이른과의 인터뷰 내용. 유튜브 대변인을 통해 킨슬은 이런 말을 했던 기억이 나지 않는다고 전했다.

69 2021년 2월, 패트릭 워커와의 인터뷰 내용. 유튜브 대변인은 입장문을 통해 킨슬이 해당 미팅을 한 기억이 없고 "도박을 하지 않았다"라고 전했다. 《바이스》 대변인은 수차례 요청에도 답변하지 않았다. 다른 일로 셰인 스미스와 자리했던 유튜브 직원 한 명은 라스베이거스에서 그와 도박을 한 기억이 있다고 전했다.

70 Seabrook, "Streaming Dreams."

11장: 시 잇 나우

71 A. M. Sperber, *Murrow: His Life and Times* (New York: Fordham University Press, 1999), 355–6.

72 이 사건은 위키리크스WikiLeaks의 케이블게이트(2010년 11월, 위키리크스가 미국의 기밀 외교 문서를 유출한 사건 — 옮긴이)를 통해 다른 전말이 공개되었는데, 본문에 언급된 운동가 와엘 압바스Wael Abbas는 구글에 접촉할 수가 없자 미국 대사관에 연락해 상황을 해결해줄 것을 요청했다.

73 Wael Ghonim, *Revolution 2.0: The Power of the People Is Greater Than the People in Power* (Boston: Houghton Mifflin Harcourt, 2012).

74 Ken Bensinger and Jeff Gottlieb, "Alleged Anti-Muslim Film Producer Has Drug, Fraud Convictions," *Los Angeles Times*, September 13, 2012, https://latimesblogs.latimes.com/lanow/2012/09/alleged-anti-muslim-film-producer-convictions-drugs-fraud.html.

75 이후 여배우는 속아서 영화에 출현한 것이고 대사는 모두 더빙되었다며 고소를 진행했다. 영화 전편은 공개되지 않았다.

76 Jillian C. York, *Silicon Values: The Future of Free Speech Under Surveillance Capitalism* (New York: Verso, 2022), 35.

77 힐러리 클린턴의 국무부는 반구글 성향은 결코 아니었다. 클린턴 측 인사였던 제러드 코헨Jared Cohen은 네다의 영상을 가리켜 "현시대의 가장 중요한 바이럴 영상"이라고 칭했고, 유튜브의 시니어 경영진에게 유튜브 사이트가 "우리가 갖고 있는 그 어떤 정보 요원들보다도 낫다"라고 평했다. 코헨은 이후 구글에 합류했다. Jessie Lichtenstein, "Digital Diplomacy," *The New York Times*, July 16, 2010, https://www.nytimes.com/2010/07/18/magazine/18web2-0-t.html.

12장: 그렇게 하면 배를 더 빨리 움직일 수 있을까?

78 Walter Isaacson, "The Real Leadership of Steve Jobs," *Harvard Business Review*, April 2012, https://hbr.org/2012/04/the-lessons-of-steve-jobs.

79 Doerr, *Measure What Matters*, 147.

80 Doerr, *Measure What Matters*, 147.

81 Ben Hunt-Davis, *Will It Make the Boat Go Faster* (Market Harborough: Troubador Publishing, 2011).

82 이 측정 도구는 처음에는 상당히 긴 두문자어(頭文字語)의 이름으로 불렸지만 누군가 래스터패리언Rastafarian(자메이카의 신흥 종교 신도 또는 운동을 가리키는 용어 — 옮긴이) 관련 농담을 좋아했던 탓에 라스타라는 이름으로 정해졌다.

83 Doerr, *Measure What Matters*, 161–5.

84 적어도 예전에는 그랬다. 이후 구글이 검색 결과에서 자사의 사이트로 사람들을 유도하는 방향으로 변했다는 것이 독점 금지 소송의 핵심 쟁점이었다.

13장: 렛츠 플레이

85 Jason Kincaid, "YouTube Unveils Slick Experimental Redesign, Codenamed Cosmic Panda," *TechCrunch*, July 7, 2011, https://techcrunch.com/2011/07/07/youtube-panda/.

86 DeStorm Power, "Can I Count on YouTube?," *New Rockstars*, April 19, 2013, https://newmediarockstars.com/2013/04/destorm-can-i-count-on-youtube-op-ed/.

87 Noreena Hertz, "Think Millenials Have It Tough? For 'Generation K', Life is Even Harsher," *The Guardian*, March 19, 2016, https://www.theguardian.com/world/2016/mar/19/think-generation-k-life-is-even-harsher.

14장: 디즈니 베이비 팝업 팰스 이스터 에그스 서프라이즈

88 결국 일주일에 세 시간은 '교육적인' 방송을 내보내야 하는 것으로 정해졌다. 광고는 매시간 12분 미만으로 방영해야 했고 주말에는 광고 시간을 더욱 줄여야 했다.

89 Kathryn C. Montgomery, *Generation Digital* (Cambridge: MIT Press, 2007). 이 장에 등장한 일부 내용은 아동용 미디어 정책의 역사를 설명하는 훌륭한 입문서인 몽고메리의 저서를 차용했다.

90 "다시 아이들을 최우선으로 고려하는 나라, 덕이 존중받는 나라를 원합니다." 극보수주의적인 가족연구위원회Family Research Council의 회장은 제230조를 탄생시킨 1996년 통신 품위법을 지지하며 이런 말을 남겼다.

91 메로트라의 대학 동기인 칸은 유튜브 기업에서 많은 사랑을 받는 인물이었다.

92 Danielle Sacks, "How YouTube's Global Platform Is Redefining the Entertainment Business," *Fast Company*, January 31, 2011, https://www.fastcompany.com/1715183/how-entertainment-business.

93 Joshua Cohen, "Top 100 Most Viewed YouTube Channels Worldwide: April 2014," *Tubefilter*, May 15, 2014, https://www.tubefilter.com/2014/05/15/top-2014/.

94 Hillary Reinsberg, "YouTube's Biggest Star Is an Unknown Toy-Reviewing Toddler Whisperer," *BuzzFeed*, July 18, 2014, https://www.buzzfeednews.com/article/hillaryreinsberg/youtubes-biggest-star-is-an-unknown-toy-reviewing-toddler-wh.

15장: 파이브 패밀리즈

95 2013년 즈음, 유튜브 직원들은 일부 그룹에 문제적 콘텐츠를 신고하는 도구를 좀 더 많이 제공하는 '신뢰의 신고자trusted flaggers' 프로그램을 논의하기 위해 유럽에서 한 유대인 비영리 단체를 만났다. 당시 자리했던 한 관련자는 해당 단체가 홀로코스트를 인정하지 않는 콘텐츠를 삭제해달라고 유튜브에 간곡히 요청한 일을 기억하고 있었다. 유튜브는 정중하게 해당 요청을 거절했다.

96 Mark Bergen, "YouTube Executives Ignored Warnings, Letting Toxic Videos Run Rampant," *Bloomberg*, April 2, 2019, https://www.bloomberg.com/news/features/2019-04-02/youtube-executives-ignored-warnings-letting-toxic-videos-run-rampant.

97 Robbie Brown, "Gun Enthusiast with Popular Online Videos Is Shot to Death in Georgia," *The New York Times*, January 10, 2013, https://www.nytimes.com/2013/01/11/us/keith-ratliff-gun-enthusiast-of-fpsrussia-is-shot-to-death.html.

98 스트롬폴로스는 메이커스의 임원이자 또 다른 MCN인 어썸니스TV에도 소속되어 있던 이즈라 쿠퍼스테인에게 함께 일하자고 제안했다. 웨인스타인이 주최한 회의에 참여했던 머시니마의 대변인은 해당 기업 의장의 조카이기도 했다. 메이커의 대변인 크리스 윌리엄스는 와인스타인의 사촌이었다.

99 Ray William Johnson, "Why I Left Maker Studios," *New Rockstars*, December 11, 2012, https://newmediarockstars.com/2012/12/why-i-left-maker-studios/.

16장: 린 백

100 Ingrid Nilsen, "This One Is For You (My Last Video)," YouTube video, June 30, 2020, 48:25, https://www.youtube.com/watch?v=zbuky-D7wy8.

101 Ruth LaFerla, "An Everywoman as Beauty Queen," *The New York Times*, August 5, 2009, https://www.nytimes.com/2009/08/06/fashion/06youtube.html.

102 대다수의 인터넷 기업이 그렇듯 유튜브 또한 이용자들은 모르게 일부 이용자를 대상으로 이런 테스트를 여러 번 진행했다. 수년간 유튜브는 시청자 일부를 당사자들이 모르게 통제 집단으로 삼아 아무런 광고도 보여주지 않았다.

103 Ben Collins, "Meet the 'Cult' Leader Stumping for Donald Trump," *The Daily Beast*, February 5, 2016, https://www.thedailybeast.com/meet-the-cult-leader-stumping-for-donald-trump.

104 Kevin Roose, "One: Wonderland," April 16, 2020, in *Rabbit Hole, produced by The New York Times*, podcast, 26:48, https://www.nytimes.com/2020/04/16/podcasts/rabbit-hole-internet-youtube-virus.html.

105 몰리뉴는 입장문에 이렇게 적었다. "윤리학의 근간이 무력 사용 활동을 비난하는 '불가침 원칙'임을 믿는 나는 무국적 사회를 지지하는 쪽이다."

106 Mike Masnick, "'Anarcho-Capitalist' Stefan Molyneux, Who Doesn't Support Copyright, Abuses DMCA to Silence Critic," *Techdirt*, August 22, 2014, https://www.techdirt.com/2014/08/22/anarcho-capitalist-stefan-molyneux-who-doesnt-support-copyright-abuses-dmca-to-silence-critic/.

107 Kate Hilpern, "You'll Never See Me Again," *The Guardian*, November 14, 2008, https://www.theguardian.com/lifeandstyle/2008/nov/15/family-relationships-fdr-defoo-cult.

108 입장문에서 몰리뉴는 자신이 "성인에게 가족을 떠나라는 이야기를 한 적이 없다"라고 적었다. 그는 이렇게 덧붙였다. "나는 지속적이고 극심한 학대에 놓여 있을 경우 그것이 하나의 선택지가 될 수 있다는 점을 설명했고, 먼저 가족들과 대화로 풀고 혼자 또는 가족과 함께 전문 카운슬러를 찾아보라고 조언했다." 그런 뒤 그는 닥터 필(Phil McGraw, 미국 유명 방송인이자 심리학자 — 옮긴이)이 이와 비슷한 말을 한 내용을 인용했다. 파파도풀로스를 향한 비난에 관해서는 몰리뉴는 이렇게 적었다. "결국 내 아내가 질책당하고 있지만 문제가 되는 것은 학대 상황에서 가족 간의 분리가 적절한 해결책이 될지라도 아내는 현재 논란 중인 이들의 개인사를 충분히 알지 못하는 상황에서 가족 분리를 논했다는 데 있다."

109 Tu Thanh Ha, "Therapist Who Told Podcast Listeners to Shun Their Families Reprimanded," *The Globe and Mail*, November 1, 2012, https://www.theglobeandmail.com/news/toronto/therapist-their-reprimanded/article4846791/.

110 몰리뉴는 입장문에서 이는 "내가 강력하게 반대하는 전체주의 철학자" 플라톤을 두고 한 농담이었다고 전했다.

111 Tu Thanh Ha, "How a Cyberphilosopher Convinced Followers to Cut Off Family," *The*

Globe and Mail, December 12, 2008, https://www.theglobeandmail.com/technology/how-a-cyberphilosopher-family/article7511365/.

17장: 구글의 어머니

112 이것의 잘못된 사례로는 1990년대 마이크로소프트가 빌 게이츠의 무대를 어떻게 연출했는지 살펴보면 되겠다. 유튜브에서 민망한 클립들을 찾을 수 있을 것이다.

113 해당 국가에서 사이트를 운영할 동안 정부의 검열에 응하기 위해 검색 결과를 조작했던 중국을 제외하고 말이다.

114 Esther Wojcicki, *How to Raise Successful People: Simple Lessons for Radical Results* (New York: HarperCollins, 2018), 138.(『용감한 육아』 반비 역간)

115 Wojcicki, *How to Raise*, 138.

116 Elizabeth Murphy, "Inside 23andMe founder Anne Wojcicki's $99 DNA Revolution," *Fast Company*, October 14, 2013, https://www.fastcompany.com/3018598/for-99-this-founder-wojcickis-dna-r.

117 Mike Swift, "Susan Wojcicki: The Most Important Googler You've Never Heard Of," *The Mercury News*, February 3, 2011, https://www.mercurynews.com/2011/02/03/susan-heard-of/.

118 Patricia Sellers, "The New Valley Girls," *Fortune*, October 13, 2008, https://fortune.com/2008/10/13/the-girls-2/.

119 Robert Hof, "Look Out, Television: Google Goes for the Biggest Advertising Prize of All," *Forbes*, February 9, 2014, https://www.forbes.com/sites/roberthof/2014/01/22/look-for-prize/.

120 Amir Efrati, "The Ascension of Google's Sridhar Ramaswamy," *The Information*, April 6, 2015, https://www.theinformation.com/articles/the-ascension-of-google-s-sridhar-ramaswamy. 라마스와미는 이런 말을 한 적이 없다고 부인했다.

121 Liz Gannes, "Google Co-Founder Sergey Brin and 23andMe Co-Founder Anne Wojcicki Have Split," *All Things D*, August 28, 2013, https://allthingsd.com/20130828/google-co-founder-anne-split/.

122 Vanessa Grigoriadis, "O.K., Glass: Make Google Eyes," *Vanity Fair*, March 12, 2014, https://www.vanityfair.com/style/2014/04/sergey-brin-amanda-affair. 세르게이 브린과 앤 워치츠키는 2013년에 별거를 시작했고, 2015년에 이혼했다. 유튜브 대변인은 브린이 버닝맨 축제에 참석했는지 여부는 회사가 확인해줄 수 없다고 밝혔다.

123 Claire Cain Miller, "Google Appoints Its Most Senior Woman to Run YouTube," *The*

New York Times, February 5, 2014, https://bits.blogs.nytimes.com/2014/02/05/google-appoints-its-most-senior-woman-to-run-youtube/.

124 Doerr, *Measure What Matters*, 166.

18장: 바람 빠진 튜브

125 David Graeber, "On the Phenomenon of Bullshit Jobs," *Atlas of Places*, 2013, https://www.atlasofplaces.com/essays/on-the-phenomenon-of-bullshit-jobs/.

126 Alex Morris, "When Google Walked," *New York*, February 5, 2019, https://nymag.com/intelligencer/2019/02/can-the-google-walkout-bring-about-change-at-tech-companies.html.

127 Claire Stapleton, "Down the 'Tube: 10.3.2014," Tiny Letter, October 3, 2014, http://tinyletter.com/clairest/letters/down-the-tube-10-3-2014.

128 Ryan Mac, "Amazon Pounces On Twitch After Google Balks Due to Antitrust Concerns," *Forbes*, August 25, 2014, https://www.forbes.com/sites/ryanmac/2014/08/25/amazon-pounces-on-twitch-after-google-balks-due-to-antitrust-concerns/?sh=60d7c4865ab6.

129 Rolfe Winkler, "YouTube: 1 Billion Viewers, No Profit," *The Wall Street Journal*, February 25, 2015, https://www.wsj.com/articles/viewers-dont-add-up-to-profit-for-youtube-1424897967.

130 Jonathan Mahler, "YouTube's Chief, Hitting a New 'Play' Button," *The New York Times*, December 20, 2014, https://www.nytimes.com/2014/12/21/business/youtubes-chief-hitting-a-new-play-button.html.

131 Laszlo Bock, "Here's Google's Secret to Hiring the Best People," *Wired*, April 7, 2015, https://www.wired.com/2015/04/hire-like-google/.

132 Mahler, "YouTube's Chief, Hitting a New 'Play' Button."

133 Jeff Stone, "James Foley Execution Video Creates Editorial Questions for Twitter, YouTube," *International Business Times*, August 20, 2014, https://www.ibtimes.com/james-foley-execution-video-creates-editorial-questions-twitter-youtube-1664478.

134 "Silicon Valley Firms Reacted Quickly to Halt Spread of Steven Sotloff Beheading Video," NBC, September 4, 2014, https://www.nbcbayarea.com/news/local/silicon-valley-firms-halted-spread-of-steven-sotloff-beheading-video/2085940/.

135 Barton Gellman and Ashkan Soltani, "NSA Infiltrates Links to Yahoo, Google Data Centers Worldwide, Snowden Documents Say," *The Washington Post*, October 30, 2013, https://www.washingtonpost.com/world/national-security/nsa-infiltrates-links-

to-yahoo-google-data-centers-worldwide-snowden-documents-say/2013/10/30/
e51d661e-4166-11e3-8b74-d89d714ca4dd_story.html.

136 Ben Quinn, "YouTube Staff Too Swamped to Filter Out All Terror-Related Content,"
The Guardian, January 28, 2015, https://www.theguardian.com/technology/2015/jan/28/
youtube-too-swamped-to-filter-terror-content.

137 대법관 루이스 브랜다이스Louis Brandeis가 남긴 법조계의 격언을 조금 달리 표현한 문구다.

138 Mark Sweney, "Google Calls for Anti-Isis Push and Makes YouTube Propaganda Pledge,"
The Guardian, June 24, 2015, https://www.theguardian.com/media/2015/jun/24/google-
youtube-anti-isis-push-inhuman-beheading-videos-censorship.

19장: 진짜 뉴스

139 Brooks Barnes, "Disney Buys Maker Studios, Video Supplier for YouTube," The New York
Times, March 24, 2014, https://www.nytimes.com/2014/03/25/business/media/disney-
youtube.html.

140 Kevin Roose, "What Does PewDiePie Really Believe?," The New York Times, October 9,
2019, https://www.nytimes.com/interactive/2019/10/09/magazine/PewDiePie-interview.
html. 디즈니 대변인은 이와 관련해 추가적으로 언급하지 않았다.

141 Andrew Wallenstein, "If PewDiePie Is YouTube's Top Talent, We're All Doomed," Variety,
September 11, 2013, https://variety.com/2013/biz/news/if-pewdiepie-is-youtubes-
all-1200607196/.

142 Sven Grundberg and Jens Hansegard, "YouTube's Biggest Draw Plays Games, Earns $4
Million a Year," The Wall Street Journal, June 16, 2014, https://www.wsj.com/articles/
youtube-earns-4-million-a-year-1402939896.

143 Kevin Roose, "The Making of a YouTube Radical," The New York Times, June 8, 2019,
https://www.nytimes.com/interactive/2019/06/08/technology/youtube-radical.html.

144 Kevin Roose, "What Does PewDiePie Really Believe?"

145 Caitlin Dickson, "Richard Dawkins Gets into a Comments War with Feminists," The
Atlantic, July 6, 2011, https://www.theatlantic.com/national/archive/2011/07/richard-
dawkins-draws-wrath-harassment-comments/352530/.

146 Brian Rosenwald, Talk Radio's America: How an Industry Took Over a Political Party That
Took Over the United States (Cambridge: Harvard University Press, 2019). 이 장은 전체적으로
이 책을 참고했다.

147 초반에 큰 인기를 끈 영상 중에는 〈에이미 와인하우스의 처참한 얼굴〉과 〈화장실에서 벌

어진 여성들의 격렬한 싸움〉이 있다.

148 Aja Romano, "What We Still Haven't Learned From Gamergate," *Vox*, January 7, 2021, https://www.vox.com/culture/2020/1/20/20808875/gamergate-lessons-laws.

149 Kevin Roose, "Two: Looking Down," April 23, 2020, in *Rabbit Hole*, produced by *The New York Times*, podcast, 36:57, https://www.nytimes.com/2020/04/23/podcasts/rabbit-virus.html.

150 Brentin Mock, "Neo-Nazi Groups Share Hate via YouTube," *Southern Poverty Law Center Intelligence Report*, April 20, 2007, https://www.splcenter.org/fighting-hate/report/2007/nazi-youtube.

20장: 불신

151 Amy Brittain and Irin Carmon, "Charlie Rose's Misconduct Was Widespread at CBS and Three Managers Were Warned, Investigation Finds," *The Washington Post*, May 3, 2018, https://www.washingtonpost.com/charlie-roses-investigation-finds/2018/05/02/32d48460b955_story.html.

152 Gideon Lewis-Kraus, "The Great A.I. Awakening," *The New York Times*, December 14, 2016, https://www.nytimes.com/2016/12/14/magazine/the-great-ai-awakening.html.

153 Steve Levy, "Google Search Will Be Your Next Brain," *Wired*, January 16, 2015, https://www.wired.com/2015/01/google-search-will-be-your-next-brain/. 레비가 일전에 페이지와 나눈 인터뷰를 이곳에 인용했다.

154 Casey Newton, "How YouTube Perfected the Feed," *The Verge*, August 30, 2017, https://www.theverge.com/2017/8/30/16222850/youtube-google-brain-algorithm-video-recommendation-personalized-feed.

21장: 남자아이와 장난감

155 Geoff Weiss, "This 4-Year-Old Has the Most-Viewed YouTube Channel in the World," *Tubefilter*, September 8, 2016, https://www.tubefilter.com/2016/09/08/ryan-toys-review-most-watched-youtube-channel-in-the-world/.

156 Joshua Cohen, "Meet the Top 1% of YouTube's 'Google Preferred' Channels for Advertisers," *Tubefilter*, April 18, 2014, https://www.tubefilter.com/2014/04/18/youtube-google-preferred-channels-top-1-percent-advertisers/.

157 Laura T. Coffey, "'Crack for Toddlers': Mysterious Toy Review Videos Enchant Kids, Bring in Millions of Dollars," *Today*, July 31, 2014, https://www.today.com/parents/

disneycollector-toy-reviewer-enchants-toddlers-youtube-1D80001314.

158 Chavie Lieber, "How L.O.L. Dolls Became the Dopamine Hit of a Generation," *The New York Times*, April 16, 2020, https://www.nytimes.com/2020/04/16/parenting/lol-surprise-doll-isaac-larian.html.

159 Ben Popper, "Red Dawn: An Inside Look at YouTube's New Ad-Free Subscription Service," *The Verge*, October 15, 2015, https://www.theverge.com/2015/10/21/9566973/youtube-red-ad-free-offline-paid-subscription-service.

160 Paul Thompson, "Mystery Woman Behind the 'Richest Hands on the Internet' Revealed: Former Pornstar Makes $5m a Year Unwrapping Disney Toys on YouTube," *Daily Mail*, February 24, 2015, https://www.dailymail.co.uk/news/article-2958242/Brazilian-former-porn-star-Diane-DeJesus-mystery-figure-5million-year-YouTube-sensation-DC-Toys-Collector.html.

161 Belinda Luscombe, "Meet YouTube View Master," *Time*, August 17, 2015, https://time.com/4012832/meet-youtubes-view-master/.

162 2012년, 유튜브가 교육 관계자와 방송인을 대상으로 개최한 교육 행사에서 한 교사는 수업 중 유튜브에서 데킬라 광고들을 시청해야 했던 일을 불평했다. 한 참석자는 불만을 표했다. "학교에서 제 아이가 도리토스Doritos 광고를 억지로 봐야 하는 상황이 벌어지면 해당 교육구를 고소할 겁니다."

22장: 스포트라이트

163 Susanne Ault, "Survey: YouTube Stars More Popular Than Mainstream Celebs Among U.S. Teens," *Variety*, August 5, 2014, https://variety.com/2014/digital/news/survey-youtube-stars-more-popular-than-mainstream-celebs-among-u-s-teens-1201275245/.

164 패트릭은 또한 닐슨과 데스톰 파워, 미스터리기타맨이 소속된 초창기 매니지먼트 기업인 빅프레임Big Frame에서 일했다.

165 Brian Lowry, "Review: 'Scare PewDiePie' on YouTube Red," *Variety*, February 10, 2016, https://variety.com/2016/digital/reviews/scare-pewdiepie-review-youtube-red-1201701504/.

166 1만 명 이상의 구독자를 거느린 유튜버들은 이 프로덕션 공간에서 영상 촬영을 신청할 수 있었다.

23장: 장난, 위협, 자명함

167 Ingrid Nelson, "Something I Want You to Know (Coming Out)," YouTube video, June 9,

2015, 19:12, https://www.youtube.com/watch?v=Eh7WRYXVh9M.

168 3년 후, 그로브는 구글을 떠나 고향인 미네소타에서 선거를 통해 공무원이 되었다.

169 이후 트럼프는 지미 펄론Jimmy Fallon의 토크쇼에 출연했고 펄론이 트럼프의 머리를 헝클어 뜨리는 장면이 연출되었다.

170 "Extremist Info: Stefan Molyneux," Southern Poverty Law Center, undated, https://www. splcenter.org/fighting-hate/files/individual/stefan-molyneux.

171 그해, 몰리뉴는 덴마크의 학자인 헬머스 뉘보르Helmuth Nyborg와 저자 제러드 테일러Jared Taylor를 초대해 대화를 나눴다. 몰리뉴는 입장문에 이렇게 적었다. "나와 뜻이 다른 여러 사람을 내 쇼에 초대한 바 있고, 사실 인간의 신념 체계가 서로 완벽하게 일치하는 경우 는 없고 그래서도 안 된다고 생각한다. ··· '백인 우월론자'라는 용어는 백인들이 절대적 으로 다른 인종을 지배해야 한다는 신념을 뜻하는 것으로 이는 내가 신성하게 여기는 불 가침 원칙을 짓밟는 (그리고 필시 대량 학살로 이어질) 위반 행위다. 내가 아는 바로는 이토 록 불쾌한 신념을 지닌 사람을 쇼에 초대한 일이 없다. 또한 제러드 테일러나 뉘보르 박 사에게서 이런 식의 폭력을 갈망한다는 표현을 들은 적도 없다." 남부빈곤법률센터는 백 인 민족주의를 "서구 문명을 이루고 있는 국가의 구성 원리는 백인 정체성이 되어야 한 다"라는 믿음으로 규정하고 있다.

172 시청자들 또한 쏜을 사랑했지만 훗날 그는 유튜브 임원진에게 자신의 얼굴이 담긴 섬네 일보다 애니메이션 섬네일이 더욱 높은 조회 수를 보였다고 털어놨다. 사람들은 블랙 얼 굴이 등장한 영상에는 클릭을 덜 하는 경향을 보였고 알고리즘도 이를 따랐던 것 같다.

173 Joshua Green, *Devil's Bargain: Steve Bannon, Donald Trump, and the Storming of the Presidency* (New York: Penguin Press, 2017).

174 Bernhard Rieder, Ariadna Matamoros-Fernández, and Òscar Coromina, "From Ranking Algorithms to 'Ranking Cultures': Investigating the Modulation of Visibility in YouTube Search Results," *Convergence: The International Journal of Research into New Media Technologies* 24, no. 1 (January 10, 2018): 50-68.

175 Mike Shields, "Some Media Companies Cool on YouTube Distribution," *The Wall Street Journal*, July 21, 2016, https://www.wsj.com/articles/some-1469095200.

176 유튜브 대변인은 기업은 "항상 유튜브에 집중"했고 당시 페이스북을 신경 쓰지 않았다고 전했다.

177 Aja Romano, "YouTube's 'Ad-Friendly' Content Policy May Push One of Its Biggest Stars Off the Website," *Vox*, September 2, 2016, https://www.vox.com/2016/9/2/12746450/ youtube-site.

178 "'Is Hillary Dying' Hoax Started by Pal of Alex Jones," *The Daily Beast*, August 9, 2016, https://www.thedailybeast.com/is-hillary-hoax-jones.

179 Doerr, *Measure What Matters*, 168.

24장: 파티는 끝났다

180 Allum Bokhari, "LEAKED VIDEO: Google Leadership's Dismayed Reaction to Trump Election," *Breitbart*, September 12, 2018, https://www.breitbart.com/tech/2018/09/12/leaked-reaction-to-trump-election/.

181 Trey Parker, "The 100 Most Influential People: Felix Kjellberg (a.k.a. PewDiePie)," *Time*, April 21, 2016, https://time.com/collection-post/4302406/kjellberg-100/.

182 Emily Nussbaum, *I Like to Watch: Arguing My Way Through the TV Revolution* (New York: Random House, 2019).

183 Kevin Roose, "Six: Impasse," April 21, 2020, in *Rabbit Hole*, produced by *The New York Times*, podcast, 24:25, https://www.nytimes.com/2020/05/21/podcasts/rabbit-virus.html.

184 Abby Phillip, "Trump's Statement Marking Holocaust Remembrance Leaves Out Mention of Jews," *The Washington Post*, January 27, 2017, https://www.washingtonpost.com/politics/trumps-statement-marking-holocaust-remembrance-leaves-out-mention-of-jews/2017/01/27/0886d3c2-e4bd-11e6-a547-5fb9411d332c_story.html.

185 Rolfe Winkler, Jack Nicas, and Ben Fritz, "Disney Severs Ties with YouTube Star PewDiePie After Anti-Semitic Posts," *The Wall Street Journal*, February 14, 2017, https://www.wsj.com/articles/disney-severs-ties-with-youtube-star-pewdiepie-after-anti-semitic-posts-1487034533.

186 Kevin Roose, "Six: Impasse."

187 이후 해당 영상은 삭제되었다.

188 The Film Theorists, "Film Theory: Why Pewdiepie's Fiverr Joke Backfired," YouTube video, February 25, 2017, 20:30, https://www.youtube.com/watch?v=DxphJ-dnX2Y.

189 이에 더해 패트릭은 올드 미디어가 "대체로 온라인 인사들에게 대단히 적대적으로" 굴고 있다고도 덧붙였다.

190 Robert Kyncl with Maany Peyvan, *Streampunks: YouTube and the Rebels Remaking Media* (New York: Harper Business, 2017).(『유튜브 레볼루션』 더퀘스트 역간)

25장: 애드포칼립스

191 Alexi Mostrous, "Big Brands Fund Terror Through Online Adverts," *The Times*, February 9, 2017, https://www.thetimes.co.uk/article/big-brands-fund-terror-knnxfgb98.

192 Jane Martinson, "Guardian Pulls Ads from Google After They Were Placed Next to Extremist Material," *The Guardian*, March 16, 2017, https://www.theguardian.com/media/2017/mar/16/guardian-pulls-ads-google-placed-extremist-material.

193 Jack Nicas, "Google's YouTube Has Continued Showing Brands' Ads with Racist and Other Objectionable Videos," *The Wall Street Journal*, March 24, 2017, https://www.wsj.com/articles/googles-youtube-has-continued-showing-brands-ads-with-racist-and-other-objectionable-videos-1490380551.

194 Jennifer Faull, "The Screw Tightens on Google as Holding Groups Advise Advertisers to Reassess the Risks," *The Drum*, March 17, 2017, https://www.thedrum.com/news/2017/03/17/the-screw-tightens-google-holding-groups-advise-advertisers-reassess-the-risks.

195 Peter Kafka, "Google Says Its YouTube Ad Problem Is 'Very Very Very Small' But It's Getting Better at Fixing It Anyway," *Recode*, April 3, 2017, https://www.vox.com/2017/4/3/15157654/google-youtube-advertising-controversy-interview-philipp-schindler.

196 Lucas Shaw and Mark Bergen, "YouTube's Plan to Clean Up the Mess That Made It Rich," *Bloomberg Businessweek*, April 26, 2018, https://www.bloomberg.com/news/features/2018-04-26/youtube-may-be-a-horror-show-but-no-one-can-stop-watching.

197 그린의 동료인 로라 처르니코프가 해당 길드를 운영했다.

26장: 레인포스

198 Martin Evans, Nicola Harley, and Harry Yorke, "London Terrorist Had Twice Been Referred to Police Over His Extremist Views," *The Telegraph*, June 4, 2017, https://www.telegraph.co.uk/news/2017/06/04/london-terrorist-had-twice-referred-police-extremist-views/.

199 해당 이론의 또 다른 데이터 포인트로는 구글의 경쟁사인 마이크로소프트가 2014년 25억 달러에 〈마인크래프트〉 스튜디오를 매입한 사례를 들 수 있다.

200 Kevin Roose, "The Making of a YouTube Radical," *The New York Times*, June 8, 2019, https://www.nytimes.com/interactive/2019/06/08/technology/youtube-radical.html.

201 Casey Newton, "How YouTube Perfected the Feed," *The Verge*, August 30, 2017, https://www.theverge.com/2017/8/30/16222850/youtube-brain-feed.

202 "Why Do People Still Think the Earth Is Flat?," BBC News, November 14, 2017, https://

www.bbc.com/news/av/41973119.

203 Alan Burdick, "Looking for Life on a Flat Earth," *The New Yorker*, May 30, 2018, https://www.newyorker.com/science/elements/looking-life-on-a-flat-earth.

204 Harry McCracken, "Susan Wojcicki Has Transformed YouTube—But She Isn't Done Yet," *Fast Company*, June 18, 2017, https://www.fastcompany.com/40427026/susan-wojcickis-rival.

205 다만 워치츠키는 해당 매거진에 크리에이터들과 맺은 광고 수수료 조건을 변경할 계획은 없다고 밝혔다.

206 Adam Fisher, "'Google Was Not a Normal Place': Brin, Page, and Mayer on the Accidental Birth of the Company that Changed Everything," *Vanity Fair*, July 10, 2018, https://www.vanityfair.com/news/2018/07/valley-of-genius-excerpt-google.

207 Kate Conger, "Exclusive: Here's the Full 10-Page Anti-Diversity Screed Circulating Internally at Google," *Gizmodo*, August 5, 2017, https://gizmodo.com/exclusive-1797564320.

208 Mark Bergen and Brad Stone, "Everyone's Mad at Google and Sundar Pichai Has to Fix It," *Bloomberg Businessweek*, October 19, 2017, https://www.bloomberg.com/news/features/2017-10-19/everyone-s-mad-at-google-pichai-has-to-fix-it.

209 이후 원본 영상이 삭제된 터라 정확한 날짜는 알 수 없다.

210 Megan Molteni and Adam Rogers, "The Actual Science of James Damore's Google Memo," *Wired*, August 15, 2017, https://www.wired.com/story/the-pernicious-science-of-james-memo/.

211 Susan Wojcicki, "Read YouTube CEO Susan Wojcicki's Response to the Controversial Google Anti-Diversity Memo," *Fortune*, August 9, 2017, https://fortune.com/2017/08/09/google-wojcicki/.

212 Eric Johnson, "YouTube's Susan Wojcicki explains why the 'Google memo' author had to be fired," *Recode*, October 16, 2017, https://www.vox.com/2017/10/16/16479486/youtube-diversity-podcast.

27장: 엘사게이트

213 Stanley "Dirt Monkey" Genadek, "Interview with Geek to Freak Greg Chism," YouTube video, May 23, 2015, 37:06, https://www.youtube.com/watch?v=_vFDsw9a3Ho.

214 Ethan and Hila, "How to Traumatize Your Children PRANK," YouTube video, March 3, 2016, 13:00, https://www.youtube.com/watch?v=7bCzbUiB87M.

215 Ben Popper, "Adults Dressed as Superheroes Is YouTube's New, Strange, and Massively Popular Genre," *The Verge*, February 20, 2017, https://www.theverge.com/2017/2/20/14489052/youtube-jokes.

216 'Finger Family' 트렌드에 합류한 수많은 사람이 익명으로 활동했는데, 해당 트렌드가 반짝 유행으로 사라지리라는 것을 그들도 짐작했기 때문이다. "이들은 할 수 있을 때 돈을 긁어모으려던 사람들이었다"라고 란타는 당시 상황을 떠올렸다.

217 Rachel Deal, "The Ballad of Elsa and Spiderman," *The Awl*, February 23, 2017, https://www.theawl.com/2017/02/the-ballad-of-elsa-and-spiderman/.

218 "The Disturbing YouTube Videos That Are Tricking Children," BBC, March 27, 2017, https://www.bbc.com/news/blogs-trending-39381889.

219 Sapna Maheshwari, "On YouTube Kids, Startling Videos Slip Past Filters," *The New York Times*, November 4, 2017, https://www.nytimes.com/2017/11/04/business/media/youtube-kids-paw-patrol.html.

220 James Bridle, "Something Is Wrong on the Internet," Medium, November 6, 2017, https://medium.com/@jamesbridle/something-is-wrong-on-the-internet-c39c471271d2.

221 Mark Bridge and Alexi Mostrous, "Child Abuse on YouTube," *The Times*, November 18, 2017, https://www.thetimes.co.uk/article/child-abuse-on-youtube-q3x9zfkch.

222 Daisuke Wakabayashi, "A Former Google Executive Takes Aim at His Old Company with a Start-Up," *The New York Times*, June 19, 2020, https://www.nytimes.com/2020/06/19/technology/google-neeva-executive.html.

223 April and Davey, "WHY WE STOPPED MAKING SUPERHERO VIDEOS . . . ," YouTube video, August 16, 2017, 14:50, https://www.youtube.com/watch?v=N0gyiSYwYgs.

224 Charlie Warzel and Remy Smidt, "YouTubers Made Hundreds of Thousands Off of Bizarre and Disturbing Child Content," *BuzzFeed*, December 11, 2017, https://www.buzzfeednews.com/article/charliewarzel/youtubers-made-hundreds-of-thousands-off-of-bizarre-and.

225 Remy Smidt, "Authorities Say YouTube's 'Toy Freaks' Dad Is Under Investigation — But They Won't Say Who's in Charge," *BuzzFeed*, November 30, 2017, https://www.buzzfeednews.com/article/remysmidt/toy-freaks-youtube.

28장: 악당들

226 Casey Newton, "The Terror Queue," *The Verge*, December 16, 2019, https://www.theverge.

com/2019/12/16/21021005/google-youtube-moderators-ptsd-accenture-violent-disturbing-content-interviews-video.

227 유튜브 대변인은 유튜브의 시스템상 할 수 없는 일이라고 전했다.

228 Newton, "The Terror Queue."

229 "상당히 혼란스러웠던 기억이 있습니다." 효베르그는 "아이들과 폭죽 또는 고통스러운 장난이 함께 등장하는 일련의 영상을 두고 어떻게 처리해야 할지 알 수 없었습니다"라고 당시 심경을 전했다.

230 T. L. Stanley, "How Vine's Hunky Goofball Logan Paul Plans to Become a Mainstream Superstar," *Adweek*, January 24, 2016, https://www.adweek.com/brand-marketing/how-vines-hunky-goofball-logan-paul-plans-become-mainstream-superstar-169152/.

231 Chris Stokel-Walker, *YouTubers: How YouTube Shook Up TV and Created a New Generation of Stars* (Kingston [Ontario]: Canbury Press, 2019), 22.

232 Paul Lewis, "'Fiction Is Outperforming Reality': How YouTube's Algorithm Distorts Truth," *The Guardian*, February 2, 2018, https://www.theguardian.com/technology/2018/feb/02/how-youtubes-algorithm-distorts-truth.

233 Jack Nicas, "How YouTube Drives People to the Internet's Darkest Corners," *The Wall Street Journal*, February 7, 2018, https://www.wsj.com/articles/how-youtube-drives-viewers-to-the-internets-darkest-corners-1518020478.

234 John Hermann, "The Making of a No. 1 YouTube Conspiracy Video After the Parkland Tragedy," *The New York Times*, February 21, 2018, https://www.nytimes.com/2018/02/21/business/media/youtube-parkland.html.

235 Megan Farokhmanesh, "YouTube Didn't Tell Wikipedia About Its Plans for Wikipedia," *The Verge*, March 14, 2018, https://www.theverge.com/2018/3/14/17120918/youtube-sxsw.

236 유튜브 대변인은 기업이 코로나19 팬데믹의 "시작부터 백신을 절대적으로 지지하는 입장을 취했고", 유튜브는 가장 먼저 코로나 백신 오정보 정책을 실행한 기업 중 한 곳이라고 전했다.

29장: 901 체리 애비뉴

237 Daisuke Wakabayashi, Thomas Erdbrink, and Matthew Haag, "'Vegan Bodybuilder': How YouTube Attacker, Nasim Aghdamn, Went Viral in Iran," *The New York Times*, April 4, 2018, https://www.nytimes.com/2018/04/04/technology/nasim-aghdam-shooter.html.

238 Kristina Davis, "PETA Protests Military's Use of Pigs in Training," *The San Diego Union-*

Tribune, August 13, 2009, https://www.sandiegouniontribune.com/military/sdut-htmlstory.html.

239 Ethan Baron, "YouTube Shooter's Father Says She Was Angry at Company," *East Bay Times*, April 3, 2018, https://www.eastbaytimes.com/2018/04/03/youtube-angry-at-company/.

240 "Store Worker Says YouTube Shooter Gun Buy Did Not Stand Out," Associated Press, April 6, 2018, https://apnews.com/article/a40fc8ef512549bda1ffd71075a2eed1.

241 Anthony Pura, "Shooter's Family Warned Police About YouTube Grudge," KGTV San Diego, April 3, 2018, https://www.10news.com/news/family-youtube-grudge.

30장: 바닷물을 끓여라

242 Joseph Bernstein, "YouTube's Newest Far-Right, Mouthed, Red-Pilling Star Is a Old Girl," *BuzzFeed*, May 13, 2019, https://www.buzzfeednews.com/article/josephbernstein/youtubes-red-star-is.

243 Zeynep Tufekci, "YouTube, the Great Radicalizer," *The New York Times*, March 10, 2018, https://www.nytimes.com/2018/03/10/opinion/sunday/youtube-radical.html.

244 유튜브 대변인은 유튜브가 지나친 양극화를 초래했기 때문이 아니라 광고 "에이전시가 의뢰한 대로 결과물을 완성하지 못했기" 때문에 해당 광고를 반대했다고 설명했다.

245 Daisuke Wakabayashi and Nicholas Confessore, "Russia's Favored Outlet Is an Online News Giant. YouTube Helped," *The New York Times*, October 23, 2017, https://www.nytimes.com/2017/10/23/technology/youtube-russia-rt.html.

246 Catherine Padhi, "Ted Cruz vs. Section 230: Misrepresenting the Communications Decency Act," *Lawfare*, April 20, 2018, https://www.lawfareblog.com/ted-act.

247 해당 조항에 실제로 명시된 내용은 웹사이트는 "음란하고 외설적이며 선정적이고 난잡하고 지나치게 폭력적이거나 불편한, 또는 그렇지 않다고 해도 불쾌하게" 여겨지는 콘텐츠를 제한하는 "선의의" 노력을 명백히 기울여야 한다고 설명하고 있다.

248 Becca Lewis, "Alternative Influence: Broadcasting the Reactionary Right on YouTube," *Data & Society*, September 18, 2018, https://datasociety.net/library/alternative-influence/.

249 학계에서는 유튜브에 관한 연구를 상대적으로 거의 진행하지 않았는데, 유튜브의 방대한 규모가 일부의 이유였다. NGO 데이터 및 사회Data & Society를 위한 루이스의 보고서에는 그녀의 통찰력이 잘 드러나 있는데, 다른 연구자와 유튜브 직원이 거의 하지 않았던 일을 그녀가 해낸 덕분이었다. 그녀는 상당한 분량의 유튜브 동영상을 시청했다.

250 Emine Saner, "YouTube's Susan Wojcicki: 'Where's the Line of Free Speech – Are You

Removing Voices That Should Be Heard?,'" *The Guardian*, August 10, 2019, https://www. theguardian.com/technology/2019/aug/10/youtube-susan-wojcicki-ceo-where-line-removing-voices-heard.

251 Daniel Lombroso, "Why the Alt-Right's Most Famous Woman Disappeared," *The Atlantic*, October 16, 2020, https://www.theatlantic.com/politics/archive/2020/10/alt-right-star-racist-propagandist-has-no-regrets/616725/.

252 몰리뉴는 입장문에 이렇게 적었다. "이런 발언을 했는지 기억나지는 않지만 그렇다 해도 그리 놀랄 만한 일은 아니다. 실제 경험자들의 증언은 물론 발표된 학계 자료를 바탕으로 나는 호주 연설 자리에서 오스트레일리아 원주민 부족 내 아동을 (그리고 여성을) 향해 벌어진 끔찍한 학대에 대해 자세히 설명한 바 있다. 몰리뉴의 주장은 대체로 틀렸다는 것이 입증되었다. 호주 정부는 오스트레일리아 원주민 부족 내에서 가정 폭력 및 성폭력이 널리 행해지고 있었지만 이 사안은 '정착과 [식민지화]라는 역사적 맥락에서 이해해야 한다'라는 내용의 보고서를 발표했다." (다음을 보라: "Family violence and Aboriginal and Torres Strait Islander victim-survivors," https://www.vic.gov.au/victorian-family-violence-research-agenda-2021-2024.)

253 Craig Timberg, Elizabeth Dwoskin, Tony Romm, and Andrew Ba Tran, "Two Years After #Pizzagate Showed the Dangers of Hateful Conspiracies, They're Still Rampant on YouTube," *The Washington Post*, December 10, 2018, https://www.washingtonpost.com/business/technology/hateful-conspiracies-thrive-on-youtube-despite-pledge-to-clean-up-problematic-videos/2018/12/10/625730a8-f3f8-11e8-9240-e8028a62c722_story. html. Guillaume Chaslot, the former YouTube engineer, provided research for this article with his new group, AlgoTransparency.

254 Alex Morris, "When Google Walked," *New York*, February 5, 2019, https://nymag. com/intelligencer/2019/02/can-the-google-walkout-bring-about-change-at-tech-companies.html. 이후 내용은 알렉스 모리스Alex Morris의 훌륭한 글에 등장한 세부적인 내용을 차용했다.

255 Daisuke Wakabayashi and Katie Benner, "How Google Protected Andy Rubin, the 'Father of Android,'" *The New York Times*, October 25, 2018, https://www.nytimes. com/2018/10/25/technology/google-sexual-harassment-andy-rubin.html.

256 Morris, "When Google Walked."

257 Claire Stapleton, "Google Loved Me, Until I Pointed Out Everything That Sucked About It," *Elle*, December 19, 2019, https://www.elle.com/culture/tech/a30259355/google-walkout-organizer-claire-stapleton/.

31장: 주인의 연장

258 Aja Romano, "YouTube Star PewDiePie Used the N-word in a Live Stream, After Months of Denying He's Racist," *Vox*, September 11, 2017, https://www.vox.com/culture/2017/9/11/16288826/pewdiepie-n-word-playerunknown-battlegrounds.

259 유튜브 대변인을 통해 위치츠키는 당시 대화에 대한 의견을 전하길 거부했다.

260 크라이스트처치 테러리스트와 테러 사건에 관한 자세한 내용은 사건 당시 여러 명의 증언과 뉴스 보도, 왕립 조사 위원회Royal Commission of Inquiry가 조사한 「크라이스트처치 모스크에서 벌어진 테러리스트 공격Terrorist Attack of Christchurch Mosques」 보고서를 바탕으로 하고 있다. https://christchurchattack.royalcommission.nz/.

261 몰리뉴는 또한 이렇게 적었다. "뉴질랜드의 총격범이 내 쇼에 기부한 것은 맞지만 그가 끔찍한 범죄를 저지르기 한참 전의 일이었다. 나는 오래전부터 표현의 자유와 평화, 이성으로 분쟁을 해결해야 한다고 믿어 왔고, (즉각적인 자기방어 행위가 아닌 이상에야) 폭력을 악으로 규정하는 불가침 원칙에 전적으로 위배되는 테러리즘을 격렬하게 비판했다. … 그는 불가침 원칙을 향한 내 확고한 신념을 거부했고, 내가 예찬하는 모든 것과 완전히 반대되는 행위를 했으며, 고로 내가 지지하는 모든 것을 거부한 것이다."

262 해당 페이스북 게시물은 케임브리지대학교의 연구원으로 크라이스트처치 총격 사건을 연구했던 『뉴질랜드 헤럴드』의 취재 기자 맷 니퍼트Matt Nippert가 제공했다.

263 Shamim Homayun, "Remembering My Friend, and Why There Is No Right Way to Mourn the Christchurch Attacks," *The Conversation*, March 12, 2020, https://theconversation.com/way-to-mourn-christchurch-133239.

264 Charlie Mitchel, "'Welcome, Brother': A Community That Stressed Peace Is Undone by Violence," *The Sydney Morning Herald*, March 18, 2019, https://www.smh.com.au/world/oceania/welcome-stressed-p5152x.html.

265 Elizabeth Dwoskin and Craig Timberg, "Inside YouTube's Struggles to Shut Down Video of the New Zealand Shooting—and the Humans Who Outsmarted Its Systems," *The Washington Post*, March 18, 2019, https://www.washingtonpost.com/technology/2019/03/18/inside-new-zealand-who-systems/.

32장: 룸바

266 Clare Duffy, "Marc Benioff Says It's Time to Break Up Facebook," CNN, October 17, 2019, https://www.cnn.com/2019/10/16/tech/salesforce-break-up-facebook-files/index.html.

267 Max Fisher and Amanda Taub, "How YouTube Radicalized Brazil," *The New York Times*,

August 11, 2019, https://www.nytimes.com/2019/08/11/world/americas/youtube-brazil.html.

268 (저자) Bergen, "YouTube Executives Ignored Warnings, Letting Toxic Videos Run Rampant."

269 구체적으로 유튜브는 "나이, 성별, 인종, 계급, 종교, 성적 기호, 군복무 여부와 같은 특징에 따라" 누군가를 배척하는 것을 금지했다.

270 MostlySane, "In Conversation with CEO, YouTube – Susan Wojcicki," YouTube video, April 16, 2019, 26:30, https://www.youtube.com/watch?v=6P-9uEvKD0o.

271 잭셉틱아이는 최고의 크리에이터였고, 일론 머스크는 유튜브에 자주 등장했지만 본인 채널을 소유하지는 않았다.

272 Claire Stapleton, "Down the 'Tube: (no subject)," Tiny Letter, February 15, 2019, https://tinyletter.com/clairest/letters/down-tube-no-subject.

273 Claire Stapleton, "Google Loved Me, Until I Pointed Out Everything That Sucked About It," *Elle*, December 19, 2019, https://www.elle.com/culture/tech/a30259355/google-stapleton/.

274 Nitasha Tiku, "Google Walkout Organizers Say They're Facing Retaliation," *Wired*, April 22, 2019, https://www.wired.com/story/google-say-retaliation/.

275 hankschannel, "YouTube, Pandemics, Creators, and Power: An Interview with Susan Wojcicki and Hank Green," YouTube video, May 6, 2020, 54:38, https://www.youtube.com/watch?v=_XPXht-gyj4.

33장: 어떤 유튜브가 될 것인가?

276 몰리뉴는 입장문에 "평화적인 양육법"을 주제로 책을 집필하기 위해 2020년부터 정치 논평을 그만두었다고 전했다.

277 유튜브 대변인은 SPLC가 "혐오 단체들에 권위 있는 목소리를 내는 협회로 널리 인정받지 못한다"라고 전했다.

278 Katherine Cross, "The Oscar Wilde of YouTube Fights the Alt-Right with Decadence and Seduction," *The Verge*, August 24, 2018, https://www.theverge.com/tech/2018/8/24/17689090/contrapoints-youtube-natalie-wynn.

279 Marlow Stern, "Jake Paul Believes COVID Is 'a Hoax' and '98% of News Is Fake,'" *The Daily Beast*, November 25, 2020, https://www.thedailybeast.com/youtuber-jake-paul-believes-covid-is-a-hoaxand-i-am-fake-news.

280 제이크 폴은 쇼핑몰을 무단 침입한 경범죄는 저질렀지만 약탈이나 공공 기물 파손에는

동참하지 않았다고 주장했다.

281 Mike Isaac, Kate Conger, and Daisuke Wakabayashi, "What to Expect from Facebook, Twitter and YouTube on Election Day," *The New York Times*, November 2, 2020, https://www.nytimes.com/2020/11/02/technology/facebook-twitter-youtube-election-day.html.

282 Mark Bergen, "YouTube Election Loophole Lets Some False Trump-Win Videos Spread," *Bloomberg*, November 10, 2020, https://www.bloomberg.com/news/articles/2020-11-10/youtube-election-loophole-lets-some-false-trump-win-videos-spread.

에필로그

283 Neima Jahromi, "The Fight for the Future of YouTube," *The New Yorker*, July 18, 2019, https://www.newyorker.com/tech/annals-of-technology/the-fight-for-the-future-of-youtube.

284 hankschannel, "YouTube, Pandemics, Creators, and Power: An Interview with Susan Wojcicki and Hank Green," YouTube video, May 6, 2020, 54:38, https://www.youtube.com/watch?v=_XPXht-gyj4.

285 베이징에 본사를 둔 테크 기업 바이트댄스ByteDance는 2017년 뮤지컬.리를 인수했고, 이후 회사의 앱을 틱톡으로 바꿨다. 구글 대변인은 뮤지컬.리와의 회담에 대해 언급하기를 거부했다.

286 해당 연구는 안드로이드만을 대상으로 한 것이다. 아이폰에서는 틱톡이 세계에서 가장 유명한 앱으로 올랐다.

287 Joshua Cohen, "Top 50 Most Viewed US YouTube Channels," *Tubefilter*, December 31, 2020, https://www.tubefilter.com/2020/12/31/top-50-most-viewed-us-youtube-channels-2020-12-28/.

288 Lucas Shaw, "Studio Behind 'Cocomelon' Acquired in $3 Billion Deal," *Bloomberg*, November 4, 2021, https://www.bloomberg.com/news/articles/2021-11-04/-cocomelon-studio-fetches-3-billion-in-blackstone-backed-deal. 채널 세 곳은 코코멜론Cocomelon과 리틀 베이비 범Little Baby Bum, 블루스 클루스Blue's Clues(종영한 인기 어린이 텔레비전 프로그램 — 옮긴이)를 계승한 광란의 후계자이자 대단한 영유아 추종자를 거느리는 블리피Blippi다.

289 Lucas Shaw, "YouTube Will Fund Kids Shows Based on These 12 Words," *Bloomberg*, February 4, 2020, https://www.bloomberg.com/news/articles/2020-02-04/youtube-will-fund-kids-shows-based-on-these-12-words.

290 Anahad O'Connor, "Are 'Kidfluencers' Making Our Kids Fat?," *The New York Times*,

October 26, 2020, https://www.nytimes.com/2020/10/26/well/family/Youtube-children-junk-food-child-obesity.html.

291 Madeline Berg, "How This 7-Year-Old Made $22 Million Playing with Toys," *Forbes*, December 3, 2018, https://www.forbes.com/sites/maddieberg/2018/12/03/how-this-seven-year-old-made-22-million-playing-with-toys-2/.

292 유튜브는 2019년 초부터 친큐어넌 영상을 '경계선상'으로 분류해 페널티 박스로 옮겼다고 전했다.

293 페이스북은 자사의 인기 차트를 반박하는 일이 잦았다.

294 2021년 유튜브는 위반 영상 시청률Violative View Rate이라는 지표를 공개했다. 시청 영상 1,000개당 약 18건이 규정 위반으로 추후 삭제된 영상에서 발생했다. 유튜브의 자료에 따르면 해당 시청률은 2017년 이후 70퍼센트 감소했다.

295 Mark Bergen, "YouTube Avoids Facebook-Level Criticism from Biden," *Bloomberg*, July 22, 2021, https://www.bloomberg.com/news/newsletters/2021-07-22/google-s-youtube-biden-on-vaccine-misinfo.

296 백신 관련 금지 규정에는 두 가지 예외가 있었다. 과학적 논의와 '개인의 경험담'은 여전히 가능했다.

297 Susan Wojcicki, "Free Speech and Corporate Responsibility Can Coexist Online," *The Wall Street Journal*, August 1, 2021, https://www.wsj.com/articles/free-wojcicki-11627845973.

298 Neal Mohan, "Perspective: Tackling Misinformation on YouTube," YouTube Official Blog, August 25, 2021, https://blog.youtube/inside-youtube/misinfo/.

299 hankschannel, "YouTube, Pandemics, Creators, and Power."

도판 출처

유튜브,
제국의 탄생

1판 1쇄 발행 2024년 4월 12일
1판 2쇄 발행 2024년 5월 7일

지은이 마크 버겐
옮긴이 신솔잎
발행인 박명곤 **CEO** 박지성 **CFO** 김영은
기획편집1팀 채대광, 김준원, 이승미, 이상지
기획편집2팀 박일귀, 이은빈, 강민형, 이지은, 박고은
디자인팀 구경표, 구혜민, 임지선
마케팅팀 임우열, 김은지, 전상미, 이호, 최고은

펴낸곳 (주)현대지성
출판등록 제406-2014-000124호
전화 070-7791-2136 **팩스** 0303-3444-2136
주소 서울시 강서구 마곡중앙6로 40, 장흥빌딩 10층
홈페이지 www.hdjisung.com **이메일** support@hdjisung.com
제작처 영신사

"Curious and Creative people make Inspiring Contents"
현대지성은 여러분의 의견 하나하나를 소중히 받고 있습니다.
원고 투고, 오탈자 제보, 제휴 제안은 support@hdjisung.com으로 보내 주세요.

현대지성 홈페이지

이 책을 만든 사람들
기획·편집 박일귀 **디자인** 구경표